Stefan Diebitz

Die Vielfalt des Seins

Stefan Diebitz

Die Vielfalt des Seins

Warum jeder Monismus scheitern muß

der blaue reiter

der blaue reiter
Verlag für Philosophie
Siegfried Reusch e. K.
Göttinger Chaussee 115 • D-30459 Hannover
info@verlag-derblauereiter.de
www.verlag-derblauereiter.de

Gestaltung: s+p mediendesign, Stuttgart
Gesetzt in alter Rechtschreibung.
Umschlagbild: Tale à la Hoffmann. 1921, Paul Klee
Druck: Offizin Chr. Scheufele, Stuttgart
Lektorat: Jan Urbich
ISBN: 978-3-933722-74-4

Gedruckt mit Unterstützung des Förderungsfonds Wissenschaft der VG WORT.

Bibliografische Information der Deutschen Nationalbibliothek
Die Deutsche Nationalbibliothek verzeichnet diese Publikation in der Deutschen Nationalbibliografie; detaillierte bibliografische Daten sind im Internet über http://dnb.dnb.de abrufbar.

Inhalt

Vorwort 7

Was heißt: Die Welt verstehen? 33

Monismus: Der Traum von der Einheitswissenschaft 71

Der Satz des Bewußtseins 115

Ein Gegenwurf. Die Bedeutung des Sehens 127

Gefangenschaft 157

Birgt Wasser Information? 175

Wir werden es niemals erfahren 199

Was ist die Realität? 235

Witz und Tiefsinn 283

Sinnlichkeit 303

Supervenienz und das Paradox des Zenon 331

Bildung und Philosophie 369

Literatur 385
Namensregister 404
Sachregister 410
Danksagung 411

Vorwort

„Die Philosophie darf nicht die Mannigfaltigkeit der Welt vernachlässigen – die Feen tanzen, und Christus wird ans Kreuz geschlagen."[1]

Irgendwer hat irgendwo bemerkt, der dümmste Mensch sei derjenige, der nur ein einziges Buch gelesen habe. Das ist furchtbar wahr. Denn wer immer nur eine und dieselbe Antwort auf alle Fragen hat, so verschieden diese auch sein mögen, der glaubt vielleicht, alles erklären zu können, hat aber buchstäblich gar nichts verstanden.

Seit geraumer Zeit leben wir in einer Situation, in der die intellektuelle Atmosphäre von einem ebenso merkwürdigen wie immergleichen Gemisch aus Vulgärdarwinismus und Materialismus bestimmt wird, vor dem alle mögliche Gegenrede zu verstummen hat – sowohl an den Universitäten als auch in den Feuilletons der großen Zeitungen; von den beliebten Naturdokumentationen im Fernsehen gar nicht zu reden, da geht es noch vulgärer zu. Vielleicht seit dem Anfang, vielleicht seit Mitte der 90er Jahre hat sich die Vorstellung durchgesetzt, daß man allen Fragen mit naturalistischen Antworten begegnen darf, weil generell alles Physik oder Chemie ist; und so werden auch die Erscheinungen des Lebens darauf reduziert. Bewußtsein zum Beispiel gilt als ein biochemisches Phänomen, denn „Gedanken entstehen aus Molekülen, Proteinen, Enzymen." Seiner Sache gewiß verrät uns der britische Physiker Ben Moore: „Gefühle sind eine molekulare Interaktion, Hormone führen dazu, dass wir uns gut fühlen oder schlecht." Noch wesentlich grobschlächtiger schreibt der niederländische Hirnforscher Dick Swaab: „So wie die Niere den Urin produziert, produziert das Gehirn den Geist."[2]

Bereits die nicht zu leugnende Tatsache, daß es ohne eine physikalische Grundlage kein Bewußtsein gibt, ist für einen Naturalisten Grund genug, alle, und das heißt wirklich sämtliche in Frage stehenden Probleme physikalisch zu nennen und in der Physik die Antworten auf schlechterdings alles und jedes zu suchen. Es scheint, daß eine Gegenposition zu der Behauptung, neuronale Aktivität und Gedanke seien identisch, für gewisse Leute über-

1. In den Fußnoten wird prinzipiell nur der Kurztitel angegeben; die vollständige bibliographische Angabe findet sich im Literaturverzeichnis. Kursivierungen entstammen immer dem Original. Whitehead: Prozeß und Realität. Seite 604; „Philosophy may not neglect the multifariousness of the world – the fairies dance, and Christ is nailed to the cross." (Process and Reality. Seite 338).

2. Blech: Glücklicher ohne Gott? Seite 190; „wir wollen unsterblich sein". Gespräch zwischen Johann Hinrich Claussen und dem Astrophysiker Ben Moore. In: Der Spiegel 53/15. Seiten 15–21. Seite 17f.; Swaab: Wir sind unser Gehirn. Seite 27.

haupt nicht in Frage kommt, denn sogar gebildete Menschen, die es entschieden ablehnen würden, sich selbst als Materialisten zu verstehen, halten diese Identität für eine ausgemachte Sache.

Es ist ja nicht so, daß die Physik überhaupt keine Antworten geben könnte – ganz im Gegenteil, sie hat phantastische Erfolge gefeiert und tiefste Blicke in das Wesen der Materie oder die Entstehung des Weltalls geworfen. Trotzdem ist sie nur für einen Aspekt der Welt zuständig, und wer tatsächlich Antworten auf alles haben möchte, der sollte sich diese wie ein Mosaik aus den unendlich vielen kleinen Bruchstücken zusammensetzen, die ihm teils die verschiedenen Wissenschaften, teils die Philosophie bieten. Oder, von mir aus, die Religionen. Besser noch: Er sollte verschiedene Fäden zu einem bunten Teppich knüpfen. An diese eigentlich etwas banale Weisheit möchte dieses Buch erinnern: Die Vielfalt der Welt, also ihre Buntheit und ihr Reichtum, kann sich allein in einer Vielfalt der Antworten spiegeln. Alle eindimensionalen Theorien sind zum Scheitern verurteilt.

Zugegeben: ich bin ein polemischer Geist. Und ich bin es mit Leidenschaft. Aber wie gern würde ich wenigstens manchmal alle Polemik beiseite lassen! Was würde ich dafür geben, ein von Grund auf selbständig argumentierendes Buch zu schreiben, in dem die Auseinandersetzung mit anderen Positionen überhaupt keine Rolle spielt! Es wäre einfach nur schön, im Stile bedeutender Philosophen einen Gedankengang vorzulegen, der seine Grundsteine selber legt, der also von elementaren Einsichten seinen Anfang nimmt und sich wie eine Baumkrone oder ein Wurzelgeflecht im ruhigen Fortgang immer mehr verzweigt, wobei er immer mehr und immer weiteres reiches Material beibringt, mit dessen Hilfe sich wenn nicht die Welt, so doch wenigstens Teile von ihr erklären lassen.

Unglücklicherweise besitze ich nicht den reichen Geist und die ausufernde Gelehrsamkeit eines Georg Wilhelm Friedrich Hegel, eines Henri Bergson oder eines Ernst Cassirer, die weite Teile der Wissenschaft und Kultur ihrer Tage überblickten und zusammenfassen konnten. Andererseits: Der Brunnen, in den ich meinen Eimer knarrend senke, trocknet nur höchst selten aus, und ich habe mich in mancherlei Wissenschaften umgetan, um meine Argumentation zu unterfüttern. So konnte den Einsichten der großen Meister vergangener Tage ziemlich viel Eigenes hinzugefügt werden. Oder doch wenigstens hier und dort. Und deshalb ist dieses Buch mehr als bloß Würdigung, Wiederholung und Deutung einer vergangenen Philosophie, und es will viel mehr sein – und es *ist* auch viel mehr – als bloß der Kampf gegen den Blödsinn.

Ein Buch ohne Polemik besäße wohl nicht die Energie, über die dieses Werk verfügt. Ich habe die vulgärmaterialistische Literatur als Trampolin genommen, auf dem ich jene Salti zeige, von denen mich im wirklichen Leben Alter, Vorsicht und mangelnde Gelenkigkeit abhalten. Oder der Unsinn des Monismus ist der Treibsatz, der die Rakete meiner eigenen Philosophie in den Himmel jagt. In jedem Fall benutze ich die monistische Literatur, um zu meinen eigenen Positionen zu gelangen. Ich zeige nicht allein ihre Abstrusitäten auf, indem ich in eine jede ihrer Sackgassen hineinlaufe, sondern gebe auch eigene und durchaus selbständige Antworten; und je weiter man liest, desto mehr tritt die Polemik zugunsten der Darstellung meiner eigenen Überlegungen in den Hintergrund.

Von polemischem Furor zu sprechen, ist vielleicht übertrieben, so schlimm ist es nicht, aber geradezu temperamentlos ist mein Widerspruch ebensowenig. Und er darf es auch nicht sein. Besonders stört es mich, wenn jemand vorschnell zu fragen aufhört, wenn dieser Mensch, der sich vielleicht gar einen Philosophen nennt, sich zurücklehnt und sich mit einer schnellen und oberflächlichen Antwort zufriedengibt. Denn es gehört zum Wesen philosophischen Fragens, daß es niemals ein Ende findet.

Mich motiviert der Widerspruch in der Sache. Polemik bedeutet nicht, irgendjemanden persönlich anzugreifen, sondern Polemik meint eine eventuell scharfe, doch immer sachliche Widerrede. Eine solche Widerrede stellt dieses Buch dar, indem es zeigt, wie sehr alle Arten von monistischer Philosophie in die Irre führen. Der läppisch-überhebliche Versuch, das Gefüge der Welt mit einem einzigen Gesetz zu ordnen, sich an einem einzigen Faden durch das Labyrinth des Seins zu hangeln, mit einem einzigen dürren Gedanken schlechterdings alles zu deuten, ist von einer Hybris gezeichnet, die mich immer wieder von neuem fassungslos macht. Wie kann man nur glauben, daß ein einziger Lehrsatz nicht weniger als alles erklärt?

Wie kann man überhaupt glauben, den Schlüssel zu allem gefunden zu haben? Wie kann man sich für einen Ali Baba der Wissenschaften halten? Weder die Wissenschaften noch die Philosophie kennen ein „Sesam öffne dich!“ Sie findet ihre Schätze nicht in einer Höhle, wo alles in großen funkelnden Haufen bereitliegt, so daß man nicht weiterzusuchen braucht, sondern einfach seine Taschen füllen kann. Tatsächlich stößt sie auf die Schätze, so es diese überhaupt gibt, am Wegesrand, während sie weiter- und weiterwandert, und deshalb ist es wichtig, niemals stehenzubleiben; der Weg der Wissenschaft darf und wird niemals an ein Ende gelangen. Hier wie auch sonst ist Stillstand der Tod, hier wie überall ist Bewegung alles; und man darf auf seinem Weg niemals die eigenen Füße focussieren, sondern sollte den Kopf heben und aufmerksam umherschauen.

Monisten glauben, den Weg zu Ende gegangen zu sein. Sie sind davon überzeugt, ihr Ziel erreicht zu haben. Sie haben das Rätsel aller Rätsel gelöst. Aber mit Recht betont José Ortega y Gasset, daß es keinen besseren Grund für Scham gibt als den Wahn, bereits alles zu wissen, keinen größeren Fehler als den Versuch, auf alle „Fragen eine Universalantwort" zu geben.[3]

Dabei ist der Fehler sämtlicher Monismen immer der gleiche – meist besteht er in der Übertragung eines für einen bestimmten Bereich formulierten Gesetzes auf nicht weniger als alle anderen möglichen Gebiete. In aller Regel handelt es sich um eine sehr grobe Argumentation, von der man nicht glauben mag, daß sie überhaupt irgendeine Überzeugungskraft besitzt. Leider aber sind viele Menschen auf der Suche nach einem nicht weniger als alles bestimmenden Gesetz, und irgendwann begegnet ihnen dann eine Lehre, zu der sie sich bekennen. „Das Gesetz", heißt es in einer Lehrschrift, „begann zu Anbeginn der Zeit. Es ist immer gewesen und wird immer sein." Die Rede ist von dem „Gesetz der Anziehung", das „Ihre ganze Lebenserfahrung" bestimmt, „und dieses allmächtige Gesetz tut dies durch Ihre Gedanken. Sie sind es, der das Gesetz der Anziehung aktiviert, und Sie tun dies durch Ihre Gedanken." Nachdem man davon gehört hat, daß es sich um ein Gesetz handelt, das alles bestimmt, wird es dem erfreuten Leser in einer angenehm simplen Form offenbart, die man sich leicht merken kann: „Das Gesetz der Anziehung besagt: *Gleiches zieht Gleiches an.*"[4] Und so etwas glauben dann Millionen – es ist zum Verzweifeln.

Nehmen wir einen anderen Monismus als eine ziemlich alberne esoterische Lehre oder als dessen krassen Gegensatz, den biologischen Physikalismus. Hier geht es jetzt um ein Gesetz, das ausschließlich mit Blick auf die Anpassung von Organismen aller Art an ihre Lebensumstände formuliert wurde, sich aber in der Folge auch auf ganz andere Bereiche übertragen sah, sogar auf die Entstehung des Weltalls oder auf die Kultur. Es ist die Behauptung des Darwinismus, daß „nichtzufällige Reproduktion weitreichende Konsequenzen hat, wenn erbliche Variation besteht und genügend Zeit vorhanden ist, so daß diese Konsequenzen kumulieren können." Das ist eine These, von der Richard Dawkins behauptet, „daß sie die einzige bekannte Theorie ist, die das Geheimnis unserer Existenz überhaupt lösen könnte." Der Autor findet selbst, daß die Potenz seiner Theorie sie zu „einer besonders guten Theorie" macht, aber diese Bemerkung scheint überflüssig, weil es ja die diesem Autor einzige bekannte Theorie ist, mit welcher sich das Geheimnis von unserer Existenz lösen läßt. Bereits in seinem Weltbestseller *The Selfish Gene* hatte er ganz ähnlich formuliert.[5] Wie also könnte eine solche konkurrenzlose Theorie nicht besonders gut sein? Wäre

3. „Esto es lo vergonzoso: creer saber." Ortega y Gasset: ¿Que es filosofía? Seite 198f.

4. Byrne: The Secret. Seite 19 und Seite 22.

5. Dawkins: Der blinde Uhrmacher. Seite 8f.; The Selfish Gene. Seite 12: „Darwin provides a solution, the only feasible one so far suggested, to the deep problem of our existence."

sie richtig, könnten wir (oder besser: sollten wir ganz unbedingt) unser Forschen und Nachdenken und Rätseln aufgeben – dann wären wir ja tatsächlich am Ziel unseres Fragens.

Bescheidenheit ist nicht Sache eines Richard Dawkins. Gleich zu Beginn von *The Selfish Gene* glaubt er seine Argumentation von der Entwicklung des Lebens auf das Universum insgesamt ausdehnen zu dürfen („In the beginning was simplicity. It is difficult enough explaining how even a simple universe began."[6]), denn ihn trägt die Überzeugung, das eine, das einzige Weltgesetz gefunden zu haben, das Dogma schlechthin. Und so möchte er neben allem anderen auch die Entwicklung der Hochkultur, will er auch die Welt des Geistes mit einer Methode deuten, die eigentlich nur der Entwicklung der Arten galt; er überträgt die Gesetze des Lebens einfach auf etwas, das noch kein Mensch gesehen hat und sicherlich niemals sehen wird, auf sogenannte „Meme", und behandelt diese wie unser Erbgut. Meme sollen zwar etwas Geistiges sein, aber sich ebenso verhalten wie Gene, so daß die Gesetze der Abstammung und Vererbung unverändert auf sie übertragen werden können. Ein Anhänger dieser Theorie ist Dawkins' Lieblingsjünger Daniel Dennett, der wie der Meister überall (und überall bedeutet: ausnahmslos überall!) „denselben blinden, mechanischen, ahnungslosen Prozeß des Siebens und Duplizierens"[7] ausmacht, worunter er das Weltgesetz schlechthin versteht. Zusammen bildet das Duo Dawkins/Dennett die Speerspitze dieses Monismus, international hoch angesehen und mit Preisen und Lobschätzung überschüttet.

Auch der Paläontologe Stephen Jay Gould war wie die genannten Autoren ein überzeugter Darwinist und Evolutionsbiologe. Wesentlich differenzierter und vorsichtiger argumentierend, hat er sich mit der Bedeutung des Evolutionsbegriffes in zwei verschiedenen Bereichen beschäftigt, einerseits in Kosmologie und Geologie, andererseits in den Lebenswissenschaften. In seinem einschlägigen Essay (*What does the Dreaded „E" Word Mean Anyway?* in *I Have Landed. The End of a Beginning in Natural History*) zeigt er, daß es sich um zwei ganz verschiedene Konzepte handelt, die man keinesfalls miteinander vermischen darf. Für einen Biologen ist die Evolution ein prinzipiell ungerichteter und eben deshalb nicht vorhersagbarer Vorgang, wogegen die geologische Evolution nicht nur vorhersagbar, sondern sogar in Grenzen berechenbar ist. Goulds einfache Überlegung läßt uns unter anderem verstehen, warum wir uns den Lauf der Evolution des Lebens weder vorhersagen noch nachträglich ausklamüsern können – denn was sich nicht vorhersagen läßt, das läßt sich eben auch nicht zurückrechnen.

6. Dawkins: The Selfish Gene. Seite 12.

7. Dennett: Den Bann brechen. Seite 100.

Überhaupt sollte man als eines der Hauptcharakteristika des Lebens seine sich mit der Seinshöhe steigernde Unberechenbarkeit festhalten; und für den Geist gilt das noch mehr, er ist womöglich noch unberechenbarer, denn schließlich ist es das Leben, ohne das es keinen Geist gibt.

Wegen dieser Unberechenbarkeit ist es im Bereich alles Geistigen ganz und gar unsinnig, von Evolution zu sprechen. Es gibt hier keine Gemeinsamkeiten mit der Entwicklung der Natur, sondern für die Kultur gelten ganz andere Gesetze. Bei den Bereichen, bei denen man von Evolution sprechen darf, handelt es sich entweder um anorganische Materie oder um die lebendige Natur, niemals um die das Leben überwölbende Schicht der Kultur. Leider kann dieser Umstand eine Unzahl von Autoren nicht davon abhalten, von Evolution zu sprechen, wenn sie nur Entwicklung oder gar bloße Veränderung in irgendeiner unspezifischen Form meinen. Ein Beispiel dafür ist Jürgen Habermas, der ganz selbstverständlich von der „Evolution der Gesellschaft" oder von der „soziokulturellen Evolution" spricht und noch zusätzlich die „evolutionären Übergänge von verwandtschaftlich zu staatlich organisierten Gesellschaften" kennt. Ebenso unklar bleibt die „evolutionäre Erfindung der Jurisdiktion". Es nimmt schon fast kabarettistische Züge an, wenn dieser Autor verkündet, die „Begriffsanalyse [sei] überall der Königsweg der Philosophie, und überall muss sich die Durchführung theoretischer Ansätze an Maßstäben analytischer Klarheit und Strenge messen lassen."[8]

„Extremely slight modifications", also extrem geringfügige Veränderungen oder Anpassungen, so ein von Charles Darwin aus der traditionellen Naturphilosophie übernommener Gedanke, sollten für ausnahmslos alle Veränderungen in der Natur verantwortlich sein. Eigentlich war das nichts als die Variation des berühmten Wortes von Carl von Linné, daß die Natur keine Sprünge mache („Natura non facit saltum"). Die Idee besteht darin, *alle* Probleme dieser Welt in ein wohlgefälliges Nichts aufzulösen, indem man nach menschlichen Maßstäben unausdenkliche Zeiträume annimmt, in deren Weiten sich nicht wahrnehmbare Schritte verlieren. Wie kann diese schlichte Idee religionsähnliche Überzeugungen hervorrufen? Irgendwann, in ferner Zukunft, soll die Vielzahl der kleinen Schritte zusammen einen großen Schritt erzielen …

Was heißt eigentlich religionsähnlich? Es handelt sich wirklich um einen Glauben – schließlich sorgt die Dauer des angenommenen Vorgangs für seine prinzipielle Unüberprüfbarkeit, die ihn von vornherein für die Wissenschaft obsolet machen sollte. Was sich so unendlich langsam vollzieht, das kann

8. Habermas: Auch eine Geschichte der Philosophie. Band 1. Seite 138, Seite 145, Seite 147, Seite 28. Im *Habermas-Handbuch* (Seiten 65–68) findet sich ein Artikel des Soziologen Klaus Eder zum Stichwort „Evolution", der den Leser nicht wesentlich klüger zurückläßt. Eine „Gesellschaftstheorie als Evolutionstheorie des Sozialen": was soll das denn sein? „Evolution" bedeutet hier dasselbe wie beim Meister selbst: irgendwie hat sich irgendetwas ver- und geändert.

nie und nimmer beobachtet werden, und so lassen sich die Ergebnisse weder falsifizieren noch gar verifizieren, weder widerlegen noch bestätigen. Also hilft nur ein fester Glaube, den keiner dieser Gläubigen zu diskutieren bereit ist.

Besonders deutlich wird der religiöse Aspekt im Werk des französischen Anthropologen Pierre Teilhard de Chardin. Teilhard war Jesuit, und aus der christlichen Ausrichtung seiner Philosophie hat er niemals ein Hehl gemacht. Trotzdem – wegen der Schwierigkeiten des unkonventionellen Denkers mit der Kirche durfte sein Hauptwerk *Der Mensch im Kosmos* erst posthum erscheinen. In diesem Buch hat die Evolution geradezu die Rolle der frohen Botschaft übernommen, und in den Schlußpassagen spricht der Autor sein Credo offen aus. Auch er also ein Monist, aber seine Religiosität versteckt sich nicht wie in den Werken vorgeblich materialistischer Autoren.

„Die Evolution", fragt Teilhard de Chardin mit Emphase, „sollte nichts als eine Theorie, ein System, eine Hypothese sein? ... Keineswegs! Sie ist viel mehr! Sie ist die allgemeine Bedingung, der künftig alle Theorien, alle Hypothesen, alle Systeme entsprechen und gerecht werden müssen, sofern sie denkbar und richtig sein wollen." Bis hierhin ist es vielleicht nicht mehr als die bloße Behauptung, die Wissenschaft habe *das* Weltgesetz gefunden. Das ist zwar nach unserer Ansicht fragwürdig, ja absolut unmöglich, weil es dieses *eine* Weltgesetz nicht gibt und auch nicht geben kann, aber es ist noch nicht das Credo einer Religion, das Teilhard aber gleich darauf verkündet: „Ein Licht, das alle Tatsachen erleuchtet, eine Kurve, der alle Linien folgen müssen: das ist die Evolution!"[9]

Anders als Teilhard würden Dennett und Dawkins wie auch ihre Jünger und Anhänger niemals zugeben, eine Religion zu vertreten. Sie sind überheblich genug, sich selbst die „Brights" zu nennen, die „hellen Köpfe", im Unterschied zum Rest der Menschheit – und insbesondere im Unterschied zu ihren so wenig intelligenten Kritikern. Ähnlich unbescheiden ist der deutsche Michael Schmidt-Salomon, der *Keine Macht den Doofen* fordert; und die Doofen sind natürlich immer die anderen.

Die Sicht dieser Leute auf das Universum, besonders auf die Sterne und die unendliche Tiefe des Weltalls, ist allerding ganz im Gegensatz zu ihrem aggressiven Atheismus ein nicht selten sentimentaler Glaubensersatz. Kann uns das überraschen? Schließlich wußte schon Hermann Cohen, daß „der Pantheismus ... nur der Tribut [ist], den die Ungläubigkeit dem Glauben zollt."[10] Rudolf Langthaler hat diese kaum versteckte Kryptoreligiosität in seiner

9. Teilhard de Chardin: Der Mensch im Kosmos. Seite 209.

10. Cohen: Religion der Vernunft aus den Quellen des Judentums. Seite 485. Für Hartmann (Philosophie der Natur. Seite 355) ist Pantheismus „das Universalmittel aller philosophischen Ratlosigkeit", die „verkehrteste Verkehrung" (Ethik. Seite 614).

Streitschrift gegen Dawkins sehr schön herausgearbeitet. Das ergibt einen merkwürdigen Kontrast zu dessen fast manischem Haß auf jede Religion – auf jede *andere* Religion. Schon deshalb ist das Eingeständnis eines bekannten Biologen interessant, der von sich selbst sagt, er trage sich bei Grenzkontrollen als „Darwinist“[11] ein, wenn er nach seinem Bekenntnis gefragt werde.

Sommer war und ist beileibe nicht der erste oder einzige; man höre nur einmal, wie der Zoologe Richard Goldschmidt (1878–1958) in seinen Lebenserinnerungen über sein Erweckungserlebnis spricht: „Haeckels Schöpfungsgeschichte, – ich las sie mit leuchtenden Augen und brennendem Herzen. Es schien so, als seien alle Probleme des Himmels und der Erde auf eine einfache und überzeugende Art gelöst. Es gab eine Antwort auf jede Frage, die ein junges Gemüt bedrängt. Evolution war der Schlüssel zu allem; sie konnte alle Religionen und alle Glaubensbekenntnisse, die man abzulegen gewillt war, ersetzen.“[12] Es war sicherlich nicht allein bei Goldschmidt so, daß der Glaube an die Evolution den verlorenen Glauben ersetzte. (Später aber suchte er nach einer eigenen Antwort, in der für die Lehre vom absoluten Kontinuum kaum noch Platz blieb.)

Wozu all das Gerede von Falsifizierung und Verifizierung, wenn man einen neuen Glauben installieren will? Man könnte ihn die Religion der Kontinuität nennen, denn der allmähliche, sogar schleichende, auf jeden Fall unmerkliche Übergang von Allem in Alles ist eine der Säulen dieses Glaubens. Verbunden damit muß die Ablehnung aller Grenzen sein.

Übrigens ist „unmerklich“ die Übersetzung von „indiscernibel“, und entsprechend ist der „Indiscernibiliensatz“ – Leibniz’ Behauptung, alles Reale sei unmerklich voneinander unterschieden (*Monadologie*, §§8 und 9) – der notwendige komplementäre Pol zu seinem Kontinuitätsprinzip. Alles Reale geht unmerklich ineinander über; und alles Reale ist voneinander unterschieden.

Philosophie und Mathematik von Gottfried Wilhelm Leibniz formulieren erstmals die Sätze, die aller neuzeitlichen Naturwissenschaft zugrundeliegen. Denn diese – es geht natürlich um die Physik, besonders um die Mechanik – wäre ohne die Infinitesimalrechnung überhaupt nicht denkbar, und die Vorstellung eines allmählichen Übergangs von Allem in Alles (das Kontinuitätsprinzip, das „Denkgesetz der Continuität“[13]) liegt ihr als Grundprin-

11. Sommer: Darwinisch denken. Seite 144.

12. Richard Goldschmidt: Erlebnisse und Begegnungen. Aus der großen Zeit der Zoologie in Deutschland, Berlin 1959. Seite 36; zitiert nach Illies: Das Geheimnis des Lebendigen. Seite 85.

13. Cohen: Logik der reinen Erkenntniss. Seite 204. Schon in seinem ersten Kant-Buch (Kants Theorie der Erfahrung. Seite 23) zeigt er, daß „das Gesetz der Stetigkeit“ eine Erkenntniskategorie ist, die der gesamten neuzeitlichen Naturwissenschaft (der mathematischen...) spätestens seit Galilei zugrundeliegt. Es war das Genie von Leibniz, dieses Prinzip auf den Begriff zu bringen.

zip zugrunde; oder sie tat es bis zum Ende des 19. und Anfang des 20. Jahrhunderts. Aber bereits Kant hatte dieses Leitmotiv der Philosophie von Leibniz als „Denkgesetz“ behandelt, nicht als Gesetz der Natur – er hatte in dieser Hinsicht, wie man bereits in seinen vorkritischen Schriften nachlesen kann, starke Einwände. Über die Kontinuität des Seins macht er keine Aussage, aber in dem Kapitel über die „Postulate der Wahrnehmung“ in der *Kritik der reinen Vernunft* beschreibt er Regeln, denen jede Wahrnehmung sich fügen muß, wenn sie vor sich selbst nicht als Trug dastehen will. Dazu zählt vor allem, daß sie stetig sein, sich also in eine Kontinuität einfügen muß – in eine Kontinuität, die so allein als eine Forderung formuliert wird. Besser als vielleicht jeder andere hatte Kant die Probleme verstanden, welche die Infinitesimalrechnung begleiten, die zwar selbst das Kontinuitätsprinzip fordert, dieses aber in einem Punkt verfehlt. Diese Zusammenhänge werden etwas später genauer untersucht werden.

Mit dem Kontinuitätsprinzip hat Leibniz als erster das Grundtheorem der mathematischen Naturwissenschaft ausgesprochen und damit der Neuzeit den Ton vorgegeben. Aber erst lange nach seinem Tod, in der Philosophie des 19. und frühen 20. Jahrhunderts, spielt sein Konzept eine wichtige, wenngleich sehr häufig untergründige Rolle. Ihren vielleicht endgültigen Ausdruck findet diese Philosophie im Werk Hermann Cohens, der tatsächlich von der „infinitesimalen Realität“ spricht – von einer Realität, die sich seit gut einhundert Jahren nicht mehr mit den Ergebnissen der Physik vereinbaren läßt. Das Charakteristikum dieser Realität ist das Fließen, wogegen heutige Physiker wie der Italiener Carlo Rovelli von der „Granularität“ sprechen. Für Rovelli ist die „Realität ... ein Netzwerk aus körnigen Ereignissen, zusammengehalten durch eine Dynamik, die probabilistischer Natur ist.“[14]

Den meisten Darwinisten ist bereits der bloße Gedanke an Grenzen unsympathisch, denn sie erkennen Grenzen aus Prinzip nicht an. Dennett weiß dagegen nichts anderes einzuwenden als dies: Die Vorstellung, es müsse eine Grenze geben, sei zutiefst vordarwinistisch („profoundly pre-Darwinian“).[15] Wie so viele andere Autoren auch glaubt er ganz unbedingt an das große Kontinuum; in diesem Punkt ist er, wohl ohne es zu wissen, Leibnizianer.

Entgegen den Einsichten der Physik wird die totale Herrschaft der Kontinuität, eines schleichenden und unmerklichen („indiscerniblen“) Übergangs von allem in alles behauptet. Und das einzige Argument, das dieser helle

14. Rovelli: Die Wirklichkeit, die nicht so ist, wie sie scheint. Seite 13. Vergleiche noch vom selben Autor: Die Ordnung der Zeit, Seiten 72–74. Hartmann spricht 1950 von der „Quantelung“ (Philosophie der Natur: Seite 93 und Seite 155).

15. Dennett: From Bacteria to Bach and Back. Seite 337.

Kopf für einen so glaubensstarken Satz auffährt, ist der Widerspruch zu seinem ganz persönlichen Glaubenssystem. „Vordarwinistisch" ist wahrscheinlich das Schlimmste, was er von Zweiflern zu sagen weiß. Was unterscheidet ihn von einem katholischen oder islamischen Dogmatiker?

Hier sei nur beiläufig erwähnt, daß bereits der große Physiker Erwin Schrödinger an verschiedenen Stellen von *Was ist Leben?* zeigt, daß zumindest die subatomare Sphäre kein unbedingtes, alles umfassendes Kontinuum kennt – ein wesentlicher Grund für unser Unverständnis, für unsere Unfähigkeit, uns das subatomare Geschehen tatsächlich vorzustellen. Denn es ist unser Denken, das ein absolutes Kontinuum zwingend erfordert. Die Struktur unseres Verstandes wird mit Brüchen aller Art nicht fertig, und so projizieren wir unsere Vorstellung von einem Kontinuum auf alles, was uns entgegensteht. Für Schrödinger handelt es sich deshalb um eine Erkenntnis-, keine Seinskategorie – wie das Sein beschaffen ist, ob es sich einem anderen Verstand als kontinuierlich darstellt, von Granularität bestimmt oder von tiefen Klüften durchzogen, wissen wir nicht und können wir nicht wissen. In jedem Fall sind Menschen angesichts von jeder Art Abweichungen und Sprüngen tief verunsichert, denn alle Diskontinuitäten sind für uns irrational.

Schrödinger denkt als Quantenphysiker und betont deshalb immer wieder die Sprunghaftigkeit vieler Vorgänge, ihre „Übergangslosigkeit", die „keine Zwischenformen" kennt. Als ein Physiker des 20. Jahrhunderts ist er „vollständig von der Erkenntnis durchdrungen ..., daß die Gesetze der Physik und Chemie durchweg statistischer Natur sind."[16] Es ist die übergroße Zahl der Vorgänge, durch welche der Eindruck einer Kontinuität erweckt wird.

Paradoxerweise kann man mit der Infinitesimalrechnung rechnen, und man bekommt Ergebnisse. Nur sollte man niemals den fiktiven Charakter ihrer Voraussetzungen vergessen, den zuerst Vaihinger in seiner *Philosophie des Als Ob* als Beispiel für Fiktionen analysierte. Fiktionen, die er „bewußtfalsche Vorstellungen" nennt, unterscheidet er von Hypothesen, die auf die Wahrheit zielen. Fiktionen sind Vorstellungen, von denen man weiß, daß sie nicht die Wahrheit ausdrücken, wohl aber nützlich sind: „Während jede Hypothese ein adäquater Ausdruck der noch unbekannten Wirklichkeit sein, und diese unbekannte Wirklichkeit zutreffend abbilden will, wird die Fiktion mit dem Bewusstsein aufgestellt, dass sie eine inadäquate, subjektive, bildliche Vorstellungsweise ist, deren Zusammentreffen mit der Wirklichkeit von vornherein ausgeschlossen ist, und die daher auch nicht hintennach, wie man das bei der Hypothese hofft, verifiziert werden kann."[17] Am überzeu-

16. Schrödinger: Was ist Leben? Seiten 50, 90, 11.

17. Vaihinger: Die Philosophie des Als Ob. Seite 606 (§28).

gendsten sind seine Beispiele aus der Geometrie – jeder Mathematiker weiß, daß es eine Linie ohne jede Breite, einen Punkt ohne Ausdehnung nicht gibt und auch gar nicht geben kann.

Für Leibniz nimmt Vaihinger in Anspruch (und er kann es auch tatsächlich mit Zitaten belegen), daß dieser um die Fiktivität seiner Annahmen weiß, daß ihm also bewußt ist, daß „derartige Vorstellungsweisen und Urteilsformen strenggenommen (rigorose, loquendo) nicht gültig (non vera) sind, dass sie aber (nach Jungius) erlaubt sind, weil sie nützlich sind. Er nennt alle diese blosse Redeweisen (modus loquendi, commoditas expressionis), ja er leugnet ausdrücklich die Realität des Unendlich-Kleinen und des Unendlichen überhaupt ... Und so unterscheidet Leibniz daselbst mit voller Klarheit zwischen dem Verum und dem Imaginarium, und er erkennt, dass auch das Letztere seinen Nutzen und insofern seine praktische Wichtigkeit hat.“[18]

Für uns heute, die wir um die Brüche innerhalb unserer Welt, um ihre Grenzen und Sprünge wissen, muß die Behauptung eines umfassenden Kontinuums mit einer einheitlichen Gesetzlichkeit notwendig zu einer Ideologie werden. Mit dieser Ideologie der Kontinutität mitsamt ihrer Übertragung der verschiedensten Gesetzlichkeiten von einer Schicht des Seins auf die andere werden wir uns im Rahmen unserer Überlegungen immer wieder herumschlagen. Ein Beispiel ist der „wissenschaftliche“, auf der mathematischen Naturwissenschaft fußende Idealismus eines Hermann Cohen. Davon hat sich die Philosophie gelöst, und die Philosophie dieses Genies ist weitestgehend vergessen – leider, denn trotz mancher fundamentalen Irrtümer ist sie von funkelnden Einsichten durchzogen und wird von einem geradezu ungeheuerlichen Wissen getragen.

Vielleicht auf einem einzigen Gebiet herrscht noch das große Kontinuum-Credo: im Darwinismus, der zuletzt damit begonnen hat, biologische Gesetzmäßigkeiten auch auf andere Gebiete zu übertragen, insbesondere auf das der Kultur und ihrer Geschichte. Auf diesem Gebiet hat sich das Credo ins 21. Jahrhundert gerettet. Dawkins und Dennett und mit ihnen eine säkulare Glaubensgemeinschaft haben ganz willkürlich einen einzigen Aspekt einer sicherlich interessanten und wahrscheinlich in Teilen durchaus richtigen, aber insgesamt doch eher grobschlächtigen und unfertigen Theorie herausgegriffen; und vor allem haben sie die eigene Grundüberzeugung – also den festen Glauben, hinter allem stecke immer nur der *eine* blinde, mechanische, ahnungslose Prozeß des Siebens und Duplizierens – in einen Glaubenssatz verwandelt und verabsolutiert. Diese Vorstellung wird auf schlechterdings Alles bezogen, und im Anschluß wird jeder Widerspruch belächelt, mancher Kritiker sogar verteufelt, der sich nicht zu dieser Religion bekennen will. Tat-

18. Vaihinger: Die Philosophie des Als Ob. Seite 558f.

sächlich wird allein eine einzige Frage für legitim erklärt, jene nach der Bedeutung, die die isolierte Eigenschaft eines Organismus für dessen Überleben und Vermehrung besitzt – alle anderen Aspekte werden ausgeblendet.

Monistische Theorien hat es wohl immer schon gegeben. Ich erinnere mich an eine Bahnfahrt zu Schülerzeiten, auf der wir darüber diskutierten, ob Marx oder Freud recht habe; was nicht in Frage stand, war die Eleganz einer sich auf einen einzigen Satz gründenden Theorie. Denn elegant sollte unsere Theorie sein, und elegant hieß: aus einer einzigen Ansicht, aus einem einzigen Satz, eigentlich wie ein mathematischer Beweis aus einem Axiom heraus zu entwickeln. Für uns kam es darauf an, auf diesen einen Satz nichts weniger als die Deutung einer Welt zu gründen.

Das waren, wohlgemerkt, die Träume und Absichten unreifer Schüler. Heute sind es die Träume und Absichten von Universitätslehrern, Intellektuellen und Erklärern der Wissenschaft, unter deren herrlich locker geschriebenen und anekdotenreichen Sachbüchern sich die Regale öffentlicher Bibliotheken biegen. Dabei ist heute eigentlich nur noch eine einzige monistische Welterklärungstheorie im Schwange, nämlich die darwinistische Grundüberzeugung, die im Zusammenklang mit einem ziemlich vulgären Materialismus (Hirnforschung!) alles andere dominiert: schon das Feuilleton leidet darunter, viel mehr aber die populären Tierdokumentationen im Fernsehen, in denen dunkelmähnige Löwen über die Weitergabe ihrer Gene sinnieren, oder der Sachbuchmarkt, in dem es an journalistischen Darstellungen der Leitwissenschaft unserer Zeit nur so wimmelt. Flaggschiff dieses Monismus sind die Bücher Daniel C. Dennetts, die hier deshalb gelegentlich zitiert werden sollen.

Nur beiläufig will ich hier auf eine andere Spielart des Monismus zu sprechen kommen, eine besonders vulgäre Form der Philosophie, die das Wien der Zwanziger Jahre dominiert. Ihre Protagonisten streben unter dem Einfluß von Ludwig Wittgenstein eine „Einheitswissenschaft" an, nach der buchstäblich „alles zu Physik" wird, so daß einer ihrer prominenteren Vertreter selbst vorschlägt, man solle „von Physikalismus sprechen." Der Verfasser, der Nationalökonom Otto Neurath, lehnt es insbesondere ab, von verschiedenen Formen des Seins zu sprechen. Die Unterscheidung von „Stein, Tier, Mensch" wird von ihm ohne Begründung als eine „theologische Trennung" angesehen, und er lehnt jeden Versuch ab, „mehrere Formen des ‚Seins' oder mehrere Formen der ‚Kausalität' anzunehmen, ebenso wie den Versuch, „mehrere Formen des ‚Seins' oder mehrere Formen der ‚Kausalität' ... einzuführen."[19]

Wie wenig die Vertreter dieser Weltanschauung von ihren eigenen Überlegungen und der Kraft ihrer Argumente überzeugt sein können, demonstriert immer wieder ihr Verfahren, Gegner und Kritiker von vornherein ins

19. Neurath: Empirische Soziologie. Seite 1f.

Lächerliche zu ziehen. Denn wenn jemand wirklich und wahrhaftig recht zu haben glaubt, dann sollte er sich einen starken, ihm selbst in Stärke und Gelehrsamkeit entsprechenden Gegner aussuchen, um mit ihm die Klinge zu kreuzen. Bereits Neurath verzichtet aber darauf. Er stellt es so dar, als sei sein Gegner nicht die klassische Philosophie eines Aristoteles (denn eben Aristoteles ist der erste, der zwischen verschiedenen Formen des Seins wie auch der Kausalität unterscheidet), sondern er wendet sich entschieden gegen jede Unterscheidung, die er eine „theologische" nennt. Und in einer ganz ähnlichen Weise stellt Dennett es in seinem letzten Werk so dar, als müsse jemand, der seinen Ausführungen nicht folgen mag, eine „Vorliebe fürs Mysteriöse" hegen. Dann wird er aber selbst geheimnisvoll und spricht davon, daß dieser ungenannt bleibende Jemand unverständlicherweise merkwürdige Mythen seinen Büchern vorzieht. Als Beispiel nennt Dennett Mythen von himmlischen Streitwagen, von kriegerischen Göttern oder gar von Welten, die Schlangeneiern entspringen. Wie kann man, wundert sich der Gelehrte, Geschichten von magischen Sprüchen und verzauberten Gärten wunderbarer und interessanter finden[20] als seine Theorien? Man denke, interessanter als Dennetts Bücher! So etwas tut weh. Nun wäre es ja nett gewesen, wenn er für solche Anhänger der Mythologie ein Beispiel geboten hätte – ein einziges hätte mir bereits gereicht –, aber das dürfte kaum möglich sein, denn welcher auch nur halbwegs ernsthafte Wissenschaftler oder Philosoph schätzt Mythen von „Welten, die aus Schlangeneiern schlüpfen", höher als Theorien über die Entstehung der Arten?

Im Werk Dennetts, eines weltweit gefeierten, mit Preisen geradezu überschütteten „Philosophen", finden sich wahrscheinlich die prächtigsten Blüten; man braucht nur gummistiefelbewehrt über die sumpfigen Wiesen seiner ebenso dickleibigen wie zahlreichen Bücher zu stapfen und mal hier und mal dort ein Blümchen zu pflücken – schon hat man einen schönen Strauß zusammen. Aber Dennett steht nicht allein, sondern seine Fehler und Schwächen sind die Fehler und Schwächen einer ganzen Horde von Sachbuchautoren. Wie von ihm, so wird die Kritik am Darwinismus auch von anderen ab und zu gern auf bibelfundamentalistische Motive zurückgeführt, als könne einzig und allein ein hoffnungslos verwirrter Bibelforscher oder ein von gewissenlosen Priestern verblendeter Jüngling die zeitlosen Wahrheiten der Evolutionstheorie angreifen. Aber von Bibelfundamentalismus kann bei

20. Dennett: From Bacteria to Bach and Back. Seite 10: „Some people would like to persuade the curious to keep their hands off the beloved mysteries, not realizing that a mystery solved is even more ravishing than the ignorant fantasy it replaces. There are some people who have looked hard at scientific explanations and disagree: to their taste, ancient myths of fiery chariots, warring gods, worlds hatching from serpant eggs, evil spells, and enchanted gardens are more delightful and worthy of attention than any rigorous, predictive scientific story."

mir wie auch bei der Mehrzahl der anderen Kritiker keine Rede sein, denn schließlich bin ich kein Evangelikaler, ja, ich bin nicht einmal gläubig. Niemals würde ich in Frage stellen, daß Flora und Fauna erst in einem langen Prozeß zu dem werden mußten, was sie heute darstellen. Und selbstverständlich handelt es sich bei der Entstehung der Arten um einen natürlichen Vorgang, in den sich kein Gott eingemischt hat.

Allerdings, anders als die Priester des Monismus glaube ich weder, daß es ein einziges Gesetz gibt, mit dem sich alles erklären ließe, noch bin ich davon überzeugt, daß sich die wesentlichen Probleme von darwinistischen Sachbuchautoren auch nur im Ansatz klären ließen. Wie denn auch? Sie nehmen sie ja nicht einmal zur Kenntnis... Vor allem die Entstehung der Arten, also die Verzweigung des Lebensbaums in viele, viele Stämme, Äste und Zweige ist bis heute vollkommen rätselhaft, und kaum etwas spricht mehr gegen die intellektuelle Redlichkeit der Darwinisten, ja schon des Religionsgründers selbst, als der Umgang mit diesem Problem. Denn überschrieb Charles Darwin sein Hauptwerk *Vom Ursprung der Arten* (*On the Origin of Species*), so sollten sich schon sehr bald alle seine Jünger weigern, überhaupt noch von Arten zu sprechen. Wer Arten unterscheidet, ist für den Darwinisten von echtem Schrot und Korn ein Speciezist – das ist so etwas Ähnliches wie ein Rassist, nur schwieriger auszusprechen.

Kaum also war Darwins Theorie der *Entstehung der Arten* veröffentlicht, schon stand es für seine Jünger fest, daß es überhaupt keine Arten gibt: „Alle Ordnungen der natürlichen Wesen ... bilden eine einzige Kette, in der die verschiedenen Klassen ... so eng aneinander haften, dass es für die Sinne und die Einbildung unmöglich ist, genau den Punkt anzugeben, wo die eine anfängt und die andere endigt". Ganz ähnlich äußerte sich der deutlich einflußreichere Ernst Haeckel in seinen *Welträtseln*: „Das Bewußtsein der höchstentwickelten Affen, Hunde, Elephanten usw. ist von demjenigen des Menschen nur dem Grade, nicht der Art nach verschieden, und die graduellen Unterschiede im Bewußtsein dieser ‚vernünftigen' Zottentiere und der niedersten Menschenrassen (Weddas, Australneger usw.) sind geringer als die entsprechenden Unterschiede zwischen diesen letzten und den höchst entwickelten Vernunftmenschen (Spinoza, Goethe, Lamarck, Darwin usw.)."[21]

Ist das nicht hoffnungslos absurd? Da macht sich jemand auf, die *Entstehung der Arten* zu erklären, und als er sieht, daß er damit keinen Erfolg hat, erklären er und seine Anhänger Arten für inexistent.

Man leugnet in einem bewährten Verfahren die Existenz eines Problems einfach nur deshalb, weil man es nicht zu lösen versteht. So haben sich nicht allein seine getreuen Jünger, sondern so hat sich bereits Darwin selbst ver-

21. Steiner: Die Lehre Darwins in ihren letzten Folgen, Seite 75; Haeckel: Die Welträtsel. Seite 109f.

halten, als er am 20. Juli 1856 an den amerikanischen Botaniker Asa Gray schrieb, daß er zu dem seltsamen, weil seine bis dahin noch unveröffentlichte Lehre widerrufenden Schluß gekommen sei, daß es überhaupt keine voneinander unabhängigen Arten gebe, daß also Arten lediglich schärfer unterschiedene Varietäten seien. („Come to the heterodox conclusion that there are no such things as independently created species – that species are only strongly defined varieties. I know that this will make you despise me".) Mit diesem Eingeständnis war die ganze Theorie obsolet geworden – vor mehr als anderthalb Jahrhunderten. Und noch vor ihrer Publikation! Noch bevor er mit seinen Thesen an die Öffentlichkeit trat, hielt er sie selbst für gegenstandslos! Wenn das kein Bubenstück ist...

Halten wir fest: Darwin wollte die Entstehung von etwas erklären, das es seiner eigenen Ansicht nach überhaupt nicht gab, und legte damit den Grundstein zu einer Weltanschauung, die heute das Denken unendlich vieler Menschen dominiert.

Was ich selbst dem entgegenhalten möchte, ist gewiß kein anderes Lehrgebäude, mit dem man alles und jedes, insbesondere aber die Entstehung und Verzweigung des Lebens erklärt. Hierzu habe ich überhaupt keine Theorie.

Denn teils bin ich furchtbar bescheiden, teils ziemlich realistisch, und deshalb geht es mir einzig und allein um den Nachweis, daß die Welt vielschichtig und deshalb einer ganzen Fülle der verschiedensten Gesetze unterworfen ist, und um die Konsequenzen aus dieser Einsicht. Könnte *Teppich des Seins* dafür ein passender Ausdruck sein? Es geht um die Verflochtenheit unzähliger Fäden und Stränge, und insofern paßt das Bild eines Gewebes wirklich, aber was diesem Bild fehlt, ist mindestens die dritte Dimension, die das Sein bereits für uns besitzt und in der wir uns ganz selbstverständlich bewegen. Ein Teppich aber kann die dritte Dimension bestenfalls andeuten. Und vielleicht gibt es ja gar eine vierte Dimension? Immer wieder stößt man (im Leben, in der Wissenschaft...) auf Hinweise, nach denen es da noch etwas gibt oder geben muß oder vielleicht auch nur geben könnte, das alles umgreift, durchzieht und in sich einschließt, ohne daß wir dieses Etwas wirklich erfahren, schildern oder gar durchdenken könnten. Eine andere Dimension, eine andere Form des Seins? Auf jeden Fall etwas Transzendentes. „Transzendent" allerdings bedeutet zunächst nicht mehr, als daß es jenseits unserer Erfahrungen und Möglichkeiten bleibt, irrational ist und sich unserem Verständnis dauerhaft entzieht.

„Tranzendent" bedeutet keinesfalls göttlich oder übernatürlich, sondern hier, in diesem Zusammenhang, nicht mehr als unerkennbar, weil schlicht jenseits unserer Welt, so daß es möglicherweise für andere Wesen vorstell- und erfahrbar ist. Schon deshalb müssen wir Erkenntnistheorie und Ontologie, die philosophische Reflexion unserer Erkenntnisbedingungen einerseits, die Rückführung unserer Welt und ihrer Strukturen zurück auf ihre Prinzipien andererseits, in einer engen Verbindung sehen: Man kann nicht Erkenntnistheorie betreiben, ohne auf die Ontologie zu schauen und gewisse, im Endeffekt metaphysische Annahmen zu treffen, und umgekehrt läßt sich nicht über unsere Welt nachdenken, ohne unsere Weise des Erkennens zu durchleuchten und kritisch zu hinterfragen.

Für den idealistischen Philosophen aber ist es so, daß beides einander deckt. Denn für ihn sind Sein und Denken kongruent zueinander. Paul Natorp, der hier wie Cohen in seiner *Logik der reinen Erkenntniss* (oder wie Johann Gottlieb Fichte?) argumentiert, bezeichnet in seiner posthum veröffentlichten *Philosophischen Systematik* das „Denken, das Erkennen" als die „Erzeugung des Seins, es ist Sein-Denken, nicht seinloses Denken oder Erkennen. Umgekehrt ist das Sein nur Denk-Sein, Sein der Erkenntnis." Von dieser Position aus muß er es ablehnen, zwischen den Kategorien des Seins und des Erkennens zu unterscheiden: „Alle Kategorien gehen nach unserer Auffassung das Objekt ebenso an wie die Erkenntnis, die Erkenntnis ebenso wie das Objekt."[22] Nach Natorp war es Eduard von Hartmann, der in seiner *Kategorienlehre* die Unterscheidung zwischen Seins- und Erkenntniskategorien einführte.

Vor allen Dingen Nicolai Hartmann unterscheidet einige Jahrzehnte später zwischen Seins- und Erkenntniskategorien. In den Seinskategorien als den subjektunabhängigen Prinzipien eines „Concretums" haben die Dinge ihre Bestimmungen an sich selbst, sie bilden ihre eigene Gesetzlichkeit, und so sind in der Philosophie Hartmanns diese Kategorien frei von der standpunktlichen Sicht eines erkennenden Wesens, von denen die Erkenntniskategorien immer und auf jeden Fall geprägt sind. Diese Argumentation ist aber insofern problematisch, als zwar Seinskategorien an sich selbst bestehen mögen, aber doch erkannt und formuliert werden müssen, falls sie für den menschlichen Verstand überhaupt eine gewisse Relevanz besitzen sollen. So begegnen wir den Seinsprinzipien immer und auf jeden Fall in einer standpunktlichen Weise – verborgen in den Aussagen, in den Begriffen, aber eben nicht direkt als Prinzipien des Seins. Wir finden zu ihnen über die Analyse der Gesamtheit unserer Erfahrungen und unserer Erkenntnis, die methodisch der Ontologie vorausgehen müssen. Sein Vorgehen erläutert Hartmann in der Einleitung zu *Der Aufbau der realen Welt,* in der er deutlich macht, daß es

22. Natorp: Philosophische Systematik. Seite 31 und Seite 87. Vergleiche noch „Die logischen Grundlagen", Seite 48: „Es gibt für das Denken kein Sein, das nicht im Denken selbst gesetzt würde. Denken heißt nichts anders als: setzen, daß etwas sei ... Logisch jedenfalls ist nichts vor dem Denken." Natorp folgt hier Cohens Argumentation: „das Denken erschafft die Grundlagen des Seins" (Logik der reinen Erkenntniss. Seite 18.). Auch Cohen unterscheidet nicht zwischen Erkenntnis- und Seinskategorien.

die Analyse der Einzelfälle sein muß, die uns den Weg zu den Kategorien weist. Deshalb geht er „den Weg der Erfahrung und des Rückschlusses“.[23]

Wie steht die klassische Philosophie seit Kant diesem Problem gegenüber? Kant geht es (in der Vernunftkritik B 105 (§10), §39 der *Prolegomena* und öfter) um „reine Verstandesbegriffe“. An keiner Stelle spricht er von Seinskategorien oder deutet an, daß es noch andere Kategorien als die reinen Verstandesbegriffe geben könnte.

Kant hat in der *Kritik der reinen Vernunft*, als er über die „Anticipationen der Wahrnehmung“ und die „Analogien der Erfahrung“ sowie über den „obersten Grundsatz aller synthetischen Urtheile“ schrieb, die Unterscheidung von Seins- und Erkenntniskategorien eingeführt; oder er hat doch wenigstens die Voraussetzung für diese Unterscheidung geschaffen. In der Vernunftkritik, aber auch schon in seinen vorkritischen Schriften oder in der *Kritik der teleologischen Urteilskraft* hat er wiederholt angesprochen, daß Erkenntniskategorien nicht unsere Wahrnehmung insgesamt abdecken. Was er in den „Analogien der Erfahrung“ aufführte, sind die drei Regeln, denen sich unsere Erfahrung angleichen muß, wenn sie uns nicht irreal erscheinen soll. Wenn sich also Erfahrungen diesen Analogien – den Grundsätzen der Beharrlichkeit, der Erzeugung und der Gemeinschaft – nicht einfügen, dann sind sie nicht real, sondern irreal.

Es ist Eduard von Hartmann, der die von Natorp abgelehnte Unterscheidung zwischen Seins- und Erkenntniskategorien einführt, und es ist besonders Hegel, gegen den er sich in seiner *Kategorienlehre* wendet. Er wirft Hegel „Panlogismus“ vor und meint damit den Versuch, „alles aus den Kategorien, die Kategorien aber rein aus dem Logischen“ ableiten zu wollen. Dies aber sei unmöglich, weil das Logische sich auf ein Sein stützen müsse,[24] das aus sich heraus zu eigenen Kategorien findet.

An dieser Stelle wird es schwierig, Kategorie noch mit „Aussageweise“ zu übersetzen (für Nicolai Hartmann ist es sogar direkt falsch, denn es wäre allein die Perspektive eines erkennenden Menschen), und so muß es besser sein, „Seinskategorie“ durch „Prinzip“, besser noch durch „Seinsprinzip“ zu ersetzen. Und wenn man wie Kant von Verstandesbegriffen spricht, können damit keine Seinskategorien gemeint sein. Auch seine in der *Kritik der reinen Vernunft* häufige Formulierung „bloße Gedankendinge“ deutet in diese Richtung: Er spricht von Erkenntniskategorien.

Verstehe ich Nicolai Hartmann richtig, wenn ich aus seinen Überlegungen schließe, daß wir Seinskategorien allein deshalb erkennen können, weil sie in die Erkenntniskategorien eingegangen sind? – Vertreter der analytischen

23. Hartmann: Der Aufbau der realen Welt. Seite 2.

24. von Hartmann: Kategorienlehre. Seite 10.

Philosophie denken, daß sie die traditionelle Ontologie durch eine sorgfältige Analyse der Sprache ersetzen können. In besonders naiver Weise hat das Herbert Schnädelbach ausgesprochen, als er zu erklären versuchte, warum Hartmann in der Nachkriegszeit mehr und mehr vergessen wurde: „Der wichtigste innerphilosophische Grund dafür, daß Nicolai Hartmann in Deutschland zu einer historischen Figur geworden ist, ist wohl in der Rezeption der analytischen Philosophie zu sehen, die sich hier wie eine Wiedergeburt des Kritizismus unter verschärften Bedingungen der Sinn- und Sprachkritik auswirkte.“[25] Tatsächlich aber bleibt der „linguistic turn“ bei einer Analyse der Sprache stehen (also bestenfalls bei der Analyse der Erkenntniskategorien) und muß deshalb notwendig zu einer rationalistisch verarmten Philosophie führen. Der Ansatz Hartmanns ist damit von Anfang an unterboten.

Zusätzlich (oder sogar hauptsächlich) sollte der Weg zu den Seinsprinzipien über die Wissenschaft führen. Und man muß das alltägliche Leben analysieren, unsere Lebenswelt, unsere praktischen Lebensvollzüge. Auch der Weg Kants, der das Schema der Kategorien seiner Tafel der Urteile entnahm, ist gangbar, auch wenn sich Hegel ein wenig unzufrieden zeigte, weil nach seiner Ansicht Kant sie nicht korrekt deduziert, sondern sie nur „lemmatisch aus der subjektiven Logik“[26] abgeleitet hatte. In jedem Fall gilt es, eine Fülle von einander ergänzenden Zugängen zu versuchen.

Hartmanns Unterscheidung zwischen Seins- und Erkenntniskategorien in der Tradition Kants macht nur unter der Voraussetzung Sinn, daß die Seinskategorien einerseits rein objektiv sind, wir sie aber andererseits nicht vollkommen erkennen können, weil sie sich nicht mit den Erkenntniskategorien decken. So enthalten sie immer einen Rest an prinzipiell Unerkennbarem. Die Erkenntniskategorien wiederum müssen auf irgendeine Weise an den Seinskategorien teilhaben, wenn sie wirklich zu einer Erkenntnis taugen sollen; beide Kategoriengruppen müssen sich teilweise überlappen.

Wohin führt es also, wenn man zwischen Seins- und Erkenntniskategorien unterscheidet? Dann (und wohl auch nur dann) kann man erklären, warum es Irrationales gibt, also Vorgänge jenseits dessen, das wir verstehen können – das liegt immer dann vor, wenn Erkenntnis- und Seinskategorien nicht kongruent zueinander sind. Cohen beruft sich in seinem systematischen Hauptwerk *Logik der reinen Erkenntniss* ausdrücklich auf Parmenides („der Uralte von Elea“), der sich für eine „Identität von Denken und Sein“ ausgesprochen habe. Diese Identität, die man eigentlich allein in wenigen Fällen für das Ideale, niemals aber für das Reale in Anspruch nehmen kann, führt Cohen zu

25. Schnädelbach: Philosophie in Deutschland 1831–1933. Seite 259f.

26. Hegel: Wissenschaft der Logik, Band 1. Seite 28.

einer bemerkenswerten Konsequenz: Es gebe nichts im strikten Sinne Unerkennbares mehr, denn es existiere nichts, „für dessen Lösung nicht im Denken die Anlage zu entwerfen wäre."[27] Er kann das allein deshalb schreiben, weil er eine andere als eine mathematische Wissenschaft nicht kennt oder nicht akzeptiert. Seine Absolutsetzung der Seinskategorien führt in einen Rationalismus, der sich anmaßt, buchstäblich alles seinen Regeln unterwerfen zu können.

Cohens enger Freund Karl Vorländer zitiert in seinem Werk über Kant zustimmend Hermann Helmholtz, der Kant ein „Vertrauen auf die vollkommene Begreifbarkeit der Naturerscheinungen"[28] zuspricht. Das aber ist falsch, denn Kant war sich darüber im Klaren, daß sich weder die lebendige noch die leblose Natur unseren Erkenntniskategorien fügt; später werden die entsprechenden Stellen, die sich bereits im Frühwerk finden, zitiert. Kant ging so weit, im Zusammenprall zweier Billardkugeln, also in der Weitergabe eines Impulses, einen nicht restlos aufzuklärenden Vorgang zu sehen. Wer nicht zwischen Erkenntnis- und Seinskategorien unterscheidet, der findet keine Erklärung für das Versagen unserer Erkenntniskategorien angesichts einer derart alltäglichen Situation.

Cohen veröffentlichte sein Buch 1902, also unmittelbar vor Relativitätstheorie und Quantenmechanik, in denen Vorgänge beschrieben werden, die von uns nicht mehr zu verstehen sind. Insbesondere die subatomaren Vorgänge lassen sich weder anschaulich vorstellen noch mit der Infinitesimalrechnung erfassen, und so können sie auch nicht mehr Teil unserer von Cohen „infinitesimale Realität" genannten Welt sein. Unsere Realität ist von fließenden (indiscerniblen) Übergängen gekennzeichnet, die subatomaren Vorgänge dagegen zeichnen sich durch Sprünge aller Art aus. So reichen weder menschliche Begriffe noch menschliche Anschauung von Kausalität aus, das Verhalten von Elektronen zu verstehen oder auch nur in Worten zu beschreiben. Es ist für uns widersprüchlich und irrational, daß sie gleichzeitig an zwei verschiedenen Orten sein sollen.

27. Cohen: Logik der reinen Erkenntniss. Seite 501 f. Die „wissenschaftliche Philosophie beginnt" für Cohen „mit Parmenides." (Seite 27) Er hätte sich auch auf Arnold Geulinxc, einem dem cartesischen Rationalismus verpflichteten Denker des 17. Jahrhunderts, berufen können. Hartmann zitiert diesen Philosophen als Beispiel für einen hoffnungslosen Rationalismus: „Über allem Zweifel steht diesem Rationalisten der Satz: ‚Wovon du nicht einsiehst, wie es geschehen kann, das geschieht auch nicht.' (quod nescis quomodo fiat, id non fit)." (Philosophie der Natur: Seite 355). – Vorländer hielt die idealistische Parmenides-Deutung Cohens für „unangemessen". Vorländer: Philosophie des Altertums. Seite 34. Es ist geradezu witzig, daß ein Empirist wie Dennett sich in eben diesem Punkt mit dem Idealisten Cohen oder dem Rationalisten Arnold Geulinxc trifft, denn auch er weiß keine Grenzen des Erkennens zu finden (Den Bann brechen. Seite 235).

28. Vorländer: Kant. Der Mann und sein Werk. Seite 368.

Ebensowenig können wir verstehen, daß das Licht sich als Welle durch ein Vakuum bewegen soll, also durch einen Raum, der dem Licht kein Medium bietet. Deshalb nimmt der Physiker an, es seien Photonen, also eigentlich Teilchen, die sich aber in eine Welle verwandeln, sobald sie auf ein Medium wie eine Atmosphäre stoßen. Man kann damit sehr gut rechnen, aber verstehen läßt sich das alles überhaupt nicht, von Annahmen wie der dunklen Materie ganz zu schweigen – einer Annahme, von der sich manche Physiker schon wieder abwenden, denn ganz offensichtlich stimmt etwas nicht mit dem „Standardmodell" des Weltalls. Die Hubble-Konstante, nach der man die Ausbreitung des Weltalls berechnet, stimmt nicht mit den Meßergebnissen überein.[29]

Unmöglich vorzustellen (und übrigens in der Sicht Hartmanns falsch[30]) ist ebenfalls die Vorstellung der Relativitätstheorie von der Krümmung des Raums. Hier klaffen Erkenntnis- und Seinskategorien weit auseinander.

Noch ein anderes Beispiel, und jetzt nicht aus dem Bereich der Physik: Aber vielleicht eines, das uns näherliegt? Alles, was in der Natur mit dem Gedächtnis und mit der Vererbung zu tun hat, ist für uns ganz und gar unverständlich, und zwar prinzipiell. Biologen und Hirnforscher versuchen über das traurige Faktum, daß sie die Vererbung nicht verstehen, dadurch hinwegzuspielen, daß sie die Metaphorik des Lesens und Schreibens darauf projizieren, so, als sei die DNA eine Schrift (von einem Verfasser?) und als könne man sie lesen. In Wahrheit handelt es sich um eine Kausalität, für die uns jeder Sinn fehlt. Bereits Immanuel Kant wußte das und war ehrlich genug, sein Unwissen auszusprechen: „Genau zu reden, hat also die Organisation der Natur nichts Analogisches mit irgend einer Causalität, die wir kennen."[31]

Eben deshalb – weil es in unserem Denken „nichts Analogisches" gibt – kann man die Vorgänge des Wachstums und der Vererbung so wenig verstehen; und ähnlich steht es um die Aufbewahrung von Wissen in unserem Gedächtnis. Die absurden Konsequenzen, die aus der Vorstellung hervorgehen, unser Wissen sei organisch (physisch) an bestimmten Orten unseres Leibes wie dem Gehirn aufbewahrt, hat Henri Bergson in *Materie und Gedächtnis* vorexerziert. Aber wie sonst, wenn nicht materiell? Man weiß es nicht. (Hartmann, der vielleicht nüchternste Kopf der Philosophie des 20. Jahrhunderts, hat knapp angemerkt, daß es „offenbar noch andere Erhaltungsformen geben [könnte] als die der Substantialität."[32])

29. https://www.deutschlandfunk.de/hubble-konstante-was-stimmt-nicht-mit-der-expansion-des.740.de.html?dram:article_id=482663

30. Vergleiche seine Darstellung in der *Philosophie der Natur* sowie Hansen: Nicolai Hartmann. Seite 27 und Seiten 109–123.

31. Kant: Kritik der Urtheilskraft (Werke, Band V). Seite 375.

32. Hartmann: Aufbau der realen Welt. Seite 440.

Zurück zu Natorp, der sich einer ganz merkwürdigen und unverständlichen Inkonsequenz schuldig macht. Er selbst vertritt ja die idealistische, von Eduard von Hartmann und anderen „panlogisch“ genannte Position Hegels und Cohens, nach der Sein und Denken kongruent sind. Das aber kann ihn nicht davon abhalten, seinen Schüler Nicolai Hartmann dafür zu loben, auf den Einschuß des Irrationalen „im sogenannten Rationalen selbst, besonders auch im Kategorialen“ hingewiesen zu haben. Natorp hat verstanden, daß Hartmann die anstößige Existenz des Irrationalen erklären konnte. Der Ursprung des Irrationalen aber liegt in der fehlenden Deckung von Erkenntnis- und Seinskategorien! Nur deshalb gibt es einen unabsehbar großen Raum jenseits des Erkenn- und Verstehbaren. Und deshalb ist es erst Hartmanns auf einen metaphysischen Realismus hinführende, von Cohen und Natorp abgelehnte Unterscheidung zwischen Erkenntnis- und Seinskategorien, welche die Existenz des Irrationalen verständlich macht. Im Rahmen einer panlogischen Konzeption scheint dessen Erklärung nicht möglich.

Unter Aporetik verstand Hartmann selbst die aristotelische Methode, metaphysische Probleme bis zu dem Punkt voranzutreiben, an dem sie sich nicht mehr auflösen lassen. Metaphysische Probleme waren für ihn entsprechend jene, für die es keine endgültige Klärung gibt (Aporie als „Unweg“, also Sackgasse), und eigentlich ist Aporetik deshalb diejenige philosophische Methode, welche uns die Rätsel des Daseins in aller Schroffheit vor Augen führt. Konsequent verzichtet sie auf alle abschließenden Welterklärungen, mit denen uns monistische Weltanschauungen aller Art belästigen.

Es ist die Unterscheidung zwischen Seins- und Erkenntniskategorien, welche die Aporetik als die Leitmethode der Metaphysik zur Folge hat.

Auf eine panlogische Konzeption stößt man noch bei anderen Denkern, so bei Husserl. Oder scheint es nur an vielen Stellen so, als vertrete er diese Position? Verwirrend, ja unverständlich fand und findet eine Reihe von Kritikern seine Rede vom Korrelationsapriori, die zumindest gelegentlich die Konzeption der transzendentalen Phänomenologie zu bestimmen scheint, insbesondere die Überlegungen in seinem zweiten Hauptwerk, den *Ideen zu einer reinen Phänomenologie* von 1913. Aber er ging schon zuvor in diese Richtung, denn bereits 1907 trug er die fünf Vorlesungen vor, die den Text der *Idee der Phänomenologie* ausmachen. Fast gleich zu ihrem Beginn spricht er davon, daß es eine „wunderbare Korrelation zwischen Erkenntnisphänomen und Erkenntnisobjekt“[33] gebe. Wie soll man diese Bemerkung verstehen? Wenn der Phänomenologe allein im reinen Bewußtsein forscht und argumentiert, dann sollte sich überhaupt kein Widerspruch ergeben. Aber in diesem Fall kann eine derartige Korrelation natürlich auch nicht überraschen,

33. Husserl: Die Idee der Phänomenologie. Seite 12.

sondern wäre eine bloße Selbstverständlichkeit. Überraschen kann sie eigentlich nur, wenn das Bewußtsein sich auf etwas außerhalb seiner selbst bezieht. Und tut das ein empirisches Bewußtsein nicht immer? Denn es ist doch niemals allein für sich, sondern jederzeit – und zwar unlösbar – mit einer Welt um sich herum verschränkt: mit *seiner* Welt.

Was wäre das Bewußtsein ohne einen Gegenstand? Ein reines Bewußtsein? Kann man sich so etwas wirklich vorstellen? William James konnte das nicht. Umgekehrt ist die Existenz des Idealen ganz und gar unabhängig von allen Bewußtseinsakten. Das Ideale existiert, ob wir es denken oder nicht.

Auch im Werk Immanuel Kants findet sich die Vorstellung von etwas Reinem, aber noch viel mehr in den Schriften Hermann Cohens, der sogar reine Emotionen kennt: „Der sittliche, der reine Wille ist bedingt durch den Faktor des Affektes. Der Affekt muß daher Reinheit haben, von der Dualität und Zweideutigkeit des Leiblichen befreit werden. Reine Aktivität ist niemals Reaktion, wenn diese nur einen Endprozeß darstellt."[34] Wie soll man sich einen „reinen Affekt" vorstellen, eine „reine" Emotion, die Bewegtheit eines leiblosen Wesens? Reines Denken (Denken des Idealen) kann ich akzeptieren, auch wenn mir dergleichen wohl niemals begegnen wird, aber keinen reinen Affekt. Hier schlägt die Gegenbewegung zum Empirismus in dessen buchstäblich blutloses Gegenteil um; auch die Grenzen einer rationalistischen Position müssen wir deshalb behandeln, wenngleich andere Monismen im Mittelpunkt stehen.

Der Gegenstand eines empirischen Bewußtseins braucht natürlich kein wirkliches Ding zu sein, sondern es kann sich ebenso um einen Traum handeln, aber irgendetwas muß sich das Bewußtsein vorstellen – ein leeres (reines) Bewußtsein kann es nicht geben.

Wir sprechen von einem oder unserem Bewußtsein, denn im Grunde wissen wir immer, daß es *das* Bewußtsein gar nicht gibt, sondern allein seine Akte, und so ist es nur, indem es sich etwas vorstellt oder indem es irgendwie sonst aktiv wird: zweifelt, denkt, phantasiert... Bereits sein eigener Leib, in den es eingebettet ist, ist immer da und ihm ein Gegenüber. Ein Bewußtsein, das im Leeren schweben könnte, ist nicht einmal vorstellbar, sondern es ist immer die Aktivität eines Lebewesens, die sich auf etwas Bestimmtes richtet. Muß und kann die Rede von der wunderbaren Korrelation deshalb nicht allein dem Verhältnis des Bewußtseins zu einer ihn umgreifenden und über es hinausreichenden Welt gelten?

Ist die Unterscheidung von Erkenntnis- und Seinskategorien wirklich so selbstverständlich, wie sie nach der Lektüre von Hartmann scheint? Für mich schon, denn es läßt sich doch nicht bestreiten, daß unsere eigenen kognitiven

34. Cohen: Religion der Vernunft. Seite 165.

Fähigkeiten immer wieder an ihre Grenzen stoßen. Ganz offensichtlich gibt es zahlreiche Vorgänge in der Natur, insbesondere in der ganz kleinen Welt der Atome und der ganz großen Welt des Alls, die wir in keiner Weise verstehen können. Könnte also die Ablehnung einer Unterscheidung von Erkenntnis- und Seinskategorien tatsächlich in der Logik von Husserls Konzeption liegen?

Manche Stellen seines Werks scheinen in diese Richtung zu deuten. Ein Beispiel findet sich in den *Ideen*, wo Husserl betont, „daß hier nicht die Rede ist von einer Beziehung zwischen irgendeinem psychologischen Vorkommnis ... und einem anderen realen Dasein ... oder von einer psychophysischen oder sonstwie realen Verknüpfung, die in objektiver Wirklichkeit zwischen dem einen und anderen stattfände.“[35] Die Analysen des Phänomenologen sind hier deshalb ausschließlich auf Akte in einem *reinen* Bewußtsein gerichtet. Der Bezug auf das Reale spielt keine Rolle, und so kommt es nicht darauf an, ob es sich um einen Traum oder um ein wirkliches Vorkommnis handelt. Aber bedeutet bereits das, daß er tatsächlich einen Panlogismus vertritt? Vertritt er wirklich eine Position, nach der sich beide Seiten decken?

In diesem Zusammenhang ist nicht die bloß philosophiehistorische Frage wichtig, ob Husserl eine panlogische Konzeption vertrat; wichtig ist allein der Unterschied zwischen Erkenntnis- und Seinskategorien, der so elementar ist, daß er unser aller Bewußtsein ganz und gar beherrscht.

Es gibt in Natorps letztem Werk noch einen anderen Widerspruch zum metaphysischen Realismus Hartmanns. In der *Philosophischen Systematik* formuliert Natorp eine überraschende Konsequenz seiner Überlegungen, die den Einsichten seines Schülers diametral widerspricht. Natorp wählt eine andere Terminologie, schreibt nämlich nicht wie Hartmann über das „Ideale“ als den Gegensatz des Realen, sondern über das „Rationale“. Aber wenn Ideales und Rationales dasselbe bedeuten, dann widerspricht Natorp expressis verbis dem Satz, daß das Ideale/Rationale unabhängig davon existiert, daß es jemanden gibt, der es denkt und formuliert. Ist das nicht ein lupenreiner Psychologismus, mit dem Natorp doch niemals hätte in Verbindung gebracht werden wollen? Hatte er sich nicht schon früh zustimmend zu den *Logischen Untersuchungen* geäußert (in einer Rezension, die noch 1901 im 6. Band der *Kant-Studien* erschienen war), mit denen Husserl jeden Psychologismus zerstört hatte? Wie konnte überhaupt ein Platoniker derartige Sätze wie die folgenden formulieren?

„Sollte überhaupt“, fragt Natorp nämlich, „Zahl anders existieren als für Zählende? Ich glaube nicht, und ich glaube, im Tiefsten seines eigenen Be-

35. Husserl: Ideen zu einer reinen Phänomenologie und phänomenologischen Philosophie I. Seite 80.

wußtseins glaubt niemand an eine in der Luft hängende Ratio, sondern nur an graduelle Rationalität oder vielmehr Rationalisierung ewig beweglicher geistiger Gestalten, die nur für den jeweiligen Durchschnitt einer bestimmten Entwicklungsphase fest bestimmt sind und allerdings sein müssen, an sich aber einer starren Ratio sich niemals fügen und gleichsam gefangen geben würden, sondern ihr gegenüber immer die Freiheit der Bewegung wahren. Grund: es gibt zuletzt nur Individuales".[36] Mit dieser Schlußbemerkung gibt Natorp sich als Leibnizianer zu erkennen, hätte aber vielleicht selbst sehen sollen, daß es auch für Leibniz nicht nur Individuales gibt, sondern daß sich dieses zu einer Einheit fügt (fügen muß), ob man diese nun „prästabilierte Harmonie" nennt oder anders.

Worauf es hier ankommt, ist die Problematik, die im Gegensatz des Idealen und Realen liegt, in seinem Gegensatz wie in seinem Zusammenklang, in der Fügung des einander zumindest partiell widersprechenden Individualen zu einer Einheit, die vielleicht nur im Denken existiert, vielleicht aber auch ganz unabhängig von diesem.

Natorps Meisterschüler verließ dessen idealistische Position und vertrat in seinen epochalen *Grundzügen einer Metaphysik der Erkenntnis* die Position eines metaphysischen Realismus. Die Welt existiert unabhängig von einem Bewußtsein, und sie kann niemals ganz und gar vollständig erkannt werden. Das hat verschiedene Gründe; ein ganz wesentlicher besteht darin, daß Erkenntnis- und Seinskategorien einander nur im sehr seltenen Idealfall decken. In der Darstellung Hartmanns – er kommt in nahezu allen seinen Werken darauf zurück – hat bereits Kant dieses extrem seltene Zusammentreffen im „obersten Grundsatz aller synthetischen Urtheile" formuliert. Sind „die Bedingungen der Möglichkeit der Erfahrung überhaupt ... zugleich Bedingungen der Möglichkeit der Gegenstände der Erfahrung" (B 197), kommen mithin die Kategorien des Seins und die Kategorien des Erkennens paßgenau zur Deckung, sind Urteile a priori möglich. Findet sich also kein Überstand des Irrationalen, gibt es nichts, das sich den Erkenntniskategorien nicht fügt, dann, aber auch einzig und allein nur dann, sind synthetische Urteile a priori möglich; deshalb können wir „von den Dingen nur das a priori erkennen, was wir selbst in sie legen" (B XVIII). Nur unter der Voraussetzung einer Kongruenz von Seins- und Erkenntniskategorien kann es Urteile a priori geben. Nur dann kann man vorab, also vor aller Erfahrung, vor einem Eintritt in die Welt und vor einer Begegnung mit ihr, Erfahrungsurteile über sie formulieren: ein paradoxes Ereignis, denn in aller Regel sind Seins- und Erkenntniskategorien einander nicht kongruent, so daß so gut wie immer ein Rest an Unverstandenem, ja eines grundsätzlich und für alle Zeiten Unver-

36. Natorp: Philosophische Systematik. Seite 344 und Seite 321.

stehbaren bleibt. So ist das Irrationale, das prinzipiell Unverständliche notwendig ein Teil unserer Welt. Selbst die Mathematik kennt das Irrationale, und natürlich findet es sich ebenso im Bereich des Mechanischen wie in der Welt des Lebendigen, wo unsere (Erkenntnis-) Kategorien sich noch viel weniger mit unseren Erfahrungen decken.

Nur beiläufig sei darauf hingewiesen, daß es auch andere große Denker gab, die diesen Gedanken verfolgten, auch wenn keiner diese Verhältnisse so präzise durchdacht hat. So zielt eine Formulierung von Leibniz auf denselben Zusammenfall von Seins- und Erkenntniskategorien in einem Dialog der *Neuen Abhandlungen*, in denen er sein Alter ego (sein Sprachrohr) über die elementaren Prinzipien des Geistes sagen läßt, daß in ihnen die „Natur der Dinge und die Natur des Geistes ... zur Deckung“[37] kommen. Ähnlich schrieb Natorp: „Im Grunde sind daher Gedanken in der Seele und Bewegungen im Körper ... nur verschiedene Darstellungen einer und derselben Gesetzesanordnung“.[38] Schließlich hat Ortega y Gasset, enger Freund Nicolai Hartmanns sowie Student Natorps, den Gedanken aufgenommen.[39]

Und noch andere große Denker des 20. Jahrhunderts vertraten diese Position. „Vergebens“, schreibt Henri Bergson in seinem Vorwort zu *Schöpferische Entwicklung*, „pressen wir das Leben in diesen oder jenen unserer Rahmen.“[40] Erkenntnis, und zwar im Bereich des Realen ausnahmslos jede Erkenntnis – wir werden das noch ausführlich zeigen –, ist perspektivisch und schon deshalb prinzipiell fragmentarisch; sie reicht niemals hin, irgendetwas Reales – und sei es noch so schlicht und einfach, sei es ein ganz beliebiges, durch und durch bedeutungsloses und dimensionsarmes Etwas – irgendetwas also in seiner Totalität, in all seinen Bezügen und damit zur gleichen Zeit von allen Seiten und in all seiner unendlichen Komplexität zu beschreiben. Vielmehr erfassen wir grundsätzlich immer nur Aspekte, und je komplexer ein Gegenstand ist, je mehr in sich selbst zusammengesetzt und zusammengefügt und in verschiedener, vieldimensionaler Weise mit seiner Umgebung verknüpft, desto geringer ist der Teil dessen, das wir wahrnehmen und erkennen, entsprechend größer das, das uns zeitweise oder gar immer verborgen bleibt. Alles, was wir empfinden und erfahren, erkennen und deuten, ist und bleibt immer und ewig nur ein Fragment, ein Ausschnitt, sogar ein willkürlicher Ausschnitt, so individuell wie wir selbst und immer

37. Leibniz: Neue Abhandlungen über den menschlichen Verstand. Seite 41.

38. Natorp: Allgemeine Psychologie nach kritischer Methode. Seite 131.

39. Ortega: ¿Que es filosofía?. Seite 69: „asimilación entre el ser conocido y el pensar o estado subjetivo del que conoce.“ Plessner (Einheit der Sinne. Seite 125) formulierte: „die Elemente der Notwendigkeit der Erfahrung sind zugleich die Notwendigkeitselemente der Gegenstände der Erfahrung.“

40. Bergson: Schöpferische Evolution. Seite 4.

abhängig von unserer Position, eine beliebige Provinz eines sich buchstäblich in die Unendlichkeit erstreckenden Kosmos.

Auch deshalb ist Erkenntnis niemals und unter keinen Umständen ein abgeschlossener Vorgang. Cohen und Natorp haben gewußt, warum sie die Frage nicht allein an den Anfang jeder Forschung gestellt haben, sondern sie als den wesenhaften Ausdruck jedes Lernens, Forschens und Nachdenkens ansahen. Von „den höchsten und complicirtesten Gestaltungen“ sagt Cohen, daß in ihnen „der Begriff immer doch Frage sein, und Frage bleiben“[41] muß. Zur Wissenschaft gehört deshalb immer ihre Akkumalation, die Anhäufung, Aneinanderreihung und Verflechtung verschiedener, eventuell widersprüchlicher Ergebnisse und deren unaufhörlicher Wandel.

41. Cohen: Logik der reinen Erkenntniss. Seite 27.

Was heißt: Die Welt verstehen?

Verstehen wir die Welt? Ist sie für uns intelligibel, können wir sie mit unserem Verstand durchdringen?

Wir sind weder Götter noch schlichte Genies (nicht einmal genial!, ist das nicht bitter?), und so wissen wir natürlich alle, daß wir zwar vieles nicht durchschauen, glauben aber in unserem Optimismus trotzdem die Welt so zu verstehen, daß wir uns in ihr richtig verhalten können, ohne für unsere Blindheiten und Irrtümer bestraft zu werden. Auch sind die meisten von uns davon überzeugt, daß sie sich nicht allein in der Welt zurechtfinden, sondern zusätzlich imstande sind, das Wesen der Welt zumindest in groben Zügen zu erfassen: in unserem Alltagswissen, in den verschiedenen, zum großen Teil erstaunlich weit fortgeschrittenen Wissenschaften, aber auch in Religion, Kunst oder Philosophie.

Verstehen wir wirklich die Welt? Für ein Tier käme diese Frage von jenseits seines Horizontes, denn Tiere stellen weder ihre Welt noch sich selbst in Frage. Aber es ist sicher, daß Tiere sich sehr gut orientieren können, nämlich sich in ihrer Umwelt so zurechtfinden, daß sie nicht sterben, sondern überleben und sich vermehren. Was wäre für uns das Kriterium, das uns wissen läßt, daß wir die Welt verstehen? Sollen wir einen rein pragmatistischen Standpunkt einnehmen und fragen, ob es vielleicht der Erfolg unseres Handelns ist, der uns der Wahrheit gewisser Annahmen versichert? In diesem Fall besäßen viele, nein alle Tiere einen Zugang zur Wahrheit – sie nehmen zwar vieles überhaupt nicht wahr und gehen selbst dann achtlos an vielem vorüber, wenn es ihren Sinnen kaum entgehen kann, aber ihre Hauptannahmen (eßbar oder nicht, gefährlich oder ungefährlich) bestätigen sich fast immer. Die bloße Tatsache, daß eine Tierart sich entwickeln und behaupten konnte (und von welcher könnte man das nicht sagen?), würde bereits ihre Grundannahmen bestätigen. Sie sind so eingerichtet, daß sie sich immer in ihrer Umwelt orientieren können.

Auch wir selbst können in unserer eigenen Umwelt überleben und uns vermehren, aber anders als Tiere können wir darüber hinaus die Umwelt anderer, sogar ganz fremder Wesen zumindest ein klein wenig verstehen. So leben wir nicht allein in unserer eigenen Umwelt, sondern darüber hinaus in einer Welt, zu der auch Wesen mit Sinnen, Erfahrungen und Erlebnissen gehören, die für uns – nein, nicht wirklich ganz und gar, aber doch mehr oder weniger unnachvollziehbar sind. Natürlich gilt auch das Umgekehrte – wir sind für die Tiere Aliens wie sie für uns. Der Geruchssinn des Hundes, das Gehör einer Fledermaus, noch viel mehr der elektrische Sinn mancher Fische ist für uns nicht einmal von Ferne vorstellbar; sie dagegen kennen nicht die Vielfalt unserer Sinneseindrücke, blicken nicht zu einem Horizont und wissen nicht um die Endlichkeit ihres Lebens.

Wir wissen also um die Relativität wie um die Beschränktheit unserer eigenen Erfahrungen, aber es wird immer ein Problem bleiben, das Maß dessen zu bestimmen, das wir nicht einmal wahrnehmen, geschweige denn verstehen. Tiere erfassen uns nur als ihresgleichen, also als Tiere und ohne um unser Menschentum zu wissen, und so läßt sich die Möglichkeit nicht ausschließen, daß es sogar in unserer unmittelbaren Nähe Wesen gibt, die auf uns niederschauen oder mit uns umgehen, ohne daß wir sie wahrnehmen oder, falls wir sie wahrnehmen, wirklich als fremdartige, uns vielleicht weit überlegene Kreaturen erkennen.

Deshalb ist auch die Wahrheit unserer Annahmen nicht in jedem Fall und vielleicht sogar nur in der Minderheit der Fälle gesichert. Kann es sein, daß unser Weltbild von groben Mißverständnissen geprägt ist, die uns trotz oder sogar wegen ihrer Falschheit erst das Überleben ermöglichen – daß unsere Art also ihr Überleben dem Umstand zu verdanken hat, daß wir manches nicht einmal bemerken oder einfach nur grob mißverstehen?

Nehmen wir an, daß es diese pragmatisch sinnvollen Mißverständnisse nicht gibt, sondern daß wir in sehr vielen Fällen tatsächlich nahe bei der Wahrheit sind und unser Bild von der Welt ihr in wesentlichen Zügen entspricht. Hier stellt sich eine weitere und dazu viel grundsätzlichere Frage: Wie kann es sein, daß Materie mitsamt ihren Ereignissen mit unserem Verstand kompatibel ist, daß also etwas Geistiges einerseits auf etwas Ungeistigem beruht – nämlich auf unserem sich bewegenden, handelnden und noch dazu denkenden Fleisch –, andererseits erfolgreich mit etwas Ungeistigem umgehen kann? Bedeutet es bereits, etwas zu verstehen, wenn man mit diesem Etwas zu hantieren weiß? Wir können die Dinge der Welt – nichtorganische Gegenstände ebenso wie andere Lebewesen und sogar vielgliedrige Prozesse – in unserem Sinne beeinflussen und manipulieren, aber darf man schon deshalb davon sprechen, daß wir selbst etwas so Elementares und leicht Berechenbares wie einen Steinwurf oder die Kollision zweier Billardkugeln wirklich verstehen? Immerhin, ein Philosoph wie Immanuel Kant hat nicht daran geglaubt, und es haben sich ihm einige andere große Geister angeschlossen.

Natürlich sind wir es gewohnt, über die Verständnisprobleme, die uns bereits die leblose, viel mehr noch aber die lebendige Natur stellen, so einfach hinwegzugehen – sonst könnten wir ja gar nicht mehr unser Leben führen. Schließlich gebrauchen wir mit derselben Selbstverständlichkeit Maschinen und Geräte, deren Funktionieren wir auch nicht im Ansatz begreifen. Aber gelegentlich sollten wir innehalten und uns wundern und die alltäglichen Rätsel uns ganz lebhaft und mit größter Intensität vor Augen führen. Wir verstehen nämlich unendlich vieles nicht.

Es ist längst üblich geworden, mit Wörtern wie zum Beispiel Kraft oder Energie zu jonglieren, um mit ihnen Aspekte der geistigen wie der psychischen Welt zu durch- und beleuchten, aber schon ganz elementare Begriffe wie Materie, Zeit oder eben Energie, mit denen in unserem täglichen Leben umzugehen wir überhaupt nicht vermeiden können, selbst diese allem anderen zugrundeliegenden Begriffe bieten unserem Verstand fast unüberwindliche Schwierigkeiten. Nicht nur die großen Philosophen, sondern auch bedeutende Physiker haben immer wieder betont, daß es nicht möglich ist, Elementarbegriffe zu definieren, und niemand hat sich mehr über die Schwerkraft gewundert als ausgerechnet Isaac Newton!

Bereits der ganz junge Schelling bezeichnet 1798 im ersten Satz von *Ueber das Verhältniß des Realen und Idealen in der Natur* die Materie als das „Dunkelste aller Dinge", und unserer Zeit etwas näher ist Wolfgang Stegmüller, der auf den merkwürdigen Umstand hinweist, daß ausgerechnet der Begriff der Materie, der den Materialisten doch so wichtig ist, „der schwierigste, unbewältigtste und rätselhafteste Begriff überhaupt für die Wissenschaft dieses Jahrhunderts"[1] bleibt. Die größten Verehrer der Wissenschaft stehen dem Begriff der Materie in einer ganz und gar naiven Weise gegenüber. Und vor allen Dingen ist das, was wir in Schule oder Universität über das Wesen der Materie lernen – nach den Erkenntnissen der Physik handelt es sich ja bei ihr um einen leeren Raum, durch den einige unvorstellbar kleine Partikel mit unvorstellbarer Geschwindigkeit sausen, um auf diese Weise die Illusion eines festen Körpers hervorzurufen –, ist also unser Alltags- oder Schulwissen unter keinen Umständen mit unserem naiven Erleben der Materie unter einen Hut zu bringen. Es paßt einfach nicht zusammen.

In jedem Fall – selbst von dem größten und umfassendsten Verstand nicht einzuholen ist die Vielfalt der Welt. Es sind ja nicht allein verschiedenartige Gegenstände, also Objekte, die uns selbst vor Augen stehen, sondern auf der anderen Seite auch die unterschiedlichen Auffassungsweisen der verschiedenen Wesen, die ein schillerndes, uneinheitliches, in sich vielfach gegliedertes und abgestuftes Bild der Welt erfordern.

Die Vielfalt und Buntheit der Welt wird notwendig verfehlt, wenn man ihren Schichtencharakter übersieht, also die offen zutage liegende Tatsache, daß die leblose Natur anderen Gesetzen unterliegt als die Welt der Pflanzen, der Tiere und des Menschen. Ob es noch weitere, jene des Menschen übersteigende Schichten gibt, wissen wir nicht und werden es aus prinzipiellen Gründen auch niemals erfahren – die Pflanze weiß überhaupt gar nichts, und schon gar nicht weiß sie von den Schichten über ihr, den Tieren oder Menschen, so wie der Stein nicht die Moose und Flechten wahrnimmt, die ihn besiedeln. Die obere Schicht ruht auf der unteren auf und erfährt diese auch, wenn sie ein intelligentes Wesen ist, nimmt sie also wahr oder erkennt sie, aber daß die untere von der oberen weiß, geschieht niemals und unter keinen

1. Stegmüller: Hauptströmungen der Gegenwartsphilosophie. Band III. Seite 90.

Umständen. Die untere Schicht ist gegenüber der oberen blind, taub und verständnislos. Wäre es anders, wären es nicht zwei verschiedene Schichten. Falls also unsere Welt von einem anderen Element oder einem anderen Bereich des Seins überkuppelt wird, falls eine uns unbekannte Vielheit fremder Wesen oder eine schreckliche Gottheit auf uns niederschaut, werden wir es niemals erfahren, und wenn wir einen Hinweis darauf erhalten sollten, dann allenfalls so, daß uns etwas Fremdes kalt berührt, daß uns etwas prinzipiell Unverständliches begegnet oder sich ein großes Rätsel auftut, das sich nicht in unser Weltbild integrieren läßt.

Man kann sich deshalb sehr ernsthaft überlegen, ob diesen vier Schichten nicht noch andere hinzuzufügen sind, die zwischen die anderen Schichten gehören (Was ist mit den Pilzen? Über deren Stellung zwischen Tier und Pflanze dachte schon Bergson nach, als er sie als „die Fehlgeburten der Pflanzenwelt“[2] bezeichnete), und zusätzlich ist es fraglich, wie es um die Bereiche zwischen ihnen bestellt ist, ob es fließende Übergänge sind oder wegen ihrer schroff klaffenden Tiefe unüberwindbare Brüche. Und die (leider niemals zu beantwortende) Frage muß noch einmal gestellt werden, ob es nicht eine fünfte, die ersten vier und damit auch uns selbst überwölbende Schicht gibt. So wenig ein Tier einen Menschen als Mensch wahrnimmt, weil die untere Schicht niemals etwas von der oberen weiß, so wenig könnten wir eine fünfte Schicht wahrnehmen und verstehen. Immerhin, die insbesondere in den zwanziger Jahren von einigen Großen der Philosophiegeschichte angedeutete Möglichkeit eines „Allebens“, also die Zusammenfassung aller Organismen dieser Welt in einem einzigen, das ganze Leben umgreifenden Organismus könnte eine solche Schicht darstellen. Aber damit ist auch gesagt, daß wir über die Existenz des Allebens spekulieren können, es aber niemals beschreiben, erforschen oder verstehen werden. Niemals.

Es gibt eine philosophische Disziplin, die sich mit der Vielfalt des Seins beschäftigt und die mal Ontologie, mal Kategorienlehre genannt wird. In unseren Tagen steht sie nicht sehr hoch im Kurs. Ihr Begründer war Aristoteles, und im Rückgriff auf ihn waren es die Meister der Scholastik, welche die aristotelische Vielfalt der Fragestellungen und Methoden aufnahmen. Immer wieder, und sicherlich zu Recht, wird von der Forschung die anti-monistische Ausrichtung der von Aristoteles ausgehenden Philosophie betont, und das scheint auch neben ihrer Nähe zu unserer Lebenswelt der Punkt, warum sie selbst und die Scholastik auch für uns Spätere wichtig sein können. Aristoteles und mit ihr die Scholastik stellten die systematische Frage nach den verschiedenen Seinsweisen, denen wir begegnen und die uns bestimmen, sowie – daraus folgend – den verschiedenen Typen der Kausalität, die je ganz eigenen

2. Bergson: Schöpferische Evolution. Seite 129.

Ursache-Wirkungs-Zusammenhänge. Wir wollen aber nicht im Ernst auf die mittelalterliche Philosophie zurückgreifen, zunächst, weil ich selbst dafür nicht gelehrt genug bin, zusätzlich, weil sehr große Gelehrte des 19. und 20. Jahrhunderts uns den Weg bereitet haben – sowohl im Rückgriff auf Aristoteles wie eben auf die Scholastik –, einen Weg, den später so bedeutende Philosophen wie Edmund Husserl beschritten. Aber auch sein Werk soll nur am Rand beachtet werden. Vor allem will ich mich auf einige philosophische Werke von größter Bedeutung beziehen, für die einerseits Kant, andererseits Leibniz Vorbildcharakter besaßen. Schon Kants, Cohens oder Natorps Werke sind in dieser Hinsicht enorm wichtig. Aber vor allem handelt es sich um *Process and Reality* von Alfred North Whitehead (1929) und dazu um die vier mächtigen Bände von Nicolai Hartmanns Ontologie, die dieser zwischen 1935 und 1950 herausbrachte und deren Ergebnisse sich in manchen Punkten mit jenen Whiteheads treffen, während sie diesen allerdings in anderen doch entschieden widersprechen.

Für mich ist es merkwürdig, ja unverständlich, daß trotz der so viel größeren Lesbarkeit von Hartmanns Werk und seiner außergewöhnlich sorgfältigen und selbständigen Argumentation dieses ganz und gar aus dem Fokus der philosophischen Forschung verschwunden ist, während Whitehead vielleicht nicht gerade populär ist, aber doch immer wieder diskutiert wird – und heute zumindest in Deutschland mehr denn je zuvor. Außerdem ist in Whiteheads Hauptwerk immer wieder von Gott die Rede, und es ist nicht leicht zu verstehen, daß ein vorwiegend atheistisches Publikum darauf in keiner Weise ablehnend reagiert. Ein möglicher Grund für die Akzeptanz Whiteheads (oder seine Bewunderung) ist neben seiner engen Beziehung zu Bertrand Russell und damit zu Wittgenstein wahrscheinlich der Pantheismus seines Werks, wogegen für Hartmann Pantheismus „die verkehrteste Verkehrung" ist.[3]

Eine vielleicht nicht bloß äußerliche Gemeinsamkeit dieser Philosophen besteht darin, daß sie sich auf Platons Dialog *Sophistes* berufen und sich den dort artikulierten Realitätsbegriff zu eigen machten. Hartmann schreibt über diesen Dialog bereits in seinem frühen Werk *Platos Logik des Seins* und später (1941) in seinem Aufsatz *Zur Lehre vom Eidos bei Platon und Aristoteles* (im 2. Band seiner *Kleineren Schriften*), und in seinen ontologischen Hauptwerken hat er dann das im *Sophistes* erörterte Ineinander von Sein und Nicht-Sein in das Verhältnis von Idealem und Realem überführt, das in dieser Studie ausführlich diskutiert wird. Zusätzlich muß man an die Vorlesungen denken, die sein Lehrer Paul Natorp unmittelbar vor seinem Tod in Marburg hielt und in denen er auf die Verflechtung der Begriffe zu sprechen kommt, die plato-

3. Hartmann: Ethik. Seite 614.

nische „symploke". Bereits in *Die Logischen Grundlagen der exakten Wissenschaften* geht es Natorp in immer wieder verschiedenen, unermüdlich neu variierten Wendungen um den allseitigen Zusammenhang alles Seienden, um die Verknüpfung sowohl der Begriffe als auch des Realen zu einem Wirklichen; und er greift sehr bewußt auf die Metaphorik des Flechtens zurück. Wie schon zuvor das entsprechende Kapitel seiner Platon-Monographie bieten diese Werke eine Ontologie und haben ganz gewiß großen Einfluß auf Hartmanns eigenen Entwurf ausgeübt.

Auch Whitehead beruft sich in *Abenteuer der Ideen* ausdrücklich auf die „Definition für ‚Wirklichkeit', die in Platons *Sophistes* vorgeschlagen wird."[4] Aber: Anders als Natorp und Hartmann betont er einerseits das schöpferische und aktive Moment der Wirklichkeit und unseres Verhältnisses zu ihr, andererseits sind für ihn in der Wahrnehmung auch die emotionalen Töne wesentlich, die von Hartmann zwar nicht bestritten, aber kaum reflektiert und thematisiert werden. Vielleicht ist es aber auch nur so, daß Hartmann sich der vielleicht für immer unlösbaren, vielleicht nur sehr schwierigen Probleme bewußt war, die das Schöpferische hervorruft. Ontologisch, schreibt er, der das Prozeßartige nocht stärker betont als Whitehead, „ontologisch ist Werden ... eine Art des Seins, und zwar die bei weitem wichtigste: die Seinsart alles Realen". Er stellt heraus, daß die „erstmalige Entstehungsweise" von allem Möglichen das entscheidende Problem ist, besonders aber die „erstmalige Entstehungsweise des Zweckmäßigen innerhalb einer Welt des zwecklosen Geschehens": mit anderen Worten, das entscheidende und vielleicht unlösbare Problem ist die Entstehung des Lebens aus dem leblosen Gestein, die „erstmalige Entstehung der organischen Form".[5]

Vielleicht war es so, daß Whitehead von Platons Begriff der „symploke" inspiriert wurde, dessen lateinische Übersetzung – „connexio" – zu seinem „Nexus" wurde.[6] Schließlich muß noch an die antike Vorstellung einer „Weltseele" erinnert werden, deren Geschichte Heinz Robert Schletter in seinem gleichnamigen Buch beschreibt. Diesen Denkern, die allesamt mit der griechischen Philosophie gut oder sogar sehr intim vertraut waren, lagen Begriffe wie „Alleben" schon deshalb nicht so fern wie uns.

4. Whitehead: Abenteuer der Ideen. Seite 331. In seinem Spätwerk kennt er dieselben vier Schichten des Seins wie Nicolai Hartmann. Denkweisen. Seite 69f. (Modes of Thought. Seite 27.) – Auf den *Sophistes* bezieht sich auch Ernst Cassirer (Philosophie der symbolischen Formen. Band I. Seite 28).

5. Hartmann: Philosophie der Natur. Seite 136 und Seite 637f.

6. Sicher spielt auch die Terminologie der Tradition eine große Rolle. In einem ganz ähnlichen Sinne spricht Kant in seiner Dissertation von „Nexus" – er verstand mit einer Anspielung auf Cicero darunter das, was die Verknüpfung der Welt ausmacht: „Nexus autem, formam mundi esssentialem constituens".

Whitehead knüpft, ganz anders als Hartmann, unter anderem an die Lebensphilosophie Henri Bergsons und dessen Vorstellung eines „élan vital" an, also an die metaphysische Konzeption eines am Anfang des Lebens stehenden, seine Entwicklung bestimmenden Lebensschwunges. Wer eine allumfassende, eine tatsächlich das Sein insgesamt und alle seine Provinzen durchziehende Kontinuität annimmt – oder, was im Ergebnis dasselbe ist, jede Grenze und damit buchstäblich jeden Hiatus leugnet –, muß Elemente des Lebens und sogar des Geistes bereits in dem voraussetzen, was jemand anderes als lebloses Sein bezeichnet; oder er muß seelische Elemente dort finden, wo andere nur Staub und Steine sehen.[7]

Schon für den jungen Schelling scheint 1798 das Universum in seiner Schrift *Von der Weltseele* eine Art Organismus. Er entwirft in dieser Schrift die Vision einer von Gegensätzen durchpulsten Welt, die dank ihrer inneren Wirkungszusammenhänge *eine* ist, die „eine und unteilbare". Aber wir sollten uns hier fragen, ob seine Metaphorik nicht etwas mehr sagt, als er eigentlich sagen möchte. Denn vielleicht meint er wirklich nicht mehr als bloß einen dicht gewobenen Wirkungszusammenhang? Die leisesten Veränderungen, zum Beispiel bloß räumlicher Verhältnisse, haben in diesem anscheinend (scheinbar?) lebensvollen Ganzen Wärme, Licht und Elektrizität zur Folge, und deshalb zeigt sich alles beseelt dank eines intensiven Verhältnisses des Teils zum Ganzen und des Ganzen zu seinen Teilen. Kann man ernsthaft die Welt (den Kosmos) als *einen* Kosmos ansehen?

„Wenn nicht schon im Molekül", so lautet das Argument bei dem (wie ja auch Schelling...) tief gläubigen Pierre Teilhard de Chardin, „eine Neigung zur Vereinigung bestünde, so wäre das Erscheinen der Liebe auch auf höherer Stufe, in ihrer menschlichen Form, physisch unmöglich." Kann man glauben, daß dieses durch und durch religiöse Argument heute von einer ganzen Reihe von sich entschieden atheistisch gebärdenden Autoren wiederholt wird?

Ich glaube also, daß Bergson deshalb so viel gelesen wurde und Whiteheads Philosophie auch deshalb leicht akzeptiert wird, weil sie auf einem Panpsychismus beruhen oder in einen solchen münden. Einige Jahrzehnte nach ihnen, Mitte der fünfziger Jahre, bewegte sich Teilhard de Chardin vielleicht unter ihrem Einfluß auf demselben Terrain; seine Argumentation in dem vielbeachteten, ja für eine Weile geradezu populären Nachlaßwerk *Der Mensch im Kosmos* ist exakt dieselbe, und wie die zuvor genannten Autoren

7. „Here again there is profound and important truth in Whitehead's view; his refusal to regard mind as something utterly disparate from nature, his insistence that mind as we know it in man is something that has come to be what it is by developing functions belonging to life in general and even in the last resort to the inorganic world, is altogether admirable; but once more, as in the case of life, he is on the horns of a dilemma." Collingwood: The Idea of Nature. Seite 174.

offenbart er sich hier, aber auch überall sonst als Panpsychist. Er sieht sich selbst nämlich „in einem aus Bewußtseinsstoff bestehenden Universum" und nimmt an, daß sich kleinste und subtilste Spuren „irgendeiner rudimentären Psyche" selbst in der Hylosphäre, wie er den Bereich des Unorganischen nennt, finden oder „daß sich das ‚Psychische' als etwas erweist, was in verschiedenen Graden von Konzentration der Gesamtheit der Erscheinungswelt zugrundeliegt."[8]

Wie aber soll man (kann man überhaupt?) sich einen „Bewußtseinsstoff" vorstellen?

Es ist wohl dieser Punkt, wo Hartmanns und Whiteheads Entwürfe am entschiedensten aufeinanderprallen, und vielleicht ist das auch ein Grund, warum Hartmanns Werk von unseren Zeitgenossen nicht goutiert wird. Seine Schichtentheorie – sein Realismus? seine Nüchternheit? – verbot es ihm, wie Bergson von einem nicht an die Materie oder eine andere Grundlage gebundenen, also im Grunde freischwebenden Gedächtnis zu sprechen oder wie Whitehead, Teilhard und deren Epigonen die Existenz des Geistes in das leblose Sein zu projizieren; und wir wollen uns ihm in diesem Punkt anschließen. Der Gedanke eines „Bewußtseinsstoffes" ist absurd. Bewußtsein, das werde ich noch ausführlich zeigen, ist außerhalb eines Leibes (also eines belebten Körpers) niemals zu finden, denn es ist nichts anderes als das Sichselbst-Erleben dieses Leibes. Das Universum aber erlebt sich selbst nicht, auch nicht in einer dumpfen oder rudimentären Weise.

Sieht Whiteheads Philosophie das Sein insgesamt buchstäblich oder doch nur in einer leichtfertigen Metaphorik als *einen* Organismus an? Zu der Hoch- und Blütezeit seines Forschens und Publizierens, also in der zweiten Hälfte der zwanziger Jahre, wäre der britische Philosoph weder der erste noch der einzige gewesen, denn Max Scheler schrieb fast gleichzeitig in den Vorstudien zu seiner nie vollendeten Metaphysik: „Die Welt ist ein lebendiger Organismus".[9] Wohlgemerkt, er wollte diese Bemerkung wörtlich verstanden wissen.

Selbst der große Mathematiker Bernhard Riemann hielt Spekulationen Theodor Fechners über die Beseelung von Gestirnen für diskutabel und erklärte in einer von ihm zu Lebzeiten unveröffentlichten Rezension, Fechner

8. Teilhard de Chardin: Der Mensch im Kosmos. Seite 258, Seite 269, Seite 298, Seite 306.

9. Scheler: Schriften aus dem Nachlaß. Band II: Erkenntnislehre und Metaphysik. Seite 158. Vergleiche noch Seite 198: „Die Welt als ‚Leib' des Allebens". Auch in *Erkenntnis und Arbeit* schreibt er über das *eine* „Lebensagens". Scheler: Erkenntnis und Arbeit, in: M.S.: Die Wissensformen und die Gesellschaft. Seiten 191–382, Seite 268f. und Seite 271. Vgl. noch Kapitel VI, Seite 339f. Zweifellos hatte Scheler vor, gerade dieses Problem, das bereits in der Abhandlung über die Sympathiegefühle eine Rolle spielt, in seiner mehrfach angekündigten, leider nie abgeschlossenen Metaphysik zu erörtern.

vertrete seine Philosophie mit „überzeugender Kraft". Es gebe „Erkenntnisbereiche, in denen die Methode der Physiker versagt, theoretische Spekulationen durch Experimente zu untermauern."[10] Die Wiener Einheitswissenschaftler hätten angesichts dieser Bemerkung sicherlich die Stirn gekräuselt. Wo könnte denn die Methode der Physiker versagen?

Fragwürdig sind aber die knappen und nur schwer verständlichen Bemerkungen Schelers wie Riemanns zweifellos – wie können denn leblose Gestirne beseelt sein? Wie kann man die Welt insgesamt als einen einzigen Organismus ansehen? Im Grunde ist das ein religiöser, aber kein philosophischer Gedanke.

Möglicherweise haben für Scheler und Whitehead die naturphilosophischen Spekulationen des südafrikanischen Verhaltensforschers und Biologen Eugène Marais eine Rolle gespielt, die von dem Literaturnobelpreisträger von 1911, Maurice Maeterlinck, in *Das Leben der Termiten* sowie *Das Leben der Ameisen* aufgenommen (verwurstet...) und popularisiert wurden. An verschiedenen Stellen beider Schriften spekuliert Maeterlinck in der Nachfolge von Marais darüber, ob man – nein, nicht ob man die Welt, aber doch immerhin ein Ameisen- beziehungsweise Termitennest als ein einziges Lebewesen ansehen soll. „Der Termitenhügel", hatte Marais in seinem erst einige Jahre später aus dem Afrikaans ins Deutsche übersetzten Buch geschrieben, sei „ein besonderes, zusammengesetztes Tier", das eine „Gruppenseele"[11] besitze. Schließlich verweist Maeterlinck in dem letzten Kapitel seines 1926 veröffentlichten Termitenbuches, „Instinkt und Intellekt" überschrieben, auf die Beobachtungen des Wespenforschers Jean-Henri Fabre und spricht selbst unter dem Eindruck des rätselhaften Gemeinschaftslebens der staatenbildenden Insekten von einer „anima mundi", einer „Gesamtseele" und endlich einer „Weltseele". In eine ganz ähnliche Richtung (und vielleicht von Marais beeinflußt) zielt Hartmanns Argumentation, der das „Ameisenvolk" als „ein einheitliches Ganzes" ansieht, „das zum ‚Individuum' höherer Ordnung zusammengewachsen ist." Wiederholt spricht er von einem „Individuum großen Stils",[12] also nicht wie Scheler von der ganzen Welt. Hartmann weist darauf hin, daß die Verteilung der Organe im Raum (in einem Leib) so wenig dessen Einheit beeinträchtige wie die Existenz verschiedener Leiber, die ein einziges, wie ein Individuum agierendes Ameisenvolk ergeben.

Von unerwarteter Seite erfahren derartige Überlegungen eine Zustimmung. Der große Physiker Erwin Schrödinger glaubte nämlich, daß „ein sehr stark gefühlsbetonter Komplex beim Menschen wie bei den Tieren den

10. Zitiert nach Laugwitz: Bernhard Riemann 1826–1866. Seite 275.

11. Marais: Die Seele der weißen Ameise. Seite 93 und Seite 77.

12. Hartmann: Philosophie der Natur. Seite 603.

Stempel superindividuellen Gedächtnisses ganz untrüglich an der Stirn" trägt, und er spricht sich wiederholt dafür aus, daß es nur *ein* Bewußtsein gibt, daß es also sinnlos ist, vom Bewußtsein im Plural zu sprechen. „Wie ist es nun aber", fragt er, „wenn ich nicht allein vor dem besagten Baum stehe, sondern mit einigen Mitmenschen und als durch Mitteilung hinreichend gesichert ansehe, daß wir alle den Baum in gleicher Weise wahrnehmen? Ich muß dann annehmen, daß numerisch ein Elementenkomplex – eben der Baum – gleichzeitig Bestandteil mehrerer Bewußtseine ist, mehreren Ichs gleichzeitig angehört, gemeinsam ist. Wohlgemerkt: nicht gemeinsames Objekt der Wahrnehmung, sondern gemeinsamer Wahrnehmungsbestandteil."[13]

Dieser Gedanke kann unmöglich richtig sein, und zwar bereits deshalb, weil die Eingangsvoraussetzung niemals gegeben ist: niemals werden zwei Menschen einen Baum oder irgendetwas anderes Reales in derselben Weise wahrnehmen. Ihre – oder besser: unsere – Wahrnehmung ist in jedem Fall perspektivisch; jede Wahrnehmung – von welchem Wesen auch immer – ist von ihrem Standort wie von ihrem Zeitpunkt geprägt, und niemals wird irgendetwas Reales (diese Einschränkung ist wichtig!) von zwei verschiedenen Wesen in identischer Weise erfahren, ja auch wir selbst werden etwas Reales wie den Baum niemals ein anderes Mal in derselben Weise wahrnehmen, wie wir das einmal getan haben, sondern die nächste Wahrnehmung wird eine andere sein.

Auch von Natorp stammen Bemerkungen, die prima facie in diese Richtung deuten – also dahin, daß alles *ein* Leben sei –, aber ein näheres Hinsehen zeigt, wie sorgfältig dieser Philosoph formuliert. Er sagt nämlich ausdrücklich nicht, daß sich das Leben durch das ganze Sein zieht, sondern er spricht allein davon, alles Sein sei „in lebendiger Formung"[14] begriffen, womit er also nur auf die Wechselwirkung zielt, auf die sich in ähnlich offensichtlicher Weise auch Alexander von Humboldt bezieht, wenn er im Eingang seines *Kosmos* schreibt, daß er „die Erscheinungen in ihrem allgemeinen Zusammenhange" beschreiben wolle und daß es ihm auf „das Zusammenwirken der Kräfte" angekommen sei.[15] Genau in diese Richtung argumentiert auch der noch sehr junge Schelling in seinen 1797 veröffentlichten *Ideen zu einer Philosophie der Natur*, wo er über die Natur als „Ein Ganzes" nachdenkt und zeigt, daß es die Organisation der Natur selbst ist, die uns zu einem teleologischen Denken treibt. Wir können angesichts ihrer wechselseitigen Bezüge und ihrer fast immer gelingenden Regulation gar nicht anders, als Zwecke anzunehmen.

13. Schrödinger: Mein Leben, meine Weltansicht. Seite 74 und Seite 64.

14. Natorp: Philosophische Systematik. Seite 205.

15. von Humboldt: Kosmos. Seite 3 und Seite 240.

Aber wir dürfen niemals vergessen, daß es diese Zwecke nur in unserer Sicht gibt, weil wir es sind, die so auf die Welt schauen. Es handelt sich keinesfalls um einen objektiven Befund.

Scheler und Whitehead standen nicht allein, zumal sie sich auf älteste und bedeutendste Denker hätten berufen können, zu denen neben Schelling noch Platon[16] und Johannes Kepler[17] zählen. Gleichzeitig mit Scheler und Whitehead hat der heute vergessene Leopold Ziegler, ein in der Weimarer Republik vielgelesener, bis in die fünfziger Jahre hochgeachteter Religions- und Kulturphilosoph, seinem frühen Hauptwerk *Gestaltwandel der Götter* eine Philosophie des Organismus eingefügt, eine „tellurische Organik", die in seiner der Geistesgeschichte folgenden Darstellung auf die mechanistischen Auffassungen des 18. und 19. Jahrhunderts folgt. Er findet Gründe für eine Deutung der Welt als einem Gesamtorganismus in der Anpassungs- und Reaktionsfähigkeit des Lebens und schreibt deshalb, daß er „alle Änderungen der Wirklichkeit organisch" nennen will, „die von Reizen oder reizähnlichen Anlässen nicht sowohl verursacht, als ausgelöst werden"; anders als die Pantheisten faßt er also nur das Leben zusammen, denn das leblose Sein unterliegt keinen Reizen. Für Ziegler heißt „des Lebens Hochgeheimnis ... unter allen Umständen Form-Wechsel, Gestalt-Wandel. Der organische Kosmos vergegenwärtigt uns seine Erscheinungen als zeitlich nacheinander umgeformte Gestalten; überall deutet er auf eine Metamorphosis seiner Verkörperungen in Vergangenheit und Zukunft hin."[18]

Selbst der wohl nüchternste Naturphilosoph des 20. Jahrhunderts, Nicolai Hartmann, argumentiert in dieselbe Richtung. Er spricht aber nicht von einem Gesamtleben, sondern betrachtet zunächst allein die Entwicklung einer Art, die er „als ein Lebewesen höherer Ordnung" ansieht, um im Anschluß „im Nebeneinanderleben vieler Arten, mit denen sie in einer Welt koexistiert", ein „‚lebendes Individuum großen Stils'" zu erkennen.[19]

Ziegler geht es darum, daß das Leben auf der Erde insgesamt auf alle Veränderungen seiner Umwelt reagiert, als sei es wirklich ein einziger Organismus. Das „Alleben" (Scheler) kreiert Neues und gestaltet sich selbst anders, indem es in einem lang andauernden Entwicklungsprozeß Antworten auf Herausforderungen aller Art findet. Und diese Herausforderungen kann es

16. Vgl. Friedländer: Platon. Band 3: Die Platonischen Schriften. Seite 339: „Platon sieht die Welt als ein Gesamtwesen, das nicht nur einen vollkommenen Körper hat, sondern einen durchaus von Seele, Leben durchdrungenen Körper." Platons Überlegungen zur Weltseele finden sich besonders im *Timaios*.

17. Vgl. Vonessen: Signaturen des Kosmos. Seite 167.

18. Ziegler: Gestaltwandel der Götter. Zweiter Band. Seite 641, Seite 628 und Seite 655f. Eventuell ist auch Bergson hier zu nennen; vgl. Materie und Gedächtnis. Seite 234.

19. Hartmann: Philosophie der Natur. Seite 602f.

annehmen, diese Antworten kann es finden, weil es einen dichtgefügten Zusammenhang gegenseitiger Abhängigkeiten bildet, also unter dem „Gesetz der totalen Korrelation“[20] steht, so daß es nicht aus äußerlich zusammengefügten Bestandteilen besteht, sondern als ein einziger Organismus angesehen und behandelt werden kann.

Schließt sich hier nicht ein Kreis? Dieses Konzept wurde im 20. Jahrhundert von einigen der bedeutendsten Denker ihrer Zeit formuliert, aber im Grunde entspricht es der Grundannahme primitiver (oder sogenannter Natur-)Religionen, die ihren Ausgang von einer allumfassenden Sympathie alles Lebens und Seins auf der Erde nehmen. Und gibt es nicht zahlreiche bedeutende Autoren auch der Moderne, auf die sich diese Philosophen hätten berufen können? Besonders gewichtig scheinen die Bemerkungen des bereits angesprochenen Jean-Henri Fabre, die sich gegen den „Transformismus“ wenden, wie er in der Terminologie seiner Zeit die Evolutionstheorie Darwins nennt. Dabei verweist er darauf, daß viele Entwicklungen insbesondere in der Tierwelt ganz und gar folgenlos und damit für immer Episode geblieben wären, wären sie nicht augenblicklich, beim allerersten Versuch, erfolgreich gewesen. Das gilt besonders für alle vielgliedrigen Vorgänge im Dienst der Fortpflanzung und der Ernährung. Im dritten Band seiner *Erinnerungen eines Insektenforschers* fragt er deshalb, wie Lebewesen, denen es an jeder Intelligenz mangelt, sich mit dieser unfehlbaren Sicherheit vermehren oder schützen können, und nimmt ein „universales Wissen“ als den Ursprung oder als die Quelle ihres Verhaltens an.[21]

Das entscheidende Argument ist, daß Instinkthandlungen, worauf Fabre in seinem vielbändigen Werk hinzuweisen nicht müde wird, auf einen Schlag entstanden sein müssen, weil die ersten Stufen ohne die ihnen folgenden Handlungen ganz und gar sinnlos, ja eventuell sogar schädlich gewesen und deshalb sofort wieder verschwunden wären. Und die späteren können nicht vor den früheren entstanden sein, weil sie dann in der Luft gehangen hätten. Von einem Augenblick zum anderen müssen die Instinkte deshalb in ihrer ganzen Komplexität das Verhalten der Insekten bestimmt haben, um sich danach nie wieder zu ändern. Eine allmähliche, sich vielleicht gar über Jahrtausende hinziehende Entwicklung ist nicht denkbar – übrigens auch deshalb, weil es das Wesen von Instinkten ist, sich niemals zu verändern. Ein solcher Vorgang, falls er sich tatsächlich so ereignet haben sollte – wir werden es niemals erfahren, weil seine Entstehung natürlich keinerlei Spuren hinterlassen hat –, ließe sich unter keinen Umständen mit der Evolutionstheorie

20. Ziegler: Gestaltwandel der Götter. Zweiter Band. Seite 663.

21. Fabre: Erinnerungen eines Insektenforschers III, Berlin 2011. Seite 210. Vergleiche im selben Band noch Seite 36f.

als einer Theorie von unbeobachtbar langsamen Entwicklungen vereinbaren. Im Grunde schreit alles nach einer teleologischen Ausdeutung dieser Vorgänge, also auf der Annahme, daß es sich um einen vernunftgesteuerten, sich auf einen vorab angenommenen Zweck richtenden Prozeß handelt.

Keine anderen Tiere sind derart total von Instinkten bestimmt wie Insekten, aber selbstverständlich kennen auch andere Lebewesen Instinkte, und zwar besonders jene, die als etwas weniger intelligent gelten. Nehmen wir ein Krokodil. Das Gehirn des Durchschnittskrokodils ist kleiner als sein größter Zahn, aber diese Tiere wissen trotzdem immer und jederzeit, was sie zu tun haben – sie wissen es von dem Augenblick an, in dem sie als frisch geschlüpfte, gerade einmal daumenlange Jungtiere von ihrer Mutter in das Wasser eines Flusses gesetzt werden. Wenn es weibliche Tiere sind, so werden sie sich bei der Eiablage und bei dem Schutz des Geleges verhalten wie ihre Mutter, ohne daß ihr Tun auch nur im Geringsten abwiche. Dabei haben sie es niemals beobachtet und können es deshalb nicht gelernt haben. Genau dasselbe könnte man vom Kuckuck sagen, der, weil von einer fremden Art aufgezogen, niemals von einem Elterntier beigebracht bekommen haben kann, daß und wie er sein Gelege einem anderen Vogel unterjubeln muß.

Wie also hätte sich das vollkommen unintelligente, nämlich in keiner Weise flexible, ausschließlich von Instinkten gesteuerte Brutpflegeverhalten von Krokodilen in kleinen Schritten entwickeln sollen? Die Ablage der Eier in ein Nest, das das Muttertier als erstes in der Nähe eines Flusses gräbt, muß als Bewegungsablauf von Anfang an in all seinen Teilen vollständig vorhanden gewesen sein, und noch mehr gilt das für den Transport der frisch geschlüpften Krokodile im schrecklich zahnbewehrten Maul ihres Mütterchens.

In seinem Ameisenbuch versucht sich Maeterlinck daran, die mögliche Genese einer Symbiose zwischen Insekten darzustellen, läßt dabei aber die dafür notwendigen Instinkthandlungen ganz außer Betracht. Ihm geht es um die Entstehung der Symbiose zwischen Ameisen und Blattläusen, und seinen – ohnehin durch keinerlei Fakten unterstützten – Entwurf könnte man sich unmöglich naiver und oberflächlicher vorstellen, denn er schildert das Verhalten von Ameisen so, als seien es intelligente, lernbereite, aufmerksam umherschauende Tiere. „Aufs Geratewohl umherstreifend, auf der Suche nach der täglichen Honignahrung, kam eine Ameise bei einem Blattlausvölkchen vorbei, das sich an der Spitze eines zarten grünen Zweiges angesammelt hatte. Ein lieblicher, süßlicher Duft kitzelte ihre Fühler, während ihre kleinen Beinchen in einer Art köstlichen Taus versanken. Der Fund war herrlich und schien unerschöpflich." Die Pionierameise kehrt ins Nest zurück, um ihren Stammesgenossen von dem Fund zu berichten – das nun allerdings scheinen Ameisen wie auch Bienen ja wirklich zu können, vorausgesetzt, die Art des Futters ist bereits bekannt –, und nach „einem freudebebenden Fühlergespräch begaben sich alle in langen Reihen zu dem Märchenquell. Ein neues Zeitalter hob an; sie fühlten sich nicht mehr verlassen in einer Welt, wo ihnen bisher keinerlei Hilfe zuteil geworden war."[22]

Nur am Rande sei vermerkt, daß diese Geschichte – ein geradezu infantiles Szenario – mehrfach von Walt Disney verfilmt wurde, mit Donald Duck in der Hauptrolle, der die Rolle eines Störers übernehmen mußte und dafür von den Ameisen tyrannisiert wurde.

Diese Geschichte des zu seiner Zeit weltberühmten und sogar mit dem Nobelpreis ausgezeichneten Autors geht über einige ganz wesentliche Punkte hinweg. Zunächst einmal reicht es ja nicht, daß die Pionierameise Nährwert und Wohlgeschmack der Blattlausausscheidungen für sich selbst entdeckt hat, sondern sie mußte ihre Nestgenossen über etwas ihnen bis dahin gänzlich Unbekanntes informieren. Wie wäre das möglich gewesen? Schließlich konnte sie doch nicht umschreiben, wie wir das könnten, und konnte ebensowenig auf Oberbegriffe zurückgreifen. Und nachdem er die Nachricht wunderbarerweise verstanden hatte, mußte der Ameisenstaat sein Verhalten, mußte er seine ganze Lebensweise verändern und umstellen – er mußte nämlich lernen, die Blattläuse zu domestizieren, also zunächst einzusammeln, später zu beschützen und zu pflegen, endlich zu melken und auszunutzen. Dazu gehört eine Unzahl verschiedener, sorgfältig aufeinander abgestimmter Handlungen, die zuerst entwickelt und dann an die folgende Generation weitergegeben werden müssen. Geschieht diese Weitergabe in der Vererbung (läßt sich vielleicht doch Wissen vererben?) oder in einer Schulung der jüngeren Tiere durch die älteren Nestgenossen? Dann gäbe es nicht nur eine Häschenschule, sondern auch eine für kleine Ameisen... Und nicht eine Ameisenart hat den Umgang mit Blattläusen und anderen Insekten gelernt, sondern ganz viele wissen seit Urzeiten in Symbiosen zu leben – es wurden ja nicht allein Blattläuse zu Haustieren genommen, sondern andere Ameisen bewohnen mit Termiten zusammen ein Nest oder legen Pilzgärten an, zum Beispiel. Sie hegen und pflegen diese Pilze, um sich von ihnen zu ernähren, und ihr Verhalten ist so, als wüßten sie, was die Pilze brauchen, bei welcher Temperatur sie gedeihen und womit sie ernährt werden müssen.

Noch eine andere merkwürdige Fähigkeit gehört der Wanderameise, die mit Tausenden von Leibern Brücken über Spalten und Klüften zu schlagen weiß – wieder so, als wäre sie ein einziges Lebewesen. Eine Ameise nach der anderen verknüpft sich mit einem benachbarten Tier, indem es sich mit seinen Zangen an dessen Hinterbeinen festklammert, und schließlich schlägt eine Unzahl winziger Ameisen tatsächlich eine Brücke über einen Spalt. Wie könnte sich ein solches Verhalten schritt- oder etappenweise entwickelt

22. Maeterlinck: Geheimnisse des Lebens. Seite 310.

haben? Wie verabreden sich die Tiere? Kann es wirklich sein, daß sie buchstäblich von *einem* Willen beherrscht werden, als wenn sie einen einzigen Organismus bildeten? In seinem Buch über die Termiten – *Die Seele der weißen Ameise* – schreibt Marais, daß es die Psyche der Termitenkönigin sei, die so über das Volk herrsche, als sei dieses ein einziges Lebewesen. Und zumindest gelegentlich sieht es wirklich aus wie *ein* intelligentes Lebewesen.

Ameisen und Termiten scheinen über Wissen zu verfügen, und auch Schlupfwespen verhalten sich so, als wüßten sie genau, was sie tun – eine Vermutung, die angesichts ihrer winzigen Gehirne ganz und gar sinnlos sein muß. Es ist absurd, ihnen Wissen zuzusprechen, aber es sieht wirklich so aus, als ob sie verstünden, welche Nervenknotenpunkte ihrer Beute sie in welcher Reihenfolge betäuben müssen. Und ist es nicht so, daß ihre Larven, die sich durch den Leib der betäubten Opfer fressen, die Bedeutung der lebenswichtigen Organe kennen müssen? Schließlich verletzen sie diese nie, denn der Tod der Beute wäre ihr eigener Tod. Auch dieser Teil des instinktiven Verhaltens muß vom ersten Augenblick an zur Gänze vorhanden gewesen sein und darf sich nie verändert haben, weil anderenfalls sofort und augenblicklich die Kette der Generationen für immer unterbrochen gewesen wäre.

Wer hätte den Larven ihr Verhalten beibringen sollen? Diese Wesen haben ihr Verhalten nicht entwickelt oder erlernt, sondern schon die allererste Larve – und das gilt für ausnahmslos alle Insektenarten auf der Erde, deren es Millionen gibt – muß sich von Anfang an richtig verhalten und später am richtigen Ort in der richtigen Weise eingesponnen und verwandelt haben; und dann übertrug sie ihr Verhalten wie auch ihr sich in Stufen vollziehendes Wachstum ungeschmälert auf das der ihr folgenden unzähligen Generationen, die diesem Verhalten in all seinen Etappen über Äonen absolut treu blieben und niemals auch nur gradweise von dem einmal gewählten Schema abwichen. Zu einem jeden Instinkt gehört ganz unbedingt seine Starrheit. Er gründet im Artgedächtnis, das sich nicht ändert, ja das sich nicht ändern darf – Insekten als ausschließlich instinktgeleitete Lebewesen lernen deshalb nicht dazu, und ihr Verhalten ist vollkommen unbeweglich; lernen können erst höhere Tiere, die ein individuelles Gedächtnis kennen. Und dieses individuelle Gedächtnis konnte sich nur entwickeln, weil mit seiner Stärkung die Schwächung des Artgedächtnisses einherging.

Es ist also die allmähliche, sich in kleinen, sogar allerkleinsten, kaum sichtbaren Schritten vollziehende Entwicklung, die es oft genug gegeben haben mag und mit der man vieles erklären kann – leider aber nicht die Entstehung komplizierter Instinkthandlungen. Und die Argumentation verläuft ganz ähnlich, wenn es um die Entwicklung von irreduzibel komplexen Organen geht. Auch hier reicht es nicht aus, spekulativ kleinste Schritte als bloße Anhäufungen von Verbesserungen anzunehmen.

Besonders gut kann man das an der Entwicklung des Auges zeigen, denn weil das Auge ein Aggregat ist, ein aus den verschiedensten Teilen zusammengesetztes Organ, nicht etwa nur ein bloßer Haufen lichtempfindlicher Zellen, ist es nur als Ganzes sinnvoll, was bedeutet, daß sich seine verschiedenen Teile gleichzeitig und außerdem aufeinander abgestimmt verändert haben müssen. Eine schrittweise Verbesserung mal des einen, mal des anderen Teils mit Hilfe der natürlichen Selektion wäre niemals möglich, ja nicht einmal denkbar gewesen, denn dann wäre der Komplex verschiedener Funktionen sogleich aus der Balance geraten, das Organ mithin nutz- und funktionslos. Wir selbst wissen ja aus eigener Anschauung, was geschieht, wenn sich auch nur ein einziger Teil dieses Organs verändert, zum Beispiel die Länge des Augapfels: das Resultat ist Kurz- oder Weitsichtigkeit. Und es sind noch ganz andere, viel schwerwiegendere Defizite denkbar.

Ein anderer Autor, auf den sich diese Philosophen hätten berufen können, war Friedrich Wilhelm Joseph Schelling, der in seinem *System des transzendentalen Idealismus* aus der Annahme einer „absoluten Synthesis", also aus seiner These, die Stränge und Fäden des Seins insgesamt seien so dicht ineinander verwoben, daß es keine isolierten Partien kenne und in ihm alles miteinander kommunizierе, auf die Welt als einen „absoluten Organismus"[23] schloß. Das wieder würde der Annahme einer allumfassenden Sympathie als einer der Wurzeln einer jeden Religion entsprechen. Alle Lebewesen, ja sogar alle Organismen wüßten um einander, weil sie Teil *eines* Lebens wären.

Ist es unter diesen Umständen also mehr als bloß metaphorisch, wenn Ziegler die Welt als einen einzigen Organismus, wenn Scheler sie als „Alleben" anspricht? Kann man das wirklich wörtlich meinen? Wenn diese Welt *ein* Organismus wäre, müßte es dann nicht auch *eine* Seele kennen, *einen* Willen oder *eine* Empfindung?

Nun gibt es Phänomene, die diesen Verdacht wirklich nahelegen – die Metamorphosen sehr vieler Insekten, also die Aufeinanderfolge von meist vier verschiedenen Entwicklungsstufen, die äußerlich kaum etwas Gemeinsames kennen und in vielen Fällen nicht einmal einen gemeinsamen Lebensraum besitzen; die Entwicklung vielgliedriger Organe wie dem Auge, das viel mehr und ganz anderes ist als die bloße Anhäufung lichtempfindlicher Zellen; die zuerst von Fabre beschriebenen komplizierten instinktiven Verhaltensweisen, die sich unmöglich langsam und stufenweise hätten entwickeln können; oder das eng aufeinander abgestimmte Verhalten verschiedener artfremder Organismen in Symbiosen, deren Entstehung man sich nur schwer oder überhaupt nicht in einem langwierigen Prozeß vorstellen kann, weil keine Zwischenstufen denkbar sind. Es handelt sich ja bei allen Instinkthand-

23. Schelling: System des transzendentalen Idealismus. Seite 478.

lungen immer um vitale Vorgänge, um solche, die für die Ernährung oder für die Vermehrung unbedingt notwendig sind – lebensnotwendig –, und deshalb gilt für ausnahmslos alle, daß sie beim ersten Mal Erfolg gehabt haben müssen, und das auch noch zur exakt selben Zeit zweimal, weil ja immer zwei Organismen verschiedenen Geschlechts zusammenkommen müssen, wenn sie sich vermehren wollen. Wenn ein Insekt eine neue Metamorphose – ja: entwickelt hat, braucht es noch einen Partner, der eben gleichzeitig an sich exakt dieselbe Metamorphose vollzog. Haben beide Entwicklungen nicht zur selben Zeit am selben Ort stattgefunden und wären sich die beiden einzigen Exemplare einer neuen Art nicht sogleich begegnet, um sich zu vermehren: die Art wäre mit ihren beiden ersten Vertretern sofort wieder ausgestorben. So etwas kann also unmöglich stattgefunden haben. Es wäre bereits schier unglaublich, daß so etwas auch nur ein einziges Mal stattgefunden haben soll, aber nun zigmillionenmal, immer und immer wieder? So können sich Instinkte nicht entwickelt haben. Und so haben sie sich nicht entwickelt.

Vielleicht ist es neben Bergson der Biologe und Philosoph Hans Driesch, der am klarsten die Schwierigkeiten gesehen hat, die einer Erklärung der Entstehung vielgliedriger Handlungen oder der verschiedenen Stationen bei der Entwicklung eines Insekts entgegenstehen. Heute heftet man diesen bedeutenden Naturforscher und ebenso produktiven wie eigenwilligen Philosophen unter dem Stichwort „Neo-Vitalist" ab und denkt, damit sei alles gesagt und der schwache Denker abgefertigt. Man braucht ja gar nicht seine Antwort zu übernehmen, sollte sich aber doch um das Verständnis seiner Ausgangsfrage bemühen. Genannt werden immer nur die berühmten Seeigeleier, die auch dann noch ganze Seeigel hervorbrachten, nachdem man sie durchgeschnitten hatte. Drieschs Annahme einer „Entelechie", also einer „Verwirklichung von Formen",[24] um diesen Vorgang zu erklären, wurde und wird entschieden abgelehnt, obwohl es sich doch zunächst bloß um eine ganz formale Beschreibung eines Vorgangs handelt, der bis heute vollkommen rätselhaft und unaufgeklärt ist. Zielt er nicht vielleicht auf denselben Vorgang, für den Bergson den Ausdruck Lebensdrang (élan vital) schuf? Und stellt nicht auch die DNA so etwas wie eine Entelechie dar, wenngleich eine materielle und damit greif- und faßbare?

Es ist prinzipiell fragwürdig und fruchtlos, den Grund für die Entwicklung höherer Lebensformen in den niederen Formen oder gar im leblosen Sein zu suchen, denn wie Hartmann gezeigt hat, sind die höheren Schichten gegenüber den oberen frei. Der Grund für ihre Entwicklung kann deshalb nicht

24. Driesch: Wirklichkeitslehre. Seite 88. Eine knappe, aber sachliche Kritik seiner Überlegungen bietet Reinhard Löw in Spaemann / Löw: Die Frage Wozu? Seite 225f.

in den unteren Schichten liegen, und so kann keine der oben angedeuteten Antworten wirklich überzeugen, sondern die Genese alle dieser Vorgänge ist nach wie vor vollkommen rätselhaft.

Es war vor allem der bereits angesprochene Insektenforscher Jean-Henri Fabre, der zu Beginn des 20. Jahrhunderts eine breitere Öffentlichkeit mit den Problemen bei der Entstehung von Instinkten bekannt machte. Heute argumentieren die Vertreter des Intelligent Design mit anderen Beispielen – vor allem mit solchen, die mit dem Aufbau von Zellen zu tun haben –, aber ihre Probleme besitzen dieselbe Struktur. Es geht immer wieder darum, daß es kaum denkbar ist, daß vielgliedrige Vorgänge oder kompliziert zusammengesetzte Organe allmählich entstanden sind – vor allem auch deshalb, weil die einzelnen Teilvorgänge oder Organe auf das subtilste aufeinander abgestimmt sein müssen, damit sie sinnvoll sind und ihre Funktion entfalten können. Driesch zeigt, daß im Organischen deshalb eine andere Form der Kausalität mächtig ist, keine, die sich zusammensetzen ließe, also keine, die man „auf Teil-Teil-Geschehnisse" zurückführen könnte. Vielmehr handle es sich um „die *ganzmachende*, die ‚vitalistische' Kausalität", für deren Benennung er auf den aristotelischen Begriff „Entelechie" zurückgreift[25] (und der mich an den Élan vital erinnert). Dieser Neo-Vitalismus, für den er zu seiner Lebenszeit noch Verbündete besaß, wird heute von Fachwissenschaftlern wie von Philosophen abgelehnt, weil Driesch niemals zeigen konnte, was eine biologische Entelechie denn nun sei und worin sie sich organisch oder überhaupt materiell darstelle. Aber ist sein Argument deshalb falsch? Oder – und das ist eigentlich wichtiger – ist seine Ausgangsfrage illegitim? Es besteht doch Einigkeit darüber, daß ein Organismus mitsamt seiner Entstehung nicht allein mit einer mechanistischen Begrifflichkeit und Denkweise zu beschreiben sein kann. Man kann ihn nicht schildern wie eine Maschine, die aus einzelnen Teilen zusammengesetzt ist.

Gehen wir noch einmal zurück zu Fabre, der ein Mensch des 19. Jahrhunderts war und trotz seiner Genialität der Gedankenwelt seiner Zeit verpflichtet. Immer wieder vermenschlicht er das Verhalten von Insekten und spricht die Intelligenz, ja die Schlauheit oder sogar das „tiefgründige Mordwissen" eines Raubinsekts an. Aber man kann sich eigentlich sicher sein, daß eine Wespe gar nichts weiß, sondern sich nur so verhält, als wüßte sie. Und Fabre ist sich dessen selbstverständlich auch bewußt: „Ich sage: Er weiß, er kennt; ich sollte sagen: Er handelt, als wüsste er, als erkennte er."[26] Die merkwürdige Tatsache, daß die Jagdstrategie der verschiedenen Wespenarten sowohl dem Körperbau wie auch dem Verhalten ihrer Beute perfekt angepaßt ist, konnte

25. Driesch: Selbstdarstellung. Seite 156.

26. Fabre: Erinnerungen eines Insektenforschers I. Seite 194.

er gar nicht anders beschreiben als mit Worten, die ihnen Intelligenz zusprechen – wider seine eigenen Einsichten. Vor allem aber erscheint es ihm ganz unwahrscheinlich, daß sich diese vielgliedrigen Abstimmungen über auch noch so unendlich lange Zeiträume hinweg hätten ergeben können. Wie also kam oder kommt dergleichen zustande? Wie sollte ein winziges Wesen wie die Wespe mit seinen wenigen Nervenknotenpunkten irgendetwas wissen können?

Nur ein Beispiel! Das überwaltigte Insekt darf sich nicht mehr bewegen können, nachdem die Wespe ihr Ei auf ihm abgelegt hat, denn andernfalls könnte sie es eventuell abstreifen. Fabre ist nun das von ihm entdeckte „Wissen" des Jägers um die Bedeutung der drei Brustganglien seines Beutetieres für dessen Unbeweglichkeit wichtig, denn die Grabwespe betäubt ihre Beute, als wüßte sie, daß an einer einzigen, „gut zugänglichen Stelle ... die Bewegungszentren der Flügel nebeneinander" liegen. Auch die Eiablage geschieht an der einzigen Stelle, die überhaupt in Frage kommt: „Sie sitzt an einer Stelle, wo Krallen, Kieferzangen, Legebohrer oder Fühler sie nicht erreichen, an einem Punkt, der absolut reglos ist, wo nicht einmal die Haut bebt." Andere Schlupfwespen betäuben anders, der Art ihres Beutetiers entsprechend, und voller Bewunderung schreibt Fabre, daß bei „dieser Auswahl, die selbst ein überragendes Wissen nicht verbessern könnte ..., so viele Schwierigkeiten glanzvoll bewältigt werden, dass man sich fragt, ob man nicht einer Illusion erliegt, ob nicht die Fakten von vorgefassten Theorien verdunkelt wurden, ja, ob nicht die Feder imaginäre Wunder beschreibt."[27]

Wie erklärt man dieses Ineinanderpassen? Kann die Vorstellung eines „Intelligent Design", also die Annahme, ein kalkulierender Gott habe diese Welt vorab am Reißbrett wie ein Ingenieur entworfen, irgendeine Frage beantworten? Nein, die Annahme eines intelligenten, das heißt von Zwecksetzungen ausgehenden und wie ein Ingenieur vorab berechnenden, wie ein Designer entwerfenden Schöpferwesens ist doch ziemlich albern. Nicht, daß ein Glaube an Gott albern wäre; vielmehr ist es infantil, ihn sich wie ein menschliches Wesen vorzustellen, allenfalls noch ein wenig in seiner Intelligenz gesteigert. Und es ist ja eigentlich auch nur die Übersetzung von Vorstellungen des 18. Jahrhunderts in unsere Sprache; damals nannte man Gott einen Uhrmacher und glaubte mit diesem Modell alles erklärt zu haben. Aber ein Handwerk, und sei es das subtilste und filigranste, taugt keinesfalls als Modell, wenn man das reibungslose Ineinandergreifen und Zusammenpassen von buchstäblich unendlich vielen natürlichen Faktoren erklären will. In dem Beispiel Fabres sind Jäger und Beute in der Weise aufeinander eingespielt, als seien

27. Fabre: Erinnerungen eines Insektenforschers I., Seite 69, Seite 137, Seite 69. Vgl. Diebitz: „Oh ihr naiven Theoretiker!". Zur Kritik am Intelligent Design: Diebitz: Deus ex machina.

sie wirklich Teil eines einzigen, ihr Leben umgreifenden Organismus, aber was ist mit diesem Schein oder mit dem Wort erklärt? Kann die Rede von einem Superorganismus oder einem Alleben mehr sein als die Umschreibung einer Ahnung? Tatsächlich hat man nicht mehr in der Hand als bis heute unverstandene, nach meiner festen Überzeugung ganz und gar unverständliche, vielleicht auf immer und ewig rätselhafte Vorgänge.

In eine noch andere Richtung als die Philosophien Schellings, Whiteheads oder Schelers zielen die Überlegungen Heinrich Rombachs, der nicht allein vom Leben, sondern auch vom sonst als leblos angesehenen Sein sagt, daß es lebe. Er nennt unser Zeitalter die Epoche der „Struktur", die auf die Epochen der „Substanz" (Antike und Mittelalter) und des „Systems" (frühe Neuzeit bis zu uns) folgt. „Die Struktur ist, ganz anders als das System, durch Autogenese gekennzeichnet, durch den Selbstaufbau, der seinen Durchbruch, seine ekstatische Selbststrukturation, seinen Höhepunkt und seinen Untergang hat. Diesen Prozess nennt man gemeinhin ‚Leben', er ist aber nicht nur die Geschehensform der ‚Lebewesen', sondern des ‚Seienden' insgesamt. Es gibt ‚totes Sein' nicht, alles lebt, und alles organisiert sich in autogenetischen Prozessen der Selbstgestaltung, Selbststeigerung und Selbstvollendung."[28] Rombach sieht also nicht die Welt als *einen* Organismus an, sondern spricht dem einzelnen Seienden Merkmale des Organischen zu und sieht einen Zusammenhang von allem und jedem; nichts, auch nicht das kleinste Detail, bleibt ohne Folgen für das Ganze.

Das Werden, also das In-die-Welt-Treten eines Neuen, ist in der Philosophie eines der schwierigsten Probleme überhaupt und bis heute weder verstanden noch gar gelöst. Eben deshalb wird es nur zu gern mit hohlem Wortkram überspielt, zum Beispiel, indem man von „Emergenz" spricht, als könne dieses Wort irgendetwas erklären. Das tut es aber nicht, wie ich später zeigen werde; keine einzige der Fragen, die sich mit dem Werden verknüpfen, ist auch nur im Ansatz beantwortet.

Bereits in der Bibel wird mit einem Weltschöpfungsmythos angefangen, also mit einem zeitlich vorhergehenden Ursprung, wie es heute das Intelligent Design in einer anderen Sprache tut, ohne den alttestamentarischen Vorstellungen wirklich etwas hinzufügen. Eigentlich ist es nur die Übertragung in die Vorstellungen unserer Zeit.

Vielleicht aber sollte man besser nicht nach dem Woher fragen (denn in ihm liegt ja noch gar nichts), sondern nach dem Wohin. Nein, nicht nach einem oder gar *dem* Ziel, denn ein Ziel hat ja seinen Rechtsgrund in den Überlegungen und Willensbekundungen eines intelligent agierenden Wesens. Alle diese Begriffe führen den Nachteil mit sich, daß sie von uns als endlichen

28. Rombach: Die Welt als lebendige Struktur. Seite 16.

Organismen ihren Ausgang nehmen und unser Selbstbild, sicherlich noch einmal gesteigert, aber doch sonst unverändert, auf ein anderes Wesen oder einen anderen Seinsgrund projizieren.

Für mich hat einzig und allein ein Gedanke Sinn, der sich Gott als ein werdendes, sich mit und in der Welt entfaltendes und entwickelndes, alles umgreifendes Wesen vorstellt. Gott *ist* nicht, Gott *wird*. Das ist ein spekulativer Gedanke oder vielleicht nur eine vage Möglichkeit, keine Vorstellung, die sich irgendwie visualisieren oder sonst veranschaulichen, keine wissenschaftliche Theorie, die sich formulieren und überprüfen ließe. Vielleicht aber war eben dies der Gedanke von Whitehead, von Scheler und anderen. Er ist der Vorstellung eines die Welt wie ein Ingenieur am Reißbrett kalkulierenden Wesens genau entgegengesetzt. Der werdende Gott ist der Gedanke an den Aufstieg zum Geist während einer sich über Jahrmillionen hinweg vollziehenden Entfaltung und damit ein buchstäblich universaler Prozeß, als dessen winziger Teil wir selbst erscheinen.

Die Argumentation Rombachs ist für uns insofern bedeutsam, als er Wahrnehmung und Welt, Erkenntnistheorie und Ontologie in einen dynamischen Zusammenhang setzt. Seinen auf der Philosophie Husserls fußenden Überlegungen zufolge nehmen wir nur das wahr, wofür unser Verstand Begriffe (Rombach spricht mit einem fragwürdigen Ausdruck[29] von „Hohlformen") bereits angelegt hat – gewissermaßen vorsorglich. Deshalb können wir die Welt erweitern, indem wir uns selbst bilden, indem wir uns selbst zu größerer Aufmerksamkeit, Offenheit und Sensibilität erziehen und mehr und interessierter umherschauen.[30]

Nur eine kleine Abschweifung! An dieser Stelle nämlich wird das Verhältnis von Erkenntnistheorie und Ontologie problematisch. Der Phänomenologe Rombach nimmt in der Tradition Heideggers eine ganz andere Position ein als Hartmann oder Whitehead. Beispielhaft ausgesprochen wird diese Differenz im ersten Band von Hartmanns Hauptwerk, wo er gegen Heideggers Gebrauch des Begriffes ‚Ontologie' in *Sein und Zeit* polemisiert. Es geht um die Subjektivität, die Hartmann grundsätzlich von allen ontologischen Diskussionen ausgeschlossen sehen möchte. Ihm schwebt vor, die Ontologie von allem Standpunktlichen, also eigentlich von allem Humanen freizuhalten. Natorp hatte zehn Jahre zuvor in erst lange Jahre nach seinem Tod veröffentlichten, Hartmann wie Heidegger aber bekannten Vorlesungen den

29. Er hätte wohl besser von Schemata gesprochen. Cohen wendet sich energisch gegen Begriffe als Formen, „welche im Gemüthe zum Hineinschütten bereit liegen" (Kants Theorie der Erfahrung. Seite 155, Seite 159 und öfter), und versteht unter dem Schematismus nichts Festes, sondern gedankliche Prozesse.

30. Vergleiche dazu Rombach: Phänomenologie des gegenwärtigen Bewußtseins, besonders die großartige „Modellanalyse der Wahrnehmung" (Seite 171–281).

Gedanken problematisiert, die Gesamtheit unserer Welt „rein von den Kategorien her, ohne Rücksicht auf uns, unsere Haltung zu ihm, sich darstellen zu lassen ..., rein durch die eigene Entwicklung des Sinngehalts der Kategorien selbst."[31] Wohlgemerkt, Natorp hat diesen Gedanken selbstverständlich nicht naiv vorgetragen, sondern war sich der Problematik eines solchen Projekts in der Tradition Hegels vollkommen bewußt; und trotzdem war er wie Hartmann von dessen Notwendigkeit überzeugt. Besonders in den Schlußpassagen der *Philosophischen Systematik*, wenn er über die Koinzidenz von Subjektivität und Objektivität nachdenkt, beschäftigt er sich mit dieser Problematik.

Nach Hartmann soll sich die Ontologie also auf die Frage nach dem „Seienden als Seienden" unter einem strikten Ausschluß des Subjekts konzentrieren. Heidegger dagegen möchte eben diese Subjektivität selbst thematisieren und sucht sie dafür in ihrer ausgeprägtesten, von ihm „Jemeinigkeit" genannten Form auf. Anders, als das für Hartmann vorstellbar gewesen wäre, nimmt die Philosophie von Husserls Nachfolgern ihren Ausgang zunächst von der Alltäglichkeit (dem „alltäglichen Besorgen"), sodann aber von der Analyse von Erlebnissen oder Ereignissen, von Momenten eines besonders intensiven Erlebens oder Erleidens, in denen die Struktur ihrer Welt in beispielhaft konzentrierter Weise hervortritt. Einer dieser Zugänge zum Wesen des Menschen und seiner Welt ist im Werk Heideggers die Angst, von der er annimmt, daß sie allein den Menschen auszeichnet.

Dagegen ist laut Hartmann für die Ontologie „die Unterscheidung vom Gegenstandsein"[32] konstitutiv, aus der sich eine Differenz zwischen Ontologie und der ihr nachgeordneten Erkenntnistheorie ergibt. Wenn ich etwas als Gegenstand ins Auge fasse, habe ich bereits eine erkenntniskritische Position eingenommen, nehme dieses Etwas also im Blick auf mich selbst wahr und kann deshalb nicht länger beanspruchen, ontologisch zu argumentieren. Die Betonung der Subjektivität und des Erlebens ist deshalb nicht mit der objektivistischen Ontologie Hartmanns vereinbar. Und wohl ebenso schwierig wäre es, die Analyse des alltäglichen Besorgens einer Person (eines „Daseins"), von der Heideggers Analysen ihren Ausgang nehmen, in die Argumentation Hartmanns mit hineinzunehmen. Derartige Aspekte werden von Hartmann zwar erwähnt – wahrscheinlich unter dem Einfluß von *Sein und Zeit* –, aber nicht eingehend untersucht.

In *Sein und Zeit* spricht Heidegger nicht von „Kategorien" als den Grundstrukturen unseres Denkens, sondern von „Existentialien" als den Grundstrukturen unseres tätigen Lebens: die „Sorge" ist eine dieser Existentialien,

31. Natorp: Philosophische Systematik. Seite 293.

32. Hartmann: Zur Grundlegung der Ontologie. Seite 151.

eine andere ist die Angst, später thematisiert er die Langeweile. Dieser Streit zwischen Hartmann und Heidegger spiegelt sich auch in der Dissertation Hans Blumenbergs, die erst 73 Jahre nach seiner Promotion veröffentlicht wurde. In ihr beschäftigt er sich mit mittelalterlicher Philosophie, aber abseits aller bloß philosophiehistorischen Überlegungen geht es ihm um „die Einsicht in das Wesen der Wirklichkeit“: „Wie nun steht es mit dieser Wirklichkeit, um die es im philosophischen Verhalten geht?“ Eine ontologische Frage ist das nicht (jedenfalls dann nicht, wenn es um das Verhalten geht), und deshalb heißt es nur eine Seite später, daß es darauf ankomme, den „immer schon außen verweilenden und sogar das eigene Selbst von außen gewahrenden Blick des Menschen nach innen zu wenden.“

Mit dieser Formulierung wird „unsere Weise des Wirklichkeitserlebnisses“[33] focussiert – das ist eine Fragestellung, die Hartmann 1934 in seiner *Grundlegung der Ontologie* mit Blick auf Heideggers *Sein und Zeit* und der in ihr praktizierten „Daseinsanalytik“ ausdrücklich zurückweist, weil sie darauf hinauslaufe, „alles überindividuell Geistige, allen objektiven Geist, von Grund aus ... zu entkräften und zu entrechten“.[34] Hartmann findet nicht die Fragestellung selbst fragwürdig, sondern ihre Kennzeichnung als Ontologie. Blumenberg kennt Hartmanns Werk mit seiner Heidegger-Kritik und zitiert es auch in dem abschließenden Kapitel seiner Arbeit, um ihm explizit zu widersprechen – in der Gleichgültigkeit gegenüber dem Bewußtsein, in der Hartmann es sehe, sei das Sein „eben nicht befragbar“. Es kann schon sein, daß dieses Argument trägt, obwohl man sich eine etwas ausführlichere Begründung wünscht. „Die Einheitsstruktur des In-der-Welt-Seins“, fährt Blumenberg fort und formuliert damit eine radikale These, „ist der einzig mögliche Horizont der Seinsfrage überhaupt.“[35] Gemeint sind damit die lebenspraktischen Vollzüge, deren Analyse Heidegger zu Begriffen wie etwa der „Zuhandenheit“ führten. Einzig und allein (!!) eine Analyse unseres alltäglichen Verhalten sei also der Weg zu der „Seinsfrage“. Es ist diese Ausschließlichkeit, wegen der diese Argumentation problematisch scheint.

Die Stellungsnahme des jungen Blumenberg ist auch deshalb so merkwürdig, weil er sich selbst niemals auch nur in die Nähe einer solchen Thematik begeben sollte, denn stets war es ihm allein um die Hochkultur zu tun und um deren Reflexion im philosophischen Schrifttum. Aber nicht allein, daß er sich überhaupt nicht um seine eigene Forderung kümmern sollte, sondern er hat es ja auch unterlassen, sich jemals über diese Problematik – über den Gegensatz der Ansätze Hartmanns und Heideggers, über den Gegensatz

33. Blumenberg: Beiträge zum Problem der Ursprünglichkeit. Seite 13f.

34. Hartmann: Zur Grundlegung der Ontologie. Seite 44.

35. Blumenberg: Beiträge zum Problem der Ursprünglichkeit. Seite 191.

von klassischer Ontologie und Daseinsanalytik – näher zu äußern. Durfte er das Argument Hartmanns wirklich so en passant beiseite schieben?

Umgekehrt: Läßt sich die objektivistische Position Hartmanns wirklich halten? Seine Argumentation wirkt hier eindimensional und abgeschnitten vom Leben, wenn er auf die Analyse von Erlebnissen grundsätzlich verzichtet, und es scheint, daß er damit ein fundamentales Moment des Menschlichen überhaupt ausschließt. Denn die Leiblichkeit – es gibt kein Erlebnis, in welchem der Leib uns nicht bestimmt – gehört so sehr zu unserer Konstitution, daß es ganz unmöglich sein muß, unser Weltverhältnis zu analysieren, ohne ihn und seine Bedeutung für unser Denken wie für unsere Sinnlichkeit und damit für unser Leben insgesamt zu bedenken.

Und ist es nicht so, daß die Kategorien der Modalität (möglich, wirklich, notwendig) nur sinnvoll sind, wenn sie die Beziehung des Objekts auf ein immer und auf jeden Fall leiblich fundiertes Erkenntnisvermögen beschreiben? Oder läßt sich von den Kategorien der Modalität sprechen, ohne diese Beziehung zu thematisieren?

Mir scheint es etwas fragwürdig, in der philosophischen Praxis die Ontologie streng von der Erkenntnistheorie zu trennen. Vertritt Hartmann nicht eine Position, die man nach der *Kritik der reinen Vernunft* (B 197) und dem deutschen Idealismus eigentlich gar nicht mehr einnehmen kann, weil sich doch seitdem nicht mehr davon absehen läßt, daß die Welt für uns Phänomen ist, daß wir sie eben nicht an sich selbst wahrnehmen und erkennen, sondern immer perspektivisch, immer aus und von einer Position? Schließlich hat Kant die Kategorien aus der Tafel der Urteile, also eigentlich die Ontologie aus der Erkenntnistheorie abgeleitet.

Deshalb ist es so, daß im „Gegenstandsproblem ... der natürliche Zugang zum Seinsproblem" liegt, daß also die Erkenntnistheorie mit ihrer Differenz von Objekt und Subjekt den methodischen Einstieg in die Ontologie bieten muß; umgekehrt gehen ontologische Vorentscheidungen – in seinem Fall besonders die, daß sich die Erkenntnis auf etwas ihr Transzendentes richtet – der Erkenntnistheorie voraus. So beschreibt Hartmann einen Zirkel, denn Erkenntnistheorie „geht nicht nur in ihrem Grenzproblem in eine solche" Seinstheorie über, „sondern geht auch ursprünglich von ihr aus."[36]

Eine rein objektive Erkenntnis kann es danach in unserem Leben so wenig wie eine objektivistische Ontologie geben, denn wir nehmen alles Reale nur in Bezug auf uns selbst wahr (schon deshalb, weil Realität ein relationaler Begriff ist, wie noch gezeigt werden wird): also nicht an sich, nicht rein objektiv. Wir sind ein (oder wir haben einen) Verstand, der sich dank seiner Positionalität von der eines hypothetisch angenommenen urbildlichen Verstandes

36. Hartmann: Grundzüge einer Metaphysik der Erkenntnis. Seite 183.

unterscheidet, wie man ihn einem Gott zusprechen müßte. Mir scheint, daß Hartmann trotz seiner eigenen Beschreibung des Zirkels in den *Grundzügen* seine spätere Ontologie ein wenig so konzipiert hat, als besäßen wir einen solchen urbildlichen Verstand. Dabei hätte ihn seine Unterscheidung der Erkenntnis- von den Seinskategorien davor bewahren sollen.

Aber immer wieder beschwört Hartmann den objektiven Charakter der Ontologie, der die Reflexion auf das Subjekt ausschließt. Auch später noch, vor allem in seinem Spätwerk *Die Erkenntnis im Lichte der Ontologie*, wird er Wert auf den Vorrang der Ontologie gegenüber der Erkenntnistheorie legen. Es ist die Erkennnis, die im Lichte der Ontologie steht, nicht die Ontologie, die von der Erkenntnis her beleuchtet wird. Das Verhältnis ist nicht ausbalanciert, Erkenntnistheorie und Ontologie stehen einander nicht gleichberechtigt gegenüber.

Interessanterweise geht Whitehead in seinem ersten naturphilosophischen Werk, in *Concept of Nature* von 1920, von genau denselben Überlegungen aus. Auch er lehnt die Vermischung von Erkenntnistheorie und Ontologie ab und nimmt wie Hartmann für die Ontologie eine strikte intentio recta an, also eine Aufmerksamkeit, die sich allein auf den Gegenstand richtet. Das Subjekt bleibt ganz außer Betracht.[37] Deshalb ist bezeichnenderweise die Herleitung der Kategorien in seinem Hauptwerk auch desssen schwacher Punkt, denn der Weg der *Kritik der reinen Vernunft* (die Herleitung der Kategorien aus der Tafel der Urteile) verbot sich ihm. Bei Whitehead hat man den Eindruck, er habe die Kategorien aufgerafft, wie es Kant Aristoteles vorwirft, biete also eigentlich nichts als eine willkürliche Aufzählung, eine „Rhapsodie". Aristoteles „raffte sie auf", heißt es in der Vernunftkritik (A 81/B 107) von der aristotelischen Kategorientafel, wogegen Kant die Kategorien als die reinen Verstandesbegriffe „aus dem Vermögen zu urtheilen" (A 81) systematisch ableitet, wovon er ein weiteres Mal im Paragraphen 39 der *Prolegomena* berichtet: „Um aber ein solches Princip auszufinden, sahe ich mich nach einer Verstandeshandlung um, die alle übrige enthält, und sich nur durch verschiedene Modifikationen oder Momente unterscheidet, das Mannigfaltige der Vorstellung unter die Einheit des Denkens überhaupt zu bringen, und da fand ich, diese Verstandeshandlung bestehe im Urtheilen."[38]

Ist damit bereits die Unterscheidung von Seins- und Erkenntniskategorien angelegt – nicht terminologisch, aber dem Sinn nach? Oder hat Cohen recht, wenn er die Existenz von Seinskategorien erstens strikt abstreitet und zwei-

37. Whitehead: Concept of Nature. Seite 28: „But we are endeavouring in these lectures to limit ourselves to nature itself and not to travel beyond entities which are disclosed in sense-awareness."

38. Kant: Prolegomena zu einer jeden künftigen Metaphysik, §39 (Werke. Band IV. Seite 323).

tens die Annahme ihrer Existenz mit der Philosophie Kants für unvereinbar hält? Er spricht tatsächlich von dem „Wahn, dass sie schlechthin in Dingen liegen könnten“[39]. Gemeint sind die Kategorien.

Es ist überhaupt nicht sicher, daß ein strikter Vorrang der Ontologie, wie ihn Hartmann und Whitehead verlangen, überhaupt durchführbar ist. Und Whitehead muß man darüber hinaus vorwerfen, die Kategorien nicht methodisch abgeleitet beziehungsweise sich überhaupt nicht zu dieser Frage geäußert zu haben, so daß ihn Kants Vorwurf an Aristoteles mit derselben Schärfe trifft. Bei Hartmann wäre zu fragen, ob der Weg über eine phänomenologische Beschreibung des Problemstandes, wie er ihn in der Einleitung zu *Der Aufbau der realen Welt* geht, immer befriedigen kann. Vielleicht war seine mit einzigartiger Meisterschaft gebrauchte Methode nur ihm selbst möglich?

Zurück zu Rombach. Es ist die Frage, ob er metaphorisch spricht oder wörtlich verstanden werden will, wenn er das Ganze einen Organismus nennt. Die „Einzelmomente“, schreibt er, stehen nicht nebeneinander wie etwa die Steine einer Mauer, sondern sie entwickeln sich auseinander „wie die Organe eines Organismus.“ Grammatisch ist es ein Vergleich. Behauptet er mehr? Denn Rombach fährt fort: „Der Organismus lebt darum in jedem einzelnen seiner Organe“.[40] An dieser Stelle ist mit *dem* Organismus das Ganze gemeint, also die Welt. Ist sie aber wirklich *ein* Organismus?

Oder ist es so, daß sich im Ganzen, daß sich also in der Welt die Gesetze des Organismus „aufgehoben“ finden, wie auch die Pflanze den Gesetzen der leblosen Natur unterworfen ist oder Tier und Mensch in sich selbst vegetative Aspekte finden? Es erschiene nachvollziehbar, wenn man sagte, daß wir am Weltganzen den Teil der Vorgänge verstehen, die den Gesetzen des Organismus unterliegen, obwohl diese Vorgänge als Ganzes darüber hinaus reichen und auf diese Weise (als Organisches) nicht hinreichend beschrieben werden können. Es wird immer etwas bleiben, das sich nicht verstehen läßt und deshalb irrational – nein, nicht scheint, sondern *für uns* immer irrational bleibt. Für uns! Aber nicht notwendigerweise für jedes andere Wesen auf und in dieser Welt.

Man könnte diese Bemerkungen auch so interpretieren, daß wir es gar nicht vermeiden können, die Welt als einen Organismus anzusehen – einfach deshalb, weil tatsächlich alles mit allem zu tun hat, weil jedes Sein in dieser Welt mit allem irgendwie in Verbindung steht. Aber wir wissen überhaupt nicht, ob diese Strukturen, die unser Fassungsvermögen übersteigen, auch nur eine entfernte Ähnlichkeit mit einem lebenden Organismus besitzen.

39. Cohen: Kants Theorie der Erfahrung. Seite 252.

40. Rombach: Die Welt als lebendige Struktur. Seite 28.

Rombach zitiert an keiner Stelle Whitehead, der aber in eine ähnliche Richtung argumentiert und bei dem wir uns ebenfalls fragen müssen, ob er wörtlich verstanden werden will. Es wird noch darum gehen, worauf seine Bemerkung zielt, daß die „organistische Philosophie ... der ganzen Welt ‚Empfinden'" zuspricht. An der Deutung dieses Empfindens hängt fast alles. Müssen wir das so verstehen, daß der englische Philosoph sich der *Monadologie* von Gottfried Wilhelm Leibniz anschließt? Whitehead begründet seinen Satz etwas lapidar mit einer Eigenschaft der leblosen Natur, nämlich damit, daß „alle grundlegenden physikalischen Quantitäten vektoriell und nicht skalar sind."[41] Sie *scheinen* also gerichtet; und ich schreibe „scheinen", weil ich mir nicht sicher bin, ob der Unterschied zwischen „vektoriell" und „skalar" wirklich rein objektiv ist oder nicht im Auge des Betrachters liegt. Könnte dies die Pointe der Argumentation Whiteheads sein?

Eigentlich nicht, denn das würde ja bedeuten, naturphilosophische oder ontologische Fragestellungen zu umgehen und letzten Endes in erkenntniskritische zu verwandeln.

In jedem Fall stoßen wir hier auf einen zweiten problematischen Aspekt, der wiederum an den élan vital erinnert, den Lebensschwung Henri Bergsons, denn „vektoriell" bedeutet ja, daß etwas eine Richtung besitzt, unter Umständen sogar ein sich bewegendes Ziel. (Man sollte „Ziel" durch ein anderes Wort ersetzen, denn ein Ziel wird ja anvisiert, und wir waren uns doch darüber einig, daß es fragwürdig sein muß, das Werden in Verbindung mit einem zielenden oder planenden Wesen zu sehen.)

Whiteheads Argumentation spricht bereits elementaren Vorgängen in der Natur nicht allein eine Richtung zu, sondern sieht in ihnen sogar eine Absicht hervortreten. In seiner Philosophie ist die Welt insgesamt, also auch das anorganische Sein, von seelischen Momenten durchzogen, so daß die Basis der Welt selbst psychischer Natur ist. Er steht damit nicht allein, sondern vertritt dieselbe Position wie etwa der französische Anthropologe Pierre Teilhard de Chardin in *Der Mensch im Kosmos*, dessen Sicht auf diese Probleme erst nach seinem Tod veröffentlicht wurde. Konzipiert hatte er sie in derselben Epoche wie Whitehead.

Noch einmal: Ein anderer Autor könnte sich so verstanden sehen wollen, daß unser Bewußtsein notwendig das Seelische auf die Welt projiziert, also gar nicht anders kann, als in seiner Anschauung die Welt zu beseelen. Aber Whiteheads eigener Aussage nach wäre es nicht legitim, diese Projektion des Seelischen zu thematisieren. Deshalb läßt sich seine objektivistische Konzeption nicht einfach nur als ein Versuch verstehen, die Beseelung der Welt in unserer Anschauung zu erklären, sondern er, Teilhard und andere sprechen

41. Whitehead: Prozeß und Realität. Seite 330; Process and Reality. Seite 177.

die Seele oder das Bewußtsein wirklich der Natur zu. Nach meiner Überzeugung gehen sie damit viel zu weit. Seelischen Ausdruck erkennen wir zwar überall, immer wieder auch in der leblosen Natur, aber er liegt doch nur im Auge des Betrachters.

Andererseits muß man damit fertig werden, daß die Organismen dieser Welt auf eine anscheinend (nur scheinbar?) zielgerichtete Entwicklungsgeschichte zurückblicken. Außerdem ist es schwierig, wenn nicht gar unmöglich, etwas Seelisches oder auch nur etwas Organisches aus etwas Anorganischem entstanden zu denken. Wenn dagegen das Bewußtsein schon von vornherein in der Welt steckt...

Möglicherweise richtete sich die Schichtentheorie Hartmanns gegen die Vorstellung Henri Bergsons von einem Impuls, der zu Beginn der Entwicklungsgeschichte das Leben in Gang brachte und der immer noch, bis heute, die Entwicklung der Organismen als Schwung (als èlan vital) bestimme. Hartmann erwähnt Bergson an keiner Stelle, besteht aber darauf, daß die obere Schicht gegenüber der unteren Schicht frei, ihre Gesetzlichkeit also von ihrer Unterlage unabhängig ist. Die Vorstellung eines die ganze Schöpfung durchziehenden Schwungs verträgt sich keinesfalls mit seiner Naturphilosophie.

Wie konnte die staubige Welt der Steine eine Pflanze hervorbringen? Die Annahme, der Grund der Welt, ihr Ursprung selbst sei seelisch, scheint zunächst eine Ausflucht, ein bloßer Notbehelf, aber eben vielleicht zumindest gelegentlich doch noch etwas mehr – nämlich dann, wenn wir uns selbst in die Betrachtung mit hineinnehmen (was Hartmann wie Whitehead ablehnen...) und bedenken, daß wir gelegentlich selbst uns nur schwer dagegen wehren können, einer Seele und ihrem Ausdruck auch in der leblosen Welt der Steine und der stummen Welt der Pflanzen zu begegnen. Vor allem aber: Die Organismen sind geworden, und wenn man ihren Wesensgrund als seelisch ansieht, ist es nicht schwierig (oder doch weniger schwierig), ihrem Werden, besonders dem sich unendlich lang hinziehenden Streben der Tiere hin zu einer zweckmäßigen und schönen Gestalt, eine Absicht oder ein Ziel zuzusprechen. Allerdings: Handelt es sich dann überhaupt noch um ein Werden? Ist es dann nicht bloßes Wachstum, Ausdifferenzierung und Vergrößerung von etwas, das von vornherein in der Welt war?

Läßt sich ein Panpsychismus als eine rein objektive Theorie ernsthaft verteidigen? Ist er mehr als eine Beschreibung unserer erlebten Welt?

All dies ist problematisch, aber problematisch bedeutet grundsätzlich nicht, daß etwas einfach falsch ist. Sondern es bedeutet, daß man einige Fragen hat und deshalb an dieser Stelle weiterdenken sollte. Es ist ja wirklich so, daß man glauben kann, eine Tendenz zu erkennen, einen Lebensschwung, wenn man die Entwicklung der Tiere wie der Pflanzen im Zeitraffer an sich vorbeilaufen läßt, und die Frage nach dem Grund dieser Tendenz oder vielleicht auch nur dem Anschein einer Tendenz ist nicht allein berechtigt, sondern läßt sich kaum vermeiden.

Der eher statische Schichtencharakter der Welt, wie er von Nicolai Hartmann beschrieben wird, ist ein Gegenentwurf zu der dynamischen Kosmologie Whiteheads und wird in aller Regel nicht einfach nur abgelehnt, sondern oft geradezu wütend bekämpft, wenn er nicht bequemerweise gleich ignoriert wird. Über viele Jahre hinweg wurde die Ontologie Hartmanns nicht einmal wahrgenommen, geschweige denn diskutiert und wird heute ja auch an den Universitäten kaum noch gelesen. Seine *Grundzüge einer Metaphysik der Erkenntnis* sind der gegenwärtigen Diskussion zwar immer noch voraus, aber in ihr spielt der Gegensatz von Subjekt und Objekt eine tragende Rolle. Das aber ist eine Position, die in der Universitätsphilosophie seit Jahrzehnten für falsch gehalten wird.

Einen wesentlichen Anteil an der Mißachtung der Hartmannschen Philosophie dürfte *Sein und Zeit* haben. Dort kritisiert Heidegger „die heute noch übliche Ansetzung von Erkennen als einer ‚Beziehung zwischen Subjekt und Objekt'" und sagt von diesem Gegensatz, daß er „so viel ‚Wahrheit' als Leerheit in sich birgt." Er beläßt es mit dieser Bemerkung, verzichtet also wie sonst auch so häufig auf jede Begründung und fügt nur noch hinzu, daß „Subjekt und Objekt ... sich aber nicht etwa mit Dasein und Welt" decken. In einer Fußnote zum Paragraphen 43 geht er kurz auf Hartmanns „These vom Erkennen als ‚Seinsverhältnis' seiner ontologisch orientierten Erkenntnistheorie" ein und erklärt, „daß gerade das im Erkennen beschlossene ‚Seinsverhältnis' ... zu ihrer grundsätzlichen Revision und nicht nur kritischen Ausbesserung zwingt."[42]

Wir wollen einmal von der Überheblichkeit absehen, nach der sich eine grundsätzliche Revision (Heidegger) von einer bloßen Ausbesserung (Hartmann) unterscheidet, und allein den Kern seines Angriffs darstellen.

Heidegger argumentiert nicht wie Husserl, der seit seinen *Ideen* ein strikt idealistisches Programm verfolgt, das auf einen Gleichklang von Erkenntnis- und von Seinskategorien hinausläuft. Anders als für Heidegger setzt für Husserl die Intentionalität den Gegensatz von Subjekt und Objekt voraus: die Intentionalität richtet sich auf etwas, das nicht das Subjekt selbst ist. Für Heidegger dagegen ist der Gedanke zentral, daß die hergebrachte Ontologie gegenüber dem täglichen Leben versagt. In diesem Leben stehen wir schon immer. Die Ontologie vermag nicht die praktischen Lebensbezüge, die Heidegger selbst in Begriffen wie „Zuhandenheit" zu fassen versucht, zu reflektieren, zu durchschauen und zu formulieren. Das ist wohl in der Sache ein zutreffendes Argument. Ist es aber auch in einer Kritik der Erkenntnistheorie

42. Heidegger: Sein und Zeit. Seite 60 und Seite 208.

am Platze? Und überwindet die Zuhandenheit als Begriff tatsächlich die Polarität von Subjekt und Objekt? Denn in Wahrheit setzt die Zuhandenheit diese Polarität voraus. Denn wie könnte etwas sich nahtlos in unsere Praxis einfügen, also zuhanden sein, wie könnte ein Werkzeug sich unserem Leib so weit angleichen, daß es schon fast ein Teil unserer selbst ist, auf den wir ganz selbstverständlich zurückgreifen, wenn es nicht zuvor ein Objekt für uns gewesen wäre, etwas, das uns entgegensteht? Anders ausgedrückt, setzt die Zuhandenheit (hierin der Vorhandenheit ähnlich) den Gegensatz von Subjekt und Objekt immer schon voraus.

Heute erscheint Hartmanns Theorie, die noch vor einigen Jahrzehnten außerordentlich viel Einfluß ausgeübt hat, nicht einmal mehr im Anhang irgendwelcher Einführungen in die Erkenntnistheorie,[43] und dabei hat dieses Buch des Meisterschülers von Hermann Cohen und Paul Natorp, die *Grundzüge einer Metaphysik der Erkenntnis*, die fast absolute Herrschaft der Marburger Schule praktisch von einem Tag auf den anderen beendet. Aber trotz dieser philosophiehistorischen Bedeutung (die eigentlich nebensächlich ist, aber immer noch schwer genug wiegt) kann von einer ernsthaften Auseinandersetzung mit Hartmanns Überlegungen schon lange nicht mehr gesprochen werden. Man muß sich vor Augen führen, daß 1931 Hartmanns Vortrag *Zum Problem der Realitätsgegebenheit* auf einer Tagung der Kant-Gesellschaft in Halle an der Saale zu einer Diskussion auf höchstem Niveau geführt hat, an der sich eine Reihe prominenter Philosophen, Psychologen und Soziologen nicht nur aus Deutschland beteiligte. Natürlich nicht Heidegger, aber es sind Stellungnahmen überliefert von Max Dessoir, Heinz Heimsoeth, Theodor Litt, Helmuth Plessner und Julius Kraft, um nur einige zu nennen; in dem 2014 erschienenen Band *Studien zur neuen Ontologie und Anthropologie* mit kleineren Arbeiten Hartmanns haben die Herausgeber etliche dieser Diskussionsbeiträge dokumentiert. Eine solche Theorie taucht heute nicht einmal mehr in Fußnoten oder Literaturlisten auf!

43. Unter anderem kennen folgende Bücher nicht dieses bedeutendste Werk der Erkenntnistheorie im 20. Jahrhundert: Gerold Prauss: Einführung in die Erkenntnistheorie. Darmstadt 1980; Gottfried Gabriel: Grundprobleme der Erkenntnistheorie. Von Descartes bis Wittgenstein. Paderborn 1993; Peter Janich: Was ist Erkenntnis? Eine philosophische Einführung. München 2000 (Janich war als Professor in Marburg Hartmanns Nachfolger!); Peter Baumann: Erkenntnistheorie. Lehrbuch Philosophie. Stuttgart / Weimar 2002; Herbert Schnädelbach: Erkenntnistheorie zur Einführung. Hamburg 2002; Gottfried Ernst: Einführung in die Erkenntnistheorie. Darmstadt 2007; Markus Gabriel. Die Erkenntnis der Welt. Freiburg / München 2012. Eine rühmliche Ausnahme stellt dieses Buch dar: Norbert Schneider: Erkenntnistheorie im 20. Jahrhundert. Klassische Positionen. Stuttgart 1998, zu Hartmann Seite 75–86. Es ist für die Universitätsphilosophie etwas peinlich, daß dieser Autor Kunsthistoriker ist. In seiner Einführung in den Neukantianismus (Kontext – Grundpositionen – Praktische Philosophie, München 1997) hat Manfred Pascher Nicolai Hartmann komplett „vergessen" – ihm gelingt das Kunststück, ihn mit keinem Wort zu erwähnen!

Heideggers Polemik war oder ist sicherlich nicht der einzige Grund für die Ignoranz gegenüber einem epochalen Werk. Ein anderer liegt in Hartmanns Vorliebe für Aporien, also seine unbedingte intellektuelle Ehrlichkeit, die es ihm verbietet, oberflächlichen Lösungen zuzustimmen. Vielmehr ist es für ihn Prinzip, immer wieder auf die Unlösbarkeit der eigentlichen, der metaphysischen Probleme zu sprechen zu kommen. Dort, wo andere nur Kontinuitäten sehen, erkennt er schroffe Brüche, die ein wirkliches Verstehen für immer unmöglich machen. Das gilt auch und gerade für seinen Blick auf die Natur, denn obwohl er sich selbst als Darwinisten verstand, hat ihn das nicht gehindert, die Wesensunterschiede zwischen den verschiedenen Weisen des Seins zu erkennen und die Diskontinuitäten anzusprechen. Heute reicht es aus, gegenüber einem Biologen *Die Stufen des Organischen* Helmuth Plessners anzusprechen, um Wutausbrüche zu provozieren – man akzeptiert keine Diskontinuitäten (Stufen) und will nichts von Wesensunterschieden wissen, sondern nimmt eine bruchlose Einheit an. Alle Übergänge sind fließend, das ist der Hauptsatz dieses Credos. Stufen oder Schichten darf es nicht geben.

Der Gegensatz von Kontinuum und Diskontinuum ist spätestens seit den Tagen von Leibniz ein Thema der Philosophie. Bei dieser Diskussion sollte man immer im Auge behalten, daß Kontinuum und Diskontinuum kein absoluter Gegensatz ist. Es hätte überhaupt keinen Sinn, ein totales Kontinuum anzunehmen, so wie es keinen Sinn macht, nur noch unverbundene Bruchstücke zu sehen; beide Konzepte würden sich selbst widerlegen. Vielmehr ist es immer ein Gegenspiel von Kontinuum und Diskretion, eine „Durchdringung von Sonderung und Einigung".[44] Ohne Stetigkeit können wir nichts verstehen, aber sie darf natürlich niemals absolut sein. Diskretion gibt es nur im Kontinuum, und ohne Diskretion muß es umgekehrt ganz sinnlos sein, von einem Kontinuum zu sprechen. Das eine setzt das andere voraus. So ist es folgerichtig, daß Leibniz, der sich das Kontinuitätsprinzip auf die Fahnen schreibt, gleichzeitig der entschiedenste Vertreter des Individuellen sein muß – das eine bedingt oder motiviert das andere, die Monade setzt das Kontinuum voraus, das Kontinuum die Monade; oder das Singulare das Universale, das Universale das Singulare.[45] In einem absoluten Kontinuum gäbe es keinerlei Erkenntnis mehr, weil man ja etwas separieren muß, um es zu sehen und zu untersuchen, zu beschreiben und zu verstehen. Das, was Hegel höhnisch (und zu Unrecht) der Schellingschen Identitätsphilosophie

44. Cohen: Logik der reinen Erkenntniss. Seite 118.

45. Vgl. hierzu Cohen: Das Prinzip der Infinitesimal-Methode und seine Geschichte. Seite 81: „Der Kontinuität des Bewußtseins ist es zu verdanken, daß wir Gattungsbegriffe bilden können, welche negativ zu sein scheinen, welche jedoch ebenso fruchtbar und notwendig für die wissenschaftliche Erkenntnis sind wie die positiven."

vorhielt – ihr Absolutes sei die Nacht, „in der alle Kühe schwarz sind“[46] –, müßte oder besser: darf man auch den Apologeten eines absoluten Kontinuums entgegenhalten.

Das heutige Standardkonzept wurde zuerst von Leibniz formuliert, und schon der erste flüchtige Blick auf den folgenden Text zeigt, daß der Infinitesimalrechnung dieselbe Vorstellung zugrundeliegt – nicht umsonst spricht Leibniz von einer Kurve. Insgesamt handelt es sich um eine Art Atomismus, wie er auch Whiteheads Philosophie bestimmt:

„Ich darf also wohl mit gutem Grund annehmen, daß all die verschiedenen Klassen von Wesen, deren Inbegriff das Universum ausmacht, in den Ideen Gottes, der ihre wesentlichen Abstufungen distinkt erkennt, nur ebensoviele Koordinaten ein und derselben Kurve sind. Die Einheit dieser Kurve duldet es nicht, daß man zwischen zwei Koordinaten irgend welche andere als die wirklich vorhandenen einschiebt, da dies Unordnung und Unvollkommenheit bezeugen würde. Die Menschen stehen also mit den Tieren, die Tiere mit den Pflanzen, und diese wiederum mit den Fossilien in nahem Zusammenhang, während diese letzteren ihrerseits wieder mit den Körpern, die uns in der sinnlichen Anschauung erscheinen, zusammenhängen. Das Gesetz der Kontinuität fordert, daß, wenn die wesentlichen Bestimmungsstücke eines Wesens sich denen eines anderen nähern, auch alle sonstigen Eigenschaften des ersteren sich stetig denen des letzteren annähern müssen. So bilden notwendig alle Ordnungen der natürlichen Wesen eine einzige Kette, in der die verschiedenen Klassen, wie ebensoviele Ringe, so eng ineinander haften, daß es für die Sinne und die Einbildung unmöglich ist, genau den Punkt anzugeben, wo die eine anfängt und die andere endigt: die Grenzarten, d. h. alle Arten, die gleichsam rings um die Wende- und Schnittpunkte herum liegen, müssen eine doppelte Deutung zulassen und sich durch Merkmale auszeichnen, die man mit gleichem Rechte auf die eine oder die andere der benachbarten Arten beziehen kann.“[47]

Das einleuchtende Beispiel, das Leibniz für die doppelte Deutung gibt, sind die vom Biologen Zoophyten genannten Pflanzentiere – Leibniz ist nicht nur erstaunt darüber, daß es sie gibt, sondern bekennt sogar, es *müsse* sie geben, um die Ordnung vollkommen zu machen. In seinem Bild der Natur

46. Hegel: Phänomenologie des Geistes. Seite 19.

47. Leibniz: Hauptschriften zur Grundlegung der Philosophie. Band II (Brief an Varignon). Circa 15 Jahre vorher (1687) veröffentlichte Leibniz einen Essay zum Thema, in dem er rein mathematisch-physikalisch argumentiert. Über das Kontinutätsprinzip. (Hauptschriften. Band I. Seiten 84–93). Dazu ist auch noch das Vorwort zu den *Neuen Abhandlungen* zu vergleichen. Zur fundamentalen Bedeutung der Kontinuität für das Bewußtsein vergleiche Cohen: Das Prinzip der Infinitesimal-Methode. Seite 81: „Die Kontinuität bezeichnet einen allgemeinen Charakter des Bewußtseins, ähnlich wie die Identität. Sie ist daher ein Spezialausdruck des allgemeinen Gesetzes der Einheit des Bewußtseins.“

wird deren Kontinuität durch die Perzeptionen und die „kleinen", auch unbewußten Perzeptionen gebildet – alles, nicht allein die Tierwelt, ist sensibel, auch die Pflanzen sind es, sogar die leblose Natur. So gibt es einen bruchlosen Zusammenhang von der leblosen Natur bis hin zum Menschen; und in der Vorstellung vieler Naturwissenschaftler spiegelt die Naturgeschichte diese Annahme, und deshalb nehmen sie Bewußtsein, Geist oder Intelligenz bereits in den allerersten Anfängen des Weltalls (im Urknall...) an.

Aber bereits 1758 hat der noch vorkritische Kant in seiner kleinen Schrift *Neuer Lehrbegriff der Bewegung und Ruhe* auf einige problematische Punkte in der Konzeption der Kontinuität durch Leibniz hingewiesen. Er diskutiert in seinem Essay den Zusammenstoß zweier Kugeln, also ein mechanisches Problem, und zeigt, daß das Prinzip der Kontinuität hier versagt. Nach Leibniz (nach der Methode der Infinitesimalrechnung...) nimmt man für die Begegnung beider Körper immer kleinere Einheiten an, immer kleinere Grade, damit der Übergang fließend und damit kontinuierlich bleibt. Nur: Die Entfernung zwischen beiden Körpern, so lautet Kants Einwand schon in seinen frühen Schriften, mag noch so klein sein – er wird eben niemals Null, sondern ist in jedem Fall unendlich viel größer, so daß die Impulsübertragung gar nicht anders als plötzlich vorgestellt werden kann: „Denn es mag noch so ein unendlich kleines Moment sein, womit er in einem Augenblick wirkt, und welches sich in einem bestimmten Zeittheilchen zu einer gegebenen Geschwindigkeit häuft, so ist dieses Moment immer eine plötzliche Wirkung, die nach dem Gesetze der Continuität erstlich hätte durch alle unendliche Grade der geringeren Momente durchgehen sollen und auch können". Deshalb ist „das Moment der Wirkung beim Stoße plötzlich und dem Gesetze der Continuität zuwider."

Kant – worin ihm Cohen später folgen wird – ist darum bemüht, die Notwendigkeit eines Kontinuums für unser Denken aufzuzeigen, damit es uns selbst folgerichtig erscheint: wir müssen das Kontinuum „heimlich annehmen",[48] es also faktisch als Fundament unseres Denkens betrachten. Oder als regulative Idee, als eine Art Strukturelement. In jedem Fall scheint es wirklich so zu sein, daß unser Verstand abrupte, diskontinuierliche Vorgänge nicht verstehen kann – sie sind für ihn irrational und also unverständlich. Wenn diese Kritik Kants zutrifft, dann besteht der Fehler von Leibniz darin, daß er das für die Struktur unseres Verstandes wichtige Kontinuitätsprinzip unversehens auf die Natur insgesamt überträgt, daß er also erkenntnistheo-

48. Kant: Neuer Lehrbegriff der Bewegung und Ruhe (Werke, Band 2), Seite 23 und Seite 21. – Vergleiche Cohen: Logik der reinen Erkenntniss. Seite 76: „Die Continuität ist ein Denkgesetz." oder Seite 204: „Das Denkgesetz der Continuität." Er bewegt sich damit auch auf den Spuren der Vernunftkritik, in der Kant den Satz „in mundo non datur hiatus" erläutert und vom „continuirlichen Zusammenhange aller Erscheinungen" (B 229) spricht.

retische Prinzipien ontologisch auffaßt, ohne diesen Vorgang in irgendeiner Weise zu problematisieren. Das Prinzip des Stoßes jedenfalls, zum Beispiel der schlichte Zusammenprall zweier Billardkugeln, läßt sich auf diese Weise zwar berechnen, nicht aber beschreiben.

Kant hat an einem ausgewählten Beispiel gezeigt, wie irreführend das Kontinuitätsprinzip ist. Seine Argumentation fußt darauf, daß noch der kleinste Impuls unendlich viel größer ist als ein Nichts. Daraus schließt er, daß bei der Impulsübertragung immer etwas Plötzliches vorliegt, also ein Bruch, und daß es eine allumfassende Kontinuität nicht gibt. Bei dem Kontinuitätsprinzip handelt es sich lediglich um eine Erkenntniskategorie, nicht um eine des Seins. Diese Kritik Kants an dem Kontinuitätsprinzip von Leibniz ist deshalb so grundstürzend, weil dieses Prinzip spätestens seit dem frühen 19. Jahrhundert auch auf andere Gebiete des Seins übertragen wird, zum Beispiel auf die Entstehung der biologischen Arten, welche die Evolutionstheorie nach demselben Prinzip zu erklären versucht. Unendlich kleine Unterschiede werden im Laufe einer unvorstellbar langen Zeit angehäuft, bis sich dann doch ein Hiatus ergibt, also eine neue Art entstanden ist. Die logischen Probleme, die Kant in seinem kleinen Aufsatz angesprochen hat, sind bis heute nicht nur nicht gelöst, sondern werden nicht einmal zur Kenntnis genommen. Oder: Sie werden nicht zur Kenntnis genommen, weil man verstanden hat, daß man sie nicht lösen kann. – Nur beiläufig: Das Kontinuitätsprinzip prägt auch die Diskussion der Geschlechter. Es soll, diese Vorstellung scheint sich durchzusetzen, unendlich viele Geschlechter geben – das männliche und das weibliche Prinzip sind nur die beiden Extreme.

Leibniz' Konzept birgt viele Vorteile in sich. Unter anderem (und ganz im Gegensatz zu der grob dualistischen Vorstellung eines René Descartes) kann es auch Tieren eine Seele zubilligen. Daß auch Tiere Empfindungen kennen und mal mehr, mal weniger intelligent sind, zeigt ja bereits der Augenschein, und so war und ist der Hinweis auf die Intelligenz der Tiere ein gutes Argument neben anderen. Trotzdem sollte es lange dauern, bis Leibniz' Konzept das Denken breiter Schichten eroberte – es tat es vielleicht am Ende des 18.,[49] vielleicht aber auch erst im Laufe des 19. Jahrhunderts, und zwar deshalb, weil sich erst dann die Infinitesimalrechnung auf breiter Front durchsetzte, also nicht länger auf einige wenige Hochgebildete beschränkt blieb. Und im Zusammenhang mit der Infinitesimalrechnung muß man auch das Prinzip des kleinsten Kraftmaßes sehen, das eigentlich eine Variante des Leibniz-

49. Jean Paul kennt in seiner 1794 veröffentlichten *Unsichtbaren Loge* bereits das Wort „infinitesimalteilchenweise". Werke in sechs Bänden. Hrsg. von Norbert Miller. München 1970. Erster Band. Seite 71.

schen Grundgedankens darstellt und Ende des 19. Jahrhunderts in Wissenschaft und Philosophie eine praktisch uneingeschränkte Geltung besaß. Den Abschluß und Höhepunkt dieses Denkens bildet das Werk Hermann Cohens, insbesondere die *Logik der reinen Erkenntniss.*

Wenn Henri Bergson in *Schöpferische Evolution* über die „kinematographische Methode" spricht, mit der die Intelligenz die Welt des Mechanischen berechnet und deutet, dann spricht er mit einem anderen Ausdruck eben diese Rechenmethode an, die Infinitesimalrechnung. Man versteht leicht, daß der Trick des eben erst erfundenen Kinos, mit der Hilfe schnell ablaufender Standbilder die Illusion von Bewegung zu erzeugen, für einen Philosophen zu Beginn des 20. Jahrhunderts diese Methode perfekt illustriert. Ganz im Gegensatz zu Bergson glaubte Cohen dagegen, daß die Infinitesimalrechnung „die Illusion von einer ewigen Antinomie des Denkens in diesem Schlupfwinkel zerstört",[50] daß sie mithin das Paradox des Zenon aufgelöst hatte.

Erst im 19. Jahrhundert also schien der Gedanke einer umfassenden Kontinuität glaubhaft, und daß es dennoch Diskontinuitäten geben muß, wurde darüber mehr und mehr vergessen.

Immerhin, Heinrich Rickert wußte das noch. Zunächst betont auch er ganz im Sinne von Leibniz die Bedeutung der Kontinuität in seinem vielgelesenen Standardwerk *Kulturwissenschaft und Naturwissenschaft* und hält fest, daß „wir durchweg allmähliche Übergänge finden. Es hängt dies mit der Anschaulichkeit jeder gegebenen Wirklichkeit zusammen. Die Natur macht keine Sprünge. Alles fließt ... Das können wir kurz als Satz der Kontinuität alles Wirklichen bezeichnen." Diesem Satz stellt Rickert im folgenden den „Satz der Heterogenität alles Wirklichen" entgegen, so daß er ein methodisches Widerspiel von Kontinuität und Diskontinuität fordert: „Das Kontinuum läßt sich begrifflich beherrschen, sobald es homogen ist, und das Heterogene wird begreiflich, wenn wir darin Einschnitte machen können, also sein Kontinuum in ein Diskretum verwandeln."[51]

Es muß ein Ineinander von Kontinuum und Diskontinuitäten geben, ein Flechtwerk, eine Art Teppich aus unzähligen, miteinander verknüpften Fäden, so daß sich eine zusammenfassende Struktur über die unendlich vielen diskreten Einzelheiten legt. Cohen, der dieses Problem durchaus sah, fand dafür einen besonders schönen Ausdruck, als er schrieb, daß die „Continuität" der Infinitesimalrechnung „ihre Discretion" durchströmt und auflöst.[52]

Besonders beim Blick auf den Menschen tun sich heute Konflikte und Aporien auf, weil sich ein Humanismus als Hoch- oder gar Höherschätzung des

50. Cohen: Logik der reinen Erkenntniss. Seite 210.

51. Rickert: Kulturwissenschaft und Naturwissenschaft. Seite 50ff.

52. Cohen: Logik der reinen Erkenntniss. Seite 153; der Ausdruck wiederholt sich fast wörtlich Seite 157.

Menschen kaum mit der Annahme eines das ganze, paradoxerweise also auch das unbelebte Sein durchziehenden biotischen Kontinuums vereinbaren läßt, eines Kontinuums, das jetzt nicht mehr allein Tier und Mensch, sondern zusätzlich die Pflanze und endlich auch die anorganische Natur umfassen soll. Einerseits will man dem Menschen keinesfalls eine Sonderrolle zubilligen, andererseits nimmt er ganz offensichtlich diese Sonderrolle ein – schon deshalb, weil die herrschende Perspektive einer solchen Betrachtung und Bewertung ja immer und notwendig die eines Menschen ist. Angesichts dieser Situation bekennen sich viele Philosophen nicht allein dann, wenn es um den Menschen geht, zum „Differenzholismus". Nach ihm unterscheidet sich der Mensch als Ganzes von anderen Lebewesen, nicht allein dank seiner Vernunft. Das klingt nicht schlecht, denn es wäre doch wirklich eigenartig, wenn unsere Vernunft und andere unserer humanen Fähigkeiten überhaupt nicht auf unseren Organismus zurückstrahlen sollten, sondern ganz isoliert zu betrachten wären.

Es ist deshalb wirklich überzeugend, wenn man sagt, daß der Mensch als Ganzes sich von der Welt der Tiere unterscheidet. Einer der entschiedensten und wohl auch frühesten Vertreter dieser Position war Rudolph Hermann Lotze, der sich dafür aussprach, „von Anfang an in dem menschlichen Geiste ein eigentümliches Wesen zu sehen, dessen charakteristische Natur selbst in den einfachsten und niedrigsten Äußerungen seiner Tätigkeit schon wirksam ist."[53] Nur taucht hier ein ganz ernsthaftes Problem auf. Der Mensch ist nämlich geworden, und seine Ursprünge sind unzweifelhaft animalisch. Wie also muß man sich die Menschwerdung vorstellen: war ein Wesen zunächst ganz und gar ein Tier und im nächsten Augenblick (von „Anfang an") ganz und gar ein Mensch? Denn das hätte dieses Wesen sein müssen, wenn das Prinzip tragen soll. Differenzholismus ist als methodisches Prinzip sehr gut zu gebrauchen, wenn man unseren gegenwärtigen Zustand beschreiben möchte, aber es ist nicht leicht, dieses Theorem mit einer genetischen Erklärung und damit mit dem Grundgedanken der Kontinuität zu verbinden.

Die Vorstellung, daß der Mensch sich als Ganzes und in allen seinen Teilen von der animalischen Natur unterscheidet, verträgt sich keinesfalls mit der Annahme, daß die ganze Natur ein Kontinuum darstellt. Der Differenzholismus verlangt zwingend eine Konzeption in der Art, wie sie Leibniz vorgeschlagen hat, aber es ist offensichtlich, daß zu jeder Artbildung – und Arten gibt es nun einmal – ein Sprung gehört, eine Kluft, so daß die Eltern und ihre Nachkommen verschiedenen Arten angehören. Die logischen Probleme, die hier auftreten, werden generell seit langem unterschlagen. Als einer der ganz

53. Lotze: Mikrokosmos. Zweiter Band. Seite 145. Wenig später wird der Mensch als „ein unteilbares Ganze" (Seite 168) angesprochen.

wenigen hat sie Leopold Ziegler angesprochen: „Wie aber, wenn in irgendeiner Vergangenheit die Erbse, der Seeigel aus einem elterlichen Organismus hervorgegangen wären, der zu seinem Teil noch gar nicht Erbse, noch gar nicht Seeigel gewesen ist? Oder wenn es sich im gleichen in irgendeiner Zukunft ereignen sollte, daß die Kernverschmelzung elterlicher Zellen nicht mehr die Entstehung einer Erbsenstaude, nicht mehr die Entstehung eines Seeigels einleitet, sondern die Entstehung einer neuen organischen Gestalt, die ihren Erzeugern zwar noch spezifisch ähnelt, aber nicht mehr spezifisch gleicht?" Der einzige mir bekannte Autor, der dasselbe Argument vorträgt, ist Immanuel Kant in der *Kritik der Urteilskraft*, in der er festhält, daß „alle Zeugung, die wir kennen, generatio homonyma ist"; um die Entstehung einer neuen Art zu erklären, werde aber eine „generatio heteronyma"[54] verlangt.

Einerseits ist der Mensch Teil der Natur und ohne diese gar nicht zu denken, auf der anderen Seite ist er ihr entwachsen. Er ist getrennt von ihr und gleichwohl sowohl Fauna als auch Flora eng verbunden; eben dasselbe läßt sich von allen animalischen Lebewesen im Verhältnis zur Flora sagen. Aber obwohl sie ein Teil von uns sind, stellen Fauna und Flora ganz andere Bereiche des Seins dar. Eine Theorie der Natur (nicht allein eine Theorie des Menschen) muß mit beiden Aspekten umgehen können, mit Kontinuität und Diskontinuität, und es scheint, daß allein die Ontologie Nicolai Hartmanns hierfür die Grundlage sein kann. Unter seinem Einfluß hat Helmuth Plessner in seinen *Stufen des Organischen* eine solche Naturphilosophie vorgelegt.

Hartmanns Theorie wird gelegentlich als „Stockwerkmodell" karikiert, als seien in seinem Konzept die humanen Fähigkeiten einfach oben auf die animalischen draufgesetzt, also als betrachte die Schichtentheorie die Vernunft als unverbunden mit dem Organimus. Derartige Kritiker setzen darauf, daß die Werke Hartmanns heute weitestgehend unbekannt sind und ihre eigenen Thesen deshalb nicht überprüft werden können. Denn eine solche Charakteristik der Schichtentheorie ist nicht allein irgendwie unzutreffend, sondern geradezu verzerrend, sogar verleumdend. Jeder Leser seiner Ontologie weiß, daß in Hartmanns Philosophie die verschiedenen Schichten einander durchziehen, daß sie also in vielfacher und äußerst komplizierter Weise miteinander verbunden sind.

54. Ziegler: Gestaltwandel der Götter. Seite 649f.; Kant: Kritik der Urtheilskraft. Seite 418f. (§80, Fußnote).

Monismus:

Der Traum von der Einheitswissenschaft

Das Gegenstück zu einer pluralistischen, in sich differenzierten Ontologie, wie sie Whitehead und Hartmann und noch einige wenige andere Philosophen entwarfen, ist eine monistische Philosophie, eine Einheitswissenschaft, die die Gesamtheit der Welt aus *einem* Prinzip heraus erklären möchte. Whitehead sprach in diesem Zusammenhang vom „Trugschluß der unzutreffenden Konkretheit" („fallacy of misplaced concreteness"). Dieser Trugschluß, erläutert Whitehead, „besteht darin zu vernachlässigen, welchen Abstraktionsgrad man bereits erreicht hat, wenn man ein wirkliches Einzelwesen bloß insoweit betrachtet, als es bestimmte Denkkategorien exemplifiziert. Es gibt Aspekte der Wirklichkeiten, die man einfach ignoriert, solange das Denken auf diese Kategorien beschränkt bleibt."[1] Man focussiert einzig und allein ein einziges Attribut und blendet alle anderen aus, so daß man mit dieser einen, ganz willkürlich ausgewählten Eigenschaft sehr schön rechnen kann – die lästigen anderen Attribute können einem ja nicht mehr in die Quere kommen, nachdem man von ihnen abgesehen hat.

Heute findet man diesen von Whitehead beklagten Denkfehler in unzähligen Arbeiten, und zwar nicht zuletzt in Gedankenexperimenten, wie sie besonders in der angelsächsischen Philosophie gang und gäbe sind.[2] Den Abstraktionsgrad, den mit Whitehead ausgerechnet ein bedeutender Mathematiker so gefährlich findet – denn wer könnte besser mit Abstraktionen umgehen? –, erreicht man eben dadurch, daß man sich bestimmte Situationen zurechtlegt und den Akteuren wie dem Geschehen eine Eindeutigkeit zuspricht, die es in der Realität niemals gibt und auch niemals geben kann. Kein realer Gegenstand, Organismus oder Prozeß läßt sich auf *ein* Merkmal reduzieren. (Über den Unterschied zwischen Wirklichkeit und Realität und die Bedeutung der Vielzahl der Attribute für die Realität weiter unten; es ist ein wesentlicher Aspekt der hier vorgetragenen Argumentation, daß allem Realen eine unreduzierbare, buchstäblich unendliche Vielfalt der Attribute entspricht. Whitehead sprach in diesem Zusammenhang von einem „Nexus", womit die netz- oder teppichartige Verflechtung vieler Attribute angesprochen wird.)

Seit dem Ausgang des 19. Jahrhunderts ist neben dem Darwinismus der Physikalismus die dominierende monistische Theorie. Diese Theorie ist eine besonders vulgäre Form des Materialismus, nach dem nur physisches Sein existiert, also auch das Leben oder der Geist sich auf physische Gegenstände

1. Whitehead: Prozeß und Realität. Seite 39; Process and Reality. Seite 9.

2. Vgl. Diebitz: Theorie der Milchmädchenrechnung. Man beachte, mit welcher Verachtung Husserl von „Phantasieerfahrung" und „Phantasieexperimenten" spricht (Husserl: Ideen zu einer reinen Phänomenologie. Seite 54). Bei Ortega kann man lesen, daß Experiment und Gefahr etymologisch verwandt sind (El hombre y la gente. Seite 190). Daß Gedankenexperimente keine wirklichen Experimente sind, kann man deshalb schon an ihrer Ungefährlichkeit erkennen.

zurückführen und mit einer Mischung aus Physik und Chemie befriedigend erklären lassen. Die Behauptungen der Hirnforscher baumeln an den Ästen dieses so wenig rühmlichen Stammbaums; und es sind wurmstichige Früchte.

Dabei gehört es zum Standard der Argumentation, daß so getan wird, als sei eine einzige Alternative zum Monismus denkbar, nämlich der Dualismus, den man mit leichter Hand in der Philosophie René Descartes' widerlegen zu können glaubt.

Den Dualismus gibt es in der Philosophie seit Platon – er gehört also zu ihrem Kernbestand. Und sicherlich nicht zu Unrecht, denn alle Antagonismen – jener der Seinsweisen, also der von Idealität/Realität bzw. Individualität/Allgemeinheit, ist nur ein besonders prominenter –, alle Antagonismen stellen notwendigerweise einen Dualismus dar. Aber es wäre mehr als nur schief, diesen Dualismus einfach auf die verschiedenen Arten des Seins zu übertragen, denn warum sollte der Dualismus der Seins*weisen* einen Dualismus der Seins*arten* zur Folge haben?

Ein anderer Dualismus, eng mit dem der Seinsweisen verwandt, ist der Dualismus des Seienden und des Geltenden, den Emil Lask in *Die Logik der Philosophie und die Kategorienlehre* behandelt hat. Aber dort geht es schon nicht mehr um einen polaren Gegensatz – das Verhältnis von Seiendem und Geltendem ist ganz und gar anders gelagert.

In diesen Überlegungen geht es vor allem um die Seins*weise*, also um den Gegensatz von Idealität und Realität, und um die davon streng zu unterscheidende Schichtung des Seins, seine Aufteilung in mindestens vier verschiedene Seins*arten*. Als Gegenentwurf zu allen Monismen taugt aber nur letzteres, denn ein Monismus braucht ja nicht den Gegensatz der Seinsweisen zu leugnen und tut dies wohl auch nur in wenigen Fällen.

Von den Grundbüchern der europäischen Philosophie der Neuzeit, von Hobbes *Leviathan* und der Methodenschrift von Descartes, wird allein der Entwurf des letzteren mit unermüdlicher Schärfe kritisiert; Hobbes dagegen, der doch nicht viel weniger einflußreich war, wird in diesem Zusammenhang merkwürdigerweise kaum jemals erwähnt. Aber der cartesische Dualismus, der Gegensatz von res extensa und res cogitans, wird in unzähligen, teils sehr auflagenstarken Büchern des 20. Jahrhunderts auf das schärfste angegriffen. Auf die in sich viel differenzierteren philosophischen Konzepte Hartmanns, Whiteheads oder anderer wird in aller Regel mit keiner Silbe eingegangen. Schon deshalb, weil er sich keinen ernsthaften Gegner aussucht, vermag der Monismus keinen zu überzeugen, der tiefer zu fragen und nachzudenken bereit ist.

In der deutschen weltanschaulichen Literatur wird mit Monismus meist die Lehre Ernst Haeckels identifiziert, des großen Biologen, der ausgangs des 19. Jahrhunderts mit größtem Erfolg die Werbetrommel für Charles Darwin rührte. Auf diesen künstlerisch begabten, aber „als Philosophen unbeträchtlichen Mann“ (Rickert), der sich nicht entblödete, sich selbst zum Gegenpapst auszurufen und damit den quasi-religiösen Charakter seiner Weltanschauung offen zuzugeben, berufen sich noch heute Universitätslehrer wie Wolfgang Welsch in seinem Opus magnum *Homo mundanus* oder Schriftsteller wie Michael Schmidt-Salomon, der eine Reihe von Autoren in der Giordano-Bruno-Stiftung versammelte, die unter großem Getrommel und Gepfeife das Erbe der Haeckelschen Monistenvereine fortführt. Sonst schließt sich dieser Monismus so ziemlich vorbehaltlos Sachbuchautoren wie Daniel Dennett oder Richard Dawkins an und verallgemeinert, vergröbert und verabsolutiert mit diesen die Theorien der Evolution, indem er deren Prinzipien einerseits von der belebten auf die unbelebte Natur, andererseits auf die Kultur überträgt. Das Prinzip der Selektion etwa soll nicht allein erklären, wie es überhaupt zu Leben und seiner Entfaltung in verschiedenen Arten kommen konnte, sondern darüber hinaus selbst für die Tradierung kultureller Entdeckungen und den Erfolg von Religionen verantwortlich sein.

Diese Übertragung eines eigentlich allein für das Leben formulierten Prinzips auf ganz andere Gebiete ist keineswegs ein neuer Vorgang, sondern mit Friedrich von Hayek hat bereits in der ersten Hälfte des 20. Jahrhunderts einer der weltweit einflußreichsten Nationalökonomen volkswirtschaftliche und gesellschaftliche Prozesse zu verstehen versucht, indem er die Ergebnisse der Selektionstheorie auf sie übertrug: „Die Theorie der Entwicklung durch natürliche Auslese beschreibt eine Art von Prozeß (oder einen Mechanismus), der unabhängig ist von den spezifischen Zuständen, unter denen er auf der Erde stattgefunden hat ... Die ... Grundidee ist, daß ein Mechanismus der Vervielfachung von übertragbaren Varianten und einer wettbewerblichen Auslese jener Varianten, die eine größere Überlebenschance haben, im Laufe der Zeit eine große Vielzahl von Strukturen hervorbringt, die dazu angepaßt sind, sich fortlaufend an die Umwelt und aneinander anzupassen.“[3] Wie man leicht sehen kann, ist der in der Politik weltweit herrschende Neoliberalismus die auf ökonomische Vorgänge übertragene Evolutionstheorie.

Daniel Dennett als Mastermind des Neodarwinismus durfte sein letztes Werk schon Jahre vor dessen Veröffentlichung werbewirksam in einem vielgelesenen Wochenmagazin mit den Worten bewerben, er habe „gerade ein Buch abgeschlossen, in dem ich Religionen evolutionsbiologisch betrachte ... Die Vorstellung, die Humanwissenschaften seien vor evolutionärem Denken zu schützen, ist für mich die Anleitung zum Desaster.” „Dieselben Untersuchungsmethoden“, konnte man drei Jahre später in dem endlich

3. von Hayek: Die Theorie komplexer Phänomene. Seite 127.

erschienenen Buch nachlesen, „mit denen wir die Geheimnisse von Süße, Alkohol, Sex und Geld gelüftet haben, lassen sich auch auf viele Facetten der Religion anwenden."

Bereits hier ließe sich kritisch einwenden, daß wir bei keinem einzigen der vier genannten Gegenstände deren Geheimnis tatsächlich lüften konnten, denn in Wahrheit blieb eine Vielzahl von Fragen übrig. Zum Beispiel ist kaum etwas umstrittener als das Wesen, der Ursprung und die Geschichte des Geldes. Aber damit wird Dennett schnell fertig, denn auch hier macht er – wie schlechterdings überall in Natur und Kultur – „denselben blinden, mechanischen, ahnungslosen Prozeß des Siebens und Duplizierens"[4] haftbar, denn er glaubt fest daran, daß es sich dabei um ein Weltgesetz, ja eigentlich um *das* Weltgesetz handle, mit dem sich wirklich und wahrhaftig alles, nicht etwa nur vieles erklären lasse. Den Grund dafür, daß man dasselbe Gesetz auf natürliche Ereignisse der leblosen wie der belebten Natur wie auch auf kulturelle Vorgänge beziehen kann, findet er darin, daß der Ablauf sämtlicher Prozesse in gleicher Weise durch eine „differentielle Replikation" bestimmt werde: „Wenn Kopien mit Variationen hergestellt werden und einige dieser Variationen in irgendeinem winzigen Punkt ‚besser' sind ..., führt dies unaufhaltsam zu jenem stufenweisen Prozeß der Gestaltungsverbesserung".[5] Die zumindest aus menschlicher Sicht unendliche Dauer dieses Prozesses verhindert zusammen mit der geradezu aberwitzigen, gegen Null tendierenden Winzigkeit der Veränderungen grundsätzlich jede Beobachtung und damit Überprüfung, so daß sich die gesamte Argumentation, die doch so gerne empirisch, realistisch und nüchtern sein möchte, auf eine im Kern metaphysische Spekulation reduzieren läßt. Es sind nicht mehr als prinzipiell unüberprüfbare Hypothesen, die man plausibel oder auch weniger plausibel finden kann, an die man glauben mag oder auch nicht, die sich aber weder widerlegen noch gar beweisen lassen und deshalb keinesfalls wissenschaftlich genannt werden dürfen.

Vor guten hundert Jahren sprach man an der Universität Wien nicht von Monismus, sondern von einer Einheitswissenschaft. Diese war das Ideal einer Gruppe von Wissenschaftlern, deren radikalste Vertreter eine einzige Gesetzlichkeit für das gesamte Universum behaupteten. Die „Einheitswissenschaft", so Otto Neurath, mache „ebenso Voraussagen über das Verhalten von Maschinen, wie über das von Tieren; über das von Steinen, wie über das von Pflanzen." Ganz entsprechend ist in demselben Heft dieser Zeitschrift die

4. „Süßigkeit für den Geist". Der US-Philosoph Daniel Dennett über Darwins umstürzlerische Idee, den Ursprung der Seele und die Vertreibung Gottes durch die Naturwissenschaft. In: Der Spiegel 52 /2005. Seiten 148–150, Seite 149; Dennett: Den Bann brechen. Seite 100.

5. Dennett: Den Bann brechen. Seite 109 und Seite 111.

Argumentation von Rudolf Carnap, der von der „Einheitswissenschaft, der Physik",[6] spricht. So offen physikalistisch, wie von Neurath gefordert, wird nur noch selten argumentiert, aber es blieb dabei, daß die Unterschiede zwischen den verschiedenen Regionen des Seins geleugnet werden.

Ein uns zeitlich näheres Beispiel ist das umfangreiche Werk *Im Lichte der Evolution* von Gerhard Vollmer, das allerdings keine physikalistische Richtung vertritt. Vielmehr sind es wie bei Dennett die Gesetze der Biologie, die auf schlechterdings alles angewendet werden. Der Verlag fragt in seiner Anzeige für das Buch: „Lässt sich die Finanzmarkttheorie mithilfe von Darwin erläutern? Wie hat die Evolutionstheorie die Kunst und die Archäologie beeinflusst?" Man hört förmlich, wie glücklich alle darüber sind, endlich-endlich den Generalschlüssel gefunden zu haben; und es ist noch dazu ein ganz einfacher Schlüssel, mit dessen Hilfe es gelang, zur „Einheit des Wissens" vorzudringen.[7]

Monismus ist die Modephilosophie unserer Tage und durchzieht nicht allein die Argumentation unzähliger Wissenschaftler, sondern auch die von populärwissenschaftlichen Artikeln oder Büchern. Gleich eingangs seines Buches *Die Kraft der Naturgesetze* fragt Günter Dedié danach, was „ein Atomkern, das Kohlenstoffatom, das Wasser, eine Schneeflocke, der Magnetismus, das Wetter, die Entwicklung des Lebens, der menschliche Geist und die menschliche Sozialordnung" gemein haben. Die Antwort gibt der Untertitel seiner Arbeit: „Emergenz und kollektive Fähigkeiten von den Elementarteilchen bis zur menschlichen Gesellschaft"[8] – er argumentiert in genau derselben Weise wie Welsch, Dennett und viele, viele andere.

Nur auf den ersten Blick klingt es bescheiden, wenn mit einem „noch" in Klammern der totale Anspruch der Evolution in einer allerdings damit als bloß vorläufig bezeichneten Bescheidenheit zurückgenommen wird: „Die Evolutionstheorie kann (noch) nicht alles erklären".[9] „Noch" heißt eben auch: Warte nur, balde ... Hier spricht sich – ich wiederhole mich – eine quasi-religiöse Überzeugung aus. Es handelt sich um einen Glauben, nicht um eine Hypothese, die man ergebnisoffen überprüfen könnte.

Wesentlich kritischer muß man folgende Einlassung eines prominenten Universitätslehrers beurteilen, der sich nicht allein zu dem universalen Vorurteil unserer Zeit bekennt, wenn er schreibt, daß man „auch nicht von *einem* Phänomen ausgehen" darf, „das sich nicht mit einer verständlichen

6. Neurath: Soziologie im Physikalimus. Seite 405; Carnap: Die physikalische Sprache. Seite 465.

7. Vollmer: Im Lichte der Evolution. Seite 291.

8. Dedié: Die Kraft der Naturgesetze.

9. Junker / Paul: Der Darwin-Code. Seite 7.

evolutionstheoretischen Hypothese verbinden läßt",[10] der also andere, widersprechende Fragestellungen und Erfahrungen prinzipiell ausgeschlossen sehen will. Wirklich, ein Phänomen, das sich mit einer vorab und voreilig formulierten Theorie nicht vereinbaren läßt, darf man nicht zur Kenntnis nehmen? Warum? Weil uns Fakten dazu zwingen könnten, die Fehlstellen einer Theorie oder die mangelhafte Qualität unserer Argumentation einzugestehen?

Im Sommer 2018 erschien ein Sammelband über den *Amerikanischen Transzendentalismus*, Aufsätze von Philosophen und Schriftstellern aus der ersten Hälfte des 19. Jahrhunderts. Die beiden prominentesten Autoren dieser in Deutschland nicht sehr bekannten Richtung waren Ralph Waldo Emerson und Henry David Thoreau. Die Transzendentalisten spreche ich deshalb an, weil sie die genaue Gegenposition zu Tugendhat und vielen anderen zeitgenössischen Autoren einnehmen – sie sprechen sich für eine fast grenzenlose Offenheit aus, nennen sich selbst endlos Suchende („endless seeker") und plädieren dafür, keine einzige Position und kein Argument von vornherein auszuschließen. *Der Transzendentalist*, schreibt Emerson in seinem gleichnamigen Essay, „macht sich den gesamten Zusammenhang der geistigen Lehre zu eigen. Er glaubt an Wunder, an die immerwährende Offenheit des menschlichen Geistes für ein neues Einströmen von Licht und Macht; er glaubt an Inspiration und an Ekstase."[11]

Noch ein anderes Beispiel für die Haltung eines wirklichen Philosophen. Jean-Henri Fabre war das Gegenteil eines Ideologen, der seine Beobachtungen so lange zurechtbiegt, bis sie in seine Theorien passen. Vielmehr zeigt er sich in den zehn Bänden seiner *Erinnerungen eines Insektenforschers* immer offen, und wenn er Fragen stellt, dann sind diese meistens keineswegs bloß rhetorisch gemeint. Er kann sie zwar manchmal, aber bei weitem nicht immer beantworten. Sein lakonisches „Ich weiß es nicht." ist nicht etwa ein Understatement oder ein rhetorischer Trick, sondern Ausdruck einer tiefen Skepsis, die sich bis zu einem entschiedenen Agnostizismus steigern kann: „Wir sind Blindgeborene angesichts der unergründlichen Geheimnisse, die uns umgeben, es stellen sich tausend und abertausend Fragen, ohne eine mögliche Antwort."[12]

10. Tugendhat: Egozentrizität und Mystik. Seite 18f. Kursiv von mir.

11. Ralph Waldo Emerson: Der Transzendentalist. In: Sölch / Wackers (Hrsg.): Der amerikanische Transzendentalismus. Seiten 257–275, Seite 261 („The Transcendentalist adopts the whole connection of spiritual doctrine. He believes in miracle, in the perpetual openness of the human mind to new influx of light and power; he believes in inspiration, and in ecstasy." In *Circles* nannte sich Emerson selbst einen „endless seeker" (Deutsche Übersetzung in ebenda. Seiten 311–324. Seite 322.).

12. Fabre: Erinnerungen eines Insektenforschers. Band II. Seite 121; Band V. Seite.106.

Fabre hätte sich auf Immanuel Kant berufen können, der in einem seiner frühen („vorkritischen") Aufsätze – in dem *Versuch den Begriff der negativen Größen in die Weltweisheit einzuführen* – deutlich macht, daß es nicht zuletzt das Wissen um die eigene Begrenztheit ist, die den Philosophen von anderen Menschen unterscheidet. Es ist keine Ironie, wenn Kant sich selbst als jemanden beschreibt, der „aus der Schwäche meiner Einsicht kein Geheimnis mache, nach welcher ich gemeiniglich dasjenige am wenigsten begreife, was alle Menschen leicht zu verstehen glauben". Er spricht damit so alltägliche Phänomene wie die Schwere oder die Übertragung eines Bewegungsimpulses von einem Gegenstand auf den anderen an. Logische Gründe können wir gut verstehen, aber es sind die „Realgründe", vor denen wir ratlos stehen. Kant fügt hinzu, daß er sich nicht „durch die Wörter Ursache und Wirkung, Kraft und Handlung ... abspeisen"[13] lasse. Für ihn sind es Wörter und nichts als Wörter, die nichts erklären.

Vielleicht kann Kants Aufsatz uns verständlich machen, was an der monistischen Argumentation so attraktiv ist. Wahrscheinlich ist es die Ähnlichkeit mit einer unwiderstehlichen mathematischen Argumentation, die sich aus einem einzigen Axiom an der Basis (oder an der Spitze) der ganzen Ableitung heraus entwickelt. Kant unterscheidet zwischen zwei verschiedenen Gründen, den logischen und den Realgründen. Die „Zergliederung" von bloßen Wörtern ist erfolgreich, wenn man nach den logischen Gründen sucht, aber es handelt sich dabei nur um die Analyse von Begriffen und damit um das Herausarbeiten von etwas, das wir eigentlich schon wissen – schließlich steckt der Grund ja schon im Begriff (im Axiom), sonst könnte man ihn nicht finden. Ganz anders bei den Realgründen. „Wie aber etwas aus etwas anderem, aber nicht nach der Regel der Identität, fließe, das ist etwas, welches ich mir gerne möchte deutlich machen lassen. Ich nenne die erste Art eines Grundes logisch, weil seine Beziehung auf die Folge logisch, nämlich deutlich nach der Regel der Identität kann eingesehen werden, den Grund aber der zweiten Art nenne ich den Realgrund, weil diese Beziehung wohl zu meinen wahren Begriffen gehört, aber die Art derselben auf keinerlei Weise kann beurteilt werden."

Kant fährt fort: „Was nun diesen Realgrund und dessen Beziehung auf die Folge anlangt, so stellet sich meine Frage in dieser einfachen Gestalt dar: wie soll ich es verstehen, daß, weil etwas ist, etwas anderes sei? Eine logische Folge wird eigentlich nur gesetzt, weil sie einerlei ist mit dem Grunde." Aber das Neue, das in dem Verhältnis von Realgrund und Folge liegt, läßt sich von uns keinesfalls einsehen. Schon (oder sogar besonders) ganz elementare und alltägliche Vorgänge widersetzen sich uns und lassen sich nicht verstehen.

13. Kants Werke: Band II. Seite 203.

Nicht allein zu Beginn ihresWeges muß die Philosophie buchstäblich und ausnahmslos allen Erfahrungen offenstehen. Es sollte absolut selbstverständlich sein, keine Beobachtung und kein Phänomen vorab auszuschließen. Muß man das wirklich ausdrücklich sagen?

Es ist nicht allein hochverdächtig, wenn man ein einziges Gesetz für nicht weniger als den ganzen Kosmos gelten läßt, als sei das Universum ein in sich geschlossener Block, sondern manch einer kennt bereits das Ergebnis seiner Überlegungen, bevor er auch nur angefangen hat, sich mit den Phänomenen selbst zu beschäftigen! Ja, mehr noch: Tugendhat bekennt, daß er alles das, was sich nicht mit seiner Arbeitshypothese verbinden läßt, nicht als Gegenstand seiner Beobachtungen, Fragen und Überlegungen akzeptiert. Im Grunde dreht er damit den Imperativ eines Forschers um, der zu Beginn seiner Arbeit grundsätzlich alles einfach nur zur Kenntnis nehmen sollte.

Vielleicht darf man an dieser Stelle einmal an Goethe erinnern, der immer wieder auf die Vorurteilslosigkeit des Forschers hingewiesen hat, zum Beispiel in seinen *Maximen und Reflexionen*: „Theorien sind gewöhnlich Übereilungen eines ungeduldigen Verstandes, der die Phänomene gerne los sein möchte und an ihrer Stelle deswegen Bilder, Begriffe, ja oft nur Worte einschiebt." Fast klingt er nach einem Agnostiker (fast klingt er wie Kant, der über Realgründe schreibt...), wenn er kurz vor dieser Stelle „von einem unauflöslichen Problem"[14] spricht – aber ein solches Problem ist die Evolution der Arten ja vielleicht wirklich.

Tugendhat dagegen hat sich für die Übereilung entschieden und will nicht wahrhaben und wahrnehmen, was ihm nicht in den Kram paßt, sondern nimmt nur das zur Kenntnis, was er problemlos in sein vorab zusammengebasteltes Welterklärungsmodell einbauen kann. Eine solche Grundeinstellung besitzen viele Menschen, aber es geschieht eher selten, daß sie diese auch noch lauthals verkünden.

Der evolutionäre Monismus als die herrschende Weltanschauung unserer Zeit behauptet, daß diese Theorie eine Gesetzlichkeit formuliert, die für wirklich absolut alles, eben für nicht weniger als das sich ungeheuerlich ausdehnende, uns nicht allein wegen seiner phantastischen, das menschliche Vorstellungsvermögen unendlich weit übersteigenden Ausmaße praktisch vollständig unbekannte Universum und seine gesamte, sich über Milliarden von Jahren erstreckende Geschichte in Anspruch genommen werden kann. Sogar auf die erste Zusammenballung von Partikeln in der ersten Zeit des „Urknalls" möchte man ihre Gesetze anwenden.

14. Goethe: Maximen und Reflexionen, in: Sämtliche Werke (Zürcher Ausgabe). Band 9. Seite 551 und Seite 549.

Den Fehler, der dieser Annahme zugrundeliegt, nennt Hartmann den „Fehler der Heterogenität“ – heterogen deshalb, weil nicht zusammengehörige Aspekte unter *einer* Kategorie zusammengefaßt werden. Sein erstes Beispiel entnimmt Hartmann der Antike – die Pythagoräer fanden das Prinzip sämtlicher Dinge in der Zahl[15] –, aber auf denselben Grundfehler stößt er auch im „sogenannten Materialismus – hier ins Groteske gesteigert.“[16] Diese „ins Groteske“ emporgesteigerte Haltung ist heute die Grundhaltung des deutschen Feuilletons, fast aller Naturdokumentationen im Fernsehen und praktisch aller Biologielehrer dieses Landes; es ist eine Haltung, die sich nicht allein gegen unsere natürlichen Grundüberzeugungen und gegen den Augenschein richtet, sondern auch gegen die Wissenschaft und die Logik.

Ist es nicht merkwürdig, daß eine Theorie, die doch nichts anderes tat, als die Erkenntnisse über die Entstehung von Haustierrassen zu verallgemeinern, zunächst auf das Leben als Ganzes bezogen und später auch auf die Entstehung der chemischen Elemente ausgedehnt wurde? Ist es nicht noch merkwürdiger, daß heute die Evolutionsgesetze auch für den Geist und seine Erzeugnisse gelten sollen? Man glaubt nämlich annehmen zu dürfen (und zwar meist, wie in dem folgenden Beispiel, ohne sich zu einer Begründung herabzulassen), daß der Hiatus zwischen Materie und Geist, die Kluft zwischen dem tauben Gestein und dem wuchernden Leben nicht einmal besonders tief, geschweige denn unüberwindbar ist, weshalb man die Gesetze des einen Bereichs unbesehen auf den anderen übertragen darf. „Die Kluft war nur ein angstbedingtes Hirngespinst“,[17] verkündet Dennett, hier wie auch sonst seiner Sache gewiß. Wahrscheinlich glaubt er wie der ungenannte Philosoph im Eingang von Leibniz' *Neuen Abhandlungen*, daß „die Materie denken könne.“[18] Weil ein Autor wie er den Physikalismus aufnimmt und nur wenig modifiziert, stellt er fest, daß die Materie – bereits sie in Gestalt des Atoms – etwas Geistiges enthalten soll: das scheint ihm dann die Brücke, über die unser Verstand zur Welt wandeln und diese verstehen kann. Dieser Gedanke ist schon deshalb grundverkehrt, weil die Geistigkeit von etwas keinesfalls die Voraussetzung dafür ist, daß wir etwas verstehen, denn in diesem

15. Fast könnte man denken, daß er damit auf Cohen zielt, für den die Zahl „zur eigentlichen Quelle des Objektes wird“. Cohen fügt hinzu: „Pythagoras hat Recht behalten“ (Logik der reinen Erkennntiss. Seite 43).

16. Hartmann: Wie ist kritische Ontologie überhaupt möglich? Seite 67–116, Seite 86.

17. Dennett: Den Bann brechen. Seite 235. Auch sonst vertraut er dem bewährten darwinistischen Gradualismus („the well-tested Darwinian perspective of gradualism: comprehension comes in degrees.“) und findet es ratsam, Darwin zu folgen und ein Kontinuum anzunehmen („but we are wise to follow Darwin's lead and recognize that there is something of a continuum“. Dennett: From Bacteria to Bach, Seite 95 und Seite 199.

18. Leibniz: Neue Abhandlungen über den menschlichen Verstand. Buch I–II. Seite 5.

Fall würden wir ja alles, auch die schwierigsten Theorien und die fremdesten Sprachen, spontan verstehen.

In manchen Fällen – ich spreche nicht von unserer Dummheit oder von mangelhafter Bildung – besitzen wir als Mensch, als kreatürliches Wesen nicht die Erkennsnisvoraussetzungen, die uns einen Zugang verschaffen können. Dann handelt es sich um ein prinzipielles Problem.

Dennett mochte es noch niemals akzeptieren, daß wir vieles nicht verstehen und uns ein guter Teil der Welt immer und ewig jenseits unserer Verständnismöglichkeiten bleiben muß, so viel wir auch in der Zukunft noch hinzulernen mögen; weder will er wahrhaben, daß uns das Erleben anderer Wesen verschlossen bleibt, noch kann er sich damit abfinden, daß der Zusammenhang von Geist und Materie im Leib eines Menschen oder Tiers zutiefst rätselhaft ist. Niemand, meint er, vermag einen guten Grund dafür anzugeben, warum es überhaupt etwas Interessantes geben sollte, das wir nicht verstehen.[19] Ist dieser Philosophieprofessor niemals auf ein erkenntniskritisches Buch gestoßen? Offenbar hat er niemals Kant gelesen oder dessen Werke wenigstens in einer geschickten Zusammenfassung zur Kenntnis genommen, auch sonst nicht jemanden, der kritisch über Erkenntnis nachdenkt. Glaubt er selbst denn wirklich, daß es ausreicht, mit dem Finger auf etwas zu zeigen (etwa auf eine Stelle im Gehirn), und schon habe man erklärt, wie es zu einem Gefühl oder Gedanken gekommen sei? Hier sei nur beiläufig angemerkt, daß bereits Immanuel Kant, der doch von den Verirrungen unserer Zeit noch gar nichts wissen konnte, die ganze Argumentation der Hirnforschungsmaterialisten vorweggenommen und ein für alle Mal widerlegt hat.[20] Auch könnte er, Dennett, Bergsons *Materie und Gedächtnis* lesen; es mag ja sein, daß Bergson keine befriedigende Erklärung für das Gedächtnis anzubieten hat, aber er hat mit diesem Werk gezeigt, daß es ganz und gar sinnlos ist, das Gedächtnis mit dem Blick auf die Materie zu erklären.

Etliche der angesprochenen monistischen Philosophen sind Reduktionisten, was in diesem Zusammenhang bedeutet, daß sich nach ihrer Ansicht auch die Dokumente des Geistes beziehungsweise dessen Tätigkeit auf materielle Grundlagen reduzieren lassen; es bedeutet, daß sie eine Identität von Gehirn und Gedanke unterstellen und das Bewußtsein für ein physikalisches Phänomen halten. „Man spricht dann nicht vom ‚Denken‘, sondern gleich vom ‚Sprechdenken‘, das heißt von *Aussagen als physikalischen Vorgängen.*“[21]

19. Dennett: Consciousness explained. Seite 442: „neither Nagel nor anyone has given us a good reason to believe there is anything interesting or theoretical important that is inaccessible to us.“

20. Kant: Träume eines Geistersehers. Kants Werke. Band II. Seite 324f.

21. Neurath: Soziologie im Physikalimus. Seite 404.

Freilich muß man als Reduktionist noch eine zweite Voraussetzung erfüllen, wenn man den Geist aus der Materie erwachsen sehen will. Man darf (wie Dennett in der Tradition vieler, besonders angelsächsischer Philosophen[22]) keinerlei Hiatus akzeptieren, muß also einen die gesamte Natur umfassenden oder durchlaufenden Prozeß annehmen, einen Prozeß der fließenden Übergänge, der keine Sprünge mehr kennt.

Daß die Vorstellung eines allumfassenden, als bruchlos vorgestellten Kontinuums zwar nicht mehr die Physik, wohl aber Biologie und Philosophie bestimmt, ist ziemlich merkwürdig, denn noch 1939 konnte Nicolai Hartmann davon ausgehen, daß „sich der Schichtungsgedanke ... immer mehr durchsetzte."[23] Für lange, lange Zeit galt dieses Schema ganz selbstverständlich und bestimmte nicht allein die Lehrbücher, sondern auch das Denken eines jeden Menschen, also etwa in der frühen Neuzeit und zur Zeit der Aufklärung die Naturalien- und Kuriositätenkabinette fürstlicher Häuser oder reicher Bürger, in denen sich vier Abteilungen für Mineralien, Pflanzen, Tiere und endlich den Menschen fanden. In seiner Rede *Über die Würde des Menschen* (vor 1500) spricht Pico de Mirandola darüber, daß in die Seele manches Menschen ein Pflanzenkeim gesenkt worden sei, in die eines anderen die eine Tieres, schließlich gar die eine Engels. In dem *Liber de sapiente* des französischen Renaissancephilosophen Charles de Bouelles (1509) findet sich eine berühmte Illustration dieses Schemas, in dem das Reich der Mineralien neben dem der Pflanzen (Vegetabile), der Tiere (Sensibile) und dem Menschen (Rationale) steht. Den vier Reichen der Natur entsprechen vier Tugenden bzw. Untugenden von Virtus (Tapferkeit) über Luxuria (Wollust) und Gula (Völlerei) bis hin zu Acedia (einer Art Depression, der Mönchskrankheit des Mittelalters), so daß die Stufung des Seins insgesamt auch das Schema abgab für die Moral oder für die Ausdeutung menschlichen Verhaltens, insbesondere seiner Laster.

Im Kern geht diese Stufenlehre wohl auf *De anima* von Aristoteles zurück, findet sich in der Philosophie von Leibniz (schön dargestellt von Hegel in dem entsprechenden Kapitel seiner *Geschichte der Philosophie*) und bestimmt bis in das 19. Jahrhundert hinein das Denken des Menschen – und ganz gewiß nicht wegen der großen Autoritäten der Philosophiegeschichte, sondern weil es unserem natürlichen Erleben entspricht. So besaß noch die *Synopsis der drei Naturreiche* des Johannes Leunis, das Lehrbuch eines bedeutenden Naturforschers von 1847, drei Teile, deren erster der Zoologie gewidmet war, während die Teile zwei und drei der Botanik und der Mineralogie galten. Was

22. Vgl. Russell: Die Analyse des Geistes. Seite 2. Russell lehnt die Unterscheidung von Geist und Materie ab und kennt demzufolge keinen Hiatus (keinen „impassable gulf").

23. Hartmann: Der Aufbau der realen Welt. Seite VIII.

fehlte, war das vierte Reich, das des Menschen. Bereits zwei Jahrzehnte zuvor (1826) erschien in den USA ein großer Essay von Samson Reed, der außer dem Reich des Menschen und dessen Gesetzlichkeit noch drei weitere kennt: „the laws of the animal, vegetable, and mineral kingdoms."[24]

Hartmann selbst hätte (und hat wahrscheinlich tatsächlich) die Viergliederung des Seins auch in Lotzes einflußreichem Hauptwerk *Mikrokosmos* kennenlernen können, wo die „planvoll aufsteigende Gestalt der Pflanze" von der unberechenbaren „Regsamkeit des Tieres" unterschieden und „die Starrheit und Regellosigkeit ihres unorganischen Wohnplatzes"[25] betont wird; und über allem steht der Mensch, um den es Lotze vor allem ging. Lotze folgt hier wie auch sonst oft genug Leibniz, dessen Grundgedanken Kuno Fischer wie folgt zusammenfaßt: „Jede Monade ist Leben, denn sie ist selbstthätige Kraft; das tierische Individuum ist Seele, denn es empfindet seine Vorstellungen; das menschliche ist Geist, denn es ist bewußte Vorstellung."[26]

Wie Lotze und Fischer, die Lehrer von Wilhelm Windelband, kennt auch Edmund Husserl kein großes Kontinuum, sondern ihm begegnet „eine große Scheidung", denn die „Dingrealitäten zerfallen" in die vier Gruppen, von denen man im „Rahmen der Welt purer Erfahrung"[27] ausgeht.

1925 hatte Hartmann seine Schichtentheorie ein erstes Mal in einem Aufsatz formuliert und in den folgenden Jahren weiter ausgebaut, worin ihm schon bald einige bedeutende Philosophen folgen sollten, allen voran seine damaligen Kölner Kollegen Max Scheler in seiner Spätschrift *Die Stellung des Menschen im Kosmos* und Helmuth Plessner in den *Stufen des Organischen*, den beiden Grundlagenwerken der philosophischen Anthropologie. Ebenfalls in diesen Jahren (1927) publizierte Ernst Cassirer *Individuum und Kosmos in der Philosophie der Renaissance*, worin er auf die Stufentheorie in dem Werk des bereits oben angesprochenen Bovillus' (Bouelles) eingeht: Die Natur „verkörpert in sich die verschiedenen Formen des Lebens, aber sie führt nur bis an die Schwelle der Vernunft, des reflexiven, auf sich selbst bezogenen Wissens heran. Esse, Vivere, Sentire, Intelligere: das sind demnach die verschiedenen Stadien, die das Sein durchläuft, um zu sich selbst, zu seinem eigenen Begriff zu gelangen."[28]

Es geht hier nicht darum, allerhand Zitate aneinanderzureihen, um zu demonstrieren, wie bedeutend die Schichtentheorie in der Geschichte der

24. Reed: Observations on the Growth of the Mind. Seite 43.
25. Lotze: Mikrokosmos. Erster Band. Seite 57.
26. Fischer: Geschichte der neueren Philosophie. Zweiter Band. Seite 487. Fischer bezieht sich auf die Monadologie, §§19 und 63.
27. Husserl: Phänomenologische Psychologie. Seite 103f.
28. Cassirer: Individuum und Kosmos in der Philosophie der Renaissance. Seite 94.

Philosophie gewesen ist.[29] Sondern es geht darum, daß die genannten Denker und ihre vielen Kollegen keine weltfremde Theorie vortrugen, sondern eine Deutung der Welt formulierten, welche der natürlichen Weltsicht entsprach und entspricht; sie ist – die vier Verben, die Bovillus aufzählt, sind ein besonders schönes Beispiel – die auf den Begriff gebrachte Weltsicht eines Menschen, der von Ideologien unbeeinflußt (sofern das möglich ist...) auf die Welt schaut.

In seiner großen Besprechung von Hartmanns Geistphilosophie konnte Plessner 1933 von der „Mehrschichtigkeit" sagen, daß sie „etwas allgemein Bekanntes" darstelle.[30] 1938 nahm der bedeutende Psychologe Philipp Lersch die Anregungen Hartmanns in sein häufig aufgelegtes Hauptwerk *Aufbau der Person* auf, und es ist vielleicht nicht untypisch, daß heute die „schichtentheoretische Gliederung", die sich in diesem Buch findet, auf „die griechische Klassik", nicht aber auf den offenbar ganz vergessenen Hartmann zurückgeführt wird.[31] Aber dank Hartmann ist dem Romanisten Ernst Robert Curtius in einem erst 2017 veröffentlichten, aber bereits in den dreißiger Jahren verfaßten Manuskript die „Wesensstufung der Welt"[32] ganz selbstverständlich. Endlich schrieb José Ortega y Gasset als der meistgelesene Philosoph der spanischsprachigen Welt in seiner posthumen Sozialphilosophie *El hombre y la gente* (*Der Mensch und die Leute*) ganz im Sinne Hartmanns über die vier Schichten („minerales, vegetales, animales y hombres"). Dabei kommt es ihm besonders darauf an – das Buch ist schließlich die Zusammenfassung seiner Sozialphilosophie –, daß wir erst beim Tier auf Antworten stoßen. Der Stein ist noch ganz und gar passiv, und unser Verhältnis zur Pflanze wird von Ortega nicht näher analysiert, aber das Verhältnis zum Tier ist reziproker Natur.

Wie auch immer das Verhältnis zwischen uns und ihnen beschaffen sein mag, freundlich oder feindlich, es nimmt einen dialogischen Charakter an. Deshalb begegnet dem Menschen im Tier eine neue Wirklichkeit oder ein anderer, ein höherer Typ von Wirklichkeit als in Stein oder Pflanze. Obwohl wir selbst vom Tier nur als ein anderes Tier wahrgenommen werden, besteht zwischen dem Tier und dem Menschen ein „reziprokes Verhältnis".[33]

29. Trotzdem sei noch auf dieses Buch hingewiesen, in dem Robert Kozljanic kenntnisreich auf etliche Schichtentheorien eingeht: Friedrich Schlegel / Robert Josef Kozljanic: Philosophie des Lebens. Vorlesungen aus den Jahren 1827–1829. / Schlegel und die Lebensphilosophie des 19. Jahrhunderts. Eine Manifestation. München 2018.

30. Plessner: Geistiges Sein. Über ein neues Buch Nicolai Hartmanns. In: Gesammelte Schriften IX. Seite 73–95. Seite 78.

31. Bischof: Psychologie. Seite 446.

32. Curtius: Elemente der Bildung. Seite 49.

33. Ortega: El hombre y la gente. Seite 114: „reprocidad".

Auch in Whiteheads Spätwerk *Denkweisen* findet sich die Mehrschichtigkeit der Welt, wahrscheinlich ohne Kenntnis der Hartmannschen Philosophie. Schließlich sei noch der Kunsthistoriker Hans Sedlmayr erwähnt, der 1948 in seinem Klassiker *Der Verlust der Mitte* über „die verschiedensten aktuell wirksamen Weltbilder“ schreibt, daß sie sämtlichst „einen Stufenbau der sichtbaren Welt“ annehmen.[34] Diese Annahme, die damals ganz selbstverständlich galt, ist seitdem unter dem Diktat der verschiedensten Monismen untergegangen.

An dieser Stelle soll ein Gedanke nicht verfolgt werden, der für unser alltägliches Denken sehr wichtig ist: Die Annahme einer bruch- und schichtenlosen Kontinuität macht es schwierig, wenn nicht gar unmöglich, den verschiedenen Schichten des Seins auch je verschiedene Werte zuzusprechen. Will man wirklich alles lebendige Sein auf eine Stufe heben? Soll – ein zugegebenermaßen etwas grobes Argument – soll dem Pesterreger dasselbe Lebensrecht oder dieselbe Würde zugesprochen werden wie einem Menschen? Mir selbst scheint es selbstverständlich, daß verschiedenen Organismen auch ein unterschiedlicher Wert zugebilligt wird.

Hartmann unterscheidet vier verschiedene Schichten: die leblose Materie, die Pflanze, das Tier und endlich den Menschen. Die Pflanze lebt von und aus der Materie, denn anders als das animalische Leben der dritten und vierten Schicht vermag sie die Nährstoffe der Mineralien für das organische Leben direkt aufzuschließen. Ohne Materie deshalb keine Pflanze, aber auch ohne Pflanze kein Tier. Das Tier ist ohne die Pflanze so wenig vorzustellen, daß Plessner sein Verhältnis zur Flora das „konstitutive Schmarotzertum der tierischen Welt“[35] nennen kann. Pflanzen kann es auch ohne die Fauna geben, wogegen das Tier zwingend auf die Existenz der Flora angewiesen ist. Aber sind bereits deshalb seine Strukturen und Gesetzlichkeiten aus deren Gesetzen heraus zu verstehen oder gar aus ihnen abzuleiten? Nein, denn die Fauna stellt gegenüber der Flora eine neue Qualität des Seins dar, was sich vor allem darin ausdrückt, daß Tiere (von ganz wenigen, den Pflanzen noch nahestehenden, deshalb Zoophyten genannten Ausnahmen abgesehen) für Ernährung wie Vermehrung gezielt ihren Ort verändern und sich deshalb bewegen müssen. Eigenbewegung, insbesondere Ortsveränderung, ist keinesfalls ein äußerlicher Unterschied, sondern Ausdruck einer höheren Stufe des Seins.

Pflanzen sind buchstäblich verwurzelt mit ihrer Umgebung, wogegen bereits das primitivste Tier sich von dieser zumindest ein wenig emanzipiert

34. Sedlmayr: Der Verlust der Mitte. Seite 162.

35. Plessner: Die Stufen des Organischen und der Mensch. Seite 334. In eben derselben Weise argumentiert Bergson: Schöpferische Evolution. Seite 135.

hat, sich nämlich von ihr wegbewegen kann. Diese Entwicklung gipfelt im Menschen, der als einziger Organismus auf diesem Stern sich seinen eigenen Lebensraum suchen und gezielt umgestalten kann. In jedem Fall sind im animalischen Lebewesen Bewegung und Beziehung zu seinem Lebensraum miteinander verknüpft. Für es wird seine Umgebung zum Gegenstand, indem es sich dieser entgegenstellt. Tropismen – die Wendungen der pflanzlichen Organismen hin zum Licht – sind dagegen keineswegs Bewegung, so wenig wie Wachstum Bewegung ist.

Eine Folge dieser Verhältnisse ist das Gedächtnis aller Tiere. Wenn sie sich nicht selbst bewegen könnten oder müßten, bräuchten sie kein Gedächtnis, das Pflanzen verständlicherweise noch nicht kennen. Denn das Gedächtnis dient den Bewegungen, insbesondere der gezielten Ortsveränderung.

Im 29. Kapitel von *Der Mensch* hat Arnold Gehlen mit Hinweisen auf die einschlägige Literatur gezeigt, in welcher Weise das Gedächtnis (er allerdings gebraucht das Wort „Erinnerung") mit unseren Aktionen, Handlungen und willkürlichen Bewegungen verknüpft ist. Er konnte damit an Einsichten anknüpfen, die unter anderem von Henri Bergson in *Materie und Gedächtnis* formuliert worden waren. Bergson argumentiert ebenso pragmatistisch wie Gehlen oder wie William James, dessen Werk er sehr schätzte.

Um das Selbstverständliche noch einmal zu betonen: Lichtwendigkeit kann man zwar mit der Hilfe von Zeitrafferaufnahmen als Bewegung hinstellen[36] – das macht ordentlich Effekt, wenn eine Pflanze ihre Zweige oder Wurzeln wie ein Oktopus seine Tentakel in alle möglichen Richtungen ausstreckt, und entsprechend oft zeigt man das auch –, aber es ist keinesfalls mehr als bloß ein Phänomen des Wachstums. Ist das Wachstum der Pflanze beendet, wendet und windet sie sich weder auf dem Boden noch in die Luft und der Sonne entgegen, nicht einmal mit der Hilfe filmischer Tricks.

Hartmann formuliert eine Anzahl von Gesetzen, die das Verhältnis der Schichten untereinander regeln. In diesem Zusammenhang kommt es darauf an, daß die untere Schicht gegenüber der höheren generell die stärkere ist, und zwar auch in unserem eigenen Leben. Wenn die untere Schicht den höheren Fähigkeiten nichts von ihrer Stärke abgibt, verhungern diese.[37] Das bedeutet, daß das Niedere ohne das Höhere existieren kann, das Höhere aber

36. „Schon das Wachstum von Wurzeln oder Pflanzen stellt Bewegung dar, die einfach durch Hinzufügen physischer Elemente entsteht. Dies lässt sich leicht demonstrieren, wenn man eine geduldig aufgenommene filmische Dokumentation des Pflanzenwachstums mit höherer Geschwindigkeit ablaufen lässt." Damasio: Im Anfang war das Gefühl. Seite 65. Ganz ähnlich (und dazu ziemlich naiv): Stefano Manusco: Pflanzenrevolution. Seite 87f.

37. Vgl. noch Ortega y Gasset: ¿Que es filosofía? Seite 98: „Lo superior, para realizarse en la historia, tiene que esperar a que lo inferior le ofrezca holgura y occasion. Es decir, que lo inferior es el encargado de realizar lo superior – le presta su fuerza, ciega pero incomparable."

auf das Untere zwingend angewiesen und demzufolge schwächer ist. Wie jeder Gärtner und Tierfreund weiß, steht die Vitalität niemals auf der Seite der edlen Pflanzen oder der Tiere, sondern es sind Unkraut und Ungeziefer, die wuchern und nicht vergehen wollen.

Niemals und unter keinen Umständen läßt sich die Gesetzlichkeit der höheren Schicht aus jener der unteren ableiten: auch deshalb ist die untere Schicht die stärkere, aber die obere ist ihr gegenüber frei – nicht vollkommen frei, aber doch partiell frei. Sie ist frei in dem, was gegenüber der unteren Schicht neu ist.

So muß die vierte Schicht, die Welt des Menschen, unbegreiflich und neu im Vergleich zu den drei ersten Schichten sein. In weiten Teilen läßt sie sich selbstverständlich mit deren Kriterien beschreiben und aus ihren Gesetzen heraus erklären, aber dem, was die Welt des Menschen zu etwas Besonderem macht, kann man sich auf diese Weise nicht einmal annähern.

Trotzdem bedarf die Welt des Menschen der unteren Schichten und kann ohne sie nicht existieren. Aber Erklärungen von „unten" („bottom up" im Jargon unserer Tage), indem man also die Gesetze einer unteren Schicht anwendet, um die Vorgänge in einer oberen zu erklären, führen hier wie auch sonst grundsätzlich in die Irre, weil sie nicht die Eigenständigkeit und Eigengesetzlichkeit der oberen Schicht berücksichtigen. Wer wird allen Ernstes mit den Mitteln der klassischen Mechanik Botanik treiben und das Wachstum auch nur einer einzigen Blume erklären wollen? Und die Klüfte zwischen den anderen Schichten sind nicht weniger stark ausgeprägt.

Noch einmal sei an den Gedanken erinnert, daß die Welt ein einziger gigantischer Organismus sein oder mit Scheler als ein Alleben angesehen werden könnte. Aber: Falls dem so sein sollte, können wir von diesem Alleben nichts wissen – Hartmanns Schichtengesetze nennen die Gründe für unsere Ignoranz –, denn dieses Alleben, sollte es wirklich existieren, bildete eine fünfte Schicht, und so wie die dritte Schicht (das Tier) den Menschen (die vierte Schicht) nicht als Menschen wahrnehmen kann, sondern nur als ein Tier, so können wir nicht die mögliche fünfte oder womöglich gar sechste Schicht wahrnehmen und verstehen. Sie sind nicht Teil unserer Welt. Und sie werden es auch niemals sein.

Heute wird die Vorstellung, daß die Welt sich aus verschiedenen, zwar aufeinander ruhenden, vielfach ineinandergreifenden und deshalb miteinander eng verquickten, aber eben doch wesensverschiedenen Schichten zusammensetzt, entschieden zurückgewiesen, oft genug sogar mit ungeheuchelter Empörung, als komme eine solche Überlegung gar nicht in Betracht. Das ist um so merkwürdiger, als diese Vorstellung voll und ganz unserem natürlichen Weltbild entspricht, denn selbstverständlich nehmen wir große Unterschiede zwischen der leblosen Natur, dem Reich der Pflanzen, der Welt der

Tiere und endlich des Menschen wahr. Niemand zum Beispiel kommt auf die Idee, daß auch Pflanzen sich bewegen können, ihre Umgebung wahrnehmen und sogar intelligent sind und mit uns sprechen könnten – niemand, wirklich niemand außer einigen verwirrten Biologen, die wohl meist gar nicht realisiert haben, inwieweit sie sich mit ihren Behauptungen der Esoterik nähern.[38] Ein merkwürdiges Beispiel bietet der Amerikaner Steve Jones, der erst zeigt, daß eine Verständigung mit Pflanzen eine ganz und gar sinnlose Angelegenheit ist, gleich darauf aber doch schreibt: „Trotzdem sprechen Pflanzen miteinander."[39] Nein, das tun sie nicht; eine Kommunikation mittels Ausdünstungen hat nichts mit Sprechen zu tun. Vielmehr ist an eine Analogie mit sich bewußtlos vollziehenden Vorgängen innerhalb eines Organismus zu denken.

Der prominente amerikanische Evolutionsbiologe Bruce H. Lipton schreibt, daß „jede Zelle ein intelligentes Wesen ist, das allein überleben kann", spricht von „klugen Zellen", die etwas herausfinden können, und findet generell Intelligenz in ihnen, als seien sie selbständige, ihren Ort wechselnde Lebewesen. Es seien „Proteinkomplexe", welche „die grundlegenden Einheiten der zellulären Intelligenz" abgeben.[40] Das italienische Autorenduo Mancuso/Viola sagt von der Pflanze, sie verhalte sich „wie ein Unternehmer, der in die Zukunft investiert: Ihr Verhalten beweist, dass sie Prognosen erstellt und Ressourcen einsetzt, um ihre Ziele zu verfolgen. Wir haben es hier eindeutig mit intelligentem Verhalten zu tun."[41] Ähnlich verworren sind die Vorstellungen des amerikanischen Biologen und Erfolgsautors David Haskell, der zwar anerkennt, daß Pflanzen nicht zentral organisiert sind, ihnen aber dennoch ein Nachdenken zuspricht: „Die Gedanken der Pflanzen sind im ganzen Körper verteilt und im Netzwerk angesiedelt, das alle Pflanzenzellen verbindet." Zusätzlich besitzen Pflanzen, so Haskell, „eine Intelligenz, die nicht in ihrem eigenen Körper, sondern in den Beziehungen zu anderen Arten angesiedelt ist." So „empfindet, versteht, gewichtet und beurteilt" die Gelbkiefer „die Welt durch eine Kombination aus externer und interner Intelligenz."[42] Es ist wirklich so, daß Begriffe wie Intelligenz, Gedanke und

38. Vgl. hierzu Plessner: Die Stufen des Organischen und der Mensch. Seite 226, oder Bergson: Schöpferische Evolution. Seite 134f. und öfter. Bergson zeigt sehr schön die Bedeutung der Bewegung für das Tier auf.

39. Jones: Darwins Garten. Seite 247.

40. Lipton: Intelligente Zellen. Seite 37, Seite 239, Seite 85.

41. Mancuso / Viola: Die Intelligenz der Pflanzen. Seite 52.

42. Haskell: Der Gesang der Bäume. Seite 51 f., Seite 174. Ähnlich weltfremd ist die folgende Bemerkung eines buchstäblich weltberühmten Neurobiologen: „Mit den Berechnungen, die Bakterien ausführen, können sie ihre Situation beurteilen und es sich deshalb leisten, unabhängig zu leben oder sich zusammenzutun, wenn es notwendig wird." Damasio: Im Anfang war das Gefühl. Seite 68.

Nachdenken jeden Sinn verloren haben, wenn Biologen über die Welt der Pflanzen schreiben.

Daß die Totalität der Welt einer einheitlichen Gesetzlichkeit unterliegt, daß also das Entstehen der chemischen Elemente denselben Gesetzen unterworfen sein könnte wie die Evolution einer biologischen Art oder die Popularität einer Religion, kommt einem nicht so ohne weiteres in den Sinn. Es ist kontraintuitiv, weil es unserem Erleben widerspricht, und es bedurfte eines langen Anlaufes, um diese Vorstellung einer großen Anzahl von Menschen plausibel zu machen. Wahrscheinlich war es die Popularisierung der Integral- und Differentialrechnung zu Beginn des 19. Jahrhunderts, die monistischen Theorien mit ihrer Vorstellung eines bruchlosen Kontinuums den Weg bahnte.

Denn der Mathematik eines Gottfried Wilhelm Leibniz liegt eine andere Vorstellung als unserem natürlichen Weltbild zugrunde. Sie geht von einer unendlichen Vielzahl von kleinsten, für sich genommen überhaupt nicht wahrnehmbaren Sprüngen aus. Diese Annahme ist mit einer sich durchziehenden Gradualität in der Welt keinesfalls identisch, sieht dieser aber doch ziemlich ähnlich, und das war ihm offenbar genug. Später kritisiert Franz Brentano diese Vorstellung von Kontinuität: „Aus Punkten aber kann man kein Kontinuum zusammensetzen, indem man im einzelnen einen Punkt zum anderen fügt. Nur das, was man ihre kontinuierliche Zusammensetzung nennen könnte, ist möglich“.[43]

Leibniz' Modernität zeigt sich eben darin, daß er überall – nein, eben nicht fließende Übergänge, sondern Übergänge in kleinsten und allerkleinsten Sprüngen sieht, die für uns aussehen, als seien sie fließend. Für ihn ist die Vorstellung bestimmend, daß „jede natürliche Veränderung gradweise vor sich geht“.[44] Alles, so Leibniz, geht stetig und allmählich ineinander über. Diese seiner ganzen Philosophie zugrundeliegende Annahme ist die Basis der Naturwissenschaft der letzten zwei oder drei Jahrhunderte, denn sie hat sich zunächst in der klassischen Physik glänzend bewährt und später besonders in der Biologie durchgesetzt. Gradualismus scheint uns schon deshalb so überzeugend, weil sein mathematischer Ausdruck, die Infinitesimalrechnung, trotz anderer, eigentlich sogar entgegengesetzter Grundannahmen das Fließen der Naturvorgänge in einer ganz anschaulichen Weise abzubilden erlaubt. Ihr Ausdruck sind Kurven, welche keine sprunghafte, sondern eine fließende Veränderung der Realität darstellen, obwohl ihre Berechnung auf der Annahme kleinster Sprünge beruht. Eben auf diesen Widerspruch weist Brentano hin.

43. Brentano: Kategorienlehre. Seite 12.

44. Leibniz: Monadologie. Seite 31 (§13).

Wenn wir Edmund Husserl folgen, prägt dieser Gegensatz von Fluß und Punkt, von übergangsloser Gradualität und kleinsten Sprüngen auch unser Zeiterleben, wie er mit einer Beschreibung der Retention deutlich macht, die sich ihm als ein Sowohl-als-auch darstellt. In der Retention ist uns die unmittelbare Vergangenheit immer noch präsent, ohne daß wir uns an sie erst erinnern müßten. „Und jede Retention ist schon Kontinuum. Der Ton setzt an, und stetig setzt ‚er' sich fort. Das Tonjetzt wandelt sich in Tongewesen, das impressionale Bewußtsein geht ständig fließend über in immer neues retentionales Bewußtsein. Den Fluß entlang oder mit ihm gehend, haben wir eine stetige zum Einsatzpunkt gehörige Reihe von Retentionen."[45] Der Satz ist die perfekte Veranschaulichung der Grundannahmen von Leibniz.

Es ist aber bereits die Frage, ob dieses Bild – das Bild des Bewußtseinsstroms – wirklich stimmig ist, ob wir zum Beispiel „mit dem Strom gehen" können (in diesem Fall würde er neben uns herfließen, während wir an seinem Ufer wandeln, und eben dies scheint Husserls Vorstellung gewesen zu sein) oder auf ihm schwimmend von ihm fortgenommen werden, bis wir das Meer erreichen, so daß wir selbst, weil wir ja das Tempo des Bewußtseins hätten, immer dasselbe Bewußtsein haben müßten, während sich allein die Ufer veränderten. Oder strömt es durch uns hindurch?

Vielleicht geht die Vorstellung eines fließenden und strömenden Bewußtseins auf das Fließen und Strömen der Realität zurück? Denn es ist doch die Realität, mit der das Bewußtsein korreliert; ohne Bewußtsein gibt es keine Realität. Das reine Denken richtet sich auf die regungslose Idealität, das Bewußtsein dagegen ist von der dahinströmenden Realität erfüllt.

Oder es ist die Zeit, die außer uns und in uns strömt, als der „innere Sinn" Kants. Es muß die Zeit sein, in der die Dinge kommen und gehen, und es ist unser Bewußtsein, in dem wir dieses Kommen und Gehen, die Veränderungen, das Werden und das Vergehen erfahren.

Historisch geht das Bild des Bewußtseinsstroms wohl bereits auf Aristoteles und seinen Begriff der Rhysis (das Fließen der Zeit in unserem Inneren) zurück. Auch oder sogar vor allem dank William James erfreut es sich einer gewissen Popularität, findet sich aber bereits Jahrzehnte zuvor in dem Hauptwerk von Rudolph Hermann Lotze[46] und wird heute von eigentlich sämtlichen Autoren der unterschiedlichsten Wissenschaften und Philosophien benutzt. Es ist aber ein ernsthaftes Problem, ob dieses Bild unser Zeiterleben wie überhaupt unser Bewußtsein wirklich beschreiben kann. Falls es ungeeignet sein sollte, kann man es aber kaum jemandem vorwerfen,

45. Husserl: Vorlesungen zur Phänomenologie des inneren Zeitbewußtseins. Seite 24.

46. Lotze: Mikrokosmos. Erster Band. Seite 238. Für Lotze bilden die Wahrnehmungen „in unserem Inneren stets einen schmalen und dünnen Strom".

denn es scheint nicht so, daß es überhaupt irgendein Bild gibt, das geeignet wäre, unser Erleben oder vielmehr die Strukturen unseres Erlebens zu beschreiben.

Deutlich wird dies unter anderem an einer Bemerkung Edmund Husserls in dem zweiten Band seiner *Ideen*, in der er zwei nicht allein verschiedene, sondern auch wirklich miteinander unverträgliche Bildbereiche benutzt, das Bild des Stroms und das des Flechtwerks. Es geht ihm dabei auch gar nicht so sehr um das Fließen, sondern vor allem um das Mit- und Ineinander der verschiedensten Elemente in unserem Bewußtsein: „Wie schon der bildliche Ausdruck Erlebnisstrom (oder Bewußtseinsstrom) sagt, sind uns die Erlebnisse ... in der Erfahrung nicht gegeben als in sich zusammenhangslose Annexe von materiellen Leibern, als ob sie miteinander nur durch die gemeinsame phänomenale Anknüpfung an diese geeinigt wären. Sie sind vielmehr durch ihr eigenes Wesen eins, miteinander verbunden und verflochten, schichtenweise ineinanderströmend und nur in dieser Einheit eines Stromes möglich." Offenbar geht es Husserl überhaupt nicht um das Strömen, sondern um die Einheit des Erlebens. Die gleichberechtigte Flechtwerk-Metaphorik sprengt das Bild, und es gelingt dem Autor nicht, eine kohärente Bildlichkeit durchzuhalten.[47] Gibt es überhaupt ein Bild, das dem Bewußtsein gerecht werden könnte?

Man kann immer wieder beobachten (ein jeder bei sich selbst), daß das Erleben so durch und durch subjektiv und privat ist, daß jeder Versuch einer Illustration durch ein Bild scheitert. Wir sind eingeschlossen in unser Bewußtsein und können dieses niemals verlassen. Und trotzdem leben wir in einer Welt und begegnen dieser auch: daraus resultiert ein Paradox, von dem die Erkenntnistheorie Nicolai Hartmanns ihren Ausgang nimmt. (Wir kommen auf den „Satz des Bewußtseins" noch ausführlich zurück.)

Der Gradualismus und sein mathematischer Ausdruck haben in der Physik wahre Triumphe gefeiert, bis die Quantenphysik einen Paradigmenwechsel einleitete. Aber auf vielen Gebieten, insbesondere auf dem Gebiet der lebendigen Natur und ihrer Entwicklung, hat der Gradualismus noch niemals mehr als Scheinerklärungen geboten. Wer eine Antwort nicht kennt, wer einen bestimmten Vorgang nicht beobachten oder beschreiben kann, nimmt einfach an, daß er sich über unvorstellbar lange Zeiträume hingezogen hat, denn unter der Annahme gewaltiger Zeitspannen fühlt man sich jeder Beweispflicht enthoben. Und vielen Menschen erscheint es merkwürdigerweise plausibel, daß sich etwas, dessen Genese sie sich in einem überblickbaren Zeitraum keinesfalls erklären können, über Jahrmillionen hinweg gebildet haben soll, ohne auf größere Schwierigkeiten zu stoßen.

47. Husserl: Ideen zu einer reinen Phänomenologie. Zweites Buch. Seite 92.

Zwei Extrempositionen nehmen Jacques Monod und Manfred Eigen ein, der das deutsche Vorwort zu dem Bestseller Monods schrieb. Der Biochemiker Monod behauptet in *Zufall und Notwendigkeit*, daß die Entwicklung des Lebens auf der Erde gegen jede Wahrscheinlichkeit und damit absolut zufällig war: „Das Leben ist auf der Erde erschienen – wie groß war vor dem Ereignis die Wahrscheinlichkeit dafür, daß es eintreffen würde? Aufgrund der gegenwärtigen Struktur der belebten Natur ist die Hypothese nicht ausgeschlossen – es ist im Gegenteil wahrscheinlich, daß das entscheidende Ereignis sich nur ein einziges Mal abgespielt hat. Das würde bedeuten, daß die apriori-Wahrscheinlichkeit dieses Ereignisses [die Entstehung des Lebens] fast null war."[48] Damit widerspricht er der heute vorherrschenden Auffassung, nach der es notwendig so kommen mußte, wie es gekommen ist. „Es muß", spricht Manfred Eigen die Grundüberzeugung eigentlich aller Evolutionisten aus, „ein auf ein Ziel, nämlich auf die Funktionstüchtigkeit ausgerichteter Optimierungsprozeß existieren."[49] Dieser Prozeß setzt bereits vor der Entstehung des Lebens ein, und unter dieser Voraussetzung (aber auch nur unter ihr) stellt der Übergang kein unlösbares Problem mehr dar. Nur: Natürlich läßt er sich nicht beobachten. Das, was man sonst als einen tödlichen Einwand ansehen müßte – die prinzipielle Unmöglichkeit, eine Aussage zu überprüfen, also zu verifizieren oder wenigstens zu falsifizieren –, erscheint hier als eine pure Selbstverständlichkeit, die mit keiner Silbe begründet wird. Der Prozeß ist „als solcher kaum auszumachen, denn er verläuft kontinuierlich."[50] Ist das nicht eine perfekte Abbreviatur der Leibnizschen Philosophie? Heißt „indiscernibel" nicht „kaum wahrnehmbar"?

Allerdings gibt es auch eine Reihe von Forschern, die der Annahme einer bruchlosen Kontinuität entschieden und mit vielen guten Gründen widersprechen. Einer ist der Paläontologe Stephen Jay Gould, nach dem die „Geschichte des Lebens" sich „nicht in einer kontinuierlichen Entwicklung" vollzog, sondern gekennzeichnet ist „von kurzen, nach geologischen Zeitmaßstäben zum Teil sogar momenthaften Episoden des massenhaften Aussterbens und der anschließenden Diversifikation."[51]

Warum es ausgerechnet seine Kontinuität sein soll, die einen Prozeß unbeobachtbar werden läßt, wäre auch noch zu diskutieren; sind nicht Sprünge aller Art viel schwieriger zu beobachten? Die Kontinentalverschiebung, die man sich als einen kontinuierlichen Prozeß vorstellt, kann man schließlich auch beobachten und ihr jährliches Fortschreiten sogar auf den Millimeter

48. Monod: Zufall und Notwendigkeit. Seite 178.

49. Eigen: Stufen zum Leben. Seite 36.

50. Eigen: Stufen zum Leben. Seite 119.

51. Gould: Zufall Mensch. Seite 54.

bestimmen. Dagegen ein Sprung... Die Möglichkeit, ihn zu sehen oder zu bemerken, besteht nur ein einziges Mal; später kann oder muß man auf ihn zurückschließen, aber beobachten läßt er sich nicht mehr – schon gar nicht, wenn Monod recht haben sollte und sich das in Frage stehende Ereignis allein ein einziges Mal vollzogen hat. Und: Wenn wir auf die Evolution des Lebens und seine erdgeschichtlichen Zeugnisse zurückblicken, dann müssen wir die Tatsache großer Sprünge konstatieren, können aber weder ihren Zeitpunkt bestimmen noch die Gründe für sie und ihren Ablauf rekonstruieren. Zeugnisse für Kontinuität oder eine graduelle Entwicklung bietet die Erdgeschichte übrigens ganz generell nicht – nicht einmal die Entstehung auch nur einer einzigen Art läßt sich in der Weise dokumentieren, daß man eine lange, ununterbrochene Reihe sich stetig und in minimalen Schritten verändernder Lebensformen hin bis zur gegenwärtigen Form vorweisen könnte. Wir kennen kein einziges Beispiel!

Es gibt nicht viele Autoren, die dieses Manko reflektieren. Einer der wenigen ist Stephen Jay Gould, der wiederholt auf die Leerstellen zu sprechen kommt, auf das Faktum, daß sich nirgendwo eine ununterbrochene Kette von Fossilien findet, die die Entwicklung auch nur einer einzigen Art dokumentieren könnte. Sein Bild der Evolution ist ein ganz anderes als das immer wieder propagierte, insofern er davon ausgeht, daß am Anfang des Lebens nicht *ein* Ursprung, also nicht eine *einzige* Keimzelle, sondern eine große Vielfalt von parallel existierenden Tierstämmen stand, von denen die meisten wieder verschwanden. Trotzdem gibt es Vielfalt, aber es ist eine nachgeordnete Vielfalt von einander sehr ähnlichen Bauplänen wie zum Beispiel bei Käfern.

Die Entwicklung des Lebens wird von Eigen und vielen anderen – aber eben nicht von Gould – als ein Prozeß angesehen, der schon in der unbelebten Natur angelegt ist, und man steht jetzt nur noch vor der Frage, wie es tatsächlich zu Leben und Bewußtsein kommen konnte, wie man also den Vorgang beschreiben kann – wohlgemerkt: wir sprechen über einen Vorgang, der, falls er sich tatsächlich auch heute noch vollzieht, „als solcher kaum auszumachen" ist und auf jeden Fall vor unvordenklicher Zeit begonnen hat – aus Gründen und unter Umständen, die uns gänzlich unbekannt sind und immer bleiben werden.

Zahlreiche Biologen und Evolutionisten tun so, als könnten sie zurück- und gelegentlich auch vorausrechnen und damit Vorgänge, über die wir keinerlei Kenntnisse besitzen, in rein spekulativen Szenarios rekonstruieren. Diesem Anspruch liegt die Vorstellung der Evolution als eines kalkulierbaren Vorgangs zugrunde, den man sich nach dem Vorbild der großen, sich rein mechanisch vollziehenden erdgeschichtlichen Vorgänge vorstellen soll, von denen sich wirklich sehr viele berechnen und tatsächlich zumindest in ihren Grundzügen rekonstruieren lassen.

Die Methode der neuzeitlichen Wissenschaft ist seit Galilei die Reduktion der vollblütigen Realität auf einige wenige Momente, und wenn es um den Fall einer Kugel geht und auch um viel kompliziertere Vorgänge wie etwa die Bewegungen eines Planeten, kann ein mathematisch entsprechend geschulter Physiker eine Rück- oder Vorrechnung sehr gut leisten.

Der Begriff der Evolution entstammt der Geologie, aber in ihr ist dieser Begriff trotz seines Gleichklangs ein ganz anderer, ja sogar dem der Biologie entgegengesetzt. Während die Evolution des Lebens nur als erratisch agierendes und deshalb unmöglich vorhersagbares Geschehen denkbar ist, ist die geologische Evolution berechenbar und läßt sich deshalb zumindest in gewissen Grenzen auch prognostizieren. Diesen Punkt – die Zukunft der geologischen Evolution ist nicht komplett unbekannt, die Evolution des Lebens aber ganz gewiß – betonte Stephen Jay Gould wiederholt in seinen Essays, und vielleicht ist schon das ein Grund, warum dieser überzeugte Darwinist zum Lieblingsgegner der Ultradarwinisten mutierte. Mit seinem Begriff der Evolution kann man sich keinen Monismus basteln.[52]

Die Differenz zwischen Geologie und Biologie gründet natürlich in der Differenz ihrer Gegenstände; während die Geologie es mit leblosen Gegenständen zu tun hat, kennt die Biologie allein das Leben. Leider akzeptiert nicht jeder diese Differenz. Manfred Eigen zum Beispiel schließt sich in seinem Vorwort zu *Zufall und Notwendigkeit* der Überzeugung an, daß es überhaupt keinen Hiatus zwischen den verschiedenen Stufen des Seins gebe, und mag konsequenterweise nur noch cum grano salis von der „Entstehung des Lebens“ sprechen, das es seiner Vorstellung nach zumindest in winzigen Spuren auch bereits in der leblosen Natur gebe: „Damit verschwindet die tiefe Zäsur zwischen der unbelebten Welt und der Biosphäre, der Philosophie, Weltanschauung und Religion über lange Zeit so große Bedeutung zugemessen haben. Die ‚Entstehung des Lebens‘, also die Entwicklung vom Makromolekül zum Mikroorganismus, ist nur ein Schritt unter vielen, wie etwa der vom Elementarteilchen zum Atom, vom Atom zum Molekül, ... oder auch der vom Einzeller zum Organverband und schließlich zum Zentralnervensystem des Menschen.“[53]

In ihrem Buch *Die Frage Wozu?* stellen Robert Spaemann und Reinhard Löw eine Reihe von Autoren vor, zu deren Masche es gehört, die nach Ansicht vieler unüberwindbaren Schwierigkeiten, die mit dem Auftreten eines wirklich Neuen auftreten, klein zu reden. Zwei besonders wichtige Übergänge mit dem Auftreten des Neuen sind die Entstehung des Lebens – zwischen dem Leben und dem leblosen Sein klafft eine Kluft, ein Hiatus, von dem bis

52. Gould: I have landed. Seite 251.

53. Eigen in seinem Vorwort zu Monod: Zufall und Notwendigkeit. Seite XV.

heute niemand zu sagen weiß, wie er überwunden werden konnte –, und das erste Auftreten des Bewußtseins, also das Erscheinen animalischen Lebens. Beides ist bis heute vollkommen ungeklärt. Bereits im 19. Jahrhundert haben Vulgär-Materialisten wie Ludwig Büchner, Lothar Vogt oder Ernst Haeckel diese Taktik verfolgt, derartige Unterschiede zwischen den Seinsarten und damit jede Stufung des Seins zu leugnen, und heute versucht sich ihr legitimer Nachfolger daran, ein durchgehendes Kontinuum ohne scharfe Trennungslinien zu verkünden.

Wenn wir Dennett folgen, so fand Darwin in der Vorliebe seiner Zeitgenossen für scharfe Grenzen das größte Hindernis, als es für ihn darum ging, seine Theorie der Evolution zu entwickeln. Anders als seine Zeit, so Dennett, der diese Haltung auch für sich in Anspruch nimmt, bekannte sich Darwin zu einem entschiedenen Anti-Essentialismus, rechnete also mit unklaren Fällen („penumbral cases") und lehnte allzu scharfe Trennungslinien ab. Für Darwin waren nach Dennett das Ich und der Geist biologische Produkte, nicht etwa chemische Elemente („not elements to be found in the periodic table of chemistry"). Im Anschluß daran wehrt sich Dennett entschieden gegen Kategorien und übergeordnete Begriffe und erklärt, daß „wir" dergleichen, also strenge Begriffsbestimmungen, nicht brauchen („We don't need ‚essences' or ‚criteria' to keep the meaning of our words from sliding all over the place".). Hier wie auch bei anderen Darwinisten findet man den Anschluß an das graduelle Denken eines Leibniz, denn Dennett spricht davon, daß man pragmatischerweise die Annäherung an das Nächstähnliche suchen muß („to the nearest similarity cluster"), und zwar auch dann, wenn es einige Unterschiede geben sollte („even if there has been ... a brief isthmus that once attached it by a series of gradual steps to some neighboring cluster"[54]). Alles geht fließend ineinander über, so lautet die Botschaft.

Woher nimmt Dennett das Recht, vor allen Untersuchungen und Forschungen das Ergebnis vorwegzunehmen? Denn er weiß schon vorab, daß die Übergänge („transitions") zwischen den Resultaten und den Phänomenen, die etwas anderes sind („that are not them"), unbedingt graduell verlaufen und damit nicht mehr wahrnehmbar („indiscernibel") sein müssen. Tatsächlich könnte man allenfalls von den Übergängen innerhalb eines und desselben, sich unendlich langsam vollziehenden Prozesses sagen, daß sie sich graduell vollziehen. Deshalb können andere, parallele oder sogar gegenläufige Prozesse doch trotzdem etwas ganz und gar anderes hervorbringen, etwas, das seiner ganzen Art nach und nicht etwa nur graduell verschieden ist!

Wie man sieht, ist bereits Dennetts Darstellung des Problems nicht allein hochgradig polemisch, sondern spielt sogar ein ganz klein wenig ins Sinnlose,

54. Dennett: Consciousness explained. Seite 421f.

wenn nicht gar Blödsinnige: Muß denn jeder, der keinen Gradualismus annehmen möchte, schon allein deshalb das Ich für ein chemisches Element halten, also an einen völligen Unsinn glauben? Der Autor, der die Unklarheit der Fakten akzeptiert, suggeriert mit dieser Bemerkung, daß er sich allen Extrempositionen verweigert, Nuancen wahrnimmt und hier wie auch sonst differenziert, ausgewogen und vorsichtig argumentiert. Dennett möchte sich also ganz gern als einen Antiideologen darstellen, dem jedes Vorurteil fremd und der allen neuen Erfahrungen gegenüber aufgeschlossen ist. Und dabei argumentiert kaum jemand ideologischer und voreingenommener als er. Dennett ist ein geschickter Rhetoriker, aber ein furchtbar schlechter Philosoph, einer, der bereits die Darstellung eines Problems von der ihm vorschwebenden Lösung abhängig macht, ja, dessen Interesse sich im Wesentlichen darauf richtet, die wirklichen Probleme als inexistent darzustellen.

Beispiele in Fülle für dieses Verfahren bietet auch sein jüngstes Werk, das seine altbekannten Thesen neu verpackt darbietet. Er tut hier so, als müsse jeder, der den Erklärungsversuchen des Darwinismus (also seinen eigenen dilettantischen Herleitungen) skeptisch gegenübersteht, an merkwürdige mythische Erzählungen von himmlischen Streitwagen, kriegerischen Göttern, von Welten aus Schlangeneiern und dergleichen glauben. Wahrscheinlich sind damit Religionen gemeint. Wenn er allein einem religiösen Denken den Widerspruch zu seiner eigenen Position unterstellt, liegt dann nicht die Wahrscheinlichkeit auf der Hand, daß er selbst religiös argumentiert und das auch selbst so empfindet? Und wenn nicht, daß er dann doch wenigstens eine starke quasi-religiöse Überzeugung vertritt, nicht aber die Distanz eines Wissenschaftlers besitzt, der bereit ist, unvoreingenommen Hypothesen zu prüfen und sich jedem Licht zu öffnen?

Den Religionen stellt Dennett seine rigorose, wissenschaftlich-prognostische Geschichte[55] gegenüber, aber wir kommen bei dieser Gelegenheit nicht umhin, uns auf die gut begründete Ablehnung des Prognostischen durch einen Autor wie Gould zu berufen.

Auf jeden Fall ist es der Gradualismus in der Biologie, der für die Janusköpfigkeit der Diskussionen über die Arten und ihre Entstehung verantwortlich ist. Einerseits gipfelt das Lebenswerk von Charles Darwin in einer Theorie der Entstehung der Arten, andererseits weigern sich – mal offen, mal versteckt – die Monisten als die Vertreter eines absoluten Kontinuums, überhaupt noch Arten anzunehmen. Quantität aber führt niemals zu einer neuen Qualität. Weil Darwin nicht erklären kann, wie oder warum die Anhäufung kleinster Unterschiede zu einer neuen Art führt, versucht er, den Begriff der Art insgesamt abzuschaffen; und als Folge davon wird auch der Unterschied

55. Dennett: From the Bacterie to Bach. Seite 10: „rigorous, predictive scientific story“.

zwischen Mensch und Tier eingeebnet. Und er steht damit nicht allein. Wird in der neueren Literatur nicht ohne jeden kritischen Unterton vorgeschlagen, Darwins Hauptwerk in *Vom Ende aller Arten* umzutaufen?[56] Und wundert es uns wirklich, von Dennett zu hören, er sehe in der Debatte über den Artbegriff „eher einen verkümmerten Überrest aristotelischer Ordnungsliebe ... als eine nützliche, erzieherische Tätigkeit"?[57]

Darwins ursprüngliches Ziel, nämlich eine umfassende Theorie der Entstehung der Arten, wird also vom Ober-Darwinisten für Unsinn erklärt.

Wahrscheinlich ist dieses Problem gar nicht auf die Biologie oder die Theorie der Arten beschränkt, sondern liegt in der Sache – bereits Leibniz hatte mit ihm zu kämpfen. Erfolglos, wie Josef König anmerkt: „Was zunächst die Definition der Homogeneität angeht, so genügt hier die Mitteilung, daß sie Leibniz gestattet, zwar z. B. eine Kurve, nicht hingegen Grenze und Begrenztes, Schnitt und Geschnittenes, Bewegliches und Ausgedehntes als einander homogene Elemente anzusprechen."[58]

Es ist insofern eine notwendige Konsequenz des gradualistischen Denkens und absolut folgerichtig, daß der Mensch nicht allein wesentliche Eigenschaften mit dem Tier teilt, sondern daß er sich als Ganzes nicht vom Tier unterscheiden läßt. Bereits Ernst Haeckel als der erste wichtige deutsche Darwinist argumentierte in diesem Sinne.

Wolfgang Welsch, wie sein Idol Professor in Jena, beruft sich noch heute ausdrücklich auf Haeckel und faßt seine eigenen Überlegungen mit diesem Worten zusammen: „Es ist ja generell so, dass sich beim Menschen *nichts schlechthin Neues* findet", und zwar deshalb, weil wir Menschen „in einer Kontinuität mit den anderen Lebewesen stehen."[59] Bereits das Argument, nicht allein die Feststellung der Tatsache, ist grundverkehrt, denn es kann ja auch dann eine Kontinuität vorliegen, wenn sich etwas Neues findet: warum sollten sie einander ausschließen? Sonst würde ja jede Geburt die Kontinuität einer Familie aufheben und jeder neue Gedanke die Einheit eines Buches sprengen. Außerdem sollte dieser Evolutionist bedenken, daß die Evolution unter dieser Voraussetzung niemals etwas Neues hätte hervorbringen können. Aber gut, darauf laufen die Äußerungen Eigens, Dennetts und anderer auch tatsächlich hinaus.

„Die Unterschiede", lautet das Hauptdogma auch seiner Lehre, „sind allenfalls gradueller, nicht essentieller Natur."[60] Das „allenfalls" deutet an, daß

56. Hösle / Illies: Darwin. Seite 60.

57. Dennett: Darwins gefährliches Erbe. Seite 128.

58. König: Das System von Leibniz, in: König: Vorträge und Aufsätze, Seite 27–61. Seite 52.

59. Welsch: Homo mundanus. Seite 275–277; Seite 726 Fußnote und Seite 29.

60. Welsch: Mensch und Welt. Seite 90. „Denn was man zunächst findet, ist gar nichts Spezifi-

Welsch wie zuvor Meister Haeckel eigentlich überhaupt keine Unterschiede sehen mag. So ist auch das Erkennen, das ein denkender Mensch allein Lebewesen vorbehalten möchte, für Welsch wie für die oben zitierten Biologen „nicht etwas absolut Neuartiges", denn im Kern sei Kognition bloße Selbstbezüglichkeit; und wenn man sich voreilig bereit erklärt, ihm hier zu folgen und Erkenntnis auf Selbstbezüglichkeit zu reduzieren, wohl auch ausreichend Phantasie aufbringt, diese wirklich überall zu entdecken, zum Beispiel in der Gravitation, dann kann, ja dann muß man mit der Selbstbezüglichkeit allüberall das Erkennen finden, selbst in Steinen und Staub und damit bereits im Anbeginn aller Zeiten, den man heute Urknall nennt.

Als sich ein allererstes Mal Staub zu Staub gesellte und sich die ersten Sterne bildeten, soll sich also ein Erkenntnisprozeß vollzogen haben? Einem Atheisten sei die Bemerkung gestattet, daß uns die *Genesis* eine realistischere Vorstellung vom Anfang aller Zeiten bietet.

Die Evolutionstheorie steht beileibe nicht allein, wenn sie keine Differenzen zwischen den Arten sehen mag, sondern gliedert sich ein in die Grundüberzeugungen unserer Zeit, wenn sie nicht allein Unterschiede zwischen den Arten, sondern auch jene zwischen den Schichten des Seins in Abrede stellt. Ihr Prinzip faßt der französische Anthropologe und Theologe Pierre Teilhard de Chardin in einem ganz beiläufig daherkommenden Satz zusammen: Ist „es nicht die Eigenheit und die Schwierigkeit jeder Synthese, daß ihr Ziel bereits in ihren Anfängen enthalten ist?"[61] Dieser Satz stellt tatsächlich ebenso wie das Grundtheorem von Welsch eine phantastische Zumutung dar, denn er behauptet ja nichts weniger, als daß es niemals etwas Neues geben kann. Wenn die Synthese bereits im Beginn des Prozesses steckt, dann kann es einzig und allein nur noch um die Entfaltung dessen gehen, das bereits im Anfang aller Zeiten steckte.

Autoren des 19. Jahrhunderts – in diesem Fall: eines Fremdwörterbuchs – haben diese Ansicht sehr schön deutlich ausgesprochen: „E.-Theorie, f. Naturl. die Entwickelungslehre, nach welcher man annimmt, daß die Körper sich durch sich selbst fortpflanzen, und schon in dem ersten menschlichen od. tierischen Körper die Keime zu allen folgenden vorhanden waren."[62]

Bei Teilhard, einem Jesuitenpater und tiefgläubigen Menschen, kann ich diese im Kern religiösen Überzeugungen gut verstehen; bei Autoren wie Dennett, Dawkins, Welsch und anderen aber muß ich mich fragen, ob sie vielleicht heimlich zum Katholizismus übergetreten sind. Mit Schellings und

sches, sondern eine immense evolutionäre Kontinuität." (Seite 84)

61. Teilhard de Chardin: Der Mensch im Kosmos. Seite 29.

62. Dr. Joh. Christ. Aug. Heyses allgemeines verdeutschendes und erklärendes Fremdwörterbuch. Seite 308 (Artikel „evolviren").

Schelers werdendem Gott verträgt sich eine solche Vorstellung ebenso gut wie mit Whiteheads Ontologie, aber auch mit einem Atheismus?

Wie Welsch projiziert Teilhard die Anfänge der Evolution in die Ebene des Gesteins und glaubt, die Geburt allereinfachster Lebensformen aus leblosem Material erklären zu können. Wenn sein Satz richtig wäre, dann gäbe es wirklich nichts Neues unter der Sonne, denn dann läge ja immer schon alles im Beginn bereit, sich zu entfalten. Wenn der Stein das Bakterium enthält, das erste Bakterium den Menschen, dann enthält der Stein auch bereits den Menschen und vielleicht noch das, was auf diesen folgt. Auf dieses Fazit läuft die Evolutionstheorie in der heute vorherrschenden Deutung wirklich hinaus.

Es sollte akademische Philosophen wie Wissenschaftstheoretiker nachdenklich machen, daß esoterische Autoren unserer Tage in derselben Weise argumentieren. Nur stellen sie ihren Gedankengang naiver und deshalb viel offener und entsprechend angreifbarer dar. Ken Wilber zum Beispiel nimmt die Gedankengänge des Darwinismus auf und spricht mit einem Leibnizschen Ausdruck von der „großen Kette“ des Seins, denn er glaubt, daß die Lebensphänomene „eine Manifestation des Geistes sind, daß sie eine große Kette des Seins bilden, die ohne jede Unterbrechung über das Leben, den Geist und die Seele bis zum GEIST reicht.“[63]

In den Worten Welschs ist „der menschliche Geist also nicht etwas völlig Neues, das ganz plötzlich in die Welt hineinkäme und der Natur gegenüber etwas ganz Anderes wäre.“ Sondern nach ihm wie nach den Esoterikern entwuchs der Geist in allerkleinsten, für sich nicht wahrnehmbaren, also indiscerniblen Sprüngen der leblosen Natur und muß sich deshalb auch in ihren rudimentärsten Formen und in ihren allerersten Anfängen entdecken oder doch wenigstens vermuten lassen. Weil sich Intelligenz für diesen Denker in Selbstbezüglichkeit erschöpft, weiß er, wie es ihm die Physikalisten vorgemacht haben, diese bereits in der Materie zu entdecken. Er begründet diese Annahme allein damit, daß „Selbstbezüglichkeit (Reflexivität) ein Grundcharakter schon aller physikalischen Strukturbildung ist ... Bewusstsein und explizite Kognition sind dann nur höhere Formen solcher Selbstbezüglichkeit. Sie sind im Kern nichts anderes als das, was sich schon physikalisch vollzieht, sie stellen nur artikuliertere Weisen dieser schon das physische Sein bestimmenden Selbstbezüglichkeit bzw. Reflexion dar.“[64] Dieser These – einer klassischen petitio principii – zufolge richtet sich das Erkennen also nicht auf etwas außerhalb des erkennenden Wesens, sondern im Grunde allein auf sich selbst – schließlich könnte dieser Vorgang sonst nicht bloße Selbstbezüglich-

63. Wilber: Eros, Kosmos, Logos. Seite 25. Von einer „Kette“ spricht auch Leibniz in seinem oben zitierten Brief an Varignon.

64. Welsch: Homo mundanus. Seite 811.

keit sein. Was das für unser Verhältnis zu uns selbst wie zur Welt um uns bedeutet, mag man sich kaum ausmalen; es handelt sich um eine Art universalen Monismus, denn die Reflexivität steckt ja bereits in Atomen. Wie wir, wenn sich jedes Erkennen in Selbstbezüglichkeit erschöpft, überhaupt noch über etwas anderes als uns selbst, gar über solche Kleinigkeiten wie den Kosmos grübeln können – ich weiß es nicht. In jedem Fall findet sich das Erkennen zu meiner nicht geringen Überraschung bereits in „den rudimentärsten physikalischen Formen",[65] also zum Beispiel bei der Entstehung der Atome. Das ist ein lupenreiner Pantheismus (Panpsychismus) im physikalischen Vokabular unserer Zeit. Ganz ohne physikalisches Vokabular ist bei der Konkurrenz von „minimalen protomentalen Elementen"[66] die Rede.

Kein Wunder, daß die Organisation der deutschen Monisten, die Giordano Bruno-Gesellschaft, sich nach einem entschiedenen Pantheisten benannt hat, der in einem unendlichen Raum eine unendliche Vielzahl von Welten annahm – eine Annahme, der wir weiter unten in den wüsten Spekulationen von Max „Mad Max" Tegmark wiederbegegnen werden. (Allerdings kann es sein, daß die philosophiehistorisch wohl recht unbedarften Mitglieder der Giordano Bruno-Gesellschaft wie auch ihr Vorsitzender Michael Schmidt-Salomon sich vor allem für den Atheisten Giordano Bruno begeistern, den es allerdings niemals gegeben hat.)

Indem Selbstbezüglichkeit bereits für die grundlegendsten physikalischen Verhältnisse behauptet wird, wird eine der Vorformen des Geistes eben dort verankert („nichts anderes"), wo es tatsächlich nichts als leblose Materie gibt. Reflexivität, also das ziemlich einzigartige Vermögen eines Menschen, auf sich selbst zurückzublicken, wird damit in eine Reihe gestellt mit den physikalischen Kräften oder Verhältnissen, die ein Elektron an einen Atomkern fesseln.

Das Ineinander von Kontinuität und Diskontinuität findet seinen Widerpart in dem Wechselspiel der Sätze der Identität und des Widerspruchs, von denen sich das logische Gerüst einer Argumentation ableiten läßt.

Es gibt nichts Grundsätzliches, was den monistischen Theorien zufolge Tier und Mensch trennt, und konsequenterweise darf man deshalb auch nicht annehmen, daß die Tiere sich durch eine tiefe Kluft von anderen, also pflanzlichen Organismen unterscheiden. Folglich muß ganz unbedingt auch Pflanzen Wahrnehmung, Bewegung und Intelligenz zugesprochen werden. Man kommt ganz von allein zu Formulierungen, die schon deshalb tatsäch-

65. Welsch: Mensch und Welt. Seite 147.

66. Nagel: Geist und Kosmos. Seite 127; „the idea that a complex subject of consciousness might be built up out of minimal protomental elements that are somehow uninfied simultaneously into an organism and a self" (Mind and Cosmos. Seite.87).

lich lächerlich sein müssen, weil sie sich mit unserem Erleben keinesfalls vertragen. Wo auf dieser Welt gibt es denn so etwas? „Da gibt es Pflanzen, die vorausplanen, jagen, mit einander sprechen und sich sogar an Vergangenes erinnern – dass sich da so etwas wie Intelligenz abspielt, macht sie uns und den Tieren ein bisschen ähnlich."[67]

Und es geht von der Pflanze noch weiter hinab, denn man muß sogar in der unbelebten Natur Intelligenz vermuten – das Prinzip der absoluten Gradualität verbietet es ja, irgendwo eine Grenze einzuziehen. Und so kommt es, daß man Spuren des Geistes bereits in der subatomaren Welt annimmt und unterstellt, daß der Geist nicht erst später hinzukam, sondern bereits vom Anfang aller Zeiten an in der Welt gewesen ist und sich deshalb nur noch zu entfalten hatte. Auch diese Annahme, so bizarr sie tatsächlich ist, hat Kant vorausgesehen (wahrscheinlich, weil er hier, ohne dessen Namen zu nennen, gegen Leibniz und dessen *Monadologie* polemisiert), als er in einer Fußnote seiner *Träume eines Geistersehers* den Gedanken durchspielt und auch gleich ein gutes Argument zu seiner Widerlegung nennt. Auch wenn man, schreibt er, „den einfachen Elementarteilchen der Materie ein Vermögen dunkler Vorstellungen zugesteht", so kann man dennoch nicht auf die „Vorstellungskraft der Materie" schließen, „weil viel Substanzen von solcher Art in einem Ganzen verbunden, doch niemals eine denkende Einheit ausmachen können."[68] Es ist ein eigenartiger, immer wieder neu zu beobachtender Vorgang, daß mystische und mechanistische Vorstellungen sich miteinander verknüpfen („Ihre Gedanken werden Dinge."); mehr noch, es scheint, daß es gar nicht anders geht, als daß die Mystik in ziemlich vulgäre mechanistische Lehren übergeht, die sich trotz ihres Erfolges bei buchstäblich Millionen von Menschen auch noch „esoterisch" nennen. Und es sind praktisch immer Monismen! „Alles, was existiert, ist der eine universelle Geist, und es gibt nichts, wo nicht der eine universelle Geist ist. Er existiert in allem." Ein Satz, ein einziger Satz erklärt alles... „Das Gesetz begann zu Anbeginn der Zeit. Es ist immer gewesen und wird immer sein."[69]

Die Identität von Bewußtsein und Geist, die in Esoterik wie in vielen monistischen Philosophien beschworen wird, ist schon nach Cohen[70] ein „Sehnsuchts-Gedanke" und sicherlich kein neues Phänomen. Aber die offenkundige Tatsache, daß Materialismus und Spiritismus Brüder im Geiste sind, wollen wir nicht näher verfolgen.

67. Daniela Wittenborn, Tut das dem Salat weh?. In: P.M. Welt des Wissens 04/09. Seite 86–92. Seite 88f.

68. Kant: Träume eines Geistersehers. Seite 328.

69. Byrne: The Secret. Das Geheimnis. Seite 41, Seite 191 und Seite 19.

70. Cohen: Logik der reinen Erkenntniss. Seite 39.

Im 64. Kapitel von *Der Geist als Widersacher der Seele* („Von der Pflanzenseele“), kritisiert Ludwig Klages die oben angesprochene Sicht auf die Pflanze in ebenso sachkundiger wie erschöpfender Weise. Wer Pflanze und Tier miteinander verwechsle, wer die Pflanze mit Begriffen, die dem eigenbeweglichen Lebewesen gelten, beschreibe und deute, begebe „sich auf den Boden jenes hybriden Denkens, in dessen heillosen Zwitterbegriffen lebenswissenschaftliche mit mechanistischen Motiven sich auflöslich verknotet haben.“[71] Damit hat dieser angeblich irrationale Geist die angeblich rationalen Autoren unserer Zeit lange vor deren Wirken bloßgestellt.

Ist es nicht faszinierend, daß allen Ernstes Selbstbezüglichkeit bereits in der unbeseelten Natur entdeckt werden kann? Ist es nicht so, daß selbst ein bloß mit Pflanzen bedeckter, aber noch nicht von Tieren besiedelter Stern uns mit tiefer Melancholie erfüllen müßte? Nicht, daß eine solche Welt selbst melancholisch scheinen könnte (denn etwas ausdrücken können ja nur sich bewegende Wesen), aber wir wären furchtbar allein mit uns selbst.

Die Stummheit einer solchen Welt, die sich weder auf sich selbst zurückzuwenden weiß noch sich jemals äußern durfte, müßte für einen Menschen unerträglich sein. Über ihr läge der von Schelling beschworene „Schleier von Schwermut, der über die ganze Natur ausgebreitet ist, die tiefe unzerstörliche Melancholie alles Lebens“,[72] weil sie nicht dazu gekommen ist und auch niemals dazu kommen wird, auf sich selbst zurückzublicken, ihre Umgebung wahrzunehmen oder ihre Wünsche und Ängste in Laute zu kleiden. Wir, auf einen solchen Planeten verbannt, würden bereits das Schwirren von Insekten vermissen, und die dunkle und gleichgültige Stummheit der Welt lastete mit einem furchtbaren Gewicht auf uns – wohl auch deshalb, weil es gar kein Schweigen wäre – noch kein Schweigen –, denn schweigen kann allein ein der Rede mächtiges Wesen, das sich sonst in Worten, Gesten oder Farben zu äußern weiß. Selbst im Blick eines hochstehenden Tieres liegt immer noch etwas von dieser tiefen Stummheit, ja, selbst im Menschen ist sie noch nicht ganz überwunden, wie man am Satz des Bewußtseins zeigen kann.

Im Grunde hat bereits Rainer Maria Rilke in der achten seiner *Duineser Elegien* alles über die Differenz gesagt, die zwischen uns und der Natur aufgerissen wird, weil wir Menschen auf uns selbst zurückschauen, während sich das Tier im Anblick der Welt – nein, nicht verliert, das können allein wir, weil wir selbst uns zumindest gelegentlich anschauen. Das Tier schaut auf die Welt, ohne sich selbst in den Blick zu nehmen, also ohne zu reflektieren. Weil wir es nicht im Entferntesten so schön und so bündig zu sagen wissen, zitieren wir Rilke:

71. Klages: Der Geist als Widersacher der Seele. Seite 1093.

72. Schelling: Philosophische Untersuchungen über das Wesen der menschlichen Freiheit. Seite 343.

„Wäre Bewußtheit unsrer Art in dem
sichern Tier, das uns entgegenzieht
in anderer Richtung –, riß es uns herum
mit seinem Wandel. Doch sein Sein ist ihm
unendlich, ungefaßt und ohne Blick
auf seinen Zustand, rein, so wie sein Ausblick.
Und wo wir in Zukunft sehn, dort sieht es Alles
Und sich in Allem und geheilt für immer.“

Man kann Paul Klees wunderbares Bild *Der Goldfisch* als die kongeniale Illustration der Rilkeschen Zeilen sehen.

Bezeichnend für die graduelle Argumentation von Welsch und anderen ist ihre Nichtvereinbarkeit mit der Anschauung und den unser tägliches Leben bestimmenden Überzeugungen. Wir alle erleben einen tiefen Unterschied zwischen der leblosen Natur, den Pflanzen, den Tieren und endlich uns selbst. Auch wer Pflanzen sehr liebt, wird angesichts einer welkenden Rose nicht das Mitleid empfinden, das ihn angesichts eines leidenden Tieres überfällt; und selbstverständlich reagieren wir selbst auf das Ableben eines unsympathischen Menschen anders als auf den Tod eines noch so geliebten Hundes. Auch das Recht ist von diesen Wertvorstellungen durchzogen und bestraft den Autofahrer, der einen Menschen verletzte, weil er einer Katze auswich. Es ist deshalb ganz unnatürlich, diese tiefen Unterschiede zu leugnen, denn jeder sieht und akzeptiert sie in seinem täglichen Leben. Niemand (jedenfalls kein gesunder Mensch) wird annehmen, daß eine Pflanze ein anderes Wesen bemerken und sich daraufzubewegen wird – wie das aussieht, wenn man den Saft einer Pflanze mit Blut verwechselt, hat Alfred Döblin in seiner expressionistischen Erzählung *Die Ermordung einer Butterblume* gezeigt.

Eine Folge dieser Diskussion besteht darin, daß die ganze Emergenzthematik – wie kommt Neues in die Welt? – insofern für überflüssig beziehungsweise aufgelöst erklärt wird, als man das Neue als etwas Altes erkennt oder behauptet. Beispiele für das Neue, dessen Auftreten in der Evolution sich bis heute jeder Erklärung verweigert, sind einerseits solche Grundphänomene wie Leben, Eigenbewegung oder Bewußtsein, andererseits die verschiedenen biologischen Arten. Wie läßt es sich erklären, daß eine leblose Natur zuerst Pflanzen, später sogar Tiere hervorbringen konnte? Zunächst ist die Pflanze durch eine Welt von dem sie umgebenden Gestein getrennt, und ebenso war der erste sich selbständig bewegende Einzeller trotz seiner Primitivität ein vollkommener Bruch mit allem, was ihm vorausgegangen war. Die erste Pflanze wie das erste Tier stellten beide etwas absolut Neues dar – vorausgesetzt, daß es so etwas überhaupt gegeben haben kann. Denn wie hätte sich ein per definitionem einsames erstes Tier vermehren sollen? Das ist ein Problem, das bei jeder neuen Artbildung erneut auftaucht. Jede neue biologische Art ist doch durch eine Welt von den mit ihr verwandten Wesen getrennt – durch eine Welt, denn sie können nicht mehr miteinander fruchtbare Nachkommen zeugen. So laufen oder schwimmen sie deshalb fremd aneinander vorbei. Ein Beispiel für eng verwandte Tierarten bilden Riff- und Riesenmanta, die einander so ähnlich sind, daß sie auch von Fachleuten lange für Exemplare einer Art gehalten wurden. Trotz ihres fast identischen Aussehens nehmen sie aber, wie es scheint, einander nicht einmal wahr; sie leben buchstäblich in verschiedenen Welten.

Das Neue in der Welt ist, wie man sieht, ein verzweifelt schwieriges, bislang auch nicht im Ansatz gelöstes Problem, und ein so großer Geist wie Nicolai Hartmann hielt dieses Problem sogar für schlechterdings unlösbar: „Organisches aus Physischem, Seelisches aus Organischem bleibt ewig unverständlich – nicht nur weil wir die Kombination der strukturellen Momente nicht durchschauen, sondern weil auch tatsächlich das Höhere nicht in bloßer Kombination des Niederen besteht."[73] Aber man braucht das Neue nicht zu erklären, wenn es immer schon dagewesen ist und demzufolge überhaupt niemals neu war. Wenn man annimmt, daß Bewußtsein bereits in subatomaren Partikeln besteht, muß man das erste Auftreten von Bewußtsein in den Tieren nicht mehr erklären – man verhält sich einfach so, als sei es nicht geworden, sondern etwas Ewiges, etwas, das seit Anbeginn der Zeiten existierte und sich lediglich zu entwickeln und zu entfalten brauchte, weil es bereits im allerersten Beginn involviert (eingerollt) gewesen ist, so daß es sich nur noch auszurollen (zu evolvieren) brauchte. Deshalb, weil der menschliche Geist nur die Entfaltung, die Ausrollung des Geistes der Natur selbst ist, holt in ihm „die von Anfang an reflexiv verfasste Natur sich selbst ein."[74] Ganz am Ende wird dem Menschen mit einer Hegelschen Wendung also dann doch noch eine Sonderstellung zugesprochen. Möglicherweise liegt der Ort, in dem die Menschheit vom Ende her auf ihre eigene Geschichte zurückblickt, in Thüringen und heißt Jena.

Eine (allerdings vorläufige und keinesfalls befriedigende) Lösung der Frage nach dem Neuen ließe sich in verschiedenen, nacheinander gestarteten Prozessen suchen. Verschiedene Male hätte die Natur von Neuem angefangen, wiederholt also hätte sie einen Anlauf unternommen, sich aufzugliedern, weiter zu differenzieren und höher zu entwickeln: Erst bildete sich die leblose Welt des Staubes und der Steine, dann die der sich im Wind wiegenden Pflanzen, endlich jene der Tiere und ganz zum Schluß die des Menschen,

73. Hartmann: Aufbau der realen Welt. Seite 457.

74. Welsch: Homo mundanus. Seite 811.

die immerhin weniger von der Welt zumindest der höheren Tiere getrennt ist als deren Welt von der der Pflanzen; und die Kluft zwischen Tier und Pflanze scheint weniger ausgeprägt als jene zwischen Pflanze und Stein. Innerhalb der uns bekannten vier verschiedenen Hauptprozesse hätte es dann die Unzahl jener minderen Prozesse gegeben, welche die verschiedenen Arten hervorbrachten. Beantwortet allerdings wird auf die Weise nicht die Frage aller Fragen, die Frage nach dem, wer oder was die Prozesse initiierte und woher die Richtung kommt, welche sie vor langer Zeit eingeschlagen zu haben scheinen.

Gibt es denn eine dritte Möglichkeit? Die eine Antwort lautet: Es gibt nichts Neues, sondern selbst der Geist wurzelt in den allerersten Anfängen; die zweite: Es gab (und gibt immer noch?) verschiedene Prozesse, deren Beginn, deren Anstoß aber vollkommen im Dunkel liegt und vielleicht auch immer dort liegen wird. Ebenso steht es mit der Richtung dieser Prozesse – weder besteht ein Zweifel an der Existenz dieser Prozesse, noch daran, daß sie einem von Außen auf sie gerichteten Blick zielgerichtet erscheinen müssen, weil sie ganz offensichtlich wirklich zweckmäßig sind. In der Sprache der Biologie heißen diese Prozesse teleonom.

Ist eine dritte mögliche Antwort denkbar?

Die meisten Naturwissenschaftler glauben ganz genau so an die Geltung der Naturgesetze, wie andere an Gott glauben. Günter Dedié gibt zu, daß es für die meisten emergenten Phänomene keine befriedigenden Erklärungen gibt und daß sich die Prozesse nicht einmal im Detail beschreiben, geschweige denn erklären lassen. Aber kann ihn das davon abhalten, an den Alleinvertretungsanspruch einer naturwissenschaftlichen Erklärung zu glauben? Mit Verachtung schaut er auf alle möglichen anderen Erklärungen herab. „Die Emergenz", beginnt er seine Argumentation, „steht nicht im Gegensatz zum Reduktionismus, denn einige emergente Systeme sind auch exakt mit einer Theorie erklärbar." Das muß man wohl so verstehen, daß die meisten emergenten Phänomene nicht zu erklären sind. Aber wären sie erklärbar, stünden sie im Gegensatz zum Reduktionismus, zu dem er sich sonst bekennt. Ist das wirklich das, was er sagen möchte? „Wenn es aber bisher keine solche Theorie gibt, muss man auf das detaillierte Verständnis verzichten, wie der Zusammenbau des Systems funktioniert. Das erledigen die Naturgesetze." Was erledigen sie? Den Zusammenbau? Falls wirklich das gemeint ist, hat Dedié nur in einer besonders naiven Weise den Grundglauben aller Physiker ausgesprochen, der sich kaum von einer Religion unterscheidet. Auf der folgenden Seite zitiert er Paul Watzlawick, der sarkastisch von dem „Walten höherer Mächte"[75] gesprochen hat, aber er selbst argumentiert ganz

75. Dedié: Die Kraft der Natugesetze. Seite 17f.

genau in derselben Weise. Auch er beruft sich auf höhere Mächte, die er nicht versteht – deshalb verzichtet er ja expressis verbis „auf das detaillierte Verständnis".

Welsch ist beileibe nicht der einzige Autor, der Intelligenz, Kognition und Information bereits in subatomaren Regionen vermutet; auch wenn man einer ganz anderen Denkrichtung anhängt als dieser Autor, der als Darwinist die evolutionären Prinzipien allüberall am Werke sieht, wenn man also ganz im Gegensatz zu dem Darwinisten Welsch findet, daß Darwins Theorie „lediglich eine spekulative Idee und nicht im Geringsten bewiesen"[76] ist, auch dann kann man Intelligenz bereits in den ersten Anfängen vermuten. Merkwürdigerweise (oder auch nicht merkwürdig, denn offenbar soll der irrationale Aspekt der Argumentation verschleiert werden) benutzt diese durch und durch irrationale Theorie einen höchst rationalen Begriff, jenen der Information. Das gibt ihr einen sachlichen Anstrich, aber im Grunde handelt es sich um Mimikry. Und natürlich um Pantheismus. Denn ganz allgemein wird der Welt in ihrer Totalität eine Beseelung unterstellt. Der Grundimpuls einer solchen Annahme findet sich bereits in der *Monadologie* von Leibniz, zum Beispiel im Paragraphen 69, in dem er ganz grundsätzlich die Existenz von etwas Unbelebtem in Abrede stellt. So etwas gebe es im Universum nicht. Heute ist das die Grundüberzeugung vieler Wissenschaftler, und es ist vielleicht dies, was die Philosophie eines Alfred North Whitehead trotz ihrer lakonischen Hermetik für viele von unseren Zeitgenossen so anziehend macht. Umgekehrt könnte das ein weiterer Grund sein, warum das Werk eines Nicolai Hartmann nicht einmal mehr zur Kenntnis genommen wird.

Beispielhaft sei der Beginn eines Buches untersucht, das nichts weniger zeigen will, als daß sowohl Geist als auch Materie aus Information bestehen. Das Autorenteam Görnitz interpretiert die von ihm spekulativ angenommene (oder besser: unterstellte) Information als „Weltsubstrat" eingangs seiner Überlegungen und formuliert eine sich wunderbar im Kreis drehende Argumentation. Oder soll man die Argumentation erschlichen nennen? Sie beginnt mit einer naiv und unschuldig vorgetragenen Eingangsvoraussetzung, der man nie und nimmer zustimmen wird, wenn man ihre Konsequenzen erst einmal erahnt. Mit ihr wird die „gesamte kosmische Entwicklung … als eine Entwicklung von Gestalten" behauptet.

Ist die erste lose Zusammenballung von Materie nach der großen Explosion zu Beginn aller Zeiten, wie sie die Hypothese des Urknalls annimmt, wirklich korrekt als eine „Entwicklung von Gestalten" beschrieben? Schon hier sollte sich Widerspruch regen.

76. Warnke: Quantenphilosophie und Spiritualität. Seite 22.

Wer die „Entwicklung von Gestalten" zugegeben hat, scheint bereits gefangen, denn es folgt folgender messerscharfer Schluß: „Da Gestalten das sind, was erkannt werden kann, verkörpern sie zugleich Information, die im Prinzip auch wahrnehmbar ist."[77] Man weiß gar nicht, wo man mit den Einwänden beginnen soll. Wieso konnten diese ersten Gestalten „im Prinzip" erkannt werden? Gab es da jemanden, der sie hätte erkennen können? Sie wurden allenfalls Milliarden Jahre später in einem hochspekulativen Szenario erschlossen oder errechnet, aber niemals beobachtet und werden selbstverständlich auch niemals beobachtet werden.

Was bedeutet es, daß Information „wahrnehmbar" sein soll? Ist das nicht eine pure Selbstverständlichkeit? Denn wie könnte etwas, das nicht wahrnehmbar ist, irgendjemanden informieren? Und bedeutet die Betonung der Wahrnehmbarkeit, daß alles Wahrnehmbare Information beinhaltet, daß also etwas nur wahrnehmbar sein muß, damit es als Information angesehen werden kann?

Weiter: Was heißt hier „im Prinzip": etwas kann nicht wirklich, sondern nur „im Prinzip" wahrgenommen werden? Bedeutet das, daß etwas nicht als Einzelnes, sondern allein in seinen allgemeinen Grundstrukturen, also als Nicht-Individuelles und damit Irreales wahrgenommen werden kann? (Daß Reales immer und notwendig individuell ist, wird später gezeigt werden.) Was also bedeutet „was erkannt werden kann"? Ist alles das, was erkannt werden kann, eine Information? Zweifellos kann auch ein Haufen Steine als Information angesehen werden – nämlich unter verschiedenen Voraussetzungen, zum Beispiel der, daß er als ein Zeichen errichtet wurde und jetzt von jemandem gesehen wird, der dieses Zeichen zu deuten weiß –, aber stellt er auch sonst für andere Wesen eine Information dar?

Nein, das tut er gewiß nicht.

Noch einmal: Was bedeutet es, wenn von „erkannt werden" gesprochen wird? Ist damit gemeint, daß etwas sinnlich wahrgenommen wird: man kann es sehen, hören oder riechen? Oder ist damit etwas Weitergehendes gemeint, so etwas wie die Möglichkeit, es mit der Hilfe von Mathematik zu beschreiben, also tatsächlich eine Gestalt, etwa eine Pyramide, in dem Haufen Steine zu sehen? Ist damit die Bedeutsamkeit einer Struktur angesprochen, ihre Zeichenhaftigkeit? Wird ihr also eine Botschaft unterstellt – eine Botschaft an intelligente Wesen, ausgesprochen von einem anderen intelligenten Wesen?

Aus diesem einzigen merkwürdigen Satz, der buchstäblich ganz am Anfang steht – am Anfang der Argumentation wie am Anfang des Buches – wird nicht weniger gefolgert, als daß die „moderne Physik" es ermöglicht, „als die

77. Görnitz / Görnitz: Der kreative Kosmos. Seite 5. Sämtliche Zitate von dieser Seite.

grundlegende Substanz [der Welt] die ‚Information' anzusehen. Dazu muss die Information allerdings in einer höchst abstrakten Weise verstanden werden."

Hier bedeutet „in einer höchst abstrakten Weise" zweifellos, daß ich auf etwas nicht als realen, sondern als idealen Gegenstand abziele, daß ich also von seinen sämtlichen individuellen Aspekten absehe. Denn Individualität zeichnet die Realität, nicht etwa die Idealität aus. Was also auch immer mit dem Informationsbegriff erreicht werden soll, er wird, wenn wir ihn in dieser Weise fassen, niemals die Realität treffen können, denn die Realität ist ja bestimmt als das Gegenteil des Idealen.

Und er zielt ja in Wahrheit gar nicht auf sie.

Überhaupt: die Annahme, daß wir unter Umständen irgendetwas digital erschöpfend beschreiben, die Annahme also, daß wir die Beschreibung von irgendetwas mit Nullen und Einsen in einen Computer eingeben können, besagt doch nicht, daß dieses Etwas nun tatsächlich aus Nullen und Einsen bestünde! Aber eben diese Annahme wird von dem Zoologen Richard Dawkins als dem populärsten Verfechter computergenerierter Simulationen ausgesprochen – für diesen Biologen handelt es sich offenbar um eine Art von Identität, und so sind für ihn selbst das lebendige Sein und dessen Simulation digital: „DNA ist, wie die Zahlen in einem Computer, digital codierte Information".[78] Diese Annahme ist deshalb grotesk, weil sie das Wesen eines Gegenstandes mit seiner möglichen mathematischen Beschreibung verwechselt, die Wirklichkeit mit ihrer Simulation, den Leib der wirklichen und blutvollen Welt mit ihrem mathematischen Gerippe.

Aber mag seine Grundthese auch grotesk klingen, so ist sie doch bestimmend für seine Methode, insbesondere für sein Vorgehen in dem Weltbestseller *Der blinde Uhrmacher*, der ganz auf die Simulation der Evolution mit Hilfe eines Computers setzt. Schließlich nimmt der Programmierer einzig und allein das, „was sich genau definieren läßt",[79] wie Dawkins selbst zugibt. Nur lassen sich die Phänomene des Lebens leider nicht immer definieren... Dasselbe Vorgehen beobachten wir in dem ersten und erfolgreichsten seiner Bestseller, in *The Selfish Gene*, denn auch hier argumentiert er mit Computersimulationen. Wohlgemerkt: Er argumentiert mit ihnen und glaubt sich dazu berechtigt, weil er Simulationen für realistische Abbildungen hält. Manfred Eigen dagegen gab noch einige Jahre später – als also die Computertechnik weiter fortgeschritten war – zu bedenken, daß eine derartige

78. Dawkins: Gipfel des Unwahrscheinlichen. Seite 39.

79. „Computer haben zwar Nachteile, aber sie sind unglaublich schnell, und man kann damit alles simulieren, was sich genau definieren läßt, so auch Computer die Fortpflanzung von Tieren und Pflanzen." Dawkins: Gipfel des Unwahrscheinlichen. Seite 37.

Simulation „äußerst aufwendig und aus Zeit- und Kostengründen kaum ausführbar“ sei.[80]

Dennett pflegt den Vergleich eines lebendigen Wesens mit einem Computer in ähnlich exzessiver Weise. Bis heute kommt er nach dem Vorbild seines Freundes Dawkins immer wieder auf die Parallele zwischen Computern und Gehirnen zu sprechen und findet es sogar plausibel, das Erlernen einer Fremdsprache mit der Installation einer leistungsfähigen Software wie etwa *Adobe Photoshop* zu vergleichen.[81] Und schon in dem ersten seiner umfangreichen Bücher, in *Consciousness explained* (*Philosophie des menschlichen Bewußtseins*) nimmt der Vergleich des Bewußtseins mit einem Computer breiten Raum ein. Als ich mir durch die Fernleihe dieses Buch kommen ließ, kam es aus dem Fachbereich Informatik der Universität Hamburg! In dem letzten Kapitel seines Buches erklärt Dennett – um zu provozieren, oder weil er wirklich daran glaubt?, – daß, wenn das Bewußtsein als die Aktivität einer virtuellen Maschine erklärbar sein sollte, nicht nur ein bewußter Roboter denkbar wäre, diese Maschine also ein Selbst hätte („would have a self“), sondern daß man sich ein Selbstbewußtsein mit einem Roboter als Körper und einem Computer als Kopf vorstellen kann.[82]

Ähnliche Gedanken über ein mögliches technisch basiertes Bewußtsein äußerte Thomas Metzinger in einem Gespräch mit dem Deutschlandfunk (18. April 2019):

„Ich halte das für ein Zukunftsrisiko, ich glaube nicht, daß wir morgen Maschinen mit Bewusstsein haben werden und auch nicht übermorgen. Das sage ich einfach als jemand, der sich seit 30 Jahren mit Bewußtseinsforschung beschäftigt, aber manchmal sind Sachen auch viel schneller und viel früher passiert.

Zum Beispiel hat Enrico Fermi noch ganz kurz vor der ersten erfolgreichen Kernspaltung mit Uran gesagt, daß das wahrscheinlich niemals gelingen wird, und dann hat er es selber durchgeführt und es gibt mehrere solcher Beispiele, und sowas könnte uns im Moment auch passieren. Es könnte sein, daß es ein Zusammenwirken von KI-Forschung und Hirnforschung zum

80. Dawkins: The Selfish Gene. Vergleiche das 12. Kapitel „Nice guys finish first“; Seite 202ff.; Eigen: Was bleibt von der Biologie des 20. Jahrhunderts? Seite 24.

81. Dennett: From the Bacteria to Bach. Seite 304: „The parallel between ... digital computers and brains“ sowie Seite 292: „that the acquisition of a language – and of memes more generally – is very much like the installation of a predesigned software app of considerable power, like Adobe Photoshop“.

82. Dennett: Consciousness explained. Seite 431: „there would be a conscious self whose body was the robot and whose brain was the computer.“ Aber wir selbst sind ja auch nur Maschinen („evolved machines made of organic molecules“, ebenda). Entschieden gegen diese Annahmen ausgesprochen hat sich der Mathematiker Penrose: Warum wir zum Verständnis von Geist eine neue Physik brauchen. Seite 135.

Beispiel gibt, die plötzlich zu Sachen führt, die wir nicht erwartet haben. Deswegen sag' ich, wir sollten da ganz, ganz vorsichtig sein."

Es kann nicht schaden, sich ein wenig mit dieser Ansicht zu beschäftigen. Ist es wirklich denkbar, daß eine Maschine Bewußtsein besitzt, vielleicht gar ein Ich, also Selbstbewußtsein, und daß es tatsächlich denkt, nicht etwa nur rechnet, so wie es unsere Computer tun?

Grundworte lassen sich nicht definieren, aber man kann sagen, daß das Bewußtsein immer zusammen mit Eigenbewegung und Wahrnehmung auftritt. Das leibhafte Bewußtsein ist der eine Pol, dessen anderen Pol eine Umwelt oder eine Umgebung bildet, die es wahrnimmt. Diese Wahrnehmung vollzieht sich niemals passiv, denn man nimmt nicht so wahr, wie einem Computer über eine Schnittstelle Daten eingetrichtert werden. Wahrnehmung ist auch mehr als die Sensitivität einer Pflanze, die auf Sonnenlicht, Wärme oder Wassermangel reagiert. Wahrnehmung ist eine Aktivität, in und mit der ein Organismus seiner Umgebung entgegensteht; so ist Wahrnehmung notwendig immer mit Eigenbewegung verbunden, ja Wahrnehmung und Eigenbewegung bilden, wie man seit Viktor von Weizsäckers Forschungen weiß, eine Einheit.

Es ist populär, das Gehirn mit einem Computer zu vergleichen, aber ganz prinzipiell ist ein Computer kein geeignetes Modell – weder für das Bewußtsein überhaupt noch für unser Bewußtsein. Zunächst einmal deshalb, weil der Computer ja nicht mehr als ein Werkzeug ist, das bedient werden will, das also angewiesen ist auf die Eingabe von Daten und sodann auf Befehle, wie mit den Daten umzugehen sei.[83] Ein Computer kennt keine Eigenbewegung, und so kann kein Computer von sich aus Daten erfassen, sondern diese allenfalls nach Maßgabe eines vorab installierten Programms verarbeiten und umformen. Ein technisches Gerät mag deshalb Informationsaufnahme oder –verarbeitung kennen, aber niemals etwas, das unserer Wahrnehmung entspricht oder dieser auch nur nahekommt. Wahrnehmung kennen nur Lebewesen, die mit der es umgebenden Welt immer schon verschränkt sind – bereits deshalb, weil ihr eigener Leib ja nicht allein es selbst, also sein eigenes Selbst, sondern zugleich Teil seiner Umgebung ist. Bewußtsein ist immer leibhaftig, und deshalb gibt es auch kein frei im Raum schwebendes Bewußtsein, ja man kann sich dergleichen nicht einmal vorstellen. Das „reine" Bewußtsein, von dem in allerlei esoterischen Texten immer wieder die Rede ist und von dem vielleicht auch Dennett träumt, gibt es nicht. Zu einem Bewußtsein gehören immer auch Gefühle als die Eigenwahrnehmung des Leibes,

83. Was bedeutet es, wenn ein deutscher Autor von der „Benutzeroberfläche des Bewusstseins" spricht, fragt Gabriel (Fiktionen. Seite 232) zu recht. Werden wir bedient, wie ein Computer bedient wird?

wie nicht zuletzt Hermann Schmitz in subtilen Untersuchungen zeigen konnte. Deshalb *erlebt* man das Bewußtsein, und eben dieses Erleben ist es, das man nicht in Worte fassen kann.

Über den Leib – oder über unser Selbst? – schrieb Gustav Theodor Fechner, er sei „so zu sagen eine Violine, die das innere Spielen ihrer Saiten selbst fühlt."[84] Das ist ein ganz wunderbares Bild.

Wenn man also irgendein Gefühl beschreibt, dann kann man das unmöglich tun, ohne auf die Wahrnehmung seines Leibes Bezug zu nehmen, wie es etwa Schridaman in dem 2. Kapitel der Erzählung *Die vertauschten Köpfe* von Thomas Mann tut: „Es gibt aber eine Verbindung von Weinen und Lachen, die man noch am ehesten bejahen und gut heißen kann unter den Erregungen des Leibes. Für sie ist das Wort ‚Rührung' geschaffen, welches nämlich ein heiteres Mitleid bezeichnet, und daß das Vibrieren meiner Bauchdecke dem Schluchzen so ähnlich ist, kommt eben von der Rührung her, und daß du mir auch wieder leid tust in deiner Schläue."

Wahrnehmung ist die Umformung der leiblichen Empfindungen als deren Materie (ihrem Inhalt) in Bewußtseinsphänomene, die als Folge der Individualität des Lebewesens (seiner Position, seines Charakters, seiner Art) eine bestimmte, niemals objektiv zu fassende Tönung besitzen, die kein anderes Lebewesen, auch keines derselben Art in seiner unmittelbaren Nachbarschaft, nach- oder miterleben kann. Selbst die reichste Sprache eines Dichters kommt dieser Tönung nicht nahe, sondern sie ist von der Sprache prinzipiell nicht einholbar. Als etwas durch und durch Subjektives läßt sie nicht objektivieren und entsprechend auch nicht mitteilen. Diesen Zusammenhang hat Friedrich Schiller in der denkbar kürzesten Form ausgedrückt: „Spricht die Seele, so spricht ach! schon die Seele nicht mehr."

Nicht einmal die gröberen unserer Empfindungen, wie etwa Schmerzen, könnten sich jemals in einem Gerät finden – das ist schon deshalb so, weil wir Gefühle und Empfindungen aller Art immer und ausschließlich als Bewegungen unseres Leibes wahrnehmen. Im 19. Jahrhundert wurde diese eigentlich banale Erkenntnis praktisch zeitgleich (1884/85) durch den amerikanischen Philosophen William James und den dänischen Physiologen Carl Lange entdeckt. Wahrnehmung, so weiß man spätestens seitdem, ist die Fähigkeit eines leibhaftigen Wesens, das immer schon mit seiner ihn umgebenden Welt verschränkt und deshalb, anders als ein Computer, nicht auf eine Schnittstelle mit der Realität angewiesen ist, ja diese gar nicht kennen kann. Gefühle und Empfindungen aber sind die Selbstwahrnehmung eines eben darin bewußten, um sich selbst wissenden Wesens; eben dies hat Fechner mit seinem Violinen-Gleichnis ausgedrückt.

84. Fechner: Nanna oder Über das Seelenleben der Pflanzen. Seite 28.

Kann es also sinnvoll sein, daß Dennett oder andere Autoren unser (ihr) Hirn als einen Computer ansehen, als ein Werkzeug, mit dem das Selbst umgeht wie Auguste Piccard mit seiner Tauchkugel in der Tiefe des wogenden Ozeans? Kann das Bewußtsein wirklich einem Piloten vergleichbar sein, der ein kompliziertes, mit dicken Stahlwänden gegen eine feindliche Umwelt abgeschottetes technisches Gerät durch die ewige Nacht der Meerestiefe steuert und mit der Realität nur über Bildschirme und Mikrofone Kontakt hält? Wohl kaum. Vielmehr ist unser Bewußtsein die geistige Aktivität eines Leibes, die sich in Akten vollzieht und sich außerhalb dieser Akte nicht findet – *das* Bewußtsein gibt es nicht –, und so läßt es sich weder auf Gegenstände noch auf Organe reduzieren. Sondern auf diese ist es lediglich angewiesen, weil es nicht im freien Raum schweben kann wie ein Gespenst. Ist es nicht so, daß die Interpretation unseres Gehirns als eines Computers eben den cartesischen Dualismus fordert, den sein Autor bekämpft?

Und ist es nicht bemerkenswert, daß ausgerechnet ein naturalistisch argumentierender Autor zu einer Konzeption des menschlichen Bewußtseins kommt, in der die Natur des Menschen keinerlei Rolle mehr spielt? Daß ein Philosoph das Gesetz des Lebens formulieren zu dürfen glaubt, aber offensichtlich das Leben gar nicht kennt? Oder daß ein sich empirisch und nüchtern gebender Philosoph unentwegt Theorien vorträgt, die sich niemals überprüfen lassen? Denn wenn eine Maschine – ein Roboter oder ein Computer – tatsächlich Bewußtsein entwickeln könnte, dann würden wir das doch niemals erfahren! Die Artikulation seines Bewußtseins würde sich schließlich in nichts von seinen übrigen Artikulationen unterscheiden. Woher soll man wissen, ob ein Computer denkt, also nicht mehr bloß rechnet?

Nicht allein Dennett scheint es nicht mehr zu gelingen, zwischen der virtuellen Welt eines Computers und dem pflanzlichen oder tierischen Leben zu unterscheiden. So ist der Computer als Modell unserer Hirnaktivitäten allgegenwärtig und hat längst die Welt der Dinge und Lebewesen ersetzt. Ein Kritiker von Dawkins spricht deshalb treffend von der „Ontologisierung der wissenschaftlichen Methodik".[85] Gemeint ist damit, daß von der Methode, mit der man etwas beschreibt, auf das Wesen des Untersuchungsgegenstandes geschlossen wird.

Anders wäre es auch nicht denkbar, daß irgendjemand den Gedanken ernst nimmt, die Grundsubstanz der Welt sei digitale Information, oder im Inneren einer Fledermaus sitze ein Computer. Sinn machen diese merkwürdigen Vorstellungen allein dann, wenn man in seiner eigenen Vorstellung selbst in einem Computer sitzt oder das Wesen eines Computers angenom-

85. Langthaler: Warum Dawkins Unrecht hat. Seite 381.

men zu haben glaubt. In der Vorstellung des Biologen Dawkins denkt und handelt also selbst die Fledermaus wie ein Computer.

Sehr häufig – nicht allein in der Klimaforschung oder bei der Prognose der Rentenzahlungen – werden Simulationen und Gedankenexperimente aller Art als Beweise angeführt, aber tatsächlich sind sie selbst im besten Fall viel weniger als das, nämlich allenfalls Berechnungen, in denen ein hypothetisches Geschehen in der Weise durchgespielt wird, daß der Experimentator eifrig an den Knöpfen seines Gedankenexperiments dreht und gewisse Parameter ändert.[86] Gut, gelegentlich mögen solche Überlegungen eine gewisse pragmatische Bedeutung besitzen, weil sie den Blick auf ungelöste Probleme lenken können. Das gilt zum Beispiel, wenn Bauingenieure die Belastungen einer Brücke durch Wind oder Schwerlastverkehr simulieren. Man fragt sich, was geschieht, wenn man in einem durchgerechneten Szenario ein oder zwei Variablen ändert, das Gewicht der Laster oder ihre Geschwindigkeit. Aber derartige Simulationen dürfen und können niemals mehr als Hinweise geben – einfach deshalb, weil in einem tatsächlichen Geschehen unendlich viel mehr Einflüsse und Kräfte wirksam sind, als man in einer Simulation berücksichtigen kann. Der Witz einer Berechnung besteht ja gerade in der radikalen Vereinfachung einer komplexen, prinzipiell unüberschaubaren Situation zu einem übersichtlichen und allein deshalb kalkulierbaren Geschehen. Bei einer Brücke mag das funktionieren, überhaupt bei allem mechanischen Geschehen, aber das Leben läßt sich weder be- noch ausrechnen – niemals! – und deshalb auch nicht simulieren, und es kommt oft genug vor und endet gelegentlich in einer Katastrophe, daß die Wirklichkeit mit vielleicht gar nicht prinzipiell unvorhersehbaren, aber doch tatsächlich nicht vorausgesehenen Aspekten die optimistischen Zukunftsszenarien ad absurdum führt. Eine Simulation kann ein Hilfsmittel der Zukunftsplanung sein, aber keinesfalls mehr.

Was überhaupt ist ein Experiment? Es ist nicht allein die geplante und kontrollierte, sondern zugleich die methodisch reflektierte Herbeiführung von zumindest prinzipiell wiederholbaren Verhältnissen, um in ihnen Prozesse gleich welcher Art anstoßen, lenken, beobachten und ausdeuten zu können. Lenken bedeutet, daß man eine Variable methodisch verändert, während die anderen Momente unverändert bleiben. Es ist die vielleicht wichtigste Methode der Naturwissenschaften, die zusätzlich in den Sozialwissenschaften und der Medizin eine wesentliche Rolle spielt, auch wenn sie auf die naturwissenschaftlichen Seiten von Human- oder Sozialwissenschaften beschränkt sein müssen – schließlich müssen alle experimentell erzeugten Ereignisse

86. Dennett: From Bacteria to Bach. Seite 321: „Now let's turn the knobs on our thought experiment".

jederzeit wiederholbar sein. Deshalb wird es auf einem Gebiet niemals möglich sein, ein Experiment durchzuführen, und das ist die Geschichte. Deren Ereignisse sind schließlich einmalig und wiederholen sich nie. Denn in der Geschichte ändert sich niemals nur eine Variable, sondern alle überhaupt nur möglichen Attribute befinden sich im Fluß – und zwar in einer prinzipiell unberechenbaren Weise. Das gilt sowohl für die politische oder Kulturgeschichte als auch für die Naturgeschichte, also für die Entwicklung der Lebensformen auf der Erde. Weil es hier also Experimente nicht geben kann, weicht man gern auf Gedankenexperimente aus.

Aber ein Gedankenexperiment ist kein Experiment, sondern allenfalls ein Gedankenspiel, denn alle eben aufgeführten Umstände sind ihm fremd: Gedankenexperimente mögen gedanklich nachvollziehbar sein, wiederholen aber lassen sie sich schon deshalb nicht, weil sie ja niemals stattgefunden haben, und so ist die Rede von Überprüfung ganz sinnlos. Auch können wir natürlich nicht von irgendeiner Methode sprechen, die etwa dem Versuchsaufbau gelten könnte. Wegen alldem haben in der Wissenschaft Gedankenexperimente nichts zu suchen.

Immanuel Kant wußte das noch. Gleich zu Beginn seines Essays über den *Mutmaßlichen Anfang der Menschengeschichte* findet er es problematisch, „eine Geschichte ganz und gar aus Mutmaßungen entstehen zu lassen" – dies sei nicht besser, „als den Entwurf zu einem Roman zu machen. Auch würde sie nicht den Namen einer mutmaßlichen Geschichte, sondern einer bloßen Erdichtung führen können." So ist es allerdings.

Weniger streng sollten vielleicht Simulationen beurteilt werden, etwa jene von Computern gesteuerten, mit denen Klimaforscher und Rentenhysteriker in regelmäßigen Abständen ihr Zeitungspublikum aufzuschrecken lieben. Aber meist wird vergessen, daß es sich um Simulationen handelt, denen nur dann ein gewisser Realismus zugesprochen werden darf, wenn es wider Erwarten gelingen sollte, die Realität mit wenigen Variablen zu simulieren. Beim Klima ist das schon deshalb sehr schwierig, weil die Zahl der Variablen buchstäblich unüberschaubar und in ihrem Zusammenwirken chaotisch ist; bei Simulationen, die der Demographie dienen, sind dagegen die Variablen absolut willkürlich – so willkürlich, wie es die Menschen insgesamt nun einmal sind. Manchmal verhalten sie sich so, manchmal anders; so berechenbar, wie sich das manche Leute wünschen, sind die Menschen immer noch nicht. Übrigens haben jene Rentenhysteriker, denen an einer Privatisierung der Rente gelegen war, in ihren düsteren Zukunftsberechnungen das Wirtschaftswachstum einzuberechnen „vergessen": hier sind Manipulationen aller Art Tor und Tür geöffnet.

Der Satz des Bewußtseins

Der Biologe Ulrich Warnke kommt von ganz anderen ideologischen Voraussetzungen zu ganz anderen Ergebnissen als Welsch oder Dawkins, aber sein Konzept begegnet sich mit deren Überlegungen in einem entscheidenden Punkt: in der Bedeutung, die der Information zugesprochen wird.

Warnke beginnt nicht mit dem ersten Anfang, sondern konstatiert zunächst, daß es keine akzeptierte Theorie der Emergenz gibt, wir also nicht wissen, wie es zu etwas Neuem kam oder vielleicht heute noch kommt, wie das Leben entstand oder wie sich die einzelnen Arten bildeten. All das kann man nachvollziehen, aber was ist mit dem gewaltigen Gedankensprung, der dann folgt? „Über die Ursachen, die zu Form/Struktur/Gestalt ... eines Lebewesens führten, ist uns bisher nichts bekannt. Es können nur vorhandene Informationen kombiniert werden. Aber woher kommen sie?“[1] Gemeint sind damit nicht etwa, wie man zunächst annehmen sollte, uns vorliegende Informationen über Vorgänge der tiefsten Vergangenheit (also der Erkenntnisgrund, die ratio cognoscendi), sondern wirklich „Informationen“, die zu der fraglichen Zeit die Entwicklung beeinflußt haben (der Seinsgrund, die ratio essendi). Was aber sind „Informationen“, die kausal wirksam werden können? Was soll überhaupt eine Information sein, die etwas bewirken und lenken kann? Bedarf es dazu nicht eines intelligenten Lebewesens, das die Information aufnimmt und verarbeitet? Und wirklich klingt in der letzten Frage („Aber woher kommen sie?“) die Ausrufung eines intelligenten Designers an, ohne daß diese Vermutung ausgesprochen wird. Wird da etwa an ein höheres Wesen geglaubt, das Informationen „kreiert“ und das Universum „liest“ wie Franz Beckenbauer das Green seines Golfplatzes?

Aus dem Umstand, daß uns weder die Ursachen noch der Ablauf eines in der tiefsten Vergangenheit liegenden Vorganges bekannt sind, wird also nicht etwa geschlossen, daß wir unvoreingenommen in allen Richtungen weitersuchen sollten, bis wir eine plausible Antwort gefunden oder bestimmte Möglichkeiten ausgeschlossen haben, sondern daß es ein interner Vorgang gewesen sein muß, nicht aber ein von außen angestoßener. Was könnte der Grund für diesen Schluß gewesen sein? Er wird nicht einmal angedeutet.

Wie extrem ungenau, undiszipliniert und willkürlich der Autor argumentiert, wird noch an einer anderen Stelle deutlich, an der in ähnlicher Weise dem Bewußtsein eine verursachende Rolle zugesprochen wird. Für Warnke ist auch „unser Bewußtsein ... eine solche Information ..., die Materie in uns und außerhalb von uns beeinflußt“.[2] Wie es scheint, soll man Information als Oberbegriff zu Bewußtsein nehmen, hat also Bewußtsein als einen Spezialfall von Information zu verstehen. Sowohl Information als auch Bewußt-

1. Warnke: Quantenphilosophie und Spiritualität. Seite 24.

2. Warnke: Quantenphilosophie und Spiritualität. Seite 25.

sein sind jedenfalls kausal wirksam: „Wenn nirgendwo ein Bewusstsein vorhanden ist, gibt es auch keine ‚Ichs', keine Umwelt, keine Natur, keine Sonne, keinen Kosmos. Daraus folgt im Umkehrschluss, dass das Bewusstsein alles erschafft – alles, was existiert; alles, was wir über unsere Sinne erfahren; alles, was wir erleben; alles, woran wir uns erinnern." „Die ‚objektive Welt'", weiß Warnke, „ist immer und ausschließlich eine Gedankenkonstruktion des Ichs plus Bewusstsein."[3]

Warnke geht von einer meist „Satz des Bewußtseins" genannten, erstmals von Nicolaus von Kues[4] formulierten Lehre aus, welche die Abgeschlossenheit und Unzugänglichkeit eines jeden Bewußtseins behauptet. Ein weiterer Großer, der diesen Satz vertrat, war Leibniz, der im siebten Abschnitt seiner *Monadologie* die Fensterlosigkeit der Monade erläutert, die vollkommene Abgeschlossenheit ihres Inneren gegen das Äußere. Leibniz hat mehr als jeder andere Philosoph eine Theorie der Individualität formuliert – jedes Lebewesen, jedes Bewußtsein erlebt die Welt von einem anderen Punkt aus – von einem anderen „point de vue", einem anderen Blickpunkt. Die Gartenkunst des Barock hat sich immer wieder um die Illustration dieses Satzes bemüht, meist, um ein Schloß, eine Kirche oder deren Erbauer in das rechte Licht zu rücken.

In seinem modernen Ursprung wird der Satz des Bewußtseins oft auf den zweiten Band der *Beyträge zur Berichtigung bisheriger Mißverständnisse der Philosophen* von Carl Leonhard Reinhold (1757–1823) zurückgeführt.[5] Tatsächlich aber wird die Unzugänglichkeit fremden, die Einsamkeit und Abgeschlossenheit des eigenen Bewußtseins von Reinhold an keiner Stelle reflektiert. Doch scheinen seine Überlegungen in veränderter Form auf die Philosophie Arthur Schopenhauers und Adolf Trendelenburgs oder Überlegungen Wilhelm Diltheys ausgestrahlt zu haben. „‚Die Welt ist meine Vorstellung' – dies ist eine Wahrheit, welche in Beziehung auf jedes lebende und erkennende Wesen gilt",[6] so beginnt Schopenhauer den ersten Paragraphen der *Welt als Wille und Vorstellung*, wogegen Trendelenburg davon spricht, daß „jeder seinen eigenen Raum des Gedankens hat, in welchem seine Vorstellung wirkt und schafft, und dass sich auf diese Weise der gemeinsame Raum unendlich

3. Warnke: Quantenphilosophie und Spiritualität. Seite 14 und Seite 109.

4. Vgl. Cassirer: Individuum und Kosmos in der Philosophie der Renaissance. Seite 137.

5. Vgl. Cassirer: Das Erkenntnisproblem in der Philosophie und Wissenschaft der neueren Zeit. Dritter Band. Seiten 43–47. Philosophiehistoriker wie Wilhelm Windelband oder Karl Vorländer stehen dem Wirken Reinholds sehr kritisch gegenüber.

6. Schopenhauer: Die Welt als Wille und Vorstellung I. 1. Band, Seite 31. Schopenhauer setzt damit Überlegungen aus dem Paragraphen 16 seiner Schrift *Über die vierfache Wurzel* (3. Band der Werke) fort: „Alle unsere Vorstellungen sind Objekte des Subjekts, und alle Objekte sind unsere Vorstellungen." 3. Band. Seite 41.

vervielfacht, dies Räthsel ist dem Räthsel des Sehens ähnlich, wodurch das Ferne zu einem Nahen wird und sich dieselbe äussere Welt in vielen Augen abmalt."[7] Nach Dilthey endlich ist der „oberste Grundsatz der Philosophie ... der Satz der Phänomenalität: nach diesem steht alles, was für mich da ist, unter der allgemeinsten Bedingung, Tatsache meines Bewußtseins zu sein; auch jedes äußere Ding ist mir nur als eine Verbindung von Tatsachen oder Vorgängen des Bewußtseins gegeben; Gegenstand, Ding ist nur für ein Bewußtsein und in einem Bewußtsein da."[8]

Natürlich folgt für Reinhold, Schopenhauer, Trendelenburg, Dilthey oder irgendeinen anderen Philosophen keinesfalls das, was für Warnke daraus folgt, denn sonst hätten sie ja ihre Bücher nicht zu schreiben brauchen. Der Satz der Phänomenalität hängt mit der absolut gesetzten und ganz radikal verstandenen Individualität alles Seins zusammen, damit, daß jedes einzelne Wesen von einem anderen Zeitpunkt und von einem anderen Standort aus auf eine je andere, nämlich auf seine nur ihm eigene Weise auf die Welt schaut. Die berühmte Frage von Thomas Nagel – „Wie ist es, eine Fledermaus zu sein?" – läßt sich nicht einmal für den nächsten unserer Mitmenschen beantworten, weil ein jeder von uns die Welt wie auch sich selbst auf eine ganz eigene, überhaupt nicht mitteilbare Weise erlebt.

An dieser Stelle ist es notwendig, die Ergebnisse späterer Überlegungen schon einmal vorwegzunehmen. Bewußt sind wir unseres Leibes, und so muß es ganz sinnlos sein, in der Diskussion dieser Problematik vom Leib abzusehen. Ein leibloses Bewußtsein ist nicht denkbar. Denn was wir im Bewußtsein erleben, ist unser Leib, ja das Bewußtsein *ist* das Erlebnis unseres Leibes, und wir erleben ihn auf eine ganz und gar individuelle, deshalb keinesfalls objektivierbare Weise. Es ist fast schon komisch, daß selbst ein so differenziert und anspruchsvoll argumentierender Autor wie der Mathematiker Roger Penrose zwar bemerkt, daß es ein Bewußtsein „nur in (oder in Verbindung mit) Gehirnen"[9] gibt, ihm aber die merkwürdige Tatsache entgeht, daß das Bewußtsein ohne seine Verbindung mit einem Leib und seiner Sinnlichkeit ganz undenkbar ist. Und weil wir keinen anderen Leib als den eigenen erleben können, ist das Bewußtsein seiner selbst in jedem Fall das Bewußtsein der Individualität: So versteht es sich von selbst, daß alles, was

7. Friedrich Adolf Trendelenburg: Logische Untersuchungen. Band 1. Seite 144.

8. Dilthey, Beiträge zur Lösung der Frage vom Ursprung unseres Glaubens an die Realität der Außenwelt und seinem Recht. Seite 90. Dieser Satz findet sich auch bei James: The Principles of Psychology. Seite 226: "No thought even comes into direkt sight of a thought in another personal consciousness than its own." Ich kann auch noch auf Husserl verweisen, auf den Paragraphen 40 der *Cartesianischen Meditationen* ("Erfahrenes meines Erfahrenen, Gedachtes meines Denkens").

9. Penrose: Schatten des Geistes. Seite 272.

die individuelle Seite des Bewußtseins (das Erleben des eigenen Leibes und seiner Zustände und damit der Isolation und Einsamkeit) ausmacht, verlorengehen muß, wenn man es objektivieren und damit idealisieren will. Ist das, was bleibt – die Erkenntnis des Idealen – noch Teil des Bewußtseins? Zumindest nicht seiner Individualität... Auf jeden Fall kann man verstehen, warum einerseits Realität, Erfahrung bzw. Erleben und Bewußtsein, andererseits Idealität und Erkennen zusammengehören

Es ist interessant, mit welcher Verständnislosigkeit Dennett auf Nagels diese Verhältnisse ansprechende Argumentation reagiert. Seit jetzt wohl dreißig Jahren spricht er Nagel immer wieder in seinen Büchern an! Und es geht immer um die Fledermaus. Dennett glaubt wirklich, daß das Sprechen über das eigene Befinden die Isolation des Bewußtsein überwinden könne. Alles macht er davon abhängig, daß wir über unser Bewußtsein sprechen können. Deshalb glaubt er wohl auch, daß ein Computer Bewußtsein haben könne – schließlich vermögen sich diese Geräte sprachlich zu äußern. „We know that it is like something to be us for the simple reason that we talk about it every day".[10] Schon die Formulierung („It is like"...) deutet daraufhin, daß sich Dennett auch hier – wieder einmal – gegen Thomas Nagels Fledermaus-Aufsatz richtet. Aber es ist offensichtlich, daß dieser Autor überhaupt nicht verstanden hat, daß die Nicht-Objektivierbarkeit des Bewußtseins nicht durch die Sprache überwunden werden kann. Friedrich Schiller dagegen hat es gewußt.

Auf jeden Fall ist es nicht zu begreifen, wie man aus der unbestreitbaren Tatsache, die vom Satz der Phänomenalität umschrieben wird, ohne weitere Umwege darauf schließen kann, daß die Welt von uns produziert oder erdichtet wurde. Das folgende Zitat von Paul Natorp aus seiner *Philosophischen Systematik* beweist aber, daß der Satz mit einer realistischen Einstellung gut zusammenpaßt, denn Natorp zeigt, wie sowohl das „mir" wie auch das „für mich", die den Satz des Bewußtseins bestimmen oder von ihm ausgedrückt werden, auf ein vorausgehendes, vom Ich unabhängiges Sein verweisen: „Was auch immer sich mir darstellt, sei es außen oder innen, sei es Sache oder Vorgang, sei es Wahrnehmung, Phantasie, Gedanke, oder Gefühl, ... oder was man Höchstes oder Niederstes nennen mag, das stellt sich eben *mir* dar, tritt *für mich* heraus (existit); woraus denn?"[11]

Man könnte hier auf die Überlegungen Ortegas aus *¿Que es filosofía?* und aus *El hombre y la gente* eingehen. Besonders in letzterem Werk arbeitet er die Einsamkeit („soledad") des Bewußtseins einerseits scharf heraus, wendet sich aber andererseits gegen jeden Idealismus. In ebenso schöner Weise

10. Dennett: Consciuousness explained. Seite 336.

11. Natorp: Philosophische Systematik. Seite 23.

schildert der ungarische Philosoph Melchior Palágyi die Konsequenzen aus dem Satz des Bewußtseins und bestätigt die in der *Monadologie* zentrale Beziehung seiner Aussage zu einer radikal verstandenen Individualität. Nein, er spricht nicht von der Fensterlosigkeit, sondern formuliert anders und beklagt „eine unheilbare Einsamkeit, denn sie entsteht daraus, daß wir Individuen sind, und sie wird unbedingt so lange dauern, so lange wir Individuen bleiben." Trotz Sprache, trotz Gestik, Mimik und jeder überhaupt nur denkbaren Kommunikation, so fährt er fort, zu „der Seele des anderen können wir nicht hinüberkommen, ins Gefühl des anderen können wir nicht eindringen, in das Bewußtsein des anderen können wir nicht einbrechen, nie können wir uns sagen, daß sein Gefühl oder sein Gedanke uns gehöre." Nur eine Seite später heißt es, in kursiver Schrift hervorgehoben: „Individualität und vollkommene Einsamkeit sind ganz gleichbedeutend."

Für uns ist die Argumentation Palágyis auch deshalb so wichtig, weil er deutlich macht, daß ein Materialist sie nicht akzeptieren kann: „Der Materialismus kann nämlich nur eine solche Welt anerkennen – der wir uns auf jede Weise nähern können."[12] Er hätte sich damit auf Dawkins oder Dennett beziehen können, die mit ihren Angriffen auf Nagels bekannten Fledermaus-Aufsatz seine eigene Analyse bestätigen. Insbesondere Dennett bestreitet seit Jahrzehnten mit Verve die Behauptung, Introspektion könne irgendetwas dazu beitragen, das Rätsel des Bewußtseins aufzuklären. René Descartes ist diesem Autor so sehr verhaßt, daß er die Gegenposition zu der eigenen nach ihm benennt, die sogenannte „Kartesische Gravitation". Wer über Descartes nur bei diesem Autor etwas liest, der findet den großen Franzosen darauf reduziert, die Innenperspektive einzunehmen und die Introspektion hochzuhalten.[13]

Einen Autor wie Dennett, der vor jeder Naturwissenschaft auf den Knien liegt, sollte es verunsichern, daß der Satz des Bewußtseins sowohl von Positivisten als auch von Hirnforschern bestätigt wird. Zunächst Rudolf Carnap, der in der von ihm vorgeschlagenen „Universalsprache" schreibt: „Den Durst des S1 kann kein Satz der Protokollsprache des S2 aussagen. Denn alle Sätze dieser Art sagen nur das dem S2 unmittelbar Gegebene aus; der Durst des S1 ist aber nur dem S1 und nicht dem S2 unmittelbar gegeben." (Man empfindet tiefe Dankbarkeit, daß sich diese „Universalsprache" niemals durchgesetzt hat!) Sodann die Hirnforscher, die zwar in einem etwas lebendigeren

12. Palágyi: Der Gegensatz von Geist und Leben. Seite 39ff; Ortega: ¿Que es filosofía? Seite 132 sowie Seite 148: „soledad como substancia del alma".

13. Dennett: From Bacteria to Bach. Seite 21; aber noch dazu in unzähligen Texten sonst. Man vergleiche damit, was James (Psychology. Volume II. Seite 386) über Introspektion schreibt: „We can only interpret the instincts of brutes by what we know of instincts in ourselves." Es geht nun einmal nicht anders!

Vokabular, aber in derselben Weise von der „Privatheit“ des Bewußtseins sprechen: „Keine andere Person ist imstande“, ein Erlebnis „voll und ganz zu teilen“, und sie bestätigen auch sonst den Satz des Bewußtseins in jeder Hinsicht: „Auch sind wir uns dessen gewärtig, dass unser ureigenes privates Bewusstsein in einem höchst fundamentalen Sinne das einzige ist, das real existiert.“[14]

Das ist ein schwieriger Befund, denn er sagt uns einerseits, daß es ohne Introspektion nicht geht, so daß wir das Bewußtsein nur in uns selbst erforschen können, weil wir uns allein auf unser eigenes Bewußtsein beziehen müssen; aber er sagt ebenfalls, daß wir die Ergebnisse des In-uns-Hineinlauschens niemals irgendjemandem mitteilen können – jedenfalls nicht in einer direkten Weise, sondern allein in einer abstrakten, von allem, was das Bewußtsein eigentlich ausmacht, entkleideten Weise. Das Gefühl der Innerlichkeit, das das Bewußtsein begleitet, die besondere Tönung eines jeden Erlebnisses, zu der es führt, wird immer verloren gehen, wenn und weil wir darüber sprechen; sie gehört uns und niemandem sonst.

Sowohl die Fensterlosigkeit der Monade, von der Leibniz spricht, als auch die Isolation des Bewußtseins sind nur ein anderer Ausdruck für den Satz des Bewußtseins. So schreibt Nicolai Hartmann, daß das Bewußtsein „ewig in sich gefangen bleibt“,[15] aber weil es unleugbar objektive Erkenntnis eines vom Subjekt unabhängigen Seins gibt, weil das Subjekt also doch über sich hinausgreifen und seine Innensphäre verlassen kann, kann diese ewige und totale Gefangenschaft paradoxerweise doch nicht endgültig und total sein – eben dieser Widerspruch selbst ist das große Rätsel. Hartmann hat dieser Aporie viele hundert Seiten wirklicher Philosophie gewidmet, Warnke wie auch viele andere halten sich nicht einen Augenblick damit auf.

Wir aber wollen uns einen kurzen Augenblick lang mit den Überlegungen Hartmanns beschäftigen. Er stützt sich nicht etwa auf empirische Untersuchungen, sondern zeigt, daß der Satz des Bewußtseins aus dem Begriff des Bewußtseins selbst erwächst und deshalb ein apriorischer Satz ist, der sich bereits in der griechischen Philosophie findet.[16] Jedes denkbare Bewußtsein unterliegt dem Satz des Bewußtseins, und deshalb gilt für ausnahmslos jedes Bewußtsein, daß alle seine Sätze, Vorstellungen und Einsichten *seine* Sätze, Vorstellungen und Einsichten sind. Bewußtsein ist immer Bewußtsein seiner Individualität, schon deshalb, weil es immer Bewußtsein des eigenen Leibes ist. Niemals und unter keinen Umständen wird es über sich hinaus oder

14. Carnap: Die physikalische Sprache als Universalsprache der Wissenschaft. Seite 454; Edelman/Tononi: Gehirn und Geist. Seite 200. Ebenso Seite 284f.

15. Hartmann: Grundzüge einer Metaphysik der Erkenntnis. Seite 62.

16. Hartmann: Grundzüge einer Metaphysik der Erkenntnis. Seite 93f.

aus sich heraus gelangen. Insofern ist und bleibt jedes Bewußtsein in sich selbst gefangen, denn immer wird es notwendigerweise die Welt als die seine, den Leib als seinen eigenen erfahren.

Umgekehrt und folgerichtig ist uns fremdes Bewußtsein prinzipiell unzugänglich, und wir können niemals mit absoluter Gewißheit sagen, ob irgendein anderes Wesen, ja ob sogar der uns nächste Mensch wirklich und wahrhaftig Schmerz oder Lust, Freude oder Trauer erleidet oder uns vielleicht belügt, wenn er seine Empfindungen und Gefühle beschreibt. Und erst recht vermögen wir nicht zu sagen, ob er sie mit derselben Intensität und Qualität und überhaupt in derselben Art und Tönung wie wir selbst erleidet. Alle anderen Wesen sind für uns nur Körper, auch wenn wir ihn als einen belebten, sich bewegenden, Emotionen ausdrückenden Körper erfahren. Einen Leib mit seinen Sensationen kennen wir nur als den eigenen, der so aus dem Geschehen und damit aus der Erfahrung in einer buchstäblich einzigartigen Weise herausgehoben ist. Und umgekehrt: Von einem leiblosen Bewußtsein zu sprechen, ergibt keinerlei Sinn. Was auch immer in dem berühmten Gehirn in der Nährlösung oder in dem von Dennett imaginierten Computer vorgehen mag, mit Bewußtsein in jeder Form hat es nichts zu tun.

Wollte man Bewußtsein definieren, so könnte man es das Selbstgefühl oder die Eigenwahrnehmung des Leibes nennen.[17]

Unser Bewußtsein ist also etwas durch und durch Subjektives und Individuelles, dessen Subjektivität sich sprachlich niemals abbilden läßt. Sprache, und zwar ausnahmslos jede Sprache, versagt hier, und wir können niemals unser Bewußtsein *als* Bewußtsein schildern. Denn in dem Augenblick, in dem man zu formulieren beginnt, in dem man nach Worten und Ausdrücken sucht, hebt man die Subjektivität auf; oder man hebt das Bewußtsein als Bewußtsein auf. Eben dies hat Schiller in seinem berühmten Vers ausgedrückt. In unserem Bewußtsein sind wir ganz und gar nur bei uns, aber sobald wir zu sprechen beginnen, sind wir schon fort von uns selbst. Ein Ausrufer von Innerlichkeit, weiß Søren Kierkegaard, ist ein sehenswertes Tier.[18]

Das ändert sich erst, diese subjektive Färbung der Erfahrung – nein, ihre zunächst totale Subjektivität wird erst zurückgenommen, wenn die Erlebnisse einen gewissen Anteil von objektivem Geist an und in sich tragen. Das ist natürlich unter normalen Umständen immer der Fall, aber eben manchmal auch nicht – zum Beispiel in Zuständen großer Angst oder unerträglicher Schmerzen, wenn der Mensch außer sich ist. „Der Geist aber verbindet, das

17. In den Worten Helmuth Plessners (Die Stufen des Organischen. Seite 71): „Psychisches kommt nur in und mit Daten des eigenen physischen Zustands zum Erlebnis."

18. Kierkegaard: Aflutande uvidenskabelig Efterskrift til de philosophiske Smuler. Seite.65: „en Udraaber af Inderlighed er et seeværdigt Dyr."

Bewußtsein isoliert", heißt es deshalb leitmotivisch in Hartmanns *Das Problem des geistigen Seins*. Im 32. Kapitel dieses Buches wird das Verhältnis von Bewußtsein und Geist konzentriert behandelt.

Man kann Begriffe, Gedanken und Argumente nachvollziehen, aber niemals Empfindungen oder Gefühle. Man kann allenfalls ähnliche Gefühle in sich selbst entdecken oder sich an sie erinnern, aber es sind immer nur die eigenen, niemals die fremden. Genau umgekehrt ist es beim objektiven Geist, zum Beispiel den Einsichten der Mathematik. Der objektive Geist gehört jedem, denn wir alle nehmen mehr oder weniger Anteil an ihm, falls wir uns um ihn bemühen, und wenn wir ihn richtig verstehen, dann verstehen wir alle ihn auf die gleiche Art.

Jedes Bewußtsein ist für sich und nur für sich, es ist isoliert und bleibt ewig in sich gefangen, eingesperrt in das Gefängnis seines Leibes. Der Weg über den objektiven Geist hinaus ist für jedes denkbare Bewußtsein der einzige Weg hinaus, aber dabei verliert sich alles das, was das Bewußtsein ausmacht – es verläßt sein Gefängnis niemals als Bewußtsein.

Dem objektiven Geist, das ist die andere Seite dieser Einsicht, wird man niemals mit Psychologie gerecht werden; das war nicht allein das Ergebnis der Überlegungen Husserls in seinen *Logischen Untersuchungen*, sondern auch Paul Natorp konnte das in verschiedenen Werken zeigen. Leider ist es so, daß die Evolutionäre Erkenntnistheorie davon noch nicht erfahren hat. Sie glaubt immer noch, sich mit rein naturalistischen Argumenten dem Bereich des Idealen nähern zu können.

Das Bewußtsein orientiert sich also in zwei Richtungen: einerseits ist es durch und durch subjektiv und nimmt damit einen Zustand ein, den ein Wesen keinesfalls mit einem anderen Lebewesen teilen kann, andererseits ist sein Gegenstand die Welt, und es ist zunächst ganz und gar nach außen gerichtet, zumindest anfangs also niemals auf sich selbst.

Ein großes und bisher ungelöstes Problem, das in diesem Zusammenhang auftaucht, ist die Frage, in welcher Weise sich das Bewußtsein mit sich selber beschäftigt, ob es wohl selbst ein (zusätzlicher?) Bewußtseinsakt ist, der sich auf das Bewußtsein richtet, oder wie man sich das überhaupt vorstellen soll. Dieses Problem hat besonders die Philosophen des Deutschen Idealismus beschäftigt, später Denker der Zwanziger Jahre. Einer ist Melchior Palágyi in seiner *Wahrnehmungslehre* von 1925, der wenig überzeugend zwei verschiedene Arten von Bewußtseinsakten annimmt, ein anderer Paul Natorp in seiner *Allgemeinen Psychologie*.

Natorp bemüht sich um den Nachweis, daß es nicht sinnvoll sein kann, zwischen dem Gegenstand des Bewußtseins und der Tätigkeit des Bewußtseins zu unterscheiden; die Husserlsche Unterscheidung zwischen Noesis und Noema (Akt des Bewußtseins und seinem Inhalt) macht er also nicht mit. „Wer", fragt er sarkastisch, „sein Bewusstsein noch sonst irgendwie zu ertappen vermag als im Dasein eines Inhalts für ihn, dem kann ich es nicht nur nicht nachtun, sondern (eben deshalb) mir auch gar nicht klar machen, was er wohl bei sich erleben mag."[19] Vor allem ist das Bewußtsein zuerst nach außen gewandt – die Wendung nach außen geht, wie oft genug gezeigt wurde, sowohl in der persönlichen Geschichte als auch in der Naturgeschichte, vor allen Dingen aber ganz prinzipiell allem anderen voraus, und der Blick zurück auf sich selbst, den unter allen Wesen, die wir kennen, einzig und allein der Mensch vollziehen kann, dieser Blick ist immer das spätere, in der Geschichte aller Lebewesen wie in der Geschichte des einzelnen Menschen. Oder er ist, mit einem Ausdruck von Natorp, immer und auf jeden Fall „secundär".[20]

In seiner Anthropologie hat Teilhard de Chardin die in der Naturgeschichte sich allmählich immer weiter steigernde Rückwendung der Organismen auf sich selbst thematisiert. Für ihn besteht die Evolution eben in diesem Akt: daß sich die Welt auf sich selbst zurückbiegt und sich im Menschen endlich selbst ins Auge faßt. Der Mensch, glaubt er deshalb, sei die höchste Steigerung, sei der Zielpunkt der Evolution. Und ein Blick auf die lebendige Natur findet viele Gründe, die für diese Überzeugung sprechen. Denn ist es nicht so, daß Pflanzen eine Rückwendung auf sich selbst überhaupt noch nicht kennen? Vielmehr setzt diese erst bei animalischen Organismen ein, zum Beispiel, wenn sich Insekten säubern, indem sie sorgfältig ihre Augen und Flügel putzen. Sie kümmern sich also um sich selbst, wie das Pflanzen noch nicht tun können, und mit steigender Seinshöhe differenziert sich diese Rückwendung, dieses Sich-kümmern immer weiter. Sie mündet nicht allein in den Blick auf den eigenen Leib und endlich sogar, mit der Hilfe eines Spiegels, in das eigene Gesicht, sondern auch und schon zuvor in die Sorge um den Nachwuchs, der bei Pflanzen und auch noch bei fast allen primitiven Lebewesen ganz und gar sich selbst überlassen bleibt.

Das Merkwürdige dieses sich schon über viele Jahrmillionen hinziehenden, vielleicht immer noch nicht erschöpften evolutionären Prozesses besteht darin, daß sich das Leben zwar einerseits steigert, andererseits aber seine Vitalität verringert oder sogar einbüßt; es sind generell die weniger entwickelten Lebensformen – sowohl in der Flora als auch in der Fauna –, die vitaler sind. Man könnte tatsächlich vom Unkrautsyndrom sprechen – das Unkraut läßt sich nicht ausrotten, die edle Pflanze, das edle Tier schon. Und der Mensch sowieso.

19. Natorp: Allgemeine Psychologie nach kritischer Methode. Seite 45.

20. Natorp: Ueber objective und subjective Begründung. Seite.270: „Wirklich ist nicht der Gegenstand zuerst da, und die Subjectivität kommt dann herzu; sondern die Reflexion auf den Gegenstand ist dem natürlichen Bewusstsein durchaus die erste und nächste; die Reflexion auf die Subjectivität, falls es überhaupt dazu kommt, ist secundär."

In jedem Fall ist der Blick auf sich selbst die (vorläufig?) letzte Etappe eines gewaltigen Prozesses und damit keinesfalls etwas, das immer und unter allen Umständen auftritt. Es ist sehr leicht möglich, sich dies bei uns selbst an unseren Sinnesempfindungen deutlich zu machen. Wenn wir die Sonne auf unserer Haut spüren, ist dies eine ganz und gar subjektive Empfindung, ein Sinnesdatum oder Organempfinden, das ich unmöglich mit einem anderen Wesen teilen kann. Aber trotz ihrer Subjektivität ist diese Empfindung nach außen und nur nach außen gerichtet, nicht etwa auf mich selbst, und so spüre ich die Sonne und keinesfalls meine Haut. Die Empfindung als Empfindung, nicht also den wärmenden Sonnenstrahl, empfinden wir erst und nur dann, wenn wir uns auf die Empfindung selbst focussieren. Es ist eine durch und durch künstliche Einstellung, die vielen Menschen immer fremd bleibt. Und dabei wird immer noch nicht das Bewußtsein focussiert, wie Natorp und andere gezeigt haben. Dafür bedarf es weiterer Schritte.

Hartmann hat dieses Paradox aus der Sicht des Bewußtseins selbst beschrieben. Es will und muß aus sich herauskommen, aber es wird es *als* Bewußtsein niemals können, auch wenn die Person selbst immer schon außerhalb seiner selbst ist. Und: Die Abgeschlossenheit des Bewußtseins gilt auch umgekehrt, denn für uns besteht das Wesen eines fremden Bewußtseins darin, für sich zu sein und nur für sich, unserem eigenen Erleben unzugänglich. Das Bewußtsein eines jeden Lebewesens ist in einem ganz radikalen Sinn allein für sich selbst. So wie niemand sein Bewußtsein verläßt, so kommt auch niemand in ein anderes Bewußtsein hinein – uns ist grundsätzlich jedes fremde Bewußtsein verschlossen, nicht etwa allein das von exotischen, anders gearteten Lebewesen wie etwa der Fledermaus. Hier gilt mit aller Strenge ein prinzipieller Agnostizismus, auch wenn ein Autor wie der (angebliche?) Zoologe Dawkins schreibt, „daß Fledermäuse weitgehend ähnlich ‚sehen' wie wir, obgleich das physikalische Medium, das die Außenwelt in Nervenimpulse übersetzt, so ganz anders ist – Ultraschall statt Licht."[21] Materialistisch argumentierende Monisten wie Dawkins oder Dennett können keinesfalls die grundsätzliche Privatheit und Abgeschlossenheit des Erlebens akzeptieren.

Bewußtsein darf weder hier noch sonst mit Erkenntnis verwechselt werden. Bewußtsein ist der Zustand eines Organismus, der sich selbst spürt, aber Erkenntnis ist ein Akt, der sich auf die Welt richtet und diese auch erreicht (oder diese erreicht sie), wenngleich wir niemals mit letzter Gewißheit wissen, wie sehr unser Bild der Realität tatsächlich der vollen Wahrheit entspricht. Denn die volle, ungeteilte und ganze Wahrheit erreichen wir nie, sondern jede Erkenntnis ist perspektivisch und deshalb bruchstückhaft; es ist das Wesen der Erkenntnis, daß sie nicht absolut ist. Erkenntnis ist wesenhaft relativ.

21. Dawkins: Der blinde Uhrmacher. Seite 52.

Das Erkennen (diese Überlegungen folgen der Argumentation Nicolai Hartmanns in seinen *Grundzügen einer Metaphysik der Erkenntnis*) richtet sich auf ein Seiendes, das unabhängig vom erkennenden Wesen existiert, also keine Halluzination und auch kein Traum ist, und es erkennt auch getreu einzelne Seiten an ihm, ohne allerdings selbst zu wissen, wie getreu diese Erkenntnis ist und wie umfassend. In jedem Fall zielt das Erkennen auf ein Seiendes, das sich nicht darin erschöpft, Erkanntes zu sein oder Gegenstand, sondern das auch ganz unabhängig davon existiert, ob jemand es anschaut oder nicht – sonst wäre es kein Erkennen, sondern ein Erdichten.

Erkennen bedeutet, sich der Welt entgegenzustellen. Hartmann benutzt in diesem Zusammenhang die Vokabel „Objizieren" (Entgegenwerfen), die er von Natorp übernommen hat,[22] und Plessner spricht mit einem sehr bildhaften Ausdruck von der „Frontalität" aller animalischen Organismen gegenüber der Welt.

Allein das, was sich uns entgegenstellt, können wir uns als Vorstellung wieder vor Augen führen: meist sind das Bilder, für musikalische Menschen auch Töne aller Art, aber es sind so gut wie niemals Gerüche und nur ganz selten Tastempfindungen. Eigentlich können wir die Sensationen dieser Sinne nur in unbewußten Zuständen wiedererleben, nicht aber bewußt erinnern, also sie uns gezielt „vor Augen führen" – das ist nur mit visuellen Zuständen möglich. In jedem Fall werden Vorstellungen vom Distanzsinn getragen, dem Sehen. Deshalb ist das Sehen so wichtig, wenn wir das Erkennen verstehen wollen – es ist nicht allein der wichtigste Sinn, sondern auch derjenige, der das Modell des Erkennens abgibt. Und deshalb muß jemand, der die Subjekt-Objekt-Trennung aufheben will, auch die Bedeutung des Sehens bestreiten.

22. Sie findet sich zum Beispiel in Natorp: Allgemeine Psychologie nach kritischer Methode. Seite 81. „Das Objekt ist wörtlich der Gegenwurf" (Seite 65).

Ein Gegenwurf

Die Bedeutung des Sehens

Es gehört zum Wesen der Erkenntnis, daß das Bewußtsein über sich hinausgreift, daß es sich auf etwas außerhalb seiner selbst richtet und seine Gegenstände nicht nur intendiert, sondern sie auch tatsächlich erreicht. Denn andernfalls ist Erkenntnis keine Erkenntnis. Und tatsächlich erreicht selbst eine falsche oder unzureichende Erkenntnis einen Gegenstand! Die Frontalität, also der Gegensatz von Subjekt und Objekt, ihr Status des Einander-Gegenüber, ist deshalb unter allen Umständen zentral für das Erleben eines jeden bewußten Wesens wie für jede Erkenntnistheorie. Weil Erkenntnis aber trotzdem immer die Erkenntnis eines in sich gefangenen Bewußtseins ist, Aspekt einer Innenwelt, ist es diese Doppelnatur, welche das Wesen einer jeden Erkenntnis prägt. Sie wäre keine Erkenntnis, wenn sie sich nicht auf etwas außerhalb des Bewußtseins richtete, aber sie bleibt trotzdem immer die Erkenntnis eines eingeschlossenen Bewußtseins. So ist sie notwendig ein paradoxes Phänomen. Das In- und Gegeneinander von Seins- und Erkenntniskategorien wurzelt in diesem Gegensatz.

Ganz im Gegensatz zu den hier grob umrissenen Einsichten Nicolai Hartmanns ist man sich in der heutigen Philosophie darüber einig, daß der Gegensatz von Subjekt und Objekt das Erkennen nicht beschreiben kann. Ein wesentlicher Angriff auf die Vorstellung des Erkennens „als einer Beziehung zwischen Subjekt und Objekt" wird bereits in *Sein und Zeit* vollzogen, in einem Buch also, auf das sich – nicht immer ganz offen – noch heute Heerscharen von Philosophen beziehen. Seinen Einfluß kann man unmöglich überschätzen. Allerdings ist es so, daß Heidegger schon einige wenige Jahre später vergessen zu haben schien, was er in *Sein und Zeit* geschrieben hatte, und vom Seienden verkündete: „Dieses *ist*. Es ist gegeben, ist uns gegenüber und daher jederzeit vorfindlich".[1]

Die gängigen Einwände gegen den Subjekt-Objekt-Gegensatz faßt Herbert Schnädelbach zusammen. Er beginnt mit der Frage, woher wir denn „wissen, dass es sich bei Erkenntnissen um eine solche Beziehung handelt" – mit „eine solche Beziehung" ist „das Subjekt-Objekt-Modell" angesprochen, das Schnädelbach in Bausch und Bogen verwirft. Man sieht förmlich, wie der Autor das Gesicht verzieht: „eine solche Beziehung..." Seiner Argumentation zufolge können wir uns deshalb nicht über „eine solche Beziehung" klarwerden, weil wir nicht den Standpunkt unseres Bewußtseins verlassen und auf uns selbst zurückblicken können. Wäre Schnädelbach einverstanden, wenn man ihn für einen idealistischen Philosophen in den Spuren Cohens und Natorps erklärt? „Erkenntniss", schreibt Natorp, „ist in jedem Fall ein

1. Heidegger: Sein und Zeit. Seite 60; Einführung in die Metaphysik. Seite 21. Die „Relation des Gegenüber" wird insbesondere von Plessner für das Tier betont (Die Stufen des Organischen. Seite 240), das wir selbst ja *auch* sind.

Vorkommniss im Zusammenhange des subjectiven Erlebens, ein Ereigniss im Bewusstsein, ein psychisches Begebniss."[2] Und dort findet sich natürlich kein Raum für ein Gegenüber.

Während Hartmann für seine Einsichten einen Apriorismus in Anspruch nimmt, also eine erfahrungsunabhängige Einsicht in das Wesen der Erkenntnis, argumentiert Schnädelbach empiristisch, denn er denkt, daß es andere Erkenntnisse als empirisch gewonnene nicht gibt. „Die Frage ist dann freilich, woher wir wissen, dass es sich bei Erkenntnissen um eine solche Beziehung handelt. Um das feststellen zu können, müssten wir es beobachten können."[3] Eben diese Voraussetzung und lenkt den Blick in die falsche Richtung.

Anders als das Bewußtsein können wir das Erkennen auch von außen betrachten – wenn wir nämlich den Anteil, den das Bewußtsein und mit ihm das Erleben an ihm besitzen, davon abziehen. Das Erkennen kann man deshalb sowohl als Prozeß als auch als Resultat beschreiben und sogar formalisieren. Das ist etwas, das beim Erleben ganz ausgeschlossen sein muß. So wenig, wie sich ein Gegenstand erschöpfend beschreiben läßt, so wenig können alle in „dieses Wort [Erlebnis] hineinspielenden Konnotationen eines Wissens"[4] geschildert werden.

Als einen „Grund für die ärgerliche Plausibilität" der Rede von „Subjekt und Objekt, Bewusstsein und Gegenstand" erkennt Schnädelbach „die Neigung, Erkennen als eine Art des Sehens aufzufassen; wir werden dazu verleitet, weil die meisten der Ausdrücke, mit denen wir Wissen beschreiben, der Metaphorik des Gesichtssinnes angehören." Auch in anderen Schriften spricht er sich gegen eine „Fixierung aufs Optische"[5] aus.

Schnädelbach reiht sich damit in eine Tradition ein, die heute vor allem von der analytischen Philosophie getragen wird, aber, wie man einem furiosen Essay von Merleau-Ponty entnehmen kann, bereits zu Beginn der neuzeitlichen Philosophie von keinem Geringeren als René Descartes in seiner *Dioptrik* initiiert wurde. Denn bereits Descartes wollte das Sehen in seiner Bedeutung reduzieren. Laut Merleau-Ponty war für Descartes das „Modell des Sehens das Tasten",[6] so daß es nicht mehr in die Ferne zielt – aber eben dies ist ja das eigentlich zentrale Charakteristikum des Sehens.

Noch vor Descartes schrieb Galilei. Wie Hans Blumenberg in seinem Vorwort zu dessen *Sidereus Nuncius* („Nachricht von den Sternen") gezeigt hat,

2. Natorp: Ueber objective und subjective Begründung der Erkenntniss. Seite 261.

3. Schnädelbach: Was Philosophen wissen.und was man von ihnen lernen kann. Seite 103.

4. Whitehead: Abenteuer der Ideen. Seite 326; zum Problem insgesamt Seite 325–348.

5. Schnädelbach: Was Philosophen wissen. Seite 15 und Seite 105; Erkenntnistheorie zur Einführung, Seite 41.

6. Merleau-Ponty: Das Auge und der Geist. Seite 289.

war dieser Begründer der neuzeitlichen Wissenschaft von einer doppelten Tendenz zerrissen – einerseits versuchte er, seine Kritiker mit der Hilfe eines optischen Instruments von der Richtigkeit seiner Überlegungen zu überzeugen, andererseits war er selbst der Totengräber der Vorstellung, das Wesentliche stehe uns vor Augen. Und wenn heute der amerikanische Wissenschaftsautor Brian Greene über die *Hidden Reality* schreibt, dann drückt der Titel seines Buches die dominierende Sicht moderner Naturwissenschaftler auf unsere Welt sehr präzise aus: das Eigentliche entzieht sich unseren Sinnen. Ein anderer Buchtitel (von Carlo Rovelli) spricht von der *Wirklichkeit, die nicht so ist, wie sie scheint*. Für diese Einstellung steht die wahre Welt immer und auf jeden Fall im Gegensatz zu unserer Anschauung, die wesentlich subjektiv sei. Für die Naturwissenschaft ist Realität kein relationaler, sondern ein absoluter Begriff. Sie ist etwas, dem man sich mit der Hilfe der Mathematik und sehr abstrakter Überlegungen, aber nicht mit seiner Sinnlichkeit nähern kann.

Der das Denken Galileis bestimmende Widerspruch sollte noch viele große Denker und Forscher prägen; in ihrem Alltag waren oder sind sie Augenmenschen und trauten und trauen ihren Sinnen voll und ganz, aber ihr Denken, ihre Überzeugung, ihre Wissenschaft richtete und richtet sich gegen die Anschaulichkeit.

Unserer Zeit viel näher als Galilei, aber ebenfalls in Widersprüchen befangen ist Edmund Husserl. Sein ganzes Werk ist durchsetzt mit einer metaphorischen Sprache, die vom Sehen, vom Blicken und vom Auge ihren Ausgang nimmt. Man schaue sich nur einmal das zweite seiner Hauptwerke, die *Ideen zu einer reinen Phänomenologie*, daraufhin an! In ihm dekliniert er die ganze Skala der einschlägigen Metaphern durch, eventuell inspiriert von Plotin,[7] kennt sogar etwas wie einen „Ichblick“ und dazu einen Status des „Sichtigseins“. Aber es ist nie ein wirkliches Hinschauen mit unseren leiblichen Augen gemeint, sondern immer nur ein Akt der Aufmerksamkeit, und so ist es die immanent (bewußtseinsintern) gerichtete Wahrnehmung, die er mit der Metaphorik des Sehens, Blickens und Hinschauens beschreibt. Wie wenig er wirkliches Sehen meint, zeigt spätestens die „kategoriale Anschauung“ aus der *6. Logischen Untersuchung*. Noch deutlicher wird es später bei dem in seiner *Ethik* phänomenologisch argumentierenden Hartmann, daß „Schau“ eigentlich nur den Begriff ausschließen soll, aber keinesfalls das organische Sehen meint. Deshalb kennt er eine „apriorische Einsicht“[8] – wie sollte so etwas mit den leiblichen Augen möglich sein?

7. Auf diese Möglichkeit macht Norbert Schneider aufmerksam (Grundriss. Seite 47).

8. Hartmann: Ethik. Seite 56. Im selben Buch nennt er die Ausrichtung einer Theorie „die Art des Schauens“ (Seite 631).

Dagegen darf man daran erinnern, daß Kant wiederholt eine nicht-sinnliche Anschauung expressis verbis ausgeschlossen hat, als er festhielt, daß „es aber über das Feld der Sinnlichkeit hinaus ganz und gar keine Anschauung giebt". Deshalb sprach er von „der Erfahrung ... als dem Producte des Verstandes aus Materialien der Sinnlichkeit".[9] – Zu Husserl: Ich gebe zu, nie verstanden zu haben, was eine kategoriale Anschauung eigentlich sein soll.

Husserl formuliert die Ablehnung des organischen Sehens in seinen *Logischen Untersuchungen*, wo er in den Paragraphen 17 bis 20 gegen die Vorstellung polemisiert, Erkenntnis stehe „in einer noch so losen und entfernten Beziehung zu versinnlichenden Anschauungen". Konkret sind damit „Phantasiebilder" gemeint. Eine genauere Lektüre der Husserlschen Argumentation macht deutlich, daß es ihm um „abstrakte Wissensgebiete" geht, vor allem also um Mathematik und um die mathematischen Wisssenschaften – alles, was der begabte Mathematiker Husserl vorträgt, gilt deshalb der Idealität, nicht aber der Realität, die man immer verfehlen wird, wenn man das Sehen ablehnt. Weil sie nicht in sinnlicher Erfahrung gründet, kann die Mathematik auf eine Veranschaulichung verzichten, aber bereits einen so weit gefaßten Begriff wie „Religion" (Husserls eigenes Beispiel) kann ich keinesfalls verstehen, wenn ich ihn mir nicht veranschaulichen, wenn ich ihn also nicht mit Bildern verbinden kann, am besten mit Bildern der verschiedensten Art, deren Vielfalt die Vielfalt des Phänomens ausdrückt.[10]

Welche Bedeutung dem Idealen beziehungsweise Mathematik und Logik bei der Verwerfung des Sehens zukommt, wird an einem Aufsatz des Mathematikers Hans Hahn deutlich, der zum Wiener Kreis um Moritz Schlick gehörte. Er demonstriert, wie sehr Anschauung täuschen kann, und spricht sich dann für die völlige „Logisierung der Mathematik" und damit für eine entsprechend totale Abkehr von jeder Anschauung aus.[11]

Hahn nimmt damit die Gegenposition zur Marburger Schule ein, die sich immer (besonders in den Werken Cohens) gegen die Gründung der Mathematik auf Logik beziehungsweise deren Gleichsetzung ausgesprochen hat. Auf diese Weise wird deutlich, daß das sinnliche Sehen und die Realität zusammengehören und daß jeder, der sich von der sinnlichen Anschauung abwendet, der Idealität die Priorität zuspricht. (Man vergleiche damit den 15. Paragraphen der *Welt als Wille und Vorstellung*, in dem Schopenhauer mit einer ingeniösen Zeichnung auf eine *anschauliche* Weise den Satz des Pythagoras zu beweisen versucht.)

9. Kants Werke. Band IV. Seite 316 (Prolegomena, §34).

10. Husserl: Logische Untersuchungen. Zweiter Band. Seite 61f. Das Beispiel der Religion bringt Husserl auf Seite 63.

11. Hahn: Die Krise der Anschauung. Seite 534f.

Das Reale ist das, was wir erfahren, das Ideale das, was wir erkennen. Beides findet sich nur ganz selten in reiner Form, denn praktisch immer werfen wir ein Netz aus abstrakten Begriffen auf die uns entgegenstehende Welt, um Gegenstände wie Vorgänge einzuordnen und zu erkennen, nicht bloß zu erfahren und zu erleben; und umgekehrt evoziert ein Begriff wie „Religion" praktisch immer und ausnahmslos ein Bild, so daß er in irgendeiner Weise mit dem Erleben verknüpft ist. Falls nicht, wäre er ganz und gar leer und bedeutungslos. Dann wäre er für uns so leer, wie es der Begriff des Theaters für die arabischen Philosophen des Mittelalters gewesen ist.

In seiner späteren *Krisis*-Abhandlung argumentiert Husserl ganz anders, sogar gegensätzlich, wenn er nämlich Kant vorwirft, er habe sich nicht zu „einer durchaus anschaulich erschließenden" Methode entscheiden können, „anschaulich in ihrem Ausgang und in all dem, was sie erschließt".[12] Verträgt sich diese Forderung nach Anschaulichkeit mit seinen früheren Werken? Verträgt sie sich mit der Tendenz der Phänomenologie? Und trifft sie Kant überhaupt?

Es ist sehr seltsam, daß sich die Philosophie in der zweiten Hälfte des 20. Jahrhunderts von der Hochschätzung des Sehens abgewandt hat, welche sie seit den Tagen Platons begleitete.[13] Das hat sicherlich nicht allein mit der übertriebenen Bedeutung der Sprache in der analytischen Philosophie zu tun, denn auch ein Autor wie Heidegger hat sich da eingereiht. Während bei Husserl die Metaphorik des Sehens dominiert, liebt Heidegger die passive, bloß hinnehmende des Hörens und Lauschens.

An dieser Stelle seien einige wenige Belege angeführt, die den Wandel in der Auffassung des Sehens deutlich machen können.

In seiner Abhandlung, die nicht wirklich in der Tradition der Phänomenologie strengster Observanz steht, obwohl sie ja zuerst im *Jahrbuch für Philosophie und phänomenologische Forschung* erschienen ist, scheint sich der Autor zunächst für die Bedeutung des Sehens auszusprechen. Im 31. Paragraphen dieser Arbeit schreibt er: „Die Tradition der Philosophie ist ... von Anfang an primär am ‚Sehen' als Zugangsart zu Seiendem *und zu* Sein orientiert. Um den Zusammenhang mit ihr zu wahren, kann man Sicht und Sehen so weit formalisieren, daß damit ein universaler Terminus gewonnen wird, der jeden Zugang zu Seiendem und zu Sein als Zugang überhaupt charakterisiert." Damit („so weit formalisieren") umschreibt Heidegger die phänomenologische Wesensschau, in der das Sehen entgegen dem Versprechen, das in ihrem Titel

12. Husserl: Die Krisis der europäischen Wissenschaften. Seite 118.

13. Die Bedeutung des Sehens und des Bildes im Werk Platons wird von Gernot Böhme in seinem Buch über Platons theoretische Philosophie dargestellt (vgl. besonders Seite 178–200). Es wäre aber etwas fragwürdig, sich angesichts der von Böhme dargestellten Widersprüchlichkeit so einfach auf Platon zu berufen.

liegt, eben keine Rolle mehr spielt, weil ihm jede Verwandtschaft mit „dem puren Anschauen genommen“[14] wurde. Mit dem sinnlichen Sehen hat die Wesensschau nichts gemein; und damit ist auch Heidegger wie so viele andere seit Galilei zwischen der Ablehnung des Sehens und seiner Hochschätzung zerrissen. Noch in seinem *Ursprung des Kunstwerks* schreibt der Hobby-Etymologe „Wissen heißt: gesehen haben“ und nimmt damit eine Position ein, die eigentlich der von ihm abgelehnten oder überwundenen Metaphysik zugehört.[15]

Die Ablehnung des Sehens hat der 13. Paragraph von *Sein und Zeit* vorbereitet, in dem der Autor auf das Hauptthema seines Buches zusteuert, das „Schon-sein-bei-der-Welt“. Dort geht es darum, daß der Mensch zunächst und vor allem ein Wesen in seinen alltäglichen Bezügen ist, ein Wesen, dessen erster und ursprünglicher Weltzugang ein praktischer sein muß. Wir sehen Gegenstände deshalb zunächst auf ihre „Zuhandenheit“ an, also daraufhin, wozu sie uns dienen und wofür wir sie gebrauchen können. Und es ist wahr, daß man von dieser Perspektive des besorgenden Umgangs zurückzutreten hat, wenn man einen theoretischen Zugang gewinnen will, daß es also „vorgängig einer Defizienz des besorgenden Zu-tun-habens mit der Welt“ geben, daß man von einem pragmatischen Blick auf die Welt absehen muß, um im Gegenzug einen theoretischen zu gewinnen. Im Grunde also auch eine Epoché. Im Anschluß daran – immer noch im 13. Paragraphen – verbindet Heidegger den theoretischen als unpraktischen Zugang zu den Sachen mit dem Sehen; und „Theoria“ heißt ja ursprünglich auch wirklich Schau, nichts weiter. Es geht um das Seiende „in seinem puren Aussehen (*eidos*)“, um ein „ausdrückliches Hinsehen auf das so Begegnende“: „Dieses *Hinsehen* ist jeweils eine bestimmte Richtungsnahme auf ..., ein Anvisieren des Vorhandenen. Es entnimmt dem begegnenden Seienden im Vorhinein einen ‚Gesichtspunkt‘“. Der neue „Seinsstand“, den das Dasein damit einnimmt, wird zur Perspektive der Wissenschaft.

Noch viel deutlicher als bei Heidegger kann man das bei Scheler finden, der sich zwar immer wieder auf die Anschauung beruft, aber in jedem Fall die Wesensschau meint. Die „Schau“ in „Wesensschau“ ist nur noch ein leeres Wort, und in vielen Fällen wirkt Schelers Anspruch anmaßend, denn er formu-

14. Heidegger: Sein und Zeit. Seite 147. Vgl. noch Husserl: Die Idee der Phänomenologie. Seite 44: „Ich kann aber auch, indem ich wahrnehme, rein schauend auf die Wahrnehmung hinblicken, auf sie selbst, wie sie da ist ... dann ist die schauend so gefaßte und begrenzte Wahrnehmung eine absolute“. Vom organischen Sehen ist da nichts geblieben, und ohnehin habe ich Probleme, mir das Ins-Auge-fassen der Wahrnehmung vorzustellen. Vergleiche Blumenberg: Phänomenologische Schriften. Seite 467: „Husserl, dessen Sache im physiologischen wie metaphorischen Sinne es nicht war zu sehen.“

15. Heidegger: Holzwege. Seite 45.

liert das Vorrecht des genialen Menschen, auf nähere Begründungen verzichten zu dürfen. Schließlich kann man sich in der Wesensschau auf nichts berufen als auf die Evidenz. Was könnte subjektiver und beliebiger sein? Sollte (oder kann überhaupt) ein Evidenzerlebnis wirklich unfehlbar sein?

Bereits Platon (im *Timaios* und ebenso in der *Politeia*) verweist auf das Sehen als unseren wichtigsten Sinn. Aber obwohl er in der *Politeia* (507c) die Qualität unserer Sinne und ihre Einrichtung lobt (worin ihm Aristoteles folgen wird), ist ihm nicht der physische Akt wichtig, sondern seine Schau zielt auf die Transzendenz, und deren Symbol ist das Licht. Dessen Bedeutung ist schon so oft in wichtigen und leicht zugänglichen Schriften herausgearbeitet worden, daß es völlig ausreichend ist, in aller Kürze auf sie hinzuweisen. Hans Blumenberg schrieb über *Licht als Metapher für Wahrheit* (bereits in §6 seiner Dissertation bespricht er diese Zusammenhänge am Beispiel von Plotin), von Werner Beierwaltes gibt es einen zusammenfassenden Artikel im *Historischen Wörterbuch der Philosophie*, und schließlich hat auch Eugen Fink eben dieses Thema in *Metaphysik der Erziehung im Weltverständnis von Plato und Aristoteles* behandelt.

Überhaupt kennen wir alle die Symbolisierung der Transzendenz durch das Licht aus den Werken der bildenden Kunst oder auch durch den Film – oder durch unser eigenes Erleben, wenn wir staunend in das Gewölbe eines gotischen Doms hinaufschauen. Hannah Arendt hat darauf hingewiesen, daß es die wesentliche Funktion der Metapher ist, „den Geist auf die Sinnenwelt“ zurückzulenken, „um die nichtsinnlichen Erfahrungen des Geistes zu erhellen, für die es in keiner Sprache Worte gibt.“[16] Umgekehrt funktioniert es nicht – wenn wir das Erkennen mit einem Lichtstrahl vergleichen (oder es als einen solchen bezeichnen), so erfahren wir nichts über das Wesen des Lichtes. Die ganze Metaphorizität des Lichtes ist deshalb kein Zufall, sondern sie drückt das Wesen des Denkens und Erkennens aus. Es ist buchstäblich so, daß etwas ins Licht gerückt wird, wenn wir es verstehen.

Für das griechische Denken insgesamt hat Paul Yorck von Wartenburg die „Okularität“ behauptet, die „Versichtlichung, die Evidentmachung der Gesamtgegebenheit“,[17] aber als Beispiel dafür kann weniger Platon als vielmehr Aristoteles dienen. Dieser schreibt gleich in den ersten einleitenden Sätzen seiner *Metaphysik*, daß das Auge auch dann unser wichtigstes Sinnesorgan ist, „wenn wir nicht zu handeln beabsichtigen“, und findet den Grund dafür darin, daß das Sehen „uns am meisten Erkenntnis gibt und viele Unterschiede aufdeckt.“[18] Das kommt der Beschreibung Yorck von Wartenburgs viel nä-

16. Arendt: Das Leben des Geistes. Seite 111.

17. Yorck von Wartenburg: Bewußtseinsstellung und Geschichte. Seite 85. Vergleiche den Kommentar von Schulz: Ich und Welt. Seite 206–209.

her als die Rhetorik Platons, zumal das Höhlengleichnis dessen Skepsis gegenüber dem Sehen formuliert. Eben die „Unterschiede" (die Vielzahl der Attribute, auf deren Gesamtschau es Yorck von Wartenburg ankommt) sind ein Wesensmerkmal des Realen, wie man auch dem eben angesprochenen 26. Paragraphen der *Kritik der reinen Vernunft* entnehmen kann, in dem von der „Zusammensetzung des Mannigfaltigen in einer empirischen Anschauung" oder von den „Anschauungen selbst" gesprochen wird, „die ein Mannigfaltiges enthalten" (B 160). In Relation zueinander gesetzt werden diese Mannigfaltigkeiten in der Zeit, weshalb alles Reale notwendig in der Zeit ist.

Die Bedeutung der Vielzahl der Attribute und ihr Verbund wird an späterer Stelle ausführlich behandelt, aber trotzdem sei schon hier ein Hinweis auf Leonardo da Vinci gestattet, der aus eben diesen Gründen sowohl in seinen Notizen als auch in seinem *Traktat über das Malen* das Lob des Sehens singt. Für ihn, der keine humanistische Ausbildung genossen hat, steht nicht der tote Buchstabe, sondern die sinnliche Erfahrung der Welt im Mittelpunkt – und die Literatur des Altertums schon überhaupt nicht. Für Leonardo kann allein das Auge die ungeheuerliche Vielfalt der Natur erfassen, und er nennt es das Organ, durch welches der Verstand die unendlich vielen Werke der Natur in der vielfältigsten und großartigsten Weise betrachten kann.

Der Hinweis auf die Vielfalt der Sinneseindrücke ist hier besonders wichtig, denn es ist zunächst dieser Aspekt, der das Sehen allen anderen Sinnen überlegen macht. Dabei betont Leonardo einerseits die unüberschaubar vielen Objekte, denen wir begegnen, andererseits die ebenso unüberschaubar vielen Perspektiven, die ein Mensch einnehmen kann; und es sind diese beiden Momente, die später von Leibniz in den Mittelpunkt seiner die Individualität feiernden Philosophie gestellt werden.

Ungefähr gleichzeitig mit Leonardo erkennt auch Nikolaus von Kues die Bedeutung der Individualität und der Perspektive – von ihm wird Leibniz seine wohl entscheidende Anregung erhalten. Der Kusaner formuliert eine frühe Fassung des Indiscernibliensatzes in seinem *Gespräch über das Globusspiel* (*Dialogus de ludo globi*), in dem er eingangs seinem Schüler Johannes erklärt, warum jeder geworfene Globus bei jedem Wurf ein ganz klein wenig anders fliegt: „Denn es ist nicht möglich, daß etwas zweimal in der gleichen Weise geschieht. Es schließt nämlich einen Widerspruch ein, daß zweie seien und in allen Stücken gleich ohne jeden Unterschied."[19] – Auf die Individualität alles Realen kommen wir noch ausführlich zu sprechen.

18. Aristoteles: Metaphysik. 980 a 21.

19. Nicolai de Cusa: Gespräch über das Globusspiel. Seite 7. „Nihil enim bis aequalitet fieri possibile est. Implicat enim contradictionem esse duo et per omnia aequalia sine omni diferentia. Quomodo enim plura possent esse plura sine differentia."

Hier kommt es vor allem darauf an, daß es einzig und allein die heute von Schnädelbach und vielen, vielen anderen abgelehnte Metaphorik des Sehens ist, die dem faktischen Gegenüber von Subjekt und Objekt gerecht wird. Der Gesichtssinn nämlich ist ein gerichteter Distanzsinn, der den Erkennenden der Welt insgesamt gegenüberstellt. Erst durch das Sehen wird das Wahrgenommene zum Vorgestellten. Schon das Hören, obwohl auch dieser Sinn die Distanz kennt, leistet weniger, denn Ferne und Nähe sind vom Gehör nicht immer festzustellen, weil das Leise oft fern klingt, selbst wenn es nah ist. Auch ist das Hören zwar nicht gänzlich passiv, aber doch weniger aktiv – wir können den Kopf bewegen, aber mehr eigentlich nicht tun. Der Geruchssinn endlich stellt uns in die Mitte des Geschehens und verurteilt uns zur Passivität – Gerüchen sind wir buchstäblich ausgeliefert –, während das Getast die Distanz sogar ganz aufhebt.

Wahrscheinlich sind Geruchs- und Tastsinn unsere ältesten Sinne, schon den primitivsten Lebewesen bekannt. Aber auch uns selbst dominieren sie, auch für uns sind die basalen Sinne die stärkeren, weil bedeutender für unsere Vitalität. Und auch bei uns ist der Geruchssinn noch zu einem guten und vielleicht sogar überwiegenden Teil unbewußt, und er lenkt uns, ohne daß wir um ihn und seine Macht wissen. Besonders für das Gedächtnis ist er von überragender Wichtigkeit, und die Bedeutung des Gedächtnisses hat mit Ortsveränderung aller Art zu tun – das ist dem Geruchssinn immer noch anzumerken.

Denn anders als der Gesichtssinn fordert uns der Geruchssinn unmittelbar zu Bewegungen auf, indem er uns zur Flucht motiviert oder, vielleicht häufiger, ein Ziel vorgibt. Viele Tiere – und besonders die niederen – lassen sich von Pheromonen wie an der Leine führen. Und auch der Tastsinn ist ein Sinn, der ohne Eigenbewegung und damit ohne Beteiligung unseres Verstandes überhaupt nicht denkbar ist. Auf den ersten Blick scheinen Pflanzen wohl etwas Ähnliches zu kennen, aber tatsächlich sind es bloße Mechanismen, die zum Beispiel bei fleischfressenden Pflanzen das Schließen eines Blütenkelches auslösen, wenn ein Insekt, vom Geruch des Nektars angezogen, in einer bestimmten Zeit so und so oft die Wand der Blüte oder den Stempel berührt. Es gibt hier keine Sinnesreize, die wie bei der (den Tieren vorbehaltenen) Wahrnehmung an ein Zentrum geleitet werden, sondern es handelt sich um einen lokalen und also punktuellen Vorgang, der die Pflanze insgesamt unberührt läßt. Deshalb kann man nicht sagen, daß die Pflanze das Insekt, das sie fängt und verdaut, tatsächlich wahrnimmt. Auch verhält sie sich nicht.

Also allein das Sehen stellt animalische Subjekte dem Wahrgenommenen gegenüber – Helmuth Plessner sprach in diesem Zusammenhang von „Frontalität“. Man kann in Tönen schwimmen, aber nicht in Bildern, denn die Frontstellung ist für das Sehen konstitutiv. Das galt in den ältesten Zeiten (oder es wurde bereits damals klar erkannt), und das gilt ebenso für uns. Für Homer sind die „Vorstellungen durch den *nous* gegeben, und dieses geistige Organ wird nach der Analogie des Auges begriffen".[20]

Der Mensch ist das einzige Wesen, das zeigen kann – es hält damit Abstand zu dem, was es sieht, und beobachtet, ja sogar zu dem, was es begehrt. Diese Distanz gründet in seiner Selbstdistanz – es ist sich selbst fremd oder kann es doch jederzeit werden. Diese Selbstfremdheit ist die Voraussetzung für jede Form der Bildung, denn Bildung ist Selbsterziehung, ein reflexiver Vorgang, zu dem der Mensch erst von einem gewissen Alter an fähig ist.

Dagegen sind Tiere, mit dem Ausdruck von Scheler, ekstatisch, und zerren an der Leine und können sich nicht halten, wenn sie etwas begehren. Sie werden nicht von einem Willen beherrscht, sondern sind die Sklaven ihres Triebes. Gebändigt von seiner Willenskraft ist allein der Mensch. Denn der Wille ist ein negatives Vermögen, eine Kraft, die sich auf unser Selbst richtet, und dank seiner Selbstdistanz vergißt sich der Willensstarke niemals in der Weise, in der das Tiere tun. Diese Distanz zu dem Begehrten wie zu sich selbst ist immer mit dem Sehen oder mit seiner Bedeutung in unserem Leben korreliert. Denn anders als zu anderen Sinnen gehört zum Sehen wesensmäßig die Distanz – man kann zu dicht an etwas sein, um es zu erkennen, wogegen sich ein schnüffelndes oder grabschendes Wesen Dingen gegenüber von unangenehmer Aufdringlichkeit zeigt. So ist die Negativität des Willens verschwistert mit der Dominanz des Auges; von unserem Willen beherrscht sind wir als Augenwesen. Entsprechend findet sich der willensstarke Mensch immer als ein Mensch mit festem Blick dargestellt: man denke nur einmal an das riesige Auge Alexanders des Großen auf dem berühmten Mosaik von Pompeji.

Meist wird aber das Sehen allein mit Blick auf das Erkennen thematisiert. Einer derjenigen, auf die man sich berufen darf, wenn man die Bedeutung des Lichtes, des Bildes und des Sehens beschworen finden will, war Johann Gottlieb Fichte in *Die Bestimmung des Menschen*, denn er stellt apodiktisch (und ein klein wenig rätselhaft...) fest: „Ich selbst weiß überhaupt nicht, und bin nicht. Bilder sind: sie sind das Einzige, was da ist, und sie wissen von sich nach Art der Bilder."[21] Ausgerechnet Arthur Schopenhauer, der bei jeder sich bietenden Gelegenheit gegen Fichte polemisiert, stößt ins selbe Horn: Für ihn ist einerseits „der Intellekt das Licht" und eben deshalb das Licht „das Erfreulichste der Dinge" und „das Symbol alles Guten und Heilbringenden geworden. In allen Religionen bezeichnet es das ewige Heil und die Finsternis der Verdamnis." In seiner Begründung hebt Schopenhauer auf das Sehen als

20. Snell: Die Entdeckung des Geistes. Seite 38.
21. Fichte: Die Bestimmung des Menschen. Seite 81.

einen Distanzsinn ab. Im Sehen werden wir nicht unmittelbar von den Dingen berührt, und wir bewerten unsere Sinneseindrücke auch nicht so, wie wir es beim Geruch tun; die „Freude über das Licht" ist deshalb „nur die Freude über die objektive Möglichkeit der reinsten und vollkommensten anschaulichen Erkenntnisweise".[22] Er ist also derjenige, der das Sehen in Zusammenhang mit dem Willen stellt, wenngleich seine Terminologie der hier gebrauchten entgegensteht, denn was er Wille heißt, das nennen wir Trieb.

Es macht tief nachdenklich, daß weite Teile der Philosophie unserer Zeit das Sehen geringschätzen. Diese Abwertung hat irgendwann zwischen 1920 und dem 2. Weltkrieg eingesetzt – der Lebensphilosophie ist sie ebenso unbekannt wie der Ontologie eines Nicolai Hartmann.

Noch Ludwig Klages empfindet das Sehen als so dominant, daß er in *Der Geist als Widersacher der Seele* vom „Schauvermögen der Sinne" spricht, also auch die anderen Sinne anspricht, als seien sie ein Sehen der Welt. Ähnlich ist der Wortgebrauch von Wittgenstein in seinem *Tractatus* (2.12 ff.). Für Hans Driesch ist „die ‚Ur-methode' aller Philosophie Schauen". Henri Bergson zeigt in seinem Aufsatz *Die Wahrnehmung der Veränderung,* wie bedeutend für seine Philosophie das Sehen ist. Der „hervorragendste Sinn" ist „der des Gesichtes". Ganz ähnliche Formulierungen wie Klages oder Scheler in *Erkenntnis und Arbeit* wählt Bergson in seinem frühen Hauptwerk *Materie und Gedächtnis,* in welchem er eingangs erklärt, daß er unter „Materie eine Gesamtheit von ‚Bildern'" versteht. „Ich sehe mich umgeben von Bildern – das Wort im unbestimmtesten Sinne verstanden." Er gebraucht Bild also wie später sein Bewunderer Georg Simmel, der von ihm beeinflußte Pierre Teilhard de Chardin in *Der Mensch im Kosmos* oder Melchior Palágyi in seiner Theorie der Wahrnehmung als Oberbegriff für jedes Erkennen, so wie auch für Driesch und viele andere das Schauen ein Synonym für Erkennen ist. Im selben Sinne stellt Hartmann fest, daß „überall, wo Erkenntnis fortschreitet, insonderheit wo sie Irrtümer aufdeckt und berichtigt, ein Bildbewußtsein auftritt."[23]

22. Schopenhauer: Die Welt als Wille und Vorstellung II. Band 2. Seite 259.; Die Welt als Wille und Vorstellung I, Band 1. Seite 284f. Daß Licht im Übermaß auch schmerzen kann, scheint Schopenhauer nicht bewußt gewesen zu sein.

23. Klages: Der Geist als Widersacher der Seele. Seite 200ff. (23. Kapitel); Driesch: Wirklichkeitslehre. Seite 26 (vergleiche noch Driesch: Selbstdarstellung. Seite.156 und öfter); Bergson: Die Wahrnehmung der Veränderung. In: H.B.: Denken und schöpferisches Werden. Seiten 149–179. Seite 167; Bergson: Materie und Gedächtnis. Seite I und Seite 1; Simmel: Lebensanschauung, Seite 264. Palágyi will den Begriff „Bewußtseinsakt" durch „Bild" ersetzen. Palágyi: Der Gegensatz von Geist und Leben. Seite 131. Rombach formuliert: „Sehen ist die Fähigkeit zur originären Erfahrung in einer Region." Die Welt als lebendige Struktur. Seite 103. Vergleiche noch Lembeck: Einführung in die Phänomenologie. Seite 18 und öfter; Hartmann: Zur Grundlegung der Ontologie. Seite 155.

Diesen Philosophen kann man unseren Zeitgenossen Gerold Prauss an die Seite stellen, der mit einem wohl etwas starken Ausdruck sagt, daß „das ‚Sehen' von etwas die Grundlage für jede andere Art von Wahrnehmungsbewußtsein ist, weil der ‚Gesichtsraum' als der grundlegende Raum unmittelbar mit ihm einhergeht." Zu stark scheint mir dieser Ausdruck deshalb, weil ja Blinde kein Gegenstandsbewußtsein besäßen, hätte Prauss recht. Anders als Schnädelbach und die meisten anderen Erkenntnistheoretiker unserer Zeit – und auch deshalb wird er hier zitiert – kennt Prauss eine „Welt des Gegenübers von Objekten für Subjekte".[24]

Ein Argument für die Priorität des Sehens vor allen anderen Sinnen bringt Scheler, der auf die Resultate der Gestaltpsychologie verweisen kann und sagt, daß die „Farbigkeiten ... für den Körper ‚wesentlicher' – zum wenigsten ‚fundamentaler' – als Töne, Tastqualitäten, Gerüche, Geschmäcke" sind. „Es läßt sich sehr viel leichter eine nicht tastbare, nicht tönende und nicht riechbare und schmeckbare Körperwelt denken als eine nicht farbige."[25]

Hartmann kann (und will es offensichtlich auch nicht) ebensowenig die Metaphorik des Sehens vermeiden. In seiner *Grundlegung der Ontologie* erinnert eine Fußnote daran, „daß der ursprüngliche Sinn des Wortes theoria in der Tat ‚Schau' ist." Deshalb spricht Hartmann auch vom „Bild des Gegenstandes". In seiner Spätschrift *Die Erkenntnis im Lichte der Ontologie* schreibt er ganz im Sinne Hegels, daß der Begriff „im Grunde eine Form der Schau" ist, und in seiner Hegel-Monographie stellt er ausführlich die Bedeutung des Sehens für die dialektische Methode heraus und faßt zusammen: „Der Begriff selbst ist schauend, er begreift im Schauen."[26]

Schnädelbach scheint von der Voraussetzung auszugehen, daß jede Metaphorik die nachträgliche Illustration eines abstrakten Zusammenhanges darstellt, auf die man sich irgendwann zufällig geeinigt hat, woraufhin sie sich weitervererbte, also eine bloße Konvention, prinzipiell jederzeit ersetz- oder veränderbar. Aber wir gebrauchen deshalb für das Erkennen Metaphern des Sehens und für die Wahrheit Metaphern des Lichts, weil das Erkennen die Seinsweise des Sehens besitzt, die Wahrheit die Seinsweise des Lichts. Deshalb könnten wir eigentlich ganz und gar von der Philosophie- und Geistesgeschichte absehen und einfach festhalten, daß das Sehen einen wesenhaften Bezug zwischen einem Subjekt und einem Objekt her- oder darstellt, so daß es das Sehen ist, das die Hinwendung des Geistes auf die Welt symbolisiert.

24. Prauss: Die Einheit von Subjekt und Objekt. Seite 374 und Seite 516.

25. Scheler: Erkenntnis und Arbeit. Seite 297.

26. Hartmann: Zur Grundlegung der Ontologie. Seite 54 (Fußnote), Seite 155 und Seite 169; Grundzüge einer Metaphysik der Erkenntnis. Seite 80; Die Erkenntnis im Lichte der Ontologie. In: Kleinere Schriften I. Seiten 122–180. Seite 163; Die Philosophie des deutschen Idealismus. II. Teil: Hegel. Seite 173.

Das Licht veranschaulicht die Hingebung der Welt: sie bietet sich uns dar, sie will angesehen werden.

Daß das Sehen tatsächlich mehr als jeder andere Sinn unser Erleben insgesamt bestimmt, wird von Vertretern einer biologischen Anthropologie damit begründet, daß die Primaten der Alten Welt trichromatisch sehen können, also drei Arten von Farbrezeptoren besitzen, anders als viele Säugetiere und noch die Verwandten der afrikanischen und asiatischen Affen in Südamerika, die bloß über zwei verschiedene Farbrezeptoren verfügen und damit nur dichromatisch schauen. Primaten der Alten Welt verfügen also über ein extrem hochentwickeltes Farbensehen – vielleicht war das der Grund dafür, daß wir uns vom Geruchssinn halbwegs emanzipieren konnten. Die Rückentwicklung unseres Geruchssinnes ist dieser Theorie zufolge ein Vorteil gewesen, zumal der Schädel umgebaut werden mußte, damit den Augen und den entsprechenden Partien des Gehirns mehr Raum gegeben werden konnte. – Ist es vielleicht so, daß Tiere sich entweder dem Geruchssinn unterwerfen oder aber Augentiere sind?

Pheromone, die auf viele Tiere – auf Insekten und andere niedere Tiere ohnehin, aber auch auf höhere Säugetiere wie Hunde oder Bären – eine geradezu hypnotisch-überwältigende Wirkung ausüben, nehmen wir selbst nur unbewußt wahr. So kann die Schwächung eines Sinnes unserer zumindest partiellen Befreiung dienen und zu einem sachlicheren Verhältnis zu unserer Umgebung verhelfen. Aber vielleicht ist es noch wichtiger, daß sich dank unseres hoch entwickelten Farbensehens die Vielfalt der Sinneseindrücke (die „Unterschiede“ des Aristoteles) dramatisch erhöht hat. Wir können ein riesiges Farbenspektrum überblicken. Manche Tiere wie Raubvögel mögen unendlich viel schärfer sehen, und dank ihrer riesigen Pupillen können sich Katzen viel besser im Dunkeln orientieren, aber kein Tier nimmt so viele Farben wahr wie der Mensch, und keines ist sowohl auf die Nähe als auch auf den Horizont ausgerichtet, ja, Tiere kennen nicht einmal einen Horizont, und das Gefunkel des Nachthimmels oder die Flucht der ziehenden Wolken nehmen sie ebensowenig wahr.

Die Philosophie nähert sich dieser Problematik anders als die Evolutionsbiologie, nämlich keinesfalls mit Blick auf die hypothetische Genese der Sinne, sondern indem sie diese selbst in ihrer Bedeutung für ein Lebewesen analysiert. Ein Augenwesen muß notwendig ein anderes Verhältnis zur Welt entwickeln als ein Lebewesen, dem das Riechen der wichtigste Sinn ist. Für das Sehen ist die Distanz konstitutiv, und schon deshalb ist es weniger körperlich als jeder andere Sinn. Es ist fast schon vergeistigt; oder es kann sehr leicht vergeistigt werden. Und so ist das Licht das Symbol des Geistes, der Vernunft oder des Intellekts. Dazu ist das Sehen ein Sinn, der die Dinge an ihrem Ort aufsucht, ohne daß wir uns ihnen nähern müßten. Wir werden von den Gegenständen, die wir betrachten, nicht mehr unmittelbar affiziert, so wie wir von ihnen bedrängt werden, wenn wir sie betasten oder an ihnen riechen – das Schnüffeln drückt diese Distanzlosigkeit ebenso schön aus, wie das Greifen und Tasten die Gier anzeigt. Beides veranschaulicht die animalische Seite des Menschen.

Allein das Sehen versetzt uns in die Lage, einen Gegenstand in seiner Sachlichkeit zu erfassen, losgelöst von den Sensationen des Augenblicks. Man stelle sich einen Menschen vor, wie er, die Arme über der Brust gekreuzt, einen Vorgang oder Gegenstand ruhig anschaut; oder wie er unberührt auf einer Klippe steht und auf den Untergang eines Schiffes blickt.

Auch kann unser Sehen immer perspektivisch sein – das bedeutet, daß das Sehen das Wahrgenommene zumeist in einen Zusammenhang stellt, daß es also die einzelnen Elemente organisiert, nicht allein mit Blick auf den umgebenden Raum und das, was sich in ihm befindet, sondern besonders auch im Hinblick (im Rückblick...) auf den Betrachter selbst. Schon insofern funktioniert das Sehen anders als das Hören, Riechen oder Tasten. Es stellt den Sehenden in eine Distanz, und gleichzeitig schließt es den Sehenden mit ein und versetzt ihn in die Lage, seine Position zu erfassen.

Wenn wir Einzelheiten focussieren, dann tun wir das in aller Regel in dem Bewußtsein, daß sie in einen größeren Zusammenhang gehören. Ein zusätzlicher Grund für die Bedeutung des Sehens ist deshalb seine Simultaneität, die uns vieles Verschiedene in *einem* Bild zeigt, den Vorder- wie den Hintergrund, die Umrißlinien einer Gestalt wie auch ihre Details.

Wegen alldem besitzt die Erkenntnis die Seinsweise des Sehens, und Lichtmetaphorik begleitet philosophische, religiöse und poetische Literatur seit ihren Anfängen. Sie ist nicht etwa eine bloße Illustration, sondern vielmehr der gültige und einzige wirklich entsprechende Ausdruck eines Seinsverhältnisses, und so ist sie nicht eine regionale Erscheinung des indoeuropäischen Denkens, sondern weltweit bei allen Menschen verbreitet. Niemand bringt Wahrheit mit Dunkelheit, Erkennen mit Blindheit in Verbindung, weder in philosophischen noch in religiösen, literarischen oder alltäglichen Äußerungen. „Die Metaphern aller Völker", schreibt Jean Paul seiner Sache gewiß im 49. Paragraphen der *Vorschule der Ästhetik*, „gleichen sich, und keines nennt den Irrtum Licht und die Wahrheit Finsternis."[27]

Oder doch? Immerhin wird Heraklit in seiner Zeit als „der Dunkle" bezeichnet (*ho skoteinos*), und es ist nicht ganz sicher, daß damit wirklich nur die Schwierigkeiten bei der Ausdeutung seiner überlieferten Aphorismen angesprochen werden. In seiner *Geschichte der Metaphysik* erläutert Norbert Schneider, daß obscuritas nicht geächtet war, sondern als „Ausweis eines

27. Jean Paul: Vorschule der Ästhetik. in: J.P.: Werke. Fünfter Band. Seite 182.

besonderen, von den Göttern verliehenen Wissens" galt.[28] Auch die Mystiker des Mittelalters und der frühen Neuzeit schätzen zumindest gelegentlich die Dunkelheit. Ihre Sprache ist von Paradoxa aller Art geprägt, und eines dieser Paradoxa ist das „dunkle Licht". So kann es nicht überraschen, daß sie sich immer wieder vom Sehen abwenden. Ein Beispiel ist die Rede, daß man Gott berührt (gemeint ist wirklich eine körperliche Berührung):

> *„Ein Herz, das zu Grund Gott still ist, wie er will,*
> *Wird gern von ihm berührt: es ist sein Lautenspiel."* (Angelus Silesius)

Ein anderes Beispiel gibt der evangelische Kirchenlieddichter Gerhard Tersteegen, der in der sechsten Strophe seines bekanntesten Liedes *Gott ist gegenwärtig* sagt:

> *„Du durchdringest alles;*
> *laß dein schönstes Lichte,*
> *Herr, berühren mein Gesichte."*

Auch fühlt oder hört der Mystiker sich angesprochen. Er erfährt sich als Gottes Musik, und es ist der Zusammenklang verschiedener Töne zu *einem* Akkord, der das Zusammenfließen aller Sinneseindrücke und Erfahrungen symbolisiert. So beschwört die Mystik das Zusammen und Ineinander beider Seiten, in der Liebe zwischen Mann und Frau wie in der Erfahrung der Welt und endlich in der Gottesliebe. Denn in der Mystik wird Distanz überwunden; oder man strebt an, die Distanz zu überbrücken und Mensch, Natur und Gottheit ineinanderströmen zu lassen. Eben deshalb muß einem Distanzsinn wie dem Sehen eine ganz andere Rolle zugesprochen werden. Diese Tradition spielt in Zeugnissen der (keineswegs allein christlichen) Mystik wie in jener der analytischen Philosophie – ausgerechnet in der analytischen Philosophie, dem Preisgesang auf Naturwissenschaft und Mathematik! – eine entscheidende Rolle, und vielleicht sind auch die Überlegungen Schnädelbachs davon geprägt.

Hochschätzung der Mystik und Ablehnung der Lichtmetaphorik gehen oft Hand in Hand, und wir können ex negativo aus Hegels *Vorlesungen über die Ästhetik* lernen, warum das so ist. Dort findet sich eine Darstellung der mystischen Grundüberzeugungen, in und aus der deutlich wird, worin analytische Philosophie und der moderne Panpsychismus einander begegnen: es ist unter anderem die Ablehnung einer Gegenüberstellung von Subjekt und Objekt. Hegel kommt es insbesondere auf die „pantheistische Einheit ... in

28. Schneider: Grundriß. Geschichte der Metaphysik. Seite 13.

bezug auf das *Subjekt*“ an, das sich in seiner Darstellung „in dieser Einheit mit Gott und Gott als diese Gegenwart im subjektiven Bewußtsein empfindet“. Auch sein Beispiel ist der große Barockdichter Angelus Silesius, „der mit der größten Kühnheit und Tiefe der Anschauung und Empfindung das substantielle Dasein Gottes in den Dingen und die Vereinigung des Selbsts mit Gott und Gottes mit der menschlichen Subjektivität in wunderbar mystischer Kraft der Darstellung ausgesprochen hat.“[29]

Die Wahrheit liegt offen zu Tage, und so ist es der Augenschein, welcher die Realität offenbart. Deshalb ist es tatsächlich unmöglich, über die Realität zu sprechen, ohne die Metaphorik des Sehens und des Lichtes zu gebrauchen. Denn: „Alles liegt am Weg ...: Alles, was es zu erblicken gilt, zeigt sich je nur unterwegs am Weg. Das zu Erblickende liegt am Weg. Innerhalb des Gesichtsfeldes, das der Weg öffnet, durch das er führt, sammelt sich das vom Weg aus jeweils Erblickbare.“[30] Diese Formulierung Martin Heideggers ist auch deshalb so schön, weil sie zeigt, daß zu jeder Form der Wahrnehmung – und zum Schauen zumal – die Eigenbewegung gehört; wer absolut unbeweglich ist, nimmt selbst dann nicht wahr, wenn seine Sinne affiziert sein sollten. Diese Zusammenhänge hatte wohl auch Bergson im Blick, als er in *Materie und Gedächtnis* zeigte, daß „die Weite der Wahrnehmung in genauem Verhältnis zur Indeterminiertheit der nachfolgenden Tat“[31] steht, wenngleich diese Formulierung vielleicht zu sehr die Bedeutung des Pragmatischen betont. Denn schließlich gibt es für uns Menschen auch Wahrnehmung jenseits einer Handlung (wenngleich niemals ohne Bewegung); und umgekehrt kann eine Handlung darin bestehen, einmal nichts zu tun. Aber davon abgesehen, ist es wirklich schon die – keinesfalls chaotische! – Vielfalt der sinnlichen Eindrücke, die den Menschen aus seiner animalischen Umwelt befreien, die ihn lösen kann von seiner Natur und damit von allen (oder doch fast allen) seinen Instinkten und Festgelegtheiten. Der Mensch kann umherblicken und mal auf dieses, mal auf jenes aufmerksam werden, und so kann er sich innerhalb einer Situation selbst zu seiner Umgebung stellen und während seiner Existenz sein Leben führen, sich also selbst für diesen oder jenen Weg entscheiden.

Johann Gottfried Herder hat die pflanzlichen Aspekte des menschlichen wie zusätzlich des animalischen Lebens in seinen *Ideen zur Philosophie der Geschichte der Menschheit* hervorgehoben: „Es fällt in die Augen, daß das menschliche Leben, sofern es Vegetation ist, auch das Schicksal der Pflanzen

29. Hegel: Vorlesungen über die Ästhetik I. Seite 478.

30. Heidegger: Der Satz vom Grund. Seite 106. In demselben Werk kommt Heidegger noch häufiger auf „den Weg des Denkens“ (Seite 111) zu sprechen.

31. Bergson: Materie und Gedächtnis. Seite 17.

habe.“ Und er begnügt sich nicht damit, diese Aspekte irgendwie anzusprechen, sondern er schildert das Leben eines Menschen geradezu wie das Leben eines Baumes: „Solange der Mensch wächst und der Saft in ihm grünet, wie weit und fröhlich dünkt ihm die Welt! Er streckt seine Äste umher und glaubt zum Himmel zu wachsen.“ Die vegetativen Aspekte unseres Lebens sind absolut grundlegend für unsere Existenz – ohne unser (eventuell noch einmal in sich selbst gegliedertes) vegetatives Nervensystem könnten wir keinen Augenblick überleben.

Der wesentliche Unterschied zwischen Tier und Pflanze besteht banalerweise darin, daß die Pflanze sich nicht selbst bewegen kann: „niemals aber kommt er [der Baum] von der Stelle, auf die ihn die Natur gestellt hat“.[32] Mit der Bewegung verknüpft ist vor allem die Wahrnehmung.

Zusätzlich kommt es in einer Argumentation gegen den Monismus noch auf etwas anderes an. Wesentlich ist keinesfalls die Schärfe der verschiedenen Sinne oder gar nur eines einzelnen Sinnes, sondern es kommt auf ihr Zusammenspiel, ihre Beweglichkeit und endlich und vor allem ihre Offenheit an.

Wir kennen niemanden außer uns selbst, der sich von augenblicklichen Sinneswahrnehmungen lösen und seinen Blick auf das Ganze richten könnte, auf die Sache selbst, um sowohl die Organismen als auch die Dinge, welche seine Welt besiedeln oder einfach nur in ihr auftauchen, in ihrem Wesen zu erfassen, also gewissermaßen von ihnen selbst her. Alle Tiere – auch die begabtesten – kennen die Gegenstände wie die Organismen dieser Welt einzig und allein in Bezug auf sich selbst und nehmen sie deshalb nur dann wahr, wenn sie für sie selbst von Bedeutung sind oder doch wenigstens von Bedeutung sein können. Tiere begegnen keinen Rätseln, die sie noch lange beschäftigen, und was sie sehen und bemerken, das verstehen sie auch. Denn Tiere leben in einer Umwelt, Menschen dagegen haben darüberhinaus Welt. Anders als eine Umwelt birgt eine Welt Bereiche des Irrationalen und prinzipiell Unerkennbaren: die Welt kennt einen Horizont, die Umwelt ist ein Gehäuse. Für die Tiere besitzen die Sinneswahrnehmungen Bedeutung allein für Aktivität und Handeln, wogegen unser Erkennen sich davon gelöst hat oder wenigstens immer wieder lösen kann. Nur: unsere animalische Seite bleibt immer das Fundament auch unserer Humanität, all unser Erkennen ruht auf ihm, und deshalb bleibt die Bedeutung der animalischen Bewegung immer in Kraft. Ohne Bewegung keine Wahrnehmung.

Und eben dieser Aspekt ist ein wichtiges Element, wenn es um die Beschreibung des Wirklichen geht. Denn das Reale setzt sich nicht etwa aus einzelnen, voneinander isolierten Momenten zusammen, ist also kein ato-

32. Herder: Ideen zur Philosophie der Geschichte der Menschheit. Seite 59 und Seite 61.

mistisches Mosaik, sondern es bildet einen unendlich dicht gewobenen, mehrdimensionalen Zusammenhang. Es ist Eines. Die Realität ist das Zusammenstimmende, das Zusammenklingende, das vielfach ineinander Verwobene und Geflochtene. Manche sprechen von einem Text, Whitehead nennt es einen Nexus – das eine wie das andere ist ein Geflecht. Diesem Geflecht des Seins kann allein eine syntaktisch und grammatisch anspruchsvolle Sprache genügen, ein Text, der sich nicht auf die Aneinanderreihung von Protokollsätzen (einfachen Hauptsätzen) reduzieren läßt. Auch eine anspruchsvolle Sprache wird das reale Sein niemals einholen können, sich ihm aber wohl durch Vielstimmigkeit wie durch das Regelhafte und nach verschiedenen Kriterien Geordnete nähern.

Immer und überall ist jeder Versuch, die Wahrheit durch einzelne, miteinander unverbundene Aussagesätze einzuholen, von vornherein zum Scheitern verurteilt.

Es ist wegen alledem beileibe kein Zufall, sondern nur folgerichtig, daß seit dem Beginn der Philosophiegeschichte von Verknüpfungen, Geflecht oder Gewebe gesprochen wird, wenn man das Wesen der Realität erfassen möchte. Es scheint, daß man es gar nicht vermeiden kann, eben diese Metaphorik zu gebrauchen, weil die Realität tatsächlich die Seinsweise eines Teppichs hat. Findet sich deshalb bereits auf ältester (steinzeitlicher) Keramik immer wieder die Imitation von Flechtmustern? Für unseren Zusammenhang wesentlich ist jedenfalls, daß die einzelnen Fäden der Erfahrung für sich genommen noch keinesfalls Realität ergeben. Vielmehr tun sie es erst in ihrer Verbundenheit. Die Verknüpfung in unserem Bewußtsein bedeutet kein ungeordnetes Knäuel, sondern ein strukturiertes, organisiertes Bild der Welt. In genau diesem Sinne gebraucht Cassirer die Webmetapher: „Der Inhalt der Erfahrung ist uns ‚objektiv‘ geworden, sobald wir begriffen haben, wie jegliches Element sich in ihm zum Ganzen webt.“[33]

In den ersten drei Jahrzehnten des 20. Jahrhunderts griffen Philosophen wie Husserl (in den *Logischen Untersuchungen*), Natorp (in *Platos Ideenlehre* und in seiner nachgelassenen *Philosophischen Systematik*), Hans Driesch (in der *Wirklichkeitslehre* von 1916) und mindere Geister immer wieder auf die Teppich- und Flechtmetapher zurück, um das Wesen der Realität zu beschreiben. Interessant ist besonders, daß und wie Natorp auf die einschlägigen Texte Platons zurückgreift und mit dem Vokabular des Flechtens und Geflochtenen zeigt, wie sich in der Argumentation des *Sophistes* die Begriffe in einer Gemeinschaft (und erst in einer solchen!) zu einer wirklichen Aussage verbinden. Auch Hartmann, als er über dieselbe Thematik und denselben Dialog schreibt, kann gar nicht anders, als eine Teppichmetapher zu

33. Cassirer: Substanzbegriff und Funktionsbegriff. Seite 377.

gebrauchen und von der „Verknüpfungstheorie“[34] Platons zu sprechen. In seiner *Philosophie der Natur* zeigt Hartmann, daß es entgegen unserem Sprachgebrauch gar keine isolierten Ursachen oder Wirkungen gibt, sondern daß wir immer nur einzelne Teilursachen verantwortlich machen, also eigentlich den Tropfen, der das Faß zum Überlaufen brachte. Tatsächlich haben sich, wie er zeigen kann, bei ausnahmslos jeder Wirkung unzählige Teilursachen zu einem Gesamtzusammenhang zusammengeschlossen, zu einer „Verflechtung der Kausalreihen“.[35] Das klingt vielleicht radikal, ist tatsächlich aber nur konsequent und entspricht seinen Überlegungen in *Möglichkeit und Wirklichkeit.*

Das sind bildhafte Überlegungen einiger der größten Denker des 20. Jahrhunderts auf dem Boden strenger Philosophie, aber man kann in diesem Zusammenhang auch geistesgeschichtlich argumentieren. In dem titelgebenden Kapitel seiner Darstellung manieristischer Kunst spricht Gustav René Hocke eine ganze Fülle von Metaphern und Symbolen an, welche die Wirklichkeitserfahrung verbildlichen und alle dem Bereich des Labyrinths und zusätzlich des Ge- und Verwobenen entnommen sind. Auch Franz Vonessen zählt in seiner Abhandlung über den *Mythos vom Weltschleier* eine Unzahl von Web- und Textmetaphern auf. Ihre Symbolik bedeutet unter anderem, daß es „zwar eine Einheit der Wirkung, des Werkes, aber keine Einheit von Ursachen gibt. Jede ‚Kausalreihe‘ ist ein aus dem Gewebe der Ursachen willkürlich ausgezogener Faden.“ Wir haben es nämlich „mit verschiedenen ‚Werk-Etagen‘ zu tun, die zwar mehrfach und eng miteinander verbunden erscheinen, in denen aber jeweils eigene Gesetze in Kraft sind und ein eigenes Feld von Wirkung und Ursache(n) vorliegt.“[36] Das ist, in einer ganz anderen Sphäre erkannt und in eine ganz andere Sprache übersetzt, eine der wesentlichen Einsichten der Schichtenlehre Nicolai Hartmanns.

Allein das Sehen kann dem teppichartigen Charakter der Realität gerecht werden. Unsere Sprache weiß das, sie wußte es schon immer, und so beschreibt eine riesige Fülle von Metaphern aus dem Bereich des Lichts das Erkennen. Zum Beispiel das Wort „Intuition“, das aus dem lateinischen Verb „intueri“ für „ansehen, betrachten“ gebildet wurde. Wer eine Intuition hat, dem geht ein Licht auf. Husserl, wiewohl er sich ja sonst gegen die Bedeutung

34. Hartmann: Platos Logik des Seins. Seite 140. Der Phänomenologe Rombach spricht ebenfalls von „Verknüpfungen“ und „Verknotungen“ und einem „Verwebungszusammenhang“. Phänomenologie des gegenwärtigen Bewußtseins. Seite 209. Ernst Cassirer knüpft (!) an Jacob von Uexküll an, wenn er „dem Merknetz und dem Wirknetz“ das „Symbolnetz“ hinzufügt. Versuch über den Menschen. Seite 49.

35. Hartmann: Philosophie der Natur. Seite 343.

36. Hocke: Die Welt als Labyrinth, besonders Seiten 98–104; Vonessen: Der Mythos vom Weltschleier. In: F.V., Signaturen des Kosmos. Seiten 31–85, Seite 54.

des Sehens ausgesprochen hat, findet hier die richtige Reihenfolge: „schauen, sehen, einsehen“.[37] Und Natorp brennt ein ganzes Feuerwerk von Verben und Substantiven aus dem Umkreis des Sehens ab, wenn er über Intuition schreibt: „Das ist Intuition nicht mehr bloß im Sinne der vollen Ein-sicht und Hinein-sicht, oder auch des In-eins-sehens, sondern der Innensicht, der Ein- und Innenschau“. Ähnlich verhält er sich, wenn er die Apperzeption behandelt und dieses blasse Schulwort für die Wahrnehmung zunächst wie folgt übersetzt: „Das Erfassen des sogenannt Gegebenen, Sich-Gebenden, das Begreifen, oder in anderer Vergleichung Einsehen, Ins-Auge-Fassen, in einem Blickpunkt-Vereinen, alles das ist deutlich aktives Verhalten.“[38]

Wenn (und nur wenn) man etwas voll und ganz erfaßt hat, wenn man es also sowohl verstanden als auch gefühlsmäßig ergriffen hat, wenn sowohl Ratio als auch Emotion ihre Rechte erfahren haben, dann und nur dann hat man geschaut oder gesehen, sonst nicht. Das Sehen ist die Art der menschlichen Erfahrung, in der am ehesten alle unsere verschiedenen Weisen des Erlebens und Erfassens und mit ihnen die Sensationen aller Sinne zusammenfließen. Erst das Sehen vermag zusammenzufassen und die Einzelheiten einander zuzuordnen, und so können wir erst in ihm und dank ihm zu einer Einheit der sinnlichen Erfahrung finden. Wir sind als vernünftige Wesen Augenwesen.

Eben deshalb ist es ein sehr schwerwiegendes Argument gegen eine bestimmte Art der Darstellung von Sachverhalten, wenn man einen Autor dafür tadelt, daß er nicht gesehen hat. Von jemandem zu sagen, seine Argumentation sei berechnet und konstruiert, heißt einen tödlichen Vorwurf auszusprechen. Schnädelbach allerdings würde eine solche Kritik strikt ablehnen, und mit ihm zweifellos ebenso alle Anhänger der analytischen Philosophie wie auch der mathematischen Naturwissenschaften; und vielleicht nicht sie allein.

Dem gegenüber steht unsere Überzeugung, daß die Wahrheit offenbar ist, nicht versteckt, und man deshalb nur die Augen zu öffnen braucht, um sie zu sehen. Die Wahrheit liegt offen zutage, sie ist unverborgen und so das „Offenkundigere“,[39] wie Heidegger mit einem merkwürdigen Komparativ sagt. Als er *Sein und Zeit* schreibt, ist dies die Ansicht aller großen Philosophen und Wissenschaftler, so etwa von seinem Marburger Gesprächspartner Natorp, der den Gedanken mit großer Entschiedenheit auch für Kant in Anspruch nimmt: „Für Kant ist demnach wie für uns *alles da*, als *Faktum*, allgegenwärtig, omnipräsent, ja an sich auch offenliegend, unver-

37. Husserl: Cartesianische Meditationen. Seite 59.

38. Natorp: Philosophische Systematik. Seite 374f. und Seite 370.

39. Heidegger: Der Satz vom Grund. Seite 113.

borgen."[40] Sein Schüler Hartmann spricht mit Blick auf den Menschen von dem „Frei-vor-ihm-Liegen" der Wahrheit. Helmuth Plessner formuliert in seinen *Stufen des Organischen*: „Die Geheimnisse der Natur liegen nicht hinter ihr oder in ihr wie geheimer Text in Chiffern versteckt, sie liegen öffentlich zutage."[41] Für Whitehead, der in diesem Punkt ganz ähnlich denkt, stellt die Unanschaulichkeit der modernen Naturwissenschaft ein großes Problem dar.[42]

Man muß sich klar darüber sein, wie fragwürdig es ist, wirklich eine Welt hinter der anzunehmen, die man sieht – hinter der, die man erkennt und in der man lebt. In Wielands *Geschichte des Agathon* ist es eine der Grundannahmen der „orphischen Theosophie", „daß in der sichtbaren Welt das Meiste für uns Täuschung"[43] ist. Das ist der so gern erhobene Hauptvorwurf an die Metaphysiker, also nach Nietzsche die „Hinterweltler", aber tatsächlich trifft man heute damit weniger Philosophen als vielmehr Naturwissenschaftler, die sich vor allem für die *Hidden Reality* (Brian Greene) interessieren. Ein anderer Buchtitel (von Carlo Rovelli) besagt eben dasselbe: *Die Wirklichkeit, die nicht so ist, wie sie scheint.* Für Physiker ist es eine Banalität, daß wir nicht in der wahren Welt leben, sondern daß die Wahrheit sich hinter unserer Scheinwelt verbirgt. Die wahre Welt besteht aus sausenden Elektronen oder gar aus kleinen Häkchen oder Schleifchen: „Die Realität ist ein Netzwerk aus körnigen Ereignissen, zusammengehalten durch eine Dynamik, die probabilistischer Natur ist."[44] Und Biologen denken ähnlich – zum Beispiel jene, die einen Vermehrungstrieb annehmen, wo man doch allein einen Sexualtrieb beobachten kann. Eine seriöse Beschreibung der Natur wird über die Tatsache des Sexualtriebes niemals hinausgehen, wenn es um das Verhalten irgendeines Tieres geht, und keinesfalls irgendwelche verborgenen Motive annehmen oder sogar voraussetzen. Und der Sexualtrieb? Er ist einerseits mehr als ausreichend, um ein Verhalten zu motivieren, andererseits aber bietet er keinerlei Erklärung, sondern lediglich einen Namen für eine offen zu Tage liegende Tatsache. Der Sexualtrieb ist etwas, das unmittelbar in die Augen fällt und sich so nur schwer übersehen läßt, nicht mehr und jedenfalls keine metaphysische Entität.

40. Natorp: Philosophische Systematik. Seite 46. Auf Seite 376 schreibt Natorp über die „Un-verborgenheit (A-letheia)" des Seins: das ist eine Übersetzung, die meist mit Heidegger in Verbindung gebracht wird. In ganz ähnlicher Weise geht es Schelling laut dem 1. Band seiner *Philosophie der Offenbarung* (Seite 75) in der Ontologie um das, „was unmittelbar in die Augen fällt".

41. Hartmann: Das Problem des geistigen Seins. Seite 390; Plessner: Die Stufen des Organischen und der Mensch. Seite 226.

42. Vgl. hierzu Hampe: Alfred North Whitehead. Seite 38–42.

43. Wieland: Geschichte des Agathon. Band 3. Seite 381.

44. Rovelli: Die Wirklichkeit, die nicht so ist, wie sie scheint. Seite 13.

Die Forderung nach Anschaulichkeit ist ein diametraler Widerspruch zu der Auffassung der überwiegenden Mehrheit der heutigen Naturwissenschaftler. Kaum ein Physiker, kaum ein Chemiker, nicht einmal ein Biologe unserer Zeit sieht; niemand, der an die Stringtheorie glaubt oder sich für die Schleifenquantengravitation einsetzt, kann seine Argumente dafür oder dagegen vom Sehen abhängig machen, denn es sind allein mathematische Kalkulationen, die bei der Konzeption derartiger Theorien eine Rolle spielen. Ja, wer versucht, sich ein gedankliches Gebilde wie die Stringtheorie zu veranschaulichen, ist schon verloren, denn es gibt keinerlei Zusammenhang mit dem, was uns unsere Sinne bieten. Sie ist in einem luftleeren Raum angesiedelt – so luftleer, daß kein Experiment sie bestätigen kann. Ein Spaßvogel hat einmal gesagt, die Stringtheorie sei nicht einmal verkehrt. Alle diese Theorien sind für unseren Alltagsverstand unzugängliche Luftschlösser, die niemandem dabei helfen, sich selbst, sein Leben oder seine Umgebung zu verstehen. Wie soll man es sich vorstellen, daß ein Elektron an zwei Punkten gleichzeitig sein kann? Wie soll man sich ein schwarzes Loch vor Augen führen, dessen Wesen darin besteht, nicht gesehen werden zu können? Wie kann man ernsthaft von der „dunklen Materie" als etwas wesenhaft Unsichtbarem reden, zu dessen Begriff es also gehört, weder wahrgenommen noch in seiner Existenz bewiesen werden zu können? Es ist eine mathematische Kalkulation, nichts weiter; und sonst erinnert sie in ihrer Realitätsferne an den Äther, an den vor etwas mehr als hundert Jahren auch noch jeder glaubte.

Bezeichnend für die Physik unserer Zeit scheint folgende Anekdote, die wie so vieles andere den Widerspruch im Leben großer Forscher und Denker selbst beleuchtet. Der große Physiker Stephen Hawking hat in seinem späteren Leben bestenfalls ein-, zweimal durch ein Fernrohr gespäht, nachdem ihn ein erster Blick, bei dem anstelle der erhofften Sterne „nur ein Paar verschwommener Lichtpunkte zu erkennen waren", tief enttäuscht hatte. Sein Biograph aber sieht nur einige wenige Seiten später keinen Widerspruch darin, daß für Hawking das Sehen enorm bedeutend sei und er selbst auf die Bedeutung des Sehens aufmerksam gemacht habe. Galilei, der auch in dieser Hinsicht ein Vorbild sei, habe nämlich, so Hawking, „seine Augen mit Erfolg"[45] benutzt.

Leider handelt es sich bei vielen kosmologischen Modellen um schlechte Metaphysik, also um eine leere Spekulation über das verborgene Wesen der Welt. Ein Beispiel ist die Annahme, das ganze Weltall sei mit dunkler Materie erfüllt, ja, diese dunkle, also prinzipiell nicht wahrnehmbare Materie bilde deren Hauptbestandteil. Wie kommt man auf so etwas? Mit Rechnungen! Die sichtbaren Sterne kreisen nämlich schneller um das Zentrum der Milch-

45. Boslough: Jenseits des Ereignishorizonts. Seite 22, Seite 31.

straße, als man annahmen sollte, wenn man das geschätzte Gewicht der sichtbaren Materie zugrundelegt; also vermutet man eine größere Masse, und weil diese ja weder sichtbar noch irgendwie sonst wahrnehmbar ist, nennt man sie „dunkle“ Materie – damit die Rechnung wieder aufgeht. Als Arbeitshypothese ist dergleichen akzeptabel, aber es sagt nichts über das wirkliche Wesen des Weltalls. Überhaupt handelt es sich um einen Verstoß – sogar um einen ausgesprochen groben Verstoß – gegen das Verbot des eindeutigen Schlusses von der Folge auf den Grund, also gegen eines der elementaren Gesetze der Logik. So etwas darf man nicht gelten lassen.

Man kann dieser Art von Metaphysik das Recht des Augenscheins entgegenhalten. Nach dieser Auffassung liegt die Realität offen zu Tage, ist also nicht verborgen, und sie ist deshalb weder hinter den Dingen noch wie das Ideale in ihnen zu suchen. Vielleicht kann heute die fraktale Geometrie des Mathematikers Benoît Mandelbrot nicht allein „die gut sichtbare Welt der Berge und Landschaften“, sondern auch andere Teile der Natur abbilden und „damit letzten Endes das Versprechen“ erfüllen, „das vom Begriff Geometrie ausgeht.“ In jedem Fall betont Mandelbrot die „Natürlichkeit des fraktalen Zugangs.“[46] Eben diese Natürlichkeit sollte auch das Ziel der Philosophie sein.

Den alten Griechen war das Sehen besonders wichtig, wie man leicht zeigen kann und wie oben schon angedeutet wurde. Zunächst einmal waren sie sich der Bedeutung des Sehens für die Erinnerung bewußt, und so kann ein Mentalitätshistoriker schreiben: „Sich erinnern, wissen, sehen, all das sind gleichbedeutende Ausdrücke.“[47]

„Dem Griechen“, schreibt Karl Kerenyi, „tönte aus *theorîa* das Schauen doppelt entgegen: als *théa*, ‚Schau‘, und als *horân*, ‚sehen‘, den zwei Elementen, aus denen dieses Wort zusammengesetzt ist.“[48] Die Spekulationen der Physik können deshalb überhaupt keine Theorien sein, denn sie haben sich längst von aller Schau in bloßes Rechnen verabschiedet – und es ist ja auch wirklich die Schau, die Schnädelbach und mit ihm so viele andere ablehnen. Ginge es nach ihnen, sähen wir allein isolierte „Sachverhalte“. Für sie geht es um „das Verhältnis von Satz und Tatsache.“[49] Im Grunde ist das nur ein anderer Ausdruck für die Protokollsätze, die seit den zwanziger Jahren von Wiener Positivisten wie Rudolf Carnap oder Moritz Schlick propagiert werden; oder von Ludwig Wittgenstein in seinem *Tractatus*, dessen Denkverbote von Frank-Peter Hansen zusammengefaßt werden: „Es muss wahrgenommen

46. Mandelbrot: Die fraktale Geometrie der Natur. Seite 14f. Vergleiche auch Schmidt: Das Andere der Natur, besonders Seite 293f.

47. Vernant: Mythos und Denken bei den Griechen. Seite 117.

48. Kerenyi: Antike Religion. Seite 109.

49. Schnädelbach: Was Philosophen wissen. Seite 108.

werden können. Und über all das, was man nicht wahrnehmen kann, ergeht das Schweigegebot. Gedankenfreie Wahrnehmungssätze sind das Non plus Ultra dieser (Nicht-) Denkrichtung. Gemäß dem einleitenden Satz: ‚Die Welt ist alles, was der Fall ist'."[50]

Der vielleicht radikalste aller Positivisten, Otto Neurath, meinte bereits 1931, daß die „Sprache des Physikalismus ... sozusagen nichts Neues [sei]; sie ist die Sprache, die gewissen ‚naiven' Kindern und Völkern vertraut ist."[51] Und wirklich, es gibt ein Volk – aber wahrscheinlich auf der ganzen Welt nur ein einziges, wie Linguisten betonen –, das dem Ideal der analytischen Philosophie zu entsprechen scheint, also eine Sprache aus Protokollsätzen spricht. Das sind die Pirahã-Indios im brasilianischen Urwald. Über ihr Leben berichtet der Linguist und Anthropologe Daniel Everett in seinem Buch *Das glücklichste Volk*. Diese Menschen sprechen eine Sprache, die nur aus einfachen Aussagen über Tatsachen besteht und auf diese Weise strikt die Denkverbote der analytischen Philosophie befolgt. Wohin das führt, welch trauriges Leben Menschen unter diesen Denkverboten führen und auf welchem kulturellen Niveau sie notwendig vegetieren, kann man sich in Everetts Buch anschauen. Die Sprache der Pirahã verhindert zuverlässig jede Weiterentwicklung, denn sie kennt weder Konjunktionen noch Nebensätze, mit denen sich Beobachtungen und Einsichten verknüpfen ließen. Auch unterscheidet ihre Grammatik nicht zwischen Vergangenheit, Gegenwart und Zukunft, sondern im Gefängnis ihrer Sprache akzeptiert dieses Volk einzig und allein das „Prinzip des unmittelbaren Erlebnisses", was sowohl Wissenschaft in jeder Form als auch Philosophie oder Dichtung dauerhaft verhindert, wie die folgenden Überlegungen von Everett deutlich machen.

Er spricht zunächst über das Fehlen von Zahlwörtern und zeigt dann, daß die Sprache der Pirahã keine Abstraktionen kennt: Abstraktionen, „die über die Erfahrung hinausgehen, würden das kulturelle Prinzip des unmittelbaren Erlebens verletzen, und deshalb sind sie in der Sprache verboten." Dieses Prinzip hat die fatale Konsequenz, daß ein Volk – mag es auch das glücklichste sein, wie es der Rousseauismus des Verfassers annimmt – auf immer und ewig in seinem sehr, sehr engen Bezirk gefangen bleibt, geographisch und kulturell. „Das verbindende Element von Sprache und Kultur der Pirahã ist die kulturelle Beschränkung, nicht über irgendetwas zu sprechen, das über das unmittelbare Erleben hinausgeht."[52] Es ist deshalb nur konsequent, daß

50. Hansen: Die Wittgenstein-Dekomposition. Seite 28.

51. Neurath: Soziologie im Physikalimus. Seite 403.

52. Everett: Das glücklichste Volk. Seite 199. Es ist schon merkwürdig, wenn man meint, in dem traurigen Leben eines solchen Volkes ein „carpe diem" entdecken zu können. Gümüsay: Sprache und Sein. Seite14.

dieses Volk keine Nahrungsvorräte anlegt und buchstäblich nicht über den Tag hinausdenkt! Wie man sehen kann, formuliert der logische Positivismus ein Konzept, das unter Umständen für das Leben eines Urwaldstamms auf der alleruntersten Kulturstufe geeignet ist – wie aber konnte man es auf unsere Zivilisation beziehen, wie konnte man denken, daß sich damit Philosophie und Wissenschaft vereinbaren ließen?

Das Konzept der Protokollsätze muß schon deshalb ganz und gar verkehrt sein, weil wir immer Zusammenhänge sehen, ob wir wollen oder nicht. Und diese Zusammenhänge werden in sprachlichen Strukturen gespiegelt, die einzig und allein in einer anspruchsvollen Grammatik mit Haupt- und Nebensätzen in verschiedenen Zeiten abgebildet werden können; es gibt Präteritum, Perfekt und Plusquamperfekt, es gibt den Irrealis und so weiter. Ach, und es gibt doch auch noch die vielen wunderschönen Konjunktionen! Man denke nur einmal an das Lob der „Conjunctionen", das Wilhelm von Humboldt in seinem Kawi-Werk singt. Er schließt mit einem Tadel, den man auf das heutige (Zeitungs-) Deutsch beziehen könnte: „Die weniger gebildeten Sprachen haben gewöhnlich Mangel an Conjunctionen oder bedienen sich dazu nur mittelbar zu diesem Gebrauch passender, ihm nicht ausschliesslich gewidmeter Wörter und lassen sehr oft die Sätze unverbunden auf einander folgen."[53]

Isolierte Sachverhalte zu fassen ist überhaupt nur dann möglich, wenn man die Anschauung künstlich auf ein äußerstes Minimum reduziert, wenn man also fokussiert und präzisiert, abstrahiert und schematisiert. Isolierte Sachverhalte zu formulieren und damit auf jede Form der Deutung zu verzichten, ist vielleicht im Labor möglich, aber nicht im Leben; und in der Philosophie geht es um das Leben, aus der Mitte seines Lebens heraus soll man philosophieren – oder man soll es bleiben lassen.

Wie Wolfgang Janke demonstriert, zeigen sich diese Zusammenhänge unter anderem an dem Wort „präzise", das ja in der Philosophie wie natürlich in den Naturwissenschaften ausschließlich positiv besetzt ist. Ist es nicht eine sehr gute Sache, wenn man präzise argumentiert und präzise Begriffe benutzt? Janke allerdings findet ein Haar in der Suppe, wenn er schreibt, daß in der Moderne „das Lehnwort präzise/Präzision aus Cartesianischem Geist zur positiven Vorschrift" avanciert: „Denke, rede und forsche exakt, klar und deutlich, auf das Wesentliche konzentriert! Schneide alles Vage, Konfuse, Unwesentliche ab! Wir aber" – wir, die der Präzisonsbewunderung skeptisch gegenüberstehen – wir „hören auf den anfänglichen lateinischen Wortgebrauch. Denn der hat den pejorativen Sinn des Verstümmelns und Verstummens an sich. Manus praecidere heißt: die Hände abhacken, linguam prae-

53. von Humboldt: Ueber die Verschiedenheit. Seite 631.

cidere besagt: die Zunge abschneiden."[54] Ist es polemisch, wenn man der analytischen Philosophie eben dies vorwirft? Uns auf den Stand eines Urwaldstammes zurückzuwerfen – bedeutet es nicht, uns die Zunge abzuschneiden?

Auf die Reduktion der Begriffe auf einen Kern, auf die Annäherung der Argumentation an die Mathematik oder auf die Gleichsetzung des Denkens mit dem Rechnen kommen wir sofort zurück. Zunächst wollen wir festhalten, daß die Begriffe ihren vollen Sinn verlieren, wenn man sie präzisiert – eben deshalb ist es in der Philosophie sehr häufig sinnvoll, keine durchdefinierten Begriffe zu gebrauchen, sondern die lebendige, blut- und bedeutungsvolle Sprache des Alltags.

Scharf definierte Begriffe sind sinnvoll in der Mathematik und gelegentlich sonst in unserem Leben, aber keinesfalls und unter keinen Umständen überall und ausnahmslos sonst. Zum Beispiel nicht einmal immer und auf jeden Fall in der Physik. Und ganz gewiß nicht dort, wo der Mensch in den Blick gerät. Denn wie wollte ein Arzt in Protokollsätzen eine Diagnose erstellen? Oder man denke an die Rechtsprechung – auch die luzideste Beschreibung eines Sachverhaltes kann niemals dessen ganze Realität erfassen, und so ergibt sich die Notwendigkeit des „unbestimmten Rechtsbegriffes", der die Defizite einer zu starren Definition ausgleichen muß.

Eine auf Details fokussierte Wahrnehmung wird niemals den Ausdruck bemerken, der die Realität immer begleitet, ja der sie eigentlich erst zur Realität werden läßt. Whitehead greift auf das Quäkerwort „concern" zurück, um den „Erlebensausdruck" terminologisch zu fassen. Mit diesem Begriff spricht er von der „affektiven Tönung, die vom Objekt ausgeht und auf es zurückgerichtet ist. So interpretiert ist die Subjekt-Objekt-Beziehung die Fundamentalstruktur des Erlebens bzw. der Erfahrung."[55] Ausdruck ist nämlich immer ein komplexer Zusammenhang, ein lebendiges und in sich bewegliches Zusammenspiel verschiedener Kräfte und Wahrnehmungen; und Ausdruck ist zugleich der Spiegel eines Verhältnisses zwischen einem wahrnehmenden Subjekt und den Gegenständen oder Vorgängen, die Ausdruck besitzen.

Die Entwicklung der Wissenschaft hat diese immer weiter vom Ausdruck und damit auch von der Realität fortgeführt hat. Sie hat sich zunächst vom Mythos und später von der sinnlichen Anschauung ab- und der Abstraktion zugewandt, einer Welt hinter und abseits der sichtbaren Welt, und längst hat die mathematische Physik den größtmöglichen Abstand von der Realität, und

54. Janke: Die Seinsfrage. Seite 21.

55. Whitehead: Abenteuer der Ideen. Seite 326. Vergleiche noch Seite 333: „So wie die Sinnesgegebenheiten vor uns stehen, kahl und bloß und nichts als gegenwärtig, geben sie uns nichts an die Hand, was uns zu einer Interpretation verhelfen könnte."

das heißt hier von unserem alltäglichen Erleben und unserer sinnlichen Anschauung erreicht.

Zusätzlich steht es im Widerspruch zu der Ablehnung des Subjekt-Objekt-Modells, daß unser Verhalten, wenn wir hinschauen, identisch ist mit dem Erkennen: wir stellen uns etwas oder jemandem gegenüber. Der Schauende ist das Subjekt, das Angeschaute das Objekt. Die Sprache legt davon Zeugnis ab.

Bedeutet das zugleich, daß die längst überwunden geglaubte Substanz-Akzidenz-Metaphysik doch eine Berechtigung besitzen könnte? Denn eigentlich gilt sie seit langem als erledigt. Nach ihr sitzen die ablösbaren, sich verändernden Eigenschaften auf einem unveränderlichen Kern wie die Plakate auf einer Litfaßsäule. Nun, das klingt schon nach einer Karikatur, denn natürlich sind viele der Akzidenzien so materiell wie die Substanz es ist; und sie müssen es auch sein. Und selbstverständlich ist die Substanz selbst das sich Verändernde, und sie ist es besonders, wenn es sich um etwas Lebendiges handelt – denn alle Organismen sind in einer viel radikaleren Weise dem Wechsel unterworfen als das leblose Sein, ihr Wesen ist die Veränderung, sei es ihr Wachstum, seien es ihre Bewegungen. Es ist die Realität, die in nichts als einem stetigen Wechsel der Attribute besteht – die Gegenwart rückt allmählich, aber unaufhaltsam vor, und in ihr lösen die Zustände einander in unendlicher Folge ab; und je schneller sie es tun, und je mehr von diesem Wechsel erfaßt wird, desto realer ist ein Geschehen.

Nur etwas Beharrendes kann sich bewegen. Deshalb ist die Bewegung – jede Bewegung – Charakteristikum der Realität. Und deshalb hat ein der Realität zugewandter Philosoph wie Aristoteles sich in *De anima* (408b7 ff.) den verschiedenen Formen der Bewegung, des Wachstums und des Gestaltwandels mit genauen Unterscheidungen zugewandt. Für ihn war das eben nicht alles eins.

Ein Philosoph und Historiker der Wissenschaften, der unter dem Einfluß seines Lehrers Hermann Cohen den allmählichen Abschied von den aristotelischen Vorstellungen beschrieben hat, war Ernst Cassirer mit seinem frühen Hauptwerk *Substanzbegriff und Funktionsbegriff*. Sein Buch beschreibt den historischen Prozeß der zunehmenden Abstraktion, in dem der Begriff eines Dings allmählich in den eines relationalen Gefüges umgebildet wurde. Whiteheads Metaphysik, welche die materielle Welt in eine unendliche Vielzahl von Prozessen auflöst, stellt eine Radikalisierung dieser Position dar, die unsere Zeit charakterisiert. Leider widersprechen Whiteheads Einsichten zwar nicht den Ergebnissen der modernen Physik – ganz im Gegenteil, sie werden davon bestätigt –, wohl aber unserer natürlichen, von Aristoteles beschriebenen Einstellung, und diese soll es ja nach (dem Aristoteliker?) Nicolai Hartmann sein, welche der Ontologie das Thema vorgibt.

In unseren Tagen ist es Janke, der zwar nicht Hartmann zitiert – weder Werk noch Name werden erwähnt –, aber doch in einer sehr ähnlichen Weise argumentiert und sich für eine Rückkehr zur Ontologie einsetzt. Er spricht nicht von der „natürlichen Einstellung“, sondern schreibt über „Seiendes, das sich unmittelbar von sich her zeigt und überdies an sich selbst besteht“, und zwar so, daß es „zuerst und vorrangig“ sei. Nicht also die spekulativen Einsichten einer Physik, die nur von wenigen Fachleuten nachvollzogen werden können, sondern unser natürliches, ja unser naives Erleben gibt das Material einer Ontologie ab und stellt ihr das Problem. Eben von diesem Punkt aus fordert Janke die Restitution der aristotelischen Lehre: „Offenbar besteht alles mitgängige Sein wie ‚gerecht‘ oder ‚zwei Ellen lang‘ nicht an ihm selbst, sondern nur als inhärierendes Wiebeschaffen- oder Wiegroßsein an einem Seienden, das an ihm selbst besteht und allem anderen Bestand verleiht.“[56]

Das ist zweifellos ein Aspekt unseres Hinsehens, unseres Erlebens. Wir finden einen Kern (Substanz), an dem sich die Eigenschaften (Akzidenzien) ablösen. Läßt sich dieser Einwand Jankes mit den Überlegungen eines Whitehead und anderer vereinbaren? Wäre vielleicht eine mittlere, eine vermittelnde Position denkbar? Oder müssen wir mit dieser Zerrissenheit leben: mit dem Wissen, daß unsere Vorstellungen von der Materie, die unser ganzes Selbst durchziehen und die beschrieben zu haben das Verdienst eines Aristoteles und der Heerscharen der Aristoteliker war, den Einsichten der Wissenschaft nicht genügen können?

Auch Hartmann kennt „ein Gefüge der Prozesse“, aber er bezieht diesen Ausdruck auf das höhere, also auf das lebendige Sein, nicht auf die leblose Materie. Kann man sagen, daß das lebendige Sein zwar das realere ist (schon, weil es Wachstum und Eigenbewegung kennt), daß aber bei ihm die Substanz-Akzidenz-Vorstellung versagt, so daß diese allein der klassischen Mechanik eines Newton oder der Physik Kants, aber nicht unseren Vorstellungen gerecht werden kann? Seine Idealisierungen machen es sowohl untauglich, ein lebendiges Geschehen zu beschreiben, wie es zu verstehen.

Das lebendige Sein muß das realere sein, denn wenn etwas bleibt, dann doch allein die Form eines Lebendigen, seine Gestalt, sein Wesen, vielleicht sein Verhalten. Aber die Materie eines Organismus kann im Verlauf seines Lebens komplett ausgetauscht werden – in vielen Fällen, so bei uns selbst – ist es das ganz gewiß, so daß es überhaupt keinerlei Kern geben kann, der sich verändert hätte, sondern geblieben während der Zeit seiner Existenz war oder ist allein seine prozeßhafte Struktur. „Die Erhaltung“, schreibt Hartmann dazu, haftet „am Sekundären“: „Die Einheit liegt lediglich in der Einheit des höheren Gebildes, während innerhalb seiner alles im Fluß ist.“[57]

56. Janke: Die Seinsfrage. Seite 61 und Seite 60.

57. Hartmann: Zeitlichkeit und Substantialität. In: N. H.: Kleinere Schriften. Band I. Seite 180–214. Seite 211.

Gefangenschaft

Es gehört zum Wesen des Bewußtseins, daß wir immer in ihm gefangen sind, so daß der Satz des Bewußtseins ein apriorischer Satz ist, der seit jeher gegolten hat und auch in jeder Zukunft für jedes Lebewesen gelten wird. In ähnlicher Weise ist die Einsicht apriorisch, daß zum Erkennen das Entgegensetzen, also der Gegensatz von Subjekt und Objekt gehört. Wo ich etwas erkenne oder wo irgendein Wesen etwas erkennt, da muß es notwendig eine Scheidung in Subjekt und Objekt geben, eine Gegenüberstellung von Erkennendem und Erkanntem; und wenn ich mich selbst erkenne, dann bin ich eben selbst das Objekt. Das „Objizieren" ist sowohl die Voraussetzung als auch der Vollzug des Erkennens.

Es sind Organismen, die etwas erkennen. Sind es vielleicht nicht allein die selbstbeweglichen wie die Tiere? Können möglicherweise auch Pflanzen etwas erkennen und darauf reagieren; oder verfügen sie über so etwas Ähnliches wie unser Erkennen? Kann die Behauptung des Biologen Haskell über Bäume stimmen: „Die Blattzellen schnuppern an der Luft"?[1]

Nein, Blattzellen schnuppern nicht, und Pflanzen können niemals irgendetwas erkennen, selbst dort, wo sie auf Reize welcher Art auch immer reagieren. Denn das Erkennen ist ein kognitiver Akt und läßt sich keinesfalls einem Reiz-Reaktions-Schema unterordnen, auf das das Verhalten (wenn man es denn Verhalten nennen darf) der Pflanze hinausläuft. Sie bemerkt (registriert) Spurenelemente in der Luft oder im Wasser oder die Veränderungen der Beleuchtung und zeigt daraufhin gewisse Reaktionen, ohne sich aber einer Welt entgegenzustellen. Eine Pflanze ist, anders als ein Tier, umweltlos, und sie ist weder Subjekt, noch kennt sie ein Objekt. Sie ist wohl sensitiv, aber jede Form der Wahrnehmung ist ihr fremd. Denn zur Wahrnehmung gehört immer Eigenbewegung, eine Bewegung auf das Wahrgenommene hin. Eine Pflanze kennt Reflexe, nicht aber wie Insekten oder andere niedere Tiere Instinkte als die geordnete, immer gleiche Aufeinanderfolge verschiedener Bewegungen. Und intelligentes Verhalten kennt sie schon einmal überhaupt nicht.

Um auf den grundsätzlichen Fehler, der dem Konzept der Protokollsätze zugrundeliegt, zurückzukommen: Der Fehler von Schnädelbach und vielen anderen Autoren liegt darin, nicht das Sein in seiner größtmöglichen Weite und bunten Vielfalt zu erfassen, sondern allein einen winzigen Ausschnitt, und aus den gewonnenen Einsichten die Welt über einen Kamm zu scheren. Nicht einmal für unsere eigene intellektuelle Begegnung mit der Welt kann dieser Ausschnitt repräsentativ sein.

Schnädelbach wirbt für die Auffassung der analytischen Philosophie, daß „unser Wissen immer propositional verfasst ist, also in der Form ganzer Sätze präsentiert werden muss, wenn es mehr sein soll als eine Menge unklarer

1. Haskell: Der Gesang der Bäume. Seite 53.

Intuitionen."[2] Gemeint ist damit, daß es sich immer und auf jeden Fall in Sätzen ausdrücken läßt, also sprachlich ist. Unser Wissen ist nach Schnädelbach „immer propositional verfasst". Immer! Der Autor scheint nicht zu bemerken, daß er sich hier einerseits auf den Spuren des von ihm sonst so entschieden kritisierten Descartes bewegt (darauf deutet die Vokabel „unklar"; von „Intuitionen" zu sprechen meint vielleicht eine Spitze gegen die Phänomenologie), andererseits in einer ganz unreflektierten Weise eine Art Monismus vertritt, denn wenn er recht hätte, dann gäbe es ja allein *eine* Form der Wahrheit, wirklich nur eine einzige, nämlich die sprachlich formulierbare, diejenige, welche Informationen vermittelt. Damit wären nicht bloß fast alle Tiere von absolut jeder Form der Erkenntnis ausgeschlossen, sondern auch unser eigenes Denken unterhalb oder neben allen ausdrücklichen, formulierbaren Einsichten besäße keinen Anteil an der Wahrheit. Tatsächlich aber gibt es ebenso unendlich viele Formen der Wahrheit wie des Erkennens, Erlebens und Erfahrens, und das Tier hat an ihnen ebenso einen Anteil wie die ambitioniertesten Wissenschaftler. Spätestens seit dem Beginn des 20. Jahrhunderts sind solche Überzeugungen wie die von Schnädelbach vertretenen längst widerlegt.

Man muß noch einen anderen Aspekt ansprechen. Propositionale Sätze sind isoliert; sie bilden nicht aus sich heraus ein Netz, einen Zusammenhang, ein Flechtwerk, einen Teppich, denn sie richten sich zunächst ganz allein auf einen künstlich isolierten Sachverhalt, den sie in einem einfachen Aussagesatz festzuhalten versuchen. Ihre Bedeutung besitzen sie in den Naturwissenschaften, und sie sind dort auch meistens hinreichend, die anorganische, im Vergleich zum organischen Sein oder zur Welt des Menschen eindimensionale und übersichtlich strukturierte Welt zu beschreiben.[3] Die volle Realität kann man damit aber nicht erreichen, denn hierfür ist eine metaphorische, im Grunde betont unsachliche Redeweise notwendig. Nur eine wenig präzise und nicht definitorisch festgelegte, mit dem bekannten Wort Hegels „flüssige" Sprache vermag der Individualität alles Geschehens und aller Dinge gerecht zu werden.

Außerdem sind vielleicht nicht sämtliche leiblichen Zustände, wohl aber alle tiefen seelischen Erlebnisse des Menschen einer propositionalen Rede-

2. Schnädelbach: Was Philosophen wissen. Seite 105. Immerhin, in einem Aufsatz argumentiert Schnädelbach viel differenzierter: Satz und Sachverhalt. In: H.S.: Analytische und postanalytische Philosophie. Seiten 220–241. Mit einer ähnlich radikalen Auffassung im Rahmen einer Handlungstheorie setzen sich Dreyfus / Taylor am Beispiel von John Searle auseinander: „Searle behauptet: Damit eine Körperbewegung als Handlung gilt, muß sie durch eine handlungsinhärente Absicht verursacht werden, also durch eine propositionale Repräsentation der Erfüllungsbedingungen der betreffenden Handlung." Die Wiedergewinnung des Realismus. Seite 94.

3. Aber: Mit Blick auf die Naturwissenschaften formuliert Cassirer schwerwiegende Einwände. Vergleiche Substanzbegriff und Funktionsbegriff. Seite 321.

weise grundsätzlich unzugänglich, weil sich ihr Verflochtensein und ihre Vieldimensionalität nicht in einfachen Aussagesätzen einfangen läßt. Deshalb klingt es nur im ersten Augenblick paradox, wenn man sagt: Je realistischer eine Aussage, desto weniger sachlich sollte sie sein. Oder gar: Je blumiger, desto realistischer. Als Beispiel dafür mögen die Romane Jean Pauls herhalten, eines Autors, der außerordentlich metaphorisch schrieb und der seit langer Zeit von vielen Kritikern und Literarhistorikern wegen seiner bildertrunkenen Schilderungen angegriffen wird. Und doch – oder vielleicht gerade deshalb? – sind seine Erzählungen ganz und gar der Realität verpflichtet, ja sie sind mit dieser geradezu durchtränkt.

Merkwürdigerweise werden die in einem nüchternen, sogar kalten Stil verfaßten Romane und Erzählungen Goethes keineswegs als besonders realistisch empfunden – man denke nur einmal an die *Novelle*. Diese Erzählung – ihr Plot – ist aber vollkommen irreal!

Ein Zeitgenosse dieser beiden Autoren sagte in Vorlesungen, die er Ende der zwanziger Jahre des 19. Jahrhunderts in Wien hielt, ganz im Sinne der hier vertretenen Argumentation:

„Die Gebundenheit des erkennenden Geistes an dieses Organ einer diskursiven, und fast immer noch bildlichen Sprache, die innige Verwebung der Erkenntnis selbst mit dieser Sprache, ist nun gerade das charakteristische Kennzeichen des menschlichen Wissens." In seinem nächsten Satz wendet sich Schlegel gegen die oft sehr dürre Sprache einiger idealistischer Autoren, mit denen er aber eigentlich nicht Schelling oder Hegel gemeint haben kann, denn diese haben ganz gewiß nicht so geschrieben, wie er es schildert: „Der Fehler bei so vielen spekulativen Denkern liegt eben darin, dass sie den menschlichen Maßstab verlassen, dass sie, wenn man so sagen darf, ein unmenschliches, d.h. ein unbedingtes Wissen mit Gewalt erringen und erobern wollen".[4]

An dieser Stelle sei noch ein Hinweis auf das 17. Jahrhundert gestattet, und zwar auf die Weichenstellung, die von mehreren großen Geistern in ihren Hauptwerken vorgenommen wurde. Einer von ihnen war Baruch de Spinoza mit seinen messerscharfen Definitionen, die sich jeweils im Eingang eines Abschnitts seines Traktats finden, ein anderer René Descartes mit der berühmten, 1637 in seiner Methodenschrift erhobenen Forderung nach Klarheit und Distinktheit. Wahrscheinlich steht René Descartes, quasi nebenbei ein wichtiger Mathematiker, wirklich am Anfang dieser Entwicklung, aber bereits wenige Jahre später folgt ihm Thomas Hobbes. Auch für diesen sind es die mathematischen Naturwissenschaften, denen er nacheifert, weil er deren definitorische Präzision und Knappheit als Vorbild für eine philosophi-

4. Schlegel/Kozljanic: Philosophie des Lebens. Seite .33 (§51).

sche Argumentation ansieht. Deshalb spricht er sich 1651 im 5. Kapitel seines Hauptwerkes, dem *Leviathan*, gegen jede Metaphorik aus. Mit ihrer Betonung der Bedeutung der Definition stellten Spinoza, Descartes und Hobbes Weichen, ohne allerdings die Philosophie auf öde Sprachklauberei zu reduzieren und sie auf diese Weise zu marginalisieren – das blieb der analytischen Philosophie des 20. Jahrhunderts vorbehalten.

Metaphorik scheint Hobbes generell fatal, denn für ihn ist Denken nicht mehr als Kalkulieren oder Rechnen („reckoning"), ein bloßes Zusammenzählen von Argumenten, und so bezeichnet er Metaphern als „Irrlichter" („ignes fatui"): „Metaphern aber und nichtssagende oder zweideutige Worte sind Irrlichter, bei deren Schimmer man von einem Unsinn zum andern übergeht und endlich, zu Streitsucht und Aufruhr verleitet, in Verachtung gerät."[5] Wahrscheinlich, nein ganz sicher ist er sich nicht bewußt, daß unsere Sprache zu einem großen Teil aus Metaphern besteht, daß es also überhaupt nicht möglich ist, unmetaphorisch zu sprechen. Wenn man so spräche, wie er sich das vorstellt, dann würde man wie der erträumte Wissenschaftler des Positivismus Protokollsätze notieren oder wie ein Mathematiker Formeln aufschreiben – aber die Welt, die Realität, die ganze Fülle des inneren wie des äußeren Erlebens wäre für immer aus dem Blick geraten.

Wenige Jahre später wiederholt Hobbes seine Argumentation im Eingang von *On the Body* (*Vom Körper*, 1655) und variiert dabei den Ausdruck ein wenig, denn jetzt spricht er nicht mehr von „Reckoning", sondern von „Computation", wenn er erläutert, was er unter einer vernunftbestimmten Erkenntnis versteht: „By Rationcination, I mean Computation."

Ist es nicht eine besondere Ironie, daß das Titelkupfer des *Leviathans*, das Bild eines aus vielen Einzelgestalten zusammensetzten Riesen, seit seinem Erscheinen als das Bild des Staates angesehen werden konnte? Als das Bild, nicht als der Begriff...

Die Bedeutung der Metapher für das Erkennen liegt darin, daß Begriffe nur in einem Zusammenhang zu Metaphern werden, gegen dessen Regeln sie verstoßen. Paul Ricoeur sprach deshalb von einer kontextuellen Bedeutungsveränderung von Wörtern auf dem Weg zur Metapher.[6] Im Grunde wird ein Wort zur Metapher, weil man es falsch gebraucht – eigentlich ist das eine Verbildlichung von Lernprozessen, denn in diesen lernen wir ja nicht zuletzt,

5. Hobbes: Leviathan. Seite 45f.

6. Ricoeur: Die Metapher und das Hauptproblem der Hermeneutik. In: Haverkamp (Herausgeber): Theorie der Metapher. Seiten 356–375. Seite 361: „Wenn der metaphorische Sinn mehr ist als die Aktualisierung einer der potentiellen Bedeutungen eines polysemischen Wortes (und unsere Wörter in gewöhnlicher Rede sind polysemisch), dann folgt daraus notwendigerweise, daß es diesen metaphorischen Gebrauch nur kontextuell gibt ... Die Metapher ist eine solche kontextuelle Bedeutungsveränderung."

daß vieles falsch war, woran wir glaubten, bevor wir ein wenig schlauer wurden. Auf diese Weise – also dank des falschen Gebrauchs – wurde die Sprache zu einer Ansammlung toter Metaphern, fast schon eine Art Friedhof, und Jean Paul nannte sie im 50. Paragraphen seiner *Vorschule der Ästhetik* deshalb ein „Wörterbuch erblasseter Metaphern". Gewiß nicht allein wegen ihr, aber doch auch dank ihrer Metaphorizität gelingt es der poetischen Sprache großer Dichter, sich der lebendigen Realität zu nähern.

In vielen Fällen werden heute Metapher und Symbol verwechselt. Ein ganz bekanntes Beispiel ist der Buchtitel *Krankheit als Metapher*. Selbst in der Literaturwissenschaft hat sich dieser fehlerhafte Sprachgebrauch eingebürgert.

Anders als Metaphern sind Symbole wirklich – es sind reale Vorgänge, Zustände, Verhältnisse oder Gegenstände, die von uns als Symbole verstanden werden, denen wir also aus verschiedenen Gründen eine Bedeutung zusprechen. So kann man zum Beispiel ein unaufgeräumtes Zimmer in einem Film oder einem Roman als ein Symbol ansehen. Auch ein Psychiater kann wie jeder Hobbypsychologe Unordnung symbolisch deuten. Aber fragwürdig – was nicht falsch bedeutet – fragwürdig ist eine solche Deutung immer und auf jeden Fall. Denn ein Symbol ist nicht nur in aller Regel, sondern ausnahmslos immer mehrdeutig, es ist mit verschiedenen anderen Symbolen und zusätzlich mit seiner Umgebung oder dem unmittelbaren Zusammenhang auf unterschiedliche Weise verknüpft und gibt der Interpretation Raum, ja sie erfordert diese ausdrücklich.

Ein Symbol ist eine Relation, denn zu einem Symbol gehört immer ein menschlicher Verstand, der eine Eigenschaft oder Sache oder auch einen Vorgang als Symbol versteht, zum Beispiel die Existenz von Turmuhren an Kirchen – für Oswald Spengler das Symbol der abendländischen, der „faustischen" Kultur. Oder auch das Fließen des Wassers aus einer Brunnenschale in die nächste. Wenn man ein großer Dichter ist, dann stellt man im „Enjambement" dar, im Fließen des Verses von einer Zeile in die nächste, wie das Wasser des Brunnens aus der obersten Schale in die unteren fließt. Und dann kann man vor dem Gedicht oder vor dem Brunnen stehen und sich selbst nach der symbolischen Bedeutung dieses Überfließens befragen.

Wenn das Verhältnis festgelegt wird (zum Beispiel in den emblematischen Wörterbüchern des Barock), wenn das Symbol seinen relationalen Charakter verliert, dann schrumpft es zu einer Allegorie, deren Bedeutung man irgendwo nachschlagen kann; zum Beispiel steht der Schwan – der Vogel Apollons – sehr oft für den Dichter.

Was wird in Dinggedichten symbolisiert? Was symbolisiert die *Römische Fontäne* Rainer Maria Rilkes oder *Der römische Brunnen* Conrad Ferdinand Meyers? Ließe sich das so einfach sagen, wären diese Gedichte nicht die Kunstwerke, als die wir sie lieben, sondern allenfalls geschickte Reimereien.

Ähnliches ließe sich über Friedrich Hölderlins *Hälfte des Lebens* sagen:

> *„Mit gelben Birnen hänget*
> *und voll mit wilden Rosen*
> *das Land in den See,*
> *ihr holden Schwäne,*
> *und trunken von Küssen*
> *tunkt ihr das Haupt*
> *ins heilignüchterne Wasser."*

Man könnte allenfalls an einer einzigen Stelle von einer Metapher sprechen, nämlich dort, wo das Land in den See „hängt"; aber wenn wir die Pflanzen als einen Teil des Landes sehen, dann hängt es ja wirklich in den See, und so findet sich auch dort keine wirkliche Metapher.

Der Leser verbindet mit dem Bild der Birnen und wilden Rosen eine Bedeutung und sieht in ihnen ein Symbol. Und auch die „holden Schwäne" – die Vögel Apollons, des Gottes der Dichter – sind keine Metapher, sondern zunächst eine Allegorie. Wenn wir von ihnen absehen, ist es ein symbolisches Gedicht.

Ein Symbol gibt es nur für geistige Wesen. Es reicht nicht aus, ein bewußtes Wesen zu sein. Kein Tier, auch nicht das intelligenteste, nimmt Symbole wahr, erkennt also eine andere als lebenspraktische Bedeutung in Dingen oder Vorgängen, mit denen es konfrontiert wird. Der Sinn, der in Symbolen aufscheint, wird geboren in der Begegnung eines Wesens mit einer Welt, und es ist ein Sinn, der diese Welt übersteigt.

Die Metapher dagegen ist zunächst ein rein sprachliches Phänomen. Anders als Symbolen fehlt vielen – keinesfalls allen! – Metaphern jede Vieldeutigkeit. Wer wird ein Wort wie „Stuhlbein" mißverstehen? Ein anderes Beispiel mag die Verflechtung sein, womit meist die platonische Symploke aus dem *Sophistes* übersetzt wird. Die der Metaphorik zugrundeliegende Metaphorizität (die Metapher-Fähigkeit unserer Welt, die Verflechtung von allem mit allem) ist so nicht allein ein sprachliches Phänomen, sondern vor allem auch eine Widerspiegelung der Erkenntnisweise des Menschen überhaupt, die alle möglichen, besser, die alle ihm *zugänglichen* Ebenen des Seins und damit nicht weniger als alle Seiten seiner Welt miteinander zu verknüpfen weiß. Oder doch wenigstens zu verknüpfen versucht. Die Metapher ist die Voraussetzung wie zugleich die Folge unserer Fähigkeit, alles mit allem in Verbindung zu setzen, wirklich alles auf alles zu beziehen. Astronomen können von Geburt, Leben und Tod eines Gestirns sprechen, als handle es sich wirklich um organische Vorgänge. Biologen sprechen von einem genetischen Code, als habe es wirklich jemanden gegeben, der eine Botschaft oder eine

Handlungsanweisung in die DNA eingeschrieben hat. Und wir können eine Landschaft als ein Gesicht beschreiben, weil wir sie zumindest gelegentlich wirklich als ein Gesicht wahrnehmen. So spiegelt die Metaphorizität der Sprache die Vielzahl der Verbindungen zwischen allen Provinzen der Menschenwelt, die totale Verflechtung aller Regionen, die der Mensch wahrnehmen kann oder die für ihn in irgendeiner Weise bedeutend sind. Deshalb kann eine Landschaft für uns die Seinsweise eines Gesichts besitzen. Und das Stuhlbein kommt einfach dadurch zustande, daß wir imstande sind, zwei weit entfernte Bereiche des Seins aufgrund eines gemeinsamen Dritten miteinander zu verbinden. Deshalb ist die Metapher ein wesentliches Element im Teppich des Seins. Metaphern sind Knoten, welche seine verschiedenen Stränge miteinander verknüpfen.

Erkennen eines realen Zusammenhanges vollzieht sich in verschiedener Weise auf verschiedenen Ebenen, und dieser simplen Tatsache vermag ein Monismus gleich welcher Art niemals Rechnung zu tragen. Schließlich ist es sein Clou, daß er von einem einzigen Punkt seinen Ausgang nimmt und alles unter ein einziges Gesetz stellt. Monistische Theorien sind deshalb notwendig dogmatisch und immer und auf jeden Fall unzureichend, wenn sie sich auf das Ganze der Welt beziehen.

Es gibt eine Bemerkung Nicolai Hartmanns, die man Wort für Wort auf die monistischen Konzepte von Wolfgang Welsch, Daniel Dennett und anderen zeitgenössischen Autoren beziehen kann. Zunächst beklagt Hartmann „das unausrottbare Einheitsbedürfnis", das am Anfang eines jeden monistischen Konzepts steht, und als zweites spricht er über den „Anspruch, die Welt genetisch in ihrem Hervorgehen zu sehen": auch dies gilt dem monistischen Darwinismus unserer Tage. „Alle genetischen Deutungen, sie mögen nun von oben oder von unten ausgehen, sind spekulative Konstruktionen." Ein knapper und entschiedener Satz, der eigentlich den Spekulationen Hegels gilt, läßt sich zwanglos auf die Haeckel-Epigonen unserer Tage beziehen: „aus dem Einfachen ist das Komplexe niemals ableitbar."[7]

Tatsächlich handelt es sich bei jedem Wissen, das sich nicht auf eine Tatsachenfeststellung reduzieren läßt oder mehr als bloße Verhaltensregeln aufstellt und deshalb mehr als einfach nur richtig ist, weil und indem es Anteil an der Wahrheit reklamieren darf, tatsächlich handelt es sich bei jedem Wissen, das diesen Namen verdient, um ein Gewebe, um ein unentwirrbares

7. Hartmann: Der Aufbau der realen Welt. Seite 464 und Seite 144. Den Monismus widerlegt Hartmann auf den Seiten 138–144. Hartmanns Argumentation gleicht der seines Lehrers Natorp, der geschrieben hatte: „Welche Verwirrungen hat nicht ... die Suche nach ‚dem' Prinzip geschaffen, welches, der Zahl nach eines, das All der Dinge oder wenigstens der Erkenntnis aus sich sollte hervorfließen lassen." Die logischen Grundlagen. Seite 128.

Geflecht, um ein Knäuel von Ahnungen, Wahrnehmungen und Einsichten, dessen Chaotik ebenso einen Ausschnitt der unüberschaubaren und nicht reduzierbaren Vielfalt der Welt abbildet und widerspiegelt, wie es unseren stets wechselnden, ebensowenig in einem Satz zu beschreibenden Situationen gerecht werden muß. Immer und immer wieder stehen wir in anderen Zusammenhängen.

Das Gewebe des Denkens ist dann wahr, wenn es mit dem Teppich des Lebens korreliert, wenn also sein Flechtwerk („Text“) zumindest einige der unendlich vielen Fäden der Realität abbildet; es wird sie nicht spiegeln, es wird der Realität niemals gerecht werden, weil es niemals auch nur annähernd so dicht gewoben sein wird, aber vielleicht doch seine Strukturen nachzeichnen und so ein ähnliches Bild darstellen.

Der Reduktion des Wissens entspricht immer die Reduktion des Denkens. Schnädelbach spricht sich wie weiland Hobbes für die Identität von Denken und Rechnen, für „die Untrennbarkeit von Denken und Sprechen“ aus und nennt das Wissen um diese Identität sogar „Gemeingut“.[8] Aber tatsächlich ist es nur eine bestimmte und vielleicht nicht einmal die wichtigste Art des Denkens, bei der wir von seiner Ungeschiedenheit von der Sprache ausgehen können. Zweifellos gilt diese Identität für ein bestimmtes Wissen und Erkennen, und sie mag auch sehr wichtig sein und fast alleinherrschend im Bereich der Wissenschaft und (vielleicht...) der Philosophie, aber es ist keinesfalls die einzige und schon gar nicht nur die unser alltägliches Leben beherrschende Art des Denkens. Daneben gibt es andere und ebenfalls sehr wichtige Formen unseres Bewußtseins und Denkens, vor allem das unbewußte, andererseits das Denken in Bildern. Dichtung, Mythos und Religion sind ohne Bilder und Symbole ebensowenig vorstellbar wie unser seelisches Leben, denn sowohl unsere Ratio wie unsere Emotionalität ist von Bildern begleitet, grundiert oder sogar ausgelöst und bestimmt.

In Bildern zu denken muß keinesfalls bedeuten, sich irrational zu verhalten, denn wir können in unserem Alltag auch ganz rational mit Hilfe von Bildern überlegen, wenn wir zum Beispiel über einen Weg nachdenken und diesen in Gedanken auf seine Bequemlichkeit, Länge oder Sicherheit hin prüfen; oder wir bestimmen unser Verhalten gegenüber einem anderen Menschen, wenn wir uns bildlich, also ganz anschaulich und sehr detailliert, seine sich allmählich vollziehende, sehr individuelle Reaktion auf eine Nachricht oder ein Ereignis vorstellen; und natürlich denken wir in Bildern, wenn wir uns fiktive oder reale Geschichten erzählen oder wenn wir uns selbst an unsere Begegnungen mit anderen Menschen oder auch mit Tieren erinnern.

8. Schnädelbach: Was Philosophen wissen. Seite 79. Hobbes schreibt im 5. Kapitel des *Leviathan*, daß das Denken ein Rechnen („reckoning“) sei.

Oder es gibt das unbewußte Denken, von dem wir selbst nicht wissen, wie es sich vollzieht. Wahrscheinlich ist wohl ein Teil des Unbewußten in der Weise sprachlich, wie es unser Bewußtsein ist, aber auch in ihm herrschen die Bilder, daran läßt sich kaum zweifeln.

In der Philosophie Henri Bergsons wird der Begriff des Gedächtnisses auf nicht weniger als das ganze Sein ausgedehnt, denn Gedächtnisqualitäten soll nach ihm sogar das anorganische Sein besitzen. Er argumentiert also in ähnlicher Weise wie sein Diskussions- und Briefpartner Whitehead, dessen Philosophie in der Tradition der Leibnizschen Philosophie ebenfalls dem leblosen Sein Empfindungen zuspricht. Obwohl zweifellos auch das anorganische Sein Spuren des vergangenen Lebens zeigt, scheint das eine wie das andere etwas überspitzt, denn das Geschehen bleibt dem anorganischen Sein in jedem Fall äußerlich, es erlebt oder erleidet es ganz und gar passivisch, und überhaupt besitzt für das leblose Sein die auf die Zukunft, die auf zukünftiges Verhalten oder Handeln gerichtete Funktion des Gedächtnisses keinerlei Bedeutung. Gewiß, das leblose Sein ist einer Vielzahl von Wechselwirkungen ausgesetzt, aber jede Spontaneität ist ihm fremd, und so wird es niemals von sich aus aktiv. Weder kann es wachsen, wie eine Pflanze wächst, noch besitzt es die Eigenbeweglichkeit eines Tiers. So sind zwar die Spuren des Geschehens an ihm sichtbar, aber diese Spuren bleiben immer äußerlich, weil Stein und Staub keine Zukunft kennen, auf die sie sich einrichten. Der Stein verändert sich nicht, sondern er wird nur verändert.

Immerhin, der Umstand, daß es nicht ganz und gar absurd ist, das leblose Sein mit dem Gedächtnis in Verbindung zu bringen, deutet schon einmal die Möglichkeit an, daß das Gedächtnis nicht in Vernunft oder Verstand wurzelt, sondern im bewußtlosen Lebensgrund. Vielleicht besitzt bereits die Pflanze ein Gedächtnis? Wenn wir das Gedächtnis als die Disposition eines Organismus ansehen, als seine Einstellung auf seine zukünftigen Lebenszusammenhänge, dann dürfte man auch bei Pflanzen von einem Gedächtnis sprechen. Oder ist eine solche Beschreibung doch noch zu allgemein? Denn mir scheint, daß im höheren, besser daß im eigentlichen Sinn eigentlich nur das Tier ein Gedächtnis besitzt. Von dem anorganischen Sein unterscheiden sich Pflanze und Tier insofern, als sie die Spuren der Vergangenheit nicht allein speichern, sondern auch verarbeiten und damit für sich selbst vermitteln – immer mit Blick auf die Zukunft. Bereits Pflanzen werden von und in ihrem Leben geprägt, und wie viel mehr erst die Tiere!

Anders als alle anderen Lebewesen verfügt der Mensch über die Fähigkeit, aus sich herauszutreten und sich seinem Selbst gegenüberzustellen, seinem Leib wie seinem eigenen Bild, und endlich, sich sogar an sich selbst zu erinnern – sein vergangenes, ebenso oft auch sein zukünftiges Selbst also zum Objekt zu machen, indem er sich selbst objiziert, indem er gleichzeitig Subjekt und Objekt ist. Nicolai Hartmann hat von der intentio obliqua gesprochen – der Rückwendung auf sich selbst –, die er der intentio recta, der geradeaus auf den Gegenstand gerichteten Wahrnehmung, entgegenstellt. Es ist diese Rückwendung, welche die bewußte Erinnerung von dem unbewußten Gedächtnis unterscheidet. Allein in der Erinnerung geht man eine kleine Strecke von sich fort, um zu sich zurückzukehren, indem man mit den Augen eines Fremden auf sich selbst blickt. Erst in der Erinnerung überblickt ein Lebewesen seine Lebenszeit wie einen zurückgelegten Weg, erst in ihr besitzt es Geschichte, und zwar zunächst und vor allem bildhaft. Ob Tiere über ein bildhaftes Gedächtnis verfügen oder überhaupt in Bildern denken, können wir nicht wissen, aber es ist absolut wahrscheinlich, eigentlich sogar absolut sicher, daß allein der Mensch ein Erinnerungsbild seiner selbst besitzt, denn kein Tier zeigt auch nur leiseste Spuren jener Gefühle wie zum Beispiel Scham oder Stolz, die aus einem bildhaften Selbstverständnis resultieren. Und deshalb ist der Mensch eigentlich erst dann ganz Mensch, hat er sich erst dann von seinem animalischen Fundament gelöst, wenn er über Erinnerung verfügt, wenn sein vergangenes, aber auch sein zukünftiges, erhofftes oder befürchtetes Leben sich ihm in Bildern offenbart, von denen er selbst ein Teil ist und in denen er sich selbst wiederfindet.

Es ist die Erinnerung, die uns täuscht, nicht das Gedächtnis. Eigentlich kann man das Gedächtnis sogar unfehlbar nennen – wir befragen es nicht und brauchen das auch nicht zu tun, denn es spricht von allein zu uns. So suchen wir nicht in ihm, sondern in der Erinnerung, und wir manipulieren nicht das Gedächtnis, sondern allein die Erinnerung. Dem Gedächtnis stehen wir ganz passiv gegenüber und lassen es einfach geschehen. Besonders gilt das für Assoziationen, die ganz ungeordnet auf uns einprasseln; oder die unser Denken durchlaufen, wie immer sie gerade lustig sind. Sie mögen die Erinnerung auslösen, sind aber anders als diese einerseits wahrhaftig und getreu, andererseits willkürlich und sprunghaft.

Also: Nicht wir finden das Gedächtnis, sondern es sucht uns auf. Es läßt uns wohl manchmal im Stich, aber es täuscht uns niemals. Das hängt mit seiner Verwurzelung im irrationalen Lebensgrund zusammen, denn den Irrtum kennen erst Tier und Mensch als urteilende Lebewesen.

Ich weiß nicht, wie man die Aussage mancher Autisten deuten soll, daß sie in einem wohl wesentlich höheren Maße als normale Menschen von einem bildhaften Denken bestimmt werden, ja, daß sie sich sehr oft gar nicht von einem Denken in Bildern lösen können. Könnte man sagen, daß das Denken in Bildern erst dann eine Befreiung und ein Fortschritt ist, wenn es durch die Kraft des verallgemeinernden Begriffes geordnet und gezügelt wird? Denn eben daran scheint es vielen Autisten zu fehlen. Temple Grandin hält es für wahrscheinlich, daß es auf der organischen Ebene zwei Wurzeln der Vernunft gibt, von denen die eine die bildhaften Vorstellungen, die andere das verbale Denken speist. Der Titel der amerikanischen Originalausgabe ihres Buches lautet übrigens *Thinking in Pictures.*[9]

Noch etwas anderes und mit Blick auf die Momente des Wirklichen äußerst Wichtiges muß über das Bild gesagt werden. Es ist das Bild, das Ausdruckscharakter besitzt, also Emotion vermittelt. Deshalb geht das Bild der Sprache, die bildhafte Einsicht (Sicht!) der Formulierung voran. Das Bild muß in sich differenziert sein und eine Vielfalt zeigen, die dem Fluß der Zeit unterworfen ist, also der Veränderung unterliegt. In diesem Fall ist der Gegenstand ausdrucksstark. Von einem Protokollsatz kann man das niemals sagen, denn die Sprache ist gegenüber dem Ausdruck als einem Grundphänomen unserer Realität sekundär; sie kann sich ihm über den Umweg über das Bild nähern, gelegentlich auch über die Klangfarbe oder den Rhythmus, ihn aber niemals einholen. Wenn Sprache ausdrucksvoll wird, dann über die Sprach- und Sprechmelodie oder über Metaphern und Symbole, nicht jedoch über ihren propositionalen Gehalt. Wer Sprache und Denken darauf reduziert, reduziert und verarmt das Sein des Menschen.

Im dritten Band seiner *Philosophie der symbolischen Formen* zeigt Ernst Cassirer, daß die Ausdruckswahrnehmung in der Entwicklungsgeschichte eines jeden Kindes allen anderen Formen der Wahrnehmung ebenso vorhergeht wie in dem alltäglichen Erleben der meisten Menschen oder in der Geschichte der Menschheit.[10] Bei seinen Überlegungen stützt er sich außer auf pädagogische und psychologische Standardwerke seiner Zeit zusätzlich auf die *Grundlegung einer Wissenschaft vom Ausdruck* von Ludwig Klages.

Besonders der höhere Ausdruck – das beste Beispiel ist der Ausdruck des Gesichts – ist an eine Vielzahl von im selben Augenblick schon wieder vergehenden Momenten und dazu oft äußerst subtilen Bewegungen gebunden, die einander in schneller Folge ablösen und wohl auch ineinanderfließen, also nach dem Begriff von Hermann Schmitz „binnendiffus“ sind. Selbst eine nachträgliche Analyse kann sie nicht vollständig auseinanderdividieren, vielleicht nicht einmal mit der Hilfe von in extremer Zeitlupe abgespielten Filmen, die jene Mikroausdrücke eigentlich erst zutage gebracht haben. So ist Ganzheit ein Stichwort, dessen Bedeutung in diesem Zusammenhang überhaupt nicht überschätzt werden kann, weil das Verstehen des Ausdrucks an die Wahrnehmung eines komplexen Zusammenhangs gebunden ist. Eine

9. Grandin: Ich bin die Anthropologin auf dem Mars. Seite 45ff. Grandin ist Professorin für Psychologie.

10. Cassirer: Philosophie der symbolischen Formen. Dritter Teil. Seiten 68–107, besonders Seite 94f. (zu Klages) und Seite 74: „Das ‚Verstehen von Ausdruck‘ ist wesentlich früher als das ‚Wissen von Dingen‘.“ Man vergleiche zusätzlich die identische Argumentation von Scheler: Wesen und Formen der Sympathie. Seite 233 (Ausdruck ist „das *Allererste*“) und Seite 241.

Ganzheit ist eine Ordnung, in der die Teile als Zusammenhang eine übergeordnete Einheit bilden und damit oder deshalb eine andere, das Detail weit übersteigende Bedeutung erlangen. Je vielfältiger die Binnenordnung eines Zusammenhanges, je differenzierter die einzelnen Bezüge, desto mehr Bedeutung kommt den einzelnen Teilen zu, die auf diese Weise ihre Eindeutigkeit verlieren. Sie werden schillernd.

Ein wesentlicher Aspekt nicht allein von organischen Einheiten kommt dabei der Zeit und damit der Veränderung und Bewegung zu. Es gibt keinen Ausdruck ohne Bewegung, selbst wenn diese Bewegung eingefroren, vergangen oder illusionär ist. In der unbelebten Natur kann Ausdruck deshalb unter Umständen sogar Felsen oder dem ziehenden Gewölk zukommen, obwohl diese Objekte keine Seele besitzen, die sich ausdrücken könnte, kein Lebenszentrum, das sich in Bewegungen äußert, sondern Inneres und Äußeres sich in ihnen nicht unterscheiden; ebenso besitzen Pflanzen zwar ein Inneres, aber weil ihnen die Selbstbewegung fehlt (auch die innere) kennen sie keinen Ausdruck. Immerhin, gelegentlich besitzen Pflanzen für unsere Wahrnehmung den Schein von Ausdruck, wenn Bäume sich dem Wind beugen oder gebeugt haben oder wenn Blumen sich zitternd dem Licht entgegenrecken. Weil diese Bewegungen meist sehr langsam sind, bedarf es technischer Tricks, um diesen Ausdruck oder doch wenigstens seine Illusion sichtbar zu machen. Wirklichen Ausdruck kennt erst die Fauna.

In der Welt des Tieres wird der Ausdruck je reicher, je entwickelter die Natur des einzelnen Exemplars, je gegliederter, reicher und individueller seine Gestalt, je entsprechend vielseitiger endlich seine Bewegungen sind. Aber so etwas wie Sinn (also das, was etwas zu einem Symbol macht) wird es niemals wahrnehmen. Hier geht es einzig und allein um Lebewesen, Gegenstände und Vorgänge, die in seine Umwelt eingepaßt sind.

Immer muß sich die Geschwindigkeit der Objekte an unsere Sinne anpassen – ist sie zu langsam oder zu schnell, nehmen wir keinen Ausdruck wahr. Ausdruck ist niemals die objektive Eigenschaft eines Organismus, Dinges oder Vorgangs, also kein Attribut, sondern etwas Relationales, das sich allererst in der Wahrnehmung eines Lebewesens bildet und formt, dessen Sinnlichkeit wie Verstand diesem Ausdruck (buchstäblich!) angemessen sind. Angemessen und passend sind sie, wenn das wahrnehmende Lebewesen über Gemeinsamkeiten mit dem Lebewesen verfügt, das etwas ausdrückt – und diese Gemeinsamkeiten sind immer Gemeinsamkeiten des Leibes. Die Hilflosigkeit eines auf dem Rücken liegenden, verzweifelt mit den Beinen strampelnden Käfers vermögen wir deshalb nachzuvollziehen und auf diesem Wege zu verstehen, weil wir diese Hilflosigkeit zumindest gelegentlich auch an unserem eigenen Leib entdecken oder einmal entdeckt haben. Wir selbst kennen also etwas Ähnliches, wenngleich wir nicht ernsthaft dazu imstande sind, das Erleben eines fast pflanzenhaft-bewußtlos vegetierenden Tierchens wirklich nachzuempfinden. Zwischen dem Käfer und uns besteht eine (wenngleich verschwindend kleine) Ähnlichkeit, und eben deshalb vermögen wir seine Hilflosigkeit über den Ausdruck und dank seiner nachzuerleben.

Am anderen Ende der Skala erleben wir den Ausdruck in dem Gesicht oder in der Gestalt eines anderen Menschen, indem wir ebenfalls einzelne Bewegungen nachvollziehen (tatsächlich oder doch wenigstens in Gedanken) und so indirekt an seinem Gefühl teilhaben; in dieser Weise können wir unter Umständen an seinem Erleben partizipieren und uns von seinen Stimmungen und Gefühlen gefangen nehmen lassen. Damit wir also das Erleben eines Wesens überhaupt verstehen können, muß es Gemeinsamkeiten in unserem Körperbau geben. Ein Lebewesen, dessen Körperbau dem unsrigen vollkommen fremd ist, dessen Bewegungen und Wahrnehmungen wir niemals nachempfinden können, weil wir mit ihm keinerlei Gemeinsamkeiten besitzen, wird uns in seinem Erleben immer ganz und gar fremd bleiben. Spinnentiere, Schlangen oder Krebse sind für uns weitgehend ausdruckslos, und entsprechend mitleidlos gehen wir mit ihnen um.

Es wird sich noch zeigen, daß eben dieser Aspekt – Ausdruck beruht auf der Selbst-Bewegung eines vielgliedrigen Zusammenhangs – uns in der Bestimmung der Realität oder des Realen wiederbegegnet. Deshalb ist der Ausdruck das, was die Erfahrung des Realen eigentlich ausmacht und sowohl grundiert als auch in ihr gipfelt; dort, wo der Welt kein Ausdruck eignet, wo sie schneidend kalt, unbeweglich und dazu in sich undifferenziert ist, dort findet sich auch keine Realität. Je ausdrucksvoller eine Landschaft, ein Lebewesen oder irgendein Geschehen, desto realer ist es auch.

Auch sind sowohl die Realität als auch der Ausdruck etwas Relationales, die für sich überhaupt nicht existieren. Sie müssen wahrgenommen werden, um überhaupt zu sein.

Die Welt der Mathematik dagegen ist ebenso irreal wie ausdruckslos. Auch der Weltraum mit seinen durch eine ewige Nacht ziehenden Sonnen ist ausdruckslos und deshalb irreal, ähnlich der schweigenden Welt des polaren Eises. Und endlich ist es eine Ansammlung von Protokollsätzen, die in den Manuskripten eines Labors ihren Sinn haben mögen, aber auch wirklich nur dort.

Ist es sinnvoll, bereits das Bild der Welt eine Erkenntnis zu nennen? Jede Vorstellung? Derartige Grundbegriffe lassen sich nur sehr schwer definieren. Vielleicht macht es ja Sinn, das Bild einer in sich differenzierten Landschaft mit ihren unendlich vielen Sinneseindrücken nicht als *eine* Erkenntnis, sondern als ein Bündel von Erkenntnissen anzusehen, als ein Konglomerat, das noch der Ausdeutung bedürftig ist? In keinem Fall muß aber eine Erkenntnis ein sprachliches Urteil darstellen oder an einen Begriff gefesselt sein, denn in diesem Fall wäre ja kein Tier dazu fähig, eine Situation zu beurteilen – und das sind sie ausnahmslos alle. Selbst das Pantoffeltierchen besitzt Erkenntnisse und vermag sein Verhalten anzupassen. Die Deutlichkeit, gebunden an die Form eines Satzes, wäre also nur ein sekundäres oder vielleicht gar tertiäres Kriterium (wenn es denn überhaupt ein Kriterium ist) – die Undeutlichkeit würde zwar mit der Bewußtheit eines Urteilsvorganges abnehmen, aber nicht unbedingt ihr Wahrheitsgehalt, auf den es doch zunächst und vor allem ankommt.

Mit der Seinshöhe eines Tiers und vor allem mit der Ähnlichkeit unserer Leiber steigt dann auch die Möglichkeit eines tatsächlichen Mitfühlens, so daß wir die elementaren Gefühle wie zum Beispiel Angst oder Freude auch mit Tieren (und mit Menschen sowieso) teilen können. Ganz generell können wir von ihren Gefühlen angesteckt werden. Hier teilen wir das Leibempfinden, obwohl immer noch der Satz des Bewußtseins gilt – und zwar ganz uneingeschränkt: Wir sehen diese Gefühle nur von außen.

Die Welt anderer Wesen wird uns zumindest immer insoweit verschlossen bleiben, als sie sich nicht in die Region des objektiven Geistes übersetzen läßt. Wir werden niemals in sie übertreten, wenngleich wir sie vielleicht partiell verstehen können. Andere Sinnesorgane, wie wir sie bei manchen Tieren finden, ändern an der Situation dabei kaum etwas und vermögen unser Unverständnis kaum noch zu verschärfen. Manche Lebewesen, die mit uns überhaupt nicht verwandt sind oder doch nur ganz entfernt, leben in einer Welt, die uns immer und ewig, die uns ganz und gar verschlossen bleiben muß. Und das selbst dann, wenn wir dank der Einsichten der Biologie, der Neurologie und anderer Wissenschaften die Eigenart ihrer sinnlichen Wahrnehmungen rekonstruieren können. So wissen wir dank ausgeklügelter Experimente und einer erstaunlichen Technik, wie Bienen eine Blumenwiese sehen, also welche Farben sie wahrnehmen und welche nicht und auf welche Muster sie ansprechen, aber selbstverständlich besitzen wir trotzdem keinerlei Möglichkeit, auch nur ansatzweise die Sinnlichkeit einer Biene nachzuvollziehen. Das gilt selbst (und im Grunde in derselben Schärfe) für das Erleben eines Schimpansen, obwohl wir selbst doch nach der Ansicht gewisser Leute „afrikanische Menschenaffen“ sein sollen. Ja, es gilt sogar für das Erleben anderer Menschen, selbst für diejenigen, denen wir uns tief verbunden fühlen. Auch ihre Sinnlichkeit wird uns immer unzugänglich bleiben.

Deshalb sind anders geartete Sinnesorgane eigentlich gar nicht vonnöten, sondern der Satz des Bewußtseins gilt unter allen überhaupt nur denkbaren Umständen. Andere oder auch nur schärfere Sinne mögen die Subjektivität und Andersartigkeit zwar noch weiter verschärfen, aber die absolute Ein- und

Abgeschlossenheit des Bewußtseins besteht auch ohne sie. Es ist das Wesen des Bewußtseins selbst, das samt und sonders alle Wesen zurück auf sich selbst verweist. Jedes Bewußtsein, gleich welcher Art, ist für sich und als Bewußtsein nur für sich, und jedes Bewußtsein lebt in seinem eigenen Kerker. Das ist ein apriorischer Satz, der weder empirischer Unterfütterung bedarf noch ihrer fähig wäre.

Dennett aber versucht zu zeigen, daß man sich sehr wohl vorstellen kann, wie andere Wesen die Welt erleben, und widerspricht damit expressis verbis und sehr vehement Thomas Nagels bekanntem Fledermaus-Aufsatz, in dem dieser im Ausgang von der Andersartigkeit der Sinne dieses Tieres die Auffassung vertritt, daß uns das Bewußtsein einer Fledermaus („Wie es ist, eine Fledermaus zu sein", „What Is It Like to Be a Bat") immer unzugänglich bleiben wird. Nagels Argumentation ist also generell eine ganz andere und vor allem weniger grundsätzliche als die, die sich auf das apriorische Wesen des Bewußtseins beruft.

Dennett macht seinen Widerspruch in einem wahrscheinlich humoristisch gemeinten Dialog deutlich, in dem zunächst gezeigt wird, wie sich die Wahrnehmung eines Wesens nicht darstellt – so wird beispielsweise auf die Farbenblindheit von Rehen verwiesen. Farben können sie nicht sehen, erfährt der Leser. Aber können wir bereits dann, wenn wir wissen, wie ein Lebewesen seine Umgebung nicht wahrnimmt, seine Wahrnehmung tatsächlich nachvollziehen, das heißt sie uns leibhaftig vorstellen? Ist Wahrnehmung wirklich auf Farben oder andere Gestaltungsmerkmale reduziert oder reduzierbar, so daß sie sich auf einem Blatt Papier oder in einem Trickfilm abbilden ließe, oder gehört dazu nicht auch die Gewichtung verschiedener Sinneseindrücke, ihre Bewußtheit und endlich ihre emotionale Färbung? Gehört nicht auch (und vielleicht sogar zuerst) das Leib- und Organempfinden dazu? Kann ein Mann sich vorstellen, eine Frau zu sein? Ein Schwächling sich in einen Muskelmann versetzen, ein Gesunder in einen fiebernden Kranken? Kann ein Einäugiger sich binokulares Sehen vorstellen?

Nein, das kann er nicht.

Nun, Dennett und Dawkins sind da ganz anderer Ansicht. Es sind ihre ideologischen Grundvoraussetzungen, die es verbieten, die Abgeschlossenheit eines jeden Bewußtseins zu akzeptieren. Deshalb versuchte Dawkins bereits 1986, die Unterschiede zwischen dem Erleben eines uns unendlich fremden Tierchens und der Sinnlichkeit eines Menschen kleinzureden. Durchaus möglich oder sogar sehr wahrscheinlich, daß damit auch er, wie wenig später Dennett, den bereits 1974 veröffentlichten Fledermaus-Aufsatz Thomas Nagels attackieren wollte. Allerdings zieht er es vor, den Namen des amerikanischen Philosophen an keiner Stelle zu nennen. „Die Wahrnehmung eines Fledermausweibchens von seinem Paarungspartner unterscheidet sich vielleicht nicht stärker von meiner visuellen Wahrnehmung eines Flamingos, als meine visuelle Empfindung eines Flamingos sich von der visuellen Wahrnehmung unterscheidet, die ein Flamingo von einem anderen Flamingo hat."[11]

Wenn Bewußtsein Selbstdistanz bedeutet und Unbewußtheit das Gegenteil, die ab- und widerstandslose Hingabe an die Sinneseindrücke, ein Verlorensein in der Wahrnehmung und an sie, wie bewußt oder unbewußt nimmt ein Reh seine Umgebung wahr? Wenn es am Waldrand verharrt und sichert, schaut es wirklich nach einem durch das hohe Gras spürenden Fuchs oder der Flinte eines Jägers aus, oder wartet es nur unruhig witternd ab, von seinen Instinkten in Form einer dunklen, unartikulierten Unruhe davor gewarnt, ohne jedes Zögern auf das freie Feld hinauszutreten? Das sind Fragen, die weder bei dem berühmten Zoologen Dawkins noch bei dem fast ebenso berühmten Philosophen Dennett auch nur von Ferne anklingen.

Nachdem Dennett uns über die Farbenblindheit von Rehen belehrt hat, vergleicht er die Orientierung einer Fledermaus mit der eines Adlers und stellt anschließend die Frage, ob eine Fledermaus wohl dazu fähig sein könnte, ein geschlossenes von einem offenen Stoppelfeld zu unterscheiden. Wenn dieser gefeierte Hochschullehrer und Schriftsteller zum Schluß dieser Ausführungen mit dem grimmigen Gestus des pragmatisch-vielerfahrenen Wissenschaftlers verkündet, daß er sich einige Experimente überlegen muß,[12] legt er ein weiteres Mal seine peinliche Verständnislosigkeit offen. Seine ganze Argumentation demonstriert, daß er auch nicht im Ansatz begriffen hat, wo hier das Problem liegt. Denn natürlich verstehen wir und versteht auch Thomas Nagel unter dem Erleben eines Wesens nicht dessen Sinnesphysiologie! Es geht selbstverständlich nirgendwo um das, was sich messen oder auch nur beobachten ließe. Und wenn es heißt, daß wir uns nicht in das Erleben einer Fledermaus versetzen können, dann bedeutet das doch nicht, daß ein Biologe nicht die Merkmale und Leistungen ihrer Sinnesorgane aufzuzählen wüßte! Sondern damit ist gemeint, daß wir in unserem eigenen Erleben nichts haben, das dem Erleben eines anderen Wesens entspricht. Die Fledermaus ist nur ein besonders extremes Beispiel, weil zu dem Eingeschlossensein eines jeden Wesens in sein Bewußtsein noch zusätzlich andere Sinnesorgane und Extremitäten und damit auch ein komplett anderes Organempfinden kommen. Deshalb kann es auch nicht den leisesten Schatten eines Verständnisses zwischen uns geben.

11. Dawkins: Der blinde Uhrmacher. Seite 52. Auch Dennett greift Nagels Überlegungen zu und zu gerne an, zum Beispiel in: From Bacteria to Bach. Seite 337f. oder Consciousness explained. Seite 441–448.

12. Dennett: Consciousness explained. Seite 443: „we will have to design some experiments to see".

In einer ganz eigenen Sprache hat diese Verhältnisse Edmund Husserl in seiner Krisis-Abhandlung ausgesprochen. Er überträgt den Satz des Bewußtseins in sein eigenes Vokabular, wenn er feststellt, daß andere Körper für uns immer nur Körper sind, niemals Leib. In meinem Wahrnehmungsfeld, so schreibt Husserl, kann „einzig und allein mein Leib, nie aber ein fremder Leib – in seiner Leiblichkeit – wahrgenommen werden, sondern nur als Körper."[13]

Jedes Erleben, das unsrige wie das der Fledermaus, ist so tief im Subjektiven verankert und deshalb so wenig mitteilbar, daß nichts bleibt, als sich in Tautologien zu ergehen und immer wieder aufs Neue mitzuteilen, daß es nicht möglich ist, das Erleben zu beschreiben.

Im Grunde ist die Kernaussage von Nagels Aufsatz trivial. Auch ist sein Beispiel ungeschickt gewählt, denn an einem Wesen, das uns näher wäre (zum Beispiel dem uns in diesem Augenblick nächsten Menschen), könnte er eine identische Argumentation in derselben Schärfe entfalten. Warum er also mit diesem Aufsatz berühmt werden konnte, verstehe ich nicht – vielleicht deshalb, weil in der angelsächsischen Philosophie einige zentrale Werke wie die oben zitierten *Grundzüge einer Metaphysik der Erkenntnis* nicht hinreichend bekannt sind? –, aber ich verstehe erst recht nicht, wie man sich gegen diese doch eigentlich selbstverständlichen Einsichten wenden kann.

Übrigens ist es so, daß sich auch unterhalb der Kernaussage des Satzes des Bewußtseins einige Fragen stellen – Fragen, die wir niemals werden beantworten können. Bei einem Hund können wir sagen, daß sein Geruchssinn unendlich schärfer als der unsrige ist, aber weder besitzen wir das Echolot einer Fledermaus oder das Seitenlinienorgan eines Haies, noch können wir uns in das wahrscheinlich ganz und gar unbewußte Wahrnehmen und Reagieren eines Tieres versetzen, das seine Nahrung mit Ultraschall oder einer elektrischen Ortung aufsucht. Handelt die Fledermaus automatisch, wenn sie auf ein Insekt zusteuert? Weiß sie, was sie tut? Stellt der Hund sich den Fuchs, dessen Fährte er durch das Unterholz folgt, bildlich vor? Kennt irgendjemand ein Experiment, mit dem sich diese Fragen beantworten ließen? Und kann man den Unterschied zwischen einem Lebewesen wie uns, dessen Bewußtsein wesentlich visuell ist, und dem eines unbewußt handelnden, von Gerüchen oder vom Ultraschall gelenkten Tieres verstehen?

13. Husserl: Die Krisis der europäischen Wissenschaften. Seite 110.

Birgt Wasser Information?

Um auf Warnke zurückzukommen, dessen Bemerkungen uns zu einigen Exkursen über den Satz des Bewußtseins motivierten: Er sieht kein Problem darin, sich spontan zu einer Position zu entschließen, die dem subjektiven Idealismus eines Johann Gottlieb Fichte oder des frühen Schelling entspricht, nach denen das Bewußtsein seine Welt „produziert", also aus sich heraus eine Welt entwirft. Glaubt er wirklich, daß „das Bewußtsein alles erschafft"? Denn wie bei den Unterschieden zwischen unbelebter Natur, Pflanze, Tier und Mensch widerspricht sein Satz auf das Entschiedenste unserem natürlichen Weltverständnis und damit auch seinem eigenen alltäglichen Verhalten. Wie jeder andere von uns geht er ganz selbstverständlich davon aus, daß die Welt um ihn herum existiert – es ist einfach nicht glaubwürdig, daß er an eine von ihm selbst geschaffene Welt glaubt, in der er (und vielleicht allein er) heimisch ist. Niemand tut das; und wenn doch, dann muß es sich um einen pathologischen Fall handeln.

Denn natürlich haben wir die Welt weder geschaffen noch produziert; wir wurden in sie hineingeboren und haben sie im Wesentlichen so zu akzeptieren, wie sie ist. Die Welt hat es vor uns gegeben, so wie es sie nach uns geben wird. Der Satz der Phänomenalität wird dadurch nicht im geringsten eingeschränkt – die Welt ist immer noch für uns und nur für uns, und wenn wir einmal die Augen schließen, wird sie für uns nicht mehr sein.

Eigentlich merkwürdig, daß ein so nüchterner und sachlicher, ja geradezu trockener Begriff wie „Information" ohne Umwege in die Mystik führt. Wahrscheinlich ist es wirklich Mimikry. Denn auf Mystik laufen beide Philosophien hinaus, so sehr sie sich auch sonst unterscheiden mögen. Welsch versucht, gewisse Verschmelzungserfahrungen zu be- und umschreiben – mit Seehunden, mit dem Pazifik, mit einer geliebten Frau –, und Warnke ergeht sich am Ende seines Buches in alchemistischen Symbolen, denn das „Wesen der Alchemie ist die Überzeugung einer mystischen Verbundenheit des Menschen und aller Dinge der Natur in einer gewollten, sinngeprägten und zielbestimmten Schöpfung."[1] Worum sonst als um Mystik oder um einen Panpsychismus handelt es sich, wenn plötzlich alles gleich sein und Information sich auch in der leblosen Natur, ja gar in den Zuständen der Elektronen verbergen soll? Was sonst außer Panpsychismus ist es, wenn man Elektronen unterstellt, sie könnten Erfahrungen machen?

Energie und Information, also eigentlich zwei Begriffe der trockenen Wissenschaft, sind längst Kernbegriffe der Esoterik geworden. In philosophischen Texten aber sollten sie nur mit äußerster Vorsicht gebraucht werden. Weil die Überlegungen dieser Studie einerseits auf den Begriff der Realität zielen, andererseits unsere Wahrnehmung und Auffassung dieser Realität

1. Welsch: Homo mundanus Seite 571; Warnke: Quantenphilosophie und Spiritualität. Seite 263.

mitsamt der Fremdwahrnehmung erklären wollen, sei nur ein einziges Beispiel für den Mißbrauch dieser Begriffe in einem esoterischen Text zitiert. Energie und Information spielen in ihm eine zentrale Rolle, und dazu offenbart der merkwürdige Ausdruck „feinstofflich“, daß diese Form der Mystik nicht etwa in fein, sondern in grob materialistischen Vorstellungen gründet – das ist auch der Grund, warum dieser Aberglauben ausgerechnet in England so populär werden konnte. So schreibt die Autorin eines Buches, das sich mit zwischenmenschlicher Kommunikation beschäftigt, „von einer unbewußten feinstofflichen Energieverbindung“ zwischen zwei Menschen. „Auch ein Telefonat, wie etwa mit der Sekretärin eines Versandhauses, schafft kurzzeitig eine solche Energieverbindung ... Ich erläutere meine spirituelle Sicht, verbunden mit Bereichen [sic] der modernen Physik ... Der gesamte Kosmos ist ein Meer aus reiner Energie ... Diese Energie ist in ihrer subtilsten Erscheinung reines Bewußtsein ... Im Menschen spiegelt sich dieses Licht im höheren Selbst ...Die menschliche Seele ist das Fahrzeug der vielfältigen Inkarnationen ... Sie hat die Eigenheit, energetische Informationen in beliebiger Menge als Bilder zu erzeugen und abzuspeichern“.[2] Zum Schluß dieses mystischen Quarks verwandelt sich der Mensch also in einen Computer und speichert ab...

Es ist vielleicht unfair, Autoren wie Welsch oder Warnke mit derartigen Unsinnssudeleien in Verbindung zu bringen, aber man sollte sich ganz ernsthaft die Frage stellen, ob es ein Zufall sein kann, daß immer wieder dieselben Begriffe und Vorstellungen auftauchen („reines Bewußtsein“) und sich Mystik und Physik in einem Materialismus mit spirituellem Anspruch zusammenschließen. Alle fundamentalen Begriffe – insbesondere aber Information, Materie und Energie – sind höchst problematisch und sollten nur mit äußerster Zurückhaltung gebraucht werden.

Man muß sich bei dem nächsten Zitat aus einem populärwissenschaftlichen Werk im Einklang mit der universitären Lehre nur einmal fragen, wer denn die angesprochenen Erfahrungen machen soll. Erfahrungen machen kann in meiner Welt nur ein animalisches oder menschliches Wesen, also allein ein intelligent agierender Organismus, der etwas erkennt, seine Schlüsse aus Fehlern und Fehlgriffen zu ziehen weiß und diese in sein Gedächtnis aufnimmt. Aber materialistisch argumentierende Sachbuchautoren sehen das ganz anders. „Die *genetische Information* aller heutigen Lebewesen beruht auf den Erfahrungen aus rund 3,5 Milliarden Jahren Evolution.“[3] Wollen die Autoren uns damit sagen, daß die Intelligenz eines Schöpfergottes

2. Brandl: Ich kann doch ohne dich nicht leben! Seite 19–21. Ohnehin wüßte ich gern, was „reines Bewußtsein“ eigentlich sein soll. Rein wovon?

3. Junker/Paul: Der Darwin-Code. Seite 127.

Konsequenzen aus seinen Erfahrungen mit der Welt und dem über Äonen geübten Kreieren von Pflanzen und Tieren gezogen hat? Nein, dann wären sie ja Kreationisten oder Bibelfundamentalisten... Oder glauben sie, daß die Gene selbst es gewesen sind, welche erst Erfahrungen machten und dann zu verwerten wußten? Das würde eigentlich ganz gut in die herrschende panpsychistische Weltanschauung passen. Man spricht sie nur in seltenen Fällen offen aus, und es mag wohl sein, daß viele jener, die eine der harten Wissenschaften lehren und vertreten, sich gar nicht der Tatsache bewußt sind, daß sie einem verschwiemelten Panpsychismus huldigen.

Wundern wir uns darüber, daß sich derartige obskurantistische Auffassungen problemlos von Science Fiction-Autoren okkupieren lassen? Beispielsweise hat der amerikanische Romancier Frank Herbert in einem seiner Megaseller das Gerede von der Information, welche von den Genen getragen wird, beim Wort genommen und sie in einen Zusammenhang mit dem Gedächtnis gestellt. In *Die Kinder des Wüstenplaneten* beschreibt er zwei Menschen, deren Gene die Erinnerungen ihrer Vorfahren der letzten 5000 Jahre transportieren. Mir geht es hierbei nicht um die genretypische Neigung zu riesigen Zahlen („Ich kann mich an Zeiten erinnern, die fünfzig Jahrhunderte in der Vergangenheit liegen."), sondern einzig und allein um das Prinzip, also darum, ob es überhaupt möglich oder auch nur denkbar sein kann, mit Hilfe der Gene Informationen zu vererben, darum, den Inhalt eines Gedächtnisses auf eine spätere Generation zu übertragen. Sonst sind doch die Biologen ganz einhellig der Auffassung, daß sich Erlerntes oder überhaupt Erworbenes ganz grundsätzlich nicht vererben läßt...

Herbert selbst hat nichts anderes getan, als das durch und durch fehlerhafte Vokabular der Wissenschaft beim Wort zu nehmen. Wenn die Figuren seines Romans eine alte Sprache sprechen möchten, ist alles, was sie tun müssen, „die genetischen Informationen aus ihrem Gedächtnis abzurufen". An anderer Stelle heißt es: „Er fühlte die Vergangenheit, die er in seinen Zellen mit sich trug, in seinem Bewußtsein und in den Urformen, die seine Annahme bestätigten." Deshalb können selbst Kinder sagen: „Wir kennen die alten Sprachen und besitzen das Wissen der Vergangenheit. Wir sind bereits verschmolzen mit jenen, die in uns sind."

Alle diese Vorstellungen sind absurd, denn Wissen schlägt sich nicht in Genen nieder, und die Erfahrungen der Eltern lassen sich keinesfalls durch Vererbung auf ihre Nachkommen übertragen. Wie kann jemand sich selbst eine „Gemeinschaft" nennen? „Ich bin eine Gemeinschaft, in der jemand dominiert, der uralt ist und über große Macht verfügt. Er war der Stammvater einer Dynastie, die seit dreitausend Jahren überdauert hat."[4]

4. Herbert: Die Kinder des Wüstenplaneten. Seite 190, Seite 23, Seite 130, Seite 646.

Herberts Bücher sind gigantisch erfolgreiche Bestseller, die das Denken von unzähligen Menschen beeinflußten. Und es gibt ja noch ein anderes millionenfach verkauftes Buch, in dem sich dieselben absurden Vorstellungen finden. In ihm begegnet uns ein Mann, dessen Abstammung auf Dschingis Khan zurückgeht, „wenn auch die vielen Generationen und Rassenmischungen seither seine Gene so verheddert hatten, daß er keine eindeutig mongolischen Eigenschaften mehr besaß". Trotz der bedauerlichen Verunreinigung seiner Gene ist aber sein Denken von seiner mongolischen Abstammung beeinflußt, was man unter anderem an seiner „Vorliebe für kleine Pelzhüte"[5] erkennen kann. Diese ziemlich unlustige Witzelei mag humoristisch gemeint sein, aber hier kommt es allein darauf an, daß derartige Megaseller das Denken vieler Menschen tief beeinflussen; auffallend viele Vulgärmaterialisten bekennen sich dazu, Fans von Douglas Adams zu sein, und Adams seinerseits nannte sich selbst einen „Dawkinisten". Uns wundert das nicht. (Übrigens zeigt sich auch Dennett als Anhänger der Science Fiction und schreibt ganz im Stile von Douglas Adams, zum Beispiel in der Einleitung zu dem von ihm gemeinsam mit Douglas R. Hofstadter herausgegebenen Sammelband *Einsicht ins Ich.*)

Ähnlich absurd sind die Vorstellungen in dem Roman *Der Schwarm*, eines Bestsellers, dessen Autor einhellig für seine Verarbeitung wissenschaftlicher Erkenntnisse gelobt wurde und im Folgenden auch die Gelegenheit erhielt, sie im Fernsehen in unermüdlich wiederholten Dokumentationen weiter zu verbreiten. Nach ihm ist selbst das, „was wir als Kultur bezeichnen, ... unseren Genen eingegeben. Die kulturelle Evolution beginnt in prähistorischen Zeiten, da wurden in unseren Köpfen die Weichen gestellt. Kultur ist biologisch, oder wollen wir annehmen, es seien neue Gene hinzugekommen, um Kriegsschiffe zu konstruieren? ... Kultur ist Teil unserer Evolution. Sie dient dazu, uns in einem stabilen Zustand zu erhalten..."[6]

Typisch für die evolutionistische Argumentation dieser Art ist bereits das genaue Wissen darüber, wozu etwas existiert, daß also von vornherein auf den Zweck eines Gegenstandes oder Vorgangs abgehoben wird. Eigentlich nennt man dieses Wisssen um den Zweck Teleologie, und wird Teleologie sonst als unwissenschaftlich oder gar religiös abgelehnt, so stört sich hier niemand an einem teleologischen Denkmuster. Und: Kultur, verrät uns der Dichter, soll uns (aber wer ist „uns"? die Menschheit?) in einem stabilen Zustand erhalten, aber wie kann ein Anhänger der Evolutionstheorie sich ernsthaft für einen stabilen Zustand aussprechen? Würde das nicht das Ende der Evolution bedeuten?

5. Adams: Per Anhalter durch die Galaxis. Seite 13.

6. Frank Schätzing: Der Schwarm, Frankfurt am Main 2005. Seite 773.

Zusätzlich ist die Annahme, daß für jede kulturelle oder technische Innovation ein (auch noch uraltes!) Gen zuständig sei, derart albern, daß sich ein Kommentar erübrigt. Auch ist die Weltgeschichte nach diesem großen Philosophen vorab absolut festgelegt, denn wörtlich heißt es, es seien bereits in Urzeiten „in unseren Köpfen die Weichen gestellt." Was für ein Weltbild! Schon in Adam und Eva wären dann die technischen Innovationen unserer Zeit angelegt; oder besser, bereits in Bakterien, denn „wollen wir annehmen, es seien neue Gene hinzugekommen"?

Das Gedächtnis ist ein schwieriger Begriff. Wir wissen zwar sehr genau, wie wir in unserem täglichen Leben mit ihm umgehen sollen, aber bereits die Frage, wo und wie wir unser Wissen speichern, läßt sich unmöglich beantworten. Die Mehrzahl der Menschen plädiert wohl für das Gehirn, aber wie einfache Überlegungen zeigen, kommen auch die Muskeln in Frage – schon deshalb, weil ja das Gedächtnis immer mit Bewegung verbunden ist; Bewegung hilft dabei, sich etwas zu merken, und Bewegung hilft, wenn etwas aus dem Gedächtnis abgerufen werden soll. Oder (für eine solche Lösung spricht wirklich manches): der ganze Leib, also das Ineinander von Nervensträngen und Muskulatur, das Mit- und Gegeneinander von Gehirn und übrigem Leib (vegetatives Nervensystem), ließe sich als der Träger des Gedächtnisses ansehen.

Was überhaupt wird aufbewahrt? Vielleicht wird das Muster einer körperlichen Reaktion gespeichert – im Immunsystem, im Sonnengeflecht oder im vegetativen Nervensystem das bewußtlos-pflanzenhafte Reagieren des Organismus, in Muskulatur, Nervensträngen oder Hirn unbewußte Bewegungsmuster, die nicht allein Bewegungen der Beine oder des Oberkörpers, sondern auch die Aussprache eines Wortes und damit Wissen im herkömmlichen Sinn betreffen können? Die Tatsache, daß es oft Bewegungen sind, mit denen wir das Gedächtnis anregen oder aufwecken, spricht unbedingt dafür. – Angesichts dieser Verhältnisse ist es allerdings enorm irritierend, von dem exorbitanten Gedächtnis des fast vollständig gelähmten Physikers Stephen Hawking zu lesen.[7]

Sowohl von Information als auch von Gedächtnis zu sprechen, hat nur vollen Sinn im Zusammenhang mit eigenbeweglichen Organismen, sprich mit Tieren oder Menschen. Immerhin, Pflanzen kennen etwas, das dem Gedächtnis zumindest ähnlich sieht und wohl eine von dessen Vorformen darstellt. Als „wissend" wird man Pflanzen trotzdem nicht klassifizieren wollen. Soll man von einem Gedächtnis also nur dort sprechen, wo es ein zentrales Nervensystem gibt – und sei es auch nur stecknadelkopfgroß –, an das Wahr-

7. Boslough: Jenseits des Ereignishorizonts. Seite 27.

nehmungen gemeldet werden, die wenigstens eine Zeitlang, wenigstens den Bruchteil einer Sekunde lang, präsent bleiben und in dieser Zeit das Verhalten beeinflussen? So etwas finden wir allein bei Tieren. Pflanzen dagegen besitzen kein Nervensystem. Immerhin zeigen sie gelegentlich so etwas Ähnliches wie Verhalten, denn sie können sich den Lebensbedingungen ihres Standortes anpassen und von ihrer Lebensgeschichte geprägt werden. Aber damit haben sie noch keine Informationen verarbeitet.

Nur Wesen mit Bewußtsein, also nur intelligente Wesen besitzen ein Gedächtnis; und nur ihnen allein können Informationen begegnen. Hegel gibt uns im Paragraphen 417 seiner *Enzyklopädie* die Begrifflichkeit vor, indem er Bewußtsein allein einem Wesen zuspricht, „welches einen Gegenstand als solchen hat". Das Selbstbewußtsein aber möchte er allein jenem selbstbezüglichen Wesen vorbehalten sehen, „für welches *Ich* der Gegenstand ist."[8] Tiere stellen sich der Welt dank ihres Bewußtseins in einer Weise entgegen, die Pflanzen unbekannt sein muß, weil sie ihrer Umwelt in einer ganz anderen Weise eingebettet sind. Sie kennen kein Tun, Handeln oder Verhalten, und deshalb existieren Zwecke allein für Tiere – die Aktivität einer Pflanze mag zweckmäßig sein, aber niemals wird das Wachstum oder das Schließen und Öffnen seiner Blüten tatsächlich von einem Zweck geleitet. Zweck bedeutet nämlich, daß ein Gedanke, Begriff oder Plan einem Gegenstand oder einem Prozeß erstens vorhergeht und beides, zweitens und wichtiger, als dessen Grund erst hervorruft, und das ist natürlich nur dann möglich, wenn ein Bewußtsein diesen Prozeß beherrscht. Nur ein Bewußtsein kann sich selbst lenken; nur ein Bewußtsein kennt Verhalten.

In Bewußtsein steckt das Verb „wissen", und dieses Verb „gehört mit verwandten Wörtern in anderen idg. Sprachen zu der idg. Wurzel *ueid ‚erblicken, sehen', dann auch ‚wissen' (eigentlich ‚gesehen haben')."[9] Kann man daraus ableiten, daß zum Wissen mit Notwendigkeit immer auch eine visuelle Vorstellung gehört? Besäßen Tiere, falls sie sich nichts bildlich vorstellen können, tatsächlich keinerlei Wissen? Das ginge viel zu weit, aber es ist zweifellos so, daß im Falle einer visuellen Vorstellung eine andere Ebene des Wissens, eine neue Dimension des Entgegenstellens erreicht ist – eben dank der Beweglichkeit des Auges eine Selbstdistanz, deren Bedingung das visuelle Vorstellungsvermögen ist. Man handelt nicht mehr automatisch, wenn man sich etwas bildlich vorstellt, sondern bewußt – wir benutzen dieses Wort, wenn wir unser eigenes Verhalten beschreiben, und vermeiden es bei Tieren.

8. Hegel: Enzyklopädie der philosophischen Wissenschaften im Grundrisse (1830). Seite 346.

9. Duden. Das Herkunftswörterbuch. Etymologie der deutschen Sprache, Mannheim / Leipzig / Wien / Zürich 1989. Artikel „wissen". „idg." meint „indogermanisch".

Oswald Spengler schreibt in seinen Notizen zu einer geplanten Vor- und Frühgeschichte der Menschheit, daß es das innere Auge sei, welches den Menschen erst zum Menschen macht. „Das Auge ist der Ursprung des Kopfes, schon bei sehr niederen Arten. Der Typus der Glieder- und Wirbeltiere ist aber vollkommen davon beherrscht. Beim Menschen folgt nun die Tyrannei des wissenden Auges – im Süden, im Zeitalter der großen Mythologie. Das Nachdenken hat optischen Charakter, innere Bilder." An anderer Stelle spricht er von der „Herrschaft des Auges über die anderen Sinne".[10]

Vorläufig kann man sagen: Informationen beruhen auf Wahrnehmungen, die sich ausdeuten lassen und das Verhalten beeinflussen, und es liegt im Begriff der Wahrnehmung, daß es sich bei dem Wahrgenommenen um etwas Entgegenstehendes handeln muß. Bereits ein so extrem einfaches Wesen wie die Amöbe steht seiner Umwelt als einem Nicht-Eigenen gegenüber, und je höher die Lebewesen dann entwickelt sind, desto mehr distanzieren sie sich von sich selbst – und die letzte und höchste uns bekannte Form der Selbstdistanz ist das Selbstbewußtsein. Eine Information ist etwas Entgegenstehendes, das aber noch nicht bildlich vorgestellt, noch nicht gewußt sein muß. Informationen gibt es also auch ohne Wissen und Bewußtsein, aber nicht ohne eine Frontstellung zur Umwelt, nicht ohne ein Objizieren.

In Wissenschaft und Philosophie gilt heute ein anderer Informationsbegriff. In einem Lehrbuch heißt es: „Informationsgehalt bezieht sich nicht alleine auf von Menschen konstruierte Sender, die Zeichen und Nachrichten für bestimmte (menschliche) Empfänger erzeugen. Systeme mit zwei alternativen Zuständen mit gleicher Wahrscheinlichkeit können sowohl atomare Dipole in einem Eisenmagneten als auch technische Schalter und Transistoren sein. Solche Systeme können ein Bit für einen binären (alternativen) Zustand speichern. Im Prinzip können aber auch molekulare Systeme oder zelluläre Organismen als Informationsspeicher betrachtet werden".[11] Damit wird eine digitale Ordnung beschrieben, nicht eine kognitive Entität. Und es ist kein relationaler, sondern ein absoluter Begriff. Mit Wissen hat dieser Informationsbegriff überhaupt nichts zu tun, jedenfalls nicht mit dem Begriff des Wissens, wie wir ihn in unserem Alltag benutzen, und deshalb sollte der Autor und sollten alle, die von Information in diesem Sinne sprechen, sich auf einen anderen Begriff einigen, der derartige Zweideutigkeiten zu vermeiden hilft.

Vielleicht liegt hier ein (bewußter oder unbewußter) Trick vor, mit dem eine Identität von Seins- und Erkenntniskategorien behauptet wird. Wenn

10. Spengler: Frühzeit der Weltgeschichte. Seite 94f.; Spengler: Der Untergang des Abendlandes. Zweiter Band. Seite 167. Wie oben gezeigt wurde, hat Helmuth Plessner in *Die Einheit der Sinne* einen ganz ähnlichen Gedanken systematisch entfaltet.

11. Mainzer: Komplexität. Seite 40.

Information keine relationale Eigenschaft mit Blick auf ein animalisches Wesen (eine Erkenntniskategorie) wäre, sondern eine objektive Eigenschaft (also eine Seinskategorie), könnten wir unter günstigen Umständen die angesprochenen Prozesse vollkommen beschreiben und auch verstehen. Tatsächlich aber stehen wir ihnen ganz und gar verständnislos gegenüber; und uns fehlen ja auch nicht bloß die Worte, sondern vor allem die Begriffe. Uns fehlt für die organische Kausalität jeder Begriff und jede Kategorie. Unsere Begriffslosigkeit – oder die ganz unpassende Informationsmetaphorik insgesamt – veranschaulicht unsere Ratlosigkeit und damit die Irrationalität der betreffenden Vorgänge.

Kritikwürdig an dem Gebrauch dieses Informationsbegriffes ist in jedem Fall, daß zwischen diesem Ordnungs- beziehungsweise Strukturbegriff und der kognitiven Bedeutung ganz unmethodisch hin- und hergewechselt wird – man kann es gar nicht vermeiden, denn Information ist ein wichtiger alltagssprachlicher Begriff, und natürlich hören wir auch immer wieder diese alltagssprachliche Bedeutung, wenn wir das Wort hören. Was not tut, wäre also ein neuer Begriff, der eine Verwechslung mit dem alltäglichen Informationsbegriff unmöglich macht.

Die Doppeldeutigkeit des Informationsbegriffes wird sehr schön an verschiedenen Stellen eines Buches von Ernst Peter Fischer deutlich, zunächst, nachdem der Autor auf den Zusammenhang von Entropie oder Energie auf der einen Seite, Information auf der anderen Seite hingewiesen hat. Er glaubt wie so viele andere Autoren, zeigen zu können, daß Information ein physikalischer Begriff ist – eigentlich sogar der „Schlüssel einer allgemeinen Welterklärung“: auch hier spricht also ein Monist – und es deshalb möglich sein muß, auf ihn den ersten Hauptsatz der Thermodynamik anzuwenden, nach dem innerhalb eines geschlossenen Systems Energie zwar umgewandelt, aber weder erzeugt noch vernichtet werden kann. Wenn Information weder erzeugt noch vernichtet werden könnte – von diesem Satz geht er aus, und dieser Satz macht zusätzlich deutlich, daß es keinerlei Zusammenhang mehr mit Wissen gibt –, dann war Information „immer schon da und wird uns ständig begleiten – was zumindest tröstende Aspekte der Art mit sich bringt, dass uns die Gesprächsthemen nicht ausgehen und wir immer dazulernen können.“

Diese Art der Witzelei haben wir wohl der hochgelobten englischsprachigen Literatur über Wissenschaft zu verdanken. Sie ist so herrlich locker! An einer anderen Stelle spricht Fischer davon, daß „Teilchen sich nicht schneller als mit Lichtgeschwindigkeit informieren“.[12] „Sich informieren“ bedeutet hier, daß die Teilchen in einem komplexen Zusammenhang einander beein-

12. Fischer: Information. Seite 10, Seite 171 und Seite 196.

flussen, daß sie also „verschränkt" sind. Auch Fischer kann nicht den alltäglichen Begriff der Information ausblenden, sondern dieser schwingt immer mit. Deshalb ist es nach meiner Überzeugung mißbräuchlich, mit diesem Begriff die Materie, ja sogar nicht weniger als die Genese des Universums zu umschreiben.

Mit der Metapher „prägen" wird seit langem das Gedächtnis umschrieben. Die Prägung betont vor allem die Unveränderlichkeit des Gedächtnisses. Das ist eine sehr treffende Metaphorik, denn wirklich unterscheidet sich das Gedächtnis von der Erinnerung auch (oder sogar besonders) insofern, als es nicht dessen Dynamik besitzt. Anders als die Erinnerung ist das Gedächtnis getreu.

Information ist ein relationaler Begriff und bezeichnet etwas, das etwas für ein Lebewesen bedeutet. Eben deshalb kann sie niemals und unter keinen Umständen „einen objektiven Charakter" besitzen und „als absolute Größe aufgefasst werden".[13] Deshalb ist sie auch nicht berechenbar, und schon gar nicht als die Information, die angeblich das Universum ausmacht.

Etwas ist niemals an sich eine Information, sondern dieses Etwas kann nur dadurch zu einer Information werden, daß es von einem intelligenten Wesen wahrgenommen und verstanden wird. Ihm eignet in den Worten Whiteheads „Bedeutsamkeit" – das ist ein relationaler Begriff, kein absoluter. Aber auch Wahrnehmbarkeit allein reicht noch nicht aus, um etwas zu einer Information werden zu lassen. Denn allein dann, wenn Wahrgenommenes außerdem und zusätzlich handlungspraktische Relevanz gewinnt (zumindest die Möglichkeit, in der Zukunft das Verhalten zu verändern), handelt es sich um eine Information, so daß wir einen Begriff finden sollten, der der „Zuhandenheit" aus *Sein und Zeit* entspricht. Und „Relevanz" ist wohl wirklich so ein Wort.

Wo keine wahrnehmenden und zudem interessegeleiteten Wesen sind, da findet sich auch keine Information, und eben deshalb ist ein bloßes Sinnesdatum noch keine Information. Der Sonnenstrahl, der die Haut sich röten läßt, gilt ihr nicht als Information, sondern ist bloß ein Reiz, der eine vegetative Reaktion des Leibes hervorruft. Zu einer Information wird der Sonnenstrahl erst unter besonderen Umständen, wenn ihn ein Wesen bewußt wahrnimmt, ausdeutet und ihm sein Verhalten anpaßt. Für kein Tier birgt eine Bibliothek Informationen, sondern allein für einen Menschen, der aber natürlich auch lesen können und sich dafür interessieren muß. Vom Informationsgehalt einer Sache oder gar des Weltalls zu sprechen (er wurde sogar berechnet, denn der Wonne der großen Zahlen vermag ja kaum jemand zu widerstehen), ist ebenso sinnlos, wie die Informationen anzusprechen, die sich in der DNA verbergen sollen. Seriöse Wissenschaftler sprechen deshalb nicht von der Lektüre einer Erbsubstanz, sondern korrekt von ihrer Sequenzierung.

13. Görnitz / Görnitz: Der kreative Kosmos. Seite 5.

Deshalb gilt: Es ist nicht das Wesen eines DNA-Abschnittes, Information zu sein, so wenig es das Wesen einer Spur ist, dem Detektiv als Indiz zu dienen. Man kann als ein intelligentes Wesen die Welt in toto auf Informationen anschauen, aber diese Informationen gibt es nur für das Denken von Detektiven. Entsprechend offenbart sich für einen FBI-Agenten „ein lebendiges, dynamisches Umfeld, in dem jede menschliche Interaktion eine Vielzahl von Informationen in sich birgt."[14] Jede Interaktion! Aber es ist eben ein Detektiv, der hier spricht.

Information zu sein ist die Funktion eines Wahrnehmungsinhalts innerhalb eines größeren Zusammenhanges. Allein intelligente und selbstbewegliche Wesen nehmen wahr, nicht Pflanzen. Deshalb ist Information oder Indiz etwas nur in erkenntnistheoretischer Hinsicht, nicht wesenhaft. Es ist eine gnoseologische, keine ontologische Kategorie, eine Erkenntnis-, keine Seinskategorie. Für einen Organismus wie eine Blume, die nichts wahrnimmt, sondern allenfalls auf einen Reiz antwortet, gibt es keine Informationen – weder solche, die sie aufnehmen, noch solche, die sie weitergeben könnte. Deshalb macht ein naturalistischer Begriff von Information keinerlei Sinn, und von einem „informativen Universum" zu sprechen, wie es etwa der Physiker Hans Christian von Baeyer in dem Titel seines Buches tut, ist nur unter der Voraussetzung möglich, daß man das Adjektiv auf eine Intelligenz bezieht. Wenn es im Universum keine intelligenten Wesen gäbe, könnte es auch nicht informativ sein – informativ ist etwas nur in Hinsicht auf ein intelligentes Wesen. Merkwürdig ist es auf jeden Fall, das gesamte Universum, nicht etwa nur kleine Teile, als „informativ" zu bezeichnen, denn allein für einen Gott könnte das Universum als Ganzes eventuell informativ sein.

Es ist nach alldem höchst fragwürdig, im Zusammenhang mit der Vererbung von Informationen zu sprechen, weil es bedeuten würde, daß an diesem Vorgang eine Intelligenz beteiligt wäre. Vielleicht nicht auf Seiten des Stammvaters, denn Informationen hinterlassen kann man auch ohne Intelligenz, wohl aber auf Seiten der jüngeren Generation, denn die Vererbung wird ja metaphorisch als ein Vorgang hingestellt, während dem die „Buchstaben" des genetischen „Codes" abgelesen und kopiert werden. Das zweite Verb – „kopieren" – kann man als einen ganz neutralen Ausdruck gut hinnehmen, aber nicht das erste. Hier wird nicht gelesen! Eine bloße Übertragung oder Kopie ist keine Lektüre. Kein Fax- oder Kopiergerät liest.

Kritisch beleuchtet und destruiert hat diesen Informationsbegriff Lily E. Kay. Nach ihr ist Information „eine Metapher für biologische Spezifität ... Allerdings ist ‚Information' die Metapher einer Metapher und somit ein Signi-

14. Navarro / Karlins: Menschen lesen. Seite 18.

fikant ohne Referent, eine *Katachrese.* Als solche wurde sie zu einer unerschöpflichen Quelle für die wissenschaftlichen Vorstellungwelten vom genetischen Code als Informationssystem und Buch des Lebens."[15]

Ich bin mir nicht sicher, ob es sich wirklich um eine Katachrese handelt, denn eine solche ist ja ein verblaßtes Bild, das wir nicht mehr visualisieren – kaum jemand denkt bei einem Stuhlbein wirklich an ein Bein. Aber ist das beim genetischen Code ebenfalls so? Den einzelnen „Buchstaben" wird ja eine Bedeutung zugesprochen, und Fachleute können einen Code knacken oder einzelne Passagen „lesen": bedeutet das nicht, daß der genetische Code eine immer noch lebendige und bildstarke Metapher ist? Gerade deshalb sollte man diese Metapher nicht gebrauchen.

Aber natürlich ist es wahr, daß sich für einen Fachmann in der DNA viele Informationen verbergen – aber eben auch nur für einen solchen, der den Vorgang der Vererbung von außen anschaut, ohne in ihn wirklich einbezogen zu werden.

Vielleicht war es diese ganze gedankenlose Rederei, die Richard Dawkins dazu brachte, vom „egoistischen Gen" zu sprechen, als sei dieses ein handelndes Wesen, das einen ganzen Organismus lenken und bestimmen könne.

1940 spricht der Biologe Jakob von Uexküll von „Reizkörperchen", wenn er sich auf die damals noch semihypothetisch angenommenen Gene bezieht – ganz sicher war man sich eben nicht, ob es sie überhaupt gab (Schrödinger nannte sie noch 1944 eine „hypothetische stoffliche Strukturunterlage") –, und Teilhard de Chardin spricht in seinem posthum veröffentlichten *Der Mensch im Kosmos* (1955) von „dem blinden Determinismus der Gene". Das ist noch sehr weit entfernt von einem Code und drückt schön die Ratlosigkeit Teilhards angesichts einer für ihn verschlossenen Kausalität aus.In seinem *Aufbau der realen Welt* spricht Hartmann von einem „Anlagesystem", und in der zwar bereits 1943 abgeschlossenen, aber erst 1950 veröffentlichten *Philosophie der Natur* spricht er ihre Funktion an, indem er sie „Determinanten" nennt, nicht etwa Buchstaben eines längeren Textes.[16] Wie Teilhard sieht er sie also als Faktor innerhalb eines komplexen kausalen Prozesses, als den

15. Kay: Das Buch des Lebens. Seite 17. Trocken äußert sich Hans Jonas (Materie und Geist und Schöpfung. Seite 11), zu der Vorstellung, Information sei bereits im Urknall enthalten gewesen: „Information ist ein Gespeichertes, und zu irgendwelchem Speichern hatte der Urknall noch keine Zeit." – Kritisches zum Begriff der Information findet sich auch in meinem Buch Leonardos Entdeckung. Seite 38f.

16. von Uexküll: Streifzüge durch die Umwelten von Tieren und Menschen. Seite 151; Schrödinger: Was ist Leben? Seite 44; Teilhard de Chardin: Der Mensch im Kosmos. Seite 215; Hartmann: Aufbau der realen Welt. Seite 316 und Seite 504 („im Dunkel ... des organischen Werdeprozesses") sowie Philosophie der Natur. Seite 577 und Seite 691. Auch Whitehead sprach 1936 von „Determinanten". Vergleiche Denkweisen. Seite 170f. (Modes of Thought. Seite 139: „genes as the determinants of heredity".)

Ausgangspunkt einer Veränderung. Deshalb ist die Ansicht von Lévi-Strauss zweifellos verkehrt, daß „die Biologen und Genetiker ... nichts anderes tun“ konnten, „als sich der Sprache der Linguisten zu bedienen und von Sätzen, Betonung, Punkten und ähnlichem zu sprechen.“[17] Selbstverständlich konnten sie anders, selbstverständlich hätten sie Alternativen gehabt.

Ganz kurze Zeit nach Hartmann und kurz vor Teilhard und von Uexküll, nämlich 1944, geht Erwin Schrödinger bereits von einer „gemeinsamen Schlüsselschrift“[18] aus, wenn er die Bedeutung der Gene anspricht. Erst er also – ein Physiker, nicht etwa ein Biologe! – initiiert eine Metaphorik, welche die Ausdeutung der Vererbung von vornherein in eine falsche Richtung lenkt, die schließlich schnurstracks zu Dawkins' materialistischer Metaphysik des Gens führt. Das ist schon beinahe tragisch zu nennen, weil sein kleines Buch sonst fast makellos ist.

Bald nach Schrödinger sprechen Francis Crick und James Watson von Informationen, die sich in der von ihnen entdeckten Doppelhelix verbergen würden. In Watsons Buch *The Annotated and Illustrated Double Helix* werden die Vorgänge der Vererbung zunächst ganz neutral beschrieben, aber dann taucht wie aus dem Nichts die Wendung von dem genetischen Code („genetic code“) auf, und schließlich spricht der Autor von der Übertragung genetischer Information („the transfer of genetic information“),[19] ohne die an dieser Stelle ganz sinnlose Metaphorik in irgendeiner Weise zu begründen. In der Folge wird sie bestimmend für eine ganze Wissenschaft und damit für ein ganzes Heer von Autoren, welche offenbar niemals darüber nachdenken, warum es legitim beziehungsweise ob es eventuell illegitim sein könnte, einen bis heute zwar präzise beschriebenen, aber trotzdem überhaupt nicht durchschauten Vorgang der Natur mit den Kategorien des Geistes zu beschreiben.

Andreas Brenner macht es wahrscheinlich, daß der Zeitpunkt von Schrödingers Erstverwendung der Informations-Metapher und ihre Aufnahme durch Watson entscheidend war für Terminologie und Ausdeutung der Genetik in den folgenden Jahrzehnten. Es herrschte nämlich Krieg – die kritische Phase des 2. Weltkrieges –, und 1943 und auch noch in den folgenden Jahren des Kalten Krieges ging es um die „Einbindung von Kryptologen und Systemanalytikern“ in das Militär, weil man sich von der „Entschlüsselung des DNA-Codes ... geheimdienstlich verwertbare Erkenntnisse“ versprach. „Im Zweiten Weltkrieg erlangte ‚Information‘ zusätzlich eine eigene und neuartige Bedeutung, insofern sie erstmals wissenschaftlich erschlossen werden konnte.“[20] Beson-

17. Lévi-Strauss: Mythos und Bedeutung. Seite 22.

18. Schrödinger: Was ist Leben? Seite 112.

19. Watson: The Annotated and Illustrated Double Helix. Seite 135 und Seite 162.

20. Brenner: Leben. Seite 11.

ders auffallend, so Brenner, sei als Konsequenz daraus die militärische Terminologie der Kybernetik, die in der Folge von zahlreichen Autoren aufgenommen wurde.

Wie sehr es durcheinander geht, wie sehr also die verschiedenen Ebenen des Seins miteinander vermengt und verrührt werden, demonstriert wieder einmal Dennett, für den es selbstverständlich ist, daß Gene Informationen übermitteln, und der Wörter allen Ernstes als „Informationspakete, Rezepte zur Benutzung des Stimmapparates und der Ohren“[21] definiert. Das ist selbst für Dennetts Verhältnisse außergewöhnlich sinnfrei: welches Wort ist denn ein Rezept, den Stimmapparat zu benutzen? Seit wann brauchen Ohren ein Rezept, um etwas zu hören?

Was bedeutet es überhaupt in diesem Zusammenhang, von Information zu sprechen? Offenbar handelt es sich um ein Konzept, das sich an technischen Vorgängen orientiert und von einem Sinn, der doch mit Wörtern verknüpft ist, ja der Lautfolgen erst zu Wörtern macht, entgegen seiner Begrifflichkeit konsequent absieht. Dieses Konzept würde darauf hinauslaufen, die angeblichen Informationen als Befehle zu verstehen, also als aktivitätsauslösende Wortfolgen, die von einer Intelligenz vernunftlosen Objekten mit auf den Weg gegeben werden. Und eine solche Begrifflichkeit würde dem tatsächlichen Vorgang auf der Empfängerseite vielleicht auch wirklich gerecht werden – schließlich können wir ja selbst einer Maschine Befehle erteilen und sie aktivieren, denn auf Seiten des Befehlsempfängers ist, anders als bei der Ausdeutung einer Information, keine Intelligenz notwendig. Information läßt demjenigen, der sie auszudeuten bemüht ist, immer noch die Wahl, ein Befehl dagegen ist eindeutig. Unteroffiziere schreien gewiß nicht die Information heraus, man möge jetzt den Spind aufräumen.

Wahrscheinlich ist also tatsächlich nichts als der Befehlscharakter gemeint, den der sich als Kryptologe betätigende Genetiker (eigentlich ein Spion) zu entschlüsseln versucht, um seinen eigenen Krieg besser führen zu können. Die genetische Information „verschlüsselt den Bauplan für eine molekulare Maschinerie, die ihren eigenen Informationsträger (nahezu) symbolgetreu reproduziert, indem sie ihn als Matrize verwendet und Kopien davon herstellt.“ Hiernach handelt es sich um einen Bauplan, dem blinder Gehorsam geleistet wird, eigentlich um eine Art von Schablone, aber Bernd-Olaf Küppers hält die Terminologie, die aus der Bezeichnung der DNA als Informationsträger folgt, ebenso konsequent durch wie die meisten anderen Philosophen und Biologen auch und spricht von Buchstaben, Sätzen und Symbolen und entsprechend auch von dem syntaktischen, dem semantischen und dem pragmatischen Aspekt der biologischen Information. Aus-

21. Dennett: Den Bann brechen. Seite 111.

drücklich schreibt er, daß es sich dabei nicht um „eine bloße Metapher“[22] handelt, sondern daß diese Ausdrücke beim Wort genommen werden wollen. Daß es sich um einen Plan handelt, nicht um Information, folgt aber nicht allein aus seiner Darstellung des Vorgangs, sondern das schreibt er selbst, wenn er den Vererbungsvorgang „‚planmäßig‘, das heißt informationsgesteuert“ nennt.

Manchmal vergaloppiert sich auch ein großer Forscher – so, wenn Manfred Eigen davon spricht, daß erst „mit den Nucleinsäuren ... die Moleküle lesen“ lernten. Wie Küppers und wie andere Autoren hält er die fragwürdige Sprach-Metaphorik ganz konsequent durch: „Wir benötigen außerdem Verknüpfungen der Symbole zu Wörtern und syntaktische Regeln für die Verbindung der Wörter zu Sätzen.“[23]

Ganz anders als die genannten Autoren argumentiert Stegmüller, der im 3. Band seiner *Hauptströmungen* ausdrücklich erklärt, daß es sich um „nichts weiter als eine abkürzende, rein metaphorische Sprechweise“ handelt, wenn er von einer „chemischen Geheimschrift“ spricht. Problematisch bleibt der Begriff einer „genetischen Nachrichtenübermittlung“[24] aber allemal, zumal sich in der Darstellung von Stegmüller das gesamte Vokabular von Code über Nachricht bis hin zur Lektüre versammelt hat; auch hier dominiert es alles, von dem versprochenen kritischen Abstand ist nichts zu spüren.

Dennett ist ein Anhänger der Memtheorie, ein Ei, das von Dawkins mehr beiläufig gelegt und von der Psychologin Susan Blackmore zu einem veritablen Bestseller ausgebrütet wurde. Meme sollen Ideen oder Vorstellungen sein, also Bewußtseinsinhalte, deren Verhalten strikt parallel zu dem von Dawkins in *Das egoistische Gen* behaupteten Verhalten von Genen behandelt wird. Nun könnte es eventuell sogar legitim sein, fiktive Objekte in einem Gedankenspiel so zu behandeln, als verhielten sie sich wie Organismen und seien damit auch den Gesetzen der Selektion unterworfen. Aber man sollte sich immer des hypothetischen Charakters dieser Überlegungen bewußt bleiben und außerdem diese Bezeichnung als Teil eines größer angelegten Versuchs verstehen, sich das entsprechende Problemgebiet zu erarbeiten.

Denn es handelt sich hier ja nicht allein um ein grundsätzliches, bis heute ungelöstes, sondern um viel mehr, um ein grundsätzlich unlösbares Pro-

22. Küppers: Der Ursprung biologischer Information. Seiten 61–92 und Seite 50. Ähnlich argumentieren John Maynard Smith und Eörs Szathmáthy in einem Aufsatz. Sie sind sich sicher, daß jedes denkbare Lebewesen sich in einer Sprache ausdrücken muß, die sie im Anschluß an Schrödinger „als Code oder Codeschrift (‚code-script‘)“ bezeichnen (Sprache und Leben. Seite 83).

23. Manfred Eigen: Was bleibt von der Biologie des 20. Jahrhunderts? Seite 21.

24. Stegmüller: Hauptströmungen der Gegenwartsphilosophie. Band III. Seite 182, Seite 172, Seite 184.

blem, wenn wir versuchen, die Evolution des Lebens auf diesem Planeten zu erklären: Die Evolution ist nämlich Geschichte, sie liegt in der Vergangenheit – mir jedenfalls sind noch keinerlei evolutionäre Vorgänge in actu begegnet.

Irgendwann muß man in jedem Fall versuchen, die Ergebnisse eines Gedankenexperiments zu falsifizieren oder wenigstens die Voraussetzungen für eine Überprüfung seiner Annahmen zu schaffen. Wenn eine solche Überprüfung grundsätzlich unmöglich ist, wenn man also bestenfalls eine gewisse Plausibilität für die Richtigkeit seiner Annahmen erreichen kann, dann hat ein Gedankenspiel nichts in der Wissenschaft zu suchen. Von dieser Art sind aber wirklich ausnahmslos alle Überlegungen, die sogenannte Evolutionspsychologen und verwandte Geister anstellen, wenn sie über die Genese sozialen Verhaltens nachdenken. Sie denken darüber nach, was wohl unter dieser oder jener Voraussetzung geschehen würde, und kommen mit der Hilfe einer unsagbaren Küchenpsychologie zu ihren Ergebnissen, die man bald darauf in Magazinen wie *Spiegel* oder *Focus* wiederfindet. Hier disqualifiziert sich nicht Wissenschaft, sondern hier demonstrieren Dampfplauderer, die garantiert „Forscher" genannt werden, daß ihnen die Verfahren der Wissenschaft immer fremd geblieben sind.

Aber auch sonst scheint das Gedankenexperiment für einen großen Teil der aktuellen Wissenschaft das Gebot der Stunde zu sein, sowohl für Evolutionsbiologen als auch für Vertreter einer eigentlich harten Wissenschaft wie der Physik, die eben mit Gedankenexperimenten über den Beginn von nichts weniger als allem nachdenken. Und wie auch sonst? Man muß ja zugeben, daß sich niemals Fakten über den Beginn von allem werden gewinnen lassen. Die Empirie, die doch in der Heilsgeschichte der Naturwissenschaft deren Triumph herbeiführte, indem sie das mittelalterliche Weltbild abzulösen half, die Empirie spielt hier kaum noch eine Rolle. Das Äußerste, was sich hier erreichen läßt, ist ein durchkalkuliertes Szenario, das sich nicht mit Hilfe der Mathematik oder gelegentlicher, meist durchaus zufälliger Messungen widerlegen läßt. Es mag sein, daß ein solches Modell eine gewisse Überzeugungskraft gewinnt und daß es fast sogar einleuchtend wird, so daß es sich so ähnlich tatsächlich abgespielt haben könnte – anders, könnte man zum Beispiel sagen, ließe sich ein Phänomen wie die Hintergrundstrahlung des Kosmos nur schwer erklären. Nur läßt es sich niemals und unter keinen Umständen empirisch verifizieren, und es handelt sich immer und unter allen Umständen um den Schluß von der Folge (die Hintergrundstrahlung) auf den Grund (den Urknall). Und die Logik verbietet den eindeutigen Schluß von der Folge auf den Grund.

Ein Kosmologe kann niemals mehr sagen als das, was das Autorenteam Thomas und Brigitte Görnitz schreibt: „Alles, was wir mit unseren Geräten erforschen können, alles, was in unseren Teleskopen sichtbar wird, muss auf seine Übereinstimmung mit den geltenden Theorien geprüft werden. Nur so, aus einem möglichen Versagen der Modelle, kann man lernen, wie diese zu verbessern sind."[25] Man wagt es offenbar schon gar nicht mehr, von einer empirischen Bestätigung der Überlegungen zu träumen, und die Autoren vermeiden es auch ängstlich, auf dieses Thema zu sprechen zu kommen. Widerspruchsfreiheit mit anderen Theorien – mehr soll man nicht von ihnen verlangen.

Wie schon oben gezeigt wurde (im Referat der Überlegungen Stephen Jay Goulds), gibt es zwei Begriffe von Evolution, einen biologischen und einen geologischen. Auch für den ersteren wird der Anspruch einer rationalen Rekonstruktion erhoben.[26] Dennett mag keine andere Methode akzeptieren als eine Rekonstruktion aufgrund von sehr indirekten Indizien; wie fragwürdig dieses Verfahren sein muß, und wie schief es ist, zeigt die von Dennett selbst gebrauchte Vokabel, denn er spricht von „reverse engineering".[27] Was, bitte, soll das denn sein? Der Monist Dennett kennt oder akzeptiert nur einen einzigen Evolutionsbegriff, den biologischen, den er aber behandelt wie einen technischen und so allen anderen Gebieten aufoktroyiert – sogar der Hochkultur, wie es der Titel seines letzten Buches ausspricht. Übrigens ist es doch so: Wenn es eine rückwärts gerichtete technische Planung geben kann – muß es dann nicht auch eine nach vorne gerichtete gegeben haben? Und wäre das nicht intelligentes Design?

Wenn Gould recht hat, muß die von Dennett als „Königsweg" („royal road") ausgerufene Methode der spekulativen Rekonstruktion unendlich weit zurückliegender Vorgänge, welche die Evolutionspsychologie und verwandte „Wissenschaften" dominiert, notwendig in die Irre führen. Von wo übernimmt nun Dennett seine Methode? Richtig, wie wir bereits gesehen haben, ist sein Denken ganz und gar von seiner Computermanie bestimmt: „Das Rückwärtsarbeiten, bei dem man am ‚Ende' eines Vorgangs oder in seiner Nähe beginnt und den vorletzten Schritt klärt, bevor man fragt, wo er seinerseits entstanden sein könnte, ist eine bewährte Methode der Computerprogrammierer, insbesondere wenn sie Programme schreiben, die sich der ständigen Wiederholung bedienen."[28]

Dieses „Rückwärtsrechnen" möchte er auf alle überhaupt nur denkbaren Gebiete anwenden. Tatsächlich kann es aber nur bei einem von wenigen Faktoren beherrschten Geschehen funktionieren, also zum Beispiel bei geologi-

25. Görnitz / Görnitz: Der kreative Kosmos. Seite 33.

26. Dennett: Consciousness explained. Seite 195: „this rational reconstruction".

27. Dennett: From Bacteria to Bach. Seite 31f.

28. Dennett: Darwins gefährliches Erbe. Seite 81.

schen wie generell bei mechanischen Vorgängen. Gewiß nicht alle, aber viele von ihnen lassen sich auf einige wenige Vektoren reduzieren und dann, in dieser abgespeckten Form, kalkulieren. Bei lebendigem Geschehen ist das prinzipiell unmöglich. Reduktionismus ist ein erfolgreiches Verfahren in der klassischen Mechanik, aber es hat nichts in der Biologie zu suchen und kann auch weder in den Geistes- noch den Humanwissenschaften angewendet werden.

In aller Regel entspricht eine Rekonstruktion (die doch nur bestenfalls eine Projektion ist, eine ganz prinzipiell niemals ernsthaft zu überprüfende Hypothese) insofern den methodischen Regeln der Mathematik, als sie von allem Unwesentlichen absieht und sich auf ein oder zwei oder bestenfalls auch drei Kernpunkte konzentriert, die sie eventuell begründet, sehr häufig aber auch ohne jede Begründung für wesentlich erklärt und mit denen dann so operiert wird, wie in der Spieltheorie mit Variablen operiert wird. Das Vorgehen besteht also in der systematischen Verarmung eines beliebigen Szenarios. In der klassischen Mechanik wird ein Gegenstand auf einen Massepunkt reduziert, und wie Manfred Sommer in *Von der Bildfläche* gezeigt hat, lassen sich auch die Grundelemente der Geometrie auf diese Weise mit unserer Kultur in Verbindung bringen; aber so können (oder sollten!) nicht die Wissenschaften des Lebens verfahren – einfach deshalb, weil ihre Gegenstände viel mehr Seiten besitzen.

Leider werden in Moralphilosophie und Anthropologie nur zu oft ideale und eben deshalb irreale Konstellationen konstruiert, anstatt daß reale und in sich widersprüchliche Situationen ausgedeutet werden.

Ein Beispiel für dieses Verfahren bietet Blackmore, die im Rückgriff auf die Evolutionsbiologie und wiederum (nämlich wie in ihrer Memtheorie) im Anschluß an Richard Dawkins erklären möchte, wie die Menschheit die Moral erfinden konnte. Unter Moral versteht sie einzig und allein ein reziprokes Verhalten, das in Dawkins' *The Selfish Gene* (in dem Kapitel „Nice guys finish first") mit „reciprocal altruism" umschrieben wird. Blackmore hat sich ein Steinzeitszenario ausgedacht, mit welchem sie eben diese Theorie von Dawkins zu „beweisen" versucht. Zwei Steinzeitmänner stehen in Konkurrenz zueinander. Der eine, ein tüchtiger Jäger, verhält sich egoistisch und behält alles Fleisch für sich, der andere, auf der Pirsch ebenso begabt, ist altruistisch veranlagt und gibt großzügig von seinem Reichtum ab. Blackmore kommt also mit einer einzigen Variablen aus. „Welches Verhalten wird eher kopiert werden?", fragt sie mit Blick auf die beiden Jäger. „Natürlich", so weiß es die Forscherin, die offenbar über divinatorische Fähigkeiten verfügt und tief hinein in die tiefsten Tiefen der Vergangenheit wie auch in die Abgründe der menschlichen Seele zu blicken vermag, „natürlich" das Verhalten des altruistischen Jägers. „Er kommt mit mehr Leuten zusammen, diese Leute mögen ihn und kopieren ihn häufig."[29] Und weil und indem sie ihn kopieren (allein deshalb!), entstehen die hypothetischen „Meme", deren ebenso hypothetische Anhäufung irgendwann einmal so etwas wie eine hypothetische Moral ergeben soll. Eine derartige Überlegung, die mit Küchenpsychologie noch höflich umschrieben ist, gilt heute als Wissenschaft!

In ähnlich haltlos-spekulativer Weise versucht Daniel Dennett – nein, nicht allein plausibel zu machen, sondern tatsächlich zu rekonstruieren, wie das innere Auge entstand, also die Fähigkeit des Menschen, sich bildhaft die verschiedensten Dinge oder Vorgänge vorzustellen („mind's eye"). Für ihn handelt es sich um einen Akt der sich selbst prompt („readily") belohnenden Selbst-Manipulation („self-manipulation"). Woher Dennett weiß, daß das „readily" und nicht erst nach einer Weile geschah, wissen wir nicht, und seine eigenen Voraussetzungen fordern diese Promptheit auch gar nicht. Vielmehr wäre für seine Theorie die dank dieser Selbst-Optimierung – denn eben eine solche soll das innere Auge sein – minimal verbesserte Reproduktionsfähigkeit des Organismus vollkommen ausreichend.

Trotz unserer Bedenken folgen wir aber auch weiterhin der Darstellung des großen Philosophen und begeben uns mit ihm in die graue Vorvergangenheit. Dennett geht in seiner rationalen Rekonstruktion von einem Szenario mit einem Höhlenmenschen im Mittelpunkt aus. Nun, vielleicht gar kein Mensch, aber doch ein Hominide („hominid"), also entweder ein Menschenaffe oder ein Mensch. Oder doch ein Mensch, denn er zeichnet in seiner Höhle zwei parallele Linien in den Staub, die ihn an die Sandbänke des Flusses in der Nähe erinnern, den er später am Tag überqueren muß; und das erinnert ihn wiederum daran, ein Tau oder Seil mitzunehmen („vine rope"). Hätte er kein inneres Auge besessen, so wäre der Höhlenmensch an den Fluß gegangen, hätte festgestellt, daß er ein Tau braucht, und zurückgehen müssen. Dank seiner Zeichnung hat er sich also einen Umweg erspart. Diese neue Angewohnheit („new habit") hat ihm also Zeit erspart und soll schließlich dazu geführt haben, in seiner Phantasie private Diagramme zu zeichnen, also das geistige Auge zu nutzen.[30]

Warum kennt ein Höhlenmensch ein Seil? Warum setzt der Autor die fiktive Zeichnung in Anführungsstriche? Wieso kann der Hominide eine abstrakte Zeichnung anfertigen, wenn es doch darum geht, das innere Auge beziehungsweise seine Nützlichkeit erst zu entdecken? Eigentlich vollzieht er in diesem sogenannten Gedankenexperiment eine Entwicklung nach, für die die Menschheit Jahrtausende brauchte. Der Vorgang der Idealisierung, der in die sparsam möblierte Skizze des Flusses mündet (eigentlich nur eines

29. Blackmore: Die Macht der Meme oder Die Evolution von Kultur und Geist. Seite 254.

30. Dennett: Consciousness explained. Seite 197.

beliebigen Flusses, denn es sind ja nicht mehr als zwei Linien im Sand), besteht doch im Absehen von allen sinnlichen Details und in der Symbolisierung einer vielfältig-unüberschaubaren Realität, die so in eine zweidimensionale Idealität verwandelt wird. Muß es sich nicht notwendig um einen steinzeitlichen Homo sapiens handeln, nicht etwa um einen Halbaffen oder Neandertaler? Deshalb sollte man sehr gut und ganz einfach von einem modernen Menschen statt von einem Hominiden sprechen können. Aber das hätte wohl nicht wissenschaftlich genug geklungen; ein bißchen Wortgeklingel muß einfach sein.

Wichtiger als alles dies scheint es, daß dieser Autor sich treu bleibt und, wie er das auch sonst zu tun pflegt, den entscheidenden Punkt mit Schweigen übergeht.

Zunächst nämlich gehört einiges an Leistung dazu, in einem mageren Schema – zwei Striche im Staub! – ein Abbild der Realität zu erkennen. Steht man vor dem Fluß, nimmt man ihn schließlich ganz anders wahr,[31] und Kinder brauchen deshalb ziemlich lange Zeit, bis sie eine Landkarte zu lesen, die Landschaftssymbole in ihr zu deuten gelernt haben. Wie kann ein in Küchenpsychologie dilettierender Philosoph diese Schwierigkeit einfach übersehen? Zusätzlich scheint Dennett bereits das vorauszusetzen, dessen Entstehung er als ein Theoretiker des Bewußtseins doch eigentlich erst plausibel machen wollte – er setzt nämlich voraus, daß bereits dieser frühe Mensch eine visuelle Phantasie besaß, ein inneres Auge. Eben dieses innere Auge ist eines der größten Geheimnisse unserer Natur. Weder wissen wir ganz sicher, ob andere Wesen über sie verfügen (kennen Menschenaffen visuelle Vorstellungen? kann man das behaupten oder mit letzter Sicherheit bestreiten?), noch wissen wir, wie unsere bildhaften Phantasien zu erklären sind. Wir wissen das natürlich auch dann nicht, wenn wir ihre unbestreitbare Nützlichkeit bedenken oder wenn wir den Bereich innerhalb des Gehirns lokalisieren können, der sich immer dann durch eine besondere Aktivität auszeichnet, wenn unsere visuelle Phantasie arbeitet. Wie sind Nervensubstanz und Phantasie miteinander verknüpft? Bis heute ist dieser Vorgang ganz und gar rätselhaft, und von einer Identität von Vorstellung und Nervensubstanz zu sprechen, kann natürlich niemanden überzeugen. Denn in diesem Fall müßten wir alle Attribute, die wir auf die Phantasie anwenden, auch für die Nervensubstanz geltend machen, müßten sie also farbig nennen, reich oder exakt. Macht das Sinn?

31. Cassirer kann diese Schwierigkeiten auf Grund seiner Kenntnisse der ethnologischen Litieratur kompetent beschreiben, und wie der Zufall es will, geht es auch bei ihm um die „Karte eines Flußlaufes ... Der Übergang von der bloßen Aktion zum Schema, zum Symbol, zur Darstellung bedeutet in jedem Falle eine echte ‚Krisis' des Raumbewußtseins." Phänomenologie der Erkenntnis. Seite 179. „Krisis des Raumbewußtseins" meint in diesem Fall, daß der Mensch die Fähigkeit entwickelt, die Vielfalt seiner Eindrücke zu reduzieren und zu symbolisieren.

Ich kann es mir nicht versagen, an dieser Stelle die Hirngespinste der bereits an früherer Stelle angesprochenen Wiener Positivisten anzusprechen, die die Phantasien der heutigen Hirnforscher vorweggenommen haben. Man meinte in aller Naivität, dadurch, daß man eine Wahrnehmung oder einen Gedanken im Hirn lokalisiere, alle mit der Verknüpfung von Fleisch und Geist verbundenen Rätsel gelöst zu haben. Der Mensch „als Wahrnehmender", schrieb Neurath, „ist ein physikalisches Gebilde, die Wahrnehmung muß er lokalisieren, z.B. im Zentralnervensystem, und alles, was er über Flecke aussagt, als Aussagen über diese Vorgänge im Zentralnervensystem oder an einem anderen Ort formulieren."[32]

Im 18. Jahrhundert war es Julien Offray de La Mettrie, der als vielleicht erster derartige Vermutungen über den Ort und die Abspeicherung des Wissens aussprach und das Gedächtnis – wenig überraschend – im Gehirn verortete, in dem er „nichts anderes [sehen mochte] als eine riesengroße Ansammlung von Wörtern und Figuren, die im Kopf jene Spuren hinterlassen, mittels derer wir die Objekte unterscheiden und in Erinnerung behalten. Auf die gleiche Weise, wie ein Gärtner und Pflanzenkenner sich beim Anblick der Pflanzen ihrer Namen erinnert, treten all unsere Ideen in unser Bewußtsein. Die Wörter und Figuren, die zu ihnen gehören, sind im Gehirn derart miteinander verknüpft, daß man kaum ein Ding ohne zugehöriges Symbol (Name) imaginieren kann."[33] Sehr schön sieht man hier auch den Ursprung der Assoziationstheorie, die längst als ganz unzureichend erkannt wurde.

Übrigens: Man kann ganz genau dieselben Fragen auch mit Blick auf die innere Stimme formulieren. Denn ist es nicht eigentlich erst die innere Stimme, die uns das lautlose Lesen erlaubt? Können (oder könnten) wir auch lesen, ohne diese zu hören? Wie ergeht es Analphabeten? Falls unsere innere Stimme tatsächlich vom Lesen abhängig oder von unserer Lektüre trainiert und gestärkt sein sollte, müßte man sich ganz ernsthaft fragen, ob die Menschen des Altertums – die Griechen, aber auch andere Nationen, von denen wir ihr Verhalten kennen – noch nicht über die innere Stimme verfügten, denn tatsächlich scheinen sie laut gelesen zu haben.

Allerdings lenkt das laute Lesen unseren Blick auf eine andere Seite des Problems, das beim inneren Auge ebenso auftritt. Es muß ja nicht zwingend so sein, daß der antike Mensch noch nicht die innere Stimme besaß, sondern es ist denkbar, daß er sich nur insofern von dem modernen Menschen unterschied, als er die innere Stimme noch nicht beherrschen und kontrollieren

32. Neurath: Soziologie im Physikalimus. Seite 399. Ihm schloß sich Carnap an: „So ist z.B. aus einer bestimmten Beschreibung des Zustandes des Körpers des S der Protokollsatz p:‘(S sieht) jetzt Rot‘ ableitbar." Carnap: Die physikalische Sprache als Universalsprache der Wissenschaft. Seite 456.

33. de La Mettrie: Der Mensch als Maschine. Seite 42.

konnte. Wer Menschen beobachtet, die des Lesens ungewohnt sind, kann sehen, wie sie die Lippen bewegen, und manchmal flüstern sie wirklich vor sich hin. Und man trifft immer wieder auf psychisch labile oder sich im Zustand größter Aufregung befindliche Menschen, die sich in einem lebhaften, oft sogar ziemlich lauten Selbstgespräch befinden. Es mag also sein, daß auf einen Zustand ohne inneres Auge und innere Stimme ein Zustand mit innerem Auge und innerer Stimme folgte, während dem die Menschen ihre Phantasie noch nicht zu beherrschen gelernt hatten und den Bildern und Stimmen hilflos ausgeliefert waren – ungefähr so, wie psychisch Kranke gelegentlich Stimmen hören. Sie sahen also Bilder und hörten Stimmen, aber weder verstanden sie, diese Stimmen kontrolliert hervorzurufen, noch konnten (oder wollten?) sie ihre innere Rede beherrschen. Vielmehr wurden sie von ihr überwältigt oder ließen sich gern von ihr überwältigen, auch, weil ihnen ihre Umgebung egal war. Julian Jaynes spekuliert in seinem Buch über den *Ursprung des Bewußtseins* darüber, daß die Anfänge des Selbstbewußtseins sich eben in dieser Weise vollzogen – also in einer Weise, die an akute Phasen der Paranoia erinnert.

Aber wenn – wir kommen auf Dennetts Beispiel zurück – der Höhlenmensch das innere Auge bereits besaß, warum hätte er dann erst umständlich mit seinem Stock zeichnen müssen? Seine Phantasie hätte doch ausgereicht, sich alles vorzustellen! Vielleicht hätte er sich selbst zum Ufer gehen und nach dem Seil suchen sehen – wenn er denn fähig gewesen wäre, sich selbst zu imaginieren. Oder er hätte sich wenigstens das Flußbett ohne sich selbst, ohne seine eigene Gestalt vorstellen können. Alles das hätte eine Zeichnung überflüssig gemacht. Und alles das ist es wert, erklärt zu werden.

Auch ist es eine oft beobachtete Tatsache, daß sich solche Vorgänge ganz unbewußt vollziehen, daß man aus Gründen, die man selbst nicht versteht, plötzlich die Hand vor die Stirn schlägt und an etwas wie an das Seil denkt, ohne über seine Pläne bewußt nachgedacht oder seinen Gang zum Fluß lebhaft vorgestellt zu haben.

Endlich: Woher sollen wir jemals zuverlässig wissen, ob dieser Mensch tatsächlich etwas imaginieren konnte? Wird sich eine solche Aussage widerlegen oder bestätigen lassen? Werden wir in diesem Punkt jemals über bloße Vermutungen hinauskommen? Immerhin, Höhlenmalereien in Südfrankreich oder anderswo können als ein Beweis für die Existenz einer visuellen Phantasie angesehen werden, denn ohne ein inneres Auge hätten sie niemals an einem dunklen und abgelegenen Ort geschaffen werden können. Aber von diesen Kunstwerken einmal abgesehen, könnten uns eigentlich erst erzählende Texte Hinweise auf ein tatsächlich existierendes inneres Auge geben, und wenn es diese gäbe, wären sie uns schon sehr oft als Zitate begegnet. Wie schwierig und demzufolge umstritten die Auslegung solcher Texte ist, zeigt das große Buch von Julian Jaynes, das Ausschnitte aus *Ilias, Odyssee* und dem *Alten Testament* in zwar ebenso gelehrter wie sensibler, aber trotzdem vielfach kritisierter Weise ausdeutet. Das, was Dennett hier so selbstsicher fabuliert und uns als eine Erläuterung des Bewußtseins verhökert, können und werden wir unter keinen Umständen jemals ganz gewiß erfahren. Deshalb hat es weder mit Wissenschaft noch mit Philosophie irgendetwas zu tun.

„Philosophen", schreibt Hilary Putnam über Evolutionspsychologen, „die sich der Evolutionstheorie bedienen, verfahren dabei generell in überaus schlichter Manier. Der Philosoph greift eine den Menschen zukommende Eigenschaft heraus, und zwar eine Eigenschaft, deren Besitz für die Menschen in der einen oder anderen Hinsicht nützlich ist. Dann macht er geltend, diese Eigenschaft müsse im Rahmen des Evolutionsprozesses ausgelesen worden sein."[34]

Putnams Beschreibung einer Methode von unübertroffener intellektueller Schlichtheit paßt wirklich. Schon lange vor ihm schrieb Helmuth Plessner eine ähnlich scharfe Kritik in dem ersten Teil seines frühen Hauptwerkes *Die Einheit der Sinne*, in der er die Zirkelhaftigkeit dieser stets auf die Nützlichkeit zielenden Überlegungen nachwies.

Wichtig ist aber noch ein anderer, von Helmuth Plessner vorgetragener Gedanke, der Unterschied zwischen Zweck und Wert. „Einheit durch Werte", so kann er zeigen, trägt den Keimpunkt seines Wesens in sich selbst. „Wir lernen daraus, daß irgendein Ding, um verstanden zu werden, nicht auf Zwecke bezogen sein muß. Sein Sinn kann ebensogut an seiner Wertbezogenheit liegen, dank welcher das Ding an sich und für sich selbst eine deutbare Einheit bildet."[35] Allerdings scheint dieser Gedanke nicht ganz zu Ende gedacht und ausformuliert zu sein. Denn kann man im Zusammenhang mit einem Ding wirklich von einem Wert sprechen? Muß es nicht ein wertsetzendes Wesen geben – ein Wesen, das (vielleicht in Grenzen) reflexiv ist und so sich selbst gestaltet und sich selbst entsprechend einem von ihm selbst angenommenen Wert formt und bildet? Nein, bloße Zweckmäßigkeit erfordert keinen zwecksetzenden Verstand, sondern nur seine Entdeckung. Etwas kann zweckmäßig sein, ohne daß zuvor ein Zweck gesetzt worden wäre. Ein x-beliebiger Stock, den wir im Wald aufsammeln, ist möglicherweise zweckmäßig.

Kann ein derartiges Verhältnis auch auf den Wert übertragen werden, kann also etwas werthaltig sein, ohne daß ihm ein Wert zugesprochen würde? Kann etwas aus sich heraus werthaltig sein? Wenn etwas (ein Gegenstand wie ein Diamant, ein Vorgang, zum Beispiel ein Tanz, oder ein besonders schönes lebendiges Wesen) innerhalb eines größeren Zusammenhanges

34. Putnam: Für eine Erneuerung der Philosophie. Seite 34.

35. Plessner: Die Einheit der Sinne. Seite 70f.

einen Wert besitzen sollte – was würde diesen Wert von einem Zweck unterscheiden? Auch ein Wert ist ein relationales geistiges Gebilde.

Dawkins, Dennett und Blackmore gehen noch weit über die übliche spekulative Methode der Evolutionstheoretiker hinaus, denn sie belassen es nicht bei historischen Gedankenexperimenten und Hypothesen. Ganz offensichtlich halten sie als entschiedene Naturalisten Meme für etwas Materielles, das man irgendwann, wenn die Mikroskope nur endlich so weit sind, sogar sehen und abfotografieren kann. Wie sonst ließe es sich erklären, daß in seinem Vorwort zu Blackmores Buch Dawkins ganz ernsthaft darüber spekuliert, „wie ein Mem ... aussehen könnte."[36] Wohlgemerkt, er spricht über Bewußtseinsinhalte!

Whitehead wußte genau, wie er derartige Spekulationen zu beurteilen hatte. Als hätte er die Memtheorie schon Jahrzehnte vorher erahnt, urteilte er: „jeder Rückgriff auf hypothetische Entitäten verringert den Anspruch wisssenschaftlicher Schlussfolgerung, das notwendige Ergebnis einer Harmonie zwischen Denken und Sinnes-Vergegenwärtigung zu sein. Anwachsen der Hypothese heißt Abschwächen der Notwendigkeit."[37]

36. Dawkins in Blackmore. Die Macht der Meme. Seite 15.

37. Whitehead: Die Ziele von Erziehung und Bildung. Seite 203.

Wir werden es niemals erfahren

Die ziemlich bizarre Memtheorie steht für die eine Richtung, in der der Monismus funktioniert: Etwas Geistiges wird als etwas Materielles und nur als etwas Materielles, nämlich als körperlicher Bestandteil eines Organismus behandelt und dessen Gesetzen unterworfen gedacht. Ebenso häufig und nicht weniger merkwürdig ist der umgekehrte Vorgang, wenn etwas Materielles als etwas Geistiges behandelt wird. Das geschieht zum Beispiel dann, wenn man unüberlegt von einem „genetischen Code“ spricht. Aber: Eine DNA ist in keinem Fall ein Text, der sich lesen oder auch erst verschlüsseln und später entziffern ließe (weder von den beteiligten Zellen noch von Biologen oder Medizinern), und sie als einen solchen zu behandeln ist eigentlich nur der verzweifelte Versuch, den in weiten Teilen ganz und gar irrationalen Vorgang der Vererbung zu verstehen, indem man ihn mittels dieser Metaphorik in eine uns bekannte rationale Welt transponiert.

Materialisten haben merkwürdigerweise kein Problem damit, einen rein organischen Vorgang in die Welt des Geistes zu übersetzen und auf diese Weise ein Verstehen oder deren Möglichkeit vorzugaukeln. Aber eine solche Interpretation kann nicht gelingen, denn es handelt sich bei der DNA wie bei den von der Blume aufgenommenen Reizen um Aspekte eines kausalen Zusammenhanges, der nicht allein Pflanzen bestimmt, sondern sich auch noch in den vegetativen Aspekten von Tier und Mensch findet und für den uns trotzdem ganz offensichtlich jeder oder doch wenigstens fast jeder Sinn fehlt. Das scheint zunächst auch deshalb so merkwürdig, weil ja unser eigener Körper ebenfalls seinen Gesetzen unterliegt. Nur: Wir gehen mit diesen Vorgängen nicht bewußt um, sondern sie vollziehen sich vollständig unbewußt, ob wir sie gutheißen oder nicht, und sie scheren sich nicht darum, ob wir sie lenken oder gar verhindern wollen. Geningenieure können zwar mit der Hilfe von „Genscheren“ eingreifen, aber es ist ein Eingriff von außen, keine Kontrolle leiblichen Geschehens durch uns selbst.

Ein wenig anders sieht es mit der Kausalität der leblosen Natur aus. Wir können sie mit Hilfe der klassischen Mechanik berechnen, aber wir stehen selbst ihren einfachsten und für uns alltäglichsten Vorgängen ganz verständnislos gegenüber; wie etwas später gezeigt werden soll, gilt das für alles „Bewirken“, zum Beispiel für die Übertragung eines Impulses bei dem Zusammenstoß zweier Billardkugeln. Wir können leicht mit der mechanischen Kausalität umgehen, aber wir können sie nicht verstehen.

Aber auch von der Kausalität der organischen Welt trennt uns eine Welt. Fachleute können zwar erkennen, daß ein bestimmtes Gen einen Organismus für eine Krankheit disponiert, aber sie beobachten diesen Vorgang ganz von außen, und es ist im höchsten Maße irreführend, in diesem Zusammenhang von Code, Schrift und anderen Symbolen des Geistes zu sprechen. Dagegen können wir die Motive einer Kreatur wie die Gedanken eines sprechenden Menschen nachvollziehen, und zwar je besser, je näher sie uns stehen. Die Gier eines fressenden Insekts ist uns trotz der ganz anderen Natur dieses Tieres nicht völlig fremd, und der Schreck, der durch ein Pferd zuckt, oder das zufriedene Schnurren einer Katze, die wir streicheln, sind verwandte Empfindungen, die wir verstehen, obwohl wir uns allein deshalb noch keinesfalls in dieses Wesen hineinversetzen können.

Nicht einmal unseren eigenen Leib können wir verstehen, sondern die Mehrheit der organischen Vorgänge betrachten wir allein von außen und können sie vielleicht mittelbar durch unser Verhalten oder die Einnahme von Medikamenten oder Drogen beeinflussen, aber keinesfalls unmittelbar steuern, denn sie unterliegen in keiner Weise unserer Willkür. Niemand kann zum Beispiel unmittelbar Einfluß nehmen auf die Bräunung der Haut durch die Sonne. Oft können wir die Vorgänge – also hier die Intensität der Sonnenstrahlung – nicht einmal wahrnehmen, sondern bemerken allein ihre Folgen.

Im vollen Wortsinn kann von „Verstehen" erst im Zusammenhang mit allen Zeugnissen des objektiven Geistes die Rede sein.

In einer die einschlägige Literatur über den Begriff der Information zusammenfassenden Arbeit heißt es einschränkend, daß „über den Aspekt der technischen Nachrichtenübermittlung hinausgehende Aspekte des Informationsbegriffes in dieser Theorie nicht enthalten sind".[1] Aber selbst ein der Esoterik nicht fernstehender Biologe wie Warnke argumentiert in genau derselben Weise, wenn er die Technik des Fernsehens beschreibt. Anders, als er glaubt, ist es aber nicht der „von außen einfallende Sendestrahl mit seinen Informationen", der das Fernsehbild hervorruft, sondern es ist eine elektromagnetische Welle, die Relevanz einzig und allein innerhalb eines rein technischen Prozesses besitzt. Und noch ein anderer Autor, Hans Christian von Baeyer, begeht denselben Irrtum, denn auch er nennt die elektromagnetische Welle, die den Fernseher erreicht, „die eigentliche Information".[2] Tatsächlich aber handelt es sich um einen Vorgang, der sich nicht nur ohne den Begriff der Information vollständig beschreiben läßt, sondern der auch falsch beschrieben wird, wenn im Zusammenhang mit ihm von Information die Rede ist. Denn von Informationen darf erst in dem Augenblick gesprochen werden, in dem das Fernsehbild von einem intelligenten Wesen angeschaut wird, und auch nur dann, wenn das vermittelte Wissen das Verhalten dieses Wesens verändert, weil es handlungspraktische Relevanz besitzt. Lyre, Warnke, von Baeyer und andere dagegen gehen davon aus (das liegt einfach in der Logik, wenn man von einem Sender-Empfänger-Modell ausgeht, das auch schon in

1. Lyre: Informationstheorie. Seite 12f.

2. von Baeyer: Das informative Universum. Seite 175.

Linguistik und Sprachphilosophie ganze Generationen in die Irre geführt hat), daß Informationen etwas Objektives sind, etwas, das dem Zeichen, dem Sendestrahl oder dergleichen immer und unter allen Umständen zukommt. Und eben das ist grundverkehrt.[3]

Sie vertreten also einen krassen Idealismus oder Panpsychismus und scheinen ganz ernsthaft zu glauben, daß der Trick, der es Computern erlaubt, die Welt in einer digitalen Sprache zu beschreiben, das ganze Universum selbst hervorgerufen hat – eben genau so, wie der Sendestrahl das Fernsehbild auf den Bildschirm zaubert. Wie kann ein intelligenter und gebildeter Mensch diesen Unsinn für wahr halten? Wie können Massen von Intellektuellen auf diesen Zug aufspringen?

Indem er – auf jeden Fall im deutlichen Widerspruch zu anderen Äußerungen – an die Argumentation Immanuel Kants bereits in dessen vorkritischen Schriften und dann besonders in der *Kritik der reinen Vernunft* anknüpft, kann Nicolai Hartmann in seiner *Philosophie der Natur* zeigen, daß es eigentlich nicht so weit her ist mit der Intelligibilität der Natur, denn bereits etwas so Simples und Alltägliches wie das bloße Bewirken und damit den kausalen Prozeß können wir nicht verstehen, selbst dort nicht, wo es sich um allereinfachste, uns durch und durch vertraute Vorgänge handelt.

Sonst – zum Beispiel noch in seiner späten Schrift *Die Erkenntnis im Lichte der Ontologie* – pflegt Hartmann ein s-förmiges Schaubild zu zeigen, das für die anorganische Natur eine große Nähe von Erkenntnis- und Seinskategorien behauptet, eine Nähe, die ein sehr weitgehendes Verständnis nach sich ziehe. Diese Graphik aber ist ganz verkehrt.

„Ihre größte Nähe zu den Seinskategorien", so beschreibt Hartmann die Kurve, „liegt unterhalb der Realitätsgrenze im Bereich des Mathematischen, hier ist das ideale Verhältnis einer fast totalen Identität erreicht." Diesem Punkt kann man zustimmen, aber dann beginnt er zu irren: „Die größte Entfernung von den Seinskategorien haben wir im Gebiet der biologischen und psychologischen Erkenntnis, auffällige Nahstellung dagegen in der physikalischen und geisteswissenschaftlichen." In seiner fast gleichzeitig erschienenen *Philosophie der Natur* führt Hartmann dagegen eine Differenzierung ein, die einerseits den Kausalnexus im „Naturgeschehen begreifbar" macht, sich aber andererseits für die „Anerkennung eines Unerkennbaren im Kausalnexus" ausspricht. Man versteht also (oder man kann verstehen)

3. „Gedanken sind magnetisch, und Gedanken haben eine Frequenz. Während Sie denken, werden Ihre Gedanken in das Universum ausgesandt, und sie ziehen magnetisch alle *gleichen* Dinge an, welche die gleiche Frequenz aufweisen. Alles, was ausgesandt wurde, kehrt zum Ursprung zurück. Und dieser Ursprung sind Sie." Byrne: The Secret. Seite 25. Materialistische Argumentationen lassen sich in aller Regel ohne jedes Problem von Esoterikern übernehmen.

die notwendige Aufeinanderfolge verschiedener Vorgänge, aber „das Bewirken als solches“[4] (als die „Übertragung einer Kraft“ oder wie sonst) versteht man nicht.

Schon Kant hat ganz ähnlich in seinen frühen Schriften argumentiert, aber vielleicht war es noch mehr der sehr einflußreiche Rudolph Hermann Lotze, der für die Verbreitung dieser zweiten Ansicht sorgte – der Ansicht nämlich, daß wir einfachste Vorgänge überhaupt nicht verstehen, beispielsweise die Übertragung eines Impulses von einem Gegenstand auf den anderen. „Nur der gedankenlosen alltäglichen Meinung scheint der Übergang der Wirkungen von einem zu andern Elemente klar; sie glaubt ihn mit völliger Anschaulichkeit in den äußeren Bewegungen wahrzunehmen, die ihn begleiten; für jede tiefergehende Forschung wird es mehr und mehr zum Rätsel, wie der Zustand des einen Wesens eine verbindliche Nötigung für ein anderes enthalten könne, nun auch seine eigenen inneren Zustände abzuändern.“[5] Was Lotze hier schildert, ist der schlechterdings unbegreifliche Übergang eines Bewegungsimpulses von einer Billardkugel auf die andere – zum Beispiel. Und damit handelt es sich um den wohl einfachsten und alltäglichsten mechanischen Vorgang überhaupt. Das ist ein Vorgang, den wir auch nicht andeutungsweise verstehen!

Natürlich können wir ihn berechnen, aber berechnen ist nicht verstehen.

Ausführlicher als Lotze erläutert sein Schüler Windelband das Problem in seiner *Einleitung in die Philosophie*. Er geht auch auf den Hiatus zwischen Leib und Seele ein, aber wichtiger als dieses ziemlich offensichtliche Rätsel ist ein anderes – banalerweise können wir nicht eimal eine Erklärung für die Übertragung eines Impulses von einem Körper auf den anderen finden. „Das Kausalverhältnis“, schreibt Windelband, „ist unter allen Umständen synthetischen Charakters und deshalb unbegreiflich. Es ist nicht rational zu begründen, nicht analytisch zu beweisen, sondern immer nur synthetisch zu erfahren.“ Unmittelbar vor diesem Satz zeigt der Autor, wie dieses Problem normalerweise gelöst wird, nämlich, indem man die „verschiedenen Etappen ... im einzelnen auseinandergelegt hat“.[6] Die Vorstellung, man könne dadurch, daß man zeitlich gestreckte Vorgänge in verschiedene Vorgänge unterteilt, sie doch verstehen, begegnet einem immer wieder, nicht zuletzt in der Evolutionstheorie. Aber nur, weil Millionen von Jahren vergangen sind, ist die Bildung einer neuen Art um nichts verständlicher.

4. Hartmann: Die Erkenntnis im Lichte der Ontologie. Seite 149; Hartmann: Philosophie der Natur. Seite 330. Vergleiche noch ebenda Seite 359: „Wir verstehen ja im Grunde den regulären physischen Kausalnexus um nichts besser.“ Oder Seite 370: „Das Determinieren selbst bleibt unerkennbar.“

5. Lotze: Mikrokosmos. Erster Band. Seite 426.

6. Windelband: Einleitung in die Philosophie. Seite 132, Seite 155 und Seite 154.

Die gegenseitige Beziehung von Erkenntnis- und Seinskategorien findet sich in der *Kritik der reinen Vernunft* erläutert, wo Kant an einer bereits zitierten Stelle zeigt, daß es in manchen Gebieten prinzipiell möglich ist, daß „die Bedingungen der Möglichkeit der Erfahrung überhaupt ... zugleich Bedingungen der Möglichkeit der Gegenstände der Erfahrung" sind. Wenn diese Übereinstimmung vorliegt (und nur wenn und nur dann!), kommt es zu „einem synthetischen Urtheile a priori." (B 197) In diesem Fall kann man zu einer Erkenntnis gelangen, ohne auf Erfahrungsurteile zurückgreifen zu müssen.

Man könnte denken, daß hier ein Gleichgewicht zwischen Seins- und Erkenntniskategorien herrscht, aber das ist zumindest aus der Sicht von Hartmann verkehrt. Denn er macht immer wieder klar, daß es die Kategorien des Seins sind, denen der Vorrang gehört: deshalb heißt es auch *Die Erkenntnis im Lichte der Ontologie*, nicht etwa umgekehrt. Es ist das Sein, von dem Hartmann ausgeht, denn für ihn ist der „springende Punkt ... die Unabhängigkeit des Seienden von der Objektion."[7] Das Sein, bedeutet dieser Satz, ändert sich in keiner Weise, wenn es kein es betrachtendes Subjekt gibt.

Kaum etwas sollte verblüffender sein als die Tatsache, daß es tatsächlich synthetische Erkenntnis a priori gibt, also eine sichere Erkenntnis vor aller Erfahrung, im Grunde ein Erfahrungsurteil ohne Erfahrung. Die Frage nach der Möglichkeit derartiger Erkenntnisse ist die leitende Frage der *Kritik der reinen Vernunft*. „Wie sind", so bringt Heidegger in *Die Frage nach dem Ding* das Problem Kants in zwei paradoxen Wendungen auf den Punkt, „a posteriorische Urteile a priori" möglich? Oder: „Sind synthetische Urteile analytisch möglich?"[8] Zumindest für unser tägliches Leben sind sie prinzipiell unmöglich, und der „oberste Grundsatz" Immanuel Kants formuliert nur einen Extremfall, weil unsere Erkenntnisstrukturen (die Kategorien) exakt denselben Inhalt haben müssen wie die Gesetze, denen das Objekt in seinem Sein selbst unterworfen ist; die Prinzipien auf beiden Seiten, auf der Seite des Subjekts wie auf der des Objekts, müssen einander decken. Wenn die Erkenntniskategorien mit den Kategorien des Seins zusammenfallen, wenn also Erkenntnis- und Seinskategorien miteinander identisch sind, dann und nur dann gibt es keine Regionen des Irrationalen und damit Nicht-Intelligiblen: dies lehrt uns der von Kant als „oberster Grundsatz der Erfahrung" bezeichnete Lehrsatz, der etwas beschreibt, das vor aller Erfahrung liegt. Denn diese Deckung besteht größtenteils nur im Bereich des Idealen, vor allem in der Mathematik. Aber selbst dort finden sich Bereiche des Irrationalen.

Analytische Urteile sind solche, die Erkenntnisse, die bereits in einem Begriff enthalten sind, entfalten und ausbreiten. Sie führen nicht zu neuen Er-

7. Hartmann: Zur Grundlegung der Ontologie. Seite 151.

8. Heidegger: Die Frage nach dem Ding. Seite 132.

kenntnissen, sondern verdeutlichen die bereits vorhandenen, indem sie ihre Konsequenzen ziehen oder experimentell auf ein anderes Gebiet projizieren, in ein anderes Vokabular übersetzen oder sonst sprachlich variieren. Also nicht analytische Urteile, sondern allein synthetische Urteile, solche, die Sätze über verschiedene Gegenstandsbereiche miteinander kombinieren, führen zu neuen Erkenntnissen. Deshalb sind ausnahmslos Erfahrungsurteile Quelle einer Erkenntnis, und insofern ist die Frage nach der Möglichkeit synthetischer Urteile a priori eigentlich widersinnig. Eine solche Möglichkeit scheint zunächst in der Mathematik zu bestehen, aber da wäre die Frage zu stellen, ob die Mathematik allein zu neuen Erkenntnissen führen kann. Vielleicht in der Zahlen- oder Gruppentheorie? Das können allein Fachleute entscheiden.

Eine Beziehung (wenn nicht Entsprechung, so doch wenigstens partielle Deckung) von Seins- und Erkenntniskategorien ist für alle Bereiche des uns zugänglichen Seins wesentlich: ohne sie würden wir in keiner strukturierten Welt leben, sondern in einem Chaos, und ohne sie gäbe es überhaupt keine Erkenntnis, denn irgendeine Korrelation von Sein und Erkenntnis muß immer vorliegen, also selbstverständlich auch dort, wo es um aposteriorische Erkenntnis geht. Es wird also immer einen gewissen Anteil apriorischer Urteile geben. Aber daß unsere Erkenntniskategorien nicht zureichend sind, daß sie die Welt nicht beschreiben, wie diese an sich ist, wird immer wieder deutlich, zum Beispiel an unseren Kategorien von Raum und Zeit, denn diese vermögen weite Bereiche sowohl im ganz Kleinen wie auch im ganz Großen nicht mehr zu erfassen, so daß viele Ereignisse in der Welt der Atome wie im Weltall für uns ganz irrational sind. Vielleicht können Physiker sie berechnen, aber kein menschliches Wesen kann sie verstehen.

Jedes Wesen, also auch der Mensch, ist mit seinen Sinnen und Bewegungsmustern seiner Umwelt angepaßt; aber der Mensch ist darüberhinaus im mehrfachen Sinne Bewohner einer Welt. Er lebt deshalb in einer Welt, weil er als das einzige Lebewesen dieser Erde auf sich selbst zurückschauen und sich in das Gefüge des Seins eingliedern kann. Denn er und nur er allein versteht es, die Perspektive anderer Lebewesen einzunehmen und ihr Verhalten, ihre Erfahrungen und ihr Temperament zunächst mit ihrer Umwelt, dann aber auch mit sich selbst in Verbindung zu bringen. Allein der Mensch kann auf Abstand zu sich selbst gehen, wofür Helmuth Plessner in seinen *Stufen des Organischen* den Begriff der „exzentrischen Positionalität“ prägte. In seinem Erleben kann der Mensch diese Perspektive niemals wirklich und wahrhaftig einnehmen, aber er kann sich dennoch in andere Wesen versetzen, einzelne Aspekte ihres Lebens verstehen und gelegentlich sogar ihre Sprache sprechen. So wissen wir, wie Hunde, Katzen und andere Tiere angesprochen oder behandelt werden möchten.

Wenn ich ihn richtig verstanden habe, bezeichnet Helmuth Plessner in *Macht und menschliche Natur* diese Fähigkeit als die „Ansprechbarkeit des Menschen". Diese Ansprechbarkeit gilt anderen Lebewesen; entsprechend ist auch das der Sachhaltigkeit der Gegenstände und Prozesse zugewandte Interesse des Menschen. Tiere sind nicht dazu imstande, sich aus ihrer Umwelt zu lösen und andere Lebewesen, Dinge und Prozesse um ihrer selbst willen anzuschauen. Sie nehmen niemals Objekte in ihrer Sachhaltigkeit wahr und sind nicht von Lebewesen einer anderen Gattung ansprechbar. Sie verstehen nur ihre eigene Sprache, so daß wir uns in Hunde verwandeln müssen, wenn wir von ihnen verstanden werden wollen.

Also ganz selbstverständlich muß sich die Entsprechung von Seins- und Erkenntniskategorien sowohl in der Physis als auch in der Psyche eines Wesens widerspiegeln.

Hartmann irrt gründlich, wenn er für unsere Betrachtung der anorganischen wie der organischen Natur eine große Nähe von Seins- und Erkenntniskategorien behauptet. Tatsächlich können wir die anorganische Natur hervorragend berechnen, aber verstehen können wir sie trotzdem nicht, und zwar auf sämtlichen Ebenen. Insbesondere ist eine Kompatibilität der Erkenntnisse der Physik und Chemie der letzten fünfzig Jahre mit unserer Alltagserfahrung und unserem natürlichen Erleben unter keinen Umständen herzustellen. Davon dürfte man vielleicht dann sprechen, wenn es wenigstens ein einziges Mal gelänge, diese Erkenntnisse in unserer Alltagssprache wiederzugeben, ohne sie zu simplifizieren oder geradezu zu verbiegen, aber das kann überhaupt nicht gelingen. Alle Bilder, alle Metaphern, alle Veranschaulichungen waren und sind schief. Der Informationsbegriff, mit dessen Hilfe die organische Kausalität zu interpretieren versucht wird, ist nur eines von vielen Beispielen.

Der Grund für alle diese Probleme ist in der Diskontinuität der Welt zu suchen. Es gibt kein allumfassendes Kontinuum, sondern die Welt ist geschichtet. Man kann von Phasenübergängen sprechen, wenn man die Nahtstellen zwischen den einzelnen Schichten des Seins betrachtet, den Übergängen vom Menschen zum Tier, vom Tier zur Pflanze, von der Pflanze zur anorganischen Natur. An allen diesen Grenzen geschieht etwas Ähnliches wie beim Auftreffen eines Lichtstrahls auf eine Wasserfläche: das Licht bricht sich und verliert einen Teil seiner Energie, so daß die Welt unterhalb der Wasseroberfläche dunkler ist und zusätzlich, wenn man von außerhalb schaut, auch noch verzerrt erscheint. Und nun mehrere Phasenübergänge nacheinander! Es wäre sehr überraschend, wenn sich unter diesen Umständen die anorganische Natur den Erkenntniskategorien eines Menschens so einfach anschmiegen sollte.

Wie fern alle Zusammenhänge der anorganischen Natur für uns sind, zeigen besonders deutlich die vergeblichen Versuche der Astronomen des 16. und 17. Jahrhunderts, die Umläufe der Planeten um die Sonne zu verstehen. Das Trägheitsgesetz, das doch ein elementares, der Gesamtheit unserer alltäglichen leiblichen Erfahrungen zugrundeliegendes Moment beschreibt, war noch nicht gefunden, und selbst Genies wie Kepler oder Kopernikus hielten aus ästhetischen Gründen eine im Grunde ganz unmotivierte Kreisbewegung für die natürliche Bewegung der Gestirne. Sie verstanden nicht, was heute jedes Schulkind weiß, daß eine Bewegung nur unter der Voraussetzung strikt geradeaus führt, daß sich keine zweite Kraft dazu gesellt. Die Fernwirkung der Gravitation – immerhin scheint die Gravitation eine Kraft zu sein, die wir unmittelbar wahrnehmen können und die unser tägliches Leben bestimmt, ja die in jeder unserer Bewegungen von uns berücksichtigt werden will – die Fernwirkung der Gravitation stand erst recht außerhalb jedes Verständnisses und stellte das Denken vor schier unüberwindbare Hindernisse. Noch 1897 schreibt der auch naturwissenschaftlich hochgebildete Autor Kurd Laßwitz, ein renommierter Philosophiehistoriker, im 8. Kapitel seines Romans *Auf zwei Planeten*, Gravitation sei „eine allgemeine Eigenschaft der Körper, welche von ihrer gegenseitigen Lage im Raum abhängt". Nichts könnte falscher sein, als die Gravitation für eine Eigenschaft von Körpern zu halten.

Wir sind in unserem Leben an die Gravitation gewöhnt und wissen, daß wir immer wieder auf die Erde zurückkommen, so hoch wir auch springen, und daß alle Gegenstände irgendwann zu Boden fallen, so kraftvoll wir sie auch werfen, aber das ist schon alles, und es gibt bis heute keinerlei befriedigende naturwissenschaftliche Erklärung für die Gravitation. Man kann ihre Bedingungen beschreiben – es müssen zwei Massen sein, die einander anziehen –, und man kann sie mittels der Gravitationskonstante sehr genau berechnen, aber das ändert nichts an unserer Verständnislosigkeit. Gravitation läßt sich nicht verstehen, ebensowenig wie die Auswirkungen anderer Felder.

Wie irrational Gravitation ist, wie ganz und gar unwirklich ihre Macht, das zeigen am klarsten die Verhältnisse im Sonnensystem. Der Saturn ist ein riesiger Planet und so weit von der Sonne entfernt, daß diese von ihm aus nur noch als kleiner Stern am Firmament erscheint, aber trotzdem umkreist er sie, ohne sich von ihr lösen zu können. Und der winzige Pluto, der noch wesentlich weiter entfernt von ihr um die Sonne wandert, ist an dasselbe Zentralgestirn gefesselt, das man von seiner Oberfläche aus nur mit äußerster Mühe als einen blaß funzelnden Punkt inmitten vieler anderer Sterne wahrnehmen kann. Obwohl sie von einem Planeten Pluto noch nichts wissen konnten – nicht einmal der Uranus war ja entdeckt –, waren sich die größten

Geister der frühen Neuzeit dieser Unverständlichkeit viel mehr bewußt als wir, die wir uns längst daran gewöhnt haben, von der Gravitation zu sprechen, als hätten wir sie durchschaut.

Bereits Leibniz schreibt in seinem Vorwort zu den *Neuen Abhandlungen* ganz ratlos über die Gravitation und wirft Locke vor, er räume den Sternen „Anziehungskraft selbst auf große Entfernungen ein, ohne sich auf irgendeine Sphäre der Tätigkeit zu beschränken". Gravitation ist für Leibniz etwas, das „nicht einmal denkbar ist". Warum scheint Leibniz, einem der größten Genies der vergangenen tausend Jahre, die Gravitation ein Faktum, das er keinesfalls verstehen kann? Weil es sich um eine Anziehung ohne jede Vermittlung handelt – eben dies macht die ungeheuerliche Irrationalität der Gravitation aus.

Und Isaac Newton als derjenige, der dem Geheimnis der Gravitation näher kam als jeder andere seiner Zeit und der folgenden Jahrhunderte, schilderte in einem berühmten Brief die Irrationalität der Gravitation, die durch einen leeren Raum, also ohne jedes Medium, weit, oft sogar wirklich und tatsächlich unendlich weit entfernte Objekte beeinflußt: „That gravity should be innate, inherent, and essential to matter, so that one body may act upon another, at a distance, through a vacuum, without the mediation of anything else, through which their action may be conveyed from one to another, is to me so great an absurdity, that I believe no man who has in philosophical matters a competent faculty of thinking, can ever fall into it."[9]

Was für Leibniz und Newton ein Widersinn, etwas schier Unverständliches („so great an absurdity") ist, etwas, das ein philosophischer Kopf sich niemals auszudenken vermöchte, das ist für uns schon seit langem kein Problem mehr, über das wir großartig nachdenken. Aber auch für Kant war an verschiedenen Stellen seines Werkes die Gravitation das bevorzugte Beispiel für ein Problem, das „gar nicht aufgelöset werden"[10] kann. Und noch anfangs des 19. Jahrhunderts schreiben Schelling und Schopenhauer über die Unmöglichkeit, die Gravitation zu verstehen. Selbst „Naturforscher", so Schelling, könnten die Gravitation allein „als unmittelbar geistige Einwirkung begreifen", und Schopenhauer schrieb, es sei „uns ebenso unerklärlich, daß ein Stein zur Erde fällt, als daß ein Tier sich bewegt." Im 24. Paragraphen seines Hauptwerks stellt er sich selbst als einen Agnostiker dar: „Versteht man aber am Ende vom innern Wesen jener allgemeinen Naturkräfte mehr als vom innern Wesen eines Tieres? Ist nicht eines so unerforscht wie das andere? Un-

9. Leibniz: Neue Abhandlungen über den menschlichen Verstand. Erster Band. Seite XLI. Newton wird zitiert nach: Collingwood: The Idea of Nature. Seite 143f.; etwas abweichend wird derselbe Brief zitiert von Koestler: The Sleepwalkers. Seite 310. Zu Newtons Gravitationskonzept vergleiche noch Whitehead: Denkweisen. Seite 171f. (Modes of Thought. Seite 138ff.).

10. Zum Beispiel hier: Kant: Prolegomena zu einer künftigen Metaphysik. §56 (Band IV. Seite 349).

ergründlich, weil es grundlos, weil es der Inhalt, das Was der Erscheinung ist, das nie auf ihre Form, auf das Wie, auf den Satz vom Grunde, zurückgeführt werden kann."[11]

Hegel zeigte einige Jahre vor Schopenhauer in der *Phänomenologie des Geistes*, daß das Gravitationsgesetz schlechterdings gar nichts erklärt: „daß der Stein fällt, ist ihm darum wahr, weil ihm der Stein schwer ist, d.h. weil er in der Schwere an und für sich selbst die wesentliche Beziehung auf die Erde hat, die sich als Fall ausdrückt." In seiner *Logik* wiederholt er diese Kritik und demonstriert die Dialektik des Grundes und des Begründeten: die Begründung der Gravitation ist insofern rein zirkelhaft, als das verursachende Prinzip das ist, was eigentlich erklärt werden soll.[12] Das Gravitationsgesetz beschreibt die offenbaren Verhältnisse in der Sprache der Mathematik, kann sich aber aus dem tautologischen Verhältnis von Grund und Begründetem nicht lösen.

Immerhin, noch fast zweihundert Jahre nach Newton nannte Emil du Bois-Reymond durch „den leeren Raum in die Ferne wirkende Kräfte ... an sich unbegreiflich, ja widersinnig".[13] Newton, Hegel, Schopenhauer und du Bois-Reymond empfanden ganz offensichtlich etwas als Mysterium, das die meisten von uns ohne weiteres Nachdenken einfach hinnehmen. Wir sind an den Gedanken der Gravitation gewöhnt, ohne diese elementare Kraft aber tatsächlich auch nur ansatzweise zu verstehen.

Es ist ein seltenes Ereignis, daß noch ein Autor des 20. Jahrhunderts die intellektuelle Redlichkeit besitzt, sich sein Unwissen einzugestehen. Alfred Schmid, renommierter Chemiker und dazu „Gnostiker", schrieb über die Gravitation (mit einer Anspielung auf die Stringtheorie) folgende Zeilen: „Jedoch wissen wir immer noch nichts – aber auch wirklich gar nichts – über das Wesen oder die Natur dieser mysteriösen Anziehungskraft, und alle Hypothesen, wie etwa die Vorstellung, sie würde durch Spiralkräfte erzeugt, welche sich, zwei Korkenziehern gleich, ineinander verschraubten, sind unbewiesene Phantasie. Gravitation ist nur ein Wort, dessen eigentlicher Inhalt uns noch fehlt."[14]

Genies zeichnen sich dadurch aus, daß sie mehr als normal begabte Menschen die Sensibilität besitzen, über derartige Ungereimtheiten und Irrationalismen zu stolpern. Albert Einstein hat in einem Brief an Max Born spon-

11. Schelling: System des transzendentalen Idealismus. Seite 341. Arthur Schopenhauer: Die Welt als Wille und Vorstellung I. Seite 189.

12. Hegel: Phänomenologie des Geistes. Seite 191; Wissenschaft der Logik. Zweites Buch. Seite 79.

13. du Bois-Reymond: Über die Grenzen des Naturerkennens. In: Bayertz / Gerhard / Jaeschke (Herausgeber): Der Ignorabimus-Streit. Seite 1–26. Seite 9. Ähnlich einige Jahre zuvor Lotze: Mikrokosmos. Band 1. Seite 326.

14. Schmid: Principium motus. Seite 79.

tan wesentliche Aspekte dieser Theorie abgelehnt und in einer heute fast sprichwörtlichen Wendung von einer „spukhaften Fernwirkung"[15] gesprochen, die sein Verstand ganz offensichtlich nicht akzeptieren mochte.

Im 16. und 17. Jahrhundert gebrauchten die Menschen noch Bilder, die ihrem eigenen Leben entnommen waren, und selbst große Geister stellten sich in einem eher kindlichen Bild die Planeten rollend auf einer Bahn vor. Das war ein zwar faktisch untauglicher, aber trotzdem ernsthafter Versuch, diese Vorgänge in das alltägliche Erleben zu integrieren und auf diesem Umweg zu verstehen. Heute unternehmen wir derartige Versuche erst gar nicht mehr, denn große Teile der modernen Naturwissenschaft sind ohnehin nicht mit unserem Leben und unseren Erfahrungen kompatibel, ja gelegentlich wird sogar die Meinung geäußert, daß bereits die klassische Mechanik eines Isaac Newton so sehr gegen unseren Alltagsverstand verstößt, daß sie sich nicht verstehen läßt. So schreibt Ernst Peter Fischer, „daß die Newtonsche Konzeption der Bewegung gegen unseren gesunden Menschenverstand vorgenommen werden mußte" und daß „unsere Intuition unbelehrbar ist. Selbst wenn wir die Gleichungen der Newtonschen Physik auswendig wissen und lösen können, ganz begreifen können wir sie nicht."[16]

Es müssen also gar nicht Vorgänge im astronomischen oder atomaren Bereich sein, die für uns gänzlich irrational sind, sondern irrational ist bereits ein guter Teil ganz alltäglichen Geschehens; ja, er entdeckt gleich mehrere „Irrationalitäten, die im Kausalnexus stecken". „Begreiflich", heißt es nur kurz zuvor, „ist das Bewirken als solches nirgends".[17] Wenn Hartmann unsere Probleme diskutiert, das „Bewirken" zu verstehen (bewirken im Sinne von „eine mechanische Bewegungsänderung veranlassen, verursachen oder hervorrufen"), bezieht er sich auf die *Kritik der reinen Vernunft* (Analytik der Grundsätze, Zweite Analogie), in der Kant die Vorstellung kritisiert, ein Zustand folge gleichsam punktuell auf den anderen. Kant zeigt dort, daß sich jede Veränderung in einem Kontinuum vollziehen muß. Nicht die Substanz könne entstehen, sondern allein deren Zustände werden verändert – andernfalls wäre es ein „Ursprung aus Nichts" (B 251). Man darf in diesem Zusammenhang nie vergessen, daß nach Kant die Substanz eben nicht das Unwandelbare ist, sondern ganz im Gegenteil dasjenige, woran sich die Veränderung vollzieht, nicht etwas Ewiges und Unveränderliches, auf dem seine Attribute sitzen wie die Plakate auf einer Litfaßsäule, sondern etwas, das sich selbst stets und ständig verändert.

Keinesfalls, so Kant, können wir a priori verstehen, wie auf einen Zustand ein entgegengesetzter folge – wir können es konstatieren, aber nicht verstehen.

15. Albert Einstein und Max Born: Briefwechsel 1916–1955. Seite 210.

16. Fischer: Kritik des modernen Menschenverstandes. Seite 27.

17. Hartmann: Philosophie der Natur. Seite 330.

Sein eigentliches Problem ähnelt dem bekannten Paradox des Zenon, in dem Achilles die Schildkröte vergeblich einzuholen versucht. Immer dann, wenn Achilles den Vorsprung der Schildkröte aufgeholt hat, hat sich das Tier weiterbewegt, und es wiederholt sich der Vorgang, in welchem Achilles rennt, die Schildkröte schleicht, und der Vorsprung der Schildkröte wird zwar immer kleiner und schließlich gar winzig klein, aber er bleibt bestehen.

Im Grunde ist das Paradox erschlichen – nicht etwa seine Lösung, sondern wirklich das Paradox selbst, denn der Wettlauf des Achilles mit der Schildkröte ist allein deshalb so hoffnungslos, weil die Annahme kleinster Teilstrecken durch Zenon (ebenso wie durch die Infinitesimalrechnung!) die Kontinuität des Raumes leugnet. Denn man berechnet die Geschwindigkeit für einen Punkt oder auch für eine unendliche Vielzahl von Punkten, und weil ein Punkt keine Ausdehnung besitzt, handelt man sich dabei einen fetten Widerspruch ein. Fortbewegung, die als die Aneinanderreihung ausdehnungsloser Punkte beschrieben wird? Immer wieder – und mit Recht! – wurde deshalb eingewandt, daß die „Physik am Ende und im Grunde" Bewegung „nur als einen Fall von Ruhe auffassen"[18] kann – jedenfalls dann, wenn sie sich der Bewegung mit der Hilfe der Infinitesimalrechnung nähert.

Ein Beispiel für eine kontinuierliche Bewegung, die sich aus statischen Momenten und damit ausdehnungslosen Punkten zusammensetzt, gibt uns Gerhard Hauptmann in seiner Erzählung *Bahnwärter Thiel* von 1887, geschrieben zu einer Zeit, in der gebildete Menschen die Infinitesimalrechnung bereits auf der Schule kennengelernt hatten; vielleicht darf man sogar von dieser Generation sagen, die Kenntnis der Infinitesimalrechnung habe sie geprägt. Denn unter anderen Umständen wäre die stoßweise Bewegung, in der sich der Zug dem Wächterhäuschen nähert, auf das Unverständnis der Leser gestoßen: „Ein dunkler Punkt am Horizonte, da wo die Geleise sich trafen, vergrößerte sich. Von Sekunde zu Sekunde wachsend, schien er doch auf einer Stelle zu stehen. Plötzlich bekam er Bewegung und näherte sich." Wichtig ist es besonders, daß der Zug „auf einer Stelle zu stehen" scheint. Er bewegt sich stoßweise, nicht fließend: „Der Zug wurde sichtbar – er kam näher – in unzählbaren, sich überhastenden Stößen fauchte der Dampf aus dem schwarzen Maschinenschlote."

Tatsächlich gibt es nicht eine Vielheit von diskreten Räumen, wie es das Paradox des Zenon und die Infinitesimalrechnung voraussetzen und Gerhard Hauptmann schildert, sondern nur den einen, alles umfassenden Raum. Und mit der Zeit verhält es sich ebenso: Es gibt zumindest für uns als erkennende

18. Prauss: Die Einheit von Subjekt und Objekt. Seite 476. Diese Kritik wurde zuvor von Bergson an verschiedenen Stellen seines Werks und in seiner Nachfolge von Ludwig Klages (am Eingang von *Der Geist als Widersacher der Seele*) und schließlich William James (in der 6. Vorlesung von *Das pluralistische Universum*) formuliert, in der er die Philosophie Bergsons darstellt.

Wesen nur eine Zeit, und wie der Raum bildet sie ein absolutes Kontinuum. Es sind diese Probleme, die im Rückgriff auf und in Auseinandersetzung mit Aristoteles von Pierre Bayle – einem Briefpartner von Leibniz – in seinem *Historischen und kritischen Wörterbuch* diskutiert wurden. Spätestens seit Bayles großem Artikel über Zenon von Elea spielen diese Paradoxa eine wesentliche Rolle in der Philosophie der Neuzeit.

In dem bekanntesten Paradox verringert sich dank der Annahme unendlich vieler diskreter Zustände die Distanz zwischen Achilles und der Schildkröte immer weiter, ohne daß der Rest irgendwann tatsächlich Null ergäbe, und in derselben Weise verkleinert sich in dem Problem Immanuel Kants der Zeitraum zwischen zwei Zuständen mehr und mehr, ohne daß sich noch Zeit zwischen zwei Zeitpunkten fände. Kants Problem liegt darin begründet, daß jeder Übergang in einen anderen sich notwendig in einer Zeit vollzieht, die er sich an dieser Stelle nicht als kontinuierlich vorstellt, sondern als Summe diskreter Zustände, so daß immer Zeit zwischen zwei Zuständen vergehen muß. „Alle Veränderung ist also nur durch eine continuirliche Handlung der Causalität möglich, welche, so fern sie gleichförmig ist, ein Moment heißt. Aus diesen Momenten besteht nicht die Veränderung, sondern wird dadurch erzeugt als ihre Wirkung." (B 254) Dieses Problem demonstriert wie das Paradox des Zenon, daß unser Verstand notwendig die Zeit als ein Kontinuum annehmen muß, denn andernfalls können wir uns nicht die Tatsache erklären, daß es Veränderungen gibt. Die Lehre für die Erkenntnistheorie lautet: Es gibt für uns nur eine Zeit, so wie es für uns nur einen Raum gibt. Das „für uns" müssen wir dabei unterstreichen. (Es mag sein, daß es auch tatsächlich nur einen Raum und eine Zeit gibt, aber darüber sprechen wir nicht hier und jetzt.)

Leibniz wußte um die Probleme, die notwendig entstehen müssen, wenn man die Kontinuität von Raum und Zeit aufhebt. Trotzdem hat er im Vorwort zu den *Neuen Abhandlungen* sein Gesetz der Kontinuität nicht mit Blick auf diese Probleme, sondern auf die kleinen Perzeptionen formuliert. Das „Gesetz der Kontinuität" muß unbedingt für die Realität in Anspruch genommen werden, wie wir sie erfahren und erleben, nicht aber für die Idealität, wo es zumindest überflüssig ist (was nicht ausschließt, daß es eventuell dessen Gesetzen widerspricht).

Was Leibniz als Gesetz ausspricht, gilt nicht allein unserer Erfahrung der wirklichen Welt, sondern wird von ihm als ein universales Gesetz für die gegenständliche Welt insgesamt in Anspruch genommen:

„Nichts geschieht auf einen Schlag; und es ist einer meiner größten und bewährtesten Grundsätze, *daß die Natur niemals Sprünge macht.* Das nannte ich *das Gesetz der Kontinuität* ... Der Nutzen dieses Gesetzes für die Physik ist sehr bedeutend: es enthält in sich, daß man stets durch einen mittleren

Zustand hindurch vom Kleinen zum Großen und umgekehrt fortschreitet, sowohl dem Grade wie den Teilen nach; daß niemals eine Bewegung unmittelbar aus der Ruhe entsteht, noch in sie zurückgeht, außer durch eine kleinere Bewegung hindurch, wie man auch niemals eine Strecke oder Länge völlig durchlaufen kann, ohne zuvor eine kleinere Strecke zurückgelegt zu haben."[19]

Besonders die letzte Bemerkung macht die Nähe zu dem Paradox des Zenon deutlich. Wenn keine Bewegung aus der Ruhe entstehen kann, wie kann man einen ruhenden Gegenstand bewegen? Er wird in alle Ewigkeit unbewegt bleiben... Trotzdem: Was Leibniz hier formuliert, ist die oder doch wenigstens *eine* Voraussetzung dafür, daß wir Vorgänge überhaupt verstehen oder zu verstehen glauben: unser Verstand muß eine derartige Kontinuität annehmen, und wir tun es auch in jedem Fall.

Nur am Rande sei vermerkt, daß Ludwig Klages hier genau dieselben Probleme sieht wie Leibniz und wie Kant, dessen Irrtümer er sonst anzuprangern nicht müde wird. Kein Mensch, schreibt Klages in *Der Geist als Widersacher der Seele*, „hat bis zu diesem Tage angeben können, wie die bewegende Kraft eines bewegten Bewegungsträgers es anfange, andern Bewegungsträgern sich mitzuteilen ... Das notwendig übergehende (transeunte) Wirken mechanischer Kräfte ist ein dermaßen undurchdringliches Rätsel, daß man die Lösung wieder und wieder mit Hilfe der Notannahme versuchte, die Körper seien schlechterdings nichts als Kräfte".[20] Wie oben gezeigt wurde, hat auch Lotze dieses Rätsel formuliert, und vielleicht war es sein *Mikrokosmos*, durch den dieses Problem Philosophen wie Hartmann und Klages nahegebracht wurde.

Unser Verstehen ist an die Vorstellung eines Kontinuums gebunden, wogegen wir für die Berechnung einer Bewegung mit der Infinitesimalrechnung – darüber täuscht uns Leibniz hinweg – diese Kontinuität wieder aufheben müssen, obwohl wir doch um ihre unveränderte Geltung wissen. Es ist unter anderem dieser Widerspruch, wegen dem es uns so schwerfällt, die Ergebnisse nicht allein der modernen Physik wirklich zu verstehen. Im Grunde handelt es sich um ein Widerspiel von Kontinuität und Diskretion; damit unser Verstand mit etwas – einem Ding, einem Vorgang, mit irgendetwas – überhaupt umgehen kann, muß er es für sich betrachten, also dessen Verschmolzensein mit seiner Umgebung aufheben und in etwas Diskretes verwandeln. Ein Begriff ist immer diskret („Omnis determinatio est negatio", sagt Spinoza – ein Satz, den Hegel als „den großen Satz" bezeichnet), er ist also immer negativ und grenzt sich ab, und deshalb wäre das Verstehen ohne

19. Leibniz: Neue Abhandlungen über den menschlichen Verstand. Erster Band. Seite XXVIII.

20. Klages: Der Geist als Widersacher der Seele. Seite 29.

jede Diskretion sowenig denkbar wie ohne ein Kontinuum. Beide sind als Bedingungen notwendig, aber für sich allein nicht hinreichend. Sie funktionieren nur als Widerspiel.

Biologen dagegen tun so, als sei die Kontinuität grenzenlos und als gebe es keine Brüche, und wir nehmen diese Vorstellung einer grenzenlosen Kontinuität nur zu gern auf und spielen uns selbst vor, die Entstehung der Arten zu verstehen, obwohl davon überhaupt keine Rede sein kann.

Tatsächlich sind wir ideologisch verblendet, wenn wir eine umfassende Kontinuität annehmen, einen bruchlosen Zusammenhang vom Atom bis zu den höchsten kulturellen Errungenschaften, denn der Augenschein sagt uns etwas anderes. Es ist bereits weltfremd, Pflanzen als intelligente Wesen mit einem Verhalten anzusehen, und die weitergehenden Ausdeutungen des intelligenten Elektrons sind noch lächerlicher. Wohin soll das führen?

Thomas Nagel hat darauf hingewiesen – warum war dieser Hinweis durch einen prominenten Universitätslehrer überhaupt notwendig? –, daß eine graduelle Entwicklung insbesondere der Rationalität überhaupt keinen Sinn ergibt, denn daß „sie aus unzähligen Atomen winzigster Rationalität zusammengesetzt ist, kann man sich nicht einmal spekulativ vorstellen.“[21] Tatsächlich ist aber eben dies die Methode, mit welcher zeitgenössische Pantheisten, die sich stolz Atheisten nennen, seit Leibniz das Auftreten von Rationalität erklären wollen. Ihr Vokabular unterscheidet sich von dem der Autoren des 17. Jahrhunderts, aber die Argumentation ist gleich.

Auf den Denkfehler, an dem eine Theorie der Entstehung der Arten bis heute scheitert, machte bereits Hermann Cohen in der ersten Auflage von *Kants Theorie der Erfahrung* aufmerksam; nur fünfzehn Jahre nach Darwins Hauptwerk weist er, geschult von Kant, auf das Problem hin, an dem eine mechanische Erklärung des kategorial Neuen immer scheitern muß. Schon die Vorsokratiker haben sich an dieser Problematik abgearbeitet. Schon bald war deutlich, daß es eine Entstehung aus dem Nichts (die ja immer noch von der physikalischen Kosmologie behauptet wird, auch wenn die Theorie sicherheitshalber erklärt, man könne sich nur bis auf den Bruchteil einer Sekunde an den absoluten Anfang heranrobben) absolut ausgeschlossen bleiben muß. Aber bereits bloße Veränderung – wie kann etwas mit sich selbst identisch bleiben, wenn sich einzelne seiner Eigenschaften verändern? – stellt seit den Vorsokratikern ein großes logisches Problem dar.

Wir wollen aber zunächst Kant hören, der in der *Kritik der reinen Vernunft*, in dem Kapitel über die „Analogien der Erfahrung“, eine elementare Unterschei-

21. Nagel: Geist und Kosmos. Seite 129 (Mind and Cosmos. Seite 87: „However, a reductive account of reason, entirely in terms of the properties of the elementary constituents of which organisms are made, is even more difficult to imagine than a reductive acocount of consciousness.“).

dung trifft, jene zwischen der bloßen Veränderung eines Zustands und dem „Ursprung aus Nichts". Ersteres kann man sehr wohl erklären und verstehen (obwohl es immer noch seine Schwierigkeiten bietet), letzteres aber keinesfalls. „Wenn dieser Ursprung als Wirkung von einer fremden Ursache angesehen wird, so heißt er Schöpfung, welche als Begebenheit unter den Erscheinungen nicht zugelassen werden kann, indem ihre Möglichkeit allein schon die Einheit der Erfahrung aufheben würde" (B 251). Worum es mir bei der Kritik des Darwinismus geht, ist das Problem des kategorial Neuen, das, wenn es mehr als bloße Abartung sein soll, einer Schöpfung aus Nichts entspricht.

Cohen sah eben dieselbe Schwierigkeit. „Der Zoolog erklärt die neue Art nicht aus der blossen Wiederholung der alten Form, sondern aus einer steten allmählichen Abartung; diese macht den Uebergang und die neue Form." Aber, so fügt er hinzu (und er kannte noch gar nicht die Spekulationen, die Intelligenz bereits im allerersten, sich noch nicht zu Sternen verdichteten Staub im Weltall annehmen): „Aus noch so vielen Einen kann niemals ein Anderes werden, wenn nicht im ersten Keim schon der Keim des Andern lag. Den soll man zeigen."[22] Eben: den soll man zeigen. Natürlich kann man das nicht, weil seitdem eine unbekannte Zahl von Jahren vergangen ist, die wahrscheinlich im zweistelligen Milliardenbereich liegt. (Und vielleicht hat es das Universum ja auch immer schon gegeben...) Aber davon abgesehen, ist es eben so, daß im allerersten Keim bereits die Anlage zu allem Späteren gelegen haben muß – und hier liegt die Betonung auf beiden Seiten: auf *allem* Späteren und auf dem *Spätesten*. Wer will das eine rationale Theorie nennen? Das ist Religion! Und eine Theorie des Neuen ist es ganz gewiß nicht.

Dazu kommt eine weitere Aporie: Etwas Neues ist nicht wirklich neu, wenn der Übergang zu ihm als fließend vorgestellt wird. Neu, wirklich neu ist das Neue erst dann, wenn es einen Hiatus gibt, einen Bruch, eine Kluft. Es gibt keine Brücke zum Neuen, will sagen: Mit einer absoluten Kontinuität, wie sie Leibniz und nach ihm viele bedeutend weniger tiefe Denker bis in unsere Zeit annehmen, kann es überhaupt nichts Neues geben, nicht unter dieser Sonne und auch sonstwo nicht.

Nicolai Hartmann nennt seine eigene Methode in Anlehnung an die Aporien des Aristoteles in dessen *Metaphysik* „aporetisch". Das soll bedeuten, daß sie die in Rede stehenden Probleme nicht nur bis jetzt noch nicht zu lösen weiß, sondern nach seiner Überzeugung auch niemals endgültig und vollständig lösen wird. Der Philosoph aber weiß um die Vergeblichkeit seiner Versuche und bezieht diese Vergeblichkeit in seine Überlegungen mit ein. Denn Phi-

22. Cohen: Kants Theorie der Erfahrung. Seite 93. Dieser Satz findet sich auch bereits in der 1. Auflage von 1871.

losophie, schreibt Hartmann eingangs seiner *Einführung in die Philosophie*, „ist die Behandlung derjenigen Fragen, die nicht bis zu Ende gelöst werden können und deswegen perennieren." Schon zuvor notiert er in *Der Aufbau der realen Welt*: „Alle echten metaphysischen Fragen enthalten unlösbare Problemreste." Fast mit denselben Worten schreibt er in seiner *Philosophie der Natur* darüber, daß „stets etwas Unerkennbares bleibt, ein Letztes und Unauflösbares". Diese sich durch sein ganzes Werk ziehende Grundeinstellung geht über bloße Skepsis weit hinaus, und eigentlich sollte man jemanden einen Erzagnostiker nennen, der eine endgültige Lösung der philosophischen Hauptprobleme für prinzipiell ausgeschlossen hält. Hartmann begründet dies auch diverse Male, unter anderem in seiner *Philosophie der Natur*, in der er erklärt, daß wir vielleicht „kein einziges wirklich waltendes Naturgesetz in seiner wahren Gestalt" kennen.[23] Wie man an seiner Monographie über den deutschen Idealismus (*Die Philosophie des deutschen Idealismus*, 1925) erkennen kann, knüpft er damit fast nahtlos an die Überlegungen Hegels in dessen *Wissenschaft der Logik* an.

Wahrscheinlich hat er diese Einstellung von Natorp übernommen, der Erkennen jeder Art immer als ein Geschehen betrachtet hat, das niemals an sein Ende finden wird: „‚Verstehen' heißt fortan nicht: mit dem Gedanken zum Stillstand kommen, sondern im Gegenteil: jeden scheinbaren Stillstand wieder in Bewegung aufheben ... Der Fortgang, die Methode ist alles; im lateinischen Wort: der Prozeß. Also darf das ‚Faktum' der Wissenschaft nur als ein ‚Fieri' verstanden werden ... alles Sein, das die Wissenschaft ‚festzustellen' sucht, muß sich in den Strom des Werdens wieder lösen."[24] In dieser Klarheit dürfte das eine Einsicht des 19. Jahrhunderts sein, das sich in Gestalt verschiedener großer Philosophen vehement gegen die Substanzmetaphysik wandte und als den wichtigsten Aggregatzustand des Seins nicht etwa ein ewig-gleiches Verharren, sondern das Werden ansah. Diese Einsicht allein aber ist bei weitem noch nicht der Zielpunkt, denn was das Werden ist, das verstehen wir immer noch nicht.

Vielleicht kann es nicht schaden, noch einen anderen Vertreter dieser Geisteshaltung zu zitieren, Ralph Waldo Emerson, den großen amerikanischen Philosophen und Schriftsteller, der sich 1841 selbst in seinem Essay *Circles* („Kreise") einen endlos Suchenden nannte („endless seeker") und gleich eingangs seines berühmten Essays schrieb, daß alles flüssig sei und nichts feststehe („There are no fixtures in nature. The universe is fluid and volatile.")

23. Hartmann: Einführung in die Philosophie. Seite 7; Der Aufbau der realen Welt. Seite 154; Philosophie der Natur. Seite 104 und Seite 413.

24. Natorp: Die logischen Grundlagen. Seite 14. „Fieri" übersetzt Natorp an anderer Stelle mit „ein ewiges *Sich-tun*" (Philosophische Systematik. Seite 12.)

Welsch dagegen als ein Vertreter der zeitgenössischen Philosophie denkt über diese Probleme viel optimistischer und spricht in *Homo mundanus* frohgemut von einer „1:1-Einsicht in die Dinge“,[25] worunter man sich wohl eine den Gegenstand in ausnahmslos allen seinen Aspekten erschöpfende Erkenntnis vorstellen soll. Eine derartige Umschreibung übersieht, daß das Wesen jeder, also nicht allein der philosophischen oder wissenschaftlichen Erkenntnis des Realen darin besteht, immer und unter allen Umständen nur einen ausgewählten Aspekt zu erfassen, meist sogar nur einen winzigen Ausschnitt. Eine allumfassende Erkenntnis könnte dann gar keine Erkenntnis mehr sein, sondern wäre irgendetwas anderes, etwas, das Erkenntnis weit übersteigen würde. Falls es Gott geben sollte, müßten wir ihm dergleichen zuschreiben, denn sonst wäre er ein endliches Wesen wie wir selbst; aber Erkenntnis wäre das immer noch nicht, weil Gott nicht erkennt. Das Erkennen ist den endlichen Wesen vorbehalten. Für uns selbst aber würde gelten, daß unter diesen Umständen – einer „1:1-Einsicht in die Dinge“ – unmöglich noch irgendein Erkenntnisfortschritt stattfinden könnte. Wir wüßten ja schon alles!

Diese Feststellungen gelten dem Realen, nicht aber dem Idealen. Das Ideale, weil es so unendlich viel ärmer ist als das Reale, läßt sich vielleicht nicht faktisch, wohl aber prinzipiell bis auf seinen Grund durchschauen und beschreiben. Auch daß es seinen Ursprung im Denken hat und nirgendwo sonst, läßt es – wiederum zumindest prinzipiell – als intelligibel erscheinen. Daß es dann doch nicht ganz gelingt, daß wir auch beim Idealen niemals zu einer vollkommenen Erkenntnis gelangen, liegt zunächst am Einschuß des Realen, in dem uns das Ideale notwendig begegnet. In seiner ganz und gar reinen Form treffen wir es niemals an. Dazu erstreckt sich das Gebiet des Idealen in die Unendlichkeit und läßt sich von einem endlichen Geist niemals durchwandern.

Im Grunde ist das Ideale das entsinnlichte, also der Vielzahl seiner Attribute entkleidete Reale. Der Vorgang dieser Entsinnlichung wurde schon in der antiken Philosophie beschrieben, zum Beispiel im *Symposion* Platons oder von Plotin, und er ist als Reduktion das vorherrschende methodische Prinzip der neuzeitlichen Wissenschaft. Man zerlegt komplexe Vorgänge, Gegenstände oder Organismen in ihre Bestandteile. Etwas zu analysieren bedeutet, daß man die unversehrte Ganzheit von etwas auflöst, um seine Einzelteile je für sich zu untersuchen – mit Blick auf das Ganze. Daraus folgt zwangsläufig, daß man nichts, auch nicht das Allerkleinste, ganz und gar und für sich untersuchen kann. So ist Erkenntnis niemals mit etwas fertig, sondern der Prozeßcharakter ist ihr wesentlich – die Akkumulation verschiedener Einsichten, ihre gegenseitige Korrektur, der allmähliche, unendliche Fortschritt.

25. Welsch: Homo mundanus. Seite15; vergleiche noch die Seiten 423, 551, 591, 595 und 744.

In der *Kritik der reinen Vernunft*, in dem Kapitel über das transzendentale Ideal, hebt Kant zwei Verfahren voneinander ab. Das eine ist das logische, das nach „dem Grundsatze der Bestimmbarkeit" eines Gegenstandes davon ausgeht, „daß nur eines von jeden zwei einander contradictorisch entgegengesetzten Prädicaten ihm zukommen könne" (B 599). Es ist also immer entweder dieses oder auch nicht. Aber jeder Gegenstand (jedes Lebewesen, jedes Ding, jeder Vorgang) steht noch zusätzlich „unter dem Grundsatze der durchgängigen Bestimmung", und das bedeutet, daß es prinzipiell möglich sein muß, einen jeden Gegenstand im Hinblick auf sämtliche ihm möglicherweise zukommenden Attribute oder Prädikate anzuschauen. Eine solche Betrachtung zielt idealiter auf die „Synthesis aller Prädicate, die den vollständigen Begriff von einem Dinge" (B 600) ausmachen würden – das aber ist ein Begriff, „den wir niemals in concreto seiner Totalität nach darstellen können" (B 601), ein Grenzbegriff in heutiger Terminologie. (Es ist der Begriff, um den es hier geht, nicht die Anschauung.)

Die grundsätzliche Fragmentarizität der Erkenntnis hängt also zunächst damit zusammen, daß die Zahl der Attribute eines Vorgangs, Gegenstands oder Lebewesens grundsätzlich unüberschaubar ist. Sie ist nicht allein ihrem Anspruch nach, sondern auch faktisch unendlich, so daß es niemals und unter keinen Umständen möglich sein wird, die Vielzahl der Attribute in einem endlichen Zeitraum anders als bruchstückweise wahrzunehmen, zu beschreiben und zu untersuchen. Deshalb muß Wahrnehmung – jede Wahrnehmung – fragmentarisch sein, und zwar immer und auf jeden Fall: sie muß es einfach sein, sie ist es wesenhaft –, denn sie erfaßt nur einen Teil des Objekts, von dem ein uns in seiner Größe unbekannter Teil verborgen bleibt. Nichts Reales können wir in seiner Totalität wahrnehmen, weil alles Reale eine uns verborgene Rückseite besitzt; alles hat eine uns keinesfalls vollständig bekannte Vergangenheit und Zukunft; und alles verändert sich fortwährend. So wird es immer (und zwar grundsätzlich und ausnahmslos immer!) unmöglich sein, in einem einzigen Moment eine unendliche Vielzahl von Perspektiven zu einem vollständigen Abbild der Welt zusammenzufassen. Unser Verstand ist nicht göttlich, sondern menschlich und überaus begrenzt.

Das gilt räumlich, selbstverständlich aber auch zeitlich, denn jede Wahrnehmung ist eine Momentaufnahme, die nur einen einzigen Augenblick später ergänzt oder korrigiert werden könnte oder sogar muß. Alles Reale unterliegt einem ständigen Wechsel. Veränderung und Werden – besteht da ein Wesensunterschied? – sind die Hauptmodi des Seins.

Der Wechsel, die Veränderung vollzieht sich vielleicht nur in einem winzigen Punkt, aber sie geschieht immer, auch wenn uns unsere Wahrnehmung täuscht, zum Beispiel, weil sie das leise Changieren eines Farbtons auf einem glatten Gegenstand in einen auch bei der Veränderung des Lichteinfalls gleichen Farbton umarbeitet. Denn unser Verstand ist an jeder Wahrnehmung beteiligt, er strukturiert sie und ordnet sie ein in die Vielfalt der auf ihn einstürzenden Sinneseindrücke.

Das Wissen über die Fragmentarizität der Erkenntnis führte zum Begriff eines allumfassenden, von uns nur zu einem geringen Teil ein- und übersehbaren Universums. Denn zu diesem Universum gehört ein Horizont, zeitlich wie räumlich. Jeder Mensch weiß um diesen Horizont und darum, daß ihm eine unbekannte Zahl von Vorgängen und Epochen, Gegenständen und Lebewesen immer unzugänglich bleiben wird.

Zu alldem kommt noch hinzu, daß die Reihe der Vorgänge, die für die Existenz eines Lebewesens oder Gegenstandes notwendig war oder einen Prozeß in Gang setzte, auch realiter unerschöpflich ist, denn sie geht zurück bis zum Anfang aller Zeiten, und auch nicht *ein* Glied dieser Kette durfte fehlen, damit etwas in die Realität eintreten konnte. Keiner dieser unendlich vielen Vorgänge ist für sich allein hinreichend, sondern allein ihre lückenlose Aneinanderreihung kann etwas wirklich werden lassen.

Diese Zusammenhänge spiegeln sich auch im Begriff der Abschattung, wie er durch Husserl eingeführt worden ist. Er bedeutet, daß alles in unserer Welt aus einer unendlichen Zahl verschiedener Perspektiven angeschaut werden kann, und damit steht dieser Begriff in der Tradition des oben angesprochenen *Globusspiels* des Kusaners sowie der Leibnizschen Philosophie der Perspektive und der Individualität. Jedenfalls wird unsere Welt von einem Bereich des Ungefähren, des nur beiläufig Miterfaßten, von einem Hintergrund aus verschwimmenden Farben umzingelt. Das Universum – also das, das alles ist, das es gibt, nach dem Wort von Ortega y Gasset „todo cuanto hay“[26] – das Universum ist weder erleb- noch erkennbar. Wie sollte es auch, da nicht einmal ein einzelnes Ding, und sei es ein ganz schlichter Gegenstand, jemals als Ganzes erfaßt werden kann! Wir sehen immer nur die eine seiner Seiten, während wir um die Existenz der anderen zwar wissen, sie aber eben nicht gleichzeitig sehen oder wahrnehmen können. Auch seine Farbe ändert sich mit unserer Position (unserer Perspektive), und sogar seine Dimensionen und inneren Verhältnisse erscheinen verschieden. So befindet sich bereits die Wahrnehmung eines beliebigen Dinges ständig im Fluß und ist entsprechend unabschließbar. Und das, was für die Wahrnehmung von Gegenständen gilt, läßt sich auf alle anderen Wahrnehmungen übertragen – sie sind immer und auf jeden Fall perspektivisch.

Hartmanns Philosophie wird in unseren Tagen kaum diskutiert, und deshalb muß man auf die Hamburger Antrittsvorlesung Josef Königs aus dem Jahr 1947 zurückgreifen, wenn man eine inhaltliche Kritik an diesem Kon-

26. Ortega: ¿Que es filosofía? Seite 61.

zept in die Hände bekommen möchte. König greift das Konzept Hartmanns an, indem er zu zeigen versucht, daß die Realbedingungen „nicht Bedingungen eines Seienden sein können ..., sondern lediglich Bedingungen der Möglichkeit eines widerspruchsfreien *Setzens* von A. Die totale Bedingungskette macht A weder möglich noch notwendig und daher auch nicht zugleich möglich und notwendig.“[27] Mit diesem Argument spricht König die in seiner Sicht nicht hinreichend exakte Unterscheidung von notwendiger Bedingung (conditio sine qua non) und Geschehen an. Sein Angriff gilt nicht allein Hartmann, sondern auch Leibniz, den er ebenfalls nennt und der Hartmann an vielen Stellen die Richtung wies. Schließlich läßt sich Königs Argument auch auf Whitehead beziehen, obwohl dieser ungenannt bleibt und König wahrscheinlich auch unbekannt war. In jedem Fall scheint die von König getroffene Unterscheidung von notwendiger Bedingung und Geschehen plausibel.

Einerseits in dem betreffenden Band seiner Ontologie, andererseits in einem Akademiebeitrag vertrat Hartmann den megarischen Begriff der Möglichkeit. Dieser aber, schränkte er ein, bedeute „keineswegs, daß Möglichkeit und Wirklichkeit zusammenfallen“, sondern nur, „daß beide nicht ohne einander vorkommen; d.h. daß in der realen Welt das, was möglich ist, auch wirklich sein muß“.[28] Das ist ein merkwürdiger Rückzug (oder eine seltsam halbherzige Relativierung) des sehr scharfen Arguments in demselben Augenblick, in dem es ausgesprochen wird. Tatsächlich gilt dieser Satz allein und ausschließlich in der idealen Welt. Nur in und von ihr kann man sagen: Das, was in ihr möglich ist, ist auch immer schon wirklich. In der Idealität und allein in ihr hat es überhaupt keinen Sinn, zwischen den einzelnen Modi zu unterscheiden.

Über die Jahrhunderte hinweg war der megarische Begriff der Möglichkeit für viele nicht allein ein provozierender, sondern sogar ein unhaltbarer Begriff – jedenfalls dann, wenn man ihn auf die Realität anwendet. Cohen nannte ihn „eine dreiste, aber zielbewusste Consequenz“,[29] und nicht wenige Autoren konfrontierten diesen Begriff der Möglichkeit mit dem weniger strengen (oder weniger radikalen) aristotelischen und wenden ein, Hartmanns Begriff stimme nicht mit dem Sprachgebrauch überein. Das ist wohl ein zutreffender Einwand, wenngleich seine Kritiker korrekterweise hätten hinzufügen sollen, daß Hartmann in *Wirklichkeit und Möglichkeit* den megarischen Begriff abmildert, indem er noch zusätzlich den Begriff der Realmög-

27. König: Über einen neuen ontologischen Beweis des Satzes von der Notwendigkeit des Geschehens. In: König: Vorträge und Aufsätze. Seiten 62–121. Seite 82. 1962 veröffentlichte Katharina Kanthack ihre scharfe Polemik an dem ontologischen Konzept Hartmanns: Nicolai Hartmann und das Ende der Ontologie. Berlin 1962.

28. Hartmann: Der Megarische und der Aristotelische Möglichkeitsbegriff. Seite 92.

29. Cohen: Logik der reinen Erkenntniss. Seite 349.

lichkeit einführt. Dieser entspricht dem aristotelischen Begriff und kommt unserem Sprachgebrauch näher; und wieder kann man von Halbherzigkeit sprechen.

Hier ist es wichtig, daß unser Sprachgebrauch mit der Differenzierung der verschiedenen Modi den Standpunkt der realen Welt, der megarische Begriff der Möglichkeit jenen der Idealität abbildet. Ist es nicht so, daß die drei Kategorien der Modalität einzig und allein unsere Relation zu den Gegenständen spiegeln? Allein *für uns* (für einen diskursiven, also nicht urbildlichen intuitiven Verstand) ist etwas möglich, wirklich oder notwendig, aber im Bereich des Idealen findet dieser Unterschied keinen Platz.

Man könnte also sagen, daß der megarische Begriff der Möglichkeit dann haltbar und zutreffend ist, wenn man ihn auf die Sphäre des Idealen einschränkt. Dazu paßt es ganz gut, daß König vom „Setzen von A" spricht, als wollte er etwas deduzieren. Ein wenig scheint König auf den von Hartmann vielleicht intendierten Zusammenfall von Ontologie und Erkenntnistheorie zu schielen, der dem Zusammenfall von Seins- und Erkenntniskategorien entspricht – den es, wenn überhaupt, nur im Gebiet des Idealen gibt. Denn es ist doch ganz offensichtlich so, daß das Ideale – die Zahlen etwa – ist, einfach nur ist, ganz gleich, ob jemand es denkt oder ob gewisse Bedingungen vorliegen. König spricht vom „widerspruchsfreien Setzen" – auch das könnte auf die Mathematik abzielen oder doch wenigstens für sie in Anspruch genommen werden.

Kant war diese Diskussion trotz ihres hohen Alters noch unbekannt, aber in dieselbe Richtung wie die oben ausgeführten Überlegungen zielt eine Fußnote aus der *Kritik der reinen Vernunft* (B 445), die deutlich macht, daß dic Vollständigkeit der Bedingungen nur ein Grenzbegriff sein kann, denn wir werden uns niemals von dieser Vollständigkeit überzeugen können. (Aber wir müßten sie doch trotzdem im Falle der Wirklichkeit von etwas voraussetzen, oder?)

„Das absolute Ganze der Reihe von Bedingungen zu einem gegebenen Bedingten ist jederzeit unbedingt; weil außer ihr keine Bedingungen mehr sind, in Ansehung deren es bedingt sein könnte. Allein dieses absolute Ganze einer solchen Reihe ist nur eine Idee, oder vielmehr ein problematischer Begriff, dessen Möglichkeit untersucht werden muß, und zwar in Beziehung auf die Art, wie das Unbedingte, als die eigentliche transzendentale Idee, worauf es ankommt, darin enthalten sein mag."

Für uns fallen Seins- und Erkenntniskategorien kaum je zusammen, allenfalls in einigen wenigen Bereichen. Dies ist einer von mehreren Gründen für die prinzipielle Fragmentarizität unserer Erkenntnis. Nichts Reales können wir, nichts Reales kann irgendein diskursiver Verstand vollständig erkennen. Weil es die Individualiät ist, die das Reale vom Idealen unterscheidet, so hängt alles an deren Begriff, der dem intuitiven Verstand unbekannt sein und bleiben muß.

Leider bleibt der Begriff der Individualität bei König trotz seiner unbestreitbaren Bedeutung undiskutiert. König bezieht sich unter anderem auf Hegels Analyse des Dieses in „Die sinnliche Gewißheit; oder das Diese und das Meinen" in der *Phänomenologie des Geistes*, aber in der Analyse Hegels erscheint (ausgerechnet!) die sinnliche Gewißheit, eben weil sie „die abstrakteste und ärmste Wahrheit"[30] ist, nicht wie bei Leibniz und Hartmann als etwas Individuelles und demzufolge auch nicht als etwas Reales in deren Sinne.

In seinen *Ausgrabungen zum wirklichen Leben* kritisiert Hermann Schmitz die Philosophie Leibniz', indem er wesentliche und unwesentliche Attribute unterscheidet – nämlich solche, die für eine Identität wichtig sind, andere, die es nicht sind. Wie die beiden Formen der Attribute unterschieden werden können (methodisch zum Beispiel), darüber äußert er sich nicht. Tatsächlich aber ist es allein der nicht auf das Individuum (ob reale Sache, ob reales Lebewesen), sondern der auf die Artbestimmung (auf das Allgemeine oder das Ideale) zielende Begriff, in dem man zwischen wesentlichen und unwesentlichen Attributen unterscheiden darf.

In unserem Leben kommt es immer zu einem Ineinander von zwei verschieden ausgerichteten Kategorien: die einen richten sich auf die Individualität, die anderen auf das Allgemeine; die einen berücksichtigen die allein diesem Individuellen geltenden, die anderen die artübergreifenden Attribute. Diese Unterscheidung steht gewissermaßen schräg zu der Unterscheidung zwischen Erkenntnis- und Seinskategorien, deckt sich nämlich mit ihr zu einem kleinen Teil. Seinskategorien zielen nur auf das Allgemeine, die Erkenntniskategorien aber sind in der oben geschilderten Weise sowohl auf die Individualität als auch auf das Allgemeine gerichtet.

Wenn man von einem Lebewesen sagt, es zähle zu einer bestimmten Tierart, die sich an einem streng umgrenzten Ort zu einer ganz bestimmten Zeit aufhalte und diese und jene Färbung, Geschlecht und Alter habe, dann hat man ein Beispiel für ein solches Ineinander von Allgemeinem und Individuellem, für das wir dann einen individuellen Namen suchen.

Was Schmitz irreführend als Identität bezeichnet, das ist das Allgemeine. Die „Existenz-Inductiva" dagegen gelten allein dem Individuellen. Diesem begegnen wir in unserem alltäglichen Leben eigentlich immer und ausschließlich, denn das im strengen Sinne Ideale (Allgemeine) finden wir nur in der Mathematik. Leibniz „irrte und seine Nachfolgen mit ihm. Es gibt eine Gruppe von Bestimmungen, die Sachen zukommen, aber belanglos für ihre Identität sind. Ich bezeichne sie als Existenz-Inductiva und weise sie an Hand

30. Hegel: Phänomenologie des Geistes. Seite 9ff.

der Existenz (des Seins, der Wirklichkeit) nach. Keine Sache existiert notwendig."[31] Das ist nichts anderes als die Unterscheidung zwischen den Attributen, die sie einer bestimmten Gattung zuordnen, und jenen, die ihre Individualität verantworten.

Können wir als Eingangsvoraussetzung den Satz Leibniz' akzeptieren, daß das Indiscernibilienprinzip wahr ist, daß also das Reale und allein es individuell ist, weil und indem es von einer Vielzahl von Attributen bestimmt ist und deshalb dieses (oder eben jedes) Reale prinzipiell von allem anderen Sein unterschieden werden kann? Dieses Prinzip ist die auf den Punkt gebrachte, bereits oben zitierte Einsicht des Nicolaus de Cusa, die dieser eingangs seines *Globusspiels* formuliert.

Man kann die Realität und das Individuelle in eins beziehungsweise den Grad der Realität und den der Individualität zueinander in Beziehung setzen. Je mehr Attribute einem Gegenstand oder Lebewesen zukommen, desto realer ist dieser auch – das ist ein Satz, den bereits Spinoza im 9. Lehrsatz seiner *Ethik* aufgestellt hat: „Je mehr Realität oder Sein jedes Ding hat, desto mehr Attribute kommen ihm zu." Besser allerdings wäre es gewesen, hätte er umgekehrt formuliert: „Je mehr Attribute ein Ding hat, desto mehr Realität hat es auch."

Realität und Idealität gehen also allmählich ineinander über. Fast alles Reale besitzt einen Einschuß des Idealen, und (nur fast?) allem Idealen kommt noch etwas Reales zu.

Whitehead, wie Hartmann stark von Leibniz beeinflußt, spricht von der „multiplicity of components"[32] als einem Kennzeichen der Realität. Die Verbindung von Realität, Irrationalität und Individualität kann man am Beispiel der Mathematik verdeutlichen. So sind Naturkonstanten der realen Welt wie die Gravitationskonstante Gamma irrational (was keinesfalls widervernünftig bedeutet), vor allem aber unendlich individuell. Sie lassen sich unter keinen Umständen ganz exakt bestimmen, sondern über gewisse Annäherungen kommt man niemals hinweg.

Je höher also die Zahl der Attribute, desto irrationaler und individueller ist ein Gegenstand, sei er ideell oder reell. Zwei Gegenstände und Individuen mögen in fast allen Punkten übereinstimmen, es ist aber ausreichend, wenn sie sich in einem einzigen Punkt unterscheiden, damit sie zumindest ein klein wenig Individualität gewinnen. Dieser einzige Punkt mag unter Umständen ein anderer Ort sein, den sie einnehmen (so weit mochte auch Kant der Argumentation von Leibniz folgen), aber Leibniz hat darüberhinaus Wert

31. Schmitz: Ausgrabungen zum wirklichen Leben. Seite 77; zusätzlich: Der unerschöpfliche Gegenstand. Seite 46f.

32. Whitehead: Process and Reality. Seite 83; Prozeß und Realität. Seite 167.

darauf gelegt, daß selbst Dinge, die für das Auge fast oder tatsächlich ununterscheidbar sind – Sandkörner, die Blätter eines Baums, Wassertropfen – sich doch immer und auf jeden Fall auch in anderen Punkten unterscheiden lassen: deshalb hat schlechterdings alles Reale in dieser Welt einen Anteil an der Individualität, und es unterscheidet sich durch mehr als bloß durch seinen Ort oder durch seine Stelle auf dem Zeitstrahl, auch wenn unsere Sinne nicht scharf genug sein sollten, die Unterschiede zu erkennen.

Damit etwas real ist, muß es nicht nur irgendwie da sein, sondern als ein Bestimmtes an diesem Ort zu diesem Zeitpunkt. Die Scholastik sprach seit Duns Scotus von der „haecceitas" (Diesheit), welche ein Etwas individuiere (im Grunde die Übernahme des aristotelischen *tode ti*, des „dieses da"), Natorp mit einem uns wohl näherliegenden Ausdruck von „Lokalisation", die zu der Realität eines Gegenstandes, eines Organismus oder eines Vorgangs immer gehört. Etwas, das überall und immer sein könnte oder tatsächlich ist, besitzt nicht die „Punktualität des Seins",[33] die zu der Realität notwendig gehört.

In dem Kapitel „Von der Amphibolie der Reflexionsbegriffe" spricht Kant in der *Kritik der reinen Vernunft* über Leibniz' „Satz des Nichtzuunterscheidenden (principium identitatis indiscernibilium)" (B 320). Der Satz des Nichtzuunterscheidenden ist Leibniz' Variation der oben angesprochenen Einsicht des Nicolaus von Kues.

Hier verteidigt Immanuel Kant gegen Leibniz den Augenschein und damit den Anspruch unserer Sinne, wenn er den von ihm polemisch „Satz des Nichtzuunterscheidenden" genannten Satz insofern relativiert, als er in diesem Zusammenhang den Unterschied zwischen dem reinen und dem „empirischen Gebrauche" der Vernunft (B 320) wesentlich findet. Den „Satz des Nichtzuunterscheidenden" – falls etwas nicht (mehr) unterschieden werden könnte, wäre es tatsächlich nicht individuell, wie von Leibniz und Hartmann angenommen – diesen Satz will er rein prinzipiell verstanden wissen und auf den reinen Vernunftgebrauch einschränken, der ja nicht auf die Realität ziele, sondern auf die Idealität. Denn für unsere Sinne, so Kant, sei es völlig hinreichend, wenn die Dinge einen verschiedenen Ort einnehmen, um ihnen Individualität zusprechen zu können. Er wendet ein, daß Leibniz „lediglich ihre Begriffe und nicht ihre [der Gegenstände, S.D.] Stelle in der Anschauung ... vor Augen hatte" (B 327). Was Kant also ins Feld führt, ist das Recht unserer sinnlichen, sogar unserer humanen Anschauung – wir leben in einem Mesokosmos, in dem die kleinsten Unterschiede keine Rolle spielen – anders als in Leibniz' sehr prinzipieller Argumentation. Und auch die „transzendentale Ästhetik" – Kants Philosophie des Raumes und der Zeit –

33. Natorp: Philosophische Systematik. Seite 231.

ist eine Philosophie des Mesokosmos: der mittleren Welt, in der wir leben und in der man mit der Physik Isaac Newtons ziemlich gut auskommt.

Kant schreibt: „Da er [Leibniz] also lediglich ihre Begriffe und nicht ihre Stelle in der Anschauung, darin die Gegenstände allein gegeben werden können, vor Augen hatte und den transcendentalen Ort dieser Begriffe (ob das Object unter Erscheinungen, oder unter Dinge an sich selbst zu zählen sei) gänzlich aus der Acht ließ, so konnte es nicht anders ausfallen, als daß er seinen Grundsatz des Nichtzuunterscheidenden, der bloß von Begriffen der Dinge überhaupt gilt, auch auf die Gegenstände der Sinne (mundus phaenomenon) ausdehnte und die Naturerkenntniß dadurch keine geringe Erweiterung verschafft zu haben glaubte." (B 327f.)

Das angesprochene Kapitel der Vernunftkritik beschäftigt sich mit der Doppeldeutigkeit (Amphibolie) bestimmter philosophischer Begriffe, deren Bedeutung sich je nach ihrem Bezug verändert: „Ist es der Verstand, oder sind es die Sinne, vor denen sie verknüpft oder verglichen werden?" (B 320) In unserem Zusammenhang bedeutet das: Werden sie als Aspekt des Idealen oder des Realen angesehen? Kant wirft Leibniz vor, einseitig auch dort auf eine ideale Perspektive gesetzt zu haben, wo eine sinnliche oder empirische angemessen gewesen sei („Leibniz intellectuirte die Erscheinungen", B 327).

Es gibt eine bekannte Illustration, auf der man Leibniz sieht, wie er seinen Satz an den Blättern einer Hecke in den Herrenhäuser Gärten demonstriert, und dieser Veranschaulichung kann man wirklich die Verwechslung der beiden Perspektiven vorwerfen, denn selbstverständlich können zwei Blätter einer Hecke niemals identisch im Sinne von Leibniz sein – es ist allenfalls so, daß sich die trotzdem vorhandenen Unterschiede dem Augenschein entziehen. Sein Satz läßt sich allenfalls veranschaulichen oder auch plausibel machen, aber niemals empirisch beweisen. Es ist ein apriorischer Satz.

Von Franz Brentano stammt eine geschickte Umformulierung des Leibnizschen Satzes, die er aus dem Gegensatz von universell zu individuell entwickelt. „Universell" bedeutet für ihn „unbestimmt" – wenn etwas vollkommen unbestimmt bleibt, ist es universell. Wenn einer, schreibt nun Brentano, „etwas nicht unvollkommen bestimmt, sondern in der Art bestimmt denkt, daß in Wirklichkeit nur ein Ding ihm entsprechen kann", dann handelt es sich um etwas Individuelles. Und deshalb kann man von jedem Ding, das da ist – von jedem, nicht nur von vielen – sagen, „es sei Individuum", denn nichts auf dieser Welt ist wirklich universell, also unbestimmt.[34]

Eine nicht ganz befriedigende Zusammenfassung des Gedankengangs findet sich bei Cohen, der ganz im Sinn von Leibniz streng dekretiert, daß „die Unterscheidung der Merkmale des Begriffs in wesentliche und unwesent-

34. Brentano: Kategorienlehre. Seite 21.

liche hinfällig und irreführend ist."[35] Das ist deshalb einseitig, weil es allein vom Realen und Individuellen aus gesehen ist. Wenn wir aber vom Idealen und Allgemeinen aus auf die Merkmale eines Begriffs schauen, können – und müssen! – wir selbstverständlich zwischen wesentlich und unwesentlich unterscheiden. Immerhin macht seine Bemerkung deutlich, warum der Vorgang der Abstraktion, der sich so leicht anhört – man läßt einfach alles Unwesentliche weg, und zurück bleibt das Wesentliche – in Wahrheit etwas sehr Schwieriges darstellt. Schließlich muß man erst einmal verstehen, was denn nun das Wesentliche ist, und das ist zu Beginn des Prozesses ganz unmöglich. Man muß versuchen, also probieren und sich dem Wesentlichen in kleinen Schritten nähern.

Zurück zu Kant: Selbstverständlich kann es nicht richtig sein, daß das Bestimmte und deshalb Zuunterscheidende, mithin das Reale, sich allein deshalb in etwas Universelles, also Nichtzuunterscheidendes und damit Ideales ge- und verwandelt hat, weil unsere Sinne nicht ausreichend scharf wären, seine Unterschiede zu entdecken. Bei einem flüchtigen Hinsehen sieht es so aus, als zielte Kants Argument eben darauf. Aber das ist nicht wahr, sondern Kant will lediglich davor warnen, die Ebenen des Realen und Idealen miteinander zu vermischen.

Bedingt das für Leibniz' Philosophie zentrale (und aus unserer Sicht zumindest in seiner universalen Geltung sehr problematische) Kontinuitätsprinzip das Indiscernibilienprinzip? Wohl nicht, denn wie Brentanos Ausführungen deutlich machen, kann man dieses ganz unabhängig davon formulieren.

Je individueller etwas ist (weil die Zahl seiner Attribute und die Anzahl ihrer Kombinationsmöglichkeiten entsprechend groß ist), desto realer ist es auch; je geringer die Zahl der Attribute, je typischer ihre Zusammensetzung, desto allgemeiner und entsprechend weniger real muß es also sein – bis hin zum Idealen, bei dem von der übergroßen Mehrzahl der Attribute tatsächlich abgesehen wird, um nur noch deren ein oder zwei ins Auge zu fassen, die für eine große Menge von Objekten identisch sein können. Diese besitzen in der Sprache der Scholastik dann nur noch die „Quidditas" (die „Washeit"), aber ihnen fehlt ein Ort in der Realität, die „Haecceitas" (die „Hierheit"). Sie sind ganz und frei, nicht an etwas fest geknüpft. Aber allein dann, wenn es mit anderem verknüpft ist, können wir etwas als Individuelles wahrnehmen, nur wenn es hier und jetzt ist oder dort und damals war, kann es Teil der Realität sein. Das Indiscernibilienprinzip ist deshalb der Quellpunkt der Lehre von Realität und Idealität. Ohne es macht diese Unterscheidung keinen Sinn.

35. Cohen: Logik der reinen Erkenntniss. Seite 495; vergleiche noch Seite 328 und Seite 427.

Eine Formulierung Hegels kann uns die Gründe erklären, warum aufmerksame, ihrer Umgebung zugewandete Wesen Realität besitzen – und allein sie. Im ersten Kapitel seiner *Wissenschaft der Logik* schreibt er über die Verflechtung von realen Gegenständen, Lebewesen oder Vorgängen mit anderen Gegenständen, Lebewesen oder Vorgängen zu einem realen Sein; er macht die „im Grunde tautologische" Bemerkung, daß, „wenn ein Stäubchen zerstört würde, das ganze Universum zusammenstürzte." Es geht ihm einzig und allein um den Inhalt dessen, „der es mit anderen zusammenhängt." Es muß nämlich in irgendeiner Weise bestimmt sein, nicht etwa bloß sein: „weil Etwas bestimmte Existenz ist, ist es in dem Zusammenhang mit Anderem, und unter anderem ist es in dem Zusammenhang mit einem Wahrnehmenden."[36] Denn allein mit Blick auf ein Wahrnehmendes kann man von Realität sprechen; weder die leblose Natur noch die Flora kennen so etwas wie Realität.

Das Argument von Leibniz, Hartmann und Whitehead spiegelt sich heute auch in der von vielen als leicht überzogen angesehenen Ansicht, der Flügelschlag eines Schmetterlings am Amazonas habe Folgen noch für das Wetter in den USA[37] oder, noch drastischer, der Zerfall eines Atoms am Rande des Weltalls habe Folgen auch für unsere Welt. Letzteres kann vielleicht schon in Zweifel gezogen werden, und zwar deshalb, weil die Physiker nicht einmal mehr zu behaupten wagen, daß in allen Teilen des Weltalls und auch zu allen Zeiten seines Bestehens immer und überall die gleichen Naturgesetze und Naturkonstanten gültig waren oder sind. (Allerdings, dann wären diese Ecken mit anderen Naturkonstanten Teil eines anderen Universums, und mehr als ein Universum sollte es nicht geben, denn die Annahme von sogenannten Pluriversen widerspricht dem Begriff des Universums.)

Ein Aspekt, den ich in diesem Zusammenhang eigentlich noch nie angesprochen hörte, ist die Zeit. Denn wenn der Flügelschlag eines Schmetterlings am Amazonas auch für das texanische Wetter Folgen zeitigen (sic!) kann und soll, dann doch allein deshalb, weil und indem man ihm ausreichend Frist gibt, seine Folgen zu entfalten – in diesem Fall, bei einer derart mikro-

36. Hegel: Wissenschaft der Logik. Band 1. Seite 71 und Seite 73. Auf Hegel kommen wir noch zurück. Die seltsame Bemerkung – „der es mit anderen zusammenhängt" – ist aktivisch (transitiv): der es mit anderen zusammenknüpft.

37. Lorenz: Predictability: Does the flap of a butterfly's wings in Brazil set off a tornado in Texas? Titel eines Vortrags im Jahr 1972. In *Schöpferische Evolution* (Seite 233) nimmt Bergson diese Argumentation voraus, indem er sich auf einen Aufsatz Faradays beruft, in dem dieser den Gedanken von Leibniz vorträgt, „daß alle Atome sich gegenseitig durchdringen und jedes von ihnen die Welt ausfüllt." Zum selben Ergebnis kommen Maturana / Varela, El árbol del conocimiento, Seite 76: „Pero tirá también las manos al aire cuando se trata de explicar las transformaciones detalladas de un grupo animal, porque necesitaría reconstruir no sólo todas la variaciones ambientales, sino también el modo cómo ese grupo en particular compensara tales fluctuaciones según su propia plasticidad estructural."

skopisch kleinen Ursache, müßte auch der Zeitraum entsprechend großzügig bemessen sein, damit sich ganz allmählich eine Wirkung aufbauen kann. Diese Wirkung kann man annehmen oder sogar als notwendig voraussetzen, empirisch nachweisen aber ließe sie sich allenfalls von einem Gott, der die Totalität der Prozesse der Welt überblickt, der also wirklich etwas „1:1" abbilden könnte. In jedem Fall handelt es sich bei der Realität um Prozesse, und Prozesse finden immer in der Zeit statt. Die Realität ist prozeßhaft, die Idealität aber jenseits der Zeit.

Alles das, was eben gesagt wurde, gilt deshalb allein mit Blick auf das Erkennen des Realen. Natürlich kann es auch für die Wahrnehmung in Anspruch genommen werden, denn Wahrnehmung und Reales gehören immer zusammen. Sinnlich wahrgenommen wird nämlich allein das Reale, nicht das Ideale, und ein Grundcharakter der Wahrnehmung ist das Perspektivische: man sieht alles, was man sieht, von einer bestimmten Seite, und so ist ein Teil immer und auf jeden Fall verdeckt. „Abschattung" ist ein konstitutioneller Aspekt einer jeden Wahrnehmung, wie die Phänomenologie gezeigt hat. Von nichts, das wir wahrnehmen, können wir gleichzeitig alle Seiten wahrnehmen. Wir nehmen immer nur Aspekte wahr, wenn wir der Realität begegnen. Für ideale Gegenstände gilt das nicht; zumindest prinzipiell lassen sie sich in ihrer Totalität erfassen.

Hartmann sagt also, daß ausnahmslos alle Bedingungen erfüllt sein müssen, damit etwas real werden kann. Man kann sich sein Argument an der Generationenfolge klarmachen, an deren Ende man selbst steht: Wäre irgendeiner, wirklich auch nur ein einziger unserer buchstäblich zahl- und namenlosen (auch animalischen!) Vorväter kinderlos gestorben, hätte irgendeine unserer unzähligen Urgroßmütter sich dem Beischlaf verweigert, so hätte man selbst niemals das Licht dieser Welt erblickt.

Der junge Schelling hat diese Verhältnisse in einer Anmerkung zu seiner *Einleitung zu dem Entwurf eines Systems der Naturphilosophie* dargestellt. Er schreibt dort, daß „an jedem Naturprodukt" nicht weniger als „die ganze Weltgeschichte sich demonstriren läßt". Denn jeder „Mineralkörper ist ein Fragment der Geschichtsbücher der Erde. Aber was ist die Erde? – Ihre Geschichte ist verflochten in die Geschichte der ganzen Natur, und so geht vom Fossil durch die ganze anorganische und organische Natur herauf bis zur Geschichte des Universums – Eine Kette."[38]

Alles Vorausgehende ist oder alle Ehen und Zeugungen sind keinesfalls *bloße* Bedingungen unserer Existenz (im Sinne von „nicht mehr als Bedingungen"), sondern weil sie stattfanden, war und ist unsere eigene Existenz

38. Schelling: Einleitung zu dem Entwurf eines Systems der Naturphilosophie. In: F.W.J.S:, Schriften von 1799–1801. Seite 269–326. Seiten 291.

prinzipiell ebenso möglich wie notwendig und wirklich. Eben dies gilt für alle „wirklichen Ereignisse“ („actual entities“) Whiteheads, so unbedeutend und winzig jedes für sich auch sein mag, und für ausnahmslos alle deren Eigenschaften, so viele das auch sein mögen, so daß die Voraussetzungen für den Ablauf eines Prozesses oder die Existenz eines Gegenstandes oder Lebewesens nicht allein prinzipiell, sondern realiter unendlich sind und sich eben deshalb niemals und unter keinen Umständen vollständig erfassen und beschreiben lassen. Eine 1:1-Umschreibung eines x-beliebigen, ganz einfachen und völlig bedeutungslosen Gegenstandes würde nicht weniger als die gesamte Welt umfassen. Individuum est ineffabile! Denn man vergesse nicht, „daß jede Monade auf ihre Art ein Spiegel des Universums“[39] ist! So ist der Gebrauch dieser Phrase – ich spreche von der „1:1-Umschreibung eines Gegenstandes“, nicht etwa von dem zentralen Lehrsatz der Leibnizschen Philosophie – sinn- und bedeutungslos und demonstriert die fehlende Einsicht des Autors in elementare Zusammenhänge.

Der Leibniz-Kenner Hartmann hat all dies wiederholt in extenso dargestellt, besonders in dem dritten Band seiner Kategorienlehre, in *Möglichkeit und Wirklichkeit*, und Whitehead erklärt zur selben Thematik: „Entscheidend ist, daß sich jede Aussage auf ein Universum bezieht, das einen allgemein systematischen, metaphysischen Charakter erkennen läßt. Ohne diesen Hintergrund haben weder die isolierten Einzelwesen, die die Aussage bilden sollen, noch die Aussage als ganze irgendwelche bestimmten Eigenschaften. Nichts ist erklärt worden, weil jedes eindeutig bestimmte Einzelwesen eines systematischen Universums [„a systematic universe“] bedarf, um den ihm erforderlichen Status einzunehmen.“[40] Man könnte diesen Satz des englischen Philosophen als eine Erläuterung des §63 der *Monadologie* nehmen. In seinem Spätwerk *Denkweisen* hat er dieselbe Einsicht an mehreren Stellen formuliert: „Jede vollkommen verwirklichte Tatsache verfügt über eine Unendlichkeit von Beziehungen zur geschichtlichen Welt sowie zum Reich der Formen, die ihre Perspektive auf das Universum konstituiert ... Die Daten

39. Leibniz: Monadologie: Seite 57 (§63). Im selben Sinne: Metaphysische Abhandlung. §9 (Seite 17–19) sowie sein Vorwort zu den Neuen Abhandlungen. Seite XXV. Whitehead schreibt: „Jedes Atom ist ein System aller Dinge.“ (Prozeß und Realität. Seite 87); „Each atom is a system of all things.“ (Process and Reality, Seite 36). Leibnizianer war Lotze, in dessen *Mikrokosmos* dieser Gedanke ebenfalls auftaucht (Lotze: Mikrokosmos. Erster Band. Seite 405); vielleicht fand er auf diesem Weg Eingang in die Philosophie des 20. Jahrhunderts. Erinnert sei auch an einen Vers von William Blake: „To see a World in a Grain of Sand“.

40. Whitehead: Prozeß und Realität. Seite 45; Process and Reality. Seite 11. (Die Übersetzung von „actual entity“„mit wirkliches Einzelwesen“ ist heftig umstritten.) Im ähnlichen Sinne Whitehead: Concept of Natur. Seite 70f.: „It can be summarised at the belief that nature is an aggregate of material and that this material exists in some sense *at* each succesive member of a one-dimensional series of extensionless instants of time.“

für jede einzelne Schwingung einer Aktualität bestehen aus dem vollständigen Inhalt des vorausgehenden Universums, so wie es in seiner Relevanz für jene Schwingung besteht." Später schreibt er im selben Buch: „Jede örtliche Bewegung erschüttert das ganze Universum. Entfernte Effekte sind winzig, aber sie existieren."[41] Bei dieser Gelegenheit läßt sich auch noch Bergson zitieren, mit dessen Gedankenwelt sich Whitehead eng verbunden fühlte und der über den „Faden", der „die Sonne mit dem übrigen Universum" verknüpft, sagt, daß er zwar „zweifellos sehr dünn" sei, aber trotzdem „bis hin zum winzigsten Teilchen der Welt, in der wir leben",[42] reiche.

Die Welt ist also ein komplexer Wirkungszusammenhang, dem sich nicht die kleinste Kleinigkeit ohne eine ganze Fülle von nicht zu überschauenden Konsequenzen entnehmen läßt, ein Teppich, aus dem wir auch nicht den kleinsten Faden ziehen dürfen, ohne alles zu verändern. Deshalb ist es zwar gelegentlich unvermeidlich, bei der Untersuchung der lebendigen Natur einzelne Vorgänge zu isolieren, aber fragwürdig ist es immer; und es ist niemals klug, mit Rudolf Carnap Protokollsätze als Beschreibungen isolierter Vorgänge zur Grundlage einer philosophischen Wissenschaft zu machen.[43] So etwas geht in der klassischen Mechanik, aber auch nirgendwo sonst, und es ist allein die Physik des 19. Jahrhunderts, die mit „Massepunkten" arbeitete, wogegen die moderne Physik mit ihrer Theorie des elektromagnetischen Feldes schon seit langem nicht mehr glaubt, dieses mit Hilfe von Protokollsätzen beschreiben zu können. Der Positivismus, der sich doch der Avantgarde der Naturwissenschaft zugehörig wähnte, vertrat schon in seinen ersten Anfängen ganz veraltete Ansichten.

Der teppichartige Charakter der Wirklichkeit hat noch eine andere Folge, nämlich die Schwierigkeit, Homogeneität und Dispararität auseinanderzuhalten – das ist das Problem, mit dem sich König in seinem Aufsatz herumschlägt und das in der Evolutionstheorie bis heute weder beachtet noch – natürlich – gelöst wird. Es ist die von Leibniz angenommene, von den meisten Philosophen des 19. und 20. Jahrhunderts akzeptierte prinzipielle Gradualität der Wirklichkeit, der sich stets in allerkleinsten Schritten vollziehende Übergang von einer (nicht allein biologischen) Species zur anderen, also

41. Whitehead: Denkweisen. Seite 125f. („Every detail in the process of being actual involves its own gradation in reference to the other details." Modes of Thoughts. Seite 89); Seite 170 („Any local agitation shakes the whole universe. The distant effects are minute, but they are there." Modes of Thought. Seite 138.)

42. Bergson: Schöpferische Evolution. Seite 21.

43. Der Mathematiker Hans Hahn forderte im Sinne Carnaps ein „Bekenntnis zu geduldiger Beobachtung möglichst isolierter Vorgänge". Zitiert nach: Sigmund: Sie nannten sich Der Wiener Kreis. Seite 133. Zu dieser Isolierungstendenz sagt Bergson an der oben zitierten Stelle, daß die Isolierung „nie eine vollständige" ist.

ganz generell von einem Begriff zum anderen, von einer Art zur nächsten, der uns vor bis heute unbeantwortete Fragen stellt.

Das ist ein weiteres Argument für die Fragmentarizität einer jeden Erkenntnis, und aus dieser prinzipiellen Fragmentarizität folgt notwendig, daß Wahrheit im Bereich des Realen ein Grenzbegriff sein muß, der sich unter keinen Umständen vollständig abbilden läßt. Bei den Alten hieß es „individuum est ineffabile", und auch Whitehead besaß diese Einsicht: „Aber es wird immer ein Gebiet jenseits unseres Auffassungsvermögens geben ... Auf diese Weise bedeutet ein vollständiges Verständnis ein vollkommenes Erfassen des Universums in seiner Ganzheit."[44]

Nun finden sich gewiß viele Begriffe von Wahrheit und darunter auch Satzwahrheit, also die Wahrheit einer isolierten Aussage, aber diese wird, wie man aus der *Phänomenologie des Geistes* lernen kann, sehr schnell „schal" – man braucht sich nur umzudrehen, und schon gehört sie der Vergangenheit an, weil die Situation vergangen ist, in der sie einst galt. Also ganz gleich, ob man einen ambitionierten oder eher simplen Wahrheitsbegriff benutzt, ob man Wahrheit in einem alltäglichen oder wissenschaftlichen, religiösen oder philosophischen Sinne in Anspruch nimmt, immer sollte man wissen, daß Wahrheit sich niemals in toto einholen läßt, sondern sich ausnahmslos allen erkennenden Wesen in Fragmenten offenbart. Ob sie sich zusätzlich auch in uns prinzipiell unzugängliche Dimensionen erstreckt, können wir natürlich nicht wissen, aber in keinem Fall gibt es für irgendein erkennendes Wesen eine allumfassende Wahrheit. Das ist ein apriorischer Satz, der im Wesen der Erkenntnis gründet. Erkenntnis ist immer und auf jeden Fall fragmentarisch – schon deshalb, weil der Gegenstand einer Erkenntnis nicht in seinem Gegenstandsein aufgeht. Er wird immer eine für uns unsichtbare Rückseite haben, und er wird immer eine Geschichte besitzen, einen Wechsel seiner Eigenschaften, und er ist seinem Erkanntwerden gegenüber vollständig gleichgültig.

Was bereits für die einzelne Erkenntnis gilt, gilt noch viel mehr für die Wahrheit als eines in sich geschlossenen Gefüges von mit- und ineinander verschränkten Erkenntnissen. Bereits deshalb muß und wird jeder Monismus scheitern, also jeder Versuch, die Welt auf ein einziges Gesetz zu reduzieren. Es ist grundsätzlich nicht möglich, die Strukturen der Welt aus *einem* Prinzip heraus abzuleiten. Die Welt ist so ungeheuer vielschichtig, vielfältig und vieldimensional, daß sie sich niemals in allen ihren Aspekten abbilden, erklären und ausdeuten läßt.

44. Whitehead: Denkweisen. Seite 83. („But there is always an understanding beyond our area of comprehension ... Thus a complete understanding is a perfect grasp of the universe in its totality." Modes of Thought. Seite 42)

Alles das, was man über Wahrheit sagen kann, kann oder muß man auch über die Realität sagen. So wenig es eine isolierte Wahrheit gibt, so wenig gibt es eine isolierte Realität. Denn darin, ein „Compositum" zu sein, eine „zufällige Einheit des Mannigfaltigen" (B 466), besteht das Wesen der Realität. Daß jede Monade ein Spiegel ist, hat Leibniz gelehrt; Kant formulierte daraufhin (allerdings ohne jeden Bezug auf Leibniz) die dritte Analogie der Erfahrung: „Alle Substanzen, so fern sie im Raume als zugleich wahrgenommen werden können, sind in durchgängiger Wechselwirkung." (B 256)

Zusammenhang gehört immer zu den Bestimmungen der Realität, und je dichter er geflochten ist, desto realer ist dieser Zusammenhang auch. Dieser gegenseitigen Bestimmung wegen gehören Erkenntnistheorie und Ontologie unbedingt zusammen abgehandelt, wie es die großen Philosophen auch stets getan haben. Deshalb ist jede Erkenntnis ein Zusammenspiel verschiedener Momente des Seins, ein Mosaik aus zufälligen Sinnesdaten, apriorischen Sätzen und unterschiedlichen, einander ergänzenden Perspektiven. Erkenntnis ist erstens fragmentarisch, also niemals abgeschlossen, und zweitens immer zusammengesetzt, also ein Compositum.

Ein wichtiges Problem der Philosophie überhaupt und damit ein Probierstein des Monismus ist das Verhältnis von Körper und Geist. Immer und immer wieder wird behauptet, daß es nur zwei grundsätzliche Interpretationen der Welt sind, die einander gegenüberstehen: der (neuzeitliche) Dualismus, den man auf Descartes zurückführt, und als seinen logischen Gegenentwurf den Monismus in seinen verschiedenen Spielarten.

Dennett setzt das Werk seines Lehrers Gilbert Ryle fort, der in *The Concept of Mind* (1949) gegen die Zweiweltentheorie des Descartes und ihre strikte und schroffe Trennung von Materie und Geist ankämpft. Schon in Ryles Buch ist es so, daß allein die Alternative Monismus/Dualismus diskutiert wird. Wenn man also den Dualismus ablehnt oder gar widerlegt, dann bleibt allein ein Monismus. So vertritt Dennett in seiner *Philosophie des Bewußtseins* folgerichtig einen schroffen Monismus, und viele Autoren folgen ihm darin. Zum Beispiel kennt auch Volker Mueller allein den Gegensatz von Monismus und Dualismus, wenn er in seinem Aufsatz *Philosophischer Monismus und Naturwissenschaften* schreibt, es sei „von grundsätzlicher Bedeutung, ob wir weltanschaulich die Wirklichkeit in zwei voneinander unabhängige Welten, also dualistisch, oder als Eine Welt, also monistisch, auffassen".[45]

Es ist irritierend zu sehen, daß Mueller wie so viele andere Autoren auch nicht zu wissen scheint, daß es überhaupt eine Reihe von Philosophen gibt, die mehrere (nicht etwa nur zwei) eng ineinander verwobene und voneinan-

45. Mueller: Philosophischer Monismus und Naturwissenschaften. In: Lenz / Mueller (Herausgeber): Darwin, Haeckel und die Folgen. Seiten 33–46. Seite 33.

der abhängige Welten annehmen, die also einen ebenso komplizierten wie höchst differenzierten Pluralismus vertreten. Nicolai Hartmann hat seinem *Aufbau der realen Welt* ein Kapitel eingefügt, in dem er die Gefahren dualistischer Konzepte aufzeigt. Er spricht von einer „Einseitigkeit, die sich bis zur Weltverkennung steigern kann".[46]

Ähnlich wie Mueller (oder wirklich deckungsgleich) argumentiert der Monist Gerhard Vollmer, der hinsichtlich des Geist-Körper-Problems die Identitätstheorie vertritt, nach welcher „der Geist eine Funktion des Zentralnervensystems [ist], die erst auf einem gewissen Evolutionsniveau entsteht. Psychische, mentale, bewußte Zustände und Prozesse sind Zustände und Prozesse von Neuronen, Neuronenkomplexen, Gehirnen."[47]

Max Scheler war weitaus klüger als alle diese Autoren, denn er nahm allein eine funktionelle Identität an. Wenn es sich wirklich um das Verhältnis der Identität handeln würde, dann müßte man dieselben Attribute, die für die Erkenntnis gelten, auch für „Zustände und Prozesse von Neuronen, Neuronenkomplexen, Gehirnen" geltend machen, sprich, man müßte sie zum Beispiel auch wahr oder falsch nennen können. Das geht aber nicht, denn der Zustand eines Neurons oder Gehirns ist niemals falsch. Auch kann ich meine Phantasie lebendig oder arm nennen, niemals aber den mit ihr verknüpften Zustand des Gehirns. Deshalb kann man auch keinesfalls von einer Identität ausgehen, sondern muß eine derartige Identität sogar direkt ausschließen.

Als die einzige ernstzunehmende Alternative zum Monismus wird von Vollmer der „Interaktionismus" als eine Spielart des Dualismus bezeichnet, den John Eccles und Karl Popper in ihrem gemeinsamen Buch vertreten haben, nach dem, so das Referat Vollmers, „Geist und Gehirn verschiedene Substanzen in verschiedener Wechselwirkung [sind], die einander in beiden Richtungen beeinflussen."[48]

Wahrscheinlich ist die Frage, wie Leib und Denken, wie das Gehirn und seine Gedanken zusammenhängen, wirklich prinzipiell unlösbar. In seinem vielgelesenen und entsprechend einflußreichen *Mikrokosmos* sprach sich bereits Lotze in diesem Sinne aus, und 1872 hielt Emil du Bois-Reymond seine entsprechend argumentierende Rede, in der es ihm um die Grenzen unseres Wissens ging – also nicht etwa um zufällige und zeitgebundene, sondern um grundsätzlich nicht übersteigbare Grenzen der Wissenschaft. Als die wichtigste prinzipielle Schwierigkeit galt ihm die unüberwindbare Kluft zwischen dem Bewußtsein und der organischen Materie. Seine Rede schloß mit dem

46. Hartmann: Der Aufbau der realen Welt. Seite 145.

47. Vollmer: Mesokosmos und objektive Erkenntnis. In: Lorenz / Wuketits (Herausgeber.): Die Evolution des Denkens. Seiten 29–91. Seite 84.

48. Vollmer: Mesokosmos und objektive Erkenntnis. Seite 83.

„Ignorabimus!", das daraufhin zum Schlagwort wurde und bis heute zitiert wird. Später verfaßte du Bois-Reymond *Die sieben Weltraetsel*, in der er seine Argumentation differenzierte und vertiefte und mit breiter Gelehrsamkeit gegen Angriffe verteidigte. Der dreißig Seiten starke Aufsatz ist die Bekenntnisschrift eines metaphysischen Skeptikers und humanistisch bewundernswert gebildeten Naturwissenschaftlers auf der Höhe seiner Zeit, der wesentliche Fragen für prinzipiell unlösbar hält und diese These ebenso ausführlich wie sachlich begründet. Noch zwanzig Jahre später gab dieser Aufsatz dem Erfolgsbuch Ernst Haeckels den Titel, das als die Bibel des Monismus die genau entgegengesetzte Position zu der Schrift von du Bois-Reymond vertritt. Wo du Bois-Reymond sich in Bescheidenheit übt, kennt der Monist Haeckel immer schon die Antwort, und später schließen sich die Mitglieder des Wiener Kreises der Überzeugung an, es gebe „keine Welträtsel, die es zu lösen gilt. Es gibt nur unrichtige Weltauffassungen."[49] Ganz wunderbar ist übrigens die lakonische Bemerkung Gehlens, der vom Bewußtsein erst sagt, es sei nicht allein von anthropologischer Bedeutung, und hinzufügt: „uns übrigens undurchsichtiger Art".[50]

49. Zitiert nach Sigmund: Sie nannten sich Der Wiener Kreis. Seite 183.

50. Gehlen: Der Mensch. Seite 258.

Was ist die Realität?

Die einfachsten Fragen sind stets die schwierigsten. „Was ist Wirklichkeit?" überschreibt ein in der Metaphysik dilettierender Physiker das Eingangskapitel seines dicken Buches und gibt uns eine Antwort, die man von jedem Menschen auf der Straße zu hören bekommt, der auch nicht eine Sekunde lang über dieses Problem nachgedacht hat: „Das Wort Wirklichkeit kann viele verschiedene Bedeutungen haben. Ich benutze es, wenn es um die endgültige Beschaffenheit der äußeren materiellen Welt geht, der wir angehören". Das ist nicht allein eine ausnehmend schlichte Definition, sondern es ist ein Verständnis von Wirklichkeit, das sich in keiner Weise mit den Überlegungen seines Buches verträgt – eines Buches, das nicht von *einem* Universum, sondern von unendlich vielen Universen handelt, also von einer als unendlich angenommenen Vielzahl von möglichen Welten, denen wir nicht angehören und die wir eben deshalb auch nicht wahrnehmen, sondern die dieser Autor nur hypothetisch setzt. In keinem Fall sind diese Welten für uns relevant, weil niemals Gegenstand einer möglichen Erfahrung.

Tegmark als ein um Widersprüche und Ungereimtheiten aller Art gänzlich unbesorgter Autor fügt noch hinzu, daß unser Universum lediglich der „Teil der materiellen Wirklichkeit [sei], den wir prinzipiell beobachten können".[1] Schließlich wundert man sich noch, daß von der „endgültigen Beschaffenheit" der Welt die Rede ist – ist diese Welt tot, wird es keinen Wechsel mehr geben, niemals wieder Veränderung? Wo bleibt die Evolution der Arten? Sollte sie für immer beendet sein? Ist der Mensch also doch die Krönung der Schöpfung? Und seit wann expandiert das Weltall nicht mehr? Und wird es niemals enden, anders, als es uns die Physiker versprechen?

Die heutige Physik, so scheint es, beschäftigt sich mit allerlei, aber nicht mit der Realität. Ein Wohlmeinender würde vielleicht sagen: Wohl mit der Realität, aber nicht mit der, in der wir leben, sondern mit Welten, von denen wir leider nichts wissen können. Allerdings, es läßt sich sehr schön über „Pluriversen" spekulieren. Aber von „Paralleluniversen" und „Pluriversen" zu sprechen, kann niemals und unter keinen Umständen einen Sinn ergeben – schon deshalb, weil es zum Begriff der Wirklichkeit gehört, daß es nur eine gibt. Wenn jemand zusätzlich in einer anderen Wirklichkeit lebt, dann bedarf er schließlich ärztlicher Hilfe... Deshalb hat der große Mathematiker Leonhard Euler auch seiner Prinzessin erklärt, „daß es nicht mehr als eine Welt gebe".[2]

Irgendwie ist es merkwürdig, sich an der Erklärung einer derartigen Selbstverständlichkeit zu versuchen. Immerhin, man kann auf die 1. Auflage der *Kritik der reinen Vernunft* zurückgreifen, in der Kant in der *Transzendentalen*

1. Tegmark: Unser mathematisches Universum. Seite 26 und Seite 186. Eine Kritik seiner Überlegungen findet sich bei Greene: Die verborgene Wirklichkeit. Seite 364–368.

2. Euler: Briefe an eine deutsche Prinzessin. Seite 203.

Logik begründet, wie die „formale Einheit in der Synthesis der Einbildungskraft“ zustande kommt. Diese Einheit all unserer Erfahrungen und Erlebnisse ist nämlich, wenn seine Überlegungen richtig sind, das Ergebnis der Projektion unserer Kategorien auf die ungeheuer vielfältige Welt der Erscheinungen. Erfahrung ist eben viel mehr als nur „eine Rhapsodie von Wahrnehmungen“ (A 156). Durch den Gebrauch der Kategorien und erst und allein durch sie wird die „Einheit der Verknüpfung“ (A 125) erreicht. Wenn diese Einheit nicht mehr gegeben ist, wenn die Erfahrungen nicht mehr zusammenpassen, wenn sie Brüche aufweisen und Widersprüche, dann nehmen sie entweder einen irrealen Charakter an, oder – wenn er den Mangel der Einheit nicht mehr wahrnimmt, wenn nichts mehr wirklich zusammenpaßt – ist der Mensch sehr krank.

Damit wir sie als real erkennen, müssen die Gegenstände unserer Wahrnehmung festen Regeln unterworfen sein. Eingangs des Paragraphen 14 der *Prolegomena* wird von Kant Natur als der Inbegriff des Realen als „das Dasein der Dinge“ definiert, „sofern es nach allgemeinen Gesetzen bestimmt ist.“[3] Kennen wir die Gesetze oder Regeln nicht, widersprechen sie einander oder scheinen verschiedene Zustände willkürlich zu wechseln – etwa bei subatomaren Vorgängen –, dann erleben wir sie als irreal.

Diese Überlegungen werden von Kant in einem zentralen Kapitel der *Kritik der reinen Vernunft*, den *Analogien der Erfahrung*, vertieft, welche die Kriterien nennen, die ein Erleben besitzen muß, damit wir ihm einen realistischen Charakter zusprechen und es als Erfahrung bezeichnen können. Als das „Princip derselben“ hält Kant fest: „Erfahrung ist nur durch die Vorstellung einer nothwendigen Verknüpfung der Wahrnehmungen möglich.“ (B 218) Alles Reale steht notwendig in einem Zusammenhang. Daß diese Verknüpfung nur mit Hilfe der Zeit und in ihr möglich ist, demonstriert er in dem sich anschließenden Beweis (B 218ff.), nachdem er in der 1. Auflage der Vernunftkritik diesen Beweis schon einmal und ein wenig anders geführt hatte (A 154ff.). Unter anderem folgt aus diesen Überlegungen, daß sich einzig und allein Reales erfahren läßt. Ideales können wir nicht erfahren oder gar erleben, sondern lediglich denken oder erkennen. Denn Ideales ist nicht in der Zeit, sondern jenseits von ihr, und so „badet es nicht an der Küste der Zeit“.[4] Etwas Ideales „immerwährend“ zu nennen, führt also nicht weiter, denn etwas Immerwährendes wäre ja immer noch in der Zeit. Ideales aber hat mit der Zeit nichts zu tun.

3. Kant: Proegomena zu einer künftigen Metaphysik. Seite 294.

4. Ortega y Gasset: ¿Que es filosofía? Seite 17: „las verdades no duran ni mucho ni poco, no poseen atributo alguno temporal, no se bañan en la ribera del tiempo.“ Hartmann unterscheidet zwischen „aeternitas“ und „sempiternitas“. Philosophie der Natur. Seite 176, Seite 205 und öfter. Letzeres währt „immer“ und deshalb in der Zeit, das Ewige dagegen ist jenseits der Zeit.

Erfahrung des Realen kann Erkenntnis des Idealen einschließen – das Umgekehrte aber gilt nicht, denn eine Erkenntnis führt niemals zu Erfahrungen. Das Verstehen einer mathematischen Operation zum Beispiel ist keine Erfahrung; erfahren lassen sich allein die damit verbundenen Schwierigkeiten.

Reales unterliegt der Zeit und ist deshalb veränderlich, ja es ist nichts als das sich stetig verändernde Sein, das Ideale dagegen ist abseits oder jenseits der Zeit. Real bedeutet aber nicht, daß es einzig und allein materielle „Gegenstände" (B 223) betrifft, wie man aus Kants an dieser Stelle etwas zweideutigen Ausführungen im Beweis schließen könnte. Sondern auch Träume, Gedanken oder andere immaterielle Zustände unterliegen Veränderungen – so sind auch sie real (oder so können auch sie Gegenstand sein).

Zu ausnahmslos jeder Erfahrung des Realen gehören sinnliche oder leibliche Aspekte – aber es sind diejenigen des Erfahrenden, nicht des Erfahrenen. Die Realität ist nicht, wie das Ideale, bewußtseinsunabhängig, sondern das Strömen des Bewußtseins, also der innere Sinn als das Erleben der Zeit, ist Kennzeichen der Realität. Realität ist deshalb immer relational – es gibt sie nur in Bezug auf ein erlebendes Wesen, wogegen das Ideale davon ganz unabhängig ist. Den Grundfehler des Psychologismus zeichnet es aus, daß er auch das Ideale als bewußtseinsabhängig ansieht.

Die Zeitlichkeit von Realität und der Erfahrung, in der sie sich manifestiert, ist nur eine Seite; dazu gehört immer auch die Passivität, von der die Erfahrung in jedem Fall (mit-) bestimmt ist: etwas widerfährt uns.[5] Die Erkenntnis dagegen ist etwas Aktives, das von uns ausgeht; die Mathematik läßt sich als eine gedankliche Operation auffassen, die ein Netz von Symbolen über die Welt wirft. Aus bloßen Gedankenexperimenten sind niemals Erfahrungen zu gewinnen, denn alles, wirklich alles und nicht etwa nur der Rahmen des Experiments, wird ja von dem Denkenden bestimmt und besitzt deshalb niemals die unabsehbare Vielfalt der Realität. Die Beweiskraft eines Gedankenexperiments ist in weiten Bereichen (zum Beispiel im Bereich des Menschlichen, also der Geschichte oder der Soziologie) notwendig Null. Es gibt sie nicht. Sie dient lediglich dem Erkennen, das im Zusammenhang mit einer Erfahrung uns unter günstigen Umständen die Welt öffnet.

Im Zusammenhang mit der Begriffsbestimmung des Realen ist neben der strömenden Zeit sowie der Stetigkeit des Raumes, auf die wir hier nicht wei-

5. In den neunzehnten und bei weitem längsten Paragraphen seines nachgelassenen Buches über den *Prinzipienbegriff bei Leibniz* (Seite 172f.) hat Ortega einige Bemerkungen zur Etymologie und dem Wortfeld von „Erfahrung" eingefügt, in denen er zeigt, daß das Fahren wörtlich zu verstehen ist und nicht zuletzt auch mit Reisen zu tun hat. Beispielsweise schreibt er, daß die Natur ein Buch ist, „das man lesen muß, indem man ‚es durchwandert und durchzieht' ... Fahren bedeutet ‚reisen' ... Auf Reisen sieht man viele Dinge. Darum nennen die Araber ihre Reisebücher ‚Bücher des Gehens und Sehens'. Der Empirismus oder die Erfahrung ist demnach ein wirkliches ‚Gehen und Sehen' als Methode, ein Denken mit den Füßen".

ter einzugehen brauchen, die Vielzahl der Attribute das Wesentliche. Muß man hinzufügen, daß es die Zeit ist, welche die Vielzahl der Attribute noch einmal erhöht? Denn sie wechseln ja in ihr und bilden ein Nacheinander.

Aber es ist nicht die Vielzahl allein, sondern die Attribute müssen mehr oder minder engmaschig miteinander verknüpft sein, damit es überhaupt Sinn macht, von einer Realität zu sprechen.

Es gibt keine Realität an sich, sondern sie ist insofern ein relationaler Begriff, als jedes Lebewesen in seiner eigenen Realität lebt. Je vielfältiger seine Wahrnehmungen und Bewegungen, je offener und sensibler seine Sinne, je weitgespannter sein Zeiterleben, desto reicher und farbiger seine Realität. Und je voller von Überraschungen, von Nichtvorhersehbarem, Nichtausrechenbarem, Unkalkulierbarem.

Die Welt des Menschen ist, so weit wir sehen, die reichste unter allen Lebewesen, denn nur er allein ist in jedem Winkel dieser Erde zu finden, und nur er allein besitzt einen Sinn für die ganze ungeheuerliche Vielfalt der pflanzlichen und tierischen Lebensformen. Dieses dank seiner unmöglich steigerbaren Komplexität für kein sterbliches Wesen in seiner Totalität zu durchschauende Lebensgeflecht unzähliger Organismen wird seit Jahrzehnten immer mehr reduziert und ausgedünnt, und man kommt nicht daran vorbei, daß auf diese Weise auch unsere Realität immer mehr verarmt. Aber noch übersteigt der Reichtum der Organismen dieser Welt unser Fassungsvermögen um so viel, daß wir allenfalls einige wenige spektakuläre Lebensformen vermissen.

Man darf (oder muß sogar) an dieser Stelle noch einmal die Frage nach einer fünften Schicht aufgreifen, die sich unweigerlich stellt, wenn man über die Folgerungen aus der Schichtentheorie Nicolai Hartmanns nachdenkt. Hartmann nahm vier Schichten an. Die unterste wird von der anorganischen Natur gebildet, darüber und diese als ihr Fundament überbauend wölben sich die Schichten der Pflanzen, der Tiere und des Menschen. Weil allein die obere Schicht um die untere weiß (der Mensch also um die Schicht des Animalischen, das Tier um die Welt der Pflanze), die untere dagegen von der oberen keinerlei Kenntnis besitzt, ist es durchaus denkbar, daß es noch eine die Welt des Menschen überwölbende fünfte Schicht gibt, von der wir nichts wissen können – zum Beispiel das von Whitehead, Scheler, Ziegler, Rombach und anderen spekulativ ins Auge gefaßte „Alleben". Die Annahme eines solchen Allebens (darüber gleich mehr) könnte vielleicht einige Fragen – etwa die nach der schier unverständlichen harmonischen Komplexität des Lebens – besser beantworten als die allein mit den Denkformen des Mechanischen operierende Evolutionstheorie.

Edmund Husserl hat in seiner Krisis-Abhandlung (und ja auch sonst) eine scharfe Kritik am Realitätsmodell der Naturwissenschaften vorgetragen und ausführlich begründet.[6] Ein Spaßvogel hat ganz in seinem Sinne über die Stringtheorie gesagt, sie sei nicht einmal falsch. Für mich ist der Mesokosmos, in dem ich lebe, die einzige Realität, die ich erkenne, um die ich weiß, die ich aber vor allem erlebe und die mir eben deshalb wichtig ist: Sie erfüllt und bewegt als Gedanke, Gefühl oder Erinnerung mein Inneres, ich spüre sie auf meiner Haut, in meinem Herzschlag, meinen Eingeweiden und meinen Muskeln, und wenn ich mich der Welt zuwende – dieser Welt als meiner Welt –, dann steht sie mir buchstäblich vor Augen, so daß ich sie mir nicht auszudenken brauche, sondern mich ihr nur zuwenden und sie anschauen muß, um von ihr umgeben und erfüllt zu sein. Wenn ich so argumentiere, kann ich unter anderem Paul Natorp zitieren, der (für viele sicherlich überraschend) sich an verschiedenen Stellen seiner *Philosophischen Systematik* auf das Leben beruft. Das Leben, schreibt er, ist die „erfüllteste Gestalt des Seins", das „wir an und in uns selbst"[7] erfahren. Man kann sich diese einfache Lehre gar nicht oft genug vor Augen führen! Wir haben, sagt Natorp (und sagt zur selben Zeit ein so ganz anderer Denker wie Ludwig Klages) uns nicht allein von der Natur, sondern damit auch von unserem eigenen Wesen, von unserer eigenen Bestimmung, von unseren eigenen Erfahrungen so weit entfernt, daß wir gar nicht mehr uns selbst in unserer individuellen Lebendigkeit erleben können.

Mit Mathematik, wie es Tegmark möchte, kann die Realität schon deshalb nicht identisch sein, weil die mathematischen Operationen nichts sind als eine Reduktion der Realität auf ihre Grundstrukturen, vergleichbar der Reduktion des Flußlaufes auf zwei Striche im Sand. Die mathematischen Symbole sind nur die Knochen, die übrigbleiben, wenn man sie von allem Fleisch befreit hat, wenn man also von allem Individuellen und damit Realen absieht oder wenn man sie „entanthropomorphisiert", wie es Max Planck einmal ausgedrückt hat; so und nur so sind sie das Ideale als der Gegensatz des Realen, im Grunde bloße Platzhalter. Sie allein zu focussieren, bedeutet, das Wesen der Realität von vornherein zu verfehlen. (In meinem Buch *Glanz und Elend der Philosophie* habe ich im Ausgang von Kant diesen Gegensatz in methodischer Hinsicht dargestellt, nämlich als den Gegensatz von gemachten und gegebenen Begriffen – mit letzteren arbeitet die Philosophie.) Der vielleicht erste wirklich bedeutende Autor, der das verstanden hatte, war Jonathan Swift, der die gelegent-

6. Bereits bei Galilei finde sich eine „sich vollziehende Unterschiebung der mathematisch substruierten Welt der Idealitäten für die einzig wirkliche, die wirklich wahrnehmungsmäßig gegebene, die je erfahrene und erfahrbare Welt – unsere alltägliche Lebenswelt." Die Krisis der europäischen Wissenschaften: Seite 49. Vergleiche noch Philosophie als strenge Wissenschaft. Seite 65: „Die Naturwissenschaften haben uns die aktuelle Wirklichkeit, die Wirklichkeit, in der wir leben, weben und sind, nicht enträtselt, an keinem einzigen Punkte."

7. Natorp: Philosophische Systematik. Seite 125.

lich problematische Hochschätzung der Mathematik in den ersten Kapiteln des 3. Teils von *Gullivers Reisen* karikiert, in denen sein Held den Laputanern begegnet. Laputaner sind Menschen, die auf einer Art fliegender oder schwebender Insel leben und der Mathematik in übertriebener Weise huldigen. Übertrieben vor allem deshalb, weil ihnen auf diese Weise der Reichtum der Welt entgeht. Die höhergestellten Personen müssen immer wieder von ihren Domestiken durch leichte Schläge auf den Hinterkopf in die Wirklichkeit zurückgeholt werden, wenn sie zu tief in ihre Gedanken versunken sind, so tief, daß sie Gefahr laufen, zu stürzen oder einen Unfall zu erleiden.

Die phänomenologische Wesensschau ist ein im Grunde mathematisches Verfahren, übertragen in die Philosophie, denn wie die Mathematik sieht die Wesensschau von allem Individuellen ab. Ausgeschlossen bleiben „die letzten ‚Nuancen', die dem Unbestimmbaren des ‚Flusses' angehören",[8] und mit ihr die Realität.

Die Idealität ist nicht *hinter* den Dingen, Lebewesen oder Vorgängen zu suchen, sondern *in* ihnen selbst, und für den Blick eines geübten Mathematikers, der von allem Unwesentlichen abzusehen gelernt hat, leicht zu entdecken; für die Philosophie behauptet die Phänomenologie Entsprechendes. Hermann Cohen hätte allerdings zu bedenken gegeben, daß reale Gegenstände oder Vorgänge gar keine unwesentlichen Eigenschaften kennen („unwesentlich ist kein Merkmal"); und entsprechend „ist nichts ohne Belang in dem Process, den der Historiker beständig der Wirklichkeit zu machen hat."[9] Das ist ein ganz grundsätzlicher Einwand, den man auch gegenüber der Phänomenologie erheben kann.

Husserl, der ursprünglich über die Philosophie der Mathematik schrieb und wohl auch später wie ein Mathematiker dachte, folgt dem Prinzip, „daß jedes individuelle Vorkommnis sein Wesen hat, das in eidetischer Reinheit faßbar ist".[10] Der Mathematiker stößt auf die mathematischen Strukturen, indem er das Wesentliche ins Auge faßt und im Kalkül formuliert. Aber deshalb sind sie nichts Metaphysisches in dem Sinne, daß sie hinter den Dingen zu suchen sind, sondern sie sind offenbar, sie liegen offen zu Tage. Wie der Weimarer Olympier sagt: „Man suche nur nichts hinter den Phänomenen; sie selbst sind die Lehre."[11]

8. Husserl: Philosophie als strenge Wissenschaft. Seite 40.

9. Cohen: Logik der reinen Erkenntniss. Seite 328 und Seite 427. Vergleiche noch Seite 495, wo er festhält, daß „die Unterscheidung der Merkmale des Begriffs in wesentliche und unwesentliche hinfällig und irreführend ist." Eigentlich ist es merkwürdig, daß ein Philosoph, dem die Mathematik so wichtig ist, diese Unterscheidung ablehnt – die Mathematik lebt schließlich davon.

10. Husserl: Ideen zu einer reinen Phänomenologie. Seite 74.

11. Johann Wolfgang Goethe: Wilhelm Meisters Wanderjahre. In: J.W.G.: Sämtliche Werke (Zürcher Ausgabe). Band 8. Seite 327.

Das Wesentliche und Hauptsächliche der Realität ist das Unwesentliche und Nebensächliche. Die Realität lebt in (oder wächst heraus aus) der unübersehbaren Vielzahl der Attribute, und ihr Wesentliches ist das Vernachlässigenswerte und Gleichgültige; die Idealität dagegen ist eben das, was übrigbleibt, wenn man alles dies abzieht und nur noch den Kern vorfindet, das Wesen. Das Ideale ist deshalb sowohl unendlich viel weniger und ärmer als auch unendlich viel einfacher und klarer als das Reale. Mit dem Idealen kann man rechnen (das Rechnen ist das noch einmal auf das Wesentliche reduzierte Denken), niemals aber mit dem Realen.

Fast ein wenig komisch sieht es deshalb aus, wenn ein Autor aus dem Umstand, daß er bei geschickten Rechenoperationen immer wieder auf die Zahl Drei stößt – in der Natur ebenso wie in den Produkten der Kultur –, den Schluß zieht, es sei „ein zahlentheoretischer Bauplan",[12] ein (wahrscheinlich göttlicher) Plan also, welcher der Existenz der Welt vorausgegangen sei. Nein, auf die Zahlen (und vielleicht auch auf die Drei) muß man notwendig stoßen, wenn man von allem Gleichgültigen absieht: das ist nicht überraschend.

In unseren Überlegungen, in denen es um die Vielfalt der Welt geht, sind wirklich und real, Wirklichkeit und Realität, Realität und Idealität wichtige Begriffe, über deren Verwendung wir uns einigen sollten. Denn eine der größten Gefahren bei der Diskussion dieser Probleme besteht in der Verwechslung der Begriffe, die uns durch den abweichenden alltäglichen Sprachgebrauch nahegelegt wird.

Hier steht keinen Augenblick lang in Frage, daß oder ob es Realität überhaupt gibt (zum Beispiel als Beweis der Realität der Außenwelt), sondern es sollen die Wesensmerkmale des Realen bestimmt werden, und zwar genau so, wie sie in unserem Erleben aufscheinen.

In der Schulsprache der Philosophie meint Realität so etwas wie Sachhaltigkeit; als diese ist sie auch in der ersten Kategorie der Qualität in der *Kritik der reinen Vernunft* (B 106) angesprochen. Realität bedeutet, daß einem Gegenstand eine Eigenschaft zugesprochen wird. Demzufolge ist die zweite Kategorie der Qualität die Negation als die Verneinung der Realität. Die dritte Kategorie ist dann die Limitation. Dieser Begriff entstammt offensichtlich der Infinitesimalrechnung und deutet an, daß die Kombination von Realität und Negation einen Gegenstand so umreißt, daß er in seiner Individualität sichtbar wird. Vielleicht kann man Limitation deshalb einfach mit Individualität übersetzen? Jedenfalls zeigt es, in welcher Weise Realität und Indi-

12. Plichta: Gottes geheime Formel. Seite 132. Zahlen spricht der Autor eine „Realexistenz" zu (Seite 173), verkennt also ihren idealen Charakter beziehungsweise verkennt den Charakter des Idealen.

vidualität zusammenhängen. – Diesen Schulbegriff von Realität werde ich hier nicht gebrauchen.

Es ist am einfachsten, wenn man sowohl den Begriff der Wirklichkeit als auch den der Realität an korrespondierenden Begriffen verdeutlicht. Das Adjektiv „wirklich" ist eine Bestimmung wie „notwendig" oder „möglich". Damit handelt es sich um eine Kategorie der Modalität, betrifft also sowohl bei Gegenständen als auch bei Geschehen die Art und Weise des Gegebenseins.

Das Wirkliche (als Substantiv) läßt sich ebenso als Realität bezeichnen, und in philosophischen Schriften geschieht das legitimerweise auch immer wieder. Trotzdem wird im Folgenden, um die Terminologie eindeutig zu halten, nur von der Realität als Gegensatz zur Idealität gesprochen werden. Man kann Realität auch als den Gegensatz von Fiktion verstehen („its opposite, fiction").[13]

Wenn ich also vom Wirklichen spreche, gebrauche ich eine Kategorie der Modalität und unterscheide diese vom Notwendigen ebenso wie vom Möglichen. Die Realität dagegen ist in der Vernunftkritik die erste der drei Kategorien der Qualität (B106). Ihr folgt als die zweite Kategorie der Qualität die Negation, also das Absprechen, das Verneinen einer Eigenschaft oder eines Attributes, und so bedeutet Realität in diesem Zusammenhang das Zusprechen einer Eigenschaft. Es handelt sich um eine Synthesis, also um die Herstellung einer Einheit, deren einen Pol die Eigenschaft bildet.

Hier sehe ich ein Problem. Ist es nicht so, daß Idealität ein Grenzbegriff sein muß (also etwas, das es niemals in wirklich reiner Form gibt), wenn Realität als die Einheit eines Gegenstandes und seiner Eigenschaften bestimmt wird? Denn irgendeine (wenigstens eine...) Eigenschaft muß doch auch das Ideale haben, weil es sonst gänzlich unbestimmt und somit eine leere Vorstellung wäre.

Von der Realität als Kategorie der Qualität muß das Reale unterschieden werden. Als seine charakteristischen Merkmale zählt Hartmann in der Nachfolge Kants drei Punkte auf: das Reale ist der Zeit unter- und zugeordnet und besitzt deshalb Prozeßcharakter (es ist sukzessiv); das Reale ist zweitens individuell, denn die Gesamtheit seiner Attribute findet sich niemals an einem anderen Gegenstand wieder; drittes Kriterium ist „die Vollständigkeit der Determination im Realzusammenhang".[14] Dem letzteren Punkt – der „Vollstän-

13. Peirce: Über die Klarheit unserer Gedanken. Seite 80f. Peirce kennt nur ein einziges Kriterium, dem die Realität genügen muß, und das ist die „Letztmeinung der Gemeinschaft geistiger Wesen", wie es in der Übersetzung Oehlers heißt (Seite 15). Dieses Kriterium reicht aber nicht aus, Idealität und Realität voneinander zu scheiden, und überhaupt fallen seine Überlegungen weit hinter Kant zurück.

14. Hartmann: Möglichkeit und Wirklichkeit. Seite 358. Vgl. noch Husserl: Logische Untersuchungen. Band 2. Teil 1. Seite 358. Husserl hebt hervor, daß die einzelnen Bestandteile unserer Wahrnehmung als „kontinuierlich einheitlich zusammenhängend" erlebt werden, und sagt von den einzelnen Elementen, daß sie „sich in der Koexistenz wechselseitig fundieren".

digkeit der Determination" dank der Fülle der Attribute – ist es zu verdanken, daß die Realität „die absolute Entschiedenheit von Sein und Nichtsein" ist: „Die Entschiedenheit des Realen ist vielmehr die Bestimmtheit und Eindeutigkeit des einen, unaufhaltsamen Weltgeschehens. Die Welt des Realen ist die Sphäre des ontischen Radikalismus."[15] Wenn der Gegenstand so ist, nicht anders, dann deshalb, weil ihm diese Attribute zukommen, nicht andere.

In der *Kritik der reinen Vernunft* besagt die dritte Analogie der Erfahrung (B 176f.), daß alle einzelnen Teile unserer Erfahrung, damit wir sie als real anerkennen können, zueinander in ein Verhältnis gesetzt werden können müssen. Alles muß zumindest potentiell einen relationalen Zusammenhang der gegenseitigen Beeinflußbarkeit bilden, sonst wird man es nicht als real ansehen können. Entsprechend kennt der Phänomenologe den „Motivationszusammenhang des Bewußtseins", worunter eine inhaltliche Verbundenheit aller Wahrnehmungen durch das Bewußtsein verstanden werden muß; fehlt diese Verbundenheit, ist also eine einzelne Wahrnehmung vollständig isoliert, so muß sie uns notwendig irreal erscheinen. In *Erfahrung und Urteil* (§87d) spricht Husserl von einem „Zusammenhang der Einstimmigkeit".[16]

Werfen wir zum Kontrast einen Blick auf die deutlich weniger durchdachten Überlegungen von Charles Sanders Peirce, denen noch sein Bewunderer Habermas glaubt zustimmen zu müssen: „Die Meinung, der nach schicksalhafter Bestimmung jeder letztlich zustimmen muß, der forscht, ist das, was wir unter Wahrheit verstehen, und das in dieser Meinung dargestellte Objekt ist das Reale. So würde ich Realität erklären." Habermas schließt sich diesem Begriff der Realität an, versteht aber immerhin, daß es allein der „sprachlogische Begriff der Realität" ist, den er hier vorträgt: „Die Realität, die als Gesamtheit der in wahren Aussagen repräsentierten Tatsachen begriffen wird".[17]

Wegen der Vollständigkeit der Determination ist nach der oben diskutierten Überlegung alles Mögliche zugleich auch wirklich, denn ohne die Vollständigkeit der Determination läge ja gar keine Möglichkeit vor (etwas ist nur dann möglich, wenn seine Voraussetzungen gegeben sind, und zwar vollständig). Kant schreibt in der Vernunftkritik (im Kapitel über die „Postulate des empirischen Denkens"): „Alles, was geschieht, ist hypothetisch nothwendig"

15. Hartmann: Möglichkeit und Wirklichkeit. Seite 151.

16. Rombach: Phänomenologie des gegenwärtigen Bewußtseins. Seiten 191–195. Der Realitätsverlust der Schizophrenie beruht auf dem Verlust des Einheitsbewußtseins; Husserl: Erfahrung und Urteil. Seite 415.

17. Peirce: Über die Klarheit unserer Gedanken. Seite 87ff. („The opinion which is fated to be ultimately agreed to by all who investigate, is what we mean by the truth, and the object represented in this opinion is the real. That is the way I would explain reality."); Habermas schließt sich dieser Einstellung vorbehaltlos an (Auch eine Geschichte der Philosophie. Band 2. Seite 722). Ortega dagegen bezeichnet die Mehrheitsmeinung als „pseudo-realidad" (El hombre y la gente. Seite 176).

(B 228). Im „Realzusammenhang", formuliert Hartmann im Anschluß nicht an Kant, sondern an den Möglichkeitsbegriff der Megariker, „kann nichts anders sein, als es ist, und nichts anders geschehen, als es geschieht."[18]

Ist die Vollständigkeit der Determination aber gegeben und sind damit samt und sonders alle Bedingungen erfüllt, dann ist etwas nicht allein möglich, sondern zugleich auch notwendig (nach Kant „hypothetisch nothwendig") und demzufolge wirklich. Denn würde irgendetwas fehlen, wäre irgendeine Bedingung nicht erfüllt, dann wäre auch die Möglichkeit nicht gegeben, und so muß alles Mögliche zugleich immer auch wirklich sein. Bereits Natorp hat diese Zusammenhänge in seiner *Philosophischen Systematik* diskutiert, in Vorlesungen, die erst lange nach seinem Tod veröffentlicht, nachdem sie bereits 1923/24 in Marburg vorgetragen wurden – es ist mehr als nur wahrscheinlich, sondern sogar sicher, daß Hartmann diese Gedankengänge Natorps genau kannte. „Nichts," so heißt es am Ende des 35. Paragraphen von Natorps *Philosophischer Systematik*, nichts ist „im ernsten Sinne möglich, was nicht wirklich wird." Freilich macht Natorp eine Einschränkung, die den Gedanken etwas weniger paradox erscheinen lassen soll und die dem „hypothetisch nothwendig" Kants oder der Realmöglichkeit Hartmanns entspricht: Die Möglichkeit, schreibt er, sei „nur der Anhub zur Wirklichkeit, ... ihr Nullpunkt, von dem sie aber anhebt."[19]

Wenn man die Natorpsche Einschränkung nicht macht, bleibt ein überaus verwirrender Gedanke, der von Hartmann in all seinen Konsequenzen erschöpfend dargelegt wird. Dafür ließ er sich wie Natorp von Hegels *Wissenschaft der Logik* anregen und fand noch zusätzlich Hinweise in der antiken Philosophie. Der von ihm vertretene megarische Begriff der Möglichkeit ist allerdings sehr umstritten und wird von vielen Kritikern als bloße Klügelei angesehen. Um seinen Gedanken abzumildern, hat Hartmann noch zusätzlich von der „Realmöglichkeit" gesprochen, also die drei Kategorien der Modalität in etwas konzilianterer Weise vorgestellt – ungefähr so, wie es Kant und Natorp getan hatten.

Ähnlich verwirrend ist das Verhältnis der Wirklichkeit zur Notwendigkeit.

Grundsätzlich gilt, daß die Vollständigkeit der Determination von uns niemals wahrgenommen oder festgestellt werden kann – zwar ist sie in dem Begriff der Wirklichkeit enthalten, aber es ist unmöglich, eine erschöpfende Beschreibung der Wirklichkeit zu geben, weil die Zahl der Attribute selbst des allerkleinsten Gegenstandes unendlich groß ist. Also nicht etwa nur sehr

18. Hartmann: Möglichkeit und Wirklichkeit. Seite 196.

19. Natorp: Philosophische Systematik. Seite 119. Und er hätte sie auch in Georg Simmels 1892/93 zuerst erschienenen Moralphilosophie kennenlernen können: Einleitung in die Moralwissenschaft. 1. Band. Seite 47.

groß, sondern buchstäblich unendlich, unüberschaubar oder unabzählbar groß, nicht zuletzt deshalb, weil die Determination ja bis in die tiefste Vergangenheit zurückreicht, nämlich immer und auf jeden Fall bis zum Anfang aller Zeiten, falls es diesen je gegeben haben sollte. Im Begriff der Realität hängt an der Zeit alles. Sie, die Realität, ist durchzogen von einer Korrelation von allem mit jedem. Deshalb hätte rückblickend in der unendlichen Vielzahl der determinierenden Geschehnisse und Faktoren nichts, wirklich gar nichts anders sein dürfen, damit dieses eine geschehen konnte oder damit dieses eine existiert, sondern die Notwendigkeit und die Möglichkeit fallen im Wirklichen zusammen. Das, was ist, ist notwendig so, wie es ist.

Eine Konsequenz dieser Verhältnisse besteht in der prinzipiellen Unabschließbarkeit des Erkenntnisprozesses. Jede Erkenntnis des Realen ist wesenhaft fragmentarisch.

Die Unüberschaubarkeit der Attribute, die das Reale kennzeichnet, seine unendliche Vielfalt der Beziehungen, seine Verflochtenheit in den Teppich der Welt findet sich auch beim Symbol wieder. Anders als die Metapher ist das Symbol deshalb kein Phänomen der Sprache, sondern eines der Realität (oder ein Phänomen innerhalb ihrer) – demzufolge ist ein Symbol, hineingeflochten in das Gewebe des Realen, niemals vollständig auszudeuten.

„Die Mauern“, heißt es bei Hölderlin, „stehn sprachlos und kalt, im Winde klirren die Fahnen.“ Ließe sich hier einfach sagen, was das Gedicht damit anspricht? Natürlich nicht; vielmehr ergibt sich eine Vielzahl von Bedeutungen, trotz oder vielleicht sogar wegen der Schlichtheit des Bildes und der Situation, die der Titel des Gedichts – *Hälfte des Lebens* – anspricht.

Die Vieldeutigkeit der Metapher dagegen ist, falls es sie überhaupt gibt, eine nachgeordnete Vieldeutigkeit, denn sie beruht auf der Vieldeutigkeit eines Symbols, das zuvor in sie eingegangen ist oder dessen sie sich bedient. Und tatsächlich sind viele Metaphern in keiner Weise vieldeutig, insbesondere die toten – schließlich weiß jeder, was er unter einem Stuhlbein zu verstehen hat, und kaum jemand visualiert noch die Bedeutung des Wortes.

Hartmann betont wiederholt, daß es nicht möglich ist, den Begriff des Realen abschließend zu definieren. Das mag schon sein, aber man kann wohl sagen, welche Merkmale das Reale besitzen muß, und er selbst hat das ja auch getan. Zusätzlich zu den drei genannten Punkten nennt Hartmann immer wieder „die Härte“ des Realen, seine „Entschiedenheit“. Max Scheler dagegen sprach, angeregt von Dilthey, von der „Widerständigkeit“. Das ist eine nicht ganz unproblematische Argumentation, in deren Ablehnung sich heute die verschiedensten Autoren einig sind,[20] die aber trotzdem einiges für

20. Bedenkenswert sind die Einwände von Rombach: Phänomenologie des gegenwärtigen Bewußtseins. Seite 177f.

sich hat – vorausgesetzt, daß man unter Widerständigkeit nicht etwa die Härte des Materiellen versteht. Das wäre ein etwas billiges Mißverständnis. Denn auch das Geistige (zum Beispiel ein Gedanke oder ein Wunsch) kann real sein und besitzt dann eine Widerständigkeit, die seine Realität anzeigt – die Realität des Wunsches wohlgemerkt, nicht etwa die Realität des Gewünschten.

In der hier einschlägigen Schrift seines Spätwerks, in *Idealismus – Realismus*, bezieht sich Scheler auf Friedrich Wilhelm Joseph Schellings *Über das Wesen der menschlichen Freiheit* sowie auf Wilhelm Diltheys Aufsatz über die Realität der Außenwelt, dessen Überlegungen er allerdings einer scharfen Kritik unterzieht. Das Widerstandserlebnis führt Scheler selbst auf die Triebstruktur eines lebendigen Wesens zurück: „Widerstand ist also ein zentrales Erlebnis der Stufe meines ‚Selbst', die vorläufig als ‚triebhaftes Lebenszentrum' bestimmt sei."[21] Weil auch Tiere ein solches triebhaftes Lebenszentrum besitzen, müssen auch sie als bewußte Wesen Widerstand erleben und damit Realität kennen. Die Argumentation Schelers wirkt zwar biologistisch, aber daß Realität eine Kategorie ist, die allein im Zusammenhang mit animalischem Leben auftritt, läßt sich kaum bestreiten. William James, als er über „den organischen Sitz eines ... Gefühls" für „gegenwärtige Realität" nachdachte, hat ganz im Stile Schelers in Erwägung gezogen, „es mit der Muskelempfindung zu verbinden, mit dem Gefühl, daß unsere Muskeln sich selbst zum Handeln enervieren."[22] Eventuell wäre es deshalb angebracht, das oben angesprochene billige Mißverständnis William James zuzusprechen.

Anders als Dilthey und James spricht sich Scheler für eine unmittelbare, also nicht durch Vorstellungen oder Denkakte vermittelte Erfahrung des Widerstands aus, und er bezieht das Widerstandserlebnis in einer sehr plausiblen Weise ausdrücklich auch auf das Gebiet des Geistes, also nicht etwa allein auf sinnlich wahrnehmbare Widerstände. „Die Realität eines Gewesenen ist mir primär nicht gegeben durch sogenannte Erinnerungsbilder, sondern durch einen *Widerstand* und einen Druck auf mein Gegenwartserlebnis, durch einen Druck von ‚etwas', das durch meine Willensmacht ‚nicht mehr abänderlich' ist."[23] Man soll das wohl so verstehen, daß man sich nicht alles Mögliche vorstellen kann, ohne daß eine allzu irreale Vorstellung (eine allzu wüste Phantasie) vom Wissen um ihre Irrealität begleitet wird; oder daß die Erinnerung doch nicht beliebig manipulierbar ist – manipulierbar aber na-

21. Scheler: Idealismus – Realismus. Seite 211.

22. James: Die Vielfalt religiöser Erfahrung. Seite 72f. (Vorlesung III).

23. Scheler: Idealismus – Realismus. Seite 212. In *Zur Grundlegung der Ontologie* folgt Hartmann Schelers Argumentation, allerdings ohne dessen biologistische Einschübe (Seite 183f.). Auch er betont die „Selbsttätigkeit des fremden Gedankens." (Seite 183)

türlich schon. Irgendwann stößt man notwendig an gewisse Grenzen, auch in seinen Phantasien, und das ist dann ein Widerstandserlebnis.

Geht es auf eine Anregung von Scheler zurück, wenn Heidegger in seiner Marburger Leibniz-Vorlesung im Zusammenhang mit dem „Drang“ auf Widerständigkeit zu sprechen kommt? Auch später noch sollte Heidegger darauf bestehen, daß sich das Sein „in der Folge als Gegenständigkeit für das Bewußtsein“ enthüllt: „Sein bringt sich als Wille zum Vorschein.“[24] Allerdings: Er wendet den Gedanken ins Kultur- und Zeitkritische und schwächt ihn damit ab, denn sein Nachsatz bezieht sich allein auf die Neuzeit. Den Gedanken der Widerständigkeit will Heidegger nämlich nicht auf die ganze Menschheits- beziehungsweise Seinsgeschichte bezogen wissen. Auch sonst klingt seine Behauptung arg mystifizierend und hätte eigentlich von seiten des Autors einer ausführlichen Begründung bedurft – die er seinen Lesern mit einem bizarren Hinweis auf die nur ihm allein gegebene Fähigkeit des Hinhörens verweigert. Denn Heidegger stellt sich hier wie auch sonst als eine Ausnahmeerscheinung dar, als einer, der auf die Worte des griechischen Denkens zu hören vermag: „Was ‚Sein‘ heißt, das bleibt geborgen in dem Geheiß, das aus den Leitworten des griechischen Denkens spricht. Was dieses Geheiß sagt, können wir niemals wissenschaftlich beweisen und beweisen wollen. Wir können es hören oder nicht.“[25] Gut, er konnte, denn er lebte ja nicht mehr unter dem Begründungsanspruch der Neuzeit.

Natürlich ist es eine Mystifikation, wenn Heidegger an verschiedenen Stellen seines Werkes so tut, als offenbare, entberge oder verberge sich die Welt von sich aus. Tatsächlich sind die Welt und das Seiende wie das Sein passiv, und so kann die Vokabel „Sichentbergen“[26] unmöglich veranschaulichen, wie wir der Wahrheit begegnen. Außerdem liegt es ohnehin im Wesen der Realität, daß sie offenbar und sichtbar ist, also offen zu Tage liegt. Es macht nicht allein keinen Sinn, sie hinter den Dingen zu suchen, sondern man verkehrt damit den Begriff der Realität – so wie es die Physik seit Galilei tut.

Schließlich sei noch ein weiteres Mal Hartmann erwähnt, der in seiner *Grundlegung der Ontologie* ausführlich auf den Widerstand und seine Bedeutung für unsere Erfahrung der Realität zu sprechen kommt. Unsere „durchgehende Überzeugtheit vom Ansichsein der Welt“ beruht auf „dem erlebten Widerstande“.[27] Aber es ist wichtig zu sehen, daß damit keinesfalls eine allein

24. Heidegger: Metaphysische Anfangsgründe der Logik. Seite 121; Der Satz vom Grund. Seite 115.

25. Heidegger: Der Satz vom Grund. Seite 121.

26. Heidegger: Der Satz vom Grund. Seite 120.

27. Hartmann: Zur Grundlegung der Ontologie, Seite 177. Auf Seite 178 macht Hartmann deutlich, daß „Ansichsein“ nur ein anderer Ausdruck für „Realität“ ist.

materielle Widerständigkeit angesprochen wird, sondern die Widerständigkeit bestimmt für Hartmann wie zuvor bei Scheler auch unsere Gedanken.

Weil die Welt vielfältig ist, weil sie sich also auf eine kaum durchschaubare Weise aus verschiedenen Schichten zusammensetzt, in denen je andere, für diese Schicht typische Gesetze gelten, kann nicht eine einzige Antwort ausreichend sein, sondern muß es eine unendlich große Anzahl von Lösungen, Konzepten und Begriffen geben, mit denen wir uns der Welt oder wenigstens eines Teils von ihr bemächtigen. Die Realität ist selbst in ihren einfachsten und elementarsten Formen unausschöpflich, und wir werden niemals mit ihr zu Ende kommen. Ein wichtiger Grund hierfür ist die Korrelation von allem mit jedem, also die Verflechtung und Verschlingung aller Kräfte und Verhältnisse, ein zweiter die Bedeutung von Zeit und Raum und damit der stete, unerschöpfliche Wechsel der einander ablösenden und überdeckenden Attribute, ein dritter endlich, eng damit zusammenhängend und sogar daraus folgend, die Individualität als das die prozeßhafte Realität insgesamt bestimmende Charakteristikum.

Alles Reale ist, anders als das Ideale, individuell. Ob man deshalb, wie es Max Scheler getan hat, im Realen das Prinzip sehen sollte, das ursächlich ist für die Individualität,[28] sei dahingestellt; es klingt folgerichtiger, wenn man sich das Verhältnis von Individualität und Realität im Gleichgewicht denkt, so daß das eine aus dem anderen folgt – in streng symmetrischer und ausgewogener Weise. Dagegen ist das Ideale in allen Welten dasselbe, unberührt von den Zeitläuften wie von seiner Umgebung, und allein seine realen Verkörperungen sind verschieden, schon, aber nicht allein, weil sie verschiedene Raum- und Zeitstellen einnehmen. Ideales ist deshalb niemals individuell. Die Idealität kennt keine Individualität.

Leibniz widmete bereits als ganz junger Mensch seine akademische Abschlußarbeit dem Problem der Individualität, das ihn daraufhin tatsächlich sein ganzes Leben hindurch beschäftigen sollte und das er in seinem Indiscernibliensatz in aller Schroffheit formulierte. So trieb er sich selbst zur Formulierung des Kontinuitätsprinzips, mit dem er den von ihm selbst zerstörten Zusammenhang erneut herstellen, die Scherben wieder kitten wollte; war alles individuell und nur individuell, dann konnte es ja keinen Zusammenhang mehr geben.

Eine wichtige Formulierung des Indiscernibilienprinzips findet sich in der *Monadologie* – es ist die für Leibniz' Lehre entscheidende These, daß zwei Gegenstände, Organismen oder Begebenheiten sich nicht mehr unterscheiden ließen, wenn sie in ausnahmslos allen ihren Eigenschaften übereinstimmen

28. In seinen Zusätzen zu den nachgelassenen Manuskripten, in: Späte Schriften. Seite 245.

sollten. „Wenn daher die Monaden ohne Eigentümlichkeiten und somit voneinander ununterscheidbar wären – denn auch quantitative Unterschiede gibt es bei ihnen nicht –, so würde folglich, unter der Voraussetzung der durchgängigen Erfüllung des Raumes, jeder Ort bei der Bewegung stets nur einen Inhalt aufnehmen, der dem bisherigen äquivalent wäre. Somit wäre ein Zustand der Dinge vom anderen völlig ununterscheidbar."[29] In diesem (und nur in diesem!) Fall wären sie identisch und also dasselbe. Deshalb kommt allem realen Sein dieser Welt Individualität zu, denn alle Gegenstände, Organismen und Ereignisse unterscheiden sich zumindest ein ganz klein wenig voneinander – und wenn es nur ihre Stellung in der Zeit oder im Raum ist.

Das Indiscernibilienprinzip läßt uns den Unterschied zwischen dem Realen und dem Idealen auf eine kurze Formel bringen. Wenn sich die Dinge nicht voneinander unterscheiden ließen und zwischen ihnen Identität herrschte, dann gäbe es auch keine Individualität, die ein wesentliches Charakteristikum der Realität ist. Im Grunde *ist* Individualität sogar Realität. Individualität kommt deshalb grundsätzlich allem realen Seienden zu, keinesfalls allein den Menschen. In seinen *Neuen Abhandlungen* nimmt Leibniz als Beispiel das Laub einer Hecke, denn „eine hohe Fürstin von feiner Geistigkeit" habe gesagt, sie glaube nicht, „daß es zwei vollkommen gleiche Blätter gäbe. Ein geistvoller Edelmann ... glaubte, es werde leicht sein, solche zu finden; obwohl er aber angestrengt danach suchte, mußte er sich durch seine Augen davon überzeugen, daß man immer einen Unterschied daran bemerken konnte." Ein zeitgenössischer Stich zeigte den Philosophen, wie er das „Prinzip der Individuation" im Herrenhäuser Park am Beispiel von Blättern einer Hecke demonstriert. Das Prinzip der Individuation besteht „in der Existenz selbst, die jedes Seiende an einen bestimmten Zeitpunkt und an einen Ort bindet, der von zwei Seienden der gleichen Gattung nicht geteilt werden kann."[30]

Allem realen Sein kommt also ein Ort in der Welt zu, und dieser Ort ist nichts Unbedeutendes, sondern verantwortet seine Eigenschaften, weil er zusammen mit dem Zeitpunkt darüber bestimmt, was ihm begegnete oder begegnen wird. Er bestimmt seine Geschichte, die schon deshalb notwendig individuell sein muß.

Das ideale Sein dagegen kennt keine Individualität. (Wir erinnern kurz daran, daß es sich um einen Grenzbegriff handelt – allein das reine Ideale kennt

29. Leibniz: Monadologie. Seite 29 (§8). Vgl. noch Leibniz' Vorwort zu seinen *Neuen Abhandlungen*, Seite XXIX. Neben dem Gesetz der Kontinuität ist das Indiscernibilienprinzip der zentrale Satz seiner Philosophie.

30. Leibniz: Neue Abhandlungen über den menschlichen Verstand. Erster Band. Seite 395 (2. Buch, Kapitel XXVII). Die Abbildung des Stiches findet sich bei Bredekamp: Leibniz und die Revolution der Gartenkunst. Seite 34.

keine Individualität, seine Erscheinung aber wohl. Uns begegnet es niemals in seiner reinen Form, von der man folgendes sagen muß:) Das Ideale kennt keinen Ort, keine Zeit und keine Geschichte und damit auch keinen Wechsel der Attribute. Allerdings kennt es sehr wohl einen Zusammenhang, wenngleich dieser Zusammenhang nicht so chaotisch-verworren und undurchsichtig organisiert ist wie der Zusammenhang des Realen. Vielmehr ist das Ideale in überschaubarer und durchsichtiger Weise gegliedert; es kann vor allem deshalb überschaubar sein, weil es so unendlich viel ärmer ist als das Reale.

Es ist das weiter gefaßte Wesen des Menschen, das ihn der Realität und deren Erfahrung näher rückt, als wir das von jedem anderen Lebewesen sagen können. Der Mensch ist, anders als das Tier, nicht Gefangener seiner Instinkte und Reflexe, sondern ein wandlungs-, vor allem aber auch ein lernfähiges Wesen. Das wußte schon Pico de Mirandola (1463–1494) ganz zu Beginn der neuzeitlichen Philosophie, als er in seiner Rede *Über die Würde des Menschen* die vielen Gestalten und Möglichkeiten des Menschen als das nahm, was ihn von allen Tieren unterscheidet: Anders als diese ist der Mensch nicht festgelegt, sondern er kann sich verändern – und vor allem kann er selbst darüber entscheiden, in welche Richtung er sich verändert, ob er nach oben strebt oder sich einem Tier angleicht.

Der Mensch lernt, und lernen heißt sich verändern; der Mensch blickt zurück wie voraus auf sich selbst, um sich selbst als Fremden zu erfahren, als den Pilger seines eigenen Lebens, der nirgendwo zuhause, immer unterwegs, niemals am Ziel ist, und so führt er nicht allein ein einzigartiges Leben (das tut ausnahmslos jedes einzelne Lebewesen auf diesem Planeten, wenn die vorstehenden Überlegungen richtig sind – selbst die Pantoffeltierchen müssen Individuen sein), sondern er allein weiß auch um seine Individualität, denn er kann ja auf seinen Weg zurückschauen. In der achten seiner *Duineser Elegien* hat Rilke dieses Pilgertum des Menschen ausgedrückt:

> *„Wer hat uns also umgedreht, daß wir,*
> *was wir auch tun, in jener Haltung sind*
> *von einem, welcher fortgeht? Wie er auf*
> *dem letzten Hügel, der ihm ganz sein Tal*
> *noch einmal zeigt, sich wendet, anhält, weilt —,*
> *so leben wir und nehmen immer Abschied.“*

In ganz ähnlicher Weise nahm Ortega y Gasset die Bezeichnung des Menschen als Pilger auf, als er im argentinischen Exil vortrug: „Der Mensch durchlebt und durchschreitet all diese Formen des Seins, er ist ein Pilger des Seins, durchschreitet es seiend und nicht seiend, d.h. durchschreitet es lebend. Der Mensch hat keine Natur. Was er hat, ist Geschichte, denn *Geschichtlichkeit* ist die Seinsweise eines Wesens, das ganz grundlegend und radikal *Beweglichkeit* und *Veränderung* ist."[31]

So ist die Geschichtlichkeit des Menschen zusammen mit (oder vielleicht besser: dank) seiner Lern- und Wandlungsfähigkeit eine wichtige Voraussetzung dafür, daß er die Realität viel mehr erfaßt als jedes andere Wesen auf diesem Planeten, ja Wesen ohne Geschichte kennen möglicherweise überhaupt keine volle Realität – jedenfalls nicht die Realität, die dem Menschen offensteht. Realität ist kein absoluter, sondern ein relationaler Begriff.

Auch wenn das reale Sein individuell ist, so kann Individualität doch trotzdem nicht das einzige Prinzip sein, welches dem Sein zukommt, denn wie wäre es sonst möglich, in Begriffen zu denken? Selbst niederes Leben kennt bereits die Einteilung in Klassen und Kategorien – auch wenn es nur „eßbar" oder „nicht eßbar", „schädlich" oder „nützlich" sein mögen – und damit ein der Individualität entgegenstehendes Prinzip. Es sind diese einfachsten Kategorien, die Uexkülls „Merkwelt" konstituieren; jedes Tier konstituiert entsprechend seiner Sinnlichkeit und seinen Bedürfnissen seine eigene Merk-, Wirk- und Umwelt.

Leibniz hat den angesprochenen Grundsatz wiederholt demonstriert – der oben angesprochene Kupferstich zeigt ihn, wie er das Indiscernibilienprinzip als den Kernsatz seiner Ontologie am Beispiel zweier Blätter veranschaulicht, die sich immer wenigstens in winzigen, kaum sichtbaren Einzelheiten unterschieden. Aber selbst dann, wenn sie einander vollkommen gleich gewesen wären, hätten die Blätter verschiedene Stellen im Raum-Zeit-Kontinuum eingenommen und wären deshalb verschieden gewesen. Im Grunde ist die Verschiedenheit der Form also gar nicht zwingend für ihre Individualität notwendig. Müssen deshalb auch Elementarteilchen, zum Beispiel Elektronen, individuell sein, auch wenn sie abgesehen von ihrem Ort komplett gleich sind?

Warum ist es so schwierig, sich die Welt der Atome und Elektronen vorzustellen, besser: sie in unser Weltbild zu integrieren? Selbst so elementare Begriffe wie „real" und „ideal" nehmen im subatomaren Bereich einen ganz anderen Sinn an; oder sie haben jeden Sinn verloren. Cassirer, einer der besten Leibniz-Kenner überhaupt und dazu ein Philosoph, der von Anfang an die Revolution der Physik in der ersten Hälfte des 20. Jahrhunderts aus nächster Nähe beobachtete, zitiert verschiedene Physiker seiner eigenen Zeit, aus deren Äußerungen hervorgeht, daß es keinen rechten Sinn mehr ergibt, im Bereich der subatomaren Partikel von Individualitäten zu sprechen, daß also „eine derartige Individualisierung im Gebiet der Atomphysik keinen bestimmten Sinn mehr hat." Für ihn klingt es logisch, den „Verzicht auf die

31. Ortega y Gasset: Der Mensch ist ein Fremder. Seite 273.

'Individualität' des physikalischen Gegenstandes" zu üben, weil es nicht mehr sinnvoll ist, von der Vorstellung auszugehen, „daß Photonen oder Elektronen als dingliche Einzelobjekte existieren".[32]

Unter der Voraussetzung, daß Realität und Individualität tatsächlich zwei Seiten einer Medaille sind, kann es sich nicht mehr um Reales oder um Realitäten handeln, wenn subatomare Partikel einander derart gleichen, daß sie keinerlei Anspruch auf Individualität erheben können. Auch deshalb ist Realität eine Folge (oder Ausdruck) von steigender Seinshöhe. Realität beginnt allmählich, nämlich erst, wie ja schon Spinoza gesehen hat, mit der Vielzahl der Attribute; nur das Zusammengefügte (das Konkrete) kann real sein, das Einfache und Elementare dagegen ist nicht real, sondern ideal. So gilt: Aus je mehr Elementen der verschiedensten Art etwas zusammengesetzt ist, desto realer ist es auch; deshalb ist alles Lebendige realer als alles Leblose und das Selbstbewegliche realer als der an seinen Ort gefesselte Organismus. Und nichts und niemand ist realer als der Mensch.

Alles Reale ist individuell und damit von anderem unterschieden; oder alles Reale unterliegt einer stetigen Veränderung – die Einbettung in Zeit und Raum ist einer von mehreren Faktoren, welche die Realität von der Idealität unterscheiden. Das Reale ist das, was sich verändert, denn das Reale ist Teil einer Welt, die von einer ganz gleichmäßig vorrückenden Zeit beherrscht wird, an deren unsichtbarer, sich allmählich voranschiebender Front sich Veränderung vollzieht, also die Dinge entstehen und wieder vergehen oder ihre Erscheinung einem Wechsel unterliegt, weil Eigenschaften auftauchen und wieder verblassen oder gar in ihr Gegenteil verkehrt werden. „Die Erscheinung", schreibt Hegel dazu, „ist das Entstehen und Vergehen, das selbst nicht entsteht und vergeht, sondern an sich ist und die Wirklichkeit und Bewegung des Lebens der Wahrheit ausmacht."[33]

Realität bedeutet insofern schlicht das Dasein von etwas an einem bestimmten Ort in Raum und Zeit. Je unausschöpflicher etwas Reales in seinen Eigenschaften ist, desto realer sind die Vorgänge, Gegenstände oder Organismen. Etwas, das allein zu sehen ist, mag eine Halluzination sein – auch als solches ist dieses Etwas real, aber doch in einem anderen, nämlich weit geringeren Sinne als das, was wir riechen, hören und sogar in die Hand nehmen können. Die Sinne (also *unsere* Sinne) spielen also auf jeden Fall eine wesentliche Rolle.

Zur Vielzahl der Attribute und den Zusammenklang der Sinne kommt die Intersubjektivität. Für Husserl hängt die Realität sogar an der „Einstimmig-

32. Cassirer: Zur modernen Physik. Seite 342.

33. Hegel: Phänomenologie des Geistes. Seite 39. „Realität", formuliert Kant in der *Kritik der reinen Vernunft*, ist „dasjenige, dessen Begriff an sich selbst ein Sein (in der Zeit) anzeigt." (B 182)

keit der Erfahrung", und diese Einstimmigkeit gilt den anderen Subjekten, den anderen Egos. Erst durch diesen Zusammenklang entsteht das „Urphänomen der Objektivität".[34] Vielleicht ist das ein weiterer, eigentlich nachrangiger Grund, warum das Ich das Du „fordert" und noch dazu eine Welt der Sachen: „Und weiter fordert das Ich (das Ich, als Person) die Beziehung auf eine Sachenwelt. Also ich, wir, die Welt gehörten zusammen".[35]

Leibniz zählt in einem Aufsatz *Über die Methode, reale Phänomene von imaginären zu unterscheiden* verschiedene Merkmale der Realität auf und vergißt mit der Zeit beziehungsweise dem Wechsel der Attribute leider den eigentlich wesentlichen Punkt, nennt aber doch die Vielzahl der Attribute: „Aus dem Phänomen selbst, wenn es sich uns lebhaft, vielfältig und in sich selbst harmonisch darstellt. Lebhaft wird es sein, wenn die Qualitäten des Lichtes, der Farbe, der Wärme in ihm genügend intensiv sind; vielfältig, wenn sie mannigfaltig sind und zu vielen neuen Versuchen und Beobachtungen Anlaß geben".[36] Hegel beschreibt in seinem *Phänomenologie*-Kapitel über das Bewußtsein, wie in der Wahrnehmung jedes Ding mit seinen vielen Eigenschaften „zum wahrhaften Auch erhoben" wird (es ist „auch kubisch, auch scharf usf.").[37]

Heidegger gelingt in *Der Satz vom Grund* eine bemerkenswert lakonische Formulierung, wenn er in eben diesem Sinne schreibt: „Denn das Seiende ist ein jeweiliges und so ein vielfältiges".[38]

Die Vielzahl der Attribute ist ein Aspekt der Realität, ein anderer, damit eng verwandter die Veränderbarkeit. „Veränderung", sagt Kant, „ist eine Art zu existiren, welche auf eine andere Art zu existiren eben desselben Gegenstandes erfolgt. Daher ist alles, was sich verändert, bleibend, und nur sein Zustand wechselt."[39] Substanz ist also eben nicht das Unveränderliche, die immer gleiche Grundlage, sondern ganz im Gegenteil dasjenige, an dem sich erst die Veränderung vollzieht. Sobald aber etwas von dem Prozeß der Veränderung ausgenommen bleibt, sobald also etwas unveränderlich oder unveränderbar ist oder vielleicht auch nur so erscheint, nimmt es für uns einen irrealen Zug an. Deshalb besitzt bereits Windstille einen unwirklichen Charakter:

34. Husserl: Cartesianische Meditationen. Seite 107 und Seite 126.

35. Husserl: Ideen zur einer reinen Phänomenologie II. Seite 288 Fußnote.

36. Leibniz: Über die Methode, reale Phänomene von imaginären zu unterscheiden. In: Hauptschriften zur Philosophie. Seite 123–128. Seite 124.

37. Hegel: Phänomenologie des Geistes. Seite 96.

38. Heidegger: Der Satz vom Grund. Seite 143.

39. Kant: Kritik der reinen Vernunft. B 187. Dieselbe Problematik hat bereits Platon im *Theaitetos* diskutiert (152d).

„Keine Luft von keiner Seite!
Todesstille fürchterlich!
In der ungeheuren Weite
Reget keine Welle sich."

Dagegen verwandeln treibende Wolken einen irreal-stahlblauen Himmel in einen Teil unserer realen Welt. Jede Form der Veränderung und damit auch jede Bewegung ist ein Merkmal des Realen. Der Wechsel der Attribute in der Zeit (und natürlich auch im Raum) ist charakteristisch für das Reale. Umgekehrt läßt sich für ideales Sein eine „Allzeitlichkeit" in Anspruch nehmen, die Husserl terminologisch von „Überzeitlichkeit"[40] unterscheidet.

In der neueren Philosophie nennt man den Zustand einer Substanz, die ihre Veränderlichkeit begründet, die „Instabilität". Schmidt bezieht diesen Gedanken allein auf die Natur, aber tatsächlich zielt Instabilität auf die Realität insgesamt. Ich würde seinen Text deshalb so ergänzen: Nicht allein Natur, sondern die Realität insgesamt „tritt als Vielheit hervor: Sie zeigt sich auch (als) instabil, komplex, chaotisch, zufällig, emergent. Sie ist facettenreich, vielfältig, vielgestaltig."[41] In dieser Instabilität beziehungsweise in ihren drei Typen (statische, dynamische und strukturelle Instabilität) sieht Schmidt die Voraussetzung für Phänomene wie die Selbstorganisation, ohne welche das Leben selbst nicht denkbar wäre und die Schmidt bereits in Prozessen der leblosen Materie aufsucht. Je höher und je entwickelter etwas ist, desto instabiler und damit angreifbarer ist es auch. Lebewesen sind instabiler als Pflanzen, Pflanzen instabiler als die leblose Materie, und für Lebewesen wie für Pflanzen gilt, daß die höher entwickelten die weniger vitalen, weil instabileren sind. Deshalb scheinen uns die angreifbareren Lebewesen die edleren, die vitaleren die weniger edlen; deshalb sind, was sowohl Scheler als auch Hartmann immer wieder betonten, die unteren Schichten des Seins die stärkeren. Selbst in unseren lebensweltlichen Überzeugungen spielen diese Verhältnisse eine Rolle, denn uns gelten die Pflanzen als edler, die mühsam gehegt und gepflegt werden müssen, wogegen das geile Unkraut wuchert; und eben dasselbe nehmen wir auch für Tiere an, denn auch hier gelten uns die vitalen, die vermehrungsfreudigen als die weniger edlen. Insekten, Heringe oder Kaninchen scheinen kaum jemandem edel.

Hermann Schmitz und mit ihm die Neue Phänomenologie analysieren die Zeit auf eine ganz andere, sogar gegensätzliche Weise. Der Ansatz der Neuen Phänomenologie ist nicht ontologisch (und will es wohl auch nicht sein), weil

40. Husserl: Cartesianische Meditationen. Seite130.

41. Schmidt: Das Andere der Natur. Seite 8.

er ganz und gar und damit wirklich radikal subjektiv ist. Die Analyse von Schmitz geht vom Subjekt aus, nämlich von einem Zustand der Regression einer Person, den er „primitive Gegenwart" nennt und der einen Zustand beschreibt, der selbstbewegliche, vor allem aber zur Besonnenheit fähige Organismen erfaßt (oder besser: überfällt) und diese für einen relativ kurzen Moment ganz auf ihren Leib und damit auf Geschehen überhaupt reduziert. So sind sie nicht länger besonnen, sondern in dieser Ausnahmesituation ganz von der Existenz ihres Leibes bestimmt. Die Rede ist natürlich von Menschen, denn andere besonnene Lebewesen kennen wir nicht. Die primitive Gegenwart als die Reduktion auf den bloßen Leib, möge sie Angst sein (Kierkegaard), Panik oder irgendetwas sonst (Schmitz liebt die wortgewaltige Schilderung des Orgasmus), ist die vielleicht realitätstrunkenste Erfahrung, die wir überhaupt machen können. Denn wenn wir nur noch Leib sind, dann sind wir ganz der Welt (oder vielleicht auch nur unserer Umgebung) ausgeliefert – eben deshalb ist es dann vorbei mit der Besonnenheit, die ja wesentlich Distanz ist, auch Selbstdistanz. Schmitz kennzeichnet die primitive Gegenwart als das „elementar-leibliche Betroffensein", das einen Menschen in heftigem Schreck, in Angst, Schmerz und Panik und endlich im Orgasmus überfällt und ihn auf die Erfahrung seines Leibes reduziert. „Das personale Subjekt sinkt dann in sein Hier und Jetzt ein, die mit einander und mit ihm verschmelzen, und die Wirklichkeit packt den Betroffenen unmittelbar, ohne ihm seine Distanzierungsfähigkeit zu lassen; alle Eindeutigkeit schrumpft auf die Spitze des Plötzlichen zusammen, dem er ausgesetzt ist."[42]

Immerhin gibt es einen Zustand, der mit dieser Regression verwandt ist, weil wir in ihm in einer ganz ähnlichen Weise unsere Besonnenheit und damit unsere Selbstdistanz verloren haben. Max Scheler spricht an verschiedenen Stellen seines Werkes vom „ekstatischen Erleben", das ausschließlich nach Außen gerichtet ist; Selbstwahrnehmung, Selbstreflexion spielt dabei nicht nur keine Rolle, sondern ist sogar ausgeschlossen. So meint Schelers, von Ortega übernommener[43] Ausdruck Ähnliches wie Hartmanns „intentio recta", wenn man diese absolut nimmt. Schelers Beispiel ist das Erwachen aus der Narkose, wenn wir Bewegungen und Gegenstände bereits wieder wahrnehmen können, aber in einer seltsamen Passivität verharren und unseren Wahrnehmungen folgen, ohne dazu Stellung zu nehmen, auf uns selbst zu reflektieren oder uns zu wundern. Scheler vermutet, daß wir in solchen Momenten dem Erleben eines Säuglings oder Tieres nahekommen,

42. Schmitz: Der unerschöpfliche Gegenstand. Seite 48f.

43. Vgl. Ortega: ¿Que es filosofía? Seite 140: „La palabra extasis significa, etimológicamente, estar fuera de si. En este sentido de animal vive en perpetuo éxtasis, retenido fuera de si mismo por la urgendicia de los pelígros exterioses."

aber eigentlich kann zumindest letzteres nicht sein, denn kein Tier könnte mit einer derart gehemmten, im Grunde träumerischen Wahrnehmung überleben. Und: Tiere (und mit ihnen Säuglinge) würden keine Realität kennen, wenn diese Überlegungen stimmten, sie wären noch nicht in der Realität angekommen, auch deshalb, weil es in diesem Zustand nichts gibt, das uns zum Handeln treibt – wir sind in diesen Momenten absolut passiv.

Tatsächlich wird von den Wesen, die die Welt ekstatisch erleben, noch nicht der Unterschied von Gegenstand und Bedeutung vollzogen. Man urteilt nicht, ganz gewiß nicht sprachlich, aber auch sonst nicht. Denn natürlich gibt es auch nichtsprachliche Urteile, denn sonst könnte kein Tier urteilen. (Urteilt das Tier, das vor einem Hindernis zurückschreckt, oder verhält es sich allein in den Grenzen seiner teils ererbten Bewegungsmuster, teils erworbenen Angewohnheiten?)

Die fehlende Selbstdistanz ist nur ein Aspekt der Regression, die dem Erwachen aus einer Narkose entspringt, ein anderer aber ist die Unfähigkeit, sich zu bewegen. Scheler selbst hat gezeigt, daß der Raum der Selbstbewegung entspringt oder doch, daß Selbstbewegung einer der Ursprünge des Raumes ist.[44] Er wäre dann eine (ausschließlich?) vitale Kategorie.

Es ist ziemlich fragwürdig von Schmitz, seine Methode als „Neue Phänomenologie“ zu bezeichnen, denn tatsächlich ist sie der klassischen Phänomenologie Edmund Husserls exakt entgegengesetzt.[45] Husserls Methode bewährt sich bei der Beschreibung des Idealen, während der Leib mit seinen Gefühlen und Sinneswahrnehmungen für die Phänomenologie höchstens am Rande existiert. In seinen *Cartesianischen Meditationen* schreibt Husserl ausdrücklich, „daß alles Psychophysische außer Betracht bleibt.“[46] Eben davon aber nimmt die Neue Phänomenologie ihren Ausgang! Der Witz der phänomenologischen Methode, die in diesem Punkt der Mathematik gleicht, besteht eben im Absehen vom Nebensächlichen, das doch erst die Realität ausmacht. Deshalb kennt das Ideale auch keine Individualität, ja kann sie gar nicht kennen, denn etwas Ideales bleibt immer jenseits der Zeit; es sind allein seine Individualisierungen, die einem Wechsel unterworfen sind. Diese Zusammenhänge hat bereits Platon in seinem *Theaitetos* angesprochen, wie besonders Natorp in seiner Deutung zeigt. Nach ihm ist das Reale (er schreibt: das Sinnliche) niemals an sich selbst eine Einheit, sondern diese wird erst durch den Begriff durch ein erkennendes Wesen auf es projiziert: „Nichts ist ... an

44. Scheler: Idealismus – Realismus. In: Späte Schriften. Seite 183–241, Seite 221.

45. Laut Rombach, der hier für die Phänomenologen in der Tradition Husserls spricht, handelt die Philosophie von Schmitz „überhaupt nicht von Phänomenologie. Er fällt in Psychologie zurück“. Die Welt als lebendige Struktur. Seite 52.

46. Husserl: Cartesianische Meditationen. Seite 33 (§17).

sich selbst Eines (ein Bestimmtes), weder ein Etwas noch ein so Beschaffenes ... Sondern eine jede Aussage (über Sinnliches) gilt nur beziehentlich: was groß ist, ist auch wiederum klein, was schwer, auch leicht, und so durchweg. Und nur durch Bewegung, überhaupt Veränderung, oder Mischung wird es, im Verhältnis zu einander, das, wovon wir mit falscher Benennung sagen, es sei."[47] Natorp formuliert hier den Begriff der Realität, der sich dann bei Hartmann findet.

Daß die Phänomenologie in der Mathematik ihr Vorbild besitzt, zeigt sich unter anderem in der Methode der eidetischen Variation, die den Erklärungen Husserls zufolge nur bei idealen Gegenständen durchführbar ist und mit deren Hilfe ein Kernbestand übrigbleibt, der sich nicht variieren läßt; die verschiedenen Gegenstände sollen „zu überschiebender Deckung kommen und dadurch in eine synthetische Einheit treten, in der sie alle als Abwandlungen voneinander erscheinen". Reale Gegenstände dagegen unterliegen der Veränderung. Denn wenn man auf das Reale schaut, stößt man auf „eine Mannigfaltigkeit, immer Anderes, also Vieles".[48] Mit der Mannigfaltigkeit wird die unabzählbare Vielfalt der Attribute angesprochen.

Schmitz' Phänomenologie besitzt ihre Stärken bei der Beschreibung von Leibeszuständen und von Situationen. Situation ist ein Begriff, den es vor seinen Arbeiten allenfalls andeutungsweise gab, ohne den aber die Analyse alles Lebendigen nicht gelingen kann. „Eine Situation ist Mannigfaltiges, das durch eine binnendiffuse Bedeutsamkeit aus Bedeutungen, die Sachverhalte, Programme oder Probleme sind, zusammengehalten und nach außen mehr oder weniger abgehoben sind." Sie ist „eine absolut oder relativ chaotisch-mannigfaltige Ganzheit, zu der mindestens Sachverhalte gehören."[49] Eine Situation ist immer Teil der Realität, schon weil sie „Mannigfaltiges" ist. Oder besser: alles Lebendige ist situativ. Oder: alles Reale ist situativ, weil es individuell ist, und nichts im Bereich des Realen mehr als das Lebendige, in dem sich alle uns bekannten Schichten des Seins treffen und in- und miteinander vermischen.

Das einzige weltoffene Wesen, das wir kennen und dessen Erkenntnisstrukturen uneindeutigen Situationen mehr oder weniger angemessen sind, ist der Mensch, denn dieser nimmt auch das wahr, was ihn nicht unmittelbar angeht, weil er es nicht zur Vermehrung oder zum bloßen Überleben braucht. Es ist seine Weltoffenheit, die es dem Menschen erlaubt, Situationen in ihrer Komplexität wahrzunehmen. Und deshalb ist seine Welt tatsächlich realer als jene aller anderen Wesen.

47. Natorp: Platos Ideenlehre. Seite 103.

48. Husserl: Phänomenologische Psychologie. Seite 77f., Seite 75.

49. Schmitz: Der Leib. Seite 75., sowie: Der unerschöpfliche Gegenstand. Seite 65.

Whitehead warnte davor, „die Mannigfaltigkeit der Welt" zu vernachlässigen. Er hielt es nicht für gut, „ein wirkliches Einzelwesen" – ein Geschehen, ein Lebewesen, einen Gegenstand – allein unter einem einzigen, willkürlich ausgewählten Aspekt zu betrachten, sondern für ihn kam es darauf an, die Gesamtheit der Attribute im Blick zu behalten oder wenigstens ins Auge zu fassen.[50]

Weil die Realität von Situationen geprägt ist, muß allem Realen die Klarheit der Strukturen abgehen, welche die Idealität auszeichnet. Es sind zuviele Attribute, die ineinander spielen – eben dafür fand Schmitz den treffenden Terminus „binnendiffus". Weltoffenheit als einer der zentralen Begriffe der philosophischen Anthropologie Arnold Gehlens und der Begriff der binnendiffusen Situation ergänzen einander.

Die Weise, in der Schmitz den Fortgang der Zeit beschreibt, ist derjenigen Nicolai Hartmanns exakt entgegengesetzt und auch deshalb dazu geeignet, aus der Perspektive eines betroffenen Subjekts Hartmanns objektivistisches Modell der Welt so zu ergänzen, daß ein Rahmen abgesteckt werden kann, innerhalb dessen unser ganzes Verhältnis zur Welt und zur Veränderung beschrieben werden kann – aus mehr als nur einer Perspektive.

Wahrscheinlich gilt für Vorgänge in der Natur wie in unserer Seele eine Einschränkung, die weniger mit unserem Selbst- oder Weltverhältnis zu tun hat als vielmehr mit der Struktur unseres Verstandes und unserer Sinne: Wenn sich Veränderung zu schnell, vielleicht gar blitzartig und in jedem Fall ohne sicht- oder erfahrbaren Übergang vollzieht, nimmt auch die Veränderung, die doch sonst Kennzeichen der Realität ist, einen irrealen Charakter an. Denn wie wir schon gesehen haben, nehmen wir nur das als real an, was sich in einem Kontinuum und damit allmählich vollzieht. Eine blitzartige Veränderung aber ist keine Veränderung mehr, sondern ein übergangsloser Ersatz des einen Attributes durch ein anderes oder des einen durch den anderen Zustand.

Der zweite Aspekt der Realität neben der Veränderbarkeit ist die Vielzahl ihrer Attribute, „die daseiende Mannigfaltigkeit von Umständen, die sich auf sie beziehen."[51] Damit wird einerseits die unendliche Vielfalt der Attribute angesprochen, andererseits die Vielfalt der Verbindungen, der im Grunde teppichartige Zusammenhang, in den etwas Reales notwendig geflochten sein muß. Der erste Aspekt wurde schon mit dem Indiscernibilienprinzip angesprochen. Ideale Gegenstände lassen sich oft durch ein einziges Attribut

50. Whitehead: Prozeß und Realität. Seite 338 und Seite 39; Process and Reality: Seite 176 und Seite 9.

51. Hegel: Wissenschaft der Logik. Zweiter Teil. Seite 176.

definieren, immer aber durch eine überschaubare Anzahl – die Zahl etwa allein durch ihren Platz auf dem Zahlenstrahl, also durch ihren Stellenwert, so daß sie abschließend und erschöpfend durch ein einziges Attribut definiert ist –, aber bei realen Gegenständen aller Art sind die Verhältnisse ganz andere. Denn hier ist die Zahl der Attribute nicht nur tendenziell, sondern auch wirklich und in einem sehr strikten Sinne unendlich, weil das Reale sich mit allen seinen Voraussetzungen und Folgerungen zeitlich wie räumlich bis ins Unendliche erstreckt. So ist das Reale buchstäblich um eine Unendlichkeit reicher als das Ideale.

Deshalb kann das Ideale im Realen enthalten sein, nicht aber das Reale im Idealen – aus diesem Grunde läßt sich die Realität nicht deduzieren, wohl aber lassen sich die Gesetze des Idealen aus dem Realen extrahieren. In zwei Katzen steckt die Zwei und damit etwas Ideales, aber in keiner Zwei wird sich jemals eine Katze finden lassen. Wegen alldem handelt es sich bei dem Gegensatz zwischen dem Idealen und dem Realen nicht um einen kontradiktorischen, einander ausschließenden Gegensatz.

So muß der Übergang zwischen dem Realen und dem Idealen fließend sein, und alles, was real ist, ist mehr oder weniger real. Je mehr etwas in ein Kontinuum eingebettet ist, je fließender und allmählicher der Wechsel seiner Attribute, je reicher und einander ergänzender deren Anzahl, desto mehr können wir es real nennen; und umgekehrt wird jedes Seiende durch die Reduktion der Zahl seiner Attribute weniger real. Bedeutet das, daß gleichzeitig seine Idealität anwächst? Ist Idealität etwas Negatives, also etwa nur ein Mangel an Realität, ist seine Zeitenthobenheit nur die Abwesenheit einer intensiven Gegenwart? Mir scheint es fast so.

Ohne daß er expressis verbis vom Indiscernibilienprinzip gesprochen hätte, hat Lotze auch diesen Gedanken von Leibniz übernommen. Aber er ist immer wieder darum bemüht, die vielleicht übertriebene Betonung der Individualität, die im Konzept der *Monadologie* liegt und die bereits Leibniz durch den Gedanken der prästabilierten Harmonie zu korrigieren versuchte, auszugleichen oder gar zurückzunehmen, um auf diese Weise ein Gleichgewicht von Allgemeinem und Individuellem herzustellen. Es gehört, so Lotze im 3. Band seines *Mikrokosmos* – im letzten Buch (Kapitel) dieses Werkes, das mit „Der Zusammenhang der Dinge“ überschrieben ist – „es gehört ursprünglich zu dem eigensten Wesen der Dinge ..., daß ihre Naturen nicht maßlos verschieden, sondern vergleichbar sind, daß keines von ihnen schlechthin einzig in seiner Art sei, daß selbst dasjenige, das ohnegleichen wäre, doch sich nur durch die besondere Stelle, die es in der Reihe des ganzen Weltinhaltes einnimmt, oder durch eine eigentümliche Kombination von Qualitäten unterscheide“. Im Grunde bekennt er sich damit zu dem Indiscernibilienprinzip, formuliert es aber etwas weicher („selbst dasjenige, das ohnegleichen wäre"). Man kann das als den Hinweis darauf verstehen, daß eigentlich alle Eigenschaften eines Etwas, wenn man von Ort und Zeit absieht, verallgemeinerbar sind, also wenigstens einen gewissen Anteil von Idealität besitzen, wegen dem sie mit etwas anderem vergleichbar sein müssen und es auch wirklich sind. Selbst in einer nirgendwo sonst vorkommenden Variante einer Farbe oder einer Form versteckt sich eine Idealität, die sich durch Abstraktionen herausschälen läßt; auch ein ganz und gar einzigartiges Blau ist doch ein Blau wie andere Blaus auch. Und wenn es kein Blau wie andere wäre, dann wäre es immer noch eine Farbe wie andere Farben.

Wer über Attribute sprechen und damit die Realität klassifizieren möchte, sollte sich also für eine zusammengesetzte Strategie entscheiden: so viel Reichtum der Sprache wie möglich, so viel Armut in den Bestimmungen wie nötig; so individuell wie möglich, so allgemein wie nötig.

Es ist aber nicht ganz sicher, daß Leibniz wirklich so verstanden sein wollte. Hegel jedenfalls verstand ihn noch anders. Er stellt es so dar, als ob in Leibniz' Philosophie das Seiende allein an sich selbst gemessen werden solle, daß also das „Nähere ... der bestimmte Unterschied"[52] an ihm selbst sei. Bei einer derartig radikalen Konzeption der Individualität tut sich notwendig das Problem auf, wie man von hier aus zu dem Allgemeinen kommen kann. Ja, eigentlich ist das nicht länger möglich. Für Lotze war deshalb der Ausgleich zwischen Individualität und Allgemeinheit ein wesentliches Thema seines großen Buches.

Der ganze Komplex ist in seiner Argumentation eng mit dem Problem der von Lotze als ganz und gar rätselhaft beschriebenen Wechselwirkung verknüpft, die er sich allein mit „einer substantiellen Wesensgemeinschaft aller Dinge"[53] zu erklären vermag. Wären Dinge ganz und gar individuell, so denkt er, besäßen sie also wirklich keinerlei verbindende Gemeinsamkeiten – Leibniz' Philosophie tendiert in diese Richtung –, dann könnten sie einander auch nicht beeinflussen, und wir besäßen nicht das Bild einer Welt, sondern das Seiende würde sich uns als ein kunterbuntes Durcheinander ohne alle Strukturen darstellen; es wäre kein Mosaik, kein aus einzelnen Steinen zusammengesetztes Bild, sondern ein Haufen, der keinerlei Strukturen zeigt.

Man könnte denken, daß, wenn man Realität und Individualität (also das Einzelne) vollkommen und in aller Konsequenz miteinander identifizierte, jede Erkenntnis von größeren Zusammenhängen oder von gemeinsamen Strukturen unmöglich sein müßte, denn man könnte ja eigentlich nur noch jedes Ding oder jeden Vorgang, der einem begegnet, registrieren und beobachten, aber man könnte nicht einmal Ähnlichkeiten erkennen oder Vergleiche

52. Hegel: Vorlesungen über die Geschichte der Philosophie. Teil 4. Seite 133.

53. Lotze: Mikrokosmos. 3. Band. Seite 477 und Seite 481.

anstellen. Denn dann wäre ja alles, wirklich und tatsächlich alles radikal für sich und vollkommen isoliert voneinander. Aber wir denken in allgemeinen Begriffen, und ein rein individualisierender Begriff ist sogar ein Widerspruch im Beiwort; ein Begriff zielt immer auf Allgemeines ab, sonst wäre er nichts als ein Name. Deshalb gibt es kein Erkennen ohne das Ideale, so wie es ohne das Reale keine Erfahrung gäbe. In diesem Sinne richtet sich das Erkennen auf zeitlose Zusammenhänge (also auf etwas, das jenseits der Zeit ist, nicht etwa ewig), das Erfahren ganz und gar auf das Reale, auf das Individuelle und Einzigartige.

In unserem Leben spielen Erfahrung und Erkennen in aller Regel ineinander, in unserem alltäglichen Leben sowieso, aber auch in Wissenschaften, die ganz dem Idealen gelten, etwa der Mathematik oder der Logik. Man *erfährt* zwar nicht die Lösung eines Problems, wohl aber den Vorgang, der dazu führt; vielleicht, weil man sich über einen ganz eigenen Weg zu dieser Lösung freut, vielleicht, weil man es sich eigentlich nicht ganz zugetraut hatte.

Muß es also eine Wesensgemeinschaft geben, einen gemeinsamen Ursprung oder eine gemeinsame Grundsubstanz? Wäre ihre Annahme notwendig als ein metaphysisches Gegengewicht zu der scharfen Betonung der Individualität? Man könnte auch fragen, ob Leibniz' prästabilierte Harmonie ein geglückter Versuch ist, ein Mit- und Ineinander von Kontinuität und Diskontinuität zu schaffen. Die Annahme der prästabilierten Harmonie ist aus Leibniz' wie Lotzes Sicht notwendig, weil sonst die Welt in eine unendliche Vielzahl von Teilen zerbricht.

Der Gegensatz und Zusammenklang der Attribute mit Einschluß der Einheit der Gegensätze – das ist seit ihren allerersten Tagen ein großes Thema der Philosophie und beherrschte bereits, wenn man Vorländer oder Natorp folgt, bereits die Philosophie von Heraklit, dem es, so Vorländer, um „nichts anderes als um die Ordnung" ging, „die das Geschehen in der Spannung der Gegensätze ganzheitsstiftend und maßgebend zur Einheit zusammenfügt."[54] Ich glaube, daß ein Reihe großer Denker eben so Heraklit verstanden hat – aber im 18. Jahrhundert war man noch nicht so weit.

Lotzes Problem war ganz offensichtlich dasjenige von Leibniz. Kurt Huber schreibt in seiner Leibniz-Biographie, daß das „große Problem seines Philosophierens" die „Einheit in der Mannigfaltigkeit"[55] sei – alle seine Schwierigkeiten gründen in der Identifikation von Realität und Individualität wie in der gleichzeitigen Betonung der Mannigfaltigkeit, die sich in durchgängig allen Schriften seit seiner Jugend findet. Schon früh glaubte er, mit der „prästabilierten Harmonie" eine Lösung gefunden zu haben, aber das war ein

54. Vorländer: Philosophie des Altertums. Seite 28.

55. Huber: Leibniz. Seite 326.

Konzept, das sowohl seiner Gewaltsamkeit als auch seiner Zweideutigkeit wegen auf Widerspruch treffen mußte. Mit einem anderen Vokabular hat Lotze es übernommen. Aber kann das eine überzeugende Lösung sein? Und: Läßt sie sich mit unseren lebensweltlichen und alltäglichen Erfahrungen vereinbaren?

Lotzes Schüler Windelband hat die in Frage stehende Schwierigkeit etwas anders beschrieben, als er darauf hinwies, daß es unmöglich sei, die Individualität mit Begriffen zu bestimmen. Die Begriffe, schreibt er, transportieren eine allgemeine Bedeutung, welche die Individualität wieder aufhebt. Er schließt seine Darstellung des Problems mit den Worten: „Das Eigenartige und Einzige am Individuum besteht immer nur in der Kombination des Mannigfaltigen."[56] Im Prinzip ist das die Lösung, die drei Jahrzehnte später Hartmann vortrug. Es ist eine Lösung, die ganz im Widerspruch zu Hegels Deutung steht, denn jetzt wird das einzelne Seiende durchaus nicht bloß an sich selbst gemessen. Vielmehr wird Individualität zu dem Resultat einer unendlichen Menge von allgemeinen Bestimmungen, die in dieser Weise niemals ein zweites Mal zusammenkommen. Es ist also deren Kombination, die als einzigartig und individuell erscheint. Hartmann trug diese Argumentation in seiner Würdigung des Philosophen anläßlich dessen zweihundertsten Geburstags vor, als er zeigte, daß es sich im Grunde um ein Scheinproblem handelt. Die Antinomie in seinem, Leibniz', System besteht nach Hartmann darin, daß er die Welt aus individuellen Substanzen bestehen läßt. Diese Substanzen sieht er aber aus „allgemeinen Prinzipien" zusammengefügt. In dieser Antinomie selbst findet Hartmann die Lösung. „Die Substanzen, definiert als die unteilbaren und einfachen, sollen in anderer Weise nun doch zusammengesetzt sein; und die Allgemeinheiten, eingeführt als die urgegebenen und vorbestehenden, sollen nun doch bloß an den Einzelsubstanzen als deren integrierende Bestandstücke vorkommen."[57]

Idealitäten aller Art – Gattungsbegriffe, Eigenschaften und so weiter – sind immer und unter allen Umständen an ausnahmslos allem Seienden auffindbar oder werden auf es projiziert, seien dies Lebewesen, Gegenstände oder Geschehnisse. Alles Individuelle läßt sich mit Ausdrücken erfassen, beschreiben und erkennen, die einen mehr oder minder großen Anteil am Idealen besitzen, und über dieses am oder im Realen auffindbare, über dieses aus ausnahmslos jedem Etwas mit der Hilfe von Abstraktionen herauszufilternde Ideale kann in einem erkennenden Bewußtsein die Einheit der Welt entstehen. Es sind allgemeine Strukturen, die sich über die unzähligen Indivi-

56. Windelband: Einleitung in die Philosophie. Seite 63. Hartmann (Philosophie der Natur. Seite 22) spricht von der „Kollokation der Umstände in ihrer Einmaligkeit (Individualität)".

57. Hartmann: Leibniz als Metaphysiker. In: Kleinere Schriften. Band II. Seiten 252–277. Seite 273.

dualitäten gelegt haben oder besser: die von einem erkennenden Bewußtsein über die unzähligen Individualitäten gelegt werden, damit daraus eine strukturierte Einheit werden kann. Diese Einheit ist die der Realität – die Realität ist nur als Einheit zu denken –, und es ist das Bewußtsein, das die einzelnen Attribute miteinander verbindet, also zu dem Gewebe der Realität verknüpft.

So wird, indem man einerseits von der Mehrzahl der unzähligen Diskontinuitäten absieht, andererseits einige wenige andere im Blick behält, allmählich eine (in jedem Fall brüchige oder jedenfalls nicht perfekte) Kontinuität hergestellt, welche die unverzichtbare Grundlage für unser Verstehen der Welt darstellt. Die Auswahl der Diskontinuitäten wie der Kontinuitäten, der Unterschiede wie der verbindenden Begriffe, ergibt sich aus der Perspektive, aus der sich ein Wesen dem Seienden nähert; von jedem Standpunkt aus und für jedes Wesen (nach Leibniz: von jedem point de vue und für jede Monade) ergibt sich eine andere Welt, die sich aber doch zu einem großen Teil mit den anderen Welten anderer Wesen oder Monaden deckt. José Ortega y Gasset hat ganz im Sinne des Leibnizschen Perspektivismus den Spruch geprägt: „Es gibt so viele Realitäten wie Standpunkte." („Hay tantas realidades como puntes de vista.") Wenn man diesen Satz wörtlich nimmt oder wenn man ihn ganz radikal versteht, lebt jeder in seiner eigenen Welt und ist sehr, sehr einsam.

Es ist diese Einsamkeit, die in einer sachlich-distanzierten Weise durch den Satz des Bewußtseins ausgedrückt wird.

In einer absolut diskontinuierlichen Welt könnten wir uns nicht orientieren, denn in ihr gäbe es nicht die Muster und Kategorien, mit deren Hilfe wir Verbindungen zwischen den unzähligen Individualitäten herstellen können. So muß es eine Kontinuität geben, und diese wird über den Umweg über die Attribute hergestellt, von denen jeder reale Gegenstand unendlich viele besitzt, deren Kombination aber in jedem einzelnen Fall absolut einmalig ist: nur er allein als dieser eine individuelle Gegenstand trägt eben diese Attribute, mögen andere Gegenstände ihm auch zum Verwechseln ähnlich sehen und viele, vielleicht sogar fast alle ihrer Attribute mit ihm teilen. Die Attribute selbst sind wiederum ideal, wie Hartmann in seiner Würdigung von Leibniz zeigt, und so verbirgt sich die Kargheit des Idealen im Reichtum des Realen oder wird mit Abstraktionen und der Methode der phänomenologischen Variation herausdestilliert – nachdem eine Fülle von subtilen oder weniger subtilen Unterschieden eliminiert wurde, nachdem man sich also auf das Wesentliche konzentriert hat, findet sich das Allgemeine als das Verbindende und Gemeinsame von ganz allein.

Gibt es nichts Gemeinsames, dann erkennt man auch nichts.

So ist es paradoxerweise das Ideale, in dem sich die Einheit der Realität ausdrückt oder das diese Einheit verantwortet. Meist wurde (oder sonst wird) aber nicht die Einheit der Realität, sondern die Einheit des Bewußtseins als Problem empfunden. Kant zum Beispiel hat darauf mit dem Theorem von der „transzendentalen Einheit der Apperzeption“ geantwortet, in welcher ein Bewußtsein sich in der Rückschau, in der Besinnung oder Reflexion auf sich selbst zumindest gelegentlich als dieses *eine* Ich erfährt. (Daß eine Apperzeption dieser Art im Leben eines Menschen keineswegs immer gegeben ist, hat schon Leibniz in seinen *Vernunftprinzipien der Natur,* §4, deutlich gemacht.) Ein Ich ist man nur, wenn man sich zumindest gelegentlich als *ein* Ich erfahren kann, sich also nicht in unzähligen disparaten Assoziationen, Erlebnissen und Erfahrungen oder gar Persönlichkeiten zersplittert. Ein Ich muß sich immer auch als ein Kontinuum erfahren können; es muß immer um seine Identität wissen, es muß sich als *eines* über die Jahrzehnte seines Lebens und über die Tiefen und Höhen seiner Erlebnisse hinweg erfahren, und auf diese notfalls zurückschauen und mit sich in Verbindung setzen können.

Aber es kommt eben nicht allein auf die Einheit des Ich an. Seinen absolut notwendigen Gegenpol findet diese in der Einheit der entgegenstehenden Welt, dem Universum, zu dessen Begriff die Einheit immer gehört, wie man ja auch schon an seinem Namen erkennen kann. Die Realität mag sich in unzählige Mannigfaltigkeiten aufsplittern, in verschiedene Formen des Seins, so ist sie doch trotzdem immer *eine*. Denn das Universum ist das mannigfaltige Eine, in das sich alles kehrt. Und die Betonung liegt sowohl auf „Eine“ als auch auf „alles“.

Zurück zur prästabilierten Harmonie! Das ist kein guter Ausdruck, und überhaupt sind die wahrscheinlich sehr tiefen Überlegungen, die Leibniz zu ihrer Annahme führten, dank der Kargheit seiner Erläuterungen nur schwer zu verstehen. In der Philosophie der letzten zweihundert Jahre dürfte es nicht viele Denker gegeben haben, die seinen Gedankengang wirklich nachvollziehen konnten, und mich selbst rechne ich keinesfalls dazu.

Mir scheint aber, daß man von einer Harmonie allenfalls dann sprechen darf, wenn Sein- und Erkenntniskategorien einander mehr oder weniger entsprechen – wie man immer wieder betonen muß, kann von einer wirklichen Entsprechung aber leider nur in ganz wenigen Bereichen gesprochen werden. Und in der Realität nie. Auch ist das „prästabiliert“ nicht glücklich gewählt, denn es legt ja den Gedanken nahe, daß es jemanden gegeben habe, der vorausschauend („prä“) für diese Harmonie sorgte. Vielleicht, ja wahrscheinlich wollte der tiefgläubige Leibniz wirklich so verstanden werden.

Der „intelligente Designer“ ist keineswegs eine Erfindung des 20. Jahrhunderts, sondern nur die Übersetzung einer alten Vorstellung in das Vokabular unserer Zeit. Das 18. Jahrhundert sprach von einem Uhrmacher, als den es sich Gott vorstellte, und legte den Gedanken nahe, daß ein solcher das vielfältig, sauber und konflikfrei ineinandergreifende Räderwerk der Natur vorab konstruiert haben könnte. Ein höheres Wesen habe das tickende Räderwerk der Welt entworfen, sie aufgezogen und ihre einzelnen Teile in ein stabiles Verhältnis zueinander gesetzt. Leibniz' Ausdruck schließt insofern daran an, als er ja von einer *prä*stabilierten Harmonie spricht. Die Interpreten des 20. Jahrhunderts hingegen, die Leibniz-Forscher wie auch seine Fortsetzer, denken wohl eher an ein dynamisches Gleichgewicht, also an ein System, in dem nicht alle beweglichen Teile irgendwann einmal in ein statisches Verhältnis zueinander gesetzt wurden, sondern in flexiblen Beziehungen stehen und einander gegenseitig beeinflussen. Es herrscht eine allumfassende, eine buchstäblich universale Wechselwirkung, eine totale Korrelation.

Deshalb ist für Leibniz (und in einem anderen, nur wenig unterschiedenen Vokabular auch für Lotze und Whitehead) jede Monade Spiegel der Welt und damit Spiegel aller anderen. Das ist in seiner Radikalität ein nur sehr schwierig nachzuvollziehender Gedanke, aber wahrscheinlich zielte Leibniz mit seiner etwas fragwürdigen Wortwahl zunächst auf die allumfassende Wechselwirkung von allem mit allem, das in dieser Welt ist und wirkt. Dadurch, daß eine Monade Spiegel der Welt ist, muß sie immer und auf jeden Fall auch Spiegel aller anderen Monaden sein – sie muß jede andere wenigstens zu einem, wenngleich nur winzigen Teil spiegeln, also trotz ihrer angenommenen Abgeschlossenheit erfassen und erkennen.

Statt von Spiegeln könnte oder sollte man davon sprechen, daß alles, und zwar wirklich alles, daß also alles mit allem in Beziehung steht – zwar mit fast allem nur höchst mittelbar, aber doch mit buchstäblich allem überhaupt, diese Beziehung möge so indirekt sein wie überhaupt nur möglich. Das Wort vom Spiegel hat den großen Nachteil, daß es ein wenig nach Erkenntnis klingt, aber das leblose Sein kennt kein Erkennen – aber auch gar nichts, das nur von ferne daran erinnert.

Leibniz, Lotze und Whitehead gegenüber müssen wir darauf beharren, daß es nicht allein verschiedene stufenlose Grade der Deutlichkeit gibt, sondern auch verschiedene Weisen, in denen einem Etwas die Welt begegnet. Es liegt mehr als nur ein gradueller Unterschied zwischen der Reaktion eines leblosen Dinges auf einen mechanischen Stoß, einer Pflanze auf einen Reiz (zum Beispiel Sonnenlicht) oder eines Tieres auf ein Motiv, etwa das Erblicken von Nahrung. Die Schichtung des Seins, die hier deutlich wird, muß jede pantheistische Philosophie leugnen. Und doch kommt sie im Werk von Leibniz wie von Whitehead in wenigstens angedeuteter Weise vor, weil die Vorstellung eines bruchlosen Universums sich unmöglich auch mit deren Erfahrungen und Erkenntnissen vereinbaren ließ. Wir wissen um die Differenzen wie um die Brüche.

Voraussetzung der pantheistischen Konzeption Leibniz' ist die Vorstellung, daß die Monaden sich nur gradweise voneinander unterscheiden (§4 der *Vernunftprinzipien der Natur*). Der gradweise Unterschied wird auch für die je eigenen Weisen der Wechselwirkung angenommen – Leibniz spricht hier von einer allmählichen Steigerung der Deutlichkeit. Aber zunächst kann das leblose Seiende überhaupt weder gereizt werden noch gar selbst wahrnehmen, denn es reagiert nicht wie eine Pflanze auf Reize und besitzt auch nicht gleich einem Tier Sinne, sondern erduldet nur und wird durch äußere Umstände verändert. Es ist und bleibt immer nur passives Objekt. Eigenaktivität, wie sie bereits die einfachste Pflanze besitzt (denn sie lebt...), ist ihm fremd. So muß der Prozeß der Wechselwirkung, in den das leblose Sein verflochten ist, seinem Wesen nach ein gänzlich anderer sein. – Leibniz scheint hier ganz anderer Ansicht, denn er betont im 11. Paragraphen der *Monadologie*, daß „die natürlichen Veränderungen der Monaden [aller Monaden?, S.D.] aus einem inneren Prinzip erfolgen". Aber falls es eine Monade des Steins gibt: was wäre dann sein inneres Prinzip?

Das Empfinden, das der philosophische Mainstream unserer Tage dem ganzen Sein, also allen seinen verschiedenen Arten zuspricht – Leibniz und Spinoza stehen wohl ganz am Anfang dieser Entwicklung –: Existiert es wirklich? Ist die Veränderung, die ein Metall aufgrund der Veränderung seiner Umgebung erduldet, einer Wahrnehmung zu vergleichen oder gar gleichzusetzen? Nein, Empfindung kam erst später in die Welt, erst die Pflanzen reagieren aktiv, und es war ein großer Sprung, als der Empfindung die Wahrnehmung eines zur Eigenbewegung fähigen, zentral organisierten Organismus folgte: ein Sprung, kein gradweiser Übergang. Wahrnehmung gibt es nur dort, wo sich ein sich selbst bewegender Organismus der Welt entgegenstellt; es gibt sie nur, wo ein Wesen sich auf seine Umwelt zubewegt. Der Organismus, der sich seine Nahrung suchen, der sich zu ihr oder zu seinem Geschlechtspartner hinbewegen muß, kann auf vieles zurückgreifen, das die Pflanze für sich selbst und damit auch für die animalischen Lebensformen erobert hat, ja er ist in nicht wenigen seiner Aspekte pflanzenhaft, aber er besitzt Fähigkeiten ganz anderer, die Flora übersteigender, eben animalischer Art. Außer der Eigenbewegung sei besonders noch das Gedächtnis erwähnt, das in seinen ersten Formen den elementaren Bedürfnissen des tierischen Lebens dient, der Fortpflanzung und der Nahrungssuche.

Viele Tiere kennen Wanderungen. Zugvögel legen erstaunliche Flüge zurück, in Afrika wandern Zebras oder Gnus, aber noch gewaltiger sind die Wanderungen des Aals. Bis heute weiß niemand, wie es dazu gekommen ist und wie sich diese Tiere ihren Weg über Tausende und Abertausende, wahrscheinlich sogar Millionen von Jahren erhalten konnten. Woran orientieren sich die Fische? Wie gewaltig die Entfernung zwischen mitteleuropäischen Flüssen und der Sargassosee für einen Aal ist, kann man sich überhaupt nicht vorstellen, denn für uns Menschen bietet die Erde keine entsprechenden Entfernungen. Ähnliches kann man über die gewaltige, oft über 3000 und mehr Kilometer führende Wanderung des nur scheinbar hilf- und ziellos flatternden Monarchfalters in Nordamerika nach Mexiko sagen. Sowohl über die Entstehung als auch über die Speicherung des Wissens dieser Tiere um den Weg kann man natürlich trefflich spekulieren, aber niemals wird sich etwas beweisen lassen. Schließlich lassen weder Wanderungen im Wasser noch solche in der Luft irgendwelche Spuren zurück. Es sind buchstäblich die Spuren in den Wellen, die man sucht.

Und ähnlich rätselhaft ist die Nahrungssuche, vielleicht gar in unserem überschaubaren Garten. Wie gelingt es einer Biene, einem Insekt mit einem winzigen Nervenknotenpunkt anstelle eines Gehirns, sich erst einen Weg zur Futterpflanze zu erarbeiten, ihn sich sodann zu merken und schließlich sogar ihren Genossen in einem komplizierten Tanz mitzuteilen?

Man sieht an diesen Beispielen, worauf es hinausläuft: auf den Instinkt. Der Instinkt ist eine der elementaren Erscheinungsformen des animalischen Lebens, dessen Problemen die Mehrheit der Lebenswissenschaftler lieber weiträumig aus dem Weg geht, als daß sie ihre schulterzuckende Ratlosigkeit eingestehen würden. Der Instinkt ist eng mit Gedächtnisleistungen verknüpft, ja er ist ihm in der Struktur verwandt, was man einerseits an der Bedeutung der Reihenfolge erkennt (Jean-Henri Fabre hat diese alles beherrschende Bedeutung an den Instinkthandlungen von Schlupfwespen aufgewiesen), anderseits an seiner Bedeutung für den Weg beziehungsweise die Bewegung. Noch bei uns selbst, noch an unserer eigenen Natur ist dieser Zusammenhang deutlich abzulesen, denn wir lernen besser, wenn wir uns bewegen, und das Erlernte ist leichter abrufbar, wenn wir nicht sitzen, sondern gehen oder uns selbst in Bewegung versetzen; ja, wenn wir uns nur vorstellen, eine Straße hinunterzugehen. Und noch einmal: Wie beim instinktiven Töten einer Larve für die Eiablage durch eine Wespe, so muß auch beim Aufsagen eines Gedichts ganz schematisch das eine auf das andere folgen; fehlt ein Schritt, so liegt der nächste außerhalb des Möglichen. Deshalb beschrieb Fabre das instinktive Verhalten des Tiers als eine „rein äußerliche Funktion mit Phasen, die fast ebenso strikt geregelt sind wie einer inneren Funktion, etwa der Verdauung."[58]

Das Gegenteil des Instinkts ist nicht etwa die bewußte und kontrollierte Handlung, sondern das freie, im Grunde ganz und gar zweckfreie Spiel. Die Abwesenheit jedes Zwecks zeigt uns, daß das Spiel allein dem Menschen gehört, denn allein der Mensch hat sich mit manchen seiner Handlungen aus den Zwängen der Natur befreit. Auch wenn es nicht so scheinen mag, spielen

58. Fabre: Erinnerungen eines Insektenforschers IV. Seite 46. Zum Thema vgl. Diebitz: „Oh ihr naiven Theoretiker!"

Tiere überhaupt nicht, wie Alsberg erklärt, auch wenn er sehr extrem formuliert. Was Tierkinder tun, „sind keine ‚Spiele' in des Wortes eigenster Bedeutung, vielmehr erwachende, für den späteren Daseinskampf bestimmte, von der Tiermutter geförderte Triebhandlungen, in noch unfertiger Art und mit untauglichen Mitteln durchgeführt."[59] Für Biologen handelt es sich dann um „Training", aber es übt nur dessen Funktion aus, ohne tatsächlich so erlebt zu werden. Wenn dagegen Menschen spielen, ganz gleich, ob erwachsen oder noch jugendlich, dann wird der gegenwärtige wie der zukünftige Lebenszusammenhang durchbrochen, denn ein Spiel trägt seinen Sinn und Zweck in sich selbst und wird also nicht wegen irgendeines äußerlichen Grundes gespielt. In ihm und mit ihm hat sich der Mensch von äußeren Zwängen emanzipiert.

Der Instinkt wird hier noch aus einem weiteren Grund angesprochen: Seine Entstehung ist vollkommen rätselhaft. Schließlich kennzeichnet es Instinkte, daß sie vollkommen starr sind – sie können sich nicht anpassen. Aber sie haben sich *in* eine besondere Situation (*in*, nicht an) – nein, nicht angepaßt, sondern eingeformt, und danach haben sie sich niemals wieder geändert. Ist das nicht merkwürdig?

Woher weiß eine Wespe, an welchen Stellen eine Raupe gestochen werden muß, damit diese dauerhaft gelähmt, aber nicht getötet wird? Eine Wespe kriecht ganz langsam über ihr Opfer hinweg und sticht dieses wieder und wieder, bis es gelähmt ist.[60] Nicht weniger als achtmal stößt die Borstige Sandwespe zu, und sie muß jedes Mal ganz exakt treffen. Fabre scheut sich nicht, dem winzigen Wesen ein chirurgisches Wissen zuzusprechen. Wie ist das möglich bei einem so offensichtlich unintelligenten, nämlich ganz allein von seinen Instinkten gesteuerten Tier? Unwillkürlich muß man an die Spekulationen Schelers und anderer Philosophen über ein „Alleben" denken, darüber, daß diese von uns bewohnte Welt vielleicht einen einzigen Organismus oder doch so etwas wie *ein* Leben darstellt. Alle Versuche, sowohl die Entstehung als auch das Funktionieren von derartigen Instinkthandlungen, deren es Tausende und Abertausende auf diesem Planeten gibt, alle Versuche, die Genese dieser Instinkte mit mechanischen Argumenten im Stil des Darwinismus zu erklären, müssen scheitern. Umgekehrt muß man natürlich zugestehen, daß eine Erklärung, die auf derartige Spekulationen – ein Alleben? ein einziger Organismus? – hinausläuft, niemals wissenschaftlich genannt werden kann. Sie wird sich weder beweisen noch widerlegen lassen. Aber schlechter als die Denkmodelle des Darwinismus sind derartige Überlegungen trotzdem nicht; und legitim sind sie allemal.

59. Alsberg: Das Menschheitsrätsel. Seite 257.

60. Fabre: Erinnerungen eines Insektenforschers IV. Seite 64.

Es gibt nicht allein die von Leibniz zugegebenen verschiedenen Grade der Deutlichkeit, sondern auch verschiedene Arten, in denen einem Etwas die Welt begegnet. Denn es gibt unübersehbar eine Schichtung des Seins, die aber jede pantheistische Philosophie leugnen muß und die auch wirklich im Werk von Leibniz wie von Whitehead nicht vorkommt.

Auch der zweite Teil von prä*stabiliert* ist problematisch – wahrscheinlich ist es kein guter Ausdruck und wohl nur der tiefen Frömmigkeit des Philosophen geschuldet. Im Sinne heutiger Biologen hätte Leibniz von einer dynamischen Harmonie sprechen müssen, von einem sich immer und immer wieder neu einpendelnden Gleichgewicht, aber hätte ein solcher Ausdruck die unveränderlichen Instinkthandlungen erfaßt? Instinkte kennen keine Anpassung – ihr Wesen besteht darin, sich nicht zu verändern –, und so können sie ihre Genese auch keiner Anpassung verdanken.

Ohnehin muß man Leibniz seine Epoche anrechnen – den Gedanken einer Entwicklung oder Evolution der Natur, wie er das Denken der letzten einhundert, einhundertfünfzig Jahre prägt und von dem das Werk Whiteheads wie der meisten anderen Philosophen des 20. Jahrhunderts durchzogen ist, diesen Gedanken konnte ein Mensch seiner Zeit noch nicht formulieren. Deshalb ist seine Konzeption trotz ihrer dynamischen Ansätze immer noch statischer als Konzeptionen des späten 19. Jahrhunderts.

Es ist eines, sich anzupassen, also Unregelmäßigkeiten zu korrigieren oder auf eine Änderung der Umstände zu reagieren, ein anderes, etwas Neues zu generieren – etwas wirklich Neues, nicht eine bloße Variation des Gegebenen. Über die Erklärung für die Variation eines Gegebenen, also für bloße Anpassung, ist Darwin und sind seine Jünger bis heute nicht hinausgekommen, ja, sie haben sich die Problematik des Neuen nicht einmal eingestanden; und weil sie eine umfassende, das Ganze des Lebens durchziehende Kontinuität annehmen, werden sie dieses Problem niemals zur Kenntnis nehmen. Denn das Neue ist immer und auf jeden Fall eine Diskontinuität, ja es ist als eine solche definiert.

Die unzähligen, die buchstäblich unendlich vielen Eigenschaften, die ein reales Etwas – ein Geschehen, ein Gegenstand, ein Organismus – mit anderen teilt und von denen sich ausnahmslos jede einzelne als Ideal erfassen läßt, die Summe dieser Eigenschaften und erst sie macht ein allgemeines x-beliebiges Etwas zu etwas Individuellem, das es kein zweites Mal geben kann. Je mehr Eigenschaften ein Etwas besitzt, desto realer ist es auch. Und natürlich: desto individueller. Es gibt also durchaus Grade der Realität wie auch der Idealität.

Das Sandkorn, das Leibniz gern als Beispiel für Individualität benutzte, ist zwar wirklich individuell – auch in einem strengen Sinne –, doch in einem viel geringeren Maße als ein Blatt an einem Baum, Leibniz' anderes Lieblingsbeispiel; und dieses als ein niederes Tier; und das niedere Tier als ein Säugetier oder Mensch.

Die Eigenschaften sind aber in ihrer Fülle nicht allein für die Individualität eines Etwas zuständig, sondern sie sind es auch, die ein Etwas mit etwas anderem verbinden und insofern seine Isolation durchbrechen; ein individuelles Etwas kann mit einem anderen, ebenso individuellen Etwas verschiedene Gemeinsamkeiten haben, so daß sich über diese Brücke eine Einheit darstellt, ohne daß sie darüber ihre Individulität verlieren würden. Man muß sogar feststellen, daß der Gedanke der Kontinuität und der der Individualität im Werk von Leibniz, aber eben auch in der Sache einander bedingen. Es ist die Verknüpfung von allem mit allem, das erst die Voraussetzung schafft für die Individualität, weshalb Natorp in einer im ersten Hinschauen paradoxen Formulierung schreiben kann: „die In-eins-setzung aber, die nichts weniger als selbstverständlich, sondern das ewige Wunder ist, macht erst die Beziehung kontinuierlich und damit individual."[61]

In einem Punkt sind sie dann nicht individuell, aber sonst in allem anderen, sonst eben schon. Man kann deshalb über viele Etwas eine allgemeingültige Wahrheit aussprechen, die sie zu einer Einheit verbindet. Im Zweifel reicht eine einzige Differenz, um ein Etwas zu etwas Individuellem zu machen, und ein einziges Gemeinsames, um sie zusammenzusehen.

Die Lektüre von Lotzes Buch, dem *Mikrokosmos*, ist unter anderem deshalb so außerordentlich lehrreich, weil am Gang der von Leibniz angeregten und sich auch im Fortgang immer wieder an Leibniz orientierenden Argumentation dieselben Probleme wie an der Philosophie des Urhebers dieser Überlegungen selbst ablesbar sind. Und Lotze muß auch weitgehend dieselben Konsequenzen ziehen. Wie Leibniz spricht sich Lotze deshalb für einen entschiedenen Perspektivismus aus: „Jeder erscheint dem Andern an einer bestimmten Stelle der von diesem Andern angeschauten Raumwelt, jeder gibt zugleich in der Raumwelt, die er schaut, seinem eigenen Bilde seine Stellung zu dem Bilde des Andern so, daß beiden zur Vertauschung ihrer Plätze entgegengesetzte Bewegungen in derselben Linie notwendig erscheinen lassen müssen".[62] Ortega, der demselben Perspektivismus huldigte, setzte seinen Satz über die vielen Realitäten deshalb so fort: „El punto de vista crea el panorama." (Der Standpunkt macht die Welt.) In der deutschen Philosophie des 20. Jahrhunderts war es besonders Friedrich Kaulbach, der diesem Gedanken in zahlreichen Studien nachging.

Die unzähligen Perspektiven, aus denen man auf die Welt blicken kann – oder vielmehr: welche alle überhaupt nur möglichen intelligenten Wesen ein-

61. Natorp: Philosophische Systematik. Seite 139.

62. Lotze: Mikrokosmos. 3. Band. Seite 499.

nehmen können –, sind die Entsprechung der Vielzahl der Attribute; oder sie entsprechen den unzähligen, allesamt verschiedenen, weil allesamt individuellen Seiten der Realität. In der Idealität dagegen gibt es keinen Perspektivismus, weil es keine Vielzahl der Attribute gibt; die ideale Welt ist für einen Perspektivismus viel zu arm, und so ist sie für jeden dieselbe. Schon deshalb vertritt der Psychologismus, der die Grundsätze der Logik auf die Eigenart des menschlichen Verstandes zurückführt, eine ganz unhaltbare Position.

Perspektivismus bedeutet nicht allein, daß es auf den Ort ankommt, von welchem aus man auf das Gewebe der Welt schaut, sondern auch, daß der Zeitpunkt ebenso wichtig ist wie der „point de vue", den das 18. Jahrhundert im Gefolge von Leibniz thematisierte, ja der eigentlich bereits seit der Renaissance immer wieder problematisiert wurde. Zunächst in der bildenden Kunst (in den Gärten oder in ihren Abbildungen), später auch in der Philosophie und den Wissenschaften wurde der Standort mehr und mehr bedeutsam. Endlich bedeutet Perspektivismus, daß die Eigenart eines Lebewesens – seine Physis, seine Wahrnehmungen, seine Interessen und Vorlieben – verantwortlich ist für die Welt, in der es lebt. Monistische Theorien, wie sie heute wieder en vogue sind, sind weit hinter solche Einsichten zurückgefallen.

In der Konsequenz führen diese Verhältnisse dazu, daß derjenige, der Gegenstände, Lebewesen, Ereignisse oder Prozesse auf ein einziges Charakteristikum reduziert, der sie also erst entsinnlicht, abstrahiert oder idealisiert und sie sodann mit der Hilfe eines isolierten unterscheidenden Begriffes definiert, sie auch aller Realität beraubt. Sie sind dann ideal, und das bedeutet notwendig, daß ihr Sein unendlich viel dürftiger ist, als wenn sie real wären.

Hegels berühmter Aufsatz von 1807 trägt den Titel *Wer denkt abstrakt?*,[63] und die für manche Leser überraschende Antwort lautet: keinesfalls der Philosoph, sondern vielmehr der „gemeine Mensch". Denn das Denken des Philosophen zielt nicht – dieses Vorurteil ist nicht aus den Köpfen zu bekommen! – auf das Ideale und Allgemeine, sondern ganz im Gegenteil auf das Reale und Individuelle; deshalb ist auch die lebendige Sprache das Medium des Philosophen, nicht die Symbolwelt der Mathematik. Die Philosophie ist wirklich eine Laberwissenschaft, insofern es in ihr auf genaues Formulieren, also auf einen reichen und differenzierten, dem Geflecht der Welt angemessenen Wortschatz ankommt. Hegels Beispiel ist die Person eines Mörders, der zur Richtstätte geführt wird und in dem der Pöbel den Verbrecher und nichts als den Verbrecher erkennen mag. Ein „Menschenkenner" aber sieht in ihm mehr als nur den Mörder – natürlich nicht, weil er dessen Tat entschuldigen will, sondern vielmehr deshalb, weil er das abstrakte Denken ver-

63. Hegel: Wer denkt abstrakt? In: Jenaer Schriften 1801–1807, Seiten 575–581.

meiden, also diesen Menschen keinesfalls auf ein einziges Attribut reduzieren will. Der Philosoph sieht, erfährt und denkt eine Person mit vielen Eigenschaften, wogegen der Pöbel abstrahiert: „Dies heißt abstrakt gedacht, in dem Mörder nichts als dies Abstrakte, daß er ein Mörder ist, zu sehen und durch diese einfache Qualität alles übrige menschliche Wesen an ihm zu vertilgen."

Die methodische Verarmung der Realität ist das Charakteristikum von Logik und Mathematik, die wegen dieses reduktionistischen Vorgehens gänzlich ungeeignet sein müssen, die volle Realität der Welt zu erfassen oder als Vorbild der Philosophie zu dienen. Philosophie more geometrico funktioniert nicht; selbst in ihren faszinierendsten Entwürfen hat sie das niemals getan. In Logik und Mathematik wird die Welt idealisiert, indem die Vielzahl der Attribute auf ein Mindestmaß heruntergeschraubt wird. Das Objekt der Mathematik ist deshalb das Gegenteil von „binnendiffus", und ihre leuchtende Klarheit auf die Philosophie zu übertragen, bedeutet die Philosophie in ihrer Eigenart zu zerstören. Es ist deren Aufgabe, die Welt in ihrem unerschöpflichen Reichtum zu nehmen und sich auch nicht von der Widersprüchlichkeit und eventuellen Unvereinbarkeit der uns bekannten Attribute verwirren zu lassen. Deshalb definierte Bergson, die Metaphysik als „die Wissenschaft, die sich aller Symbole zu entledigen sucht."[64]

Die Nähe zur Mathematik ist ein problematischer Aspekt der phänomenologischen Methode Edmund Husserls, die mit Hilfe der Epoché das Realitätsurteil außer Kraft setzt (indem sie nämlich das Existenzurteil „einklammert", also aufhebt). Dank dieses Vorgehens zielt sie nicht auf reale, sondern auf ideale Gegenstände ohne ein Hier und Jetzt. Es ist gewiß kein Zufall, daß Husserls erste Arbeiten der Mathematik gewidmet waren (*Über den Begriff der Zahl*, 1887, *Philosophie der Arithmetik*, 1891). Eben hier, in der Welt des Idealen, liegt das Verdienst der klassischen Phänomenologie und liegen die Chancen ihrer Methode, und manche ihrer Techniken sind direkt der Mathematik entlehnt, zum Beispiel die Variation. Die Methode der Phänomenologie wird je bedeutungsloser, je mehr sie sich der Realität, dem Leib und seinen Zuständen nähert.

Um zu zeigen, wie ein Begriff mit der Realität verknüpft ist oder besser: aus ihr herauswächst, können wir als ganz banales Beispiel den Begriff der Hauskatze nehmen und uns die Distanz zwischen dem zoologischen Begriff der Katze, der schon ziemlich weit entfernt ist von einem idealen Gegenstand, und dem lebendigen Tier anschauen. Der Zoologe fügt die Katze in sein Ordnungsschema ein und klassifiziert sie damit – er kommt auf diese Weise mit sehr wenigen, eventuell sogar mit nur zwei Begriffen aus, denn es ist eine sehr ökonomisch verfahrende Methode der Beschreibung. Oder besser:

64. Bergson: Denken und schöpferisches Werden. Seite 184.

einfach nur der Klassifikation. Wichtig für eine Definition sind der Oberbegriff und das unterscheidende Merkmal, damit die Katze nicht mit anderem Katzenartigen verwechselt werden kann. Eine solche Definition ist nicht so karg wie eine mathematische Definition, aber im Vergleich zu der Beschreibung einer real existierenden Katze doch überaus ökonomisch.

Die reale Katze zu unseren Füßen können wir gar nicht ausführlich genug schildern, sondern wir müssen auf eine potentiell unendlich hohe Zahl von Attributen zurückgreifen, um der Zeichnung ihres Fells, ihrem Verhalten und natürlich ihrer Lebensgeschichte Tribut zu zollen, und unsere auch noch so detaillierte Beschreibung wird niemals auch nur in die Nähe der Realität kommen, sondern allenfalls später helfen, das einzelne Tier zu identifizieren. In jedem Fall ist die reale Katze „ein Ding von vielen Eigenschaften" (Hegel).

Wenn wir uns aber dieser Einsicht verschließen und mit der Definition der Katze begnügen würden, würde das für die Zukunft jede Erweiterung unserer Erfahrung und damit jedes Lernen und jedes Wachstum unserer selbst ausschließen. Denn eine Definition ist etwas Abschließendes, etwas Beendendes, das sich zwar selbst noch analysieren, dem sich aber nichts weiter hinzufügen läßt. Definitionen sind deshalb ein probates Mittel, Erfahrung aus unserem Denken auszuschließen, und eben aus diesem Grund bei allen mittelmäßigen Denkern und besonders in der analytischen Philosophie beliebt. Umgekehrt ist das der Grund, warum ein dem unerschöpflichen Reichtum der Welt zugewandter Geist wie Hegel soviel Wert auf die „Flüssigkeit" der Begriffe legt, also eben nicht mit starren Definitionen herumfuhrwerken, sondern die Begriffe beweglich halten wollte, so beweglich, daß sie mit dem Zuwachs unserer Erfahrung an Fülle und Bedeutung gewinnen und sich verändern. Begriffe sind nach ihm nichts Festes, sondern etwas, das sich mit unserer Erfahrung verwandelt und deshalb selbst eine Geschichte besitzt. Begriffe sind etwas Reales, und so gehört auch zu ihrem Wesen eine Vielzahl der Attribute und deren Wechsel. Aus diesem Grund ist kaum etwas so lehrreich wie die Geschichte eines Begriffes, denn nur ein lebendiger Begriff kennt eine Entwicklung.

Weil Definitionen das zu Definierende mittels eines einzigen Begriffes, der differentia specifica, von dem Oberbegriff, dem genus proximum, trennen, sind Definitionen immer dann fehl am Platze, wenn es wie in der Philosophie um die Ausdeutung der wirklichen Welt zu tun ist. In der Philosophie wird deshalb frühestens am Ende einer Abhandlung, nicht aber zu ihrem Beginn definiert, wenn wir von reinen Begriffsbestimmungen (Nominaldefinitionen) absehen, die immer legitim und gerade am Anfang einer Abhandlung oft notwendig sind. Ausnahmen kann man allein dort annehmen, wo es auch in der Philosophie um ideale Gegenstände geht, zum Beispiel in der Philosophie der Mathematik oder in der reinen Logik.

Man kann diese Einsicht auch positiv wenden. Eine philosophische Argumentation besteht niemals aus einem einzelnen, vielleicht gar isolierten Argument, sondern stellt stets ein Geflecht aus Gründen und Einsichten, Indizien, begründeten Vermutungen, luziden Beschreibungen und natürlich auch Ausdeutungen der verschiedensten Art dar, die im besten Fall so dicht, so teppichartig ge- und verwoben sind, daß einzelne Argumentationsstränge ausfallen können, ohne daß deshalb der ganze Zusammenhang an Überzeugungskraft verliert, ohne daß die Struktur der Farbmuster zerstört wird oder gar daß sich das Gewebe in seine einzelnen Fäden auflöst. Heute liest man oft, daß jemand „argumentiert", und dann folgt ein einzelner isolierter Hinweis. Vor Gericht, so habe ich heute in den Nachrichten gehört, habe ein Autofahrer mit der leeren Straße argumentiert. Tatsächlich ist dieser Sprachgebrauch ein reiner Anglizismus. Wir täten meist besser daran, „to argue" mit „hinweisen", „feststellen" oder „behaupten" zu übersetzen, wie etwa in diesem Beispiel: „Can we still stop global warming? Only if we radically change our capitalist system, argues author Naomi Klein." Ähnliches gilt für folgendes Beispiel, in dem ebenfalls die Übersetzung „behaupten" angebracht wäre: „Trotzdem argumentieren einige Analysten nun, dass das Land in den Spuren Großbritanniens wandele – dem letzten globalen Hegemon, der einen Niedergang erlebte." Und noch ein Beispiel! „Die Konstanzer Professorin argumentiert: ‚Der Wille des AfD-Vorstands steht gerade nicht für den Willen der Basis.'"[65] Für die deutsche Sprache gilt grundsätzlich, daß man nicht mittels eines isolierten Hinweises argumentiert. Vielmehr ist eine vollgültige Argumentation (und entsprechend die Verwendung des Wortes „Argument", wenn sie sich nicht auf derartige Anglizismen einläßt) so vielsträhnig wie die Realität selbst. Deshalb konnte ein so tiefer und wahrhafter Denker wie Hegel auch ziemlich oft irren, ohne daß sein Werk schon deshalb seinen Wert verlieren würde.

Hartmann nannte „die begriffliche Unfaßbarkeit des Wirklichseins" ein philosophisches Problem und schrieb sogar, daß man „auf keine Weise direkt angeben"[66] könne, was ideales und was reales Sein sei. Vielleicht ist er hier etwas zu weit gegangen – an dieser Stelle soll diese Frage aber nicht abschließend zu klären versucht werden, denn hier geht es zunächst bloß um Charakteristika der Realität, auf keinen Fall aber um Versuche, sie selbst oder die Realität der Außenwelt zu definieren, zu beweisen oder sie in toto zu erfassen.

65. Joseph S. Nye: Primat statt Hegemonie. In: Blätter für deutsche und internationale Politik. April 2015. Seite 41f.; Melanie Ammann, Steffen Winter: Erst mal Pause. In: Der Spiegel 5 / 2017. Seite 43.

66. Hartmann: Möglichkeit und Wirklichkeit. Seite 61 und Seite 104.

Es scheint also, daß die Vielzahl der Attribute allein und für sich noch kein sicheres Kriterium bildet, mit dessen Hilfe sich die Realität vom Reich des Idealen absondern ließe. Zusätzlich muß auf die Bedeutung der Zeit verwiesen werden. Wenn es Realität gibt, dann muß sie veränderlich sein, also eine unendliche Vielzahl von einander sich ablösenden, sich überdeckenden und ergänzenden Attributen besitzen.

Wenn es in der *Monadologie* etwas grundsätzlicher heißt – allerdings mit Bezug auf die Eigenheiten des Verstandes –, daß „der geringste Gedanke eine Mannigfaltigkeit des Vorgestellten einbegreift",[67] so gilt dies dem Verstand, nicht der Realität selbst. Aber Huber zitiert in seiner Leibniz-Biographie aus einem Brief des Philosophen und macht es wahrscheinlich, daß dieser das „Cogito sum" des Descartes insofern zu überbieten versuchte, als er das „Bewußtsein von einer Mannigfaltigkeit von Dingen" als „die elementarste all unserer Erfahrungen"[68] ansah.

Kann wirklich allein diese Mannigfaltigkeit als ein weiterer Beweis für die Realität der Außenwelt angesehen werden? Wäre es nicht umgekehrt durchaus denkbar, daß ein sehr reicher Verstand das sehr detaillierte Bild einer Welt imaginieren kann?

Zusätzlich läßt sich noch ein drittes Kriterium benennen, das sowohl von Immanuel Kant als auch von Hegel angesprochen wird und das sich ebenfalls auf den Begriff bezieht. Zuvor hatte bereits Leibniz den Zusammenhang angesprochen: „Das stärkste Kriterium ist aber unter allen Umständen die Übereinstimmung mit dem ganzen Verlauf des Lebens, vorzüglich dann, wenn die Mehrzahl der andern Subjekte bestätigt, daß die Erscheinung auch mit ihren Phänomenen in Einklang steht".[69]

Ernst Cassirer hat es wahrscheinlich gemacht, daß Leibniz' Gedanken über die Realität ihren Ursprung in dessen Logik genommen haben, und ganz ähnliche Überlegungen zum grundsätzlichen Verhältnis von Metaphysik und Logik im Werk von Leibniz trägt Martin Heidegger in seiner letzten Marburger Vorlesung aus dem Sommersemester 1928 vor. Laut Heidegger ist für Leibniz „die monadische Struktur des Seienden die metaphysische Grundlage für die Urteils- und Wahrheitstheorie als Identitätstheorie ... Festzuhalten bleibt vor allem: Jede Monade ist ein Spiegel, ist der Möglichkeit nach das Universum. Sie ist also der Idee nach zugeordnet dem Universum als dem Gegenstand der absoluten göttlichen Erkenntnis." So hat die „Logik ihrem Wesen nach metaphysische Anfangsgründe, ja sie ist selbst ... nichts anderes

67. Leibniz: Monadologie. Seite 33 (§16).

68. Huber: Leibniz. Seite 89.

69. Leibniz: Hauptschriften zur Philosophie. Seite 125. Hartmann spricht in *Möglichkeit und Wirklichkeit* „die Vollständigkeit der Determination im Realzusammenhang" an (Seite 358).

als die Metaphysik der Wahrheit."[70] Diesen Gedanken von Leibniz hat auch Whitehead aufgenommen, als er über die Ausdeutung seiner „actual entities" nachdachte, und Husserl beruft sich in den zur exakt selben Zeit entstandenen *Cartesianischen Meditationen* ebenfalls auf die Monadenlehre.

Endlich kann man in der Philosophie des Deutschen Idealismus, insbesondere in den Schriften Kants und Hegels, ein enges wechselseitiges Verhältnis von Metaphysik und Erkenntnistheorie beobachten. Bei beiden Philosophen gibt es eine Korrelation zwischen den Urteilsformen und den Kategorien (Kant leitete die Kategorien aus den Urteilsformen her, und Hegels angebliche *Wissenschaft der Logik* ist eine Ontologie), und das muß auch so sein, denn es bestätigt die Wahrheit des obersten Grundsatzes der Erfahrung. Auch der Titel von Hartmanns Spätschrift *Die Erkenntnis im Lichte der Ontologie* spricht dieses Verhältnis aus, obwohl man beachten sollte, daß Hartmann hier wie auch sonst der Ontologie den Vorrang zuspricht. Immer und auf jeden Fall wendet er sich strikt gegen eine Subjektivierung der Ontologie. Für Kant dagegen kam es darauf an, ein Gleichgewicht von transzendentaler Idealität und empirischer Realität anzunehmen. Friedrich Kaulbach hat im Zusammenhang mit der Vernunftkritik von einer „Ontologie der Erscheinungen"[71] gesprochen – das ist, wenn man die Maßstäbe Hartmanns anlegt, ein paradoxer Ausdruck.

In der *Kritik der reinen Vernunft* benennt Kant ein sich auf die Vielfalt der Attribute beziehendes Kriterium, mit dessen Hilfe man sich der Wahrheit eines Urteils vergewissern kann. Es kommt nämlich auf den Zusammenhang an, der unbedingt zwischen den einzelnen Gegenständen unserer Wahrnehmung und der Vielzahl ihrer Attribute bestehen muß, damit wir überhaupt den Eindruck der Realität gewinnen können. Kant spricht zwar zunächst allein von Begriffen, weil er an dieser Stelle vom synthetischen Urteil und damit von der Erfahrung handelt, aber es ist leicht, sein Argument auf den Zusammenhang der verschiedenen Wahrnehmungen auszudehnen, und an späterer Stelle macht er das auch selbst (B 628; vgl. noch B 211). Statt von Zusammenhang spricht er an einer wichtigen Stelle, indem er die Teppich-

70. Ernst Cassirer in seiner Einleitung zu den Schriften zur Metaphysik, in: Leibniz: Hauptschriften zur Philosophie. Seiten 81–122. Seite 94; Heidegger: Metaphysische Anfangsgründe der Logik. Seite 127.

71. Kaulbach: Philosophie als Wissenschaft. Seite 67. In seiner Polemik gegen Heidegger in der *Grundlegung der Ontologie* spricht sich Hartmann dafür aus, daß es der Ontologie allein um das „Seiende als Seiendes" (Seite 151) zu tun sei. Man hat fast den Eindruck, daß er über die Dinge an sich spricht, nicht länger über Erscheinungen. In jedem Fall kommt es ihm auf „die Unterscheidung vom Gegenstandsein" an, denn Gegenstände kennt allein das erkennende Bewußtsein beziehungsweise die Erkenntnistheorie, nicht aber die Ontologie. Ist diese Position wirklich haltbar? Läßt sie sich vereinbaren mit seiner Erkenntnis, daß es in den Kategorien der Modalität um die Art und Weise ihres Gegebenseins geht?

Metapher gebraucht, von der „Verknüpfung“ verschiedener Wahrnehmungen.[72] Ohne jede Metaphorik heißt es: „Unseren Erfahrungen ist es leicht anzumerken, daß nur die continuirlichen Einflüsse in allen Stellen des Raumes unsern Sinn von einem Gegenstande zum andern leiten können“ (B 213).

Die Wahrheit eines analytischen Urteils läßt sich nach Kant sehr leicht feststellen, indem man nämlich prüft, ob es sich mit dem Satz des Widerspruchs vereinbaren läßt: „Keinem Dinge kommt ein Prädicat zu, welches ihm widerspricht“ (B 190). Diejenige Wissenschaft, deren Fundament allein aus analytischen Sätzen besteht, ist die Mathematik, und Bertrand Russell hat aus dem Satz des Widerspruchs einige im ersten Augenblick verblüffende Folgerungen gezogen, als er schrieb, wesentlich sei, „daß gar nicht erst erörtert wird, ob die erste Aussage tatsächlich wahr ist ... Als Mathematik können wir also das Gebiet bezeichnen, auf dem wir nie wissen, wovon wir eigentlich reden und ob das, was wir sagen, auch wahr ist.”[73] Für die Mathematik gibt es keine Welt, mit der sich ihre Sätze abgleichen lassen müßten; das Dritte, von dem Kant im Zusammenhang mit dem synthetischen Urteil spricht, existiert für sie nicht, es bedarf keiner Übereinstimmung mit „demjenigen, was wahrgenommen wird“, und so zielt sie niemals auf die Kohärenz, die für die Philosophie als Deutung der Welt oder für empirische Aussagen so wesentlich ist. Einer mathematischen Theorie ist nichts vorgegeben, sondern sie beginnt als eine ganz voraussetzungslose Theorie wirklich von einem Nullpunkt, und zwar mit Definitionen, bei denen „überhaupt keine Wörter verwendet werden.”[74] Anders als die Philosophie, die gar nicht anders als sprachlich denkbar ist – weil Begriffe immer sprachlich sind, denn allein das Wort kann so vieldeutig und schillernd sein wie die Realität –, anders als die Philosophie läßt sich die Mathematik auf Symbole reduzieren. Die Philosophie dagegen verliert das, was sie auszeichnet, wenn ihre Aussagen in Symbole übertragen werden. „Beschreibung ist unter allen Umständen ein In-Worte-Fassen.“[75] Auch ist der Gang einer philosophischen Argumentation niemals voraussetzungslos, wie manche zu denken scheinen. Aber eine voraussetzungslose Ausdeutung der Welt wäre ein ganz und gar widersinniges Unterfangen. (Ist nicht auch die Forderung nach „Letztbegründung“ problematisch?)

72. Kant: Kritik der reinen Vernunft. B 279: „so kann die Nothwendigkeit der Existenz niemals aus Begriffen, sondern jederzeit nur aus der Verknüpfung mit demjenigen, was wahrgenommen wird, nach allgemeinen Gesetzen der Erfahrung erkannt werden.“

73. Russell: Die Mathematik und die Metaphysiker. Seite 8f.

74. Russell: Die Mathematik und die Metaphysiker. Seite 11. Vergleiche zum Problem der Verbalisierung naturwissenschaftlicher Erkenntnisse und überhaupt über die Rolle von Sprache und Bild insbesondere in der Physik Mecacci: Das einzigartige Gehirn. Seite 127ff.

75. Hartmann: Systematische Methode. Seite 36.

Das analytische Urteil, das allein in die Logik gehört, trägt also das Kriterium seiner Wahrheit an und in sich selbst. Seine Überprüfung ist nicht auf einen Abgleich mit der Realität angewiesen. Nicht so das synthetische Urteil, das Erfahrungsurteil, das mit anderen Urteilen zusammen bestehen, das sich also in einen Kontext einordnen können muß. Man müsse, schreibt Kant, „aus dem gegebenen Begriffe hinausgehen", und so sei „ein Drittes nöthig, worin allein die Synthesis zweier Begriffe entstehen kann." (B 194) Dieses Dritte findet er in dem inneren Sinn beziehungsweise in der Zeit, in der wir die Welt und ihre Zeitläufte und vor allem den Wechsel der Attribute erfahren. Damit sind wir auch wieder bei der Veränderbarkeit, obwohl es an dieser Stelle um den Zusammenhang geht, um die synthetische „Einheit des Mannigfaltigen" (B 197), die sich uns sukzessiv enthüllt.

Auch Hegel spricht das Verhältnis des einen zu dem anderen in seiner *Logik* an. Er sagt über das Reale, daß sein „Verhalten zu anderem ... die Manifestation seiner selbst"[76] ist. Darunter ist hier zu verstehen, daß ein Gegenstand sich in den Verbund der Gegenstände, ein Vorgang oder Prozeß in den Zusammenhang anderer Vorgänge und Prozesse einordnen können lassen muß. Es ist die Wechselwirkung, die Korrespondenz des Verschiedenen, in der sich die Realität ausdrückt; etwas, das von jeder Wechselwirkung ausgeschlossen ist, kann nichts Reales, sondern muß entweder etwas Ideales oder aber etwas Inexistentes sein. Denn etwas Reales ist niemals ganz allein für sich selbst, sondern immer Teil des Gewebes des Seins. Deshalb läßt es sich nur bestimmen, indem man es teils von Fremdem absetzt, teils indem man Gemeinsames erkennt, indem man also Kontinuitäten wie Diskontinuitäten erfaßt – ein weiterer Grund dafür, daß man etwas Reales nicht mit einer einzigen Eigenschaft, also nicht mittels eines einzigen Kriteriums („differentia specifica") wie in einer Definition bestimmen kann.

Ist es möglich, den Zusammenhang zwischen qualitativ verschiedenen Bereichen der gegenständlichen Natur in systematischer Weise zu zeigen?

Zunächst sollte man mit einem Gesetz beginnen, das ausnahmslos für alle Vorgänge der Welt gilt, für alle Bewegungen, Veränderungen sowohl der anorganischen als auch der organischen Natur. Es ist der Energieerhaltungssatz.

Das Quantum der Energie in einem abgeschlossenen System ändert sich nicht. Es gibt wohl einen Austausch zwischen verschiedenen physischen Gegenständen, aber auf das System bezogen weder einen Verlust noch einen Gewinn. Über den Begriff der Arbeit kann das Energiequantum eines einzelnen Vorganges oder einer Eigenschaft mit ihrer Beziehung auf alle anderen

76. Hegel: Wissenschaft der Logik. Zweiter Teil. Seite 176. Bei Kant heißt es „Grundsatz der Gemeinschaft" (B 211).

Vorgänge oder Eigenschaften bezogen und umgerechnet werden. So läßt sich Wärme in Bewegung umrechnen oder Elektrizität in Magnetismus. Es ist deshalb die Energie, die der untersten Ebene der Realität insgesamt weniger zugrunde liegt als vielmehr ein ausnahmslos allem physischen Realen gemeinsames Bezugssystem darstellt. Was nicht in dieses Bezugssystem hineinpaßt, erscheint deshalb notwendig als irreal. Allerdings: Für Träume, Ideen, Gedanken oder Erinnerungen gilt der Energieerhaltungssatz natürlich nicht und kann hier nicht für Einheit sorgen. Er gilt nur für das, was sich bewegt oder was bewegt wird, was also in irgendeiner Weise unter dem Gesetz der Zeit steht. – Weil auch Träume und Gedanken zwar nicht faßbar, wohl aber real sind, gilt der Energieerhaltungssatz nur für die materielle Welt.

Anders steht es um die Kombinatorik, also darum, wie sich die verschiedenen chemischen Elemente zueinander verhalten und miteinander verbinden. Erst hier sind wir ganz im Bereich des Materiellen angekommen, aber zunächst, ohne die Zeit und die Bewegung selbst in die Überlegungen mit einzubeziehen. Denn hier geht es nicht um Vorgänge, sondern allein um statische Eigenschaften verschiedener Dinge. Die Chemie spricht von Valenz, der Wertigkeit, welche festlegt, wieviele einwertige Atome von einem Atom gebunden werden können. Die Elemente bilden das Periodensystem, das an die mathematischen Reihen erinnert. Erst dadurch, daß sich die einzelnen Körper und Elemente gesetzmäßig miteinander verbinden lassen, werden sie Teil der empirischen Realität. Gäbe es diese Verbindung nicht, stünden sie also einfach nebeneinander, so wären sie auch nicht real.

Die Valenz erlaubt es, verschiedene Elemente nach bestimmten Regeln miteinander zu verbinden, so wie die Energetik die Umrechnung der Zustände einzelner Körper gestattet. Bereits in vielen alltäglichen Prozessen der anorganischen Natur (zum Beispiel in vulkanischen Vorgängen oder beim Rosten von Metall) gibt es diese Kombination von Energetik und Kombinatorik, und im Stoffwechsel der höheren Schichten – also in den Schichten des Organischen – gehen Energetik und Kombinatorik eine noch einmal weitaus kompliziertere Verbindung ein. Sie verbinden sich, so daß die Zeit jetzt auch Bedeutung für die zuvor statische Kombinatorik gewinnt.

Bei all diesen Vorgängen zeigt sich auch wieder das von Nicolai Hartmann aufgewiesene Gesetz, daß die obere Schicht auf der unteren aufruht, also zwingend auf sie angewiesen ist, sie aber gleichzeitig übersteigt und eigene Gesetzmäßigkeiten bildet, die sich nicht aus den unteren Schichten erklären lassen. Ohne Energetik und Kombinatorik gäbe es keine geologischen Vorgänge oder den Metabolismus, also weder den Stoffwechsel von Pflanze und Tier noch deren Wachstum mitsamt den Prozessen, die dem Tod eines Organismus notwendig folgen. Auch die Metamorphose vieler niederer Tierarten wäre ohne sie nicht denkbar.

Bereits für den Stoffwechsel, also die Nahrungsaufnahme von Pflanze wie Tier, gilt, daß sich diese Prozesse kaum noch umfassend beschreiben lassen; eigentlich ist das nur bei ganz primitiven und einfachen Lebensformen möglich. Bei allen höheren Tieren sind diese Vorgänge so unerhört kompliziert, daß sie sich nur noch in ihren Grundstrukturen darstellen, sich aber keinesfalls in allen Details abbilden und nachzeichnen lassen. Noch mehr gilt dies für das Wachstum von Individuen sämtlicher Lebensformen, das entsprechend niemals vorhersagbar ist – je höher die Lebensform, desto weniger.

Es gibt natürlich noch genügend andere und nicht immer ebenso elementare Zusammenhänge, mit denen sich der Gedanke illustrieren läßt, daß die Realität einen dicht gewobenen Zusammenhang von zahllosen Wechselwirkungen bildet. Viele dieser Beispiele sind Teil unseres Alltags, und so begegnen wir Zusammenhängen aller Art auch auf ganz anderen Gebieten. Wenn zum Beispiel ein Bekannter sich gänzlich anders verhält, als wir es von ihm gewohnt sind, werden wir unter Umständen nicht länger unseren Sinnen trauen, sondern das Geschehen für irreal halten. In jedem Fall versuchen wir das, was wir erfahren, in den „Context" unserer Welt einzuordnen.

Ich schreibe „unserer" Welt, denn Realität ist kein absoluter, sondern immer und auf jeden Fall ein relationaler Begriff, bezogen auf ein animalisches Individuum. Es gibt keine „Realität an sich", so wenig wie es eine mathematische (oder sonstwie geartete) Realität hinter den Dingen gibt. Hinter oder besser: in den Dingen findet sich allenfalls das Ideale. Realität dagegen ist das, was uns begegnet, was sich in unserem Bewußtsein abzeichnet. Wir erfahren Realität, und wir erleben sie, aber wir berechnen oder gar errechnen sie nicht.

Die Realität bildet in jedem Fall einen „Context": Wir ordnen unsere Erfahrungen ein; oder wenigstens versuchen wir, alle unsere Erfahrungen einzuordnen; und wenn das überhaupt nicht gelingt, weil sich dabei Widersprüche ergeben, dann verliert das Geschehen den Charakter der Realität.

Wesentlich für die Darstellung wie die Ausdeutung eines Zusammenhanges ist die gesprochene, die natürliche und gewachsene Sprache, und zwar sind es besonders ihre bildhaften Momente, denn es sind die Metaphern, Symbole und Vergleiche aller Art, welche Brücken zwischen den verschiedenen Gebieten des Seins bilden und aus dem Chaos, das uns entgegenblickt, *eine* Welt schaffen. So ist Realität ein Wechselverhältnis zwischen dem Sein und einem erkennenden Wesen. Realität ist eine Relation.

Die Philosophie wird immer wieder als „Laberwissenschaft" apostrophiert. Insbesondere gibt es immer wieder Physiker, welche die gesprochene Sprache als „Ballast" empfinden. Diese Abneigung hat schon Hobbes gepflegt, als er im *Leviathan* und später im 1. Kapitel von *Vom Körper* das Denken auf Rechnen reduzieren wollte. Denn unter rationeller Erkenntnis verstand er nichts als Berechnung: „By Ratiocination, I mean Computation." „Berechnen", schreibt Hobbes, „heißt entweder die Summe von zusammengefügten Dingen finden oder den Rest erkennen, wenn eins vom andern abgezogen wird. Also ist rationelle Erkenntnis dasselbe wie Addieren und Subtrahieren". Insofern geht „rationelle Erkenntnis ... auf zwei Geistesoperationen zurück: Addition und Subtraktion." („So that all Ratiocination is comprehended in these two operations of the minde, Addition and Substraction.") Im Anschluß daran erläutert Hobbes im dritten Abschnitt des 1. Kapitels, wie er sich das Denken „im Geiste ohne Worte", also das Subtrahieren und Addieren vorstellt, aber seine ziemlich krassen Irrtümer sind doch wohl eher seiner Zeit zuzurechnen als ihm als Person.[77]

Anders sieht das heute aus. Der in den USA tätige schwedische Physiker Max Tegmark, ein Anhänger der „Philosophen"-Schule von Daniel Dennett, findet (und schreibt es ausgerechnet in einem Buch!), daß Wörter überflüssig sind; die Welterklärung, die er sich vorstellt, würde wie in den Simulationen eines Richard Dawkins besser ein „hypothetischer idealer Supercomputer" vortragen – aber eben nur in mathematischen Symbolen. Dieser Autor mag keine „Wörter, die erklären, wie die Gleichungen mit dem verbunden sind, was wir beobachten und intuitiv verstehen."[78] Ich dagegen mag alleine das; und was sicherlich wichtiger ist: viele große Physiker ebenfalls, die sich um eine Deutung ihrer Theorien bemühten. Falls es funktioniert, nennt sich das Ergebnis Philosophie.

77. Hobbes: Vom Körper (Elemente der Philosophie I). Seite 6f.

78. Tegmark: Unter mathematisches Universum. Seite 371 f.

Witz und Tiefsinn

Wir sind Menschen, nicht etwa Tiere, und so spielt die Wortsprache in allen ihren Aspekten eine ganz wesentliche Rolle für unser Erleben. Schließlich denken wir gewiß nicht allein und ausschließlich, aber doch sehr oft *auch* sprachlich; wir denken sehr häufig, indem wir innerlich sprechen, und so ist das innerlich gesprochene Wort neben dem imaginierten Bild eine Wurzel unseres Denkens. Dagegen können die scharf umrissenen Symbole der Mathematik der bunten Vielfalt unseres Erlebens in keiner Weise gerecht werden, sondern nähern sich ihr nicht einmal von ferne an.

Wie man weiß, war das unter anderem auch den großen Physikern des 20. Jahrhunderts klar. Für Niels Bohr war es eine Selbstverständlichkeit, daß er sich an einer verbalen Auslegung der Quantentheorie – nein, nicht versuchte, sondern sich an ihr buchstäblich abarbeitete. Ähnliches gilt für Wolfgang Pauli, der dem Bericht Werner Heisenbergs zufolge auf die Forderungen des Wiener Kreises mit völligem Unverständnis reagierte.[1]

Selbst die Wortsprache mit ihren mehr oder weniger treffenden Wörtern und Begriffen, mit ihren Konstruktionen und Wendungen vermag dem Erleben keinesfalls zu entsprechen, aber sie bildet doch schon wesentlich mehr ab als ein mathematischer Term, dessen Sinn in der systematischen Reduktion der Eindrücke besteht. Und zusätzlich prägt unser Sprechen auch das Erleben selbst. Die Sprache, die wir hören, lesen und vor allem sprechen, ist für unser Denken wesentlich (was nicht alleinbestimmend heißt), denn sie lenkt unsere Auffassung und filtert unsere sinnlichen Eindrücke; mit anderen Begriffen, mit einer anderen Grammatik würden wir auch anders erleben. Wir erfahren anders, und wir erfahren *anderes.* Deshalb verändern wir tatsächlich unser Erleben, sobald wir eine fremde Sprache erlernen.

Es ist merkwürdig und wird auf Widerspruch stoßen, aber eine blumige, eine metaphorische Sprache wird der Wirklichkeit viel eher gerecht als ein nüchternes und sachliches Vokabular. Die „formale Redeweise", die ein Carnap anstrebte, macht jeden Aufsatz nicht allein unlesbar (weil sie nämlich unerträglich langweilig ist: man schaue sich nur die Beispiele an, die Carnap selbst gibt), sondern eine formale Redeweise ist in keiner Weise geeignet, die Vielschichtigkeit und Fülle der Realität zu beschreiben. Aber richtig, eben dies will der positivistische Monist ja auch gar nicht, denn für ihn gibt es nur die Oberfläche.[2]

In der Zeit der Romantik beginnen Dichter und Philosophen, über die Rolle der Sprache nachzudenken. Einer von ihnen ist Jean Paul, der einen höchst originellen Begriff vom Tiefsinn entwickelt. Er unterscheidet im Paragra-

1. Erhard Scheibe: Die Philosophie der Physiker. Seite 44f.

2. Neurath: Empirische Soziologie. Seite.13: „Es gibt keine ‚Tiefe' für den Physikalismus, alles ist ‚Oberfläche'."

phen 43 seiner *Vorschule der Ästhetik* zwischen Witz, Scharfsinn und Tiefsinn und nimmt damit den dialektischen Dreischritt Hegels vorweg. In seiner Darstellung sucht und findet der Witz als erstes die Ähnlichkeit („die ähnlichen Verhältnisse inkommensurabler Größen") und stößt damit auf verborgene oder zumindest nicht auf den ersten Blick sichtbare Gemeinsamkeiten von Dingen oder Verhältnissen. Viele dieser Gemeinsamkeiten mögen zwar bloß Nebensächliches betreffen, aber dennoch knüpft der Witz Beziehungen zwischen Gegenständen, Lebewesen oder Vorgängen, die zuvor beziehungslos nebeneinander zu stehen schienen oder wirklich standen. Deshalb ist es der Witz, der für die Einheit des Erlebens verantwortlich ist. Im Witz vermutet der Dichter ein enormes kreatives Potential, das er sowohl für die Wahrnehmung wie auch für die Deutung der Welt nutzbar machen möchte. Der Witz, der das Unvergleichbare in Beziehung zueinander setzt, mündet in die Metaphorik der Sprache, die für diesen Dichter viel mehr ist als Schmuck der Rede, also keinesfalls bloß rhetorische Beigabe. Sie ist ein alles und jedes verbindendes Flechtwerk.

Von der Flut der Metaphern in den Romanen Jean Pauls fühlte sich damals und fühlt sich noch heute mancher Leser zurückgestoßen, und etliche prominente Autoren des 19. Jahrhunderts fanden seine Bücher sogar schlechterdings unlesbar. Sie hielten Jean Pauls Metaphorik für etwas Äußerliches, für die nachträgliche Ein- oder Verkleidung eines Gedankens, aber er selbst verstand sie als einen wesentlichen, wenn nicht gar als *den* zentralen Aspekt der humanen Welterfahrung. Während für Thomas Hobbes die Wahrnehmung eines Körpers sich allmählich aus verschiedenen Momenten zusammensetzt, können wir nach Jean Paul gar nicht anders als wahrzunehmen, indem wir das Disparate von vornherein zusammensehen und sprachlich zusammenfügen. Die Wahrnehmung benutzt vor allem auch sprachliche Schemata, die sie auf die Welt projiziert. Diese Weise der Wahrnehmung spiegelt sich in der Metaphorik oder wird von dieser gelenkt. Deshalb war es für den Dichter Teil der Erziehung, daß seine Schüler sich in „Redeblumen" auszudrücken lernten: Jean Paul ließ sie Metaphernlisten aufstellen, um ihren Witz zu schärfen, wovon er selbst in seiner *Levana oder Erziehlehre* berichtet.

Der Witz verbindet das Unähnliche, indem er dessen gemeinsame Züge herausarbeitet. Sein Gegenspieler, der analytische Scharfsinn, kapriziert sich ganz auf die Differenz und trennt wie mit einem Seziermesser das, was zunächst ähnlich und zusammengehörig scheint. Ihm entgeht auch nicht der kleinste Unterschied. Anders als der Witz ist der Scharfsinn deshalb kein positives, sondern ein negatives Vermögen, sein Kontrapunkt und Widerspiel. Der Witz sieht von den Unterschieden ab, der Scharfsinn findet überall nichts als sie. Er ist ätzend und wird in aller Regel auch so empfunden. Wer scharfsinnig ist und nichts außerdem, der macht sich bei niemandem beliebt.

Der Tiefsinn – so nennt Jean Paul selbst die Synthese beider Vermögen – der Tiefsinn wäre nicht denkbar ohne die beiden vorherigen Schritte, und er wäre ohne sie auch sinnlos, so daß man im Sinne Jean Pauls erst witzig und dann scharfsinnig sein muß, bevor man tiefsinnig werden darf oder kann. Denn erst dann, nachdem die beiden antagonistischen Geisteskräfte das Feld bereiteten, nachdem also der nüchterne Scharfsinn wieder getrennt, was der enthusiastische Witz eben erst verbunden hat, erst dann findet der Tiefsinn im Disparaten „trotz allem Scheine gänzliche Gleichheit."[3] Der Schein meint hier die Verschiedenheit, nicht etwa die Gleichheit, so daß nach Jean Paul der Tiefsinnige etwas entdeckt, das außerhalb seines Denkens tatsächlich existiert und also wahrhaftig und wirklich ist. Dieser Gedanke ist der Kern der Mystik, die überall das Gleiche zu finden glaubt.

Im Grunde wird hier – die *Vorschule* erschien 1804, drei Jahre vor der *Phänomenologie des Geistes* – an Hand des Verhältnisses von Identität und Differenz der Dreischritt der Hegelschen Dialektik vorgeführt. Für uns ist der dritte Schritt von Interesse, der Tiefsinn. Denn dieser ist es, der eine der eigenartigsten und bis heute anstößigsten Erscheinungen der Literatur dieser Jahre bestimmt, die Naturphilosophie.

Die Naturphilosophie, insbesondere das aphoristische Werk des jungen Schelling, war den Physikern und Chemikern des 19. Jahrhunderts ein Greuel. 1817 nannte der Mathematiker und Jurist Franz von Spaun, ein ebenso scharfsinniger wie polemischer Geist, die Naturphilosophie in dem Titel eines seiner Bücher eine *Verschwörung gegen den gesunden Menschenverstand* und gab damit den Ton der Auseinandersetzung vor. In der Folgezeit wurde die Naturphilosophie besonders von Arthur Schopenhauer mit ätzendem Spott überschüttet, und seinem abschätzigen Urteil folgten praktisch alle Naturwissenschaftler. Noch heute gilt diese philosophische Richtung als obsolet, und noch heute wird die Behauptung aufgestellt, für „Schelling und seine Weggenossen" seien „die von einer empirischen Physik zu liefernden Ergebnisse, die zeigen konnten, wie die Natur im einzelnen beschaffen ist, ziemlich uninteressant."[4] Das läßt sich leicht widerlegen – unter anderem mit dem Leben Johann Wilhelm Ritters.

Zweifellos beschritt die Naturphilosophie merkwürdige Wege und Abwege, und viele ihrer blumigen Aphorismen waren schon damals nur schwer verständlich und sind es heute erst recht. Aber es war keinesfalls einfach nur Unsinn, was damals geschrieben wurde. Ritter als einem ihrer prominentesten Vertreter waren einige ganz wesentliche Entdeckungen auf dem Gebiet des Galvanismus, der Physik und der Physiologie gelungen, und es ist viel-

3. Jean Paul: Vorschule der Ästhetik. Seite 172.

4. Scheibe: Die Philosophie der Physiker. Seite 22.

leicht nicht falsch, den dreiunddreißigjährig an den Folgen seiner Selbstversuche Verstorbenen einen Märtyrer der Wissenschaft zu nennen. Seine Aphorismen, die von ihm selbst 1810 (also ein Jahr vor seinem Tod) unter dem irreführenden Titel *Fragmente aus dem Nachlasse eines jungen Physikers* publiziert wurden, weisen uns gerade in ihrer gelegentlich anstößigen sprachlichen Gestaltung auf ein wichtiges Problem hin, auf das Verhältnis von Realität und Sprache.

Auch die Schriften Schellings waren weniger von Mystik als vielmehr von dem ernsthaften Bestreben geprägt, Naturerscheinungen aller Art zu verstehen. Eben dies kann man schon an der seriösen Literatur erkennen, die er zitierte und mit der er sich durchaus auf der Höhe der Zeit bewegte. Viele seiner Irrtümer sind deshalb nicht ihm, sondern der Forschung seiner Zeit anzulasten. Daß er eine seiner Jugendschriften *Von der Weltseele* nannte, ist ein Zeichen dafür, daß er die Natur oder die Welt zu verstehen versuchte wie (oder gar als) einen lebendigen Organismus – denn nur ein Organismus ist von einer Seele belebt, nur bei einem Organismus macht es Sinn, das Äußere als den Ausdruck eines Inneren zu verstehen, als eine Bewegung, in der ein Wesen sich zur Welt hin öffnet.

Der Mathematiker Bernhard Riemann fand es, offenbar ganz anders als seine Zeitgenossen, durchaus legitim, mit der Hilfe von Metaphern (Analogien) die Welt zu verstehen. In seiner kritischen Würdigung der Methode Theodor Fechners hob er ausdrücklich – und zwar ohne jede Distanzierung – die Bedeutung der Analogie in dessen Sprache hervor.[5]

Merkwürdigerweise wurde ein Whitehead, der eine „organismische Philosophie" formulierte, niemals ähnlich scharf wie Schelling und dessen Schüler angegriffen. Dabei hat er nichts anderes als Schelling getan, als er nämlich dem bloßen Faktum Ausdruck verlieh, daß wir gar nicht anders können, als die Welt, ja als das Sein überhaupt mit unseren Augen anzuschauen und nach unseren Maßstäben zu beurteilen.

Zu buchstäblich kosmischen Dimensionen schwingt Schelling sich in seiner Schrift über die *Weltalter* auf: „Das ganze räumlich ausgedehnte Weltall ist nichts anderes als das schwellende Herz der Gottheit".[6] Der Philosoph versucht mit seiner gigantomanischen Metapher, die Einheit und den Zusammenhang, aber auch den Quellpunkt all dessen zu finden, was wir in einer unendlichen Vielzahl von Erscheinungen erleben. Ist das illegitim? Gewiß nicht. Interessanterweise gebrauchen heutige Astronomen ganz ähnliche Metaphern, zum Beispiel, wenn sie von Geburt und Tod von Sternen sprechen.

5. Laugwitz: Bernhard Riemann 1826–1866. Seite 275.

6. Schelling: Die Weltalter (Erstes Buch). In: F.W.J.S.: Schriften von 1813–1830. Seiten 1–150. Seite 132.

Anders als Schelling werden sie dafür nicht getadelt, sondern ihre Wortwahl wird offenbar als angemessen angesehen und vielfach kopiert. Und Wahrnehmung von Ausdruck ist ja auch wirklich unsere natürliche und allem anderen vorausgehende Art, die Natur zu erfahren. Illegitim wird eine solche Betrachtungsweise erst in dem Augenblick, in dem sie sich gegen eine nüchtern kalkulierende Wissenschaft stellt. Ob sie das tatsächlich tat, ist in diesem Zusammenhang nicht wichtig; wichtig ist es, die Berechtigung ihres Vorhabens herauszustellen.

Die Zeit der Romantik war eine Umbruchszeit. Es war die Zeit, in der sich die Naturwissenschaft der Neuzeit entwickelte, und indem sie es tat, mußte sie sich von der lebendigen Alltagssprache ab- und der Mathematik und damit einer abstrakten Symbolsprache zuwenden. Immer mehr dominierten Formeln, Zahlen und Graphiken die wissenschaftlichen Arbeiten. Ausgerechnet der angebliche Träumer Novalis brachte den Umbruch auf den Begriff, als er die in einer Symbolsprache notwendig erfolgende Reduzierung und damit Idealisierung als die „Hauptaufgabe" der Wissenschaft identifizierte: „Wie läßt sich Qualität auf Quantität reduzieren?"[7] Wer eine Farbe nicht mehr mit ihrem Namen anspricht, sondern allein ihre Wellenlänge kennt, hat dieses Problem nicht länger, denn die Qualität ist jetzt wirklich auf die Quantität herabgerechnet und verkürzt, und so hat die Wissenschaft die ihr von Novalis zugewiesene Hauptaufgabe auf vielen Gebieten bereits gelöst. Denn heute verfassen Naturwissenschaftler ihre Ergebnisse auf jeden Fall und ganz selbstverständlich in einer quantifizierenden Symbolsprache und leben deshalb „in einer sprachlosen Welt",[8] wie Hannah Arendt in *Vita activa* bemängelt.

Anders als dieser Autor meint, besitzt für uns allein das Sinn, was wir auch in Worte fassen können, und nur das kann für alles Zwischenmenschliche Bedeutung gewinnen, über das ich sprechen kann, mit mir selbst oder mit einem anderen. Das, was ich nicht wirklich durchdenke, also in Worte kleide (dieser Ausdruck ist insofern schlecht oder wenigstens zweideutig, weil man glauben könnte, erst sei der Gedanke da, der nachträglich in Worte gefaßt werden müßte), das ist mir auch nicht bewußt.

Es gibt verschiedene Formen des Denkens. Ganz gewiß läßt es sich nicht auf ein Rechnen reduzieren, wie es Thomas Hobbes im 5. Kapitel des Leviathan tat – für ihn ist das Denken ein Rechnen („reckoning") und nichts mehr, ein Vorgang wie Addition oder Subtraktion – ja sogar wirklich nur Addition oder Subtraktion. Nein, das Denken ist viel mehr. Eine wichtige Form des Denkens besteht zum Beispiel darin, daß wir uns etwas bildlich vorstellen,

7. Novalis Werke. Seite 527.

8. Arendt: Vita activa. Seite 10.

einen Weg oder eine Situation, und eine fortgeschrittene Weise dieses Denkens ist es, mit der Hilfe eines Homunkulus, eines kleinen Stellvertreters unserer selbst, Situationen unseres eigenen Lebens entweder vorwegzunehmen oder zu erinnern. Dieses bildhafte Vorgehen ist wahrscheinlich ein Privileg des Menschen und auf jeden Fall eine Wurzel unseres Denkens, ihr erster Stamm. Der zweite Stamm – oder die zweite Wurzel des Denkens – ist die innere Stimme, die unsere Gedanken in einer mehr oder weniger deutlichen Form ausspricht, also formuliert und argumentiert. Platon nennt in einem bekannten Zitat das Denken deshalb ein Gespräch der Seele mit sich selbst (*Sophistes* 263e und *Theaitet* 190a). Es ist trotz dieses prominenten Vorläufers aber nicht sehr häufig geschehen, daß das innere Gespräch von der Philosophie thematisiert wurde. Ein Beispiel findet sich ausgerechnet in einem Buch über die Technik. Für den Autor ist das „Ich, die Persönlichkeit ... Sprache in höchster Potenz, d.h. Selbstgespräch. Im Selbstgespräch sind Werkzeug und Werk, Mittel und Zweck, Subjekt und Objekt in Einheit, und zwar in der durch den Kulturfortschritt vermittelten Einheit des Selbstbewusstseins.“ Die innere Rede wird von ihm etymologisch als Rechenschaft verstanden, denn indem man den Gedanken ausdrückt, „gibt der Mensch Rechenschaft von sich als dem Ich.“[9] Von Subtraktion und Addition ist trotzdem nicht die Rede.

Wie man sieht, ist bereits der Ursprung des Selbstbewußtseins moralisch getönt – schon in seinem Ursprung wird der Mensch als ein moralisches Wesen gedacht. Oder er denkt sich selbst als ein solches. Wer sehr diszipliniert ist, kann das Selbstgespräch zu einem inneren Dialog steigern, in dem er sich mit sich selber wie mit einem Fremden unterhalten kann; er stellt sich jemanden vor, dem er vorträgt – einen klügeren als er selbst oder einen dümmeren, eine Person mit einer ganz anderen Ausbildung oder überhaupt einen für ihn selbst wichtigen Menschen –, und er selbst formuliert mit der Hilfe dieses Phantasmas ernsthafte Einwände, findet wie ein strenger Lehrer alles noch nicht ausreichend, stellt sich dumm oder trägt Ergänzungen vor. Ganz allein sind wir eigentlich nie, sondern in unserem Inneren wohnt die Gesellschaft aller Menschen, als deren Teil wir uns verstehen. Sprache als Vorgang (man sollte immer dann, wenn man vom einzelnen Menschen spricht, nur vom Sprechen ausgehen, also von einer Tätigkeit, nicht von der Sprache als einem Abstraktum) ist immer Aspekt einer Gemeinschaft von Intelligenzen. Der Sinn, den wir in unseren Überlegungen suchen, ist immer auf alle bezogen, niemals auf uns allein. Wir sind immer und von vornherein ein soziales Lebewesen – in und dank der Sprache.

Auch der Naturwissenschaftler ist gelegentlich ein Alltagsmensch. Und als solcher muß er, wenn seine Forschung wirklich Bedeutung für ihn selbst be-

9. Kapp: Grundlinien einer Philosophie der Technik. Seite 267.

sitzen soll, die alltägliche und für seinen geschmeidigen Verstand geläufige Formelsprache in das viel weniger präzise, weil noch nicht verkürzte, dafür aber reichere und vollblütige Sprechen seines Alltags und seines Lebens übersetzen. Er muß argumentieren und es dabei für sich selbst auslegen und ausdeuten. Wenn er die Übersetzung in eine Wortsprache gar nicht erst versucht, besitzt seine Forschung ganz offensichtlich keinen existentiellen Wert – nicht einmal für ihn selbst, geschweige denn für alle anderen, und wenn er die mathematischen Terme nicht mit seinem lebendigen Alltagssprechen verbinden kann, dann hat er seine eigene Arbeit und deren Ergebnisse ohnehin nicht verstanden, auch wenn er noch so virtuos damit zu hantieren weiß. Die romantische Naturphilosophie nun stellt den – gelegentlich oder vielleicht gar meist – ungelenken Versuch einer sprachlichen Auslegung der naturwissenschaftlichen Forschung ganz zu Beginn der modernen Wissenschaft dar. Deshalb steht sie weniger in der Tradition der Popularisierung als vielmehr in der Tradition der Philosophie, wenn sie in einer witzigen Weise darum bemüht ist, das, was das Disparate und Inkommensurable vereint, in einer zwangsläufig blumigen Sprache auszudrücken.

Besonders Novalis scheint diese Notwendigkeit stark empfunden zu haben. Schließlich war er ein Bergwerksingenieur und damit von Berufs wegen einer sehr profanen Realität verbunden. Wie Jean Paul ist ihm der Witz wichtig, wenn er notiert: „Die vollendete Form der Wissenschaften muß poetisch sein. Jeder Satz muß einen selbständigen Charakter haben – ein selbstverständliches Individuum, Hülle eines witzigen Einfalls sein." „Romantisieren", so wie Novalis es versteht, ist die Ausdeutung des Qualitativen, indem es den Charakter des Geschehens als Erlebnis betont, als etwas, das von einem Menschen als Ganzes erfahren wird und das ihn auch emotional berührt: „Die Welt muß romantisiert werden. So findet man den ur[sprünglichen] Sinn wieder. Romantisieren ist nichts, als eine qualit[ative] Potenzierung. Das niedre Selbst wird mit einem bessern Selbst in dieser Operation identifiziert. So wie wir selbst eine solche qualit[ative] Potenzenreihe sind. Diese Operation ist noch ganz unbekannt. Indem ich dem Gemeinen einen hohen Sinn, dem Gewöhnlichen ein geheimnisvolles Ansehn, dem Bekannten die Würde des Unbekannten, dem Endlichen einen unendlichen Schein gebe, so romantisiere ich es."[10]

Die Metaphorik in ihrer ganzen Ausrichtung hing von dem Standort ab. Die beiden radikalsten und für sich selbst unbefriedigenden Positionen sind in einem einzigen Satz des zweiundzwanzigjährigen Schelling zusammengefaßt: „Die Natur soll der sichtbare Geist, der Geist die unsichtbare Natur

10. Novalis: Werke,. Seite 377 und Seite 384f.

sein.“[11] Tatsächlich vertritt Schelling bereits hier die Identitätsphilosophie, deren Grundprinzip darin besteht, die beiden extremen monistischen Standpunkte, Materialismus und Spiritualismus, in einem Gegen- und Widerspiel zusammenzufügen, um ihre Aporien auf diese Weise zu vermeiden.

Der Satz Schellings ist so zu verstehen, daß man entweder die Natur lesen muß, als habe jemand sie sinnhaft entworfen, oder daß der Geist auf seine Natur reduziert wird, um aus der toten Natur heraus alles entstehen zu lassen. Beide Wege sind in dem Augenblick, in dem sie ausschließlich verfolgt werden, extrem fragwürdig. Sie scheitern, weil der Hiatus zwischen Geist und Natur weder aus der einen noch aus der anderen Richtung überwunden werden kann. Weder läßt sich schlüssig erklären, wie in der Natur der Geist erwacht, noch ist der umgekehrte Weg gangbar, die Deutung der Natur als ursprünglicher Geist. Immerhin scheint es, daß letzteres eher unserem natürlichen Weltverständnis wie unserem alltäglichen Verhalten entspricht, und wahrscheinlich ist es deshalb gar nicht möglich, in letzter Konsequenz und ganz radikal naturalistisch zu argumentieren – trotz des aktuellen Publikumserfolgs dieses Monismus. Wir wissen zwar, daß die Natur kein Buch ist, aber unser sprachlich arbeitender Verstand kann gar nicht anders, als sie wie einen Text zu lesen oder besser: sie (auch) als einen solchen zu erleben. „Was wir Natur nennen, ist ein Gedicht, das in geheimer wunderbarer Schrift verschlossen liegt.“[12]

Wer freier und assoziativer formulierte, der kam zu diesem Ergebnis: „Pflanzen, die ganze Vegetation, sind die Sprache der Natur. In der Pflanze ist alles ausgesprochen. Die Pflanze hört nicht, aber das Tier hört, und spricht weniger oder nicht, – durch sein Wesen nämlich. Je mehr das Tier hört, desto höher seine künstliche Sprache, die hörbare. – Die Musik ist eine höhere Vegetation.“[13]

Man muß sehen, daß es sich hier um zwei verschiedene Problemkreise handelt, die immer ineinanderspielen. Wahrnehmung und Sprache hängen zwar zusammen, aber sie sind keinesfalls identisch – man vergißt das leicht, weil die Wahrnehmung ja allermeist sprachlich ausgedrückt wird.

Die Metaphorik drückt also gar nicht Gemeinsamkeiten oder Ähnlichkeiten aus, wie man vielleicht meinen könnte, sondern schafft diese allererst, indem sie zwei entlegene Bereiche des Seins miteinander verknüpft. Deshalb wirkt eine Metapher erst dann kühn und erregt Anstoß, wenn die beiden Bereiche des Seins ohnehin schon dicht beieinanderliegen. Der Linguist Harald

11. Schelling: Ideen zu einer Philosophie der Natur. In: F.W.J.S.: Schriften von 1794–1798. Seiten 333–407. Seite 380.

12. Schelling: System des transzendentalen Idealismus. Seite 628.

13. Ritter: Fragmente aus dem Nachlasse eines jungen Physikers. Seite 186.

Weinrich hat gezeigt, daß die kühne Metapher, diejenige also, die uns auffällt und uns provoziert, in solcher Zusammenstellung des Verwandten liegt. „Die Widersprüchlichkeit einer Metapher", schreibt er in seinem Aufsatz *Semantik der kühnen Metapher*, „ist unabhängig von der Bildspanne. Aber es hängt von der Bildspanne ab, ob wir die Widersprüchlichkeit bemerken und die Metapher als kühn empfinden. Bei großer Bildspanne bleibt die Widersprüchlichkeit in der Regel unbemerkt. Eine kleine Bildspanne hingegen erzwingt unsere Aufmerksamkeit für die Widersprüchlichkeit und verleiht der Metapher den Charakter der Kühnheit ... Gerade die Nahmetaphern sind befremdend und verfremdend und erscheinen uns kühn. Fernmetaphern sind ungefährlich."[14] Sein Beispiel ist die Kleistsche Wendung (in seinem bekannten Brief an Goethe) von den „Knien meines Herzens": Hier stoßen zwei organische Metaphern auf- und gegeneinander und werden als kühn und dichterisch empfunden.

Ein zweiter Aspekt betrifft den Ausdruckscharakter der Natur oder ihre Bedeutung: Eine organische Metaphorik (und alleine sie) bringt zum Ausdruck, daß wir selbst eine Gesteinswüste als etwas Lebendiges erfahren können.

Metaphorik ist sprachlich und deshalb in jedem Fall ein sekundäres Phänomen – primär ist die Wahrnehmung, und allein sie ist imstande, Ähnlichkeiten oder auch Ausdruck zu erfahren. Gustav René Hocke hat in seinen beiden Studien zum Manierismus (*Die Welt als Labyrinth* und *Manierismus in der Literatur*) derartige Phänomene sowohl in der bildenden Kunst als auch in der Dichtung aufgewiesen und ausgedeutet. In einer schönen Wendung spricht er von dem magischen „Analogie-Streben", die „Welt in Bildern zu erfassen, die man zwar in ihrer Zusammenhanglosigkeit erlebt, aber zu hieroglyphischen Emblemen zusammenfassen kann."[15]

Sehr häufig bildet die Metaphorik die Wahrnehmung nur ab; aber gelegentlich projiziert sie etwas auf die Welt, das nie erfahren oder wahrgenommen wurde und vielleicht auch gar nicht erfahren oder wahrgenommen werden kann, sondern das allein im Geist des Menschen entstand. Dies gilt etwa für das Buch der Natur, zu der ja auch die Vorstellung gehört, eigentlich sei alles Information oder Mathematik. Es mag wohl sein, daß wir gelegentlich glauben, auf Steinen oder in den Sternen so etwas wie Schrift wahrzunehmen, aber ebensogut können wir eine solche Wahrnehmung bloß behaupten. Wer will uns der Lüge überführen?

Und wenn wir nicht direkt lügen, so können wir doch metaphorisch von einer Schrift oder einem Buch sprechen, ohne uns unserer eigenen Aussage bewußt zu sein. Eben dies geschieht bei jeder toten Metapher, von denen un-

14. Weinrich: Semantik der kühnen Metapher. Seite 335.

15. Hocke: Die Welt als Labyrinth. Seite 163 und Seite 107.

sere lebendige Sprache wimmelt. Die lebendige Sprache, sagt Jean Paul, ist ein Gebeinhaus toter Metaphern.

In jedem Fall funktioniert die Metaphorizität der Sprache ganz anders als die Wahrnehmung der Ähnlichkeit. Wenn wir etwas als ähnlich erleben, dann wissen wir oft nicht, was es ist, das uns an etwas erinnert, und so sprechen wir etwa von einem Zug, der zwei Menschen gemeinsam sei. Aber worin besteht dieser Zug? Es ist das Wesen dieses Zuges, daß er ungefähr ist und nicht genau zu benennen. Die meisten Metaphern hingegen sind sehr bewußt; sie gehen zum Beispiel von einer Eigenschaft aus, die beiden verknüpften Substantiven gemeinsam sind. Ich kann ein Turngerät ein Pferd nennen, weil es wie das Tier vier Beine besitzt und ich auf ihm sitzen kann. Bei anderen Beispielen ist das Tertium Comparationis selbst symbolisch, etwa beim Licht der Wahrheit, aber in jedem Fall können wir eine Eigenschaft isolieren und sie für die Verknüpfung zweier sonst strikt getrennter Bereiche verantwortlich machen.

Metaphorik ist also bewußt oder läßt sich bewußt machen, die Wahrnehmung der Ähnlichkeit geschieht unbewußt. Entsprechend ist Metaphorik ein sprachliches, die Wahrnehmung der Ähnlichkeit ein vorsprachliches Phänomen.

Im Grunde wird die Natur von Ritter wie zuvor von Schelling unter Ausdrucksaspekten betrachtet, als sei sie ein einziger Organismus, der sich äußert, der sich selbst gestaltet, der etwas zum Ausdruck bringt. Für sie ist Natur also nicht etwa eine mehr oder weniger zufällige Ansammlung von toten Gegenständen, Pflanzen und Lebewesen, die wir nur gelegentlich als eine Einheit erfahren können. Die Analyse derartiger Erlebnisse wird nun dadurch erschwert, daß zumeist die verschiedensten Aspekte der Wahrnehmung ineinander spielen und sich nur schwer voneinander trennen lassen. Wir können die tote Natur so wahrnehmen, als sei sie lebendig und als könne sie etwas ausdrücken. Meist hat das mit Bewegungen zu tun, etwa wenn der Wind die Äste eines Baumes schlagen läßt, so daß der Baum für Augenblicke das Wesen eines Tieres oder Menschen annimmt. In vielen Fällen weiß man auch gar nicht, was es ist, das einen anspricht, weil alles viel zu undeutlich und verschwommen ist oder von uns nur unbewußt wahrgenommen wird.

In den zwanziger Jahren wurden manche Anregungen der Romantiker erneut aufgenommen, unter anderem von Scheler, Whitehead oder dem damals vielgelesenen deutschen Religionsphilosophen Theodor Ziegler. Sie alle beschäftigte der Gedanke, die ganze Welt könne als *ein* Organismus angesehen werden. Zieglers Argumentation ist nicht ganz eindeutig, denn oft scheint sie logisch ausgerichtet (wie in dem folgenden Zitat), dann wieder scheint sie von der Natur als einem Ausdrucksphänomen auszugehen.

Wie Whitehead und Scheler sieht Ziegler die Welt als einen Organismus an. „Vielleicht ist jede Lebensgrundgestalt, sei sie Individuum, sei sie Spezies, sei sie Genus, sei sie Klassis in einem jetzt noch unenträtselbaren Wortsinn die Wesensäußerung und Tatleistung der organischen Totalität. Vielleicht gibt es buchstäblich gemeint wirklich nur Ein Pflanzensein, Ein Tiersein, gegliedert in die Glieder, gezellt in die Zellen, geteilt in die Teile, gewebt in die Gewebe, ... nach dem großen Grundgesetz des Lebens von der ‚totalen Korrelation'."

Die moderne Organik ist demzufolge „die Wissenschaft vom Gestaltwandel des Einen Lebewesens ‚Welt'". Ziegler fordert einen allmählichen oder fließenden Übergang von der Frage, „was das eigentlich sei, das inmitten der Abänderungen des All-Organismus die Einerleiheit und Dieselbigkeit seiner abändernden Gestalt gewährleiste", hin zu der nach seiner Überzeugung heute vernachlässigten Frage nach dem merkwürdigen Faktum, daß „doch irgendwie eine grundlegende Gestalt beharre, die ihrerseits an keinem Wechsel teilnimmt, sondern jeden Wechsel erst ermöglicht, indem sie sich als Bleibendes in ihm behauptet." Im Grunde nimmt er damit die Frage Goethes nach der Grundidee einer lebendigen Gestalt („Urpflanze") auf: „Setzt doch ganz allgemein schon aller Wechsel und aller Wandel der Erscheinungen ein Unwandelbares und Wechselloses voraus, welches sich überall zu erhalten und zu bewahren versteht."[16]

Einerseits ist dies das alte Mißverständnis der Substanz, die sich trotz wechselnder Akzidentien als Identisches bewahrt, andererseits vollzieht sich hier der Übergang zu einem idealisierenden Denken, das von allen zufälligen Attributen absieht und allein auf das Typische zielt. Denn was Ziegler mit Goethe sucht, ist „der morphologische Typus, die Mutter- und Stammform des Tieres, der Pflanze überhaupt." Ziegler will die Suche nach den Typen ausdehnen auf die kulturelle Entwicklung des Menschen und wendet auch eine organische Metaphorik auf die Geschichte an, zum Beispiel, indem er die „einzelmenschlichen und gesellschaftlichen Lebensstufen"[17] auf alle historischen Erscheinungen projiziert. Ist das nicht das Programm Spenglers, der sich ebenfalls auf Goethe berief, sich allerdings auf die Geschichte beschränkte? „Eine morphologische Typologie, Anthropologie, Charakterologie, Soziologie, Physiognomik höchsten Stiles ... müßte es erlauben, die goethische Methode auf alle inneren und äußeren Gestalterfahrungen überhaupt anzuwenden und dadurch ins Unabsehbare verfruchtbaren."[18] Ziegler steigert sich zu einer Forderung nach einer „kosmischen Organik"[19] – im

16. Ziegler: Der Gestaltwandel der Götter. Seite 663, Seite 664, Seite 665.

17. Ziegler: Der Gestaltwandel der Götter. Seite 669 und Seite 671.

18. Ziegler: Der Gestaltwandel der Götter, Seite 671 f.

19 Ziegler: Der Gestaltwandel der Götter. Seite 676.

Grunde ist das das Programm des zur selben Zeit seine Philosophie ausformulierenden Whitehead.

Wie schon angedeutet, folgten zumindest die deutschen Denker der zwanziger Jahre Anregungen der großen Romantiker. Das folgende Zitat von Novalis bespricht keine Ausdruckserscheinungen, also nicht die Äußerungen eines Lebewesens, sondern sieht geistige Spuren in toten Gegenständen. Denn Novalis spricht von „jener großen Chiffernschrift ..., die man überall, auf Flügeln, Eierschalen, in Wolken, im Schnee, in Kristallen und in Steinbildungen, auf gefrierenden Wassern, im Innern und Äußern der Gebirge, der Pflanzen, der Tiere, der Menschen, in den Lichtern des Himmels, auf berührten und gestrichenen Scheiben von Pech und Glas, in den Feilspänen um den Magnet her, und sonderbaren Konjunkturen des Zufalls, erblickt. In ihnen ahndet man den Schlüssel dieser Wunderschrift, die Sprachlehre derselben, allein die Ahnung will sich selbst in keine feste Formen fügen, und scheint kein höherer Schlüssel werden zu wollen."[20]

Eine Schrift oder Zeichnung ist nicht die unmittelbare Äußerung eines lebendigen Wesens, also nicht Ausdruck eines Seelenzustandes oder eines Gefühls. Eine Schrift ist etwas Vermitteltes, und allein Menschen, die lesen und schreiben können, können tote Natur in dieser Weise wahrnehmen.

Es ist ziemlich unwahrscheinlich, wenn nicht gar unmöglich, daß Novalis eine Notiz Leonardo da Vincis kannte, in welcher der Maler seinen Lehrlingen Hinweise dafür gab, wie sie ihre Phantasie schulen und „den Geist zu mannigfachen Erfindungen" anregen konnten. Eben dies ist der Inhalt der berühmten Anmerkung zum Mauerfleck:

„Und das geschieht, wenn du manches Gemäuer mit verschiedenen Flecken oder mit einem Gemisch aus verschiedenartigen Steinen anschaust; wenn du dir gerade eine Landschaft ausdenken sollst, so kannst du dort Bilder verschiedener Landschaften mit Bergen, Flüssen, Felsen, Bäumen, großen Ebenen, Tälern und Hügeln verschiedener Arten sehen; ebenso kannst du dort verschiedene Schlachten und Gestalten mit lebhaften Gebärden, seltsame Gesichter und Gewänder und unendlich viele Dinge sehen, die du dann in vollendeter Form und guter Gestalt wiedergeben kannst."[21]

Leonardo benutzt nicht die Metapher vom Buch der Natur, aber wir sehen hier einen ihrer Ursprünge: es ist das Vermögen des Menschen, in bloß zufälligen Linien und Flecken etwas ganz anderes und vor allem auch viel mehr zu sehen, eine Schrift oder eben eine Abbildung. Er fordert seine Schüler dazu auf, gezielt nach Momenten Ausschau zu halten, in denen man seine Phantasie spielen lassen kann. Aber: Wie ist es überhaupt möglich, in einer

20. Novalis: Die Lehrlinge zu Sais. In: Novalis Werke. Seite 95–127. Seite 95.

21. da Vinci: Schriften zur Malerei und sämtliche Gemälde. Seite 385.

Linie etwas zu sehen, das diese objektiv doch gar nicht abbildet? Wie kann etwas Kleines etwas Großes, eine rote Linie einen Höhenzug abbilden?

Hier tut sich wieder das Problem der Ähnlichkeit auf. Denn die erste Voraussetzung dafür, überhaupt Gestalten zu erkennen, ist das Erkennen von Ähnlichkeiten, für das man einerseits von Details absehen muß, um die Gestalt als Typus, also als ein Ensemble einiger typischer, ineinander verflochtener Merkmale überhaupt sehen zu können, andererseits ganz unbedingt dafür bereit und fähig sein sollte, nicht übereinstimmende, aber für das Erkennen des Typus irrelevante Merkmale auszublenden.

Man muß sich von den meisten seiner eigenen Sinneseindrücke ebenso wie von vorab festgelegten Bestimmungen emanzipieren, wenn man Ähnlichkeiten sehen will, und zusätzlich darf man nicht zu genau sein. Wie schwierig das erste ist, demonstriert eine kurze Erzählung von Jorge Luis Borges, die von einem Menschen handelt, der nach einem Unfall nicht mehr vergessen kann, der also wirklich unfähig ist, irgendetwas aus seinem Gedächtnis zu löschen. „Ich vermute allerdings“, kommentiert Borges, „daß er zum Denken nicht sehr begabt war. Denken heißt, Unterschiede vergessen, heißt verallgemeinern, abstrahieren.“[22]

Ähnlichkeit ist schließlich keine Identität, sondern beruht auf einer Differenz (oder auf einem In- und Miteinander von Identität und Differenz), und oft genug kann man gar nicht angeben, worin denn nun tatsächlich eine Ähnlichkeit besteht. Wenn wir zwischen der Linie in einem Stein und der Linie eines Höhenzuges eine Ähnlichkeit erkennen, dann allein deshalb, weil sie in wichtigen Merkmalen nicht identisch sind und einem engen Geist deshalb Anlaß böten, sie in zwei verschiedenen Töpfen abzulegen. Wer Ähnlichkeiten erkennen will, muß also flexibel sein, nicht streng und schon gar nicht auf Einzelheiten fixiert; er muß sich also vor allem davor hüten, Details zu focussieren. Denn in diesem Fall verliert er nur zu leicht die Gestalt aus dem Blick und wird eine Ähnlichkeit nicht bemerken.

Typus und Ähnlichkeit sind zwei eng verwandte und trotzdem verschiedene Aspekte, denn Ähnlichkeit kann es auch typusübergreifend geben, ja eigentlich macht es nur Sinn, in diesem Fall von Ähnlichkeit zu sprechen. Die Metaphorizität der Sprache beruht auf Ähnlichkeit, die sie vielleicht nur bemerkt und benennt, vielleicht aber auch erst auf die Gegenstände projiziert – nur dann dürfte man eigentlich ihren kreativen Charakter hervorheben –, und das ihr zugrundeliegende Vermögen nennen Novalis und Jean Paul Witz. Witz und Humor werden von uns heute gern zusammengesehen – Humor ist im Alltagsverständnis oft nur ein Witz mit einem gewissen Niveau,

22. Jorge Luis Borges: Das unerbittliche Gedächtnis. In: J.L.B.: Sämtliche Erzählungen. Das Aleph. Fiktionen. Universalgeschichte der Niedertracht. München 1970. Seiten 213–220. Seite 220.

und hier sehen wir den Grund: Humor ist das Feuchte im Gegensatz zum Trockenen, das Bewegliche und Flüssige im Gegensatz zum Starren und Unbeweglichen. Humorvoll ist ein Mensch, dessen Eigenbegriff und dessen Weltbild nicht für immer und ewig festgelegt, sondern flüssig sind und jederzeit Kritik erlauben, ja sogar fordern. Erst die Flüssigkeit seiner Begriffe erlaubt es dem humorvollen Menschen, disparate, oft durch Welten getrennte Dinge zusammenzusehen, also witzig zu sein. In einem Artikel über „Ähnlichkeit" schreibt Fritz Mauthner treffend: „Wären die menschlichen Sinne miskroskopisch scharf gewesen, wir hätten zu unserer Sprache gar nicht kommen können."[23] In diesem Fall hätten wir eben allein die Details wahrgenommen, nicht die Gestalt, nur die Differenz, nicht die Gemeinsamkeiten. Wir wären witzlos geblieben und hätten uns nicht von den Unterschieden lösen können, um Gemeinsamkeiten ins Auge zu fassen. Unsere Sprache hätte deshalb keine Metaphorik entwickelt und wäre nicht über ihre animalischen Ursprünge hinausgekommen. Aber selbst die uranfänglichen Völker (und diese vielleicht sogar besonders!) sprechen metaphorische Sprachen.

Der Gegensatz zwischen dem Idealen und dem Realen, dem Begriff und dem Individuellen spielt in der Philosophie ausgangs des 19. und zu Beginn des 20. Jahrhunderts eine große Rolle; er war auch eines der großen Themen von Wilhelm Windelband als dem Meisterschüler Lotzes und endlich Heinrich Rickert als dem Schüler Windelbands. Beide Philosophen arbeiteten den Gegensatz von individualisierender Geistes- und typisierender Naturwissenschaft scharf heraus. Wenn ihre Überlegungen richtig sind, muß der Fortschritt der mathematischen Wissenschaften uns von der Realität fortführen, denn diese Wissenschaften beschreiben die Idealität, keineswegs die reale Welt, in der wir leben. Man kann das auch daran sehen, daß der Ausdruck, in dem sich unser Realitätserlebnis versammelt, ganz und gar aus dem Blick geraten ist.

Also: Es sind die Geisteswissenschaften, die sich mit der Realität beschäftigen, nicht die mathematischen Wissenschaften.

In *Substanzbegriff und Funktionsbegriff* äußert sich Ernst Cassirer verständnislos über diesen Vorgang: „Das begriffliche Verständnis der Wirklichkeit kommt der Vernichtung ihres charakteristischen Grundgehalts gleich."[24] Heute, mehr als einhundert Jahre später, haben die Naturwissenschaften wirklich den Kontakt mit der Wirklichkeit verloren.

Zur Realität gehört auch das Ähnliche. Wer eine Ähnlichkeit erkennen will, darf nicht zu genau hinschauen. Eine zu große Akkuratesse, für eine Identifikation notwendig, würde es nämlich immer verhindern, Ähnlichkeiten

23. Mauthner: Wörterbuch der Philosophie. Seite 16.

24. Cassirer: Substanzbegriff und Funktionsbegriff. Seite 295.

wahrzunehmen, weil sich Einzelheiten in den Vordergrund schöben. Wie kann ein Baum ein Gesicht zeigen, wo doch seiner rissigen Borke keinerlei Ähnlichkeit mit unserer Haut eignet? Wie könnte jemals eine Wolke einem Tier gleichen? So hat die Fähigkeit, Typen und Gestalten zu erkennen, etwas mit der Schwäche oder Laxheit unserer sinnlichen Wahrnehmung und ihrer Formung durch unsere Aufmerksamkeit zu tun, die, weil oder wenn sie auf Ganzheiten gerichtet ist, wesentlich obenhin sein muß. Wer ein Baum- oder Wolkengesicht erkennen will, muß von der Oberflächenstruktur und anderen Merkmalen eines Gesichts absehen, sonst kann und wird er die Ähnlichkeit niemals bemerken. Zu einem jeden Schema gehört deshalb zwingend die von Husserl angesprochene Vagheit, denn wenn alle Merkmale festgelegt und alle Details bemerkt werden, ist kein Raum mehr für Typen. Dann gibt es allein noch einzelne Objekte. Vagheit ist für jeden Schematismus essentiell.

Vagheit kennzeichnet auch die Erinnerung im Gegensatz zum Gedächtnis, zu dessen Eigenarten ganz unbedingt Präzision und Treue gehören. Erinnerung ist von Assoziationen durchzogen, und ihre Ungenauigkeit und ihr Ungefähres verbindet sie mit dem Ausdruck, den wir mit der Metaphorik der Sprache einzufangen versuchen. Oft ist es so, daß wir uns nicht an die Kleidung eines Gegenübers erinnern können oder an unser Gesprächsthema, wohl aber an den wechselnden Ausdruck seines Gesichts oder die Veränderung seiner Körperhaltung oder überhaupt an die Atmosphäre unseres Zusammentreffens. Die verschiedensten Eindrücke flossen ineinander und lassen sich im Nachhinein kaum trennen – weder in der Sprache noch in den Erinnerungsbildern.

Schließlich die realistische Malerei. Sie ist malerisch, weil sie nicht exakt ist und insbesondere nicht auf die Ränder achtet, sondern die Farben ineinander fließen läßt und die Figuren und Gegenstände nicht mit einem schwarzen Strich umrundet. Je klarer strukturiert ein Bild ist, desto weniger realistisch ist es auch (man denke an die altmeisterliche Malweise Salvador Dalís!); klare Strukturen finden sich bezeichnenderweise vor allem in eher magischen oder mystischen Bildern oder in solchen, die Träume abbilden sollen. Es ist dann ihre Exaktheit, die sie unwirklich erscheinen läßt. Eben deshalb kann Whitehead auch von der „vagen Wahrnehmung eines Nexus“[25] sprechen. Diese Vagheit ist konstitutiv für unser Erleben.

An drei besonders interessanten Aphorismen aus Schellings erster Phase kann man erkennen, wieviel Substanz seine Überlegungen besitzen – sie sind noch heute anregend. Auffällig und für viele abschreckend ist sicherlich

25. Whitehead: Prozeß und Realität. Seite 136; Process and Reality. Seite 65: „of this perception of a nexus vaguely, that is to say, without distinction of the actual entities composing it".

der mystische Ton, der in der direkten Anrede des Lesers und noch zusätzlich in Schlüsselworten der Mystik liegt („Fülle“, „das göttliche Band“), aber eigentlich birgt der Aphorismus XVI lediglich die Aufforderung, die Natur als Einheit zu erfahren, und das ist ein Aspekt, der doch heute längst als Selbstverständlichkeit gilt. Wir sollen die Natur nach Schelling allerdings nicht als System der verschiedensten Organismen und natürlichen Vorgänge, sondern als den Ausdruck *eines* Wesens erfahren, belebt von *einer* Seele – als Nexus, hätte Whitehead gesagt. Ausdruck findet sich nur dort, wo viele sinnliche Aspekte zusammenklingen, wo Gerüche, Farben und Töne *einen* Eindruck hervorrufen können:

„XVI. Hast du daher die Fülle der Existenz gesehen, wie sie für sich selbst ohne Maß und Ziel ist, so erkenne nun auch das innere und göttliche Band der Dinge, und wie sie durch die Einheit des Wesens, zu dem sie gehören, unter sich eins werden.“

In dem nächsten Aphorismus schildert Schelling den bewußtlosen Drang der Pflanze und den unbewußten, nach Max Scheler „ekstatischen“ Trieb der Tiere, die noch nicht reflektiert sind und sich deshalb nicht selbst zu bändigen vermögen, die also noch nicht, wie im Aphorismus XVIII angesprochen, sich als Wille auf den Menschen zurückbiegen. Schelling trägt hier eine verklausulierte Stufenlehre der Natur vor, wie sie später von so großen Denkern wie Max Scheler, Nicolai Hartmann und besonders Helmuth Plessner (in den *Stufen des Organischen*) ausformuliert wurde. Nichts daran ist irrational.

„XVII. Alles, das blinde, ungebändigt nach außen hin wirkende Kraft ist, kommt, mit Plato zu reden, von der alten Natur, d. h. von der bloß äußern und unempfindlichen Natur, inwiefern sie allein die Geburt der Dinge ist, darin sie auch das bloß äußere Leben (VIII) haben.

XVIII. Alles dagegen, das Maß und ein innerlich Ziel, Verständniß oder Uebereinstimmung der Dinge verkündiget, deutet auf die göttliche Einigung und die Einbildung der Dinge in das Centrum der Substanz, dadurch sie das ewige Daseyn in sich selbst empfinden.“[26]

Das Leben aller Wesen, die diese Welt besiedeln, oszilliert zwischen zwei Polen, zwischen Anspannung und Entspannung, so wie in unserem Körper Sympathicus und Parasympathicus als Antagonisten miteinander korrespondieren, unser Nervensystem beherrschend, oder wie in unserer Muskulatur Beuger und Strecker ein Paar bilden. Bekanntlich hat Goethe hierin ein Grundgesetz der gesamten Natur gesehen und in seiner *Farbenlehre* als „ewige Formel des Lebens“ ausgesprochen: „Das Geeinte zu entzweien, das Entzweite zu einigen, ist das Leben der Natur; dies ist die ewige Systole und

26. Schelling: Aphorismen über die Naturphilosophie. In: Schriften von 1806–1813. Seiten 185–231. Seite 188.

Diastole, die ewige Synkrisis und Diakrisis, das Ein- und Ausatmen der Welt, in der wir leben, weben und sind."[27] Systole und Diastole sind die beiden Phasen des sich bewegenden Herzens, sein Sich-Zusammen- und Auseinanderziehen. (Man denke einmal an Schellings „schlagendes Herz der Gottheit"!) Durchaus möglich, daß Schelling zu seinen Aphorismen von Goethe angeregt wurde, dem er ja selbst wiederholt begegnete.

Immer wieder ziehen wir die Kategorien des Organischen, die unserem Erkennen so fernliegen, zur Deutung der toten Materie heran, weil wir auch die tote Welt als Ausdruck erleben – Ausdruckswahrnehmung ist eben unsere primäre Form der Wahrnehmung und geht allem anderen voran. Whitehead spricht der leblosen Natur ein Verhalten zu!

Wenn „objektiv" bedeutet, daß Erkenntniskategorien und Seinskategorien zur Deckung kommen, dann kann das von Schelling gebrauchte Bild des schlagenden Herzens nicht objektiv sein – es muß die Deutung verfehlen. Andererseits ist das Bild des schlagenden Herzens seinem Gegenstand so offensichtlich unangemessen, daß sein Autor es gar nicht auf Objektivität abgesehen haben kann. Vielleicht erfüllt Schelling hier die Voraussetzungen für Tiefsinn? Er täte es, wenn er sich über die Problematik seiner Metapher im Klaren wäre, wenn er also bereits den Scharfsinn sein Messer hätte wetzen und seine ätzende Kritik arbeiten lassen, aber trotz seiner Einsicht in die Problematik seine Metapher gebraucht.

Mit der Buch-der-Natur-Metapher verhält es sich insofern anders, als die meisten, die sie gebrauchen, sich über ihre fehlende Eignung nicht klar zu sein scheinen. Ihre fehlende Objektivität entspricht ziemlich genau der von Schelling gebrauchten Herz-Metapher für das Weltall, aber die Biologen, Philosophen und Journalisten, in deren Texten wir das Buch der Natur finden, sind sich ganz offensichtlich nicht darüber im Klaren, daß sie metaphorisch sprechen und einen Bereich des Seins mit dafür ganz und gar ungeeigneten Kategorien ausdeuten. Die Struktur der DNA und die Gensequenzen stellen einen Aspekt einer spezifisch organischen Kausalität dar, insofern sie Prozesse in Gang setzen und lebendige Gestalten formen, aber wie sie es tun, können wir überhaupt nicht verstehen, weil alle diese Prozesse unserem Bewußtsein fremd sind. Nichts von dem ist uns nach dem hier vertretenen und bereits erläuterten Erkenntnisbegriff zugänglich – uns fehlen hier die Erkenntniskategorien, und voraussichtlich werden sie uns auch immer fehlen, auch wenn die Forschung noch mehr über die Prozesse der Vererbung und die Gesetze der DNA herausfinden sollte. Selbst Hans Blumenberg, der in *Die Lesbarkeit der Welt* über den genetischen Code geschrieben hat, hinterfragt nicht die Bezeichnung einer biologischen Kausalität als Informations-

27. Goethe: Schriften zur Farbenlehre. In: Band 16. Seite 35 und Seite 199.

übertragung. „Das Gen muß sich selbst wiederholen, mit anderen Genen Kombinationen eingehen und die in ihm gespeicherte Information als Funktionsbefehl an den Organismus weitergeben können." Blumenberg spricht über die „Texttreue in der Punkt-für-Punkt-Weitergabe von Information"[28] wie von einem eigentlichen Ausdruck – ihm fehlt jeder kritische Abstand zur Metapher.

28. Blumenberg: Die Lesbarkeit der Welt. Seite 384 und Seite 383. Noch deutlicher ist das bei Duerr: Geist, Kosmos und Physik. Seite 75, der die Metaphorik in Bezug auf die DNA bis zum Exzeß auswalzt.

Sinnlichkeit

In seiner Schrift über *Das Realitätsproblem* spricht Max Frischeisen-Köhler wie Leibniz, Kant, Hegel oder Hartmann über die Rolle des Zusammenhangs, betont aber zusätzlich die Bedeutung der sinnlichen Erfahrung: „Die Realitätsaussagen schließen den ... Bezug auf die Sinneswelt ein."[1] Realität ist ein relationaler Zusammenhang, und die eine Seite dieses Zusammenhanges wird von einem sinnlichen Wesen gebildet. Vielleicht sogar erst von mehreren, denn man wird sich fragen müssen, ob ein isoliertes Wesen (die „Monade", von der auch Husserl spricht, in seinen *Cartesianischen Meditationen* und noch sonst) bereits Realität kennt oder nicht vielmehr diese erst erreicht, wenn sie sich mit wenigstens einer anderen Monade in einer „ursprünglichen Paarung"[2] zusammentut.

Dagegen sind Aussagen, die sich auf das Ideale beziehen, sowohl von deren Subjekten wie von jeder Sinnlichkeit ganz unabhängig. Die sinnliche Wahrnehmung muß deshalb Frischeisen-Köhler zufolge zwingend ein Aspekt der Realität sein, und demzufolge kann ein Erkenntnisproblem niemals allein „mit rein logischen Mitteln behandelt werden".[3] Ein eigenes Problem stellt in diesem Zusammenhang die Rolle von Messungen im atomaren oder im galaktischen Bereich dar – das sind dann keine Erfahrungen im engeren Sinne, weil ihnen jede direkte Sinnlichkeit abgeht, aber sie können natürlich zum Beweis oder zur Plausibilisierung der verschiedensten Theorien dienen.

Gibt es vielleicht doch ganz unsinnliche Erfahrungen? Besitzen nicht Träume zumindest gelegentlich eine bedrückende Realität? Denn geträumt werden sie von sinnlichen Wesen mit Wahrnehmung. Dieses Zusammenhanges wegen ist es eigenartig, wenn die Naturwissenschaft bei manchen Thesen (etwa bei der Dunklen Materie) auf alle Überprüfung oder Bestätigung durch ihre Sinnesorgane verzichtet und sich ganz und gar auf Rechnungen zurückzieht. Kann oder darf Naturwissenschaft rein ideal sein? Macht es Sinn, von einem Teil der Realität zu behaupten, man könne diesen prinzipiell nicht erfahren? Denn eben dies besagt ja das Konzept der Dunklen Materie. Und von Paralleluniversen braucht man gar nicht erst zu sprechen.

Man sollte diese Probleme im Auge behalten, wenn man sich die Spekulationen der modernen Physik – ja, eben nicht vor Augen führt (das geht ja leider nicht), sondern wenn man von ihnen liest. Zusätzlich sollte man sich der Bedeutung der Sinnlichkeit erinnern, wenn man über den Zusammenhang von Ausdruck und Realität nachdenkt. Denn tatsächlich ist allein das Reale ausdrucksvoll, und es ist je ausdrucksvoller, je realer es ist (oder je realer, desto ausdrucksvoller); das Ideale dagegen ist gänzlich ausdruckslos, es

1. Frischeisen-Köhler: Das Realitätsproblem. Seite 29f.

2. Husserl: Cartesianische Meditationen. Seite 115.

3. Frischeisen-Köhler: Das Realitätsproblem. Seite 24.

schaut uns mit starrer Miene an. Es besitzt kein Inneres, das sich ausdrücken oder aussprechen könnte, und es kennt, weil es abseits der Zeit ist, weder Bewegung noch sonst eine Veränderung. Aber ohne Bewegung gibt es keinen Ausdruck. Auch jede Vagheit ist dem Idealen fremd.

Ein im Augenblick ausdrucksloses Gesicht kann selbst in (und trotz) seiner Bewegungslosigkeit immer noch etwas ausdrücken, weil es die Spuren vergangener Bewegungen trägt, zum Beispiel in den Falten an den Mund- oder Augenwinkeln oder auf der Stirn. Und auch die Physis eines Tieres ist ausdrucksvoll, weil es von den Bewegungen seines Lebens geprägt ist, von seiner Merk- und Wirkwelt, mit Jakob von Uexküll zu reden. Schon die Blickrichtung seiner Augen oder sein Gebiß lassen keinen Zweifel zu über seinen Charakter und seine Lebensweise.

Ausdrucksvoll ist auch die Vielzahl der Attribute, der Zusammenklang der verschiedensten, einander vielleicht gar widersprechenden Charakteristika, die unmöglich auf den Begriff zu bringen sind. Deshalb ist auch nur das Konkrete ausdrucksvoll, nicht das Abstrakte, denn das Konkrete (von concrescere, zusammenwachsen) besitzt viele Eigenschaften, so daß es als ein anderer Ausdruck für Individualität gelten darf.

Eine Realität erleben kann nur ein sinnliches, zentral organisiertes, selbstbewegliches Wesen mit einem Innenleben. Eine Pflanze kennt schon deshalb keine Realität, weil sie keine Eigenbewegung besitzt und keine ihrer „Bewegungen" (zum Beispiel das Öffnen und Schließen einer Blüte) zentral gelenkt ist. Bei einer Pflanze können wir von Irritabilität sprechen, aber nicht von Wahrnehmung, die an ein zentrales Organ gebunden ist und niemals und nirgendwo ohne eine Bewegung auftritt. Deshalb ist die Pflanze nur sensitiv, ohne etwas wahrzunehmen. Auch Informationen kennt die Pflanze nicht, denn Information ist Teil der Realität und wie diese relational. Andererseits ist die Information wie das Ideale auf einige wenige Eigenschaften reduziert, ohne aber dessen Zeitlosigkeit zu besitzen. Vielmehr gehört zu einer Information immer ein situatives Moment – außerhalb eines bestimmten Zusammenhanges und ohne einen angesprochenen Rezipienten hat es keinen Sinn, von Information zu sprechen. Im Grunde vereinigt die Information die schwachen Punkte des Idealen (vor allem seine Armut) und des Realen (es ist relational), ohne es durch etwas Positives zu ersetzen. Information ist rein pragmatisch; unterhalb des Animalischen gibt es keine Information. Daß Information der Grundstoff des Universums sein soll, ist also schlicht und ergreifend Unsinn.

Die Bedingungen der Möglichkeit der Erfahrung sind nicht allein, mit Kant zu reden, die Bedingungen der Möglichkeit der Gegenstände der Erfahrung (das ist die für apriorische Einsichten notwendige Deckung von Erkenntnis- und Seinskategorien), sondern die Bedingungen der Möglichkeit der Gegenstände der Erfahrung erfordern umgekehrt auch ein entsprechendes Wesen, das die Bedingungen der Möglichkeit der Erfahrung erfüllt. Weil Ausdruck in Selbstbewegung gründet, muß sich ein für den Ausdruck sensibles Wesen auch selbst bewegen können, andernfalls wird es den Ausdruck niemals wahrnehmen. Denn grundsätzlich jede Wahrnehmung ist, vom Ausdruck einmal abgesehen, an Selbstbewegung gebunden – deshalb kennen auch nur animalische Wesen Wahrnehmung.

In den klassischen Werken der Naturphilosophie ist es nach meiner Kenntnis allein Helmuth Plessner, der die Eigenbewegung würdigt und ihr ihren Ort zuweist,[4] denn diese spielt weder bei Alfred North Whitehead noch bei Nicolai Hartmann eine Rolle; man kann sogar bezweifeln, daß sie auch nur erwähnt wird. Im Zentrum ihres Interesses steht im Zusammenhang mit der Realität die Komplexion. Whitehead schreibt in *Prozeß und Realität*, daß „ein wirkliches Einzelwesen zusammengesetzt [„composite"] ist. ‚Wirklichkeit' ist das fundamentale Beispiel dafür".[5] Dieses Grundgesetz hat Nicolai Hartmann genauer ausgeführt, denn er zeigt in *Der Aufbau der realen Welt*, daß das „Gesetz der Verbundenheit" einerseits für alle konkreten leblosen Gegenstände, andererseits für alle Organismen und Prozesse gilt. Dieses Gesetz bedeutet, daß die Attribute eines wirklichen Ereignisses (die Übersetzung der Whiteheadschen „actual entity" ist viel handlicher als die Aufzählung der Bereiche, für die sie gilt) immer nur zusammen gelten, daß sie also eine Einheit bilden, aus der man nicht, wie es oben schon mehrfach kritisiert wurde, einzelne isolierte Attribute willkürlich herauspicken kann. „Alle kategoriale Determination ist ... komplexe Determination. Kategorien determinieren nur in Komplexion."[6]

Die Vielzahl der Attribute, ihr Wechsel und endlich ihr sowohl sinnlich wahrnehmbarer als auch logisch nachvollziehbarer Zusammenhang zeichnen die Realität aus; auch nicht eines dieser Momente darf fehlen. Die Realität ist reich, nicht arm, sie ist vieldeutig und schillernd, nicht karg und fest umrissen. Sie ist unerschöpflich und niemals vollständig auszudeuten. Schon deshalb ist es ganz verkehrt, von der Philosophie als einem Spiegel der Welt Eindeutigkeit und Klarheit zu verlangen, wie es immer wieder in der cartesischen Tradition bis hinein in unsere Tage geschieht. „Die Philosophie", schreibt ein Philosoph (und bedeutender Mathematiker dazu), „ist immer wieder von der unheilvollen Vorstellung heimgesucht worden, ihre Me-

4. Plessner: Die Stufen des Organischen und der Mensch. Seite 223. Man kann allerdings noch den Psychologen Erwin Straus ansprechen, der diese Verhältnisse ebenfalls beschrieben und durchdacht hat.

5. Whitehead: Prozeß und Realität. Seite 277; Process and Reality. Seite 147. An dieser Stelle spreche ich von Realität.

6. Hartmann: Der Aufbau der realen Welt. Seite 394f.

thode müsse ganz dogmatisch Prämissen angeben, die allesamt klar, deutlich und gesichert sind".[7]

Im doppelten Sinne wirkliche Philosophie übt sich in unzähligen Variationen. Ihre Sprache muß so reich und lebendig sein wie die Welt, die sie beleuchtet, spiegelt und ausdeutet, und so ist es ein Kennzeichen wahrer Philosophie, wenn ein Denker weiß, daß er trotz vieler Einsichten weit davon entfernt ist, die eine und einzige Wahrheit gefunden zu haben. Bestenfalls mag er sich ihr annähern, aber wie nähert man sich dem Unendlichen an? Achilles holt die Schildkröte ein, aber wir werden niemals die Wahrheit auch nur von ferne erblicken. Ein wahrer Philosoph wird deshalb unermüdlich immer wieder dieselbe Festung von allen Seiten aus berennen und sich niemals einbilden, daß er sie bereits erobert hat – der Nachlaß Kants ist nur ein besonders eindrucksvolles Beispiel solcher Hartnäckigkeit, ein anderer jener Husserls. Beide wußten um die Unendlichkeit der Arbeit.

Ein Philosoph wird sich wegen der Vielfalt der Welt vor jedem Monismus hüten, also davor, immer und immer wieder auf dieselbe einfache Grunderklärung zurückzugreifen. In aller Regel ist es so, daß eine Einsicht, die für ein begrenztes Gebiet des Seins ihre Gültigkeit besitzt, buchstäblich überdehnt wird, wenn man sie für das gesamte Sein, wenigstens aber für einen unangemessen großen Teil in Anspruch nimmt.

Georg Simmel nannte den Philosophen den „Abenteurer des Geistes", denn er behandelt das „Unlösbare, als wäre es lösbar."[8] Ich füge hinzu: obwohl er um die Unlösbarkeit weiß. Alle diejenigen dagegen, die das Rätsel des Seins gelöst zu haben glauben – noch dazu mit einer simplen Formel –, sollte man als die Philister des Geistes bezeichnen. Leider sind es nicht wenige.

Auch auf anderen Gebieten der Philosophie hat man sich der Vielfalt der Welt zu erinnern, und deshalb ist auch in der Ethik auf eine ganze Vielzahl von Aspekten, Ursprüngen und Quellen unserer Moral zurückzugreifen; auch hier geht man immer verkehrt, wenn man von einer einzigen Wurzel ausgeht, wie das selbst große Denker wie Kant, Schopenhauer und andere getan haben. Zu den Wurzeln der Moral zählt unter anderem das Wechselspiel von nüchterner Moral und traditioneller Sittlichkeit, von persönlichen Überlegungen und Hingabe an die Überzeugungen seiner Umgebung, dem Ineinander von Einbettung in die Gemeinschaft und der Betonung der Individualität. Auch bedarf der kalkulierende Verstand der Fundierung durch Wahrnehmung und Verstehen des Ausdrucks, und die Rücksicht auf die soziale Umgebung sollte gewisse Ansprüche an das eigene Selbst nicht aus-

7. Whitehead: Prozeß und Realität. Seite 39; Process and Reality. Seite 9.

8. Simmel: Das Abenteuer: In: Hauptprobleme der Philosophie. Philosophische Kultur. Gesamtausgabe. Band 14. Seite 168–185. Seite 175.

schließen. Und bedacht werden muß immer und auf jeden Fall der historische Ort eines Menschen, seine Lebensumstände, was José Ortega y Gasset in die bekannte Formel „Yo soy yo y mis circunstancias" kleidete („Ich bin ich und meine Lebensumstände"). Endlich, aber wohl immer noch nicht zuletzt ist der Mensch sowohl seinen Mitmenschen als auch sich selbst verpflichtet. Vielleicht ist auch die Akzeptanz des Schicksals so ein Moment, die Kraft, selbst sehr ungünstige Lebensumstände als Aufgabe zu begreifen und sich in ihnen zu bewähren. Und so weiter.

Generell muß und wird der Philosoph beweglich zwischen den Methoden wechseln. Wie wir eben erst gesehen haben, taugt die Methode der klassischen Phänomenologie, die sich auf manchen Gebieten glänzend bewährt hat, doch trotzdem keinesfalls für sämtliche Gebiete des Seins. Das gilt ebenso für alle anderen Methoden, vielleicht mit der einzigen Ausnahme der dialektischen Methode Hegels, weil diese eben nicht, wie es so viele gerne hätten, aus einem klappernden Schematismus besteht, sondern aus einer leider nicht lehr- und lernbaren Kunst, mit lebendigen Begriffen umzugehen, sie umzuwenden, auszudeuten und zu entfalten und so aus dem Brunnen ihrer Bedeutung zu schöpfen. In jedem Fall nötig ist dafür Bildung – eine umfassende, tiefe, sich wie das Delta eines Flusses in unzählige Läufe labyrinthisch verzweigende Bildung, die sich wenigstens darum bemühen soll (wenngleich dieses Bemühen natürlich letztendlich vergeblich bleiben muß und wird), in sich so differenziert, multidimensional und vielschichtig zu sein wie die Welt und das Leben um uns. Wenn ein Philosoph eines nicht anstreben darf, dann ist das Spezialistentum – das hieße, um im Bild zu bleiben, sein Leben lang auf einer der Inseln im Delta zu siedeln.

Das unentwegt dahinflutende Denken übt sich in der Beschreibung, Trennung und Zusammenfügung der unzähligen Attribute, denen wir in der Realität begegnen, und setzt die Akzente je nach dem Standort und dem Erkenntnisinteresse immer und immer wieder anders. Niemals darf es sich stauen, niemals sich mit einem Resultat zufriedengeben, sondern jedes Resultat muß als ein vorläufiges erkannt werden. Mit der Paraphrase eines bekannten Lessing-Zitats aus *Nathan der Weise* schreibt Hegel, „daß die Wahrheit nicht eine ausgeprägte Münze ist, die fertig gegeben und so eingestrichen werden kann." Einem Philosophen kommt es deshalb niemals auf eine „nette Antwort" an, sondern für ihn ist das Wahre „der bacchantische Taumel".[9] Deshalb ist in jedem Fall das Suchen und Fragen, das Schauen und Feststellen ungleich wichtiger als das Antworten und vorwitzige Wissen. Das rechte Denken muß neben oder trotz aller Strenge notwendig einen ausgeprägt assoziativen Charakter besitzen, mit dem es den vielleicht nur scheinbar, vielleicht

9. Hegel: Phänomenologie des Geistes. Seite 33f. und Seite 39.

aber tatsächlich chaotischen Zusammenhang der Dinge und Attribute, ihren Tanz und ihr wirres Mit- und Durcheinander nachbildet.

Hegel hat immer wieder die Kraft des Negativen als das Moment der Veränderung betont, aber man muß sehen, daß die Negation Sinn nur innerhalb eines gefügten Zusammenhanges besitzt – ohne das Positive wäre sie ganz kraft- und sinnlos, und so beweist sie diese in ihrer eigenen Existenz. Man könnte sagen, daß tätiges Denken im Wechselspiel von Negation und Assoziation (als der Entdeckung des Positiv-Gemeinsamen mit Hilfe der Metaphorik) besteht; oder tätiges Denken ist eine spielerische Erfahrung, ein Sich-Bewegen und aufmerksames Umherschauen auf einem offenen Feld.

Die Metaphorizität der Sprache ist neben einer entwickelten Syntax und einer differenzierten Flexion Voraussetzung eines beziehenden, das heißt bei-, über- und unterordnenden Denkens. Eine technizistische, allein sachgerechte Terminologie jenseits aller Metaphorik wird diesen weltbildenden Reichtum der Sprache ebenso vernichten wie der Niedergang der Flexion, wie er moderne, „abgeschliffene“ Sprachen auszeichnet. Man versteht schon, warum nicht etwa ein Philosoph die Kraft des assoziierenden Denkens beschworen hat, sondern mit Jean Paul ein Dichter und Meister der „poetischen Blume“. In der *Vorschule der Ästhetik* hat er „die taschen- und wortspielerische Geschwindigkeit der Sprache“ gepriesen, „welche halbe, Drittel-, Viertel-Ähnlichkeiten zu Gleichheiten macht, weil für beide *ein* Zeichen des Prädikats gefunden wird.“[10]

Es handelt sich in jedem Fall um das genaue Gegenteil dessen, was die analytische Philosophie anstrebt, für die Moritz Schlick vorschlug, nur noch mit präzise definierten Begriffen zu arbeiten: „Sowie man die Bedeutung der Worte festlegt, verschwinden die Probleme gewöhnlich, da man einsieht, daß diese Fragen in der Art gar nicht gestellt werden können.”[11] Die Probleme werden auf diese Weise wirklich verschwinden – aber mit ihr die Philosophie. Und in weiten Bereichen hat sie sich bereits verabschiedet.

Wegen der unendlichen Vielzahl der Prädikate muß auch der Begriff einer Sache selbst beweglich sein, also flüssig in der Sprache Hegels, das bedeutet nicht zuletzt jederzeit ergänz- und korrigierbar, denn eine Definition, die einen Begriff ein für allemal festlegt, vernichtet die Anschauung, weil sie den Blick auf ein einziges Attribut richtet. Ein Begriff ohne Anschauung aber bliebe leer und bedeutungslos, und so werden für Hegel das Abstrakte und das Unerfahrene zu Synoymen.[12] Die Anschauung dagegen lebt von und aus der Vielzahl der Attribute und natürlich deren stetem Wechsel, der ja immer auch

10. Jean Paul: Vorschule der Ästhetik. Seite 174.

11. Schlick: Die Probleme der Philosophie in ihrem Zusammenhang. Seite 138.

12. Hegel: Phänomenologie des Geistes. Seite 32.

ein Ergebnis unserer Eigenbewegung und der daraus folgenden wechselnden und wachsenden Erfahrung ist. Die Anschauung akzeptiert die Tatsache der Geschichtlichkeit ihres Objektes und geht, weil sie auf neues Wissen aus ist und nicht etwa auf die Bestätigung des stets Gewußten und ewig Gleichen, um einen Gegenstand, einen Organismus oder auch einen Vorgang herum, sieht den Wechsel der Zustände und beschreibt ihn nicht von allen Seiten, weil dies gar nicht möglich ist, wohl aber von sehr vielen Seiten: denn erst so wird seine Beschreibung rund. „Die Erscheinung ist das Entstehen und Vergehen, das selbst nicht entsteht und vergeht, sondern an sich ist und die Wirklichkeit und Bewegung des Lebens und der Wahrheit ausmacht."[13]

In manchen Fällen, zum Beispiel in der klassischen Mechanik, sind derartige Reduktionen der Anzahl der Attribute eine ebenso erprobte wie deshalb legitime Methode, eine unüberblickbare und konfuse Vielfalt von Kräften und Gegenkräften, von Eigenschaften und Bedingungen auf eine überschau- und vor allem berechenbare Konstellation zu reduzieren, etwa auf einen „Massepunkt". Hier ist Reduktion nicht nur bequem, sondern sogar unverzichtbar. Aber in der Philosophie kann man *more geometrico* nicht verfahren. Man darf auch nicht lakonisch sein, weil man die Welt mit kargen Worten eher verfehlt als mit einem strömenden Erguß.

Fragwürdig wird das Verfahren *more geometrico* immer dort sein, wo Vielfalt essentiell ist. Besonders gilt das für die belebte Natur, und um so mehr, je höher entwickelt die in Frage stehenden Organismen und Lebewesen sind. Die Spekulationen der Evolutionspsychologen, wenn diese zu schildern versuchen, wie sich eine bestimmte, meist ganz willkürlich für zentral erklärte Eigenschaft eines Lebewesens herausgebildet haben soll, arbeiten meist mit einem einzigen Attribut, dem sie gelegentlich noch einige wenige andere hinzufügen, wenn sie uns eine bestimmte Situation vor Augen führen. Es gelingt ihnen auf diese Weise niemals, die Fülle des Daseins auch nur von ferne in den Blick zu bekommen. Derart magere Phantasien sind prinzipiell ungeeignet, *die* oder auch nur *eine* mögliche Wirklichkeit zu beschreiben.

Ich habe im Wintersemester 1980/81 eine Vorlesung von Hans Blumenberg über die *Möglichkeit einer phänomenologischen Anthropologie* gehört, in welcher er am 29. Januar 1981 eine „anthropologische Ursituation" skizzierte, in welcher zwei Menschen einander am Strand begegnen. Ich zitiere aus meiner Mitschrift: „Jemand sitzt auf dem Strand und schaut bewegungslos und anscheinend interessiert auf das Meer. Ein Anderer kommt auch an den Strand, sieht, daß schon jemand anders dort ist, und geht deshalb ein Stückchen weiter, um sich dort niederzusetzen und ebenfalls auf das Meer zu

13. Hegel: Phänomenologie des Geistes. Seite 39. Anstelle von Wirklichkeit möchte ich hier von Realität sprechen.

schauen. Er kann aber nichts Interessantes entdecken und verändert seine Position: näher hin zu dem Ersten, weil er meint, daß er die falsche Position innehat. Aber so nahe er auch immer heranrücken mag, er sieht nichts und meint deshalb, nur exakt von der Position des Ersten aus könne man etwas sehen.“ Im Grunde umschrieb Blumenberg damit die Individualität eines (jedes) Menschen und folgte Leibniz’ Philosophie. Aber in seiner Beschreibung verwandelt sich der Erste, der doch zunächst ein gleichgültiger Mensch oder auch ein potentieller Freund gewesen ist, zum Feind des Zweiten.

Auch in dieser „Ursituation“ sind deren Protagonisten auf ein einziges Merkmal reduziert, buchstäblich auf ihren Standpunkt, und das ist auch deshalb eigenartig, weil Blumenberg nur kurz zuvor (am 18.12.1980) mit Blick auf die Anthropologie Arnold Gehlens den Begriff der Situation in seine Argumentation einführte. „Die Situation ist“, habe ich mir notiert, „ein Ort der Unbestimmtheit, in der man genau weiß, was man zu tun hat. Ein Grenzwert wäre eine Situation völliger Unbestimmheit.“ Eigentlich eine paradoxe Umschreibung, denn wieso weiß man in einer unbestimmten Lage, was man tun soll? Immerhin, das durch das Zusammenkommen der verschiedensten Aspekte verursachte Unbestimmte kennzeichnet vielleicht wirklich die Situation, aber das Stehen des Menschen am Strand und sein Blick sind doch etwas ganz Bestimmtes, wenn auch die Beschreibung mehr als karg ist, und insgesamt widerlegt sie die Argumentation Blumenbergs. (Eigentlich ist die Situation am Strand nichts als die Veranschaulichung des Individualitätsbegriffs von Leibniz – denn auch für ihn ist es ja denkbar, daß zwei Gegenstände oder Lebewesen identisch sind, aber immer noch durch ihren Ort unterschieden werden können.)

Der Begriff der Situation entspricht dem Begriff der Person, denn wie in einer Situation spielt in jeder Person eine unüberblickbare Vielzahl von Eigenschaften und Momenten ineinander, so daß jede Person ein undurchsichtiges, oft widersprüchliches und sich immer wieder veränderndes Konglomerat vieler Charakteristika bildet. Kein Mensch ist immer und stets derselbe, und niemand ist deshalb be- und ausrechenbar, nicht einmal für sich selbst. Und ähnliches gilt dann für die Situation. Beide besitzen sie ihre Geschichte, sind Teil der Zeitläufte und verändern sich als etwas Reales.

Als ein anderes Beispiel mag die Kasuistik dienen, die sich immer wieder in den Szenarien der angelsächsischen Moralphilosophie findet und in denen der Leser mit einer leicht irreal angetönten Situation nach dem Schema „Sie gehen mit ihrer Freundin durch den Wald und haben zufällig ein Maschinengewehr in der Hand …“ konfrontiert wird. Derartige Situationen sind eben nicht wirkliche Situationen, also keine Situationen im ebengenannten Sinne oder auch im Sinne von Hermann Schmitz, weil sie viel zu kalkuliert, zu arm, zu wenig widersprüchlich sind – kurz, weil sie weder unbestimmt noch binnendiffus sind und das Leben abbilden, sondern viel eher eine Rechnung (gelegentlich, ja meist eine Milchmädchenrechnung) darstellen oder vielleicht sogar allein deren Resultat. Schmitz nennt den Gegensatz zu Situationen Konstellationen. Mit Konstellationen mag der Politiker oder der ökonomische Pragmatiker rechnen (sehr häufig mit verheerendem Erfolg), aber jeder, der auf die Erkenntnis eines wirklichen Menschen zielt, sollte darauf verzichten.

Wahrscheinlich ist es das Privileg des Menschen, Situationen wahrzunehmen, denn es scheint, daß alle, also selbst alle hochstehenden, Tiere das Moment des Binnendiffusen auf einige wenige Momente reduzieren und damit außer Kraft setzen. Sie bewegen sich also eher in Konstellationen als in Situationen und nehmen deshalb Stigmata wahr, keine komplexen Zusammenhänge. Das versetzt sie in die Lage, viel schneller und effektiver zu reagieren als Menschen. Heinrich von Kleist hat das eindrucksvoll geschildert, als er in seinem Aufsatz *Über das Marionettentheater* über einen fechtenden Bären schrieb, den keine Finte aus dem Konzept zu bringen vermochte. Die im Vergleich zu unserer Wahrnehmung reduzierte Wahrnehmung der Tiere hindert sie daran, eine Situation in all ihrer Widersprüchlichkeit oder Unbestimmtheit wahrzunehmen, also die Vielzahl ihrer Facetten, Farben, Dimensionen in ein Bild zu bringen und sie deshalb in ihrer ganzen Realität zu erfassen. Sie sind viel focussierter als wir und blenden vieles von dem aus, was wir wahrnehmen. Wahrscheinlich ist der Mensch also der Wahrheit doch ein Stück näher als ein Tier, wenngleich uns immer noch genug davon trennt und wir leider nicht einmal wissen, ja nicht einmal abschätzen können, wieviel tatsächlich zwischen uns und der vollen, unverbildeten Wahrnehmung auch nur der uns unmittelbar umgebenden Welt liegt.

Weil es nicht gut möglich ist, ein Universum abzubilden, muß es das Wesen der Erkenntnis sein, immer nur (wenigstens...) Teilaspekte mit Blick auf die eigene Situation zu erfassen. So sind es immer nur winzige Ausschnitte, wenngleich wir das Maß dessen, das wir erkennen, niemals erfassen können. Denn woher sollten wir wissen, was alles wir nicht gesehen haben? Auf jeden Fall ist keine auch nur annähernd erschöpfende Erkenntnis selbst des allerkleinsten Gegenstandes oder eines kurzen und simplen Prozesses denkbar. Wie sollte es möglich sein, ihre Historie zu erfassen, also ihre Spuren bis zum allerersten Ursprung zurückzuverfolgen und das, was als Bedingung ihrer Existenz gelten muß – und die Zahl dieser Bedingungen ist immer und in jedem Fall Legion, denn sie alle gründen buchstäblich im Anfang aller Zeit, und so entspricht die Zahl der Bedingungen der Zahl ihrer Attribute –, zu erfassen und auszudeuten? Wie sollte es möglich sein, die Totalität der unendlich vielen Bedingungen wahrzunehmen und alle in ihrer Funktion zu verstehen? Das Geflecht der Voraussetzungen ist in allen Richtungen unüberschaubar. Die Fragmentarizität der Erkenntnis ist deshalb keine Schwäche des Menschen, sondern ein Wesensmerkmal der Erkenntnis überhaupt: Erkenntnis betrifft immer und ganz grundsätzlich nur einen Ausschnitt der Welt.

Das ist ein Grund (einer von mehreren), warum es geradezu lächerlich ist, Gott als eine Art Ingenieur anzusehen, wie es die Theorie des „Intelligent Design" nahelegt. Gott, wenn es ihn denn gibt, erkennt nicht, wie die Lebewesen dieser Welt es tun. Im 18. Jahrhundert sprach man deshalb von einem „intuitiven Verstand", der sich dadurch auszeichnet, daß er nicht wie der animalische oder menschliche an Raum und Zeit gebunden ist und der zusätzlich nicht Begriff und Anschauung trennt. Man könnte nicht einmal sagen, daß sich für ihn die Geschichte eines Denkgegenstandes auf einen Moment zusammenzieht, denn ein Gott, den wir uns jenseits der Zeit denken müssen, kennt weder einen Moment noch eine Dauer oder überhaupt eine Veränderung. Einen göttlichen Verstand kann man sich nur negativ denken als etwas, das ganz und gar anders ist als unser Denken und das nicht in unserer Weise zwischen dem Idealen und dem Realen, zwischen dem Wirklichen und dem Möglichen unterscheidet.

Alles das, was man über unsere Wahrheit und unser Erkennen sagen kann, läßt sich auch über das Verstehen sagen, wobei Verstehen als Vorgang viel weniger klar und eindeutig ist. Ganz vorläufig lassen sich zwei Bedeutungen heraus- und hervorheben. Zunächst handelt es sich um Gefühle und Affekte aller Art, die sich nachempfinden lassen, vielleicht auch um das Wissen um die Schwierigkeit eines Vorgangs – in beiden Fällen ist das Verstehen davon abhängig, daß man sich etwas anschaulich vorstellen oder gar in der Phantasie für sich selbst nachvollziehen kann, vielleicht gar ganz lebhaft und anschaulich. Verstehen in diesem Sinne kann man alle sich bewegenden Organismen beziehungsweise deren Erlebnisse umso besser, je näher sie mit uns verwandt oder je ähnlicher unserer Leiber einander sind. Denn an die Ähnlichkeit des Leibes ist das Verstehen in diesem Sinne gebunden. Das Erleben einer Schlange, zum Beispiel ihre Wahrnehmung der Körperwärme eines Opfers oder einer Gefahr, kann man sich nicht ernsthaft vorstellen – es ist uns unsagbar fern, und ihr Erleben ist mit dem unseren keinesfalls kompatibel. Aber bereits die Angst eines Pferdes ist uns zwar in seiner irrationalen Gewalt immer noch fremd genug, doch trotzdem weniger fern, denn einzelne Aspekte wie seine erhöhte Atem- und Herzfrequenz oder sein Drang zur Flucht gehören auch zu unserem eigenen Erleben, und es kommt oft genug vor und ist wohl jedem bekannt, daß ein Pferd, ein Hund oder ein anderes Tier einen Menschen mit seinen Gefühlen anstecken kann, zum Beispiel mit Angst oder mit Lebenslust. Man freut sich einfach mit, wenn ein Welpe oder ein Fohlen über eine grüne Fläche hüpft, tollt und springt, und das Scheuen und ängstliche Schnauben eines Pferdes kann auch bei seinem Reiter Angst hervorrufen. Verstehen ist in diesem Fall ein unbewußtes, unwillkürliches Übersetzen in unsere eigenen Lebens- oder Leibesverhältnisse. Je elementarer die Vorgänge sind, desto leichter sind sie übertragbar. Auch: Je mehr sie den ganzen Leib erfassen, desto mehr stecken sie an.

Ein wenig näher müssen wir auf die Rolle des Leibes und der Sinnesorgane eingehen, wenn es darum geht, wie wir die Gefühle eines anderen Lebewesens wahrnehmen und verstehen.

1848 schrieb Gustav Theodor Fechner: „Der Leib ist so zu sagen eine Violine, die das innere Spiel ihrer Saiten selbst fühlt.",[14] und 1884 wies William James in *What is an Emotion?* auf die Verbindung von Emotion und Bewegung hin, auf die immer noch von verschiedenen Autoren verkannte Tatsache, daß jedes, aber auch wirklich jedes Gefühl einzig und allein als körperliche Empfindung begriffen und verstanden werden kann. Gefühle bestehen in nichts als in der Selbstwahrnehmung unseres Leibes: den Kontraktionen unserer inneren Organe oder dem Feuchtwerden des Auges, dem Höherschlagen des Herzens oder der Anspannung verschiedener Muskeln, in dem Aufrichten der Nackenhaare oder dem Erröten der Wangen, also immer in Bewegungen unseres Leibes, die von uns selbst ausgehen, obwohl sie nicht von uns gesteuert werden können. Obwohl sie unwillkürlich sind, sind es Eigenbewegungen. Der Schmerz dagegen widerfährt uns, er ist etwas Fremdes, das zu uns kommt, das uns zustößt und auf uns trifft, und er ist auch keine Bewegung unseres Leibes, aber die Gefühle sind unser Eigenes; wir sind mit ihnen eines.

Nur ganz beiläufig: Es gibt bereits wegen dieser Umstände kein reines Bewußtsein, denn Bewußtsein ist nichts als die Selbstwahrnehmung eines Körpers, den wir eben deshalb einen Leib nennen und von allem anderen auf dieser Erde unterscheiden.

Weil James diese Verhältnisse fast gleichzeitig mit dem dänischen Psychologen Carl Lange (*Ueber Gemütsbewegungen*, 1885) beschrieben hat, spricht man von dem James-Lange-Gesetz, das das Prinzip der Gegensinnigkeit des Gefühlslebens und seines Ausdrucks durch Bewegung beschreibt. Es besagt, daß Emotionen aus Bewegungen unseres Leibes bestehen und umgekehrt Bewegungen unseres Leibes als Emotionen wahrgenommen werden.[15] Es

14. Fechner: Nanna oder Über das Seelenleben der Pflanzen. Seite 28.

15. James: Psychology. Volume Two. Seite 449: „My theory ... is that the bodily changes follow directly the perception of the exciting fact, and that our feeling of the same changes as they occur is the emotion."

handelt sich also um ein Widerspiel. Daraus folgt, daß es ein Nonsens ist, sich reine, also rein geistige Emotionen oder Zustände, Gefühle oder Gemütsbewegungen vorzustellen.[16] Wenn wir Angst, Freude oder irgendeine andere Emotion schildern wollen, ob wissenschaftlich, poetisch oder in einem Alltagsgespräch, dann können wir das nur tun, indem wir – James führt es in seinem Werk vor – unsere körperlichen Zustände möglichst anschaulich und lebhaft beschreiben. Zu jedem Gefühl gehört ein Ausdruck, und wir begegnen nicht allein den Gefühlen anderer Menschen, sondern vor allem auch jenen in uns selbst ausschließlich auf diesem Wege: über den Ausdruck, über Bewegungen unseres Leibes. Es gibt keine andere Art, sich seiner Gefühle zu versichern, sie zu beschreiben oder sich selbst zu verstehen. Schon in den Epen Homers wird das deutlich, weshalb Bruno Snell von dessen Schilderungen sagen kann: „Auch hier bleibt, was man von der Seele aussagen kann, ganz in der Sphäre dessen, was für körperliche Organe gilt."[17] Homer schildert niemals den Schmerz oder das Gefühl eines seiner Helden, ohne genauestens auf seine Verletzung einzugehen oder bildhaft seine Emotionen zu veranschaulichen.

Es ist unverständlich, daß selbst Ludwig Klages als bedeutender Ausdrucksforscher James scharf für seine Behauptung der Gegensinnigkeit kritisiert. Klages hält James entgegen, daß „jeder hinreichend denkfähige Mensch ... ohne weiteres imstande" sei, „das einigermaßen ausgesprochene Gefühl von allen damit einhergehenden Körperempfindungen zu unterscheiden."[18] Auch Edith Stein äußert sich an einer Stelle ihres Buches über die Einfühlung in zweideutiger Weise, wenn sie behauptet: „Und niemand, der sich ihr [= der geistigen Gefühle] reines Wesen zur Gegebenheit bringt, wird behaupten, daß ein leibloses Subjekt keine Freude, keine Trauer, kein ästhetisches Werten erleben könne."[19] An anderer Stelle dagegen würdigt sie die Bedeutung des Leibes.

In dieselbe Kerbe schlagen die Hirnforscher unserer Tage, von ihrem extremen Naturalismus in die Irre geführt. Sie versuchen, Emotionen allein im Gehirn zu verorten, also als vom Hirn erzeugt, als Funktion des Hirns oder als rein psychische, mentale oder gar neuronale Zustände zu beschreiben. Der Amerikaner Joseph Ledoux, der als einer von unzähligen zitiert werden soll, will in seinem Buch *Das Netz der Gefühle* zeigen, wie „Emotionen im Gehirn entstehen ..., wie das Gehirn emotional erregende Stimuli entdeckt und

16. James: Psychology. Volume Two. Seite 452: „A purely disembodied human emotion is a nonentity ... emotion dissociated from all bodily feeling is inconceivable."

17. Snell: Die Entdeckung des Geistes. Seite 38.

18. Klages: Grundlegung einer Wissenschaft vom Ausdruck. Seite 150.

19. Stein: Zum Problem der Einfühlung. Seite 66.

darauf reagiert“ oder wie Gehirne „Emotionen hervorbringen“.[20] Wahrscheinlich könnte man, wenn es nach diesen Forschern geht, das Gehirn auch in eine ausgewogene Nährlösung legen, und es würde so sauber und präzise arbeiten wie zwischen unseren Schädelknochen. Einen Zusammenhang mit dem Leib, dem sich ein Hirnforscher widmen könnte, gibt es nicht. Ausdruck kommt bei keinem dieser Autoren in den Blick. Ihre Beschreibungen wie ihre Erklärungen sind deshalb nicht allein einseitig, sondern schlicht falsch und irreführend. Und sie sind so weltfremd, daß man sich nur wundern kann.

Noch einmal: Es gibt kein reines Bewußtsein. Bewußtsein ist die Selbstwahrnehmung eines Leibes.

In seinem frühen Hauptwerk *Wesen und Formen der Sympathie* diskutiert Max Scheler die Wahrnehmung eines fremden Ichs und damit auch die Wahrnehmung von Gefühlen und vertritt die These, dasselbe Gefühl könne gleichzeitig verschiedenen Subjekten gegeben sein; zugleich sei es möglich, das fremde Gefühl unmittelbar wahrzunehmen. In eine ähnliche Richtung zielt Hermann Schmitz mit seiner Theorie der Atmosphären. Scheler wendet sich entschieden und mit Recht gegen alle Theorien, die das Verstehen von Ausdruck auf logische Schlüsse zurückführen; aber wie sollte man unmittelbar ein Gefühl wahrnehmen, das nicht das eigene ist? Wenn es kein logischer Schluß ist, so muß es eben einen anderen Grund dafür geben, daß wir von Emotionen anderer Menschen, ja sogar fremdartiger Lebewesen ergriffen werden können.

Unser Körper antwortet auf die Welt, also auf Wahrnehmungen aller Art, mit Bewegungen – inneren wie äußeren –, und einen Teil dieser Bewegungen, insbesondere jener der Organe, erleben wir als Gefühle. Ähnlich erfahren wir Gesundheit oder die Gegenwart von Energie als Vitalität. Ein Gefühl ist die Antwort des Leibes auf unser Erleben. Wir mögen dieses Gefühl im Gehirn oder dank des Gehirns oder durch das Gehirn hindurch registrieren, aber es ist ganz gewiß kein Ereignis im Innern unseres Kopfes. Bei allen Lebewesen, die uns partiell ähnlich sind, übertragen wir die beobachteten unbewußten Leibeszustände ebenso unbewußt auf uns selbst und können allein so von Gefühlen erfaßt werden.

Die Unwillkürlichkeit und vollkommene Unbewußtheit eines großen Teils unserer Ausdrucksbewegungen demonstriert die eigenartige Tatsache, daß die Zusammensetzung der Tränen, die wir unter Streß gleich welcher Art vergießen – sei es, daß wir gerührt oder traurig sind, sei es, daß wir Tränen lachen –, sich von jener der Tränen unterscheidet, mit denen sich das Auge benetzt, um sich vor den scharfen Ausdünstungen einer Zwiebel zu schüt-

20. Ledoux: Das Netz der Gefühle. Seite 9 und Seite 13.

zen. Eine chemische Analyse kann eine Ausdrucks-Träne von einer Schutz-Träne unterscheiden! Ist das kein Beweis des James-Lange-Gesetzes? Was kann einen Naturalisten überhaupt noch überzeugen, wenn nicht eine chemische Analyse?

Auch in der (oder doch nur einen) zweiten Bedeutung von Verstehen geht es um ein Übersetzen, aber es handelt sich um einen anspruchsvolleren und eher kognitiven Begriff von Verstehen, weil die Aufgabe darin besteht, eine isolierte Erkenntnis in das System unseres Wissens einzubinden.

Wie bedeutend die Metaphorik für unser Verstehen der Welt ist, hat Julian Jaynes in seinem Buch über den *Ursprung des Bewußtseins* beschrieben, indem er gezeigt hat, daß die Sprache auch ein Werkzeug der Wahrnehmung ist, nicht etwa einfach nur eines der Kommunikation.[21] Nach Jaynes erweitert sich unsere Kenntnis der Welt, indem wir die Namen bekannter Dinge auf die unbekannter und noch namenloser Gegenstände oder Vorgänge übertragen: Das ist das Wesen der Metaphorik, der Prozeß der Metaphorisierung, wie er auch wiederholt von Ludwig Klages hervorgehoben wurde. Dieser Prozeß durchzieht unsere ganze Sprache, die so ein wahrer Friedhof toter Metaphern ist. Aber: Es bleibt nicht bei diesem Prozeß, denn mit dem bloßen Namen wird auch ein Hof von Bedeutungen auf die metaphorisierte Sache übertragen, so im Falle der biologischen Struktur, die man „Information" zu nennen sich angewöhnt hat, der ganze Anspielungsreichtum auf Wissen, Kenntnis, Intellekt und so weiter – es ist ganz unmöglich, diese Nebenbedeutungen auszublenden. Sondern wenn wir das Wort Information hören, beginnen wir ganz automatisch in diesen Kategorien zu denken. Die Metaphorisierung ist der für uns normale Weg, uns die Welt intellektuell zu erobern,[22] und eben deshalb muß man sich dieses Prozesses immer bewußt bleiben.

Möglicherweise ist die Metaphorizität der Sprache, die diese selbst und damit auch unser Denken in alle Richtungen hindurch durchzieht, tatsächlich ganz allein und ausschließlich auf dieses Verstehen respektive Verstehenwollen zurückzuführen. Anders als unsere auf das Verstehen abzielende Sprache würde ein ganz sachliches, berechnendes, pragmatisches Zeichensystem keine Metaphern kennen. Könnte man das noch eine Sprache im eigentlichen Sinne nennen? Selbst die Technik benutzt Metaphern, wenn sie zum Beispiel das Gegenstück zur Schraube als „Mutter" bezeichnet – auf diese Weise wird

21. „Indeed, language is an organ of perception, not simply a means of communication." Jaynes: The Origin of Consciousness in the Breakdown of the Bicameral World. Seite 51.

22. Für Jaynes steht es fest, „that consciousness is the work of lexical metaphor." Jaynes: Origin of Consciousness. Seite 58. Er sucht und findet den Ursprung des Bewußtseins in der Metaphorizität unserer Sprache.

die Brücke zu unserem Erleben geschlagen. Vielleicht ist allein dem mathematischen Kalkül Metaphorizität fremd, aber das Kalkül ist nicht mehr (oder noch nicht) Sprache. In jedem Fall ist Watsons Bezeichnung der DNA als „Code" oder „Information" nur ein Beispiel für diesen Vorgang der Metaphorisierung einer Tatsache, die sich unserem Erleben vollkommen verschließt.

Um auf die s-förmige Kurve Hartmanns zurückzukommen, in welcher Erkenntnis- und Seinskategorien auf der Ebene des Mechanischen eng bei einander liegen, so muß diese wegen der prinzipiellen und hoffnungslosen Unverständlichkeit aller Prozesse der anorganischen Natur ganz und gar falsch sein. Vielmehr ist es so, daß am unteren Ende, also im Bereich der leblosen Natur, überhaupt nicht von Verstehen gesprochen werden kann, aber das Verständnis wächst allmählich, je näher wir dem Leben des Geistes kommen. Während wir Pflanzen noch ziemlich verständnislos gegenüberstehen, können wir selbst bei niederen Tieren schon etwas verstehen, und je mehr, je höher entwickelt und je verwandter sie mit uns sind.

Noch für fast aussichtslos hielt Hartmann alle Fragen, die der Selbsttätigkeit eines Organismus gelten. „Im Grunde sind die organologischen Kategorien alle mit einem Einschlag des Unerkennbaren verhaftet", und zwar unter anderem deshalb, weil es nicht möglich sei, „Form und Prozeß zu trennen". Weil menschliches Verstehen aber an deren Differenz gebunden sei, sei für uns alles Organische prinzipiell irrational, unserem Verstehen also prinzipiell unzugänglich. Als Beispiele dienen ihm die Prozesse der Assimilation (die er als „Anähnlichung" oder „Gleiches-Bilden" übersetzt, als „selbsttätige Wiederbildung des Verbrauchten"[23]).

Das prinzipielle Argument ist nicht recht verständlich, weil Hartmann selbst kein näheres Beispiel bietet. Auch ist es nicht klar, ob „Form und Prozeß" dem erkennenden Wesen oder dem Erkannten beziehungsweise zu Erkennenden zuzuordnen sind. Wahrscheinlich ist ja wohl letzteres gemeint, so daß seine Bemerkung auf die bewußte Wahrnehmung eines leiblichen Vorgangs abzielt. Aber in Frage steht (und eben deshalb ist es prinzipiell fragwürdig, von Information zu sprechen, weil diese Metapher über die vorhandenen Schwierigkeiten hinwegtäuscht, indem sie eine Brücke über eine viel zu weite Kluft schlägt) die Steuerung des Prozesses – zum Beispiel des Stoffwechsels – in allen seinen Stadien. Selbst wenn man die biochemischen Aspekte dieses Prozesses vollständig beschreiben könnte, also zum Beispiel in jedem Fall genau wüßte, welche Enzyme welche Phase einläuten, besäße man noch immer kein Konzept, diesen Prozeß zu verstehen, weil in unserem

23. Hartmann: Philosophie der Natur. Seite 552, Seite 544 und Seite 573. Vergleiche auch: Die Anfänge des Schichtungsgedankens in der Alten Philosophie. In: N.H.: Kleinere Schriften II. Seiten 164–191. Seite 174, wo Hartmann von der „Hinaufbildung des aufgenommenen Stoffes" spricht.

bewußten Erleben jede Entsprechung fehlt. Denn ausnahmslos alle gleichartigen, ähnlichen oder verwandten Vorgänge vollziehen sich nicht nur unbewußt, sondern sogar bewußtlos. Wären diese Vorgänge nicht bewußtlos, sondern unserem Erleben zugänglich, so daß wir auf ähnliche Prozesse unseres Organismus zurückgreifen könnten, läge wenigstens ein partielles Verstehen vor – ähnlich jenem, mit dem wir dem Verhalten von Tieren begegnen.

Daß hier kein Beispiel geboten wird, wiegt schon deshalb so schwer, weil Hartmann selbst wie schon sein Vorbild Hegel immer wieder darauf hingewiesen hat, daß zum Begriff ganz unbedingt die oder doch eine „Schau" gehört – Begriffe dürfen niemals anschauungsfremd, philosophische Argumente keinesfalls abstrakt sein. (Zusätzlich wäre noch zu fragen, was unter „den höheren Formen der Schau"[24] zu verstehen wäre. Dieser Ausdruck scheint mir auf die fragwürdigen Aspekte der Phänomenologie zu verweisen, auf ihren Umgang mit idealen Entitäten.) Aber der Hinweis auf die Schau ist schon deshalb berechtigt, weil er (und vielleicht er allein) unser Verstehen unterstützen kann.

Wahrscheinlich liegt der Grund für die Schwierigkeit, einen wirklichen Anfang zu verstehen, darin, daß es keinen Sinn macht, von einem Anfang auszugehen, ohne gleichzeitig eine Diskontinuität anzunehmen. Denn man versteht oder begreift etwas, indem man es in den Zusammenhang seines Wissens oder Weltverständnisses einordnet, indem man eine Handlung auf Motive oder einen natürlichen Vorgang auf Naturgesetze zurückführt. Eine Wahrnehmung oder ein Vorgang muß sich wenigstens partiell in das Gefüge bereits vorhandener Einsichten einpassen, sonst erscheinen sie als gänzlich irrational.

Wie sieht eine solche Eingliederung aus? Es geht ja nicht etwa um eine Eingliederung in unser Verhalten, sondern um ein Durchdenken, und so kann es nur einen Weg geben, jenen über die Sprache. Können wir etwas nicht aus der Mathematik oder einer Graphik in eine natürliche und gewachsene Sprache übersetzen, so haben wir es nicht verstanden. Auch einen juristischen oder philosophischen Text haben wir erst dann verstanden, wenn wir ihn in unsere eigene Sprache übersetzen können.

Wir benutzen Metaphern, Symbole oder Vergleiche, um eines mit dem anderen in Beziehung zu setzen. Die Sache selbst bekommen wir schließlich nie zu fassen. Wie etwa hätten James Watson und seine Kollegen die Doppel-Helix verstehen sollen, als sie sich Anfang der fünfziger Jahre mit der chemischen Struktur der DNA beschäftigten? Weder ihre Beschreibung in Gestalt von chemischen Formeln noch ihr berühmtes Papiermodell kann wirkliches Verstehen unterstützen, denn es hilft lediglich dabei, den Standort

24. Nicolai Hartmann: Ziele und Wege der Kategorialanalyse. In: N.H.: Kleinere Schriften I: Abhandlungen zur systematischen Philosophie. Seiten 89–122. Seite 117.

der einzelnen Elemente und ihre Verknüpfung zu bestimmen. Bezeichnenderweise schreibt Watson auch nicht, daß ihm sein Modell plausibel gewesen wäre, sondern statt dessen sprechen er und seine von ihm zitierten Kollegen von der Schönheit des Modells[25] – sie zeigen damit ein Denken, das sich gar nicht so sehr von dem der Astronomen des 16. und 17. Jahrhunderts unterscheidet, die im Grunde aus rein ästhetischen Gründen von der Kreisförmigkeit der Planetenumläufe ausgingen. Und schließlich wird Watson (wohl zwangsläufig) metaphorisch, wenn er zwei Gebiete des Seins miteinander kombiniert, die Welt der Chemie und unser Bewußtsein: Die DNA enthalte Information, kann man plötzlich lesen (auch diese Plötzlichkeit ist eine Diskontinuität!), und weil wir ja alle wissen oder zu wissen glauben, was Information ist oder bedeutet, gehen wir über diesen im Grunde skandalösen Satz einfach hinweg. Und so „verstehen" wir die DNA als Information, und dabei ist sie nichts weniger als das.

Bevor wir hören, was Konrad Lorenz zur Information zu sagen hat, wollen wir einen kurzen Blick auf den Kommentar eines leicht esoterisch angehauchten Physikers werfen, der die Metapher von den Buchstaben der DNA bzw. DNS auf die Spitze treibt: „Die Information, die in der DNS steckt, hat eine gewisse Ähnlichkeit mit einem Gedicht. Auch in einem Gedicht von Goethe ... sehen Sie zunächst einzelne Buchstaben, die nebeneinander stehen." Das könnte verkehrter nicht sein, denn wir sehen, wenn wir lesen, keinesfalls isolierte Buchstaben, sondern Wörter – das weiß man spätestens seit der Gestaltpsychologie, wenn man es noch nicht aus der Beobachtung seiner selbst erfahren hat.

Duerr fährt dann fort: „Sie sind jedoch auf eine raffinierte Weise in gewisse Ordnungsstrukturen auf verschiedenen Ebenen eingebunden, gewisse Buchstabenfolgen, die man benennen und auch untersuchen kann. Da sind zunächst Buchstabenkombinationen, die als Worte einen Sinn ergeben, der den einzelnen Buchstaben nicht anhaftet. Das heißt, ich entdecke einen neuen Wert, eine neue Information. Wenn ich die Worte hintereinander setze, bekomme ich einen Satz, der einen neuen Sinn gebiert, und die Sätze ergeben zusammen eine Strophe mit weiterer Sinnbereicherung. Insgesamt wird das Gedicht zu einem nicht-zerlegbaren Ganzen, bei dem erst das Ende den Anfang ganz verständlich werden lässt."[26]

Worüber könnte mich denn ein Gedicht informieren?

Man sollte bei der Lektüre von Lorenz diese Worte eines bedeutenden Physikers im Hinterkopf behalten. Lorenz schreibt, daß die Theoretiker der Information „mit Absicht von der semantischen Ebene" abstrahieren, wogegen aber

25. The „structure was too pretty". Watson: The Annotated and Illustrated Double Helix. Seite 222.
26. Duerr: Geist, Kosmos und Physik. Seite 75.

er selbst „den in der Umgangssprache" üblichen Informationsbegriff gebrauchen will, der immer mit Erkennen und Wissen konnotiert sei. Demzufolge spricht er ausdrücklich von einem „Wissensgewinn",[27] den das Genom erziele. Auch Küppers ist sich ganz sicher, daß bereits Moleküle „Kenntnis"[28] von etwas besitzen können. Das ist ein leichtfertiger Sprachgebrauch, den man bei vielen Autoren beobachten kann. Dabei will Küppers anders als Lorenz keinesfalls Information als einen Begriff nehmen, der mit unserem lebensweltlichen oder alltäglichen Begriff von Information etwas zu tun hat, sondern für ihn ist Information ein „Strukturbegriff", so daß „der Vorwurf des Konstruktivismus, die Naturwissenschaften würden fälschlicherweise Information für einen Naturgegenstand halten",[29] nach seiner Überzeugung in sich zusammenfällt.

Warum gebraucht man dann einen Begriff, dessen Bedeutung in unserer Lebenswelt eine ganz andere ist? Hätte man sich nicht für einen anderen, vielleicht für einen künstlichen Terminus entscheiden sollen? Und wie kann man sich unter diesen Umständen auf einen Autor wie Konrad Lorenz stützen, der von sich selbst ausdrücklich sagt, daß er den üblichen Begriff der Information gebraucht? Warum kann man von Syntax, Semantik, Code oder Grammatik sprechen, wenn Information bloß auf eine Struktur abzielt?

Tatsächlich sieht Küppers in der Tiefe noch eine andere Universalie am Werk, nämlich die Sprache – und hier wiederholt sich der Vorgang, denn auch der Sprachbegriff erhält durch den Autor (oder durch den Kontext) eine andere Bedeutung. Unsere Sprache ist nach Küppers wie Information oder Kommunikation lediglich der Spezialfall einer Struktur (einer „genetischen Molekularsprache"), die das ganze Leben durchzieht. Der Autor verfolgt so den metaphysischen Gedanken, daß Sprache die besonders hoch entwickelte Form einer dem Leben insgesamt zugrundeliegenden Struktur ist. Die genetische Information und die Bedeutung der menschlichen Sprache wären also einander prinzipiell gleichzusetzen – nur wäre die menschliche Sprache viel höher entwickelt. „Sobald nämlich der menschlichen Sprache eine naturgeschichtliche Entwicklung unterstellt wird, welche ihren Ausgang von der genetischen Sprache als ihrem materiellen Archetyp genommen hat, und sobald menschliches Handeln und menschliche Kommunikation im Rückgriff auf ihre naturalistischen Vorbedingungen thematisiert werden, verliert der Konstruktivismus seine antinaturalistische Stoßrichtung."[30]

27. Lorenz: Die Rückseite des Spiegels. Seite 37f.

28. Küppers: Die Berechenbarkeit der Welt. Seite 46.

29. Küppers: Die Berechenbarkeit der Welt. Seite 128f.

30. Küppers: Die Kontextabhängigkeit biologischer Information. Seite 268. Werner Diederich wendet in seiner Replik ein, daß Küppers Information nur als Wirkung versteht: Zur Kontextabhängigkeit des Informationsbegriffs. Seite 280.

Im Grunde ist die Argumentation von Küppers metaphysisch, ohne daß der Autor dieses Faktum eingestehen und offen diskutieren würde. Sein Konzept ist eine pantheistische Kryptometaphysik, mit deren Hilfe eine Kontinuität hergestellt werden soll, ohne die sein Welterklärungsmodell nicht funktioniert.

Küppers Argumentation läuft auf das in Linguistik und Kommunikationswissenschaften übliche Sender-Empfänder-Modell hinaus, denn beide Seiten müssen „über den gleichen Zeichenvorrat verfügen"[31] und darüberhinaus auf eine gemeinsame Grammatik und Syntax zurückgreifen können. Inwiefern aber dieser Sprachbegriff abstrakt sein soll oder sich von unserem Alltagsverständnis von Sprache unterscheidet, ist nicht leicht zu sehen.

Seit Leibniz wissen wir, daß die Annahme eines Kontinuums eine unumgängliche Voraussetzung für die Möglichkeit des Verstehens ist; es ist wirklich ihre conditio sine qua non, also die Bedingung ihrer Möglichkeit, denn in einer diskontinuierlichen Welt würden wir vieles nicht verstehen, und es ist deshalb aus psychologischen Gründen durchaus verständlich, wenn man als heuristisches Prinzip ein Kontinuum annehmen möchte, das von den ersten Anfängen bis in die höchsten Spitzen von Wissenschaft und Kunst reicht. Ein solches Kontinuum darf aber nicht allein Statisches umfassen, sondern muß mit Prozessen und ihrer Gesetzlichkeit auch alle dynamischen Vorgänge unter sich begreifen.

In der heutigen Forschung gibt es deshalb das „Kontinuitätspostulat: Zwischen allen Bereichen der Wirklichkeit besteht ein kontinuierlicher Zusammenhang". Aber Vollmer, von dem diese Formulierung stammt, schränkt sogleich wieder ein, ja tritt einen geordneten Rückzug an, denn er muß zugeben, daß „vielleicht quasi-kontinuierlich die angemessenere Bezeichnung"[32] wäre. In jedem Fall wäre es deshalb klüger, statt von einem Postulat von einer methodischen Maxime zu sprechen, die von den Strukturen unseres Denkens erzwungen wird. Oder gleich von einer Wunschvorstellung oder einem Glaubenssatz.

Ein Kontinuum zu wünschen, anzunehmen oder zu fordern, bedeutet aber nicht, seine Existenz bewiesen zu haben. Schließlich können wir den Umstand, daß etwas notwendig für die Funktion unseres Verstandes ist, nicht als den Beweis seiner Existenz nehmen; wir dürfen aus einer Einsicht der Erkenntnistheorie nicht auf ontologische Zusammenhänge schließen. Denn selbst wenn die Hypothesen, die auf der Annahme eines Kontinuums fußen, nicht widerlegt werden können, so sind diese trotzdem nicht allein nicht bewiesen, sondern in vielen Fällen sogar grundsätzlich unbeweisbar und damit außerhalb jeder Wissenschaft.

31. Küppers: Der Ursprung biologischer Information. Seite 137.

32. Vollmer: Evolutionäre Erkenntnistheorie. Seite 29f.

Im Grunde läuft es auf eine unerfreuliche Alternative hinaus. Entweder wir geben Diskontinuitäten zu und akzeptieren damit, daß wir vieles aus prinzipiellen Gründen nicht verstehen können – das ist die Position Nicolai Hartmanns und der meisten, wenn nicht all jener, die von einer Schichtung der Welt ausgehen –; oder wir lehnen alle Schichtenmodelle ab und nehmen lieber ein großes allumfassendes Kontinuum an, so daß geistige Vorgänge in der Materie ihren Ursprung besitzen. Das ist der Weg, den der Monismus notwendig gehen muß, denn wenn er keine Kontinuität annimmt, kann er ja nicht länger monistisch argumentieren. So läuft eine Weltdeutung, die von naturalistischen, materialistischen und mechanistischen Überlegungen ihren Ausgang nimmt, ganz zwangsläufig auf ihr Gegenteil hinaus, auf einen mystisch angehauchten Panpsychismus und damit auf eine ganz unverhohlen irrationale Konzeption, welche Intelligenz und Geist bereits auf atomarer Ebene zu finden meint.

Vielleicht (vielleicht...) weist Whitehead hier einen dritten Weg. Man muß deshalb an dieser Stelle noch einmal etwas ausführlicher auf seine bereits oben zitierte zentrale These der organistischen Philosophie zurückkommen, die „der ganzen wirklichen Welt ‚Empfinden'" zuspricht. Im englischen Original heißt es „feeling". In *Abenteuer der Ideen*, aber auch schon zuvor im Vorwort zu *Prozeß und Realität*,[33] bezieht sich Whitehead auf Francis Herbert Bradley und dessen Gebrauch von „feeling", das von Holl mit „Empfinden" übersetzt wurde. In *Abenteuer der Ideen* verrät er, daß es der Gedanke des umfassenden Ganzen („inclusive whole") war, der ihn an Bradleys Überlegungen interessierte. Whitehead macht den subjektiven Grund dieses Ganzen deutlich, weist nämlich daraufhin, daß es erst unser Erleben ist, in dem es zu einem Kontinuum kommt. (Mit Kant könnte man von einem „Postulat der Erfahrung" sprechen.) Insofern unterscheidet sich sein Gedankengang ganz wesentlich von jenem von Küppers und anderen, deren Informationsbegriff ja auf etwas Objektives hinweisen soll – dieser Anspruch ist nicht zuletzt daran abzulesen, daß man die Gesamtmenge der Information im Universum berechnen könne. Die von Whitehead angenommene Kontinuität dagegen wäre dann eine von uns selbst gestiftete Kontinuität, die es ohne ein erlebendes Selbst gar nicht gäbe. Die Kontinuität wäre in diesem Fall keine Seins-, sondern eine Erkenntniskategorie, die sich mit ontologischen Kategorien, wie wir noch sehen werden, erst auf dem Gebiet des Geistes berührt oder sogar deckt. Denn die Vorgänge der leblosen Natur und auch noch die Mehrzahl der bewußtlosen oder unbewußten organischen Vorgänge können wir nicht verstehen oder vielleicht besser: Sie lassen sich prinzipiell nicht ver-

33. Whitehead: Abenteuer der Ideen. Seiten 409–415; Whitehead: Prozeß und Realität. Seite 24; Whitehead: Process and Reality. Seite XIII.

stehen; und so müssen wir sie mühsam auf allerlei Umwegen in unser Kontinuum einbeziehen.

Whiteheads „anthropomorph anmutende Art, über die Grundbestandteile der Wirklichkeit zu sprechen, kann dazu verleiten", schreibt Röck, „ihn vorschnell als einen klassischen Panpsychisten zu deuten. Letztlich impliziert diese Rede des Auf- und Wahrnehmens für Whitehead jedoch keine Behauptung eines Welt-Bewusstseins oder gar einer All-Seele, sondern sie meint vielmehr nur die Tatsache, dass die wirklichen Einzelwesen ihre Umwelteinflüsse integrieren und durch diese Umwelteinflüsse wesentlich konstruiert werden."[34] Dieser Interpretation zufolge gibt es allein ein ungeheuer dichtes, unmöglich zu überschauendes Netz von Wirkungen und Folgen. Fragwürdig bleibt Whiteheads Vokabular aber auch dann, wenn Röck recht hat, weil es das leblose Sein, wie es auch bei Bergson und anderen, geringeren Geistern beobachtet werden kann, in eine unzulässige Nähe zum Lebendigen rückt – der Sprung vom leblosen Sein zum Leben wird klein geredet, weil man sich auf keine Weise erklären kann, wie aus Leblosem Lebendiges entstehen kann.

Mir dagegen scheint es besser, den Hiatus oder die Tatsache unseres Unverständnisses einzugestehen.

Wahrscheinlich geht Whiteheads Argumentation direkt auf Leibniz zurück; und wenn Whitehead Leibniz nicht gelesen haben sollte, dann argumentiert er doch ganz wie dieser. Seine Prozeßphilosophie ist im Grunde eine Art Monadologie, hierin dem Konzept Lotzes ähnlich, der ein ausgesprochener Leibnizianer ist. In seinem *Mikrokosmos* gesteht Lotze, „jenem Gedanken eines inneren geistigen Lebens nachzuhängen, welches alle Materie durchdringe." Wenig später formuliert er wie Whitehead ganz offen den Grundsatz einer pantheistischen Philosophie, nach der „die Wärme der Empfindung"[35] auch das leblose Sein durchdringe – das ist eine Ansicht, die sich nicht allein in ihrer Tendenz nach auch bei Bergson findet, denn dieser schreibt zu Beginn des dritten Kapitels von *Schöpferische Evolution* selbst, daß er „einer Annäherung des Leblosen und des Lebendigen den Weg bereitet" hat. Es ist der Atomismus der Leibnizschen Konzeption, der als Gegengewicht einer „prästabilierten Harmonie" bedarf, für die der große Philosoph auch nicht den Schatten eines Arguments anzuführen weiß.

34. Röck: Vielheit und Kreativität als Grundmomente der Prozessontologie Alfred North Whiteheads. Seite 251. Wie oben gezeigt, nimmt Whitehead aber eine streng ontologische Position ein, die dieser Interpretation widerspricht.

35. Lotze: Mikrokosmos. Erster Band. Seite 404 und Seite 444. Das ist eine Ansicht, die sich nicht allein in ihrer Tendenz nach auch bei Bergson findet, denn dieser schreibt zu Beginn des dritten Kapitels von *Schöpferische Evolution* (Seite 215) selbst, daß er „einer Annäherung des Leblosen und des Lebendigen den Weg bereitet" hat. Wahrscheinlich ist das *die* Grundtendenz der modernen Philosophie überhaupt.

Wie steht es um die Kontinuität unserer Lebensvorgänge? Man spricht so gern von Psychosomatik, und wohl jeder Mensch weiß um den gegenseitigen und sehr engen Zusammenhang seines seelischen Befindens mit rein (oder eben nicht rein) körperlichen Vorgängen wie etwa Verdauung und Kreislauf, aber wir kennen die Übergänge, Verbindungen und Zusammenhänge kaum im Ungefähren, geschweige denn, daß wir imstande wären, sie im Einzelnen auch nur zu beschreiben. Warum eine Streßsituation bei dem einen auf Darm und Magen schlägt, dem anderen Kreislaufprobleme beschert und einem dritten Kopfschmerzen bereitet, ist auch nicht ansatzweise geklärt. Und auch dann, wenn wir das zu sagen wüßten, wenn wir also die physiologische Seite dieser Vorgänge im Detail beschreiben könnten, ist es ganz sicher, daß wir sie immer noch nicht verstehen würden.

Schlagend ist Hartmanns Hinweis auf die Unmöglichkeit, etwas Neues zu verstehen, wenn tatsächlich irgendetwas aus dem Nichts heraus geschieht beziehungsweise als ein solcher Vorgang aufgenommen wird oder verstanden werden muß. Vorgänge aus dem Nichts können wir unmöglich verstehen, aber dies ist zweifellos ein sehr seltener, im Grunde sogar unerhörter und vielleicht niemals gesehener oder erlebter Vorgang, denn in aller Regel wird sich wenigstens von fern ein Grund oder eine Ursache andeuten. Oder man wird sich einen Grund ausdenken oder eine Ursache auf das Geschehen projizieren, denn andernfalls müßte man ja annehmen, in einer nicht-kontinuierlichen Welt zu leben, die keine Kausalität zuläßt. Das aber scheint dem Menschen nicht möglich.

Für den Fall aber, daß wir eine menschliche Handlung als frei ansehen – als wirklich frei –, würde eine solche Kontinuität fehlen (mit ihr begänne ja etwas Neues), und deshalb müssen freie Handlungen als irrational und prinzipiell unverstehbar gelten – vielleicht ein Grund, warum viele Menschen (und darunter besonders auffallend viele verstandesorientierte) diese Möglichkeit entschieden zurückweisen.

Ihrer Zusammenhangslosigkeit wegen erscheinen freie Handlungen notwendig als plötzlich. Es ist vor allem diese Plötzlichkeit, wenngleich nicht sie allein, welche eine Tat als gänzlich irrational erscheinen läßt (und gegen deren bloße Möglichkeit sich Leibniz in seinem oben zitierten Vorwort zu den *Neuen Abhandlungen* verwahrte).

Besonders für das Auftreten eines Neuen, zum Beispiel also für den Aufgang des Lebens aus einer noch leblosen Natur oder für einen Sprung in der Entwicklung einer biologischen Art, muß diese Irrationalität in Anspruch genommen werden. Diese Vorgänge widerlegen die Annahme eines Kontinuums, das wir für unser Verständnis brauchen. Vor allem Sprunghaften, allem Plötzlichen stehen wir verständnislos. Das Plötzliche scheint uns ein Angriff aus einer uns unzugänglichen Dimension, es erfolgt für uns buchstäblich aus dem Nichts. Die wissenschaftliche Literatur überspielt das gerne, und es gibt viel zu wenige Autoren, welche die schwachen Punkte der Theorie offen ansprechen. Einer ist Kurt Hübner, der wesentliche Aspekte der Evolutionstheorie für unzureichend erklärt, besonders ihre Erklärung der Entstehung der Arten. „Es gibt Veränderungen der Gene, die zu neuen makrobiologischen Formen führen, die wissenschaftlich nicht erklärbar sind."[36]

Das Auftreten einer neuen Art vollzieht sich schon aus rein logischen Gründen immer plötzlich – ein allmählicher Übergang ist prinzipiell nicht denkbar, und es ist merkwürdig, daß dieser Aspekt so gut wie niemals bedacht, dieser Einwand deshalb niemals zu entkräften versucht wird.

Weil die Kontinuität sich unterbrochen sieht, wenn eine neue Art auftritt, muß notwendigerweise das Neue eines der größten Probleme der Biologie sein. Konrad Lorenz greift auf einen Begriff der Leibnizischen Philosophie zurück, den dieser in der *Monadologie* gebraucht, und begibt sich damit eigentlich in theologisches Fahrwasser. Lorenz nennt das plötzliche Erscheinen des Neuen „Fulguratio" (Blitz). In seinen Vorlesungen *Zur Geschichte der neueren Philosophie* kommentiert Schelling diesen Begriff und empfindet ihn als „etwas zu Unbestimmtes, als daß man daraus die Bestimmtheit der Dinge erklären könnte. Er erklärt ... die Bestimmtheit der Dinge, indem er sagt: jenes Wetterleuchten werde durch die Rezeptivität der Kreatur limitiert (sie haben nur ein gewisses Maß, Gott aufzunehmen)." Ist Fulguratio nicht ein Begriff, den ein evolutionistisch denkender Biologe niemals hätte gebrauchen dürfen?

Überhaupt – obwohl er doch ein Biologe ist, wählt Lorenz ein Beispiel aus der Elektrik („Schwingkreis"), nicht etwa eines aus seinem eigenen Fachgebiet, um zu illustrieren, wie „schlagartig völlig neue Systemeigenschaften"[37] entstehen können. Das kann natürlich nicht überzeugen – auch deshalb, weil er nicht zeigen kann, wie oder warum sie entstehen, sondern sich mit einem Verweis auf das bloße Faktum begnügen muß.

Eigentlich ist Fulguratio nur ein anderes Wort, und es ist nicht leicht zu sehen, worin sein Gewinn liegen soll. Vollmer spricht zwar von einer „Erklärung der Höherentwicklung durch Fulguration",[38] aber tatsächlich bieten weder Lorenz noch er selbst auch nur ein einziges Wort der Erklärung, sondern nichts als eine andere Benennung eines nach wie vor komplett rätselhaften Vorgangs – bei ihm heißt es nicht länger „Auftauchen", wie man Emergenz übersetzen könnte, sondern „blitzartige Schöpfung". Das ist alles.

36. Hübner: Biblische Schöpfungsgeschichte – moderne Evolutionstheorien. Seite 199. Ein Biologe, der die Schwierigkeiten seiner Zunft eingesteht, ist Steven Rose: Darwins gefährliches Erbe. Seite 199, Seite 213 und Seite 222.

37. Lorenz: Die Rückseite des Spiegels. Seite 48.

38. Vollmer: Evolutionäre Erkenntnistheorie. Seite.82.

Ein Blitz ist eine schöne Veranschaulichung einer Diskontinuität, und bereits Schelling schrieb von „dem übrigens schönen Bilde des Wetterleuchtens, wobei Gott gleichsam wie eine von Realität schwangere Wolke gedacht wird".[39]

Nicht überzeugen kann Lorenz' Argumentation zusätzlich deshalb, weil er sich zwar auf Nicolai Hartmanns Schichtenlehre und Ontologie beruft, diese aber offensichtlich nicht verstanden hat. Das wird besonders deutlich, wenn er schreibt, daß in der Hartmannschen Ontologie „die Verstandeskategorie zugleich Gegenstandskategorie ist".[40] Wäre diese Aussage zutreffend, gäbe es keine Bereiche des Irrationalen mehr, sondern wir könnten das Sein in toto übersehen und verstehen. Das Auseinanderklaffen von Erkenntnis- und Seinskategorien, das Hartmann wiederholt beklagt – dieser von ihm behauptete Gegensatz ist für die Argumentationssstruktur seiner ganzen Philosophie und insbesondere für das Verhältnis von Erkenntnistheorie und Ontologie wichtig, sogar entscheidend – dieses Auseinanderklaffen gäbe es dann nicht. Die Tatsache, daß wir nicht nur dieses und jenes, sondern sogar sehr vieles überhaupt nicht verstehen und immer wieder mit dem Irrationalen zu kämpfen haben, zeigt, wie weit beide Formen der Kategorien in den meisten Bereichen des Seins auseinanderliegen.

Wenn man eine Deckung beider Bereiche annehmen würde, wäre es völlig ausreichend, allein die Erkenntniskategorien und damit unseren Verstand zu analysieren, weil bereits auf diese Weise die Struktur der Welt zu erkennen wäre. Das ist das Verfahren der rationalen Metaphysik, das aber seit der *Kritik der reinen Vernunft* obsolet ist. Die rationale Metaphysik versuchte nur tief genug in uns selbst, in unser Denken und seine Strukturen einzudringen, um auf diese Weise die Strukturen der Welt zu erkennen. Ganz naiv nimmt sie die Strukturen unseres Verstandes als die Strukturen der Welt. Das war die Position eines extremen Idealismus, die zunächst durch Kant, später durch Hartmann in dessen *Grundzügen einer Metaphysik der Erkenntnis* überwunden wurde. Und so nimmt Hartmann natürlich die genau entgegengesetzte Position ein.

Keinesfalls die Bewunderung von Nicolai Hartmann, aber alles andere aus dem Ansatz von Konrad Lorenz übernimmt kritiklos Gerhard Vollmer, in dessen lehrbuchartiger Darstellung das „Auftreten völlig neuer Systemeigenschaften durch die Vereinigung von Untersystemen" als ein ganz natürlicher und unproblematischer Prozeß erscheint. Er bietet wohl auch einige Beispiele für diesen Vorgang, aber es ist bezeichnend, aus welchen Gebieten er sie sich zusammensucht und, mehr noch, aus welchen Bereichen er nichts hinzuzufügen weiß: „Elektron und Proton sind geladene Elementarteilchen; zu-

39. Schelling: Zur Geschichte der neueren Philosophie. Seite 333.

40. Lorenz: Die Rückseite des Spiegels. Seite 58.

sammen bilden sie ein neutrales Atom (Wasserstoff). Die Gase Sauerstoff und Wasserstoff verbinden sich zu der Flüssigkeit Wasser." In diesen beiden ersten seiner Beispiele ist aber gar nichts Neues entstanden, sondern Vollmer spricht nur von zwei chemischen Verbindungen auf Zeit, die sich jederzeit wieder rückgängig machen lassen. Sie wären bestenfalls als ein Beispiel für „schwache Emergenz" anzusehen, die eigentlich gar keine wirkliche Emergenz ist.

Der Begriff der Fulguration geht auf den 47. Paragraphen der *Monadologie* zurück („Fulgurations continuelles de la Divinité"), der wiederum mit der Annahme, daß ein Gott ständig Blitze ausstrahlt, in der gleichen Weise wie die Infinitesimalrechnung Atomismus und absolute Kontinuität zu vereinen versucht.

Den Begriff der Fulguratio hat Reinhard Löw in aller Schärfe kritisiert, und seine Argumentation läßt sich ebenso gegen das Emergenz-Konzept verwenden. Am Beispiel der sowohl von Lorenz als auch von Vollmer beigezogenen Wasserentstehung zeigt er die Beliebigkeit des Begriffes, der „auf die ganze Wirklichkeit ausgedehnt werden" kann. „Wie nämlich sollen Qualitäten definiert und abgegrenzt werden gegen individuelle Eigenschaften? ... Entweder jedes ‚Wie beschaffen' wird zur Fulguration, daß es nur so blitzt und kracht, oder das Prinzip ist nichts als ein Hinweis auf unser Un-Wissen in bezug auf bestimmte Kausalzusammenhänge."[41]

Als wahrscheinlich einziges Kriterium für die Entstehung von etwas wirklich Neuem, also für starke Emergenz, bietet sich die Unumkehrbarkeit eines Vorgangs an. Wenn sich ein Vorgang nicht rückgängig machen läßt, dann (und eigentlich auch nur dann) kann man wirklich von etwas Neuem sprechen. Dabei ist es wichtig, daß es sich eigentlich immer um Verluste handelt, die sich nicht wieder ausgleichen lassen, so daß Evolution in dieser Perspektive in dem Verlust verschiedener Möglichkeiten besteht. Der französische Paläontologe Louis Dollo formulierte das „Dollosche Gesetz" von der Unumkehrbarkeit des evolutionären Prozesses; selbst dann, wenn die genetischen Anlagen zu gewissen Organen oder Fähigkeiten einem Wesen gar nicht verloren gegangen sind, finden sie sich niemals wieder in einem jüngeren, also evolutionär späteren Wesen. Auch Säugetiere besitzen die Anlagen zu Kiemen, ohne diese jemals auszubilden. So erscheint Evolution als ein irreversibler Vorgang.

Eben in diesem Punkt (der Unumkehrbarkeit) versagen die Beispiele aus Physik und Chemie vollkommen, denn wenn die Elemente – Sauerstoff und Wasserstoff zum Beispiel – sich wieder getrennt haben, ist alles wie zuvor, und es ist nichts Neues entstanden. Nur die Zustände haben sich geändert.

41. Löw: Evolution und Erkenntnis. Seite 348.

Aber: Wenn eine neue biologische Art ins Leben tritt, hat sich mit einem Schlag alles verändert. Es handelt sich hierbei um einen komplett anderen Vorgang.

Ebenso verzweifelt steht es um Vollmers nächstes Beispiel, dem der von Konrad Lorenz ins Spiel gebrachte Schwingkreis folgt. Schließlich springt seine Argumentation mit einem einzigen gewaltigen Sprung von der Elektrik über die gesamte belebte Natur aller Entwicklungsstufen hinweg, also ohne auch nur ein einziges Beispiel aus der uns doch eigentlich interessierenden Evolution der Tier- und Pflanzenwelt für Emergenz bieten zu können: „Auch die Regeln eines Fußballspiels lassen sich nicht auf einen einzelnen Menschen, sondern nur auf mehrere Spieler anwenden."[42] Muß man das noch kommentieren? Nicht einmal einen Sportreporter wird ein Fußballspiel überzeugen.

42. Vollmer: Evolutionäre Erkenntnistheorie. Seite 82.

Supervenienz und das Paradox des Zenon

Sind Raum und Zeit in sich selbst kontinuierlich? Falls nicht, müßte es mit der Intelligibilität der Welt weniger weit her sein, als sich das so mancher wünschen mag. Denn dann wäre nicht allein die Kollision zweier Billardkugeln am einen, sondern am anderen Ende auch die freie Tat eines Menschen prinzipiell nicht zu verstehen, von den zahllosen Paralleluniversen einmal abgesehen, die manche Physiker sich erträumen. In allen diesen Fällen würden gewisse Ereignisse nicht nur so aussehen, als kämen sie aus dem Nichts, sondern dann kämen sie wirklich aus dem Nichts, jedenfalls für uns. Aber hat man so etwas schon gesehen? Und wenn man es gesehen hätte, hätte man es als eine Diskontinuität realisiert und später verstehen können?

Dazwischen aber – zwischen einem simplen mechanischen Vorgang und einem Ereignis, in dem Kultur und Physiologie in einer ganz undurchschaubaren Weise verknüpft sind – liegt das, was der Biologe Lorenz, der Physiker Vollmer und viele andere ausgelassen haben, nämlich nicht weniger als die gesamte Naturgeschichte und mit ihr nicht allein das Neue, sondern wirklich vieles Neue, ja eigentlich sogar das einzig wirklich Neue.

Als Bezeichnung für das Strukturverhältnis des Neuen hat sich der Begriff der Supervenienz eingebürgert, welcher die Entstehung eines Höheren aus einem Niederen beziehungsweise aus der Kombination verschiedener niederer Elemente bezeichnet. Als Konsequenz der Kombination disparater Elemente, also als Resultat einer bloßen Kumulation entstehe etwas Höheres. Im Grunde können die Vertreter dieser Theorie lediglich behaupten oder mit der Hilfe von Simulationen und sogenannten Gedankenexperimenten zu zeigen versuchen, daß es prinzipiell denkbar wäre, daß sich dank einer unendlichen Vielzahl von kleinen, rein zufällig abgelaufenen Mutationen irgendwann einmal etwas Neues ergeben hat oder ergeben könnte. Darwin löst das Problem, so Richard Dawkins, „indem er die Unwahrscheinlichkeit in kleine, handliche Teile zerlegt und damit den Zufall austrickst". So ist es „das langsame, kumulative, schrittweise, nicht zufällige Überleben von Zufallsvarianten, das Darwin natürliche Selektion genannt hat." Deshalb sind heutige Lebewesen „gut durch die angehäufte Klugheit ihrer Vorfahren." [1] (Inwiefern es ein Zeichen von Klugheit sein kann, daß man nützliche Eigenschaften vererbt, muß wohl das Geheimnis des großen Zoologen bleiben.) Die ganze Theorie ruht auf der prinzipiell unbeweisbaren, zuerst von (dem hier natürlich ungenannt bleibenden und dem Autor vielleicht wirklich unbekannten) Leibniz ausgesprochenen Voraussetzung, „daß ein infinitesimal abgestuftes Kontinuum von klein und groß existiert."[2] Einzelne Eigenschaften oder Attribute werden nach dieser Theorie über einen gewissen Zeitraum hinweg

1. Dawkins: Gipfel des Unwahrscheinlichen. Seite 89, Seite 92 und Seite 105.

2. Dawkins: Der blinde Uhrmacher. Seite 113.

angehäuft, aber endlich (und immer plötzlich, weil man nicht erkennen kann, ob und wie es sich vorbereitet hat, und dazu ohne alle Übergangsformen – also eben nicht kontinuierlich) bildet sich etwas Neues. Als Beschreibung ist Fulguration wirklich ein schönes Wort für diesen zutiefst rätselhaften Vorgang.

Es gibt nicht den geringsten Zweifel daran, daß Supervenienz wirklich existiert oder sich doch als Vorgang vollzog, denn schließlich werden wir alle mit verschiedenen Stufen des Seins und damit auch mit der Bildung des Neuen in der Vergangenheit konfrontiert. Aber kann die Kumulation verschiedener Merkmale eine zureichende Erklärung abgeben? Immer noch gehören Dänische Dogge und Pekinese zu derselben Art, ja die weltweite Züchtung von Haustieren hat während vieler Jahrtausende trotz systematisch gelenkter und verstärkter Kumulation von kleinsten Merkmalen an unzähligen voneinander getrennten Orten an unzähligen Individuen nicht zu einer neuen Art geführt, in nicht einem einzigen Fall! Jeder Hund ist immer noch ein Wolf.

Ist es zuviel verlangt, wenn wir von einer Theorie verlangen, sie möge uns sagen, unter exakt welchen Bedingungen die Kumulation unzähliger Merkmale in etwas Neues mündet und eine neue Art kreiert, zu welchem Zeitpunkt der Entwicklung es also genügend neue Eigenschaften gibt, welche eine neue Art aus dem Heer der bloßen Varietäten ins Leben treten lassen? Die Experimente, welche die Menschheit in den letzten fünf-, sechs- oder siebentausend Jahren mit Haustieren angestellt hat, haben ja eine erstaunliche, kaum zu überblickende Vielzahl von Varietäten entstehen lassen, die teils so unterschiedlich sind, daß man sie auf den ersten Blick kaum noch einer einzigen Art zuordnen möchte. Aber so viele neue Eigenschaften sich auch gebildet, und so lange die Varietäten auch nebeneinander existiert haben mögen, ohne sich zu vermischen, sie ließen trotz ihrer unüberschaubaren Fülle niemals Supervenienz hervortreten und führten deshalb niemals zu einer neuen Art, denn nach wie vor lassen sich Katzen, Ziegen und andere Haustiere mit ihren wilden Artgenossen kreuzen – immer noch bringen sie nach einer Verbindung mit einem wilden Tier fruchtbare Nachkommen zur Welt, so daß Haus- und Wildtiere als Vertreter einer einzigen Art angesehen werden dürfen. Was also hätte geschehen müssen, damit sich eine neue Art entwickelt hätte? *Die Entstehung der Arten* war das Problem, auf das Darwins Hauptwerk die Antwort geben sollte, aber tatsächlich bekommen wir bis heute auf diese doch wirklich elementare Frage keine Antwort. Die Theoretiker des Darwinismus verschweigen dieses Problem oder übergehen es einfach, wie es Dawkins auch in seinem Bestseller *Der blinde Uhrmacher* vorführt. Sein Buch zeigt uns, wie immer neue Varietäten entstehen, aber das Problem der neuen Art wird an keiner Stelle angesprochen. Und vielleicht hat er es ja auch nicht gesehen; oder er hat es nicht sehen wollen.

Der Begriff der Supervenienz erklärt deshalb ebensoviel wie Fulguration oder Emergenz, nämlich überhaupt nichts, sondern gibt allenfalls eine Beschreibung des stufenartigen Aufbaus der Natur ab. Ja, die Unerklärlichkeit der Supervenienz gehört sogar zu ihrer Definition, denn „emergente Eigenschaften ... lassen sich nicht allein aus den Grundbestandteilen voraussagen, sondern sind nur auf der Ebene ihres Auftretens zu erklären.“[3] Das allerdings ist dann überhaupt keine Erklärung. Man kann die Existenz der neuen Eigenschaften allenfalls konstatieren, sie beschreiben und zur Kenntnis nehmen – aber wenn eine Theorie, die auf nichts anderes zielt als auf die Erklärung der Entwicklung unserer Lebensformen, nicht die Entstehung neuer Arten erklären kann, kann sie gar nichts erklären. Diese Theorie ist dann vollkommen gescheitert. (Daraus möge man bitte nicht schließen, daß die allmähliche Entwicklung des Lebens auf der Erde bestritten wird – bestritten wird lediglich, daß es bereits eine Theorie gibt, die dieser Entwicklung gerecht zu werden vermag.)

Die starke Emergenz ist durch superveniente Eigenschaften ausgezeichnet, die aus „nichtreduzierbaren Kräften“[4] bestehen, also zwar auf anderen Kräften aufbauen, aber per definitionem nicht aus ihnen abzuleiten sind und deshalb notwendig rätselhaft bleiben. Prinzipielle Rätselhaftigkeit ist ein höchst merkwürdiges Element einer wissenschaftlichen Theorie! Eben darauf zielt die Kritik von Jan Cornelius Schmidt, denn er findet, daß „der Begriff der Emergenz irreführend“ ist, „weil mit ihm eine allzu abrupte, plötzliche, singuläre Konnotation einhergeht.“[5] Er spricht als Physiker über kosmische Vorgänge, nicht über die Entstehung biologischer Arten, aber seine Kritik deutet an, wie kompliziert das ganze Problem ist und daß es der Prozeßcharakter des Geschehens ist, der in den Focus genommen werden muß.

Wenn Elemente derselben Seinsstufe miteinander kombiniert werden und etwas anderes, zum Beispiel eine chemische Substanz, bilden, dann läßt sich dieser Vorgang in aller Regel auch wieder rückgängig machen; das scheint die beste Probe darauf, daß die sogenannte „schwache Emergenz“ nicht zu etwas wirklich Neuem führt und deshalb auch nicht verdient, überhaupt als Emergenz angesprochen zu werden. Eben darauf zielt die Bemerkung Goulds: Ein Vorgang, der sich nicht rückgängig machen läßt, der also etwas tatsächlich Neues in die Welt einführte, läßt sich nicht rational erklären, weil er in seiner Existenz die Annahme eines Kontinuums widerlegt, das die Voraussetzung für eine rational nachvollziehbare Erklärung wäre.

Deshalb wird das Neue nur zu gern wegdiskutiert, und dafür scheinen sich zwei Wege anzubieten. Der eine Weg, den viele Biologen betreten und den man

3. Gould: Das Ende vom Anfang der Naturgeschichte. Seite 289.

4. Bedau: Schwache Emergenz und kontextsensitive Reduktion. Seite 66.

5. Schmidt: Das Andere der Natur. Seite 68.

eben auch bei Dawkins und seinen Anhängern finden kann, besteht darin, daß man die Existenz verschiedener Seinsstufen in Abrede stellt, also entgegen dem Augenschein ein umfassendes Kontinuum annimmt. Oder man interpretiert den Vorgang von seinem Ende (Telos) her, versteht ihn nämlich als ursprünglich zielgerichtet und damit als die Tat einer Intelligenz, sein Ergebnis also (im Grunde die ganze Welt) als „intelligent design", entstanden aufgrund der Blaupause eines intelligenten Gottes. Es ist wiederum Hübner, der diesen ziemlich anstößigen Gedanken formuliert, wenngleich er weit davon entfernt scheint, sich naiv für das intelligente Design auszusprechen. Sein Einwand richtet sich vielmehr dagegen, von vornherein den Gedanken auszuschließen, daß die Evolution eine Richtung besitzt, und wendet gegen den Begriff der Selektion ein, daß er auf die Makroevolution nicht anwendbar ist, weil er nicht die Entstehung von Arten und überhaupt eine Höherentwicklung erklären kann. Denn die Selektion, fände sie immer nur auf derselben Ebene statt, wäre in diesem Fall ganz sinnlos und würde niemals zu einer höheren Stufe der Organisation führen. Deshalb muß in der Mutation selbst die „Richtung zur Entstehung immer höherer Organismen"[6] schon angelegt sein.

Es kann kein Zweifel daran bestehen, daß die Naturgeschichte allzuoft wirklich nach einem Telos aussieht, daß sie also objektiv zweckmäßig ist („teleonom" im Jargon der heutigen Biologie, die hierin Konrad Lorenz folgt), aber weder kann dies ein Grund dafür sein, eine solche schöpferische Intelligenz als Motor oder Lenker einfach anzunehmen, noch sollte man sich umgekehrt dazu verleiten lassen, den Anschein der Zielgerichtetheit einer Entwicklung von vornherein abzutun. Vielmehr stellt dieser Anschein einen Skandal dar, der die Begrenztheit unseres Wissens und unseres Verstehenkönnens nur allzu sehr ins Licht stellt.

Wie oben angedeutet, macht Hartmanns Agnostizismus an dieser Stelle nicht halt, sondern ist nach dem Vorbild Immanuel Kants noch viel radikaler und grundsätzlicher. In der *Philosophie der Natur* stellt er bereits die Kausalität in der Schicht des Materiellen als unverständlich hin und meint damit einen ganz alltäglichen Vorgang, nämlich einen Impuls, also die simple Übertragung einer Kraft und damit einen Vorgang, der heute besonders von Esoterikern, aber auch von einem so tiefen und wichtigen Autor wie Teilhard de Chardin für die Erklärung von allem und jedem benutzt wird, wenn man vielsagend von (vielleicht gar „geistigen") Energien raunt. Dagegen zeigt Hartmann im Anschluß an Kant, daß bereits der Zusammenstoß zweier Objekte und die damit verbundene Impulsübertragung rätselhaft sein muß.

Allerdings steht diese Erklärung Hartmanns in einem schroffen Widerspruch zu anderen Äußerungen. Denn an verschiedenen Stellen seines Wer-

6. Hübner: Biblische Schöpfungsgeschichte – moderne Evolutionstheorie. Seite 200.

kes versucht er zu zeigen, daß im Bereich der anorganischen Natur fast eine Deckung von Seins- und Erkenntniskategorien besteht, die ja die Voraussetzung nicht allein für die Intelligibilität der Vorgänge darstellt, sondern noch darüber hinausgehende Voraussetzungen schafft: „Denn kategoriale Identität bedeutet Erkenntnis a priori". Hartmann nennt das Verhältnis von Erkenntnis- und Seinskategorien im Bereich der unbelebten Natur, also der Mechanik, „eine auffällige Nahstellung".[7] Aber ganz im Gegensatz dazu sieht er in seiner *Philosophie der Natur* bereits das „Bewirken" und nicht erst die organischen Vorgänge als ein unlösbares Problem an. Denn Kausalität, lautet sein Credo in der *Philosophie der Natur*, widersetze sich grundsätzlich einem Verständnis durch den Menschen. Von einer auffälligen Nahstellung kann man also wirklich nicht sprechen.

So scheint es die Durchbrechung der Kontinuität zu sein, die dem Verstehen entgegensteht. Dieser Durchbrechung wegen erscheinen die Vorgänge zumindest partiell als irrational, aber es ist zugleich eben diese Irrationalität, die das Reale auszeichnet und es von dem Idealen unterscheidet. Ist das paradox?

Besonders unverständlich (oder nur besonders auffällig) ist natürlich das „psychophysische Bewirken", dem das 29. Kapitel der *Philosophie der Natur* gewidmet ist, weil Hartmann es in der Tradition du Bois-Reymonds für ausgeschlossen hält, den Zusammenklang von Körper und Geist zu durchschauen. Die ganze Problematik hielt er für zutiefst irrational und absolut unlösbar.[8] In einigen seiner Werke spricht er von einem „Hiatus irrationalis", wenn es um das Zusammenwirken von Materie und Psyche geht, hier dagegen von „Unbegreiflichkeit", die er aber überraschenderweise nicht prinzipiell verschieden von der Irrationalität des „Physischen und innerhalb des Physischen" findet. Gesteigert findet Hartmann vielmehr die Unbegreiflichkeit bei der Wirkung des Psychischen auf Physisches im Verhältnis der Wirkung zwischen Physischem und Physischem „nur durch die kategoriale Verschiedenheit".[9] Aber eben die einerseits offenkundig existierende, andererseits

7. Hartmann: Die Erkenntnis im Lichte der Ontologie. Seite 149. Auf jeden Fall ist es grundsätzlich verkehrt, wenn Ludwig Marcuse (Aus den Papieren eines bejahrten Philosophie-Studenten. Seite 256) folgendes Zitat ohne Quellenangabe Hartmann zuschreibt – Hartmann kann das gar nicht geschrieben haben: „Erkenntniskategorien und Seinskategorien sind identisch." Dieser Satz widerspricht Hartmanns Lehre vollkommen. Dasselbe Mißverständnis bei Lorenz, Die Rückseite des Spiegels: „Wenn Hartmann ... fest voraussetzt, daß die Verstandeskategorie zugleich Gegenstandskategorie ist" (Seite 58). Vergleiche dazu Die Erkenntnis im Lichte der Ontologie. Seite 146.

8. Lorenz, ein großer Verehrer Hartmanns, übernimmt dessen Argumentation in toto, wenn er schreibt: „Selbst eine utopische Zunahme unserer Kenntnisse würde uns der Lösung des Leib-Seele-Problems nicht näherbringen. Die Eigengesetzlichkeiten des Erlebens können grundsätzlich nicht aus chemisch-physikalischen Gesetzen und aus der wenn noch so komplexen Struktur der neurophysiologischen Organisation erklärt werden." Die Rückseite des Spiegels. Seite 227.

9. Hartmann: Philosophie der Natur. Seite 359.

absolut unerklärliche, ja fast widervernünftige Tatsache einer Verbindung von Physischem und Psychischem ist es, auf welcher die Annahme eines das ganze Universum umfassenden und durchziehenden Kontinuums beruht, und insofern sind seine Äußerungen unverständlich: Mag auch die Unmöglichkeit, das Bewirken zu verstehen, elementar sein, also eigentlich das Fundament des Unvermögens, die Natur insgesamt zu verstehen, so ist doch dieses fundamentale Unverständnis durch die kategoriale Verschiedenheit noch einmal wesentlich gesteigert. Schon das Wachsen einer Blume können wir eher verstehen, weil uns ihr Wachstum und zugleich ihr Drang zum Licht aus unserem eigenen Leben bekannt ist, und noch viel mehr gilt dies für das Verhalten von Tieren, so fremd und unverständlich es in seinen größten Teilen auch sein mag.

Der Agnostizismus Hartmanns setzt also weiter unten an, eigentlich so weit unten wie überhaupt nur möglich, denn es ist für ihn der Kausalnexus selbst, den zu verstehen er für unmöglich hält. Schon das Verschwinden der Ursache („causa transiens") in der Wirkung wird von ihm als das Rätselhafte und durch und durch Irrationale und Nicht-Intelligible hingestellt.

In der auch von Hartmann erwähnten Beschreibung, die Kant von dieser Schwierigkeit in der *Kritik der reinen Vernunft* gibt („Zweite Analogie: Grundsatz der Zeitfolge nach dem Gesetz der Causalität"), wird die Ähnlichkeit des Problems mit den Paradoxien des Zenon deutlich, in denen das Problem der Kontinuität ganz im Zentrum steht. Kant fragt, „wie ein Ding aus einem Zustande = a in einen = b übergehe. Zwischen zwei Augenblicken ist immer eine Zeit und zwischen zwei Zuständen in denselben immer ein Unterschied, der eine Größe hat (denn alle Theile der Erscheinungen sind immer wiederum Größen). Also geschieht jeder Übergang aus einem Zustande in den andern in einer Zeit, die zwischen zwei Augenblicken enthalten ist, deren erste den Zustand bestimmt, aus welchem das Ding herausgeht, der zweite den, in welchen es gelangt." (B 253) Der Übergang ist das Problem, der Punkt, an dem das Alte in das Neue umschlägt, der Moment, in dem Achilles die Schildkröte ein- und überholt – es ist ein Problem, das deshalb so wichtig ist, weil es in einer besonderen Fassung auf allen Stufen der Natur, besonders aber in der Entwicklung des Lebens immer wiederkehrt: immer dann, wenn etwas Neues auftaucht. Man könnte deshalb sagen, daß die von Kant formulierte Frage das Problem der Emergenz ist oder zumindest einen ihrer Aspekte berührt.

Offensichtlich ist es so, daß Kant die Lösung nicht in der Infinitesimalrechnung sieht, die ja immer wieder angeführt wird,[10] wenn es darum geht,

10. Whitehead: Prozeß und Realität, besonders Seite 142f., Seite 149; Process and Reality, Seite 68f., Seite 73.

das Paradox des Zenon als einen Trugschluß oder die Welt als ein absolutes Kontinuum darzustellen. Die wahrscheinlich prominenteste (und sachkundigste!) Stimme stammt nach Leibniz wohl von Whitehead, immerhin einem großen Mathematiker. Kann das „atomisierte Ausdehnungsquantum", von dem er ausgeht – also ein einheitlicher Raum, der trotz seiner Einheitlichkeit diskrete Teile enthält: das ist kein kleiner Widerspruch – die Voraussetzung dafür sein, daß die Infinitesimalrechnung wirklich die Lösung des Paradoxons ist? Macht es Sinn, ganz im Stile von Leibniz von diskreten Teilen im Zusammenhang mit einem Kontinuum zu sprechen? Mir scheint, daß die Konzeption dieser „atomisierten Ausdehnungsquanten" von vornherein mit Blick auf des Rätsels Lösung geschehen ist. Mit der Hilfe der Infinitesimalrechnung können wir wunderbar mit der Natur umgehen, sie berechnen und manipulieren, aber es ist nichts als eine Rechenmethode, die überhaupt nichts erklärt.

In Oxford hat Bergson in einem Vortrag seine Hörer dazu aufgefordert, sich radikal und endgültig von den Vorstellungen der Infinitesimalrechnung zu lösen: „wir müssen uns jede Veränderung und jede Bewegung als absolut unteilbar vorstellen." An einer anderen Stelle sagt er, man solle die Welt „sub specie durationis"[11] anschauen, also nicht „sub specie aeternitatis"; unter dem unser Seelenleben, unsere Erfahrungen dominierenden Gesichtspunkt der Dauer, nicht unter dem der Ewigkeit. Denn Bewegung läßt sich nur als fließendes, kontinuierliches Ganzes erfahren und erleben, und ihre für Rechnungen aller Art unbedingt notwendige Aufteilung in viele kleinste Einheiten ist nur eine Verschleierung des Problems, ja sogar letzten Endes eine Leugnung von Bewegung und Werden, wie Klages im Eingang seines Hauptwerkes gezeigt hat; und weil Bewegung und Werden die Wirklichkeit selbst sind, ist ihre Leugnung auch deren Leugnung. Eben deshalb ist der Substanzmetaphysik, die Bergson auf Zenon zurückführt, eine Leugnung der Realität inhärent; sie friert die Welt ein und macht sie so zu etwas Irrealem.

Die Paradoxa des Zenon selbst sind ein Beweis für diesen Zusammenhang oder können doch wenigstens als Probe dienen. Denn in jedem Fall ist es so, daß, wenn es die Zeit ist, in welche die Realität – nein, nicht gekleidet ist, sondern wenn die Zeit es ist, in welcher die Realität notwendig und deshalb ausschließlich immer erscheint, wenn also die Zeit die Realität von der Idealität unterscheidet, die Unfähigkeit des Achilles, die Schildkröte einzuholen, ganz und gar irreal erscheinen muß. Das Paradoxon friert die Bewegung des Achill ebenso wie die der Schildkröte ein.

Die Infinitesimalrechnung leugnet die Bewegung, in dem sie diese in unendlich viele kleine statische Momente zerlegt, die unverbunden neben-

11. Bergson: Denken und schöpferisches Werden. Seite 162 und Seite 179.

einanderstehen. Mit ihrem Atomismus bestreitet sie die Existenz von Bewegung ebenso, wie es Zenon tat, und gelangt erst zu dieser zurück, indem sie die einzelnen Zeitpunkte mit einer Linie verbindet. Eben darauf zielt die Kritik von Bergson, Klages und anderen. Weil die Mathematik von kleinsten diskreten Einheiten ausgeht, verneint sie die Kontinuität des Raumes und der Bewegung und damit die Bewegung selbst, denn weder die Zeit noch der Raum oder die Veränderung bestehen tatsächlich „aus Theilen“ (*Kritik der reinen Vernunft*, B 254), wie es Rechenvorgang und Zenon annehmen, aber Kant widerlegt hat. Auch mit unserer Alltagserfahrung ist diese Behauptung nicht zu vereinbaren. Denkbar sind Bewegung und Veränderung allein dann, wenn es keinen kleinsten Unterschied mehr gibt, also wenn die Bewegung oder Veränderung sich tatsächlich fließend vollzieht – so wie wir sie ja auch wahrnehmen und erleben. Unser Verstehen ist an die Möglichkeit des Erlebens gebunden, und so können wir etwas nur innerhalb eines wirklichen und damit ruhig dahinfließenden, nicht etwa eines errechneten oder simulierten Kontinuums erleben.

Wegen alldem kann man die Paradoxa des Zenon als einen negativen Beweis für die Kontinuität von Raum und Zeit verstehen.

Eben in diesem Sinne interpretiert Hegel Zenon, wenn er an dessen Paradoxien besonders den Widerspruch zwischen der Annahme eines Kontinuums und der Notwendigkeit hervorhebt, die Dinge oder Ereignisse auf einen Punkt zu reduzieren, also die Kontinuität aufzuheben. Dieser Widerspruch scheint es zu sein, der dem Verstehen entgegensteht: „Die Sichselbstgleichheit, Kontinuität ist absoluter Zusammenhang. Vertilgtsein alles Unterschiedes, alles Negativen, des Fürsichseins; der Punkt ist hingegen das reine Fürsichsein, das absolute Sichunterscheiden und Aufheben aller Gleichheit und Zusammenhangs mit anderem. Diese beiden aber sind in Raum und Zeit in eins gesetzt.“[12] „In eins gesetzt“ sind sie vor allen Dingen von Leibniz und Whitehead.

Die Kritik am Gradualismus bestimmt auch das Werk Henri Bergsons, der an den Diskussionen auszusetzen hat, daß bei den Versuchen, das Paradox aufzulösen, nicht „vom Fließen der Zeit selbst“ die Rede ist. Nicht von ungefähr stellt die Philosophie der Zeit einen wesentlichen Aspekt seines philosophischen Entwurfes dar. Grundsätzlich kann er es nicht akzeptieren, daß man die Kontinuität aufhebt oder an ihrer Aufhebung festhält. Die Infinitesimalrechnung, so lautet sein Vorwurf, behält von der Bewegung nur die einzelnen Zeitpunkte über. „Jedem virtuellen Stillstand des bewegten Körpers T in einem Unterteilungspunkt T1, T2, T3... läßt man von einem virtuellen Stillstand aller anderen bewegten Körper in den von ihnen passierten Punk-

12. Hegel: Vorlesungen über die Geschichte der Philosophie I,. Seite 307.

ten entsprechen ... Man hat also Gleichzeitigkeiten gezählt und sich um das Fließen, das von einer zur anderen geht, nicht gekümmert."[13] Diese Form der Naturwissenschaft sieht die Natur deshalb als einen Mechanismus an, denn „sie spricht immer noch von Graden, und diese Grade sind die Stufen einer Leiter, die das Sein in einer einzigen Richtung durchlaufen würde."[14]

Wer nun denkt, ein Lebensphilosoph habe ohnehin nichts mit Mathematik am Hut, wird vielleicht von dem Kommentar eines Mathematikers überzeugt werden, der sich im demselben Sinne wie Bergson äußert und die Lösung des Paradoxes als eine scheinbare kritisiert: „Damit geht die Infinitesimalrechnung von genau denselben Voraussetzungen aus wie Zenon, sie ist nur in ihrer mathematischen Definitorik raffinierter: Raum- und Zeitstrecken sind kontinuierlich, aber es gibt Teile von Raum- und Zeitstrecken, die nichtkontinuierlich sind. Bei Zenon kann man ‚nichtkontinuierlich' durch ‚unteilbar und ausdehnungslos' ersetzen. Durch den mathematischen Trick der Grenzwertbildung nämlich nehmen die Teile der Strecke eine eigentümliche Zwitterstellung zwischen Punkt und Differenz ein, nämlich als Folge von immer kleineren Differenzen. Dies ist die Voraussetzung für die Konstruktion der Strecke, wenn wir die Geschwindigkeit haben. Dann ist die Strecke zusammengesetzt aus unendlich vielen unendlich kleinen Differenzen, wobei wir wieder einen Grenzwert benötigen."[15]

Es sieht so aus, als sei die Unmöglichkeit, das Kontinuum und die Differenz zusammen zu denken, die Folge eines prinzipiellen Mangels unserer Erkenntniskategorien, Resultat einer Leerstelle – und vielleicht weniger einer Leerstelle unseres Intellekts als vielmehr unserer Anschauung. Mit den Quantensprüngen der atomaren Welt kommen wir sehr leicht zurecht, aber doch eigentlich nur, weil wir sie nicht sehen und weil sie den meisten von uns nicht besonders wichtig, um nicht zu sagen völlig egal sind; die Heroen der Physik wie Niels Bohr, Albert Einstein oder Werner Heisenberg dagegen haben sehr große Verständnisprobleme geäußert, obwohl diese Köpfe höchstwahrscheinlich doch ein wenig mehr Einblick in die subatomaren Verhältnisse besaßen als wir. Aber auch sie verstanden die Vorgänge nicht. „In den vielen Gesprächen", berichtet Jahrzehnte später Werner Heisenberg, „die ich mit Niels Bohr, Wolfgang Pauli und vielen anderen im Lauf der Jahre geführt hatte, glaubten wir volle Klarheit darüber gewonnen zu haben, daß eine anschauliche raum-zeitliche Beschreibung der Vorgänge im Atom nicht

13. Bergson: Schöpferische Evolution. Seite 380. In ganz ähnlicher Weise schreibt Ludwig Klages, daß „wir aus der zeitlich fließenden Wirklichkeit unvermerkt ein seiendes Immer" machen. Klages: Der Geist als Widersacher der Seele. Seite 29.

14. Bergson: Schöpferische Evolution, Seite 408.

15. Eisenhardt / Kurth / Stiehl: Wie Neues entsteht. Seite 114f.

möglich wäre." Nach seiner Überzeugung ist es die Diskontinutität, also „das Element der Unstetigkeit", das jedes Verständnis zunichte machte, und deshalb meinten die Physiker, welche die sogenannte „Kopenhagener Deutung" der Quantenmechanik ausgearbeitet hatten und vertraten, „daß man von der Vorstellung objektiver, in Raum und Zeit ablaufender Vorgänge irgendwie loskommen müßte."[16]

Wir sehen die Atome und vor allem die Vorgänge in und um sie also nicht allein deshalb nicht, weil unsere Mikroskope nicht leistungsfähig genug sind, sondern vor allem deshalb, weil wir von vornherein auf eine Veranschaulichung der atomaren Verhältnisse verzichten. Denn das Atommodell, in dem die Elektronen um den Kern wie die Planeten um die Sonne kreisen, veranschaulicht allein die statischen Verhältnisse, kann das aber nicht für den sich mit unendlicher Geschwindigkeit vollziehenden Bahnwechsel eines Elektrons leisten.

Allen rein mechanischen Vorgängen begegnen wir mit den Vorstellungen, die zuerst Leibniz entwickelt hat. Nach ihm gibt es überall nur fließende Übergänge, so daß selbst die Ruhe eines Körpers als der Extremfall einer Bewegung erfaßt wird. Die Einwände Kants und Klages' können aber zeigen, daß hier von einer wirklich strengen Kontinuität nicht die Rede sein kann, denn die Annahme der Kontinuität paßt nicht zu dem Ruck, mit dem ein schwerer Gegenstand aus der Ruhe herauskommt – und jeder Gegenstand ist schwer, selbst der kleinste und leichteste. Es ist ein Impuls notwendig, der eben nicht verschwindend klein sein, sondern ganz im Gegenteil eine gewisse Größe nicht unterschreiten darf. Ein Impuls ist per definitionem eine Unterbrechung der Kontinuität. Das übrigens ist ein Aspekt, dem man auch in der Betrachtung des Lebens noch begegnet. Gustav Theodor Fechner hat schon im 19. Jahrhundert die Existenz verschiedener Schwellen bewiesen, die überwunden werden müssen, um Wahrnehmung und Bewußtsein ansprechen zu können.

In den höheren Schichten begegnen wir aber einer anderen Art von Kausalnexus als dem punktuellen mechanischen Impuls, einem Typ, den Hartmann „Vitalnexus" nennt und der ein zeitlich gestreckter Kausalnexus ist – im Grunde also ein Prozeß, den Hartmann schon vorweg als „Entwickelung"[17] bezeichnet. Aber das ist vielleicht etwas weit vorgegriffen und zusätzlich allzu spezifisch, denn wenn man das von Schopenhauer in seiner Schrift über *Die vierfache Wurzel des Satzes vom Grunde* vorgegebene Schema aufgreift und von vier verschiedenen, grob den vier Schichten des Seins entsprechenden Kausalitätstypen ausgeht (mechanische Ursache, Reiz, Motiv und

16. Heisenberg: Der Teil und das Ganze. 90.

17. Hartmann: Philosophie der Natur. Seite 524.

Idee), so sieht man vor allem einen Unterschied in der Zeit des Bewirkens: der Impuls erschöpft sich sofort und ist vergangen, auch wenn er trotz seiner Abwesenheit oder seines Vergehens dank des Trägheitsmoments fortzuwirken scheint; der Reiz, den eine Pflanze empfängt, wirkt aber auch dann, wenn er vergangen ist, weil er die Selbsttätigkeit der Pflanze angeregt hat, und noch mehr gilt dies für das Motiv und die Idee, die sich dank des dem tierischen oder menschlichen Organismus inhärenten Gedächtnisses erst viel später erschöpfen.

Der Biologe Jakob von Uexküll verneinte entschieden die Existenz eines verzögerten Grundes („Nur wenn Ursache und Wirkung zu gleicher Zeit am gleichen Ort zusammentreffen, kann von einer Kausalverknüpfung die Rede sein.“[18]), aber an dieser Stelle spricht er offenbar allein von einer mechanischen Ursache. Es ist natürlich wahr, daß Motiv und Idee weniger direkt und unwiderstehlich wirken oder bewirken, einerseits nachhaltiger, andererseits weniger berechenbar, weil sie einen Appell an die Selbsttätigkeit eines Organismus darstellen und auf die Aktivität des Lebens selbst zählen, mithin als Teil einer Wechselwirkung vorgestellt werden. So sind sie als Gründe schwächer – zumindest unmittelbar. Insbesondere bei der Idee muß man sich fragen lassen, inwieweit man sie überhaupt noch als einen zureichenden Grund ansehen, sie also als einen Aspekt der Kausalität im weitesten Sinne ansehen darf. Nicht ganz zufällig ist es ja die Idee, die Materialisten herausfordert – sie mögen ihre Existenz unter keinen Umständen anerkennen.

Ausdruck ist etwas, das allein selbstbewegliche Organismen, also Tiere und Menschen, besitzen. Er begleitet, wie oben gezeigt wurde, die Realität immer und unter allen Umständen; je weniger ausdrucksvoll ein Erleben ist, desto weniger real ist es auch. Für jeden, der den oder einen Ausdruck wahrnimmt, ist er Indiz für die Existenz eines Motivs oder einer Idee, eines Zustands oder einer Stimmung, also auf jeden Fall dafür, daß er einem Wesen mit einem Innenleben gegenübersteht, das dessen eigentliches Selbst ausmacht. Der Ausdruck ist deshalb die Antwort auf die Frage nach dem Warum einer Eigenbewegung. Diese Wesen – allein Lebewesen können Ausdruck wahrnehmen und auch selbst etwas ausdrücken – sehen, ob ein anderes Lebewesen hungrig ist, wütend oder zufrieden. Eine Idee, die einen Menschen umtreibt, wirkt im Vergleich dazu noch viel länger und nachhaltiger, läßt sich aber nicht unmittelbar wahrnehmen, sondern ihre Wahrnehmung muß in derselben Weise wie sie selbst gestreckt und gedehnt sein. Erst im Rückblick erkennt man oft, was einen Menschen sein Leben lang umgetrieben hat, und so nimmt man eine Idee, anders als ein unmittelbar wirkendes Motiv wie den Hunger oder die Wut, nicht unbewußt und unmittelbar, sondern nur in-

18. von Uexküll: Streifzüge durch die Umwelten von Tier und Menschen. Seite 129.

direkt und nach längerem Hinschauen wahr; wahrscheinlich sind auch Interpretationen notwendig, die nicht unbedingt Schlußfolgerungen zu sein brauchen, ja wahrscheinlich sogar nicht einmal sein dürfen.

Ist es nun denkbar, daß es etwas noch viel Nachhaltigeres und Längerwährendes als den Antrieb durch eine Idee und ihren Ausdruck gibt, etwas, das sich nicht allein in der Bewegung eines einzelnen Lebewesens oder in seinen lebenslangen Bestrebungen, sondern individuums- und generationen-, ja vielleicht sogar populationsübergreifend in der Entwicklung des Lebens ausdrückt? In diesem Fall würden wir die Entwicklung verschiedener Organe oder die Umgestaltung und Veränderung der Gliedmaßen ebenfalls als eine Bewegung und als Ausdruck wahrnehmen. Kann es also sinnvoll sein, den Lebensschwung, die große Linie bei der Entwicklung der Organismen, auch als eine Art Ausdruck zu interpretieren? Der Lebensschwung läßt sich von einem kurzlebigen Wesen wie uns nicht direkt beobachten, sondern nur mit künstlichen Mitteln oder technischen Tricks veranschaulichen, und wir alle kennen derartige Illustrationen seiner Bewegungen: Wir haben zum Beispiel sehr oft in Silhouetten gesehen, wie sich der Mensch aus dem Affen heraus entwickelt, wie er sich langsam aufrichtet und endlich die Haltung eines modernen Homo sapiens annimmt. Das mag ein furchtbares Klischee sein, zeigt aber dennoch deutlich, wie man sich eine solche in ganz anderen, nämlich unendlich langen Zeiträumen sich vollziehende Ausdrucksbewegung vorzustellen hat. Denn in dieser Bildfolge hat die Entwicklung des Menschen ein Ziel, den selbstbewußt und aufrecht gehenden Mann.

Woher kommt dieses Ziel? Kann es sein, daß es dieses Ziel bereits gibt, bevor der Affe sich aufzurichten beginnt?

Ähnliches sehen wir, wenn Schaubilder darstellen, wie Fische sich erst in das flache Wasser begeben und sodann zunächst den Strand, später aber die ganze Erde erobern, während sie sich allmählich verwandeln, während sie also ihre Flossen in Gliedmaßen umformen und umarbeiten, ihre Kiemen in Lungen und damit sich selbst ganz allmählich in Amphibien. Plötzlich ist an diesen Vorgängen gar nichts, sondern sie vollziehen sich hübsch allmählich und kontinuierlich. Steht das Ziel der Entwicklung, also das amphibische Lebewesen, bereits vor dem Beginn dieser Entwicklung fest, oder vollzieht sich die Entwicklung nur von einem Punkt zum nächsten? Wenn die Punkte einander unmittelbar benachbart wären, so müßte man sich fragen, wie sich unter diesen Umständen eine geradlinige Richtung abzeichnen oder auch durchsetzen kann. Kann es unter der Voraussetzung, daß dem Zufall eine wesentliche Funktion zugesprochen wird, überhaupt eine Entwicklung geben? Oder lassen sich unter solchen Umständen nicht vielmehr nur Anpassungen an sich immer mal wieder ändernde Umweltbedingungen erklären? Das ergäbe Zickzacklinien und nur im Ausnahmefall zielgerichtete Bewegungen.

In jedem Fall gilt, daß wir, ob wir wollen oder nicht, in diesen Zeitrafferveranschaulichungen Bewegungen wie von einem einzelnen Lebewesen sehen und deshalb der Natur unterstellen, sie verhalte sich wie ein natürliches Wesen, und der Gattung, sie habe sich entwickelt wie ein Individuum. Denn wenn ein Affe sich in einer dieser Bildfolgen allmählich aufzurichten beginnt, muß sein Sich-Aufrichten zunächst einmal, wenn wir seine Ausgangssituation ins Auge fassen, noch ganz sinnlos sein – anfangs ist das halbherzige Sich-Aufrichten sinn- und fruchtlos, weil es zunächst mehr Nachteile als Vorteile mit sich führt. Auf vier Beinen etwa kann man wesentlich schneller laufen – soll so ein Affe sich der Bewegung auf zwei Beinen annähern, weil er sich tausend Generationen später als Mensch auf der Savanne umschaut? Zusätzlich ist ein Affe auf dem Boden angreifbarer als auf seinem Baum. Seinen Sinn erhält das Sich-Aufrichten deshalb erst vom Ende der Bewegung her, wenn sich das Tier schließlich ganz aufgestellt und so tatsächlich in einen Menschen verwandelt hat. Erst dann, keinesfalls vorher, bedeutet die aufrechte Haltung einen Vorteil. Wenn diese Bewegung aber ihren Sinn erst von ihrem Ende her erhält, dann bedeutet dieser Vorgang nichts anderes, als daß es sich um eine zweck- und zielgesteuerte Bewegung handeln muß – denn ein Zweck ist ein Begriff, der der Existenz eines Gegenstands (oder hier: eines Zustands) vorhergeht. Tatsächlich erweist die Evolutionstheorie sich deshalb in sehr vielen ihrer Schriften als eine kryptotheologische Interpretation der Naturgeschichte, denn immer wieder wird die Natur oder die Evolution selbst als eine ungemein klug apostrophierte Schöpferin der Welt angesehen und damit als eine Art Gottheit angesprochen.

Ein solcher naturhistorischer Prozeß, der sich über einen schier unendlich langen, das Leben eines einzelnen Menschen weit übergreifenden Zeitraum vollzogen hat, läßt sich nicht mehr unmittelbar beobachten, ja nicht einmal indirekt belegen und schon gar nicht beweisen, sondern allein in einer allerdings überaus suggestiven Weise versinnlichen und veranschaulichen. Dies wird bevorzugt mit Simulationen aller Art geleistet, wofür Computer die wertvollsten Dienste leisten. Computer sind ein weiterer Grund dafür, Gene als Information anzusehen, weil die DNA für Biologen „wie die Zahlen in einem Computer ... digital codierte Information“[19] darstellt. Dazu erlauben Computer die Simulation von äußerst komplizierten Prozessen, wobei ganz offensichtlich das Gefühl für die unglaubliche Künstlichkeit dieser Simulationen verloren gegangen ist. Denn natürlich lassen sich Situationen mit ihrer schier unendlichen Flut von Attributen nicht simulieren, sondern allein Konstellationen, in denen von wirklich fast allen Attributen abgesehen wurde, weil sonst auch der leistungsstärkste Computer versagen müßte. Schließ-

19. Dawkins: Gipfel des Unwahrscheinlichen. Seite 39.

lich nimmt der Programmierer allein das, „was sich genau definieren läßt",[20] wie Dawkins selbst zugibt. Die Natur läßt sich deshalb keinesfalls simulieren, aber für einen Biologen wie Dawkins ist die Simulation von natürlichen Vorgängen wesentlicher Bestandteil seiner Argumentation, wie er besonders in seinem Bestseller *Der blinde Uhrmacher* deutlich macht, der in nichts anderem besteht als in der Schilderung, wie er diese Simulationen auf seinem Computer durchführte.

Wir wollen uns einen Augenblick mit der Frage beschäftigen, die Leute wie Dawkins und Dennett für längst beantwortet halten: Führt eine Entwicklung wirklich immer zum Besseren hin? Ist nicht auch eine rückwärts gerichtete Bewegung denkbar, eine Zurücknahme von Verbesserungen? Muß die Ausgangsform einer evolutionären Entwicklung notwendig die schlechtere oder auch nur schwächere sein? Diese Frage stellt sich auch und gerade angesichts des Menschen, der primitiver ist als der Affe, nämlich weniger spezialisiert und damit näher an einer hypothetischen Ausgangsform, was sich an seinem Gebiß zeigt oder auch an seiner Fähigkeit, die gesamte Erde zu besiedeln und nicht etwa nur kleine Gebiete, wie es die Menschenaffen tun. Für Arnold Gehlen, der die Probleme offen anspricht und diskutiert, ist der Mensch „ein hocharchaisches Wesen, welches seit frühesten Zeiten den Weg zur Spezialisierung vermieden hat"[21] – jenen Weg, den die Menschenaffen gegangen sind. Der Mensch ist ein Generalist geblieben – eigentlich sollte deshalb der Mensch die Ausgangsform sein, nicht etwa das Ergebnis einer jahrmillionenlangen Entwicklung.

Windelband hat in seiner 1914 erschienenen *Einleitung in die Philosophie* diese Frage in mustergültiger Form, allerdings ohne Rückgriff auf den Menschen diskutiert – mustergültig vor allem deshalb, weil er auf eine vorschnelle Antwort verzichtet, sondern sich auf die Entfaltung des Problems konzentriert. Er zeigt, daß die naturgeschichtliche Betrachtung, die eine Entwicklung zum Höheren und Besseren behauptet, die einzelnen Entwicklungsstufen naiv bewertet, ohne diesen Umstand besonders zu reflektieren.

Dawkins etwa hat seine Versuche mit der Hilfe eines aus heutiger Sicht vorsintflutlichen Computers durchgeführt, um zu zeigen, daß die Entwicklung notwendig zum Besseren führt – das ist ein „Beweis", der ohnehin auch von Biologen immer wieder angezweifelt wurde. Windelbands Einwand ist aber grundsätzlicher, denn er wendet nun ein, daß bei einer solchen Inter-

20. „Computer haben zwar Nachteile, aber sie sind unglaublich schnell, und man kann damit alles simulieren, was sich genau definieren läßt, so auch die Fortpflanzung von Tieren und Pflanzen." Dawkins: Gipfel des Unwahrscheinlichen. Seite 37. Mit Computersimulationen argumentiert er bereits im 12. Kapitel von *The Selfish Gene* („Nice guys finish first"; Seite 202ff.).

21. Gehlen: Der Mensch. Seite 87. Der Begriff „primitiv" ist im Kontext seiner Überlegungen gleichbedeutend mit „unspezialisiert" (Seite 86).

pretation der natürlichen Vorgänge zwei Ebenen miteinander vermischt werden, daß also „das Geschehen unter den Gesichtspunkt der Wertbeurteilung gerückt" wird. „Kausale Veränderungen sind nur dann Fortschritte und in diesem Sinne Entwicklung, wenn sie erfolgreich an dem Ziel gemessen werden, das den Maßstab der Beurteilung bildet." Eine solche Betrachtung sieht die Entwicklung also allein von ihrem Ziel her und damit als einen zielgesteuerten Prozeß. Und dieses Ziel ist unausgesprochen in aller Regel der Mensch: das, was uns am nächsten scheint, gilt uns als das Wertvollste. Windelband möchte zeigen, daß eine solche Betrachtung die Kausalität mit der Teleologie vermengt, als handle es sich bei der Evolution um ein Zweckhandeln. Denn allein so entsteht ein Gegensatz zwischen der ganz wertneutralen Betrachtung der Natur auf der einen und „der erlebten oder vielmehr geglaubten Zweckmäßigkeit des Naturverlaufs auf der andern Seite."[22] Wirklich ist ja immer wieder von primitiven Formen die Rede, als handle es sich um die Weiterentwicklung eines technischen Geräts, und der Entwicklung technischen Geräts liegt ganz gewiß ein teleologischer Prozeß zugrunde.

Man kann also nicht von Vervollkommnung sprechen, ohne der Entwicklung eine teleologische Determination zu unterstellen. Tatsächlich werden Evolutionsbiologen wegen ihres unreflektierten Gebrauchs teleologischer Ausdrücke immer wieder kritisiert, und Ernst Mayr hat deshalb seinem Buch *Eine neue Philosophie der Biologie* ein Kapitel über dieses Problem eingefügt, das „eine neue Analyse"[23] verspricht. Das nun allerdings ist mehr als vollmundig, denn Mayr setzt sich zwar mit Aristoteles, Kant und dem Logiker Christoph Sigwart aueinander, aber nicht mit den bis heute maßgeblichen Analysen, die von Nicolai Hartmann an vielen Stellen seines Werkes vorgetragen wurden, erstmals 1925 in seiner *Ethik*, später in seinen Arbeiten zur Naturphilosophie oder in *Teleologisches Denken*. Das Niveau dieser Überlegungen wird von Mayr auch nicht im entferntesten erreicht, denn der Biologe diskutiert allein das Telos einer einzelnen Handlung – als Beispiel wählt er den Besuch einer Insel durch eine Schildkröte, die ihre Eier ablegen will –, nicht aber die der Evolutionstheorie inhärente teleologische Struktur.

Das sind zwei vollkommen verschiedene Aspekte – anläßlich der Eiablage einer Schildkröte kann die Ausrichtung dieser höchstwahrscheinlich ganz und gar unbewußten Vorgänge diskutiert werden, aber Ausrichtung ist eben nicht Telos. Mit Hilfe von Uexkülls Umwelttheorie läßt sich das Verhalten der Schildkröte sehr gut beschreiben, ohne daß man auf eine hypothetische, unter keinen denkbaren Umständen zu recherchierende Genese oder auf ihren offensichtlichen Zweck zurückgreifen müßte. Prinzipiell kann man das

22. Windelband: Einleitung in die Philosophie. Seite 171 und Seite 173.

23. Mayr: Eine neue Philosophie der Biologie. Seite 51–87.

Verhalten von außen beschreiben, indem man zeigt, daß hier Merk- und Wirkwelt einander entsprechen, daß also das Verhalten der Schildkröte von gewissen Wahrnehmungen ausgelöst und mit der Hilfe von ausgeschütteten Hormonen oder anderen Substanzen gesteuert wird. Dieses Tier ist in einer ganz undurchschaubaren Weise perfekt in seine Umwelt eingepaßt. Bis heute versteht man nicht, was sein Verhalten auslöst, warum sich die Schildkröte auf die Reise macht und wie sie ihre Heimatinsel wiederfindet. Hier müssen sinnliche Wahrnehmungen eine Rolle spielen, die ein bestimmtes Verhalten auslösen, dessen Ziel dem Tier selbst unbekannt ist. Teleologie dagegen findet in mente statt, und das Telos ist einer planenden Vernunft (und nur ihr!) bekannt bzw. mit ihr zusammen zur Aufnahme ihrer Handlungen gesetzt und keinesfalls mit einem dumpfen Ahnen zu verwechseln.

Hartmann stellt eine kausale Determination der finalen beziehungsweise teleologischen gegenüber. Eine kausale Determination verläuft in der Zeit nach dem einfachen Prinzip actio – reactio, wie sie Newton in seiner Mechanik zugrundegelegt hat. Gäbe es keine weitere Determination, so wäre alles Geschehen absolut zwangsläufig und idealiter bis in die fernste Zukunft hinein berechenbar. Aber die Kausalität ist allein die Determination der niedrigsten Seinsschicht, der unbelebten Natur. Die finale Determination dagegen verläuft wesentlich komplizierter und auch nicht linear in der Zeit. Sie gliedert sich dreifach auf: Man formuliert zunächst ein Telos (Ziel) und geht von ihm aus allmählich bis zur Gegenwart zurück, um mit Hilfe der kausalen Determination das Ziel anzustreben.[24]

Eine finale Determination wäre deshalb ohne die kausale überhaupt nicht denkbar, denn sie funktioniert nur, weil es einen Verstand gibt, der die kausale Determination seinen Zwecken unterzuordnen weiß. Die teleologische Determination besteht in einem Ineinander von Finalität und Kausalität. Das einzige uns bekannte Wesen, das zu ihr fähig ist, ist der Mensch. Aber man kann von der Natur oder der Genesis so sprechen, als besitze sie Geist, könne Zwecke setzen und eine Strategie verfolgen, und eben dies geschieht auch unentwegt in den Schriften und Einlassungen der Evolutionstheoretiker. Kant hat in der *Kritik der Urteilskraft* gezeigt, wie man zwischen beiden Perspektiven, der kausalen und der teleologischen, in einer methodisch unanfechtbaren Weise hin- und herwechseln kann, aber der Darwinismus ist hier ganz vorkritisch, denn eine Art Finalnexus durchzieht die gesamte Evolutionstheorie. Hartmann hat ihre Argumentation einer vernichtenden Kritik unterzogen:

„Die aus der Zweckmäßigkeit, einem eindeutigen Phänomen, gezogenen spekulativen Konsequenzen sind in sich selbst leere Tautologien; sie ‚erklären'

24. Hartmann: Teleologisches Denken. Seite 69.

etwa die organischen Regulationen mit dem Zweck, zu regulieren, die Wiederbildung der Artenform in der Fortpflanzung mit dem Zweck, sich wiederzubilden usf.; kein Wunder, daß man auf diese Weise nicht vom Fleck kommt."[25]

Der Neo-Vitalismus Drieschs war ein Versuch, diesen Determinationen gerecht zu werden, ein Versuch also, morphogenetischen Prozessen ein eigenes Recht zu geben, und daß es ihm nicht gelang, zeigt zunächst lediglich die Grenze unseres eigenen Verstandes, der einen „nexus organicus"[26] nicht kennt.

Ebenso wichtig scheint es, daß die tatsächliche Überlegenheit einer weiter entwickelten Stufe kaum je nachgewiesen werden konnte, sondern daß ganz im Gegenteil viele Biologen davon überzeugt sind, daß auch ausgestorbene Formen vollkommen ausgebildet, nämlich ihrer Umwelt perfekt angepaßt scheinen. Wenn diese Arten ausstarben, dann nach Meinung eines so prominenten Forschers wie Jakob von Uexküll offensichtlich nicht deshalb, weil sie noch nicht hoch genug entwickelt waren: „War der so hochgepriesene Fortschritt, der die Lebewesen aus unvollkommenen Anfängen zu immer höherer Vollkommenheit führen sollte, doch im Grunde nur eine kleinbürgerliche Spekulation auf den steigenden Nutzen des Geschäftes? Mir war jedenfalls auch bei den einfachsten Tieren nie eine Spur von Unvollkommenheit aufgestoßen. Immer war, soweit ich das beurteilen konnte, das zum Bau bereitliegende Material in der bestmöglichsten Weise ausgenutzt worden. Jedes Tier hatte seine eigene Lebensbühne mit all den Dingen und den Mitspielern bevölkert, die für sein Leben von Bedeutung waren."[27]

Die doch eigentlich nicht zu übersehende Tatsache, daß das Sich-Aufrichten eines Wesens zwischen Affe und Mensch anfangs keinen Vorteil, sondern wahrscheinlich sogar einen massiven Nachteil darstellte, übersieht man nur zu gern dank der geschickten Rhetorik der comicartigen Bildfolgen oder auch aufwendigerer Simulationen. Eben daraus hat mit Hans Driesch ein prominenter Biologe eine heute weitgehend abgelehnte Schlußfolgerung gezogen. Sein Konzept – die Entelechie – antwortete auf diese Probleme. Dieser auf Aristoteles zurückgehende Begriff enthält in seiner Mitte das Wort „Telos" (Ziel), das deutlich auf den vorausgesetzten Zweck verweist. Eine solche Entelechie ist im Grunde so etwas wie ein organischer Zweck, also kein Begriff, sondern eine dem Organismus einwohnende und ihn formende geistige Kraft. Driesch selbst hat mit folgenden Worten begründet, warum er sich zu einer Annahme einer Entelechie gedrängt sah:

25. Hartmann: Teleologisches Denken. Seite.83.

26. Hartmann: Teleologisches Denken. Seite 94.

27. von Uexküll: Streifzüge durch die Umwelten von Tieren und Menschen. Seite 149.

„Daß eine ‚Geschichte' der organischen Formen besteht, ist des äußersten wahrscheinlich (Deszendenztheorie). Über das Gesetz dieser Geschichte aber wissen wir nichts Sicheres; wir wissen eigentlich nur, daß die kumulativen, mit dem Zufall arbeitenden Theorien Darwins und Lamarcks beide unzureichend sind. Also bleibt wohl nur so etwas wie eine Evolution überpersönlicher Art, auf eine überpersönliche Entelechie gegründet, übrig.

Klarheit wird hier nie erreicht werden: Denn, von anderem abgesehen, die Phylogenie ist nicht wie die Embryologie jeder Species als ‚Klasse mit vielen Fällen', sondern nur einmal da. Wir können schon deshalb nicht mit ihr ‚experimentieren' – (Mutationsversuche sind keine Versuche mit ‚der' Phylogenie!) – und wir können überhaupt nicht aus ihr heraustreten, weil wir eben dazugehören."[28]

Auch wenn man seine Konsequenz aus der Kritik an der Evolutionstheorie ablehnt, also nicht an eine „überpersönliche Entelechie" glauben mag, so sind doch Drieschs Einwände rein sachlicher Natur und absolut nachvollziehbar; er zeigt, daß die Evolutionstheorie eigentlich nicht wissenschaftlich ist, sondern nie den Status einer bloßen Hypothese oder vielleicht gar nur eines Glaubens überwinden kann und wird. Zum Beispiel wissen wir ja gar nicht (und vor allem: können auch gar nicht wissen), ob es sich beim Sich-Aufrichten des Menschen wirklich um eine fließende Bewegung ohne abrupte Sprünge gehandelt hat; und wir wissen ja auch um die logischen Probleme, welche sich aus der Annahme einer Kontinuität ergeben. Und nicht allein diese logischen Probleme widersprechen der Annahme einer absolut kontinuierlichen Bewegung, sondern ebenso die Zeugnisse der Erdgeschichte, denn diese weisen immer wieder auf eine Entwicklung in Sprüngen, meist sogar sehr großen Sprüngen hin; die Vielfalt von Pferden, die zwischen dem Urpferd, einem vergleichsweise winzigen Lebewesen, und dem struppigen Pferd der Steppe liegen, läßt sich nirgends auffinden, und das gilt für ausnahmslos alle anderen Lebewesen auch. Auf keinem Gebiet der Naturgeschichte läßt sich eine kontinuierliche Entwicklung nachweisen.

Vielleicht also gibt es wirklich eine kosmische Expressivität, die wir allein dann wahrnehmen können, wenn wir uns die Bewegung der Natur im Zeitraffer vor Augen führen? Wir sollten diese Bewegung sehen können, wenn wir einerseits im weitesten Sinne historisch denken und uns historisch verhalten, andererseits aus heuristischen Gründen die Entwicklung vieler nacheinander lebender Organismen als die Bewegung *eines* Organismus ansehen.

Merkwürdigerweise wird die Entwicklung eines Organismus im Zeitrafferverfahren immer an Tieren vorgeführt, niemals an Pflanzen. Woran liegt das? Sind derart zielgerichtete Entwicklungen bei Pflanzen, wie es das Sich-

28. Hans Driesch: Selbstdarstellung. Seite 159.

Aufrichten unseres Vorfahren ist, nicht überliefert, oder werden Tiere allein deshalb für eine Veranschaulichung ausgewählt, weil nur selbstbewegliche Organismen, aber eben keine Pflanzen zu Ausdruckshandlungen fähig sind? Kennt die Entwicklung der Pflanzen keinen Zweck oder nichts Zweckähnliches? Spielt die Tatsache, daß Tiere und Menschen zweckgerichtet handeln können, also auch bereits bei ihrer Evolution eine Rolle, gründet das Vermögen der Zwecksetzung durch das Individuum vielleicht sogar in dem Vermögen des Zwecks der Gattung? Müssen wir uns die Entwicklung der einzelnen Lebensformen als von ihrer Art abhängig vorstellen?

In jedem Fall handelt es sich um eine diachrone, nicht um eine synchrone Betrachtung und dazu um eine Sicht auf das Universum, die diesem nicht allein metaphorisch ein Schicksal unterstellt, also eine Geburt, eine Entwicklung und ein Werden und schließlich auch ein Sterben. Nicht metaphorisch bedeutet: es ist eine wirkliche Geburt, eine wirkliche Entwicklung, ein wirkliches Sterben. Eben eine solche Betrachtung ist seit einigen hundert Jahren Kennzeichen des abendländischen Denkens. So ist es in der Astronomie seit langem üblich, von der Geburt wie vom Tod eines Sterns zu sprechen, und Biologen billigen Arten ein Schicksal zu, als seien es individuelle Lebewesen. Endlich haben Philosophen wie Schelling, Scheler oder Whitehead sogar einen sich allmählich entwickelnden, einen werdenden Gott entworfen. Alles „Leben hat ein Schicksal, und ist dem Leiden und Werden unterthan.“[29] Schelling spricht vom Universum wie von einem einzelnen Wesen: „Auch das Tiefste der Natur ist Schwermuth; auch sie trauert um ein verlorenes Gut, und auch allem Leben hängt eine unzerstörliche Melancholie an, weil es von sich Unabhängiges unter sich hat.“[30] Eine ähnliche Vorstellung von Gott besaß nach Hartmann Hegel, denn für ihn war Gott „das Werden der Welt ..., der fortlaufende Schöpfungsprozeß der Dinge.“[31]

Kennzeichen dieses Gottes, der eigentlich die Welt ist und sogar noch mehr (jedenfalls mehr als unsere Welt), ist seine stete Veränderung; er ist, indem er wird, indem er wächst, sich ausdifferenziert, aber auch verödet oder an einigen Stellen abstirbt. Wir wären dann ein Teil dieses Gottes, wie eine Zelle Teil eines Körpers ist, werden aber niemals ein realistisches Bild noch einen

29. Schelling: Über das Wesen der menschlichen Freiheit. Seite 347. Nur am Rande sei vermerkt, daß es eben dieser Gedanke ist, der das Werk Bergsons mit dem Whiteheads verbindet. Bergson sieht mit einer bildhaften Wendung in der Evolution eine „Kontinuität des Emporschießens“ und fügt hinzu: „So definiert hat Gott nichts fertig Abgeschlossenes an sich; er ist unaufhörliches Leben, Handlung, Freiheit.“ Schöpferische Evolution. Seite 282.

30. Schelling: Über das Wesen der menschlichen Freiheit. Seite 409f. „Denn Gott ist nie, wenn Seyn das ist, was in der objektiven Welt sich darstellt; wäre er, so wären wir nicht; aber er offenbart sich fortwährend.“ System des transzendentalen Idealismus. Seite 603.

31. Hartmann: Die Philosophie des deutschen Idealismus. II. Teil. Seite 414.

wirklichen Begriff von seinem Wesen bekommen, sondern über bloße Ahnungen und Hinweise nicht hinausgelangen. Viele für uns unverständliche, für gläubige Menschen gar wunderbare Vorgänge wie die Instinkthandlungen der Insekten, die Metamorphose dieser Tiere oder auch die Metamorphose mancher Reptilien wie dem Frosch, auch die Figuren, die Vogelscharen gelegentlich bilden – erst kürzlich sah ich das spektakuläre Foto eines Raubvogels: ein schierer Zufall?, oder wußten die Vögel, was sie taten, waren sie von *einem* Willen beseelt? –, alles das ist für uns prinzipiell unverständlich, und es gibt keine biologische Theorie, die diesen Erscheinungen auch nur ansatzweise gerecht zu werden wüßte.

Instinkte sind immer zweckmäßig. Ist das denkbar bei einem werdenden Gott? Zu einem Uhrmacher, als den sich das 18. Jahrhundert Gott vorstellte (heute gilt er derselben Denkweise als „intelligenter Designer"), zu einem Uhrmacher paßt das sehr gut. Nach dieser Vorstellung hat ein Gott vorab alles geplant, er hat sich seine Schöpfung ganz genau überlegt, und so ist er eigentlich ein Ingenieur und ein Mensch mit Rechenschieber sein Vorbild.

Die vielgliedrigen Instinkthandlungen mancher Schlupfwespen, wie sie Fabre geschildert hat, sehen aus wie Zweckhandlungen. Denn zweckmäßig ist alles, was sie tun, sie tun jetzt Dinge, die erst später Sinn ergeben, aber ist es nicht ganz und gar unwahrscheinlich, daß eine Wespe weiß, warum sie ihre Beute an dieser Stelle betäubt und an jener noch einmal? Nein, ganz gewiß weiß sie nicht, warum sie ihr Ei an die einzige Stelle legt, die dafür in Frage kommt, und ebenso selbstverständlich weiß die Wespenlarve nicht, warum sie bei ihrem Fraß die lebenswichtigen Organe der Raupe verschont. Zweckmäßig heißt, daß ihr Tun aussieht, als verfolge das Tierchen tatsächlich einen Zweck, also einen Gedanken, der der Existenz eines Gegenstandes oder dem Eintreffen einer Handlung vorhergeht und der im Voraus alles Vorhergehende bestimmt. Niemand kann einer Wespe ernsthaft unterstellen, einen Zweck zu verfolgen. Gab es etwas Größeres – nicht allein Größeres als die Wespe, sondern Größeres, viel Größeres als wir –, das sie dazu bestimmte, das sie in die Bahnen ihres Tuns lenkte?

Gehört eine historische Einstellung eigentlich immer dazu, können wir also gar nicht anders, als zumindest der organischen Natur immer und überall eine Geschichte zu unterstellen, sogar dann, wenn wir eine Landschaft betrachten? Denn die Dynamik der Natur ähnelt der Dynamik des Ausdrucks, weil sie in dem Zusammenspiel einer Vielfalt von Bewegungen und – auch wenn es nicht beobachtbar ist – von Wachstum gründet. Zumindest die organische Natur betrachten wir immer als etwas Gewordenes.

Eine notwendige Folge bei allen Prozessen oberhalb der anorganischen Natur ist wegen des Appellcharakters ihre „energetische Unproportioniertheit",[32] an der man auch die Freiheitsproblematik festmachen kann. Diese Unproportioniertheit ist das Resultat der Verwandlung eines Impulses (sie reagiert, sie antwortet auf einen Appell), und zu einer solchen Verwandlung sind nicht allein Organismen fähig, sondern unter Umständen ist sie auch in einer leblosen Natur denkbar. Aber auf jeden Fall beruht das Leben an sich auf der Fähigkeit, die von der Natur ausgehenden Impulse aufzunehmen und umzuwandeln. Formale Voraussetzung eines jeden Wandels ist die von Jan Cornelius Schmidt angesprochene Instabilität oder auch einfach nur die Zeit und der Wechsel der Attribute in ihr. Die formale Voraussetzung für das Fortwirken eines Impulses in einem Organismus ist dann das Gedächtnis oder (in der Pflanze) eine seiner Vorformen. Ein solches Gedächtnis muß man, will man ein wirklich umfassendes Kontinuum annehmen, sogar in die unbelebte Natur projizieren. Eben dies geschieht immer wieder, wenn in den Texten der Vertreter der absoluten Kontinuität bereits Moleküle oder gar Elektronen lernen oder etwas erkennen.

Organismen von der Pflanze aufwärts müssen nicht reagieren, aber sie können es tun – und sie tun es in verschiedener, generell unberechenbarer Weise und mit verschiedener Energie. Hartmanns Nähe zur Lebensphilosophie wird deutlich, wenn er die energetische Unverhältnismäßigkeit derart von außen angestoßener Vorgänge auf die Selbsttätigkeit eines Organismus zurückführt, „welche den Prozessen eine Eigenrichtung gibt, die nicht durch Spannungen der Umgebung ausgelöst wird, sondern ihrerseits nach Maßgabe innerer Verhältnisse auslösend oder hemmend auf sie wirkt."[33] Es ist dies, was Bergson „Schwung" nennt („Elan vital", „Lebensschwung") oder auch „Tendenz", womit er ein Wort benutzt, das wir ebenfalls bei Hartmann finden. In jedem Fall hält Bergson fest: „Denn das Leben ist Tendenz".[34]

Hat er damit recht? Ist das Leben wirklich Tendenz? Bergsons Bewunderer Georg Simmel nahm in dem ersten Essay seines Spätwerks *Lebensanschauung* den Gedanken auf, ohne auf den tendenziösen Charakter des Lebensschwungs einzugehen. Mit einer paradoxen Wendung sagt Simmel über das Leben, „daß ihm die Transzendenz immanent ist", und damit ist gemeint, daß das Leben als Leben seine eigenen Grenzen immer schon überschritten hat und auch weiterhin überschreitet und auch wirklich überschreiten muß, wenn es Leben bleiben will. Denn die Mißachtung seiner eigenen Grenzen ist das, was das Leben erst zum Leben macht. Wir können, schreibt Simmel, „das Leben nur als das ständige Hinübergreifen des Subjekts in das ihm Fremde oder als das Erzeugen des ihm Fremden ansehen."[35]

32. Hartmann: Philosophie der Natur. Seite 529.

33. Hartmann: Philosophie der Natur. Seite 529.

34. Bergson: Schöpferische Evolution. Seite 120.

35. Simmel: Lebensanschauung. Seite 223 und Seite 233.

Bergsons Rede vom Lebensschwung ist wegen seiner metaphysischen Voraussetzungen problematisch. Von wem geht der Lebensschwung aus? Für Simmel ist das Hinübergreifen das dem Leben inhärente Prinzip, das, was es selbst erst zum Leben macht, aber bei Bergson ist nicht klar, ob es nicht etwas dem Leben Fremdes war, das ihm einst den Lebensschwung verliehen hat.

In jedem Fall liegt im Lebensschwung und seiner Tendenz vielleicht der Grund, warum viele Aspekte der Entwicklung den Eindruck eines Finalprozesses hervorrufen – als würden sie von einem Bild her gelenkt, das bereits vor der Entwicklung bestanden hat, als habe irgendjemand einen Zweck verfolgt, als habe also zuerst ein Plan vorgelegen, dem die Natur nun nur noch zu folgen brauchte, als rolle eine Kugel eine Bahn hinab. Eben auf einen Kausalnexus zielt die Kantische Definition des Zwecks als eines Begriffs, der der Existenz eines Gegenstands vorhergeht. Von einem Zweck kann man also nur dann sprechen, wenn man gleichzeitig ein vorausschauendes und damit intelligentes Wesen annimmt. Kann Bergsons Sprachgebrauch, können neutrale Vokabeln wie „Tendenz" oder „Schwung" diesen Irrtum vermeiden helfen? Mir scheint, daß es sich bei Hartmann wie bei Bergson, wenn sie diese Begriffe benutzen, lediglich um ein Bild handelt, das zwar unseren Eindruck von dem Geschehen treffend beschreibt, aber nicht um einen Begriff, der die Schwierigkeiten zu überwinden helfen kann, indem er die innere Logik der Vorgänge offenlegt. Simmel hat hier disziplinierter argumentiert und sich mit der Beschreibung begnügt.

Bei der Diskussion dieser Vorgänge stößt man zwangsläufig auf die Alternative zwischen einem ruckweisen Fortschritt von Stadium zu Stadium und der Annahme, alles fließe, eine Alternative, die der Alternative zwischen der Rechnung und der Anschauung entspricht. Wir bemerken eine Bewegung und sehen ein Fließen, aber kein Vorrücken von Punkt zu Punkt. Die Crux besteht darin, daß, wenn wir bei der Berechnung der Bewegung nicht umhinkommen, mit Zeitpunkten zu operieren (die wir dann in eine Kurve übertragen, welche die Punkte miteinander verbindet, so daß wir sie schließlich doch als eine fließende Bewegung sehen können), und stehen erneut vor dem Paradox des Zenon.

Denn beides kann uns nicht erklären, wie es zum Neuen kommt, zum Beispiel zu einer neuen Art, bei der sich diese Alternative ja in derselben Weise ergibt wie beim Wettlauf des Achilles mit der Schildkröte – nur daß es bei der Entwicklung eines Organismus die Kontinuität der Zeit, nicht jene des Raumes ist, die wir als aufgehoben denken. Die Individuen einer Art ändern sich, und man mag diese Veränderung als punktuell oder als fließend ansehen, in jedem Fall kommt der Moment (also doch ein Punkt?), an dem das Individuum einer neuen Art angehört oder diese repräsentiert. Es überschreitet eine Grenze, und es kann dies nur in einem Augenblick tun, der sich weder in unzählige kleine Zeitabschnitte unterteilen läßt noch als fließend angesehen werden kann. Beide Lösungen sind unbefriedigend. Es scheint, daß wir für dieses Problem keine Erkenntniskategorie besitzen, daß wir es also aus prinzipiellen Gründen nicht verstehen oder lösen können.

Es wäre nicht ganz richtig, würde man sagen, daß sich zu dieser Problematik in Hartmanns *Philosophie der Natur* absolut gar nichts finden ließe, aber in seiner vollen Schärfe hat er das Problem der Emergenz nicht wahrgenommen. Den Begriff selbst kennt er noch nicht und spricht deshalb vom „Anderswerden", wenn er sich auf den Wandel der Arten bezieht, und es geht ihm tatsächlich allein um die Veränderung. Aber das Entscheidende der Emergenzproblematik ist doch das erste Auftreten des Lebens, nicht seine spätere Veränderung und Abwandlung, auch wenn das Auftreten einer neuen Art ebenfalls in die Emergenzthematik gehört. Mit dem Anderswerden ist nur dasjenige gemeint, „was nicht durch Erb- und Ahnengut von niederen Vorfahren her bestimmt ist, sondern epigenetisch neugeschaffen wird." Aber über dieses Werden spricht er nur, denn für Hartmann ist das „Werden ... nur das Auseinandergezogensein in die Sukzession, ohne daß das zeitlich ausgedehnte Ganze sich zur Einheit zusammenschlösse."[36] Hartmann spricht die Ähnlichkeit der Problematik mit der von Kant in der *Kritik der reinen Vernunft* geschilderten Irrationalität des Bewegungsimpulses an: „in Wirklichkeit ist es dasselbe Problem wie das der Bewegungsänderung, denn alle Bewegung ist relativ."[37] Auch bei der Bewegungsänderung müssen wir die Kontinuität der Zeit aufgehoben denken.

Hartmann verweist noch auf ein anderes Paradox, denn wir begegnen niemals einem Individuum, das keiner Art angehört: „Es gibt kein Individuum ohne Gesamtleben der Art."[38] Ein solches unmögliches Individuum ohne Art müßte aber notwendig das erste Individuum einer Art sein, der Stammvater oder die Stammutter. Wie soll man sich dieses Individuum und seine Situation vorstellen? Wie hätte es sich vermehren sollen? Die Evolutionstheorie trägt uns zu diesen Problemen immer nur dieselbe Lösung vor, die in der Annahme von sehr langen Zeitstrecken für die Entwicklung einer neuen Art besteht, meist in Verbindung mit der räumlichen Abspaltung einer Population. Mit der Annahme derart gewaltiger Zeiträume entzieht sie sich jeder Überprüfung, denn angesichts der Jahrmillionen, die ihren Vorstellungen zugrundeliegen, kommen weder eine Verifikation noch eine Falsifikation ernsthaft in Betracht. „In der Evolution", weiß der hier wie auch sonst von keinem Zweifel angekränkelte Dennett, „geht es immer um Prozesse, die *fast nie* auf-

36. Hartmann: Philosophie der Natur. Seite 663 und Seite 270.

37. Hartmann: Philosophie der Natur. Seite 665.

38. Hartmann: Philosophie der Natur. Seite 574.

treten. Jede Geburt in jeder Abstammungslinie kann potentiell eine neue Art hervorbringen, aber Artenbildungen kommen so gut wie nie vor".[39] Schlau! Er formuliert Gesetze für Vorgänge, die „fast nie" auftreten und eben deshalb nicht etwa fast nie, sondern wirklich noch nie beobachtet wurden und auch in Zukunft niemals als solche beobachtet werden. Falls sich nämlich doch ein Zeuge finden sollte, versteht dieser gar nicht und kann ja auch gar nicht verstehen, was er gesehen hat – denn daß es sich um eine neue Art handelt, wird man ja erst später, vielleicht sogar sehr viel später sehen, weil sich die neue Art ja erst einmal als lebensfähig und als stabil erweisen muß. Also noch einmal: Dennett formuliert Gesetze für Vorgänge, die „fast nie" auftreten und eben deshalb nicht etwa fast nie, sondern wirklich noch nie beobachtet wurden und auch in Zukunft niemals als solche beobachtet werden. Aber natürlich findet er jeden kritischen Einwurf unverschämt und vertritt damit selbst Positionen wie die von ihm verachteten religiösen Theorien, „die dafür *ausgelegt* sind, gegen Widerruf gefeit zu sein".[40] So scheint er auch überhaupt nicht zu bemerken, daß sich der nächste Satz ebenso gut gegen seine eigenen Wahrheiten (man denke an die Meme...) richten läßt: „Die Postulierung unsichtbarer, nicht feststellbarer Wirkungen, die (anders als Keime und Atome), systematisch immun gegen ihre Bestätigung beziehungsweise Widerlegung sind, ist in Religionen so verbreitet, daß diese Wirkungen manchmal als gegeben angenommen werden müssen."[41]

Für das eine wie das andere Modell der Entwicklung der Arten sind allenfalls Indizienbeweise möglich, die aber eben nicht als Beweise gelten dürfen, sondern bestenfalls höchst indirekte Mutmaßungen und Schlußfolgerungen sind. In jedem Fall ist es so, daß auch angesichts unendlich großer Zeiträume die aufgezeigte Alternative – fließender oder punktueller Übergang – in voller Schärfe weiterbesteht: wir sind einer Lösung nicht nähergekommen.

Kehren wir zurück zum Problem der Realität, das, hierin der Information verwandt, allein in dem Verhältnis zwischen einem Lebewesen und seiner Umwelt besteht. Realität ist also nicht die Eigenschaft eines Dinges, eines Organismus, einer Situation oder eines komplexen Zusammenhanges, sondern besteht in einer Relation zwischen einem mit Wahrnehmung begabten eigenbeweglichen Organismus und seiner Umgebung. Deshalb können wir Realität weder allein vom Subjekt aus noch bloß von den Objekten her beschreiben.

39. Dennett: Den Bann brechen. Seite 157. Differenzierter schreiben Eigen / Winkler (Das Spiel. Seite 195) über Versuche, „die Evolution im Laboratorium nachzuvollziehen", daß die „historische Ereigniskette ... im Detail auf diesem Wege niemals rekonstruiert werden" könne.

40. Dennett: Den Bann brechen. Seite 207.

41. Dennett: Den Bann brechen. Seite 208.

Hier wie auch sonst müssen die Prinzipien der Wahrnehmung und natürlich des Bewußtseins eines Wesens zumindest partiell mit denen eines Objekts übereinstimmen, damit man überhaupt irgendetwas erkennen kann. Denn wir verstehen einzig und allein das, wofür wir auch einen Sinn besitzen. In der Terminologie des Biologen Uexküll müssen wir sagen: Merk- und Wirkwelt sind aufeinander abgestimmt, das eine ist die Antwort auf das andere. Mit den Worten Hartmanns: Erkenntnis- und Seinskategorien müssen zueinander passen und sich zumindest partiell decken. Kant spricht von dem „obersten Grundsatz der Erfahrung", wenn er das Ideal eines solchen Verhältnisses skizziert: Dieses Ideal (und nur es) ermöglicht Urteile, die „objektive Gültigkeit in einem synthetischen Urtheile a priori" (B 197) besitzen. Das ist nur überaus selten und auf nur ganz wenigen Gebieten des Seins der Fall. Den nicht allein seltenen, sondern vielleicht gar nicht existierenden Idealfall umschreibt Kant in der *Kritik der reinen Vernunft* so, daß „die Bedingungen der Möglichkeit der Erfahrung überhaupt ... zugleich Bedingungen der Möglichkeit der Gegenstände der Erfahrung" (A 110) sind.

Als Realität erscheint uns nicht ausschließlich das, was wir selbst auch sinnlich wahrnehmen können oder könnten, denn Realität kann auch einer Vorstellung zukommen, also einer Idee, einer Erinnerung oder dergleichen. Realität ist zwar immer bezogen auf ein Lebewesen, aber deshalb muß sie nicht unbedingt materiell oder gar sinnlich erfahrbar sein. Die Intensität der Realität hängt davon ab, wie viele Aspekte eines Wesens sie ergreift; ein punktueller Schmerz kann trotz seiner stechenden Intensität weniger real sein als eine das ganze Wesen infizierende, vielleicht auf weniger als nichts basierende Hoffnung.

Realität ist in jedem Fall die Realität eines Organismus, der wahrnehmen kann, also eines Tieres oder Menschen; Pflanzen stehen weder Objekte gegenüber, noch leben sie in einer Realität, denn sie kennen weder eine Wahrnehmung noch eine Welt, und für die anorganische Natur gibt es selbstverständlich erst recht weder Realität noch Idealität. Nur ein zentral organisiertes, eigenbewegliches Lebewesen kennt die Realität oder lebt in ihr, denn nur es kann sich selbst als Ganzes seiner Umwelt als Ganzer entgegenstellen. Die Pflanze reagiert an Ort und Stelle, also punktuell, weil ihr ein Zentrum fehlt und ihr auch alles mangelt, was auch nur entfernt nervenähnlich wäre, so daß die Eindrücke, die auf sie ebenso einströmen wie auf ein Tier oder auf uns, an keiner Stelle zusammenfließen (concrescere..., also sich zu einem konkreten Gegenstand zusammenschließen) und ein Bild ergeben; zusätzlich besitzt sie keine Eigenbewegung, kann sich also nicht stellen und kennt keine Wahrnehmung, die ohne Eigenaktivität nicht möglich ist. Und schließlich: Die Pflanze kennt keine individuellen, sondern nur allgemeine Eindrücke, auf die sie schematisch und entsprechend vorhersehbar reagiert.

Darf man Tieren Realität zusprechen? Schließlich verstehen wir ja die Realität als den Gegensatz der Idealität, die Tieren immer unbekannt bleiben muß. Aber ja, sie leben in der Realität, denn es ist allein der Begriff der Realität, der aus dem Gegensatz zur Idealität entspringt, nicht aber diese selbst. Allerdings gilt: Die Realität eines Tieres ist in jedem Fall ärmer, in aller Regel sogar unendlich viel ärmer als die Realität eines Menschen. Die Realität einer Zecke besteht neben dem Gefühl der Wärme einzig und allein aus dem Geruch der Milchsäure, von dem sie sich angezogen fühlt und der ihr Verhalten auslöst, und selbst die Wahrnehmung höherer Tiere ist viel weniger vielseitig, viel weniger umfassend als jene des Menschen. Der Mensch hat deshalb Welt, das Tier dagegen ist in seiner Umwelt gefangen. Der Mensch kann sich vor allem in die Umwelt eines anderen Lebewesens versetzen und so dessen Bedürfnisse und Wahrnehmungen erkennen, und eben über diese Fähigkeit wird niemals ein Tier verfügen. Heidegger sprach von „Benommenheit", als er das Weltverhältnis des Tieres begrifflich zu fassen versuchte, aber im Grunde müssen wir von Beschränktheit sprechen. Kaum ein Tier kann die naturgegebenen Grenzen seiner Gattung überwinden, Ausnahmen lassen sich an einer Hand abzählen.

Im Idealfall entspricht das Ganze des Organismus dem Reichtum seiner Umgebung und damit einer unendlichen Fülle von ineinander verschränkten Sinneseindrücken. Unendlich vieles würde – ich spreche im Irrealis, denn es handelt sich um ein ideales Szenario – als ein In- und Miteinander von unendlich vielen, einander ergänzenden und überlagernden, vielleicht auch widersprechenden Sinneseindrücken wahrgenommen. Dagegen kennt ein Wesen, das allein auf ein einziges Sinnesdatum reagiert – wie manche Insekten –, niemals mehr als einen schwachen Abglanz von Realität. Denn Realität wird nicht punktuell wahrgenommen, sondern konspektiv, indem die Eindrücke verschiedener Sinne ineinanderfließen und *ein* Bild ergeben. Von Uexküll sprach deshalb von einer Symphonie, als er von dem Bild einer Eiche sprach – wie die verschiedenen Instrumente ein Klangbild ergeben, so die verschiedenen Sinneseindrücke eine „Symphonie des Organismus Eiche". Dem Biologen spricht er deshalb die Aufgabe zu, „die Partitur der Natur zu schreiben"[42] – eine seltsame Vorstellung, denn der Biologe ist doch keinesfalls der Komponist, sondern allenfalls der getreue Repetitor.

Ernst Cassirer hat, als er über den Ausdruck als einen der fundamentalen Apekte des Menschen nachdachte, den Prozeß der kulturellen Entwicklung als die Ablösung von der Fülle der Realität weg hin zur Idealität beschrieben. Parallel dazu gebe es aber eine Gegenbewegung, nämlich „die Scheidung zwischen ‚Ich' und ‚Welt'". „Der Primat der Ausdruckswahrnehmung vor der

42. von Uexküll: Seite 130, Seite 138, Seite 140 und Seite 149.

Dingwahrnehmung ist das, was die mythische Weltsicht charakterisiert. Für sie gibt es noch keine streng bestimmte und gesonderte ‚Sachwelt'. Denn es fehlt noch an jenen konstanten Einheiten, deren Gewinnung das erste Ziel der theoretischen Erkenntnis ist."[43] Von der Vielfalt der Eigenschaften und damit auch von Ausdruck und Realität ist in der Wissenschaft also während ihres Erfolgszuges immer weiter abgesehen worden – das macht sogar geradezu ihren Charakter als Wissenschaft aus.

In seinem Aufsatz *Dingwahrnehmung und Ausdruckswahrnehmung* hat Cassirer die Abkehr der menschlichen Wahrnehmung vom Ausdruck nachvollzogen und begründet. Damit zog er einige Schlüsse aus Überlegungen, die er in *Substanzbegriff und Funktionsbegriff*, einer noch rein erkenntnistheoretisch orientierten Arbeit, vorgetragen hatte. Ursprünglich richtet sich nach dem späteren Aufsatz unsere Wahrnehmung auf den Ausdruck – die Wahrnehmung des Ausdrucks geht sowohl in der Geschichte des einzelnen Menschen wie in der Menschheitsgeschichte der sachlichen Wahrnehmung eines Dinges voran. Die Ausdruckswahrnehmung ist die Wurzel des Mythos, in dem es noch keine streng sachliche Wahrnehmung gibt, auch deshalb, weil er stark vom Moment und seinen den Menschen überwältigenden Affekten bestimmt ist. Alles verfließt, und alles kann sich in alles verwandeln: die Welt des Mythos ist wandelbar, jede Statik ist ihr fremd.

Die Entwicklung der Wissenschaft reduzierte (und reduziert auch weiterhin) die unendlich vielen Attribute allmählich auf eine Mindestzahl und führt so zunächst zur Abkehr vom Mythos oder überhaupt vom Sprachlichen und damit zweitens zum Abschied vom Ausdruck, ja letzten Endes zum Abschied von der Realität, weil zu deren Aspekten ganz unbedingt die Vielzahl der Attribute und damit der Ausdruck gehört. Die Wissenschaft idealisiert die Welt um uns, weil und indem sie die Vielzahl der Attribute immer weiter minimiert. Dieser Prozeß wurde 1690 von John Locke im VIII. Kapitel des 2. Buches seines *Essay Concerning Human Understanding* mit seiner Unterscheidung zwischen den primären und den sekundären Qualitäten auf den Begriff gebracht, aber ihm voraus ging Thomas Hobbes in seinen *Elementen der Philosophie* (1655). Im 8. Kapitel von *De corpore* (Abschnitt 21) wird erläutert, wie die Akzidenzien auf den Körpern sitzen und kommen und gehen: „das eine Accidenz entsteht, das andere vergeht."

Hobbes' Irrtum beruht auf einem fehlerhaften Begriff der Substanz und seiner Veränderung: für Hobbes verändert sich die Substanz eben nicht, sondern ihre Eigenschaften kommen und gehen, denn sie sitzen auf ihr wie kleine, ihr eigentlich nicht zugehörige Gegenstände – etwa so, wie man mit Kreide auf eine Tafel schreiben und alles jederzeit wieder löschen kann. Tatsächlich

43. Cassirer: Zur Logik der Kulturwissenschaften. Seite 40.

ist Substanz aber das an sich selbst Veränderliche und befindet sich immer im Fluß. Während die Zeit allmählich vorrückt, lösen die Bestimmungen und Zustände einander ab. Im Anschluß an den fehlerhaften Substanzbegriff und damit ganz in der Abhängigkeit davon wird der verhängnisvolle Begriff der primären Qualität eingeführt, ohne daß sie von Hobbes bereits so betitelt wird: „Das Accidenz, um dessenwillen wir einem Körper einen bestimmten Namen beilegen, oder das Accidenz, das sein Subjekt benennt, heißt gewöhnlich das Wesen, die Essenz.“[44]

Für den etwas jüngeren Locke sind primäre Qualitäten – also diejenigen, die das eigentliche Wesen eines Gegenstandes bestimmen – „Größe, Gestalt, Beschaffenheit und Bewegung ihrer sinnlich nicht wahrnehmbaren Teilchen“[45] („by the size, shape, texture, and motion of their imperceptible parts“). Die primären Qualitäten erzeugen die sekundären Qualitäten, als da sind „Farben, Töne, Geschmacksarten usw.“ („Examples of these are colours, sounds, tastes, and so on.“) Wie er im 13. Abschnitt des Kapitels erläutert, vermutet Locke als die Ursache der sekundären Qualitäten „die Einwirkung von sinnlich nicht wahrnehmbaren Partikeln auf unsere Sinne.“[46] („that the ideas of secondary qualities are also produced by the operation of insensible particles on our senses.“) Wie immer man die Leistung Lockes in seiner Zeit beurteilt, es sollte klar sein, daß die Trennung von primären und sekundären Qualitäten heute völlig sinnlos ist. Es ist nicht leicht zu verstehen, daß eine große Zahl von angelsächsischen Philosophen bis in die Gegenwart davon nicht lassen mag.

Die primären Qualitäten sind Gewicht oder Dichte, also jene Eigenschaften, die auch schon in der Epoche der frühen Aufklärung meßbar waren. Als die sekundären Eigenschaften dagegen gelten Farbe, Geruch oder Geschmack, die für einen Forscher des ausgehenden 17. Jahrhunderts noch nicht meß- und damit quantifizierbar waren. Somit galten sie als subjektiv, denn seit Galileo Galilei und John Locke wird Quantifizierbarkeit als Ausweis der Realität und entsprechend auch als Ausweis wissenschaftlicher Objektivität verstanden. Es ist ihre Meßbarkeit, welche die primären Qualitäten als objektiv erscheinen läßt. Erst die Zahlen entsprechen in dieser Sicht den tatsächlichen Verhältnissen des Gegenstandes, der also tatsächlich schwer und tatsächlich von einem gewissen Umfang ist, die sekundären Qualitäten aber gewinnen ihre Bedeutung erst in unserer subjektiv verfälschten Wahrnehmung, sind also nicht mit dem Gegenstand selbst verbunden und deshalb aus der Sicht der Wissenschaft nicht bedeutend – wenn sie nicht gar Lug und

44. Hobbes: Vom Körper. Seite 97.

45. Locke: Versuch über den menschlichen Verstand in vier Büchern. Band 1. Seite 148.

46. Locke: Versuch über den menschlichen Verstand in vier Büchern. Band 1. Seite 148f.

Trug sind. Im Grunde verwechelt der Empirismus das Reale mit dem Idealen, hält das eine für das andere.

Laut Locke nehmen die sekundären physikalischen Prozesse erst nach dem Kontakt mit unseren Sinnesorganen den Charakter von Qualitäten an, einen Charakter, den sie zuvor nicht besitzen und der ihnen laut dieser Theorie auch objektiv nicht zukommt. Überraschenderweise argumentiert sein philosophischer Gegenspieler René Descartes in ganz genau derselben Weise, wenn er in seiner *Dioptrik* schreibt, daß es „an den Gegenständen nichts zu geben" braucht, „was unseren Vorstellungen oder Wahrnehmungen, die wir von ihnen haben, ähnlich ist."[47] Mit solchen Sätzen beginnt die Geschichte der modernen Physik; und mit ihr unsere Abwendung von der Realität.

Man sollte einmal darüber nachdenken, ob diese Abkehr, wie sie seit Locke und Descartes vollzogen wird, vielleicht nicht doch eher in der Struktur monistischer und dualistischer Konzeptionen gründet als in ihrer spezifischen Ausrichtung. Wenn das richtig ist, kommt es weniger darauf an, ob ein Philosoph materialistisch oder vielleicht irrational-esoterisch, ob er realistisch oder idealistisch, empiristisch oder rationalistisch argumentiert, sondern es ist entscheidend, daß er sich auf einen einzigen Aspekt versteift und das Geheimnis der Welt in einen einzigen Lehrsatz zu finden meint. Dadurch, daß der Monist von der Vielfalt der Welt und insbesondere von der irreduktiblen Buntheit des Lebens absieht, verwandelt sich das Gewebe seines Denkens notwendig in das Brett einer Ideologie, das er stolz vor seiner Stirn trägt.

Umgekehrt muß es notwendig so sein, daß sich bei einer differenzierteren, nicht festgelegten Sicht auf die Welt als einen bunten Teppich ganz unbedingt eine Realität auftut. Man sollte immer bedenken, daß die Scheidung der Welt in eine Scheinwelt, in der wir leben und die wir eben deshalb niemals als Schein erfahren, und die dahinterliegende wirkliche Welt der Physik, die wir umgekehrt niemals erleben werden, eine besonders bizarre Form der Metaphysik ist, vorgetragen von Positivisten, denen in ihrem eigenen Verständnis nichts ferner liegt, ja denen nichts verächtlicher ist als Metaphysik. Und dabei sprechen sie ganz naiv von einer Wirklichkeit, die sich „hinter" den Gegenständen unserer Erfahrung auftue: „Wenn hinter dem Gegenstand sowohl von Geistes- als auch von Naturwissenschaft eine Wirklichkeit – die eine Wirklichkeit – steht, dann ist zu erwarten und zu hoffen, dass beide Wissenschaftsbereiche sich dieser Wirklichkeit annähern".[48] Tegmark schreibt selbst, daß die „epistemologische Grenzlinie zwischen Physik und Metaphysik dadurch definiert" sei, „ob eine Theorie experimentell überprüfbar ist, und nicht dadurch, ob sie verschroben ist oder unbeobachtbare Gebilde enthält."[49]

47. Zitiert nach: Leisegang: Descartes Dioptrik. Seite 71.

48. Gömitz / Gömitz: Der kreative Kosmos. Seite.4.

Danach ist ein großer Teil der modernen Physik Metaphysik. Denn sie ist einerseits unüberprüfbar (man beachte: prinzipiell unüberprüfbar), und andererseits betrifft sie – eine mir unbekannte Welt? Was sollen Paralleluniversen sein? Wenn es sie wirklich geben sollte, wenn es wirklich Welten jenseits meines (oder unseres) kosmischen Horizontes geben sollte, dann sind sie mir komplett egal – per definitionem werde ich selbst schließlich niemals mit ihnen in Kontakt treten, und unsere Welt wird ohne jeden Kontakt zu ihnen weiter ihre Kreise ziehen.

Eine merkwürdige Konsequenz der Unterscheidung zwischen primären und sekundären Qualitäten wurde hier bereits gelegentlich angesprochen: Jeder bleibt mit sich und seinen Sinneswahrnehmungen allein. Diese Auffassung vertritt Moritz Schlick in einem mißglückten, weil offensichtlich unvollständigen Satz: „Es wird allgemein zugestanden, daß die Frage, ob ein Rot, das ich erlebe, und ein Rot, das ein anderer erlebt, wenn wir gleichzeitig denselben roten Gegenstand betrachten, daß diese Frage schlechthin unbeantwortbar bleibt.“ Deshalb könne es ein Gespräch über unsere Erlebnisse überhaupt und ganz prinzipiell nicht geben, denn ich weiß ja nicht einmal, ob mein Gegenüber „überhaupt ein Farberlebnis, ja überhaupt irgendein Erlebnis, ein Bewußtsein hat“.

Im Grunde argumentiert Schlick also, ohne diesen Satz anzusprechen, ganz im Sinne des Satzes des Bewußtseins. Auch er spricht sich dafür aus, „daß alles Qualitative und Inhaltliche an unseren Erlebnissen ewig privatim bleiben muß“.[50] Ebenso kennt auch Schlicks Freund und Kollege Carnap den Satz des Bewußtseins, wenn er ihn auch etwas weniger elegant ausdrückt, als es andere getan haben: „Den Durst des S1 kann kein Satz der Protokoll sprache des S2 aussagen. Denn alle Sätze dieser Art sagen nur das dem S2 unmittelbar Gegebene aus; der Durst des S1 ist aber nur dem S1 und nicht dem S2 unmittelbar gegeben.“[51]

Anders als Hartmann und andere Philosophen belassen es Schlick und Carnap bei dieser Aussage, ohne sie auszudeuten und für das Verständnis des Bewußtseins nutzbar zu machen. Dem bedenkenswerten Umstand, daß wir trotz der unbezweifelbaren Wahrheit des Satzes des Bewußtseins über unsere Erlebnisse sprechen können und das auch wirklich tun, daß wir also einerseits uns sehr häufig verstanden fühlen, andererseits glauben, unsere Mitmenschen zu verstehen, wird in ihrem Werk wie überhaupt in den Arbeiten des logischen Positivismus oder der analytischen Philosophie nicht weiter nachgegangen.

49. Tegmark, Unser mathematisches Universum, Seite 188.

50. Schlick, Erleben, Erkennen, Metaphysik. Der Kürze des Aufsatzes wegen wird auf die Angabe von Seitenzahlen verzichtet.

51. Carnap: Die physikalische Sprache als Universalsprache. Seite 454.

So wurde Ausdruck zum Stiefkind der Philosophie unserer Tage, obwohl es doch zur selben Zeit große Denker gab – allen voran ist hier der auch von akademischen Philosophen wie Cassirer und Hartmann geschätzte Ludwig Klages zu nennen –, die sich mit dem Ausdruck auf einem ganz anderen philosophischen Niveau beschäftigten.

Das Weltbild des sensualistischen Philosophen von 1690 hat so erst in unseren Tagen seine wirkliche Herrschaft angetreten, und das hat ganz bestimmt mit der Weltanschauung der modernen Naturwissenschaft zu tun, wie sie von Max Planck in *Das Weltbild der neuen Physik*[52] von 1930 stellvertretend für die Mehrheit unter den Naturforschern formuliert wurde. Es gibt, so dieser Autor, zwei Welten. Hinter derjenigen, die wir mit unseren Sinnen wahrnehmen, sei „noch eine zweite, die reale Welt anzunehmen, welche ein selbständiges, vom Menschen unabhängiges Dasein führt". Diese Welt, welche die wahre Welt sei, bleibe uns verborgen und könne allein errechnet und erschlossen, nicht aber erfahren und erlebt werden. In unserem Gehirn entstehe dagegen eine Scheinwelt, die sich „restlos" auf „numerische und räumliche Beziehungen" der wahren Welt zurückführen lasse. Erst indem man „die Sinnesempfindungen in steigendem Maße" aus seinen Vorstellungen eliminiere, indem man also das Erleben und den Ausdruck ausschließe, könne man die wirkliche und wahre Welt beschreiben.

Außerhalb unserer selbst, so werden wir belehrt, gibt es lediglich physikalische Prozesse, also nichts, das mit unseren Vorstellungen Ähnlichkeit besäße. Dieser Plancksche Gedanke ist heute vielleicht nicht Allgemeingut, wird aber von einer großen Fraktion der mathematischen Naturwissenschaft vertreten. So heißt es in einem Buch über Information, daß diese „eine verschränkte Welt [bildet], die in gewisser Weise am Grund unserer Wirklichkeit existiert".[53] Unsere natürliche Wahrnehmung bietet demzufolge nichts als Lug und Trug: das ist die wissenschaftliche Weltsicht zu Beginn des 21. Jahrhunderts.

In seinem Kapitel über die Qualia übernimmt Dennett zwar die Lockesche Unterscheidung zwischen primären und sekundären Qualitäten, weiß aber doch um die Problematik dieser Unterscheidung, weshalb er nicht ganz so naiv formuliert wie andere unserer Zeitgenossen. Aber es hilft ihm nicht wirklich weiter, daß er sich für eine andere Terminologie entscheidet und von „intrinsic properties" (‚intrinsic' in Anführungsstrichen) und „additional properties" spricht. Diese zusätzlichen Eigenschaften wären dann die Qualia, also nicht weiter mitteilbare, weil gänzlich subjektive Erlebnisgehalte („Those additional properties would be the qualia."), von deren Existenz er nichts wis-

52. Planck: Das Weltbild der neuen Physik. Alle Zitate von den Seiten 10–17.

53. Fischer: Information. Seite.197.

sen will. Tatsächlich schreibt Dennett dann aber nicht über derartige Qualia, sondern vielmehr über Farben, die er mit dem Argument zu Qualia erklärt, daß sie unter wechselnden Lichtverhältnissen changieren („colors are properties ‚out there' after all").[54] Damit gehöre die Farbe zu den dispositionalen Eigenschaften, während die primären Eigenschaften die physikalischen sind, die er „mechanistic properties" nennt – wohl deshalb, weil man sie quantifizieren kann. Dennett behauptet, daß nicht eigens genannte (und nach meiner Überzeugung weder ihm bekannte noch überhaupt je existente) Philosophen die Existenz von zusätzlichen Eigenschaften[55] zu beweisen versuchten, damit wir an sie glauben, als würden nicht wir alle, ob an Philosophie interessiert oder nicht, diesen Farben tatsächlich in unserer Welt begegnen. Dennett hat offensichtlich überhaupt nicht verstanden, daß die Unterscheidung von primären und sekundären (= zusätzlichen) Eigenschaften nicht allein falsch ist, sondern auch keinerlei Relevanz besitzt für die Behauptung, die der Satz des Bewußtseins ausdrückt: daß prinzipiell jedes Wesen auf dieser Welt mit seinen Erfahrungen und Erlebnissen allein bleibt, daß die Subjektivität dieser Erlebnisse sich in keiner Weise ausdrücken läßt, und daß das schlichte Aussprechen dieser Subjektivität notwendig ein Paradox bedeutet, das Kierkegaard in dem bereits oben zitierten Ausruf zusammenfaßte, ein Ausrufer von Innerlichkeit sei ein seltsames Tier.[56] Die subjektive Färbung eines Erlebnisses läßt sich nicht in eine objektive, in eine sachliche Sprache übersetzen, ohne alles zu verlieren, was sie auszeichnet.

Vielleicht ist die Bezeichnung „Qualia" der sekundären Eigenschaften ein Grund für diese schiefe Argumentation; zahlreiche Autoren, und Dennett eben auch, sind offensichtlich der Auffassung, daß das Problem auf der Objektseite liegt, denn sie sprechen ja von Eigenschaften, die dem Objekt zukommen, wenngleich im Inneren des Subjekts. Aber davon kann überhaupt keine Rede sein. Der Satz des Bewußtseins handelt, wenn er von der eigenartigen Tönung des Erlebens spricht, allein vom Bewußtsein – er sagt nichts über das Objekt aus.

Dennetts Argumentation baut unter anderem darauf auf, daß sekundäre Eigenschaften nicht immer und nicht an jedem Ort dieselben sind, zum Beispiel, weil es nicht immer Licht gibt, das die Oberflächen zum Reflektieren

54. Dennett: Consciousness explained. Seite 373.

55. Dennett: Consciousness explained. Seite 373: „the arguments philosophers have devised in an attempt to prove that there are these additional properties". Ich gestehe, keinen einzigen dieser angeblich so zahlreichen Versuche zu kennen, die Existenz der sekundären Qualitäten zu beweisen, und behaupte bis zu dem Beweis des Gegenteils, daß es einen derartigen Versuch nie gegeben hat und auch Dennett keinen zu nennen weiß.

56. Søren Kierkegaard: Aflutande uvidenskabelig Efterskrift til de philosophike Smuler. Seite 65: „en Udraaber af Inderlighed er et seeværdigt Dyr."

bringt, so daß die Farbe eines Gegenstandes sehr häufig einem Wechsel unterliegt. Aber etwas Ähnliches ließe sich auch über das Gewicht eines Gegenstandes sagen, das ja in der Schwerelosigkeit oder auf einem größeren oder kleineren Stern ein ganz anderes ist als auf Mutter Erde. Wäre also auch das Gewicht eine sekundäre Qualität? Denn es ist ja immer relational zu dem Ort der Messung.

In seinem Buch *Mensch und Welt* übernimmt Wolfgang Welsch die Unterscheidung zwischen primären und sekundären Qualitäten, zeigt aber selbst, daß sie eigentlich ganz sinnlos ist. Er verweist auf die 1. Auflage der *Kritik der reinen Vernunft* und eine Bemerkung aus dem Kapitel über die „Amphibolie der Reflexionsbegriffe", in welcher Kant festhält, daß „die inneren Bestimmungen einer substantia phaenomenon im Raume nichts als Verhältnisse und sie selbst ganz und gar ein Inbegriff von lauter Relationen" (A 265) sind. Welsch selbst versteht diese Passage so: „Alles ist relational."[57] Das nun wiederum ist ein wenig zuviel, denn wenn alles relational wäre, dann machte es überhaupt keinen Sinn, noch länger von primären Qualitäten zu sprechen, die ja nur als nicht-relationale bestimmt sind.

Zurück zu Dennett. Weil die Farbe in unserer Wahrnehmung eine wichtige Rolle spielt, nimmt er sie als Beispiel und versucht ein Gegenspiel von Wahrnehmung und Anpassung wahrscheinlich zu machen. Daß sich das Farbensehen entwickelt hat, weil die Welt farbig ist, klingt plausibel, aber gilt auch das umgekehrte? Kann man vermuten, daß sich die unbelebte Natur der Wahrnehmung von Lebewesen angepaßt hat? Sind Farben wirklich entstanden, damit sie gesehen werden können? „In the beginning, colors were made to be seen by those who were made to see them."[58] Wahrscheinlich ist mit alldem nur gemeint, daß sich bei Blüten während eines langen Zeitraumes jene Farben durchsetzten, die von Bienen gesehen werden können, daß es also einen unendlich langen Prozeß gab, in dem sich die Blütenfarbe und das Farbensehen der bestäubenden Insekten aufeinander einspielten. Aber es gibt schon seit Urzeiten farbiges Gestein, und diese Steine haben ganz gewiß nicht einiger umherschwirrender Insekten wegen Farbe angenommen. Sind das allein sorglose Formulierungen, oder wird hier von Dennett auf eine versteckte Weise ein Zweck in die Argumentation eingeschmuggelt, den seine Fraktion doch sonst so gern den Vertretern des Intelligent Design vorwirft? Für uns selbst gilt, so Dennett: Erst konnten die frühen Menschen die Reife von Früchten erkennen, um ihre Ernährung besser organisieren zu können,

57. Welsch: Mensch und Welt. Seite 145.

58. Dennett, Consciousness explained, Seite 378. Man vergleiche hierzu Darstellung und vernichtende Kritik der Dennettschen Argumentation durch Breidbach: Die Materialisierung des Ichs. Seite 393f.

heute können wir als ihre Nachkommen zusätzlich Edelsteine an ihrer Farbe auseinanderhalten. Das also ist lediglich ein Nebeneffekt.

Was uns, folgen wir Dennett, die Wissenschaft zeigt, ist das Faktum, daß die Reflexion des Lichtes gewisse im Gehirn verteilte Zustände („discriminative states, scattered about in their brains“: was auch immer das bedeuten mag) hervorruft, die ihrerseits verschiedenen angeborenen Dispositionen und angenommenen Gewohnheiten zugrundeliegen. Ist das wirklich ein vorzeigbares Ergebnis: das Erblicken einer Farbe ruft Zustände im Gehirn hervor, die ihrerseits gewisse Folgen haben?[59]

Cassirer hat den ursprünglichen Primat der Ausdruckswahrnehmung aufgezeigt, aber man darf nicht vergessen, daß zu jeder Wahrnehmung ein Gegenstand dieser Wahrnehmung gehört. Das Ding wird also unter allen Umständen immer mit wahrgenommen, aber eben nicht als bloße Sache, weil zunächst die Wahrnehmung noch anders organisiert ist: Der Aspekt des Ausdrucks überlagert den des Sachverhalts. Später – und nicht zuletzt darin besteht der Fortschritt der persönlichen Bildung wie der Wissenschaft – wird die Wahrnehmung konzentrierter, weil auf das Wesentliche gerichtet, aber eben damit auch ärmer, denn sie sieht von allem Nebensächlichen, Begleitenden und Beiläufigen ab und richtet sich endlich nur noch auf den Sachverhalt, auf das Ideale, also im Prinzip auf den zeitlosen irrealen Kern der Wahrnehmung. Wissenschaft bekommt deshalb zunehmend nicht mehr die Realität als Ganzes in den Blick, sondern nur noch dessen Skelett. Sie richtet sich auf etwas, das sie im Inneren der Realität vermutet – das Ideale, das von hier aus als der konstante Kern, als das Beharrliche und Feststehende einer jeden Wahrnehmung erscheint. „Die Wissenschaft baut eine Welt auf, in der zunächst an die Stelle der Ausdrucksqualitäten, der ‚Charaktere‘ des Vertrauten oder Furchtbaren, des Freundlichen oder Schrecklichen, die reinen Sinnesqualitäten der Farbe, des Tones usf. getreten sind. Und auch diese letzten müssen immer weiter reduziert werden. Sie sind nur ‚sekundäre‘ Eigenschaften, denen die primären, die rein-quantitativen Bestimmungen zugrunde liegen. Diese letzteren bilden all das, was für die Erkenntnis als objektive Wirklichkeit zurückbleibt.“[60]

Wissenschaft nimmt also im Vergleich zur natürlichen Weltsicht immer eine ärmere, eine gewissermaßen abgespeckte, eine bis auf den Kern entkleidete und damit mathematisierte Welt wahr. Diese Welt ist nicht mehr real.

59. Dennett: Consciousness Explained: Seite 372: So klingt es im amerikanischen Original: „What science has actually shown us is just the light-reflecting properties of objects cause creatures to go into various discriminative states, scattered about in their brains, and underlying a host of innate dispositions and learned habits of varying complexity.“ .

60. Cassirer: Zur Logik der Kulturwissenschaften. Seite 40f.

Allein deshalb läßt sie sich von propositionalen Ausdrücken erreichen. Gleichzeitig aber erlaubt die Idealisierung (und erst sie), wie Cassirer deutlich macht, das Gespräch, das sich nicht auf den Ausdruck von Gefühlen oder subjektiven Zuständen reduzieren läßt, sondern das immer einen sachhaltigen Kern besitzen muß, um den herum die metaphorischen Bedeutungen sitzen. Erst der Geist kann ein Gespräch gewährleisten, denn es ist ja, wie wir von Nicolai Hartmann gelernt haben, der Geist, der verbindet. Wir stehen hier vor dem merkwürdigen Faktum, daß wir uns zwar über den Begriff der Realität unterhalten können, aber nicht über unsere realen Sinneseindrücke – wenn sie wirklich real und nur real sind, dann lassen sie sich nicht verbalisieren, denn sie sind einer direkten Mitteilung nicht zugänglich; oder die Rede über unsere Innenwelt wie über unsere Sinneseindrücke erschöpft sich in leeren Tautologien. Das ist auch noch eine Konsequenz des Satzes des Bewußtseins.

Für die Idealisierung ist die Scheidung von Welt und Ich notwendig, aber für sich allein noch nicht hinreichend. Ohne eine solche Scheidung von Welt und Ich wäre ein Dialog ganz sinnlos – wenn man bis Oberkante Unterlippe in der Realität steckt, kann man darüber nicht sprechen –, aber das Subjekt muß auf einen Vorrat von allgemeinen, und das heißt immer idealen Symbolen zurückgreifen können, um in einen Dialog eintreten zu können. Auch Tiere können zueinander sprechen oder miteinander kommunizieren, indem sie Drohungen ausstoßen, Einladungen aussprechen oder ihren Gefühlen Ausdruck verleihen, aber sie können kein Gespräch führen, weil zu einem Gespräch die Sachhaltigkeit der Aussagen gehört und damit der Vorrang des Idealen.

Auch deshalb, weil sie nicht wahrnehmbar sind, sind Weltall und Atom gleichermaßen irreal, und ganz gewiß sind sie nicht die eigentliche Realität, als die sie gelegentlich ausgegeben werden. Sie sind nicht die reale Welt hinter der Welt des Scheins, in der wir uns eingerichtet haben, belogen von unseren Sinnesorganen. Das Weltall kuppelt über uns und schaut mit Sternenaugen auf uns herab, ohne uns tatsächlich etwas anzugehen; allein als stummes Bild gehört es zu unserer Welt, als Fassade unseres Lebens, aber es spricht nicht zu uns. Nichts illustriert besser als der Sternenhimmel in seiner buchstäblich unwirklichen Schönheit das von Albert Camus beschworene „Schweigen der Welt". Ähnlich steht es mit den Atomen. Es mag wohl sein, daß die materielle Welt in ihrem Kern etwas ist, das mit unseren Eindrücken überhaupt nicht kompatibel ist und auch niemals kompatibel sein kann, ja, es ist wahrscheinlich tatsächlich so, daß wir in einer Welt leben, die sich aus der Sicht der mathematischen Physik als ein ausgemachter Schwindel darstellt, als eine Phantasmagorie, immer wieder von neuem erdichtet von einem Hirn, das seine Daten deutet, nein, von einem Menschen, der mit seinen wachen Sinnen etwas wahrnimmt, aber das ändert nichts daran, daß es unsere Welt ist, die unser Leben, unser Denken, unsere Vorstellungen bis ins letzte Detail bestimmt. Wer die mathematische Welt der Physik für die Realität erklärt, der verwechselt das Wirkende in oder hinter den Gegenständen mit der Realität, in die wir eingehüllt sind wie in unsere Kleidung, ja wie in unsere Haut.

Wie haben große Dichter die Realität erlebt? Oder besser: Wie beschreiben sie irreale Welten? Ein Beispiel ist die Schilderung einer hochalpinen Landschaft durch Johann Wolfgang Goethe. Goethes Erzählung zeigt, wie der Mensch eine von jedem Leben entblößte Welt, also die von Pflanze, Tier und Mensch nie besiedelte Landschaft des Hochgebirges erlebt: mit Angst, vielleicht sogar mit Entsetzen. Goethe spricht von „einer ungeheuren einförmigen schneebedeckten Gebirgswüste, wo man rückwärts und vorwärts auf drei Stunden keine lebendige Seele weiß ... Die Tiefen, aus denen man herkommt, liegen grau und endlos im Nebel hinter einem. Die Wolken wechseln über die blasse Sonne, breitflockiger Schnee stiebt in die Tiefe und zieht über alles einen ewig beweglichen Flor. Ich bin überzeugt, daß einer, über den auf diesem Weg seine Einbildungskraft nur einigermaßen Herr würde, hier ohne anscheinende Gefahr vor Angst und Furcht vergehen müßte.“[61] Wie also müßte ein Mensch erst die Einsamkeit des Weltenraumes aufnehmen? Ist ein allein durch die Weiten des Alls ziehender Astronaut als ein geistig gesunder, als ein ausgeglichener Mensch denkbar? Nein, selbst ein starker Mensch müßte nach nur kurzer Zeit zu einem seelischen Wrack verkümmern.

Offensichtlich reagiert der heutige Mensch anders auf eine von allem Leben entblößte Welt als ein Zeitgenosse Goethes, denn es gibt genügend Menschen, die das Hochgebirge oder sogar die Eiswüste der Arktis lieben und dort lange Zeit verbringen können, ohne seelisch zu erkranken. Bedeutet das, das der Mensch von heute sich immer mehr in einer irrealen Welt heimisch fühlt? Weil ja eine irreale Welt eine um viele elementare Sinneseindrücke reduzierte Welt ist, ist sie in jedem Fall auch eine ärmere Welt. Wäre also auch der Mensch, der sie zu ertragen vermag, im Vergleich zu früheren Menschen ärmer? Ernst Cassirer beschrieb den Prozeß, in dem die Wissenschaft sich immer mehr idealisierte, sich also ent-realisierte, und man könnte denken, daß sich in oder mit unserem Erleben ein ganz ähnlicher Prozeß vollzogen hat.

Selbst noch eine von allen gefährlichen Tieren freie Natur, einzig und allein von den Pflanzen besiedelt und beherrscht, provoziert den Schrecken – und

61. Johann Wolfgang Goethe: Briefe aus der Schweiz 1779. In: Sämtliche Werke (Zürcher Ausgabe). Band 12: Biographische Einzelschriften. Seite 7–66. Seite 56.

das trotz ihrer außerordentlichen Schönheit, die Charles Sealsfield in seiner Erzählung *Die Prärie am Jacinto* so eindrucksvoll zu schildern weiß. „Der bunteste rote, gelbe, violette, blaue Blumenteppich, den ich je geschaut, Millionen der herrlichsten Prärierosen, Tuberosen, Dahlien, Astern, wie sie kein botanischer Garten der Erde so schön, so üppig aufziehen kann. Mein Mustang vermochte sich kaum durch dieses Blumengewirre hindurchzuarbeiten. Eine Weile staunte ich diese außerordentliche Pracht an, die in der Ferne erschien, als ob Regenbogen auf Regenbogen über der Wiese hingebreitet zitterten – aber das Gefühl war kein freudiges, dem peinlicher Angst zu nahe verwandt.“ [62]

Wahrscheinlich veröden der emotionale und der geistige Anteil unseres Welterlebens, wenn man durch eine bloße Welt der Steine wandert, wie es Goethe getan hat, oder wenn man durch eine vor pflanzlichem Leben geradezu strotzende, wunderbar blühende Ebene reitet, wie es der Held von Sealsfields berühmter Erzählung tut. Wenn es stimmt, daß allein der Geist verbindet, dann muß die totale Abwesenheit alles Geistigen für eine schreckliche Einsamkeit sorgen. Und zusätzlich wird es das Fehlen jeder Richtung, eines jeden Zieles sein, die einen Menschen so ganz und gar auf sich selbst zurückwirft, daß er sich in der tiefsten überhaupt nur denkbaren Weise vereinsamt fühlt. Man sieht, daß der Mensch die Realität nicht ohne die Seele anderer Lebewesen erfahren kann; und so kann wahrscheinlich selbst der größte Misanthrop nicht auf seine Mitmenschen verzichten.

62. Charles Sealsfield: Das Kajütenbuch. Leipzig o. J. Seite 38.

Bildung und Philosophie

Eigentlich versteht es sich von selbst, daß die Ablehnung des Monismus Konsequenzen für die Philosophie haben muß – methodische Konsequenzen zunächst und vor allem, zusätzlich aber auch solche, die mit der Thematik der Philosophie, also nicht zuletzt mit der Vielfalt der Welt zu tun haben, mit ihrem teppichartigen, uneinheitlichen, vielfarbig schillernden Charakter. Diese Vielfalt muß sich ganz unbedingt in der Bildung eines Menschen spiegeln; oder wenn sie sich nicht gleich spiegelt, dann sollte eine wahrhafte Bildung doch in ähnlicher Weise wie die Philosophie von allem Monothematischen und Monistischen entfernt sein.

Gibt es Philosophie ohne Bildung? Kann (oder könnte) man ein Philosoph und gleichzeitig ungebildet sein?

Gibt es umgekehrt Bildung ohne Philosophie? Mündet eine umfassende Bildung notwendig in Philosophie?

Was überhaupt ist Bildung? Heute spricht man auch Kindern Bildung zu und phantasiert von „frühkindlicher Bildung“, aber wer ein Gehör für die Sprache hat, der muß sich bei diesem Ausdruck schütteln. Kinder sind niemals gebildet, Kleinkinder schon gar nicht, ja selbst intelligente und vielseitig interessierte Jugendliche nur in ganz seltenen Fällen. In aller Regel ist nichts anderes als „gut erzogen“ gemeint – die Jugendlichen wissen sich zu benehmen, sie können vernünftig sprechen, sind wißbegierig und aufgeschlossen. Das ist noch nicht Bildung selbst, sondern allein deren Voraussetzung – ein solcher gut erzogener Mensch braucht keinesfalls wirklich ein gebildeter Mensch zu werden, zumal eine solche Erziehung sich sehr häufig auf ein ökonomisches Motiv reduziert, nämlich nichts anderes als die berufliche Verwertbarkeit eines Menschen meint. Sie sind gut ausgebildet und werden deshalb leicht einen Job finden. Es gibt mehr als genug Menschen dieser Art, denen jede Bildung abgeht.

Tatsächlich stehen Bildung und Erziehung einander nicht gegenüber, sondern Erziehung ist die Grundlage, die Basis, das Fundament einer Bildung. Die Bildung ist der Erziehung deshalb übergeordnet. Man ist nicht gebildet, wenn man nicht gleichzeitig gut erzogen ist, aber Bildung erschöpft sich keinesfalls in einer strengen Erziehung. Ernst Jünger hat einmal gesagt, man werde erzogen, aber man bilde sich selbst, und damit ist der entscheidende Unterschied zwischen Erziehung und Bildung sehr präzise benannt.

In der Erziehung sind wir passiv und nehmen es hin, daß uns die Autoritäten, also meist die Älteren und oft auch die Klügeren, gelegentlich aber auch nur Stärkeren, auf ein Ideal hin formen, das nichts mit unseren Talenten und unseren Wünschen zu tun hat. Vielmehr ist dieses Ideal aus der Gesamtgesellschaft oder einem Teil von ihr entnommen und wird uns übergestülpt und aufoktroyiert. So wird man beim Militär zumindest sehr effektiv erzogen, aber niemand wird angesichts eines Kasernenhofdrills von

Bildung sprechen wollen. Je nach der Position eines Menschen – seiner gesellschaftlichen Stellung, seinem historischen Ort und so weiter – werden Inhalt und Form der Erziehung variieren. Unter Umständen kann sich Erziehung blitzartig vollziehen oder doch wenigstens sehr, sehr schnell; so kann man in einem Augenblick begreifen, daß Feuer gefährlich ist, es reichen einige Tage, um einen leichten Beruf zu erlernen, und für entsprechend begabte Menschen lassen sich mathematische Methoden in sehr schneller Zeit einsehen.

Bildung dagegen ist ein reflexiver Vorgang, in dem ein Mensch über einen langen, einen sehr langen Zeitraum, im Grunde sein ganzes Leben hinweg auf sich selbst einwirkt. Ein ganzes Leben lang, denn ihre Unabgeschlossenheit, ihre prinzipielle Unabschließbarkeit ist ein wesentlicher Aspekt der Bildung. Wenn man sich bildet, dann geht man von sich selbst weg, nämlich hin zur Welt, an der man sich abarbeitet, aber diese Arbeit entpuppt sich als Arbeit an sich selbst; es war Hegel, der diesen Vorgang beschrieben hat.

Auch dank ihrer Reflexivität gehört zur Bildung ihre grundsätzliche Unabschließbarkeit, und kein gebildeter Mensch wird jemals von sich sagen, nun sei er gebildet, es sei gut, mehr müsse er nicht mehr lernen. Sondern man weiß immer, daß man noch nicht am Ende des Weges angekommen ist, weil es dieses Ende schlicht nicht gibt. Wie in der Metaphysik gehört zur Bildung das prinzipiell Unabgeschlossene.

Ein Aspekt der Bildung besteht darin, daß man ein Bild von sich selbst entwickelt und versucht, sich diesem anzunähern. Weil es ein Bild von uns selbst ist, muß Bildung immer etwas Individuelles und Charakteristisches sein. Ihren Ausgang nimmt die Bildung also von einer Vision, und ähnlich dem Selbstbewußtsein ist Bildung deshalb etwas Visuelles oder beginnt wenigstens damit. Bildung ist wahrscheinlich wirklich das Privileg in diesem Sinne selbstbewußter Menschen. Daß sich das angestrebte Selbstbild, als ein in die Zukunft projizierter Homunkulus eine Art Idol, immer wieder mit dem Fortgang eines Lebens und seiner gesteigerten Reife ändert, versteht sich von selbst; das ist schließlich der Sinn der Reflexivität, das, worin sie sich erfüllt: die Selbstkorrektur. Erst später mag man den Begriff dessen formulieren, das man zuvor nur im Bild zu fassen vermochte.

Bildung ist also zunächst unabschließbar und zweitens reflexiv und braucht also schon deshalb viel, viel Zeit – immer wieder wird man im Laufe seines Lebens in Sackgassen geraten und muß es lernen, sich neu zu orientieren und sich selbst Irrtümer einzugestehen. Weder erfindet noch definiert man sich selbst, sondern eifert mehr oder weniger schnell wechselnden Idealen nach, die man als Kind seiner Zeit und seiner Eltern und als Teil einer Gruppe von sich selbst entworfen hat. Bildung ist keine einfache Bahn, die man talwärts hinunterrauscht, sondern sie ist ein individueller und meist ziemlich krummer Weg bergauf, der für jeden Menschen anders aussieht, selbst dann, wenn sie auf einer allgemeinen Erziehung und auf allgemeinen Idealen und Zielvorstellungen fußt.

Anders als Erziehung zielt und erfaßt Bildung immer den ganzen Menschen, nicht etwa nur einen Teil von ihm. Man ist nicht gebildet, wenn man allein in einem Spezialgebiet zu glänzen versteht; man ist auch dann noch nicht gebildet, wenn man sich ein geradezu enzyklopädisches, aber wenig organisiertes Wissen angeeignet hat, das kaum mit einem selbst zu tun hat, sondern einfach nur eine erstaunliche Anzahl von Fakten umfaßt. Man ist schließlich auch dann nicht gebildet, wenn man zwar fast unendlich viel kann und weiß, aber sich benimmt wie die Axt im Walde.

Denn wenn Bildung dem ganzen Menschen gilt, umfaßt sie nicht allein den Bereich des Kognitiven, sondern dann gehört auch die Bewegung dazu, das Betreten eines Raumes ebenso wie die Gestik oder das richtige Sprechen. Ein gebildeter Mensch ist das Angenehmste, dem wir in unserer Welt begegnen können, weil er schließlich auch ein soziales, das heißt aufmerksames und feinfühliges Wesen ist, das bei seinem Gegenüber bemerkt, wenn dieser Kopfschmerzen hat oder sich aus anderen Gründen unwohl fühlt. Ein gebildeter Mensch ist taktvoll: er sieht vieles auf einmal, versteht eine Situation und kann sich entsprechend verhalten.

Aber deshalb mündet Bildung immer noch nicht in Philosophie. Zwar kann kein ungebildeter Mensch ein Philosoph sein. Zwar zielt auch die Philosophie immer auf das Ganze, niemals auf einen bloßen Teilbereich, und deshalb kann man als ungebildeter Mensch vielleicht ein glanzvoller Logiker werden oder als Forscher Wesentliches zur Geschichte der Philosophie beitragen, aber niemals ein wirklicher Philosoph sein, wenn nicht etwas Entscheidendes dazu kommt: die Fähigkeit, die richtigen Worte, vielleicht allein das richtige Wort zu finden. Philosophie vollzieht sich in der Sprache. Sie ist niemals sprachlos, und die wahren Philosophen sind jene, die ihren Gedankengang in einen Begriff münden lassen, der sie selbst, der ihre persönlichen Absichten wie Beschränktheiten übersteigt. In einem Philosophen scheint etwas auf, das schlicht für alle gilt oder doch wenigstens gelten kann. Philosophen sind keine Dichter, wohl aber Meister der Sprache. Wer die Reihe der großen Philosophen seit Leibniz vor seinen Augen Revue passieren läßt (so viele sind es gar nicht), der wird zu jedem wenigstens einen von ihnen geprägten Begriff nennen können, der ihre Eigenart kennzeichnet, der ihre Philosophie in nuce enthält und der außerdem für viele ihrer Anhänger wie auch Gegner bedeutend geworden ist.

Bildung als Kultur und Pflege der natürlichen Anlagen vollzieht sich zunächst im Gespräch – das ist ein wesentlicher Unterschied zur Erziehung, die auch höhere Tiere leisten können –, und deshalb ist seit Sokrates der Philosoph immer und ausnahmslos Lehrer. Der Philosoph als ein gebildeter Mensch ist niemals ein großer Schweiger, ein weltabgeschiedener Weiser oder gar ein sich versteckender Sonderling, sondern ganz im Gegenteil ein Mensch, der die Menschen sucht und sich ihnen gegenüber ausspricht, der nicht als Prediger aus der Einsamkeit der Berge herabsteigt wie Zarathustra, keine Geheimsprache murmelt wie der späte Heidegger und auch nicht Formeln aneinanderreiht wie ein analytischer Philosoph, sondern der in ein Gespräch eintritt, indem er fragt und antwortet, indem er nach Formulierungen ringt oder Widerworte und Widersprüche sucht, kurz, indem er ein Problem durchspricht – und zwar so durchspricht, daß in diesem Durchsprechen vielleicht nicht alle Probleme gelöst werden, wohl aber alle Aspekte eines Problems aufscheinen.

Deshalb ist seit Platon der Dialog die Form der Philosophie überhaupt. Es hat niemals einen Philosophen gegeben, der nicht Lehrer gewesen wäre, sondern selbst Sonderlinge wie Schopenhauer oder Nietzsche waren begabte Lehrer und besaßen Freude an Vorlesung, Gespräch und Unterricht. Große Briefschreiber waren sie außerdem – ja, das waren fast alle wirklich bedeutenden Philosophen.

Was geschieht in und mit uns, wenn wir philosophieren? Wenn man versuchsweise sagt, daß es sich bei der Philosophie um eine methodisch reflektierte Radikalisierung des alltäglichen Denkens handelt, dann ist Philosophieren etwas, das buchstäblich jeder kennt, denn jeder denkt doch mal über Gott und die Welt nach, unabhängig von allen pragmatischen Gesichtspunkten. Wenn man das radikal macht, das heißt auf die Wurzeln zurückgeht, auf die Grundbegriffe und Fundamente unseres Weltbildes, wenn man also die Selbstverständlichkeiten angreift und hinterfragt, und wenn man bei alldem Schritt für Schritt vorgeht, unter Vermeidung von logischen Fehlern und Gedankensprüngen, dazu in einer prinzipiell dialogfähigen Form, also so, daß man einem Gesprächspartner seine Gedanken mitteilen und dieser dieselben jederzeit nachvollziehen und überprüfen könnte – dann, aber auch erst dann fängt es an, philosophisch zu werden.

Denn man soll die Sache auch nicht zu niedrig hängen. Wer schon darf sich einen Philosophen nennen? Der Philosoph, heißt es in der *Kritik der reinen Vernunft* (B 867), „ist nicht ein Vernunftkünstler, sondern der Gesetzgeber der menschlichen Vernunft. In solcher Bedeutung wäre es sehr ruhmredig, sich selbst einen Philosophen zu nennen". Das hat ein trotz seines Selbstgefühls immer bescheidener Mensch geschrieben, aber welcher Erstsemester trägt heutzutage Bedenken, den Titel eines Philosophen für sich in Anspruch zu nehmen?

Vielleicht können alle Menschen philosophieren, aber deshalb ist nicht jeder ein Philosoph, auch nicht jeder, der an einer Universität promoviert hat oder einen Lehrstuhl okkupierte. „Wer klug ist", schreibt deshalb Franz Vonessen in der *Herrschaft des Leviathan*, „wird sich nicht Philosoph, sondern, zum Beispiel, Philosophielehrer nennen."[1] Ein Philosoph ist man, wenn es einem gelungen ist, sein Philosophieren auf eine Höhe zu tragen, die für andere Menschen, Leser wie Hörer, eine gewisse Verbindlichkeit erreicht; wenn man einen sprachlichen Ausdruck gefunden hat, der den Geist der Epoche trifft, wenn man also imstande ist, das Denken seiner Zeit in Worte zu fassen, in seinem ganzen Ernst, aber auch in seiner Vielfalt und Widersprüchlichkeit. Man ist ein Philosoph, wenn man seine Argumentation konsequent, ja unerbittlich vorantreibt – so weit, bis es schmerzt, und jedenfalls viel weiter, als es andere wagen. Man ist ein Philosoph, wenn man ein Problem systematisch vertieft, wenn der Gedankengang vom bloßen Aufmerken über Betrachtung und Beschreibung hinführt zu einem hartnäckigen Fragen nach den Gründen und deren Verfolgung. Philosophie wäre dann die Formulierung einer vielstufigen, in sich gegliederten und hierarchisch geordneten, prinzipiell auf das Ganze abzielenden Erklärung.

Auf das Ganze heißt immer auch: Die Philosophie gilt auch, vielleicht sogar besonders unserer täglichen, unserer alltäglichen Erfahrung. Oder vielleicht besser unserem eigenen Leben.[2] Eine Theorie, welche die Konstituentien unseres Lebens leugnet, dem, womit wir Tag für Tag umgehen und von dem wir durch und durch bestimmt werden, eine Philosophie, die etwa zu dem Ergebnis kommt, ein Ich existiere nicht, möge so gelehrt und so durchdacht daherkommen wie immer – eine solche Theorie ist niemals Philosophie. Eine Theorie, die bereits am Einfachsten, Alltäglichsten und Offensichtlichsten scheitert – wie könnte man sie ernstnehmen? Genau deshalb ist es schlagend, wenn man ein Argument als „kontraintuitiv" bezeichnet – die Sache hat sich damit erledigt. Kontraintuitiv mag man in der Physik oder Chemie argumentieren, aber in der Philosophie ist das nicht möglich.

Daß wir alle den Aufgang und den Neubeginn der Philosophie erwarten, ist natürlich nicht wahr, denn viele, wahrscheinlich sogar die meisten sind mit der derzeitigen Situation tief zufrieden und leben glücklich mit Wittgenstein und seinen Epigonen, finden vielleicht auch philosophische Postmoderne oder die fremdwortschwirrende Kulturphilosophie sprachbegabter Ästhetiker aus Karlsruhe so ziemlich ausreichend. Aber wirkliche Philosophie, die man auch in hundert Jahren noch studieren wird, wirkliche und echte

1. Vonessen: Die Herrschaft des Leviathan. Seite 46.
2. Habermas: Auch eine Geschichte der Philosophie. Seite 28: Es ist die Eigenart der Philosophie, das „verfügbare Weltwissen auf die eigene Person" zu projizieren.

Philosophie ist das alles nicht. Es fehlt ihr der Ernst, und deshalb mangelt es ihr auch an Sprachgewalt; große Philosophen schreiben nicht allein dicke Bücher, sondern sie verstehen es auch, ihre Gedanken in Worte zu fassen – in Worte, Leute, in Worte!, nicht in Formeln wie ein analytischer Philosoph.

Eigentlich ist es doch eine bare Selbstverständlichkeit, daß philosophische Erkenntnisse sich niemals in Formeln ausdrücken lassen; sie bedürfen immer eines sorgfältigen sprachlichen Ausdrucks, der im Idealfall den Geist einer Zeit in wenige Worte zu gießen vermag. Bereits die Suche nach dem richtigen Wort – auch wenn das noch nicht der philosophische Begriff ist – ist Teil der philosophischen Reflexion, ist ihr erster Anfang. Das hängt mit ihrem dialogischen Charakter zusammen, also damit, daß sie sich in der Öffentlichkeit vollzieht und im Grunde ein Teil unseres politischen Lebens ist, sofern wir Politik nicht auf Partei- und Interessenpolitik reduzieren. Philosophie gehört auf den Markt, nicht in Bibliotheken, wenngleich es immer wieder notwendig ist, sich in deren Stille und Abgeschiedenheit zurückzuziehen. Immer wieder muß sich die Philosophie einer öffentlichen Diskussion stellen, und sie muß es in einer sprachlichen Form tun. Sich in logischen Formeln auszutoben, heißt, sich von der Philosophie endgültig zu verabschieden.

Die Bedeutung des treffenden Wortes hat noch einen zweiten, einen methodischen Grund: die philosophische Reflexion beginnt mit dem Problembestand. Das muß nicht unbedingt eine phänomenologische Deskription sein (zumal es sich bei diesen oft mehr um Projektionen handelt), wohl aber eine treffende und sorgfältige Beschreibung überhaupt, in welcher man sich von vorgefaßten Meinungen löst, um den Kern des Problems in scharfen Begriffen zu fassen. Kaum jemand konnte das besser als Nicolai Hartmann in den aporetischen Teilen seiner Bücher.

Wir alle kennen, wenn wir mit unseren Gedanken allein sind, Gedankensprünge, und solange und sofern wir mit uns allein sind, sind sie kein Ärgernis. Aber es ist etwas anderes, wenn wir in eine Diskussion eintreten – dann sollte das Verbot von Gedankensprüngen selbstverständlich sein, denn zu einem philosophischen Gespräch gehört es, daß die Kette der Einsichten und Argumente nach Möglichkeit lückenlos und entsprechend einsichtig und nachvollziehbar ist. Ein Mystiker kann zu denselben Ergebnissen wie ein Metaphysiker kommen – nicht umsonst werden Dichter oder religiöse Ekstatiker immer wieder zustimmend zitiert –, aber bei seinen Einsichten handelt es sich nicht um Philosophie, weil wir ihre Entstehung nicht nachvollziehen können. Sie sind so jäh wie die Gedankenblitze, die auch uns selbst manchmal durchzucken, aber die Philosophie ist die Kunst des langsamen Denkens, das sich an das blitzartig Erleuchtete mühsam zu erinnern und es in Worte zu fassen, auszuspinnen und auszudeuten versucht; Philosophie ist ein Denken, das sich im Dialog vollzieht, das einen Gesprächspartner, er mag eingebildet sein oder leibhaftig, in den Gedankenstrom mit hineinzieht, das seine Fragen, Einwürfe oder Ergänzungen aufnimmt und sich wieder und wieder der Welt zuwendet, um an ihr seine Einsichten auf die Probe zu stellen.

Der spanische Philosoph José Ortega y Gasset hat sich einige Male über das Wesen des Philosophen geäußert und geschildert, wie er sich einen Denker vorstellt. Einmal geschieht das in dem Vorwort zu dem Buch eines Jägers, in der deutschen Übersetzung *Meditation über die Jagd* überschrieben – das ist ein seltsamer Titel für einen Stadtmenschen wie Ortega, dem die Jagd immer vollkommen fremd blieb. Aber ihm erscheint der Jäger als Gegenbild des Massenmenschen, nicht etwa, weil er sich snobistisch abgrenzt, sondern deshalb, weil er sich durch eine Aufmerksamkeit anderen und höheren Stiles auszeichnet. Die Sinne des Jägers richten sich in nicht weniger als alle Richtungen, und so ist er nicht focussiert, sondern schaut sich aufmerksam und offen um, denn ihn bestimmt das Gefühl, daß er nicht weiß, was ihm sogleich begegnet.[3] So sind es Offenheit und Umsicht, Sensitivität und Wachheit des durch den Wald streifenden Jägers, die Ortega faszinieren.

Ein anderes Gegenbild zu dem sich aufmerksam umschauenden Jäger ist der auf den Bildschirm stierende Mensch unserer Zeit, wobei es ganz egal ist, ob er einer Arbeit nachgeht oder ob er starrt, weil er spielt. Ortega allerdings konnte ihn noch nicht kennen. Schriebe er heute sein Buch über den Massenmenschen, so nähme er vielleicht den Bildschirmarbeiter als dessen Symbol, zumal dieser auch andere Eigenschaften des von Ortega beschriebenen Massenmenschen besitzt, etwa die Tumbheit gegenüber der Technik, die er zwar benutzt, aber nicht versteht.

Ein anderer Umweg war für Ortega die Distanzierung der Philosophie von der Mystik, die er in seinem Essay *Züge der Liebe* vorgenommen hat. Er will dort den Liebesakt „prüfen wie der Entomologe ein Insekt, das er im Dickicht gefangen hat."[4] Es versteht sich von selbst, daß mit Liebesakt keinesfalls Geschlechtsverkehr gemeint ist, sondern daß Ortega hier die Sprache des Phänomenologen („Akt") spricht. Von besonderem Interesse ist ihm die Verliebtheit, die er mit Mystik auf der einen und Hypnose auf der anderen in Verbindung bringt. Wie so viele vor ihm konstatiert er, daß die Sprache der Mystik nur zu gern Vokabeln der Erotik aufnimmt – ein Vorgang, der uns auf den gemeinsamen Ursprung von Mystik und Erotik verweist. In beiden Fällen versteigt sich das Bewußtsein zu einer blöden Hohlheit, die weder dem

3. Ortega y Gasset: La caza y Los toros. Seite 108f.

4. Ortega y Gasset: Über die Liebe. Seite 91.

Weltmann noch dem Philosophen Ortega gefallen kann. Leben, so schreibt er, „heißt angeregt werden", und für jeden Menschen – und für den Philosophen zumal – ist ein offener Sinn ebenso essentiell wie die Disziplin des Denkens. Dem Mystiker wie dem Verliebten fehlen bereits Maß und Klarheit, aber vor allem mangelt es ihnen an der Offenheit und Bereitschaft zu neuen Erfahrungen. Sie gehen an dem Reichtum der Welt vorbei, und Ortega ärgert deshalb die „Schrumpfung und Verarmung des Aufmerksamkeitsfeldes".[5] Per negationem zeigt er mit dieser Beschreibung, was für ihn den Philosophen ausmacht, der als vielseitig gebildeter, weltoffener, sich umschauender Mensch zum Gegensatz des Mystikers wird.

Es ist die Technik des Mystikers, sich auf etwas ganz Nichtiges zu konzentrieren. Am „Anfang der via mystica steht die Entleerung unseres Bewußtseins von der Vielfalt der Dinge, die es gewöhnlich enthält und die der Aufmerksamkeit ihre normale Beweglichkeit geben",[6] und in ähnlicher Weise wollen Verliebte nur noch angefüllt sein von dem Bild der oder des Geliebten. So ist ihre Aufmerksamkeit nicht mehr umfassend, ihr Geist nicht länger offen, und ihre Sinne sind nicht so geschärft, wie sie sein sollten. Ortega erstrebt ganz im Gegensatz dazu ein auf sinnerfüllte Dinge gerichtetes, gespanntes Bewußtsein, und so werden Mystiker wie Verliebte von ihm in Worten umschrieben, die seine Abneigung, wenn nicht gar Verachtung nur zu deutlich machen: Die Lippen sind „halbgeöffnet zu einem universalen Lächeln, das unaufhörlich von den Mundwinkeln tropft. Es ist die Geste des Toren – und die des Betörten. Da es kein äußeres und inneres Objekt hat, um sich darauf zu richten, verliert unser Bewußtsein seine Zucht und Haltung."[7]

Mit dieser gegen die Mystik gerichteten Polemik nimmt Ortega eine heute längst vergessene Diskussion auf, die in Deutschland zwischen so prominenten Denkern wie Alexander Pfänder (ein Husserl eng verbundener Phänomenologe mit Lehrstuhl in München), Ludwig Klages, Max Scheler, Edgar Dacqué und anderen geführt wurde. Scheler hat in *Wesen und Formen der Sympathie* ein Loblied auf die „Einsfühlung" angestimmt, in die besonders der Geschlechtsverkehr münde, und war dafür von Pfänder in seiner *Psychologie der Gesinnungen* scharf kritisiert worden. Auf die Einsfühlung als ein Zusammenschmelzen zweier verschiedener Wesen zielt wohl auch der Scheler sonst zumindest schätzende, wenn nicht gar bewundernde Ortega mit seiner Ablehnung der Mystik wie der Verliebtheit.

Ein anderer Essay des Bandes ist zwar „Schweigen, das große Brahman" überschrieben, aber tatsächlich handelt er nicht von der Stille, sondern vom

5. Ortega y Gasset: Über die Liebe. Seite 143.
6. Ortega y Gasset: Über die Liebe. Seite 132.
7. Ortega y Gasset: Über die Liebe. Seite 137.

Sprechen und vom Schreiben, und wie bei der Liebe geht es Ortega wieder eigentlich um die Philosophie. Er spricht über die „nuova scienza" seiner eigenen Zeit, die philosophische Anthropologie, die es nur dann zur Blüte bringen könne, wenn ein jeder seine Erfahrungen zu Papier bringe. Im Grunde enthält die folgende Bemerkung eine entschiedene Ablehnung eines jeden Monismus, auch wenn dieser zu seiner Zeit eine weit geringere Rolle spielte. „Nur die Zusammenfassung vieler Sehstrahlen, die auf einen Gegenstand gerichtet sind, gibt diesem seine Rundheit."[8] In ähnlicher Weise, wie er sich vom Mystiker und von allen Verliebten absetzt, grenzt sich José Ortega y Gasset damit einerseits vom bedeutungsschwangeren Schweigen und vom Kult des einsamen Denkers, andererseits von allen monistischen Welterklärungen ab und formuliert sein Selbstverständnis als ein dem Leben zugewandter, hochkultivierter Schriftsteller.

Bildung und Philosophie ist die Einheit gemeinsam, ihr Anspruch, die verschiedensten Wissensgebiete von unserem Alltag bis hinauf zur Wissenschaft unter einen Hut zu bringen. Die Einheit des Wissens ist ein sich selbst erklärendes Ideal der Philosophie. Zu ihr wird heute niemand mehr gelangen, auch nicht der Gebildetste, aber versuchen muß man es immer – eine Philosophie kann sich nicht damit zufriedengeben, daß der Alltag und die Ergebnisse der Wissenschaften einander widersprechen. Schon diese simple Forderung zeigt, daß eine Reihe vulgärmaterialistischer Philosophen – etwa jene, welche die Existenz eines Ichs leugnen, oder ihre Kumpane, welche die wahre Welt in den Atomen vermuten – überhaupt nicht ernst zu nehmen sind. Umgekehrt kann aber eine Philosophie unserer Zeit nicht die Ergebnisse der Wissenschaften einfach beiseite schieben; Atomphysik und Astronomie müssen ebenso berücksichtigt werden wie Biologie oder Ethnologie.

Deshalb sollte man auch heute noch so verfahren, wie es Hegel in seiner *Phänomenologie des Geistes* getan hat: man sollte eine Bildungsgeschichte des Geistes schreiben. Keine Geistesgeschichte, wohl aber eine Geschichte der ewig gleichen, in immer wieder neuen Gestalten auftauchenden Probleme wie auch ihrer gelegentlich ziemlich überzeugenden, aber à la longue niemals ganz und gar erfolgreichen Lösungsversuche. Es scheint, daß im vielgescholtenen Marburger Neukantianismus in eben dieser Weise das Philosophieren gelehrt wurde – wohl besser als an jeder anderen Universität im Erdenrund. So war Natorp die geschichtliche Entwicklung eines Gedankens immer und jederzeit wichtig. In seiner *Philosophischen Systematik* lehrt er, daß eine „bloß formale Betrachtungsweise ... leicht zu einer gewissen Erstarrung [führt], es verschwindet die Genesis, das Hervorgehen, Entstehen". In eben derselben Weise spricht sich Hermann Cohen aus, der in der Einleitung zu seiner

8. Ortega y Gasset: Über die Liebe. Seite 193.

Logik der reinen Erkenntniss sagt: „Man weiß, daß ich die Kraft der Vernunft nicht abgetrennt zu denken vermag von ihrer geschichtlichen Kontinuität.“[9]

Die ganz Großen unter den Schülern Natorps und Cohens, Ernst Cassirer und Nicolai Hartmann, gestalten ebenso wie Heinz Heimsoeth in seinem Buch über die *Sechs großen Themen der abendländischen Metaphysik* sowohl ihre systematischen wie auch ihre philosophiehistorischen Schriften in eben der Weise, daß sie ein Problem skizzieren und daraufhin die historischen Lösungen vorstellen, die sich allemal als bloß vorläufig herausstellen, woraufhin das veränderte Problem erneut mit frischer Kraft aufgegriffen wird: ein Prozeß, der niemals an sein Ende findet. Ein erfreuliches Nebenergebnis dieses Vorgehens besteht in der guten Lesbarkeit aller dieser Bücher – wenn man ein Problem erst einmal verstanden und zu dem seinen gemacht hat, folgt man dem Autor gerne, wenn dieser die verschiedenen vorläufigen Lösungsansätze vorstellt.

Bis zu seinen letzten Tagen hielt Nicolai Hartmann daran fest, daß es unlösbare Problemreste gebe, daß also die wirklichen, die metaphysischen Probleme sich niemals ganz und gar auflösen lassen.

Wer deshalb glücklich aufblickt und feststellt, daß ein Problem nun doch endlich und endgültig gelöst ist, der hat entweder kein wirkliches philosophisches Problem erwischt oder – und das ist mindestens ebenso wahrscheinlich –: Ihm fehlt jeder Sinn für die Philosophie, weil er sich vorschnell mit einer bloßen Scheinlösung zufrieden gibt.

Die prinzipielle und wirklich radikal zu verstehende Unlösbarkeit aller eigentlich metaphysischen Probleme ist der Grund, warum Hartmann seine Methode „aporetisch“ nannte. Schon im Eingang seiner frühen Abhandlung *Systematische Methode* hielt er fest, daß der Philosoph „nie fertig“ ist. Und zu Beginn seiner 1949 gehaltenen Vorlesung zur *Einführung in die Philosophie* heißt es: „Philosophie ist die Behandlung derjenigen Fragen, die nicht bis zu Ende gelöst werden können und deswegen perennieren.“[10]

Ganz zu Beginn seiner Lehr- und Forschungstätigkeit hat Hartmann in einem wichtigen Aufsatz die für ihn typische Arbeits- und Denkweise beschrieben, indem er zwischen der deskriptiven, der transzendentalen und der dialektischen Methode unterschied. Die transzendentale Methode besteht darin, auf die Prinzipien zurückzuschließen, aber sie geht dabei immer „von allgemeinen Obersätzen“ aus. Die deskriptive Methode, mit der alles beginnt, zielt auf das Phänomen, also auf das Offenbare, das Augenscheinliche, das Sichtbare. Die zumeist allein spekulativ zu erfassende Genese eines Gegenstandes, Zustandes oder Lebewesens wäre demnach kein Phänomen, von dem man

9. Natorp: Philosophische Systematik. Seite 31; Cohen: Logik der reinen Erkenntniss. Seite XI.

10. Hartmann: Systematische Methode. Seite 23; Einführung in die Philosophie. Seite 7.

ausgehen dürfte – diese wichtige Einsicht ist unter anderem dem Einfluß Husserls zu verdanken. Auch hat man sich sorgfältig vor übereilten Deutungen zu hüten. Es ist also zum Beispiel keinesfalls eine versteckte Information, auf welche die Deskription zielt, sondern vielmehr das Zutageliegende, das, was wir erfahren und erleben, was uns tangiert und uns buchstäblich etwas angeht. Deshalb ist die deskriptive Methode naiv, wenn sie die Phänomene umschreibt und in Worte faßt – mehr tut sie nicht; oder mehr sollte sie nicht tun. Nach Hartmann, der mit seinem 1912 publizierten Aufsatz letztendlich auf die Dialektik des von ihm tief verehrten Hegel zielt, durchschaut sie ihre eigenen Prinzipien nicht, und deshalb ist sie eigentlich „nicht kritische, sondern naive Methode. Sie glaubt nur, Gegebenheiten hinzunehmen, wo sie in Wahrheit Bestimmungen trifft."[11]

In seinem Grundlagenwerk zur Ontologie bekennt sich Hartmann zu einem weitgefaßten Realitätsbegriff, der dem natürlichen Realitätsbegriff entspricht und deshalb sowohl materielle wie geistige Gegenstände und Vorgänge unter sich begreift und ausdrücklich auch den Alltag mit einbezieht. Weil allein die Materie ausgedehnt ist, nicht das Geistige, zeichnet sich das Reale nicht durch den Raum aus, sondern durch die Zeit, denn dieser unterliegt die Realität als Ganzes. So sind es einzelne Elemente des Prozesses, die das ganze Gebiet des realen Seins durchziehen und in der Deskription erfaßt werden müssen.

Die transzendentale Methode geht von dieser Beschreibung des Phänomens aus und bestimmt die Bedingungen der Möglichkeit seiner Erscheinung, argumentiert also im Grunde hypothetisch nach dem Muster der positiven Wissenschaften, insofern sie vom Gegenstand auf dessen Prinzipien zurückschließt. Nicht die Prinzipien selbst sind hypothetisch, sondern nur die Fassung des Prinzips selbst ist es. Die Ergebnisse lassen sich niemals beweisen, sondern allenfalls mit der Hilfe einer dichten Argumentation plausibel machen. Es ist die Aufgabe einer lebendigen Dialektik, ein Netz aus den verschiedensten Argumenten, Beobachtungen und Schlußfolgerungen zu knüpfen, in dem die Begriffe miteinander in Beziehung treten. Plausibilität bedeutet zumindest im Idealfall eine Fülle von Argumenten auf allen Ebenen, also nicht etwa bloß logisch korrekte Beweise, sondern einen bunten Teppich aus Schlußfolgerungen, Indizien, Vermutungen, hellsichtigen Beschreibungen und endlich Ausdeutungen aller Art. Auch phantasievolle Spekulationen sind grundsätzlich legitim, wenn sie nicht isoliert dastehen, sondern unterfüttert werden.

Die Dialektik endlich sowohl als Übertragung des bereits Eingesehenen auf andere Gebiete als auch als Dialog verschiedener Einsichten bietet erst

11. Hartmann: Systematische Methode. Seite 29 und Seite 38.

die Möglichkeit, sowohl die Richtigkeit der Überlegungen zu überprüfen als auch ihre Bedeutung in einem Gesamtzusammenhang darzustellen. Es ist spätestens dieser Moment, an dem die Metaphorik einer philosophischen Sprache zum Tragen kommt, denn es ist ja das Wesen der Metaphorik, die verschiedenen Gebiete des Seins in einem Geflecht miteinander zu verknüpfen, Bedeutungen zu übertragen und so zu einer Einheit des Wissens und Denkens zu führen.

Banalerweise würden Widersprüche die Einsichten widerlegen, aber es kann ja auch sein, daß unsere Sätze zwar richtig sind, aber vollkommen wertlos, sobald es um die Diskussion weiterführender Probleme geht. Was leistet der Gedanke? Was erklärt der Begriff? Das kann uns allein die Dialektik offenbaren.

Hartmann stand das Werk Hegels vor Augen, als er über die drei Schritte der philosophischen Methode schrieb, und wirklich kann uns dessen Werk trotz seiner gelegentlichen Schwächen auch heute noch als Vorbild dienen – denn Hegel war ein umfassend gebildeter Mann, der es verstand, die erstaunliche Fülle seiner Quellen zu dem mächtigen Strom einer Philosophie zusammenfließen zu lassen.

Wir wissen heute nicht allein viel mehr, sondern auch ganz anderes als Hegel (manches wohl auch besser), aber wie er stehen wir vor der Aufgabe, dieses Wissen zu organisieren zu müssen; oder vielleicht besser: aus den bunten Bruchstücken ein Mosaik zusammenzulegen, in dem wir die Welt wiedererkennen; oder aus den vielen Fäden einen Teppich zu knüpfen. Unser heutiges Wissen spreizt sich unendlich viel weiter auf, als es das zu Beginn des 19. Jahrhunderts tat. Vieles läßt sich unmöglich miteinander vereinbaren, denn bereits die Erkenntnisse der Atomphysik werden immer im schreienden Widerspruch zu unserem Alltag stehen. Deshalb ist es ganz sinnlos, unseren Alltag oder unsere sinnlichen Erfahrungen als bloße Täuschung abzutun; aber ebensowenig geht es an, die Resultate einer derart harten und vielfältig erprobten Wissenschaft wie der Physik beiseitezuschieben und so zu tun, als lebten wir noch zu Kants oder Hegels Zeiten. Das tun wir nicht.

Wir müssen versuchen, die ganze Spannweite unseres Erlebens und Erfahrens und damit unser ganzen Existenz auszudeuten. Je näher etwas unserem Leben ist, desto bedeutender ist es; je ferner, je unwichtiger. Deshalb sind die exakten Naturwissenschaften viel weniger bedeutend als die Biologie oder Medizin und sind auch die Argumente der mathematischen Naturwissenschaften kaum geeignet, als Tragebalken eines ganzen Hauses eingezogen zu werden.

In jedem Fall kann die Philosophie, über die wir 2021 sprechen, unmöglich ein seiner selbst gewisses System sein, das ruhig und sicher über alle Gebiete des Seins urteilt; aber ebensowenig können wir uns mit Aphorismen und

Gedankensplittern zufriedengeben, die einfach nur nebeneinander stehen, ohne jemals *ein* Bild zu ergeben. Sondern das System muß immer ein Ziel der Philosophie bleiben, sie muß immer darauf abzielen, die vielen, vielen Stränge des Wissens zu einem Bild zu verknüpfen und so die Fügung des Seins nachzuzeichnen, und sie muß es in dem Bewußtsein tun, daß dieser Teppich niemals fertig wird, daß er an einer Stelle wieder aufrüppelt, wenn wir an einer anderen weiterbosseln. Wir sind wie Penelope – auch unser Teppich oder Totentuch wird niemals fertig.

Hegel wechselt die Metaphorik, wenn er von der inneren Beweglichkeit eines philosophischen Systems handelt, denn er schreibt über die Flüssigkeit der Gedanken und Begriffe in der philosophischen, geschmeidig den verschiedenen Aspekten des Seins folgenden Sprache: „Die Gedanken werden flüssig".[12] Diese merkwürdige Metapher verwendet er an vielen Stellen seines Werkes, so auch in seiner *Enzyklopädie*, wenn er darauf hinweist, daß „das Flüssige des Begriffs in solchem äußerlichen Medium",[13] wie es mathematische Symbole sind, verfliegen muß. Auch zu Beginn des 2. Bandes seiner *Logik* nennt Hegel es seine Aufgabe, die traditionelle verknöcherte Logik „in Flüssigkeit zu bringen",[14] und in ähnlicher Weise doziert er in dem für die *Phänomenologie des Geistes* zentralen Kapitel „Die Wahrheit der Gewißheit seiner selbst" über das „Leben als Prozeß", das sich nur in dem „allgemeinen flüssigen Medium"[15] vollziehen könne.

Dem Philosophen kommt es auf das Flüssige an, und so muß das Gegenteil zu ihm „das trockne Ich"[16] sein. Im Zusammenhang der *Phänomenologie des Geistes* ist das „trockne Ich" der Philister, der von seinen hergebrachten Meinungen nicht lassen mag – aber weniger aus Opportunismus als vielmehr dank seiner intellektuellen Unbeweglichkeit. Der unerschütterliche und im Kern irrationale Glaube an die unbedingte Vorherrschaft des Hergebrachten und Bekannten ist es, den Hegel als den Gegensatz zum Flüssigen der Philosophie charakterisiert. Das trockne Ich weiß immer schon Bescheid und stellt deshalb keine weiteren Fragen. Auch auf den Humor – wörtlich als das Feuchte verstanden – dürfte die Metaphorik abzielen. Er sollte in der Philosophie der Zukunft nicht fehlen.

In jedem Fall deuten seine Überlegungen auf das hin, womit die Philosophie begann, auf den Dialog. Ein Dialog ist als ein spannungsvolles Hin und Her prozeßhaft wie das reale Sein selbst. Wenn sein Ergebnis von vornherein

12. Hegel: Phänomenologie des Geistes. Seite 31.

13. Hegel: Enzyklopädie der philosophischen Wissenschaften. Seite 212.

14. Hegel: Wissenschaft der Logik. Zweiter Band. Seite 211.

15. Hegel: Phänomenologie des Geistes. Seite 137.

16. Hegel: Phänomenologie des Geistes. Seite 70.

feststünde, dann wäre der Dialog kein Dialog, also keine lebendige Gegen- und Widerrede in dem Bewußtsein, daß man eventuell Unrecht haben könnte, weshalb es angezeigt sein muß, ganz ernsthaft seine eigenen Ergebnisse in Frage zu stellen. Wenn Sokrates sagt, er (oder sie, nämlich er selbst und seine Gesprächspartner) wollten gemeinsam überlegen, dann meint er nichts als den gemeinsamen Eintritt in einen Dialog.

Literatur

A

- Douglas Adams: Per Anhalter durch die Galaxis. Roman. Aus dem Englischen von Benjamin Schwarz. München 1979
- Hannah Arendt: Vita activa oder Vom tätigen Leben. Stuttgart 1960
- Hannah Arendt: Das Leben des Geistes. Band 1: Das Denken. Aus dem Amerikanischen von Hermann Vetter. München 1989
- Paul Alsberg: Das Menschheitsrätsel. Versuch einer prinzipiellen Lösung. Dresden 1922
- Aristoteles: Metaphysik. Nach der Übersetzung von Hermann Bonitz bearbeitet von Horst Seidl. Hamburg 1995

B

- Hans Christian von Baeyer: Das informative Universum. Das neue Weltbild der Physik. Aus dem Englischen von Thomas Filk. München 2005
- Mark A. Bedau: Schwache Emergenz und kontextsensitive Reduktion. In: Emergenz. Zur Analyse und Erklärung komplexer Strukturen. Herausgegeben von Jens Greve und Annette Schnabel. Berlin 2011. Seite 59–83
- Werner Beierwaltes: Licht. In: Historisches Wörterbuch der Philosophie. Basel/Stuttgart 1980
- Hans Belting: Florenz und Bagdad. Eine westöstliche Geschichte des Blicks. München 2008
- Henri Bergson: Denken und schöpferisches Werden. Aufsätze und Vorträge. Meisenheim am Glan 1948
- Henri Bergson: Materie und Gedächtnis. Eine Abhandlung über die Beziehung zwischen Körper und Geist. Mit einer Einleitung von Erik Oger. Hamburg 1991
- Henri Bergson: Schöpferische Evolution. Neu aus dem Französischen übersetzt von Margarethe Drewsen. Mit einer Einleitung von Rémi Brague. Hamburg 2013
- Norbert Bischof: Psychologie. Ein Grundkurs für Anspruchsvolle. Stuttgart 2008
- Susan Blackmore: Die Macht der Meme oder Die Evolution von Kultur und Geist. Mit einem Vorwort von Richard Dawkins. Aus dem Englischen übersetzt von Monika Niehaus- Osterloh. Heidelberg und Berlin 2000
- Jörg Blech: Glücklicher ohne Gott. In: Der Spiegel 43/06. Seiten 188–190
- Hans Blumenberg: Die Lesbarkeit der Welt. Frankfurt am Main 1981
- Hans Blumenberg: Phänomenologische Schriften 1981–1988. Berlin 2018

- Hans Blumenberg: Beiträge zum Problem der Ursprünglichkeit der mittelalterlich-scholastischen Ontologie. Herausgegeben von Benjamin Dahlke und Matthias Laarmann. Berlin 2020
- Jorge Luis Borges: Sämtliche Erzählungen. Das Aleph. Fiktionen. Universalgeschichte der Niedertracht. München 1970
- John Boslough: Jenseits des Ereignishorizonts. Stephen Hawking's Universum. Deutsch von Hainer Kober. Reinbek bei Hamburg 1985
- Horst Bredekamp: Leibniz und die Revolution der Gartenkunst. Herrenhausen, Versailles und die Philosophie der Blätter. Berlin 2012
- Olaf Breidbach: Die Materialisierung des Ichs – Zur Geschichte der Hirnforschung im 19. und 20. Jahrhundert. Frankfurt am Main 1996
- Andreas Brenner: Leben. Stuttgart 2009
- Franz Brentano: Kategorienlehre. Mit Einleitung und Anmerkungen herausgegeben von Alfred Kastil. Hamburg 1968
- Rhonda Byrne: The Secret. Das Geheimnis. Aus dem Englischen von Karl Friedrich Hörner. München 2007

C

- Rudolf Carnap: Die physikalische Sprache als Universalsprache der Wissenschaft. In: Erkenntnis 2 (1931). Seite 432–465
- Ernst Cassirer: Zur modernen Physik. Darmstadt 1957
- Ernst Cassirer: Substanzbegriff und Funktionsbegriff. Untersuchungen über die Grundfragen der Erkenntniskritik. Darmstadt 1976
- Ernst Cassirer: Leibniz' System in seinen wissenschaftlichen Grundlagen. Hildesheim 1962 (Nachdruck der Ausgabe 1902)
- Ernst Cassirer: Das Erkenntnisproblem in der Philosophie und Wissenschaft der neueren Zeit. Dritter Band: Die nachkantischen Systeme. Darmstadt 1993
- Ernst Cassirer: Individuum und Kosmos in der Philosophie der Renaissance. Darmstadt 1963
- Ernst Cassirer: Philosophie der symbolischen Formen. Erster Teil: Die Sprache. Darmstadt 1985
- Ernst Cassirer: Philosophie der symbolischen Formen. Dritter Teil: Phänomenologie der Erkenntnis. Darmstadt 1982
- Ernst Cassirer: Zur Logik der Kulturwissenschaften. Fünf Studien. Darmstadt 1980
- Hermann Cohen: Kants Theorie der Erfahrung. Zweite Auflage. Berlin 1885
- Hermann Cohen: Logik der reinen Erkenntniss. System der Philosophie. Erster Teil. Dritte Auflage. Berlin 1922
- Hermann Cohen: Religion der Vernunft aus den Quellen des Judentums. Zweite Auflage. Nach dem Manuskript des Verfassers neu durchgearbeitet und mit einem Nachwort versehen von Bruno Strauß. Köln 1959

– Ernst Robert Curtius: Elemente der Bildung. Herausgegeben von Ernst-Peter Wieckenberg und Barbara Picht, München 2017.
– Robin G. Collingwood: The Idea of Nature. London/Oxford/New York 1960

D

– Antonio Damasio, Im Anfang war das Gefühl. Der biologische Ursprung menschlicher Kultur. Aus dem Englischen von Sebastian Vogel, Berlin 2017.
– Richard Dawkins: Der blinde Uhrmacher. Ein neues Plädoyer für den Darwinismus. München 1987
– Richard Dawkins: The Selfish Gene. Oxford/New York 1989
– Richard Dawkins: Gipfel des Unwahrscheinlichen. Wunder der Evolution. Reinbek 2008
– Günter Dedié: Die Kraft der Naturgesetze. Emergenz und kollektive Fähigkeiten von den Elementarteilchen bis zur menschlichen Gesellschaft. Hamburg 2014
– Daniel C. Dennett: Consciousness Explained. Boston/Toronto/London 1991
– Daniel C. Dennett: Philosophie des menschlichen Bewußtseins. Aus dem Amerikanischen von Franz M. Wuketits. Hamburg 1991
– Daniel C. Dennett: Den Bann brechen. Religion als natürliches Phänomen. Aus dem Amerikanischen von Frank Born. Frankfurt am Main und Leipzig 2008
– Daniel C. Dennett: From Bacteria to Bach and Back. The Evolution of Minds. New York/London 2017
– Stefan Diebitz: Facetten der Gewalt. In: Scheidewege 44 (2014), Seiten 354–373
– Stefan Diebitz: Theorie der Milchmädchenrechnung. Experimente in den Natur- und Geisteswissenschaften. In: Der blaue Reiter 41 (2017). Seiten 77–81
– Stefan Diebitz: „Oh ihr naiven Theoretiker!“ Der Insektenforscher Jean-Henri Fabre über die Evolution der Instinkte. In: Zeitensprünge 29 (2017). Seiten 459–477
– Alwin Diemer: Einführung in die Ontologie. Meisenheim am Glan 1959
– Werner Diederich: Zur Kontextabhängigkeit des Informationsbegriffs. In: Lorenz Krüger/Brigitte Falkenburg (Herausgeber.): Physik, Philosophie und die Einheit der Wissenschaften. Heidelberg/Berlin/Oxford 1995. Seiten 278–283
– Wilhelm Dilthey: Beiträge zur Lösung der Frage vom Ursprung unseres Glaubens an die Realität der Außenwelt und seinem Recht. In: W.D.: Gesammelte Schriften. Band 5. Leipzig und Berlin 1924. Seiten 90–138

– Damian Dombrowski und Jochen Griesbach (Hrsg.): Augen & Blicke. Das Sehen in der bildenden Kunst von Alt-Ägypten bis zur Moderne. Würzburg 2015
– Hans Driesch: Wirklichkeitslehre. Ein metaphysischer Versuch. Leipzig 1922
– Hans Driesch: Selbstdarstellung. In: Hermann Schwarz (Herausgeber): Deutsche systematische Philosophie nach ihren Gestaltern. Berlin 1931. Seiten 127–190
– Emil du Bois-Reymond: Über die Grenzen des Naturerkennens. In: Kurt Bayertz, Myriam Gerhard und Walter Jaeschke (Herausgeber): Der Ignorabimus-Streit. Hamburg 2012. Seiten 1–26

E

– Gerald M. Edelman/Giulio Tononi: Gehirn und Geist. Wie aus Materie Bewusstsein entsteht. Aus dem Englischen von Susanne Kuhlmann-Krieg, München 2002
– Manfred Eigen und Ruthild Winkler: Das Spiel. München 1975
– Manfred Eigen, Stufen zum Leben. Die frühe Evolution im Visier der Molekularbiologie, München/Zürich 1987.
– Manfred Eigen: Was bleibt von der Biologie des 20. Jahrhunderts? In: Murphy/O'Neill (Herausgeber). Was ist Leben? Seiten 15–34
– Leonhard Euler: Briefe an eine deutsche Prinzessin über verschiedene Gegenstände aus der Physik und Philosophie. Aus dem Französischen übersetzt. Erster Theil. Zweyte Auflage. Leipzig 1773.
– Daniel Everett: Das glücklichste Volk. Sieben Jahre bei den Pirahã-Indianern am Amazonas. München 2012

F

– Jean-Henri Fabre: Erinnerungen eines Insektenforschers I–IX. Aus dem Französischen von Friedrich Koch, bearbeitet von Heide Lipecky. Mit Federzeichnungen von Christian Thanhäuser. Berlin 2009–2018
– Gustav Theodor Fechner: Nanna oder Über das Seelenleben der Pflanzen. Dritte Auflage. Hamburg und Leipzig 1903
– Johann Gottlieb Fichte: Die Bestimmung des Menschen. Hamburg 1979
– Eugen Fink: Metaphysik der Erziehung im Weltverständnis von Plato und Aristoteles. Frankfurt am Main 1970
– Ernst Peter Fischer: Kritik des modernen Menschenverstandes. Unser Hindernislauf zur Erkenntnis. Hamburg 1989
– Ernst Peter Fischer: Information. Kurze Geschichte in fünf Kapiteln. Berlin 2010
– Egon Friedell: Kulturgeschichte der Neuzeit. Die Krisis der europäischen Seele von der schwarzen Pest bis zum ersten Weltkrieg. München 1984
– Max Frischeisen-Köhler: Das Realitätsproblem. Berlin 1912

G

- Markus Gabriel: Die Erkenntnis der Welt. Freiburg/München 2012
- Markus Gabriel: Fiktionen. Berlin 2020
- Hans-Georg Gadamer: Wahrheit und Methode. Grundzüge einer philosophischen Hermeutik. 4. Auflage. Tübingen 1975
- Arnold Gehlen: Der Mensch. Seine Natur und seine Stellung in der Welt. Mit einer Einführung von Karl-Siegbert Rehberg. Wiebelsheim 2004
- Brigitte und Thomas Görnitz: Der kreative Kosmos. Geist und Materie aus Information. Heidelberg und Berlin 2002
- Johann Wolfgang Goethe: Sämtliche Werke (Zürcher Ausgabe). Zürich 1979
- Stephen Jay Gould: I have landed. The End of a Beginning in Natural History. Cambridge (Massachusetts) und London 2011
- Stephen Jay Gould: Zufall Mensch. Das Wunder des Lebens als Spiel der Natur. Aus dem Amerikanischen von Friedrich Griese. München 1991
- Temple Grandin: Ich bin die Anthropologin auf dem Mars. Mein Leben als Autistin. Mit einem Vorwort von Oliver Sacks. München 1997
- Kübra Gümüsay: Sprache und Sein. Berlin 2020

H

- Jürgen Habermas: Auch eine Geschichte der Philosophie. Band 1: Die okzidentale Konstellation von Glauben und Wissen. Frankfurt am Main 2019
- Jürgen Habermas: Auch eine Geschichte der Philosophie. Band 2: Vernünftige Freiheit. Spuren des Diskurses über Glauben und Wissen. Frankfurt am Main 2019
- (Habermas-Handbuch) Hauke Brunkhorst, Regina Kreide und Cristina Lafont (Herausgeber): Habermas-Handbuch. Stuttgart/Weimar 2009
- Ernst Haeckel: Die Welträtsel. Gemeinverständliche Studien über Monistische Philosophie. Leipzig 1908
- Hans Hahn: Die Krise der Anschauung. In: Texte zur wissenschaftlichen Weltauffassung, herausgegeben von Michael Stöltzner und Thomas Uebel. Hamburg 2006. Seiten 515–542
- Frank-Peter Hansen: Die Wittgenstein-Dekomposition. Würzburg 2018
- Michael Hampe: Alfred North Whitehead. München 1998
- Frank-Peter Hansen: Nicolai Hartmann – erneut durchdacht. Würzburg 2008
- Eduard von Hartmann: Kategorienlehre. Herausgegeben von Fritz Kern. Hamburg 1923
- Nicolai Hartmann: Platos Logik des Seins. Zweite Auflage. Berlin 1965
- Nicolai Hartmann: Grundzüge einer Metaphysik der Erkenntnis. Fünfte Auflage. Berlin 1965

– Nicolai Hartmann: Ethik. Zweite Auflage. Berlin und Leipzig 1935
– Nicolai Hartmann: Das Problem des geistigen Seins. Untersuchungen zur Grundlegung der Geschichtsphilosophie und der Geisteswissenschaften. Dritte, unveränderte Auflage Berlin 1962
– Nicolai Hartmann: Zur Grundlegung der Ontologie. Zweite, unveränderte Auflage. Berlin 1941
– Nicolai Hartmann: Der Aufbau der realen Welt. Grundriß der allgemeinen Kategorienlehre. Dritte Auflage. Berlin 1964
– Nicolai Hartmann: Möglichkeit und Wirklichkeit. Berlin 1938
– Nicolai Hartmann: Philosophie der Natur. Berlin 1950
– Nicolai Hartmann: Teleologisches Denken. Berlin 1951
– Nicolai Hartmann: Die Erkenntnis im Lichte der Ontologie. In: N.H.: Kleinere Schriften I. Berlin 1955. Seiten 122–180
– Nicolai Hartmann: Zeitlichkeit und Substantialität. In: N.H.: Kleinere Schriften I. Berlin 1955. Seiten 180–214
– Nicolai Hartmann: Leibniz als Metaphysiker. In: N.H.: Kleinere Schriften II. Berlin 1957. Seiten 252–277
– Nicolai Hartmann: Der Megarische und der Aristotelische Möglichkeitsbegriff. In: N.H.: Kleinere Schriften II. Berlin 1957. Seiten 85–100
– Nicolai Hartmann: Systematische Methode. In: N.H.: Kleinere Schriften III. Berlin 1958. Seiten 22–60
– Nicolai Hartmann: Die Philosophie des deutschen Idealismus. II. Teil: Hegel. Berlin und Leipzig 1929
– Nicolai Hartmann: Einführung in die Philosophie. Überarbeitete, vom Verfasser genehmigte Nachschrift der Vorlesung im Sommer-Semester 1949 in Göttingen. Osnabrück 1950
– Nicolai Hartmann: Wie ist kritische Ontologie überhaupt möglich? In: N.H.: Studien zur neuen Ontologie und Anthropologie. Herausgegeben von Gerald Hartung und Matthias Wunsch: Berlin/Boston 2014. Seiten 67–116
– Georg Wilhelm Friedrich Hegel: Vorlesungen über die Ästhetik I. Theorie Werkausgabe. Band 13. Frankfurt am Main 1970
– Georg Wilhelm Friedrich Hegel: Vorlesungen über die Geschichte der Philosophie I. Theorie Werkausgabe. Band 2. Frankfurt am Main 1971
– Georg Wilhelm Friedrich Hegel: Phänomenologie des Geistes. Nach dem Text der Originalausgabe herausgegeben von Johannes Hoffmeister. Hamburg 1952
– Georg Wilhelm Friedrich Hegel: Enzyklopädie der philosophischen Wissenschaften im Grundrisse (1830). Herausgegeben von Friedhelm Nicolin und Otto Pöggeler. Hamburg 1969
– Georg Wilhelm Friedrich Hegel: Wissenschaft der Logik. Herausgegeben von Georg Lasson: Hamburg 1975

– Georg Wilhelm Friedrich Hegel: Vorlesungen über die Geschichte der Philosophie. Teil 4: Philosophie des Mittelalters und der neueren Zeit. Herausgegeben von Pierre Garniron und Walter Jaeschke. Vorlesungen. Ausgewählte Nachschriften und Manuskripte. Band 9. Hamburg 1986
– Martin Heidegger: Sein und Zeit. Tübingen 1979
– Martin Heidegger: Holzwege. Frankfurt am Main 1980
– Martin Heidegger: Der Satz vom Grund. Pfullingen 1957
– Martin Heidegger: Die Frage nach dem Ding. Zu Kants Lehre von den transzendentalen Grundsätzen. Zweite, unveränderte Auflage. Tübingen 1975
– Martin Heidegger: Einführung in die Metaphysik. Fünfte, durchgesehene Auflage. Tübingen 1987
– Martin Heidegger: Metaphysische Anfangsgründe der Logik. In: M.H.: Gesamtausgabe. Band 26. Frankfurt am Main 1978
– Werner Heisenberg: Der Teil und das Ganze. Gespräche im Umkreis der Atomphysik. München 1996
– Frank Herbert: Die Kinder des Wüstenplaneten. Frankfurt am Main 1976
– Thomas Hobbes: Vom Körper (Elemente der Philosophie I). Ausgewählt und übersetzt von Max Frischeisen-Köhler. Hamburg 1967
– Gustav René Hocke: Die Welt als Labyrinth. Manier und Manie in der europäischen Kunst. Von 1520 bis 1650 und in der Gegenwart. Reinbek bei Hamburg 1977
– Douglas R. Hofstadter/Daniel C. Dennett: Einsicht ins Ich. Fantasien und Reflexionen über Selbst und Seele, ausgewählt und in Szene gesetzt von Douglas R. Hofstadter und Daniel C. Dennett. Aus dem Amerikanischen von Ulrich Enderwitz. Stuttgart 1986
– Vittorio Hösle und Christian Illies: Darwin. Bamberg 2005
– Kurt Hübner: Biblische Schöpfungsgeschichte – moderne Evolutionstheorien. In: Jürgen Audretsch/Klaus Mainzer (Hrsg.): Vom Anfang der Welt. Wissenschaft, Philosophie, Religion, Mythos. München 1989. Seiten 188–203
– Wilhelm von Humboldt: Ueber die Verschiedenheit des menschlichen Sprachbaues und ihren Einfluss auf die geistige Entwicklung des Menschengeschlechts. In: W.v.H.: Werke in fünf Bänden. Band III: Schriften zur Sprachphilosophie. Darmstadt 1976. Seiten 368–756
– Edmund Husserl: Die Idee der Phänomenologie. Fünf Vorlesungen, herausgegeben und eingeleitet von Walter Biemel. Husserliana. Band II. Den Haag 1973
– Edmund Husserl: Ideen zu einer reinen Phänomenologie und phänomenologischen Philosophie. Erstes Buch. Allgemeine Einführung in die reine Phänomenologie. Neue, auf Grund der handschriftlichen Zusätze des Verassers erweiterte Auflage. Herausgegeben von Walter Biemel. Husserliana. Band III. Den Haag 1950

- Edmund Husserl: Ideen zu einer reinen Phänomenologie und phänomenologischen Philosophie. Zweites Buch. Phänomenologische Untersuchungen zur Konstitution. Herausgegeben von Marly Biemel. Husserliana. Band IV. Den Haag 1952
- Edmund Husserl: Die Krisis der europäischen Wissenschaften und die transzendentale Phänomenologie. Eine Einleitung in die phänomenologische Philosophie. Herausgegeben von Walter Biemel. Husserliana. Band VI. Den Haag 1954
- Edmund Husserl: Phänomenologische Psychologie. Vorlesungen Sommersemester 1925. Herausgegeben von Walter Biemel. Husserliana. Band IX. Den Haag 1962
- Edmund Husserl: Vorlesungen zur Phänomenologie des inneren Zeitbewußtseins. Herausgegeben von Martin Heidegger. Husserliana. Band X. Tübingen 1980.
- Edmund Husserl: Cartesianische Meditationen. Eine Einleitung in die Phänomenologie. Herausgegeben, eingeleitet und mit Registern versehen von Elisabeth Ströker. Hamburg 1969
- Edmund Husserl: Logische Untersuchungen. Zweiter Band: Untersuchungen zur Phänomenologie und Theorie der Erkenntnis. 1. Teil. Tübingen 1993
- Edmund Husserl: Erfahrung und Urteil. Untersuchungen zur Genealogie der Logik. Redigiert und herausgegeben von Ludwig Landgrebe. Mit Nachwort und Register von Lothar Eley. Hamburg 1971
- Edmund Husserl: Philosophie als strenge Wissenschaft. Zweite Auflage. Frankfurt am Main 1971

I

- Heribert Illig: Geschichte, Mythen, Katastrophen. Über Velikovsky hinaus. Gräfelfing 2009
- Joachim Illies: Das Geheimnis des Lebendigen. Leben und Werk des Biologen Adolf Portmann. München 1976
- Christian Illies: Biologie statt Philosophie? In: Evolution in Natur und Kultur. Herausgegeben von Volker Gerhard und Julian Nida-Rümelin. Berlin/New York 2010. Seiten 15–38

J

- William James: The Principles of Psychology. Authorized Edition in two volumes. New York 2013
- Wolfgang Janke: Die Seinsfrage. Grundzüge einer restitutiven Ontologie. Würzburg 2018
- Karl Jaspers: Nikolaus Cusanus. München 1964

- Julian Jaynes: The Origin of Consciousness in the Breakdown of the Bicameral World. Boston 1976
- Jean Paul: Werke in sechs Bänden. Herausgegeben von Norbert Miller. München 1970
- Hans Jonas: Materie und Geist und Schöpfung. Frankfurt am Main 1988
- Thomas Junker und Sabine Paul: Der Darwin-Code. Die Evolution erklärt unser Leben. München 2009
- Steve Jones: Darwins Garten. Leben und Entdeckungen des Naturforschers Charles Darwin und die moderne Biologie. Aus dem Englischen von Michael Bayer, Anne Emmert und Hans Freundl. München und Zürich 2009

K

- Immanuel Kant: Akademie-Textausgabe. Berlin 1968
- Ernst Kapp: Grundlinien einer Philosophie der Technik. Zur Entstehungsgeschichte der Kultur aus neuen Gesichtspunkten. Mit einer Einleitung herausgegeben von Harun Maye und Leander Schulz. Hamburg 2015
- Katharina Kanthack: Nicolai Hartmann und das Ende der Ontologie. Berlin 1962
- Friedrich Kaulbach: Philosophie als Wissenschaft. Eine Anleitung zum Studium von Kants Kritik der reinen Vernunft in Vorlesungen. Hildesheim 1981
- Liliy E. Kay: Das Buch des Lebens. Wer schrieb den genetischen Code? Aus dem Amerikanischen von Gustav Roßler. Frankfurt am Main 2005
- Karl Kerenyi: Antike Religion. München/Wien 1971
- Ludwig Klages: Der Geist als Widersacher der Seele. Bonn 1972
- Søren Kierkegaard: Afsluttende uvidenskabelig Efterskrift til de philosophike Smuler. Samlede verker, Kjøbenhavn 1925. Band 7
- Ludwig Klages: Der Geist als Widersacher der Seele. 5., ungekürzte Auflage. Bonn 1972
- Arthur Koestler: The Sleepwalkers. A History of Man's Changing Vision of the Universe. London 1968
- Josef König: Vorträge und Aufsätze. Herausgegeben von Günther Patzig, Freiburg/München 1978
- Bernd-Olaf Küppers: Die Kontextabhängigkeit biologischer Information. In: Lorenz Krüger/Brigitte Falkenburg (Herausgeber.): Physik, Philosophie und die Einheit der Wissenschaften. Heidelberg/Berlin/Oxford 1995. Seiten 260–277
- Bernd-Olaf Küppers: Der Ursprung biologischer Information. Zur Naturphilosophie der Lebensentstehung. Vorwort von Carl Friedrich von Weizsäcker. München/Zürich 1986

– Bernd-Olaf Küppers: Die Berechenbarkeit der Welt. Grenzfragen der exakten Wissenschaften. Stuttgart 2012

L

– Nick Lane: Leben. Verblüffende Erfindungen der Evolution. Aus dem Englischen von Ilona Hauser. Darmstadt 2013
– Rudolf Langthaler: Warum Dawkins Unrecht hat. Eine Streitschrift. Freiburg/München 2015
– Detlef Laugwitz: Bernhard Riemann 1826–1866. Wendepunkte in der Auffassung der Mathematik. Basel/Boston/Berlin 1996
– Joseph Ledoux: Das Netz der Gefühle. Wie Emotionen enststehen. München 2001
– Gottfried Wilhelm Leibniz: Hauptschriften zur Grundlegung der Philosophie. Übersetzt von A. Buchenau. Durchgesehen und mit Einleitungen und Erläuterungen herausgegeben von Ernst Cassirer. Hamburg 1966
– Gottfried Wilhelm Leibniz, Vernunftprinzipien der Vernunft und der Gnade. Monadologie, Hamburg 1956.
– Gottfried Wilhelm Leibniz: Neue Abhandlungen über den menschlichen Verstand. Herausgegeben und übersetzt von Wolf von Engelhardt und Hans Heinz Holz. Darmstadt 1985
– Gottfried Wilhelm Leibniz: Metaphysische Abhandlung. Übersetzt und mit Vorwort und Anmerkungen herausgegeben von H. Herring. Hamburg 1958
– Karl-Heinz Lembeck: Einführung in die Phänomenologie. Darmstadt 1994
– Claude Levi-Strauss: Mythos und Bedeutung. Herausgegeben von Adelbert Reif. Frankfurt am Main 1980
– Bruce H. Lipton: Intelligente Zellen. Wie Erfahrungen unsere Gene steuern. Burgrain 2016
– John Locke: Versuch über den menschlichen Verstand in vier Büchern. Band 1, Hamburg 1981
– Rudolph Hermann Lotze: Mikrokosmos. Mit einer Einleitung und Registern herausgegeben von Nikolay Milkov. Hamburg 2017
– Reinhard Löw: Evolution und Erkenntnis – Tragweite und Grenzen der evolutionären Erkenntnistheorie in philosophischer Absicht. In: Konrad Lorenz und Franz M. Wuketits (Herausgeber): Die Evolution des Denkens. 12 Beiträge, München 1983. Seiten 331–360
– Konrad Lorenz: Die Rückseite des Spiegels. Versuch einer Naturgeschichte des menschlichen Erkennens. München 1973
– Holger Lyre: Informationstheorie. Eine philosophisch-naturwissenschaftliche Einführung. München 2002

M

- Klaus Mainzer: Komplexität. Paderborn 2008
- Stefano Mancuso: Pflanzenrevolution. Wie die Pflanzen unsere Zukunft erfinden, München 2017
- Stefano Mancuso / Allessandra Viola: Die Intelligenz der Pflanzen. München 2015
- Eugène N. Marais: Die Seele der weißen Ameise. Berlin 1939
- Maurice Maeterlinck: Geheimnisse des Lebens. Das Leben der Termiten. Das Leben der Ameisen, Zürich o.J.
- Fritz Mauthner: Wörterbuch der Philosophie. Neue Beiträge zu einer Kritik der Sprache. 1. Band. München und Leipzig 1910
- Ernst Mayr: Eine neue Philosophie der Biologie. Mit einem Vorwort von Hubert Markl. München und Zürich 1991
- Luciano Mecacci: Das einzigartige Gehirn. Über den Zusammenhang von Hirnstruktur und Individualität. Frankfurt am Main/New York 1986
- Jacques Monod: Zufall und Notwendigkeit. Philosophische Fragen der modernen Biologie. Vorrede zur deutschen Ausgabe von Manfred Eigen. München 1970
- Ludwig Marcuse: Aus den Papieren eines bejahrten Philosophie-Studenten. München 1964
- Humberto Maturana R. und Francisco Varela G.: El árbol del conocimiento. Santiago de Chile 1986
- Maurice Merleau-Ponty: Das Auge und der Geist. Philosophische Essays, Hamburg 2003
- Julien Offray de La Mettrie: Der Mensch als Maschine. Mit einem Essay von Bernd A. Laska. Nürnberg 1985
- Volker Mueller: Philosophischer Monismus und Naturwissenschaften. Zu Entwicklungen monistischer Weltanschauungen in Deutschland. In: Arnher E. Lenz/Volker Mueller (Herausgeber): Darwin, Haeckel und die Folgen. Monismus in Vergangenheit und Gegenwart. Neustadt am Rübenberge 2006. Seiten 33–46
- Michael P. Murphy und Luke A.J. O'Neill (Herausgeber). Was ist Leben? Die Zukunft der Biologie. Eine alte Frage in neuem Licht – 50 Jahre nach Erwin Schrödinger. Aus dem Englischen übersetzt von Susanne Kuhlmann-Krieg, Juliane Meyerhoff, Ina Raschke und Michael Stöltzner. Heidelberg/Berlin/Oxford 1997

N

- Thomas Nagel, Geist und Kosmos. Warum die materialistische neodarwinistische Konzeption der Natur so gut wie sicher falsch ist. Berlin 2013

- Thomas Nagel: Mind and Cosmos. Why the Materialist Neo-Darwinsm Conception of Nature Is Almost Certainly False. Oxford/New York 2012
- Paul Natorp: Ueber objective und subjective Begründung der Erkenntniss, In: Philosophische Monatshefte 23 (1887). Seiten 257–286
- Paul Natorp: Platos Ideenlehre. Eine Einführung in den Idealismus. Hamburg 2004
- Paul Natorp: Die logischen Grundlagen der exakten Wissenschaften. Leipzig und Berlin 1910
- Paul Natorp: Allgemeine Psychologie nach kritischer Methode. Erstes Buch: Objekt und Methode der Psychologie. Herausgegeben, kommentiert und mit einer Einleitung versehen von Sebastian Luft. Darmstadt 2013
- Paul Natorp: Philosophische Systematik. Mit der Gedenkrede zum 100. Geburtstag von Hans-Georg Gadamer sowie mit Einleitung und textkritischen Anmerkungen von Hinrich Knittermeyer. Hamburg 1958
- Joe Navarro und Marvin Karlins: Menschen lesen. Ein FBI-Agent erklärt, wie man Körpersprache entschlüsselt. München 2011
- Otto Neurath: Soziologie im Physikalimus. In: Erkenntnis 2 /1931), Seiten 393–431
- Otto Neurath: Empirische Soziologie. Der wissenschaftliche Gehalt der Geschichte und Nationalökonomie. Wien 1931 (= Schriften zur wissenschaftlichen Weltauffassung. Band 5)
- Nicolai de Cusa: Dialogus de ludo globi. Gespräch über das Globusspiel. Auf der Grundlage des Textes der kritischen Ausgabe neu übersetzt und mit Einleitung und Anmerkungen herausgegeben von Gerda von Bredow. Lateinisch-Deutsch. Hamburg 1999
- Novalis Werke. Herausgegeben und kommentiert von Gerhard Schulz. Zweite, neubearbeitete Auflage. München 1980

O

- Paul Oppenheim und Hilary Putnam: The Unity of Science as a Working Hypothesis. In: Minnesota Studies in the Philosophy of Science 2 (1958). Seiten 3–35
- José Ortega y Gasset: ¿Que es filosofía? Madrid 1988
- José Ortega y Gasset: Meditationen über die Jagd. Vorwort zu einem Buch über die hohe Jagd des Grafen von Yebes. Herausgegeben von Andreas Schulz-Moll. München o.J. (2012)
- José Ortega y Gasset: Der Mensch ist ein Fremder. Schriften zur Metaphysik und Lebensphilosophie. Hrsg., übersetzt und eingeführt von Stascha Rohmer. Freiburg im Breisgau 2008
- José Ortega y Gasset: Über die Liebe. Übersetzt und herausgegeben von Helene Weyl unter Mitwirkung von Ulrich Weber. München 2012

– José Ortega y Gasset: El hombre y la gente. Madrid 1957
– José Ortega y Gasset: Der Prinzipienbegriff bei Leibniz und die Entwicklung der Deduktionstheorie. Übersetzt von Ewald Kirschner. München 1966

P

– Melchior Palágyi: Der Gegensatz von Geist und Leben. Herausgegeben von Heiko Heublein. München 2018
– Roger Penrose: Warum wir zum Verständnis von Geist eine neue Physik brauchen. In: Murphy/O'Neill: Was ist Leben? Seiten 135–150
– Roger Penrose: Schatten des Geistes. Wege zu einer neuen Physik des Bewußtseins. Aus dem Englischen übersetzt von Anna Ehlers. Heidelberg/Berlin/Oxford 1995
– Helmuth Plessner: Die Stufen des Organischen und der Mensch. Einleitung in die philosophische Anthropologie. Zweite, um Vorwort, Nachtrag und Register erweiterte Auflage. Berlin 1965
– Helmuth Plessner: Die Einheit der Sinne. In: H.P.: Gesammelte Schriften III. Anthropologie der Sinne. Frankfurt am Main 1980. Seiten 7–315
– Helmuth Plessner: Geistiges Sein. Über ein neues Buch Nicolai Hartmanns. In: H.P.: Gesammelte Schriften IX. Schriften zur Philosophie. Frankfurt am Main 1985. Seiten 73–95
– Peter Plichta: Gottes geheime Formel. Die Entschlüsselung des Welträtsels und der Primzahlencode. Erweiterte Neuausgabe. München 1995
– Gerold Prauss: Die Einheit von Subjekt und Objekt. Kants Probleme mit den Sachen selbst. Freiburg/München 2015
– Hilary Putnam: Für eine Erneuerung der Philosophie. Aus dem Englischen von Joachim Schulte. Stuttgart 1997

R

– Sampson Reed: Observations on the Growth of the Mind. Fifth Edition. Boston 1865
– Paul Ricoeur: Die Metapher und das Hauptproblem der Hermeneutik. In: Anselm Haverkamp (Herausgeber): Theorie der Metapher. Darmstadt 1983. Seiten 356–375
– Heinrich Rickert: Kulturwissenschaft und Naturwissenschaft. Mit einem Nachwort herausgegeben von Friedrich Vollhardt. Stuttgart 1986
– Johann Wilhelm Ritter: Fragmente aus dem Nachlasse eines jungen Physikers. Ein Taschenbuch für Freunde der Natur. Leipzig und Weimar 1984
– Tina Röck: Vielheit und Kreativität als Grundmomente der Prozessontologie Alfred North Whiteheads. In: Thomas Kirchhhoff und Kristian Köchy (Herausgeber): Wünschenswerte Vielheit. Diversität als Kategorie. Befund und Norm. Freiburg und München 2016. Seiten 243–267

– Heinrich Rombach: Phänomenologie des gegenwärtigen Bewußtseins. Freiburg/München 1980
– Heinrich Rombach: Die Welt als lebendige Struktur. Probleme und Lösungen der Strukturontologie. Freiburg im Breisgau 2003
– Michael R. Rose: Darwins Welt. Von Forschern, Finken und der Evolution. München 1998
– Steven Rose: Darwins gefährliche Erben. Biologie jenseits der egoistischen Gene. Aus dem Englischen von Susanne Kuhlmann-Krieg. München 2000
– Gerhard Roth: Fühlen, Denken, Handeln. Wie das Gehirn unser Verhalten steuert. Frankfurt am Main 2001
– Carlo Rovelli: Die Wirklichkeit, die nicht so ist, wie sie scheint. Eine Reise in die Welt der Quantengravitation. Aus dem Italienischen von Enrico Heinemann. Reinbek bei Hamburg 2016
– Carlo Rovelli: Die Ordnung der Zeit. Aus dem Italienischen von Enrico Heinemann. Reinbek bei Hamburg 2018
– Bertrand Russell: Die Analyse des Geistes. Übersetzt von Kurt Grelling. Hamburg 2000 (Nachdruck der Ausgabe 1927)
– Bertrand Russell: Die Mathematik und die Metaphysiker. In: Kursbuch 8 (1967). Seiten 8–25

S

– Erhard Scheibe: Die Philosophie der Physiker. München 2006
– Max Scheler: Wesen und Formen der Sympathie. Deutsche Philosophie der Gegenwart. In: M.S.: Gesammelte Werke. Band 7. Bern und München 1973. Seiten 1–258
– Max Scheler: Erkenntnis und Arbeit. In: M.S.: Die Wissensformen und die Gesellschaft. Zweite, durchgesehene Auflage, mit Zusätzen herausgegeben von Maria Scheler. Gesammelte Werke. Band 8. Bern und München 1960. Seiten 191–382
– Max Scheler: Philosophische Weltanschauung. In: M.S.: Späte Schriften. Mit einem Anhang herausgegeben von Manfred S. Frings. Gesammelte Werke. Band 9. Bern 1976. Seiten 75–182
– Max Scheler: Idealismus – Realismus. In: M.S.: Späte Schriften. Mit einem Anhang herausgegeben von Manfred S. Frings. Gesammelte Werke. Band 9. Bern 1976. Seiten 183–242
– Max Scheler: Schriften aus dem Nachlaß. Band II: Erkenntnislehre und Metaphysik. Herausgegeben mit einem Anhang von Manfred S. Frings. Gesammelte Werke. Band 11. Bern und München 1979
– Friedrich Wilhelm Joseph Schelling: Ideen zu einer Philosophie der Natur. In: F.W.J.S.: Schriften von 1794–1798. Darmstadt 1970. Seiten 333–407

– Friedrich Wilhelm Joseph Schelling: Einleitung zu dem Entwurf eines Systems der Naturphilosophie. In: F. W. J. S.: Schriften von 1799–1801. Darmstadt 1975. Seiten 269–326
– Friedrich Wilhelm Joseph Schelling: System des transzendentalen Idealismus. In: F. W. J. S.: Schriften von 1799–1801. Darmstadt 1975. Seiten 327–634
– Friedrich Wilhelm Joseph Schelling: Aphorismen über die Naturphilosophie: In: F. W. J. S.: Schriften von 1806–1813. Darmstadt 1976. Seiten 185–231
– Friedrich Wilhelm Joseph Schelling: Philosophische Untersuchungen über das Wesen der menschlichen Freiheit. In: F. W. J. S.: Schriften von 1806–1813. Darmstadt 1976. Seiten 275–360
– Friedrich Wilhelm Joseph Schelling: Die Weltalter (Erstes Buch). In: F. W. J. S.: Schriften von 1813–1830. Darmstadt 1989. Seiten 1–150
– Friedrich Wilhelm Joseph Schelling: Zur Geschichte der neueren Philosophie. In: F. W. J. S.: Schriften von 1813–1830. Darmstadt 1989. Seiten 283–482
– Friedrich Wilhelm Joseph Schelling: Philosophie der Offenbarung. 1. Band. Darmstadt 1983
– Friedrich Schlegel/Robert Josef Kozljani : Philosophie des Lebens. Vorlesungen aus den Jahren 1827–1829. Schlegel und die Lebensphilosophie des 19. Jahrhunderts. Eine Manifestation. München 2018
– Moritz Schlick: Die Probleme der Philosophie in ihrem Zusammenhang. Vorlesung aus dem Wintersemester 1933/34. Herausgegeben von Henk Mulder, Anne J. Kox und Rainer Hegselmann. Frankfurt am Main 1986
– Alfred Schmid: Principium motus. Vom Wesen der Schöpfung. Eine gnostische Schau. Zug/Schweiz 2007
– Jan Cornelius Schmidt: Das Andere der Natur. Neue Wege zur Naturphilosophie. Stuttgart 2015
– Hermann Schmitz: Ausgrabungen zum wirklichen Leben. Eine Bilanz. Freiburg/München 2016
– Hermann Schmitz: Der unerschöpfliche Gegenstand. Grundzüge der Philosophie. Bonn 1990
– Hermann Schmitz: Der Leib. Berlin/Boston 2011
– Herbert Schnädelbach: Philosophie in Deutschland 1831–1933. Frankfurt 1983
– Herbert Schnädelbach: Erkenntnistheorie zur Einführung. Hamburg 2002
– Herbert Schnädelbach: Was Philosophen wissen und was man von ihnen lernen kann. München 2012
– Norbert Schneider: Erkenntnistheorie im 20. Jahrhundert. Klassische Positionen. Stuttgart 1998

– Norbert Schneider: Grundriss der Geschichte der Metaphysik. Von den Vorsokratikern bis Sartre. Hamburg 2018
– Heinz Robert Schlette: Weltseele. Geschichte und Hermeneutik. Frankfurt am Main 1983
– Arthur Schopenhauer: Sämtliche Werke. Textkritisch bearbeitet und herausgegeben von Wolfgang Freiherr von Löhneysen. Darmstadt 1989
– Erwin Schrödinger: Was ist Leben? Die lebende Zelle mit den Augen des Physikers betrachtet. München 1951
– Erwin Schrödinger: Mein Leben, meine Weltansicht. Die Autobiographie und das philosophische Testament. Mit einem Vorwort von Auguste Dick. München 2006
– Walter Schulz: Ich und Welt. Philosophie der Subjektivität. Pfullingen 1976
– Charles Sealsfield: Das Kajütenbuch. Leipzig o. J.
– Hans Sedlmayr: Der Verlust der Mitte. Die bildende Kunst des 19. und 20. Jahrhunderts als Symptom und Symbol der Zeit. Salzburg 1951
– Karl Sigmund: Sie nannten sich Der Wiener Kreis. Exaktes Denken am Rand des Untergangs. Wiesbaden 2015
– Georg Simmel: Einleitung in die Moralwissenschaft. Eine Kritik der ethischen Grundbegriffe. Erster Band. Gesamtausgabe. Herausgegeben von Orthein Rammstedt. Band 3. Frankfurt am Main 1989
– Georg Simmel: Hauptprobleme der Philosophie. Philosophische Kultur. Gesamtausgabe. Hrsg. von Orthein Rammstedt. Band 14. Frankfurt am Main 1996
– Georg Simmel: Lebensanschauung. Vier metaphysische Kapitel, in: Gesamtausgabe. Hrsg. von Otthein Rammstedt. Band 16. Frankfurt am Main 1999. Seiten 209–420
– John Maynard Smith und Eörs Szathmáty: Sprache und Leben, in: Murphy/O'Neill (Herausgeber), Was ist Leben? Seiten 83–94
– Bruno Snell: Die Entdeckung des Geistes. Studien zur Entstehung des europäischen Denkens bei den Griechen. Dritte Auflage, durchgesehen und abermals erweitert. Hamburg 1955
– Dennis Sölch: Prozessphilosophien. Wirklichkeitskonzeptionen bei Alfred North Whitehead, Henri Bergson und William James. Freiburg/München 2015
– (Dennis Sölch/Laura Wackers) Der amerikanische Transzendentalismus. Eine Anthologie, herausgegeben, kommentiert und eingeleitet von Dennis Sölch und Laura Wackers. Berlin 2018
– Manfred Sommer: Von der Bildfläche. Eine Archäologie der Lineatur. Berlin 2016
– Volker Sommer: Darwinisch denken. Horizonte der Evolutionsbiologie. Stuttgart 2007

– Oswald Spengler: Der Untergang des Abendlandes. Umrisse einer Morphologie der Weltgeschichte. München 1930
– Oswald Spengler: Frühzeit der Weltgeschichte. Fragmente aus dem Nachlaß. Unter Mitwirkung von Manfred Schröter herausgegeben von Anton Mirko Koktanek. München 1966
– Wolfgang Stegmüller: Hauptströmungen der Gegenwartsphilosophie. Eine kritische Einführung. Band III. Stuttgart 1987
– Edith Stein: Zum Problem der Einfühlung. Eingeführt und bearbeitet von Maria Antonia Sondermann OCD, Freiburg/Basel/Wien 2008 (Gesamtausgabe, Band 5)
– Max Steiner: Die Lehre Darwins in ihren letzten Folgen. Beiträge zu einem systematischen Ausbau des Naturalismus. Zweite Auflage. Berlin 1908
– Dick Swaab: Wir sind unser Gehirn. Wie wir denken, leiden und lieben. Aus dem Niederländischen von B.l Jänicke und M. Müller-Haas. München 2010

T

– Max Tegmark: Unser mathematisches Universum. Auf der Suche nach dem Wesen der Wirklichkeit. Berlin 2015
– Pierre Teilhard de Chardin: Der Mensch im Kosmos. Zweite Auflage, München 1959
– Pierre Teilhard de Chardin: Die Hominisation. In: P.T.d.C.: Werke. 4. Band. Olten und Freiburg im Breisgau 1962. Seiten 77–117
– Friedrich Adolf Trendelenburg: Logische Untersuchungen. Band 1. Leipzig 1870
– Ernst Tugendhat: Egozentrizität und Mystik. Eine anthropologische Studie. München 2003

U

– Jacob von Uexküll: Streifzüge durch die Umwelten von Tieren und Menschen. Ein Bilderbuch unsichtbarer Welten. Bedeutungslehre. Hamburg 1956

V

– Hans Vaihinger: Die Philosophie des Als Ob. System der theoretischen, praktischen und religiösen Fiktionen der Menschheit auf Grund eines idealistischen Positivismus. Mit einem Anhang über Kant und Nietzsche. Siebente und achte Auflage. Leipzig 1922
– Gerhard Vollmer: Mesokosmos und objektive Erkenntnis – Über Probleme, die von der evolutionären Erkenntnistheorie gelöst werden. In: Konrad Lorenz und Franz M. Wuketits (Herausgeber): Die Evolution des Denkens. 12 Beiträge. München 1983. Seiten 29–91

- Gerhard Vollmer: Evolutionäre Erkenntnistheorie. Angeborene Erkenntnisstrukturen im Kontext von Biologie, Psychologie, Linguistik, Philosophie und Wissenschaftstheorie. 8., unveränderte Auflage. Stuttgart/Leipzig 2002
- Gerhard Vollmer: Im Lichte der Evolution. Darwin in Wissenschaft und Philosophie. Stuttgart 2017
- Franz Vonessen: Signaturen des Kosmos. Welterfahrung in Mythen, Märchen und Träumen. Gesammelte Aufsätze I. Zug 1992. Seiten 31–85
- Karl Vorländer: Kant. Der Mann und sein Werk. Dritte Auflage. Hamburg 2003
- Karl Vorländer: Philosophie des Altertums. Geschichte der Philosophie I. Reinbek bei Hamburg 1963
- Karl Vorländer: Philosophie des Mittelalters. Geschichte der Philosophie II. Reinbek bei Hamburg 1964

W

- Ulrich Warnke: Quantenphilosophie und Spiritualität. Der Schlüssel zu den Geheimnissen des menschlichen Seins. Berlin und München 2011
- Paul Yorck von Wartenburg: Bewußtseinsstellung und Geschichte. Ein Fragment. Mit einer Einleitung und einem Nachwort herausgegeben von Iring Fetscher. Hamburg 1991
- James D. Watson: The Annotated and Illustrated Double Helix. Edited by Alexander Gann and Jan Witkowski. New York/London/Toronto/Sydney/New Delhi 2012
- Harald Weinrich: Semantik der kühnen Metapher. In: Deutsche Vierteljahresschrift 37 (1963), S.325–344
- Wolfgang Welsch: Mensch und Welt. Eine evolutionäre Perspektive der Philosophie. München 2012
- Wolfgang Welsch: Homo mundanus. Jenseits der anthropischen Denkform der Moderne. Weilerswist 2012
- Alfred North Whitehead: Concept of Nature. The Tarner Lectures delivered in Trinity College november 1919. Cambridge 1995
- Alfred North Whitehead: Abenteuer der Ideen. Einleitung von Reiner Wiehl. Frankfurt am Main 1971
- Alfred North Whitehead: Prozeß und Realität. Entwurf einer Kosmologie. Übersetzt und mit einem Nachwort versehen von Hans Günter Holl. 2., überarbeitete Auflage. Frankfurt am Main 1984 (Process and Reality. Corrected Edition. Edited by David Ray Griffin and Donald W. Sherburne, New York 1978)
- Alfred North Whitehead: Die Ziele von Erziehung und Bildung und andere Essays. Herausgegeben, übersetzt und eingeleitet von Christoph Kann und Dennis Sölch. Frankfurt am Main 2012

- Alfred North Whitehead: Denkweisen. Herausgegeben, übersetzt und eingeleitet von Stascha Rohmer. Frankfurt am Main 2001 (Modes of Thought, New York 1968)
- Christoph Martin Wieland: Geschichte des Agathon. In: Christoph Martin Wieland. Sämmtliche Werke. Hamburg 1984. Band 1–3
- Ken Wilber: Eros, Kosmos, Logos. Eine Vision an der Schwelle zum nächsten Jahrtausend. Frankfurt am Main 1995
- Wilhelm Windelband: Einleitung in die Philosophie. Tübingen 1914

Namensregister

Das Namensregister soll helfen, sich schneller im Text zu orientieren. Entsprechend fehlt Nicolai Hartmann, weil er zu häufig genannt wird.

A

- Adams, D.: 179
- Arendt, H.: 134, 288
- Aristoteles: 19, 37f., 58f, 82, 90, 134f., 140, 154f., 212, 215, 346

B

- Baeyer, H. C. v.: 185, 201
- Bergson, H.: 5, 26, 31, 37, 41f., 44, 50, 60f., 68, 81, 85f, 88, 138, 143, 211, 227, 230, 273, 324, 338f., 340, 350, 352f.
- Blackmore, S.: 189, 192f., 198
- Blumenberg, H.: 300f., 310f.
- Bois-Reymond, E. d.: 209, 233f.
- Bouelles, C.d.: 82f.
- Boslough, J.: 149, 180
- Brandl, K.: 177
- Brentano, F.: 89, 225f.
- Byrne, R.: 101, 202

C

- Carnap, R.: 76, 120f., 150, 195, 230, 284, 361
- Cassirer, E.: 8, 39, 83, 117, 145f., 154, 159, 168, 194, 252f., 276f., 297, 357f., 362, 365ff., 379
- Cohen, H.: 13ff., 17, 22, 24f., 27f., 32, 38, 54, 58f., 63ff., 68, 80, 101, 128, 131, 154, 214f., 220, 225f., 241, 378f.
- Collingwood, R. G.: 40, 208

D

- Damasio, A.: 86, 88
- Darwin, C.: 95ff., 270, 332f., 349
- Dawkins, R.: 10f., 13f., 17, 74, 98, 108f., 112f., 116, 120, 125, 172f., 186f., 189, 192, 198, 282, 332f., 335, 344f.
- Dedié, G.: 76, 105
- Dennett, D.: 11, 13, 15, 17ff., 25, 74ff., 80ff., 95ff., 98, 109f., 112f., 119f., 120, 125, 164, 172f., 179, 188f., 191, 193f., 196f., 198, 232, 282, 345, 354f., 362–365

– Descartes, R.: 67, 73, 120, 129, 159ff., 232, 276, 360
– Dilthey, W.: 117f., 246f.
– Disney, W.: 47
– Driesch, H.: 50f., 138, 145, 348f.
– Duck, D.: 47

E
– Eigen, M.: 92ff., 108f., 189, 335
– Einstein, A.: 209f., 340
– Emerson, R.W.: 77, 216
– Euler, L.: 236
– Everett, D.: 151

F
– Fabre, J.-H.: 42, 45, 49, 51f., 77f., 268f., 351
– Fechner, G. T.: 111, 287, 314, 341
– Fichte, J. G.: 22, 137, 176
– Fischer, E. P.: 183f., 210
– Fischer, K.: 83
– Freud, S.: 18
– Frischeisen-Köhler, M.: 304

G
– Gabriel, M.: 110
– Galilei, G.: 14, 94, 129f, 133, 149, 240, 248, 359
– Gehlen, A.: 86, 234, 259, 311, 345
– Geulinxc, A.: 25
– Goethe, J. W.: 79, 160, 241, 292, 294, 299f., 320, 367f.
– Görnitz, B. u. T.: 106f., 184, 190f.
– Goldschmidt, R.: 14
– Gould, S. J.: 11, 92ff., 96, 191, 334
– Grandin, T.: 167f.

H
– Habermas, J.: 12, 244, 374
– Haeckel, E.: 14, 20, 73f., 95, 97f., 164, 234
– Hahn, H.: 131, 230
– Hampe, M.: 230
– Hansen, F. P.: 26, 150, 240
– Hartmann, E. v.: 22f.
– Haskell, D. G.: 88, 158

- Hayek, F. v.: 74
- Hegel, G. W. F.: 8, 23f., 55, 64f., 82, 139, 142f., 159f., 164, 181, 209, 213, 216, 222, 227, 242, 245, 253ff., 259, 261, 263, 272, 274–277, 279, 285f., 304, 308ff., 310, 319, 339, 350, 371, 378, 380–382
- Heidegger, M.: 54ff., 62ff., 128, 132ff., 143, 147f., 204, 248, 254, 276f., 357, 373
- Helmholtz, H.: 25
- Herbert, F.: 178f.
- Herder, J. G.: 143f.
- Hobbes, T.: 73, 160f., 165, 281f., 285, 288, 358f.
- Hocke, G. R.: 146, 292
- Hübner, K.: 326
- Humboldt, A. v.: 43
- Humboldt, W. v.: 152
- Husserl, E.: 27, 29, 38, 54f., 62, 72, 83, 90f., 118, 123, 130–133, 145ff., 174, 219, 239, 241, 243f., 253ff., 257f., 273, 277, 298, 304, 307, 377, 380

J

- James, W.: 28, 86, 90, 111, 118, 120, 211, 247, 314f., 317
- Janke, W.: 152–155
- Jaynes, J.: 196f., 317
- Jonas, H.: 186

K

- Kant, I.: 15, 23–26, 28, 30, 35, 38, 57ff., 63, 66f., 70, 78f., 81, 90, 101, 114, 131f., 147, 155, 186, 202ff., 208, 210, 212–215, 218, 221, 223–226, 232, 236ff., 240, 243ff., 253ff., 265, 276–279, 304f., 307, 323, 327, 335, 337, 339, 341, 346f., 353, 364, 366
- Kanthack, K.: 220
- Kapp, E.: 289
- Kaulbach, F.: 271, 277
- Kay, L. E.: 185f.
- Kierkegaard, S.: 122, 256, 363
- Kerenyi, K.: 150
- Klages, L.: 102, 138, 168, 211, 213, 240, 315, 317, 338–341, 362, 377
- Kozljanic, R.J.: 84
- König, J.: 97, 191, 219–222, 230
- Küppers, B.-O.: 188f., 321ff.
- Kusa, N.v.: 135, 219

L

- Langthaler, R.: 13, 112

- Lask, E.: 73
- Ledoux, J.: 73, 315
- Leibniz, G. W.: 14ff., 17, 31, 38, 64–69, 80, 82f., 89f., 92, 95, 97, 99, 101, 106, 117, 121, 135, 166, 208, 212–215, 219f., 222–227, 229f., 232, 238, 248ff., 252, 254, 260–267, 270ff., 276f., 304, 311, 322, 324ff., 332, 338, 341, 372
- Leunis, J.: 82
- Levi-Strauss, C.: 187
- Lipton, B.: 88
- Löw, R.: 50, 94, 328
- Lotze, R. H.: 69, 83, 90, 203, 209, 229, 233, 260–263, 265,271, 297, 324
- Lyre, H.: 201

M

- Maeterlinck, M.: 42, 46f.
- Mandelbrot, B.: 150
- Mancuso, S.: 88, 150
- Marais, E.: 42, 48
- Marx, K.: 18
- Mayr, K.: 346
- Mettrie, J. O. de La: 195
- Merleau-Ponty, M.: 129
- Mirandola, P.d.: 82, 251
- Monod, J.: 92ff.
- Moore, B.: 7
- Mueller, V.: 232f.

N

- Nagel, T.: 81, 100, 118ff., 172
- Natorp, P.: 22f., 27, 29–32
- Neurath, O.: 18f., 75f., 81, 151, 194, 284

O

- Ortega y Gasset, J.: 9f., 31, 72, 84, 86, 119f., 219, 237f., 244, 251, 256, 264, 271, 308, 376ff.

P

- Palágyi, M.: 120, 123, 138
- Parmenides: 24f.
- Peirce, C. H.: 243f.
- Penrose, R.: 109, 118
- Planck, M.: 240, 362

- Platon: 29, 38f., 44, 73, 132, 134f., 145f., 163, 217, 254, 257, 289, 373
- Plessner, H.: 31, 63f., 70, 83ff., 88, 122, 126, 128, 136, 148, 182, 197, 205f., 299, 306
- Prauss, G.: 139, 211
- Putnam, H.: 197

R

- Reed, S.: 83, 244
- Rickert, H.: 68, 74, 297,
- Ricoeur, P.: 161
- Riemann, B.: 41f., 287
- Röck,T.: 324
- Rombach, H.: 53f., 59f., 138, 146, 239, 244, 246
- Rovelli, C.: 15, 130, 148
- Russell, B.: 38, 82, 278
- Ryle, G.: 232

S

- Schätzing, F.: 179
- Scheler, M.: 41f., 44, 49, 53f., 83, 87, 99, 133, 137ff., 168, 233, 239, 246–249, 255, 25ff., 269, 293f., 299, 316, 350, 377
- Schelling, F. W. J.: 36, 40, 43f., 49, 53, 64, 98, 102, 148, 160, 176, 208f., 228, 247, 286ff., 290f., 293, 298ff., 326f., 350
- Schlick, M.: 131, 150, 309, 361
- Schmid, A.: 209
- Schmidt, J. C.: 100, 255, 334
- Schmidt-Salomon, M.: 13, 74, 100
- Schmitz, H.: 111, 168, 222f., 255–259, 311f., 316
- Schnädelbach, H.: 24, 63, 128f., 136, 139, 142, 147, 150, 158f., 165
- Schneider, N.: 130, 141f.
- Schopenhauer, A.: 117f., 131, 137f., 208f., 286, 307, 341, 373
- Schrödinger, E.: 16, 42f., 186f., 189
- Sedlmayr, H.: 35, 85
- Simmel, G.: 138, 245, 307, 352f.
- Snell, B.: 137, 315
- Spengler, O.: 162, 182, 294
- Spinoza, B. d.: 20, 160f., 213, 223, 253, 267
- Stegmüller, W.: 36, 189
- Stein, E.: 315
- Swaab, D.: 7

T
- Teilhard de Chardin, P.: 13, 40f., 60, 98f., 124, 138, 186f., 335
- Tegmark, M.: 100, 236, 240, 282, 360f.
- Trendelenburg, F. A.: 117f.
- Tugendhat, W.: 77, 79

U
- Uexküll, J. J.: 146, 186f., 252, 305, 342, 346, 348, 356f.

V
- Vaihinger, H.: 16f.
- Vernant, J.-P.: 150
- Vollmer, G.: 76, 233, 322, 326–329, 332
- Vonessen, F.: 374
- Vorländer, K.: 25, 117, 262

W
- Warnke, U.: 106, 116ff., 121, 176f., 201
- Watson, J.: 318ff.
- Welsch, W.: 74, 76, 97–100, 103f., 106, 116, 164, 176f., 217, 364
- Whitehead: 38–42, 44, 53f., 58–62, 65, 72f., 85, 99, 106, 129, 145, 148, 153ff., 166, 184, 186, 198, 208, 220, 223, 227, 229ff., 239, 259, 266, 270, 277, 287, 293ff., 298ff., 306f., 323f., 338f., 350
- Wieland, C. M.: 148
- Wilber, K.: 99
- Windelband, W.: 117, 203, 263, 297, 345f.
- Wittenborn, D.: 101
- Wittgenstein, L.: 18, 38, 138, 150f., 374

Y
- Yorck von Wartenburg, P.: 134f.

Z
- Ziegler, L.: 44f., 49, 70, 239, 293f.

Sachregister

– Bewußtseinsstrom (Strom der Wahrnehmungen): 90f., 155, 168, 219, 238, 259
– Indiscernibiliensatz(-prinzip): 14f., 99, 135, 223–226, 249–252, 260
– Individualität: 135, 262f.
– inneres Auge: 192–196
– Kontinuität (Diskontinuität): 15, 64–70, 85, 89, 92f., 97, 100, 206, 211–215, 262, 264, 270f., 279, 322–328, 332, 336f., 339, 341, 349, 352, 379
– Lektüre der DNA: 26, 50, 108, 164, 184–188, 200, 300, 318–320, 344

Merkmale der Realität:
– Vielfalt der Attribute: 72, 135, 168, 170 (auch: Ausdruck), 217f., 223, 239, 242, 246, 249, 253f., 258ff., 263, 272ff., 276f., 287, 305f., 309–312, 358
– Zusammenhang der Wahrnehmungen: 21, 145f., 164f, 246, 264, 277, 279
– Veränderung: 40, 44, 75, 85f., 89f., 136, 154, 158, 168f., 210, 212, 214f., 218, 238, 252–255, 258f., 270, 298, 305, 309, 338f., 350, 353f., 358

– Monade als Spiegel der Welt: 229, 266, 276,
– Perspektive (point de vue): 117, 135, 205, 218ff., 225, 229f., 232, 264, 271f.
– Phänomenologie / Neue Phänomenologie: 27–29, 54, 90f., 130, 132f., 138, 146, 194, 241, 246, 255–258, 273, 308
– Primäre / sekundäre Qualitäten: 358–365
– Schichtentheorie: 36–41, 51, 64, 67, 70, 83–87, 94, 98, 239, 255, 280, 323, 341f.
– Sehen: 129ff., 132–136, 138, 140f., 143, 147f., 150, 181f., 287
– Sein-, Erkenntniskategorien: 21f., 24–30, 58, 62, 67, 128, 182f., 185, 202–206, 221f., 265, 300, 318, 323, 327, 354
– Teppich des Seins (des Lebens): 8, 21, 68, 72, 145f., 159, 164f., 230, 246, 259, 275, 277f., 370, 380ff.
– Widerstand: 246–249

Danksagung

Der Autor dankt seinem Freund Alf Dobbertin für langjährige Diskussionen sowie für seine unschätzbare Hilfe bei der abschließenden Durchsicht und Korrektur des Manuskripts; Herrn Prof. Jochen Hörisch für die Abfassung eines wohlmeinenden Gutachtens; Herrn Dr. Siegfried Reusch vom Verlag der blaue reiter für langjährige vertrauensvolle Zusammenarbeit (es ist schon unser drittes Buch!); seiner lieben Mutter für langjährige Unterstützung und überhaupt alles Mögliche; und schließlich seinem argentinischen Engel im fernen Catamarca.

Stefan Diebitz

Glanz und Elend der Philosophie

Stefan Diebitz führt die Schwächen der heutigen Philosophie anhand ihrer populärsten Themen – Ethik, Bildung, Erziehung und Menschenbild – schonungslos vor Augen und zeigt, wo engagierte Philosophie heute wieder anknüpfen könnte.

„Entstanden ist ein gut lesbares Kompendium dessen, was gegenwärtig Philosophie heißt und was sie sein könnte."

Philosophischer Literaturanzeiger

„Diebitz hat sich als Selbstdenker eine Sensibilität für bestimmte Phänomene bewahrt, die im berufsmäßigen Philosophieren zumeist verloren geht."

Information Philosophie

352 Seiten, gebunden, ISBN 978-3-933722-19-5

Stefan Diebitz

Spiel und Widerspiel

Der Mensch in seiner Natur

Stefan Diebitz beschreibt anschaulich und systematisch das Verhältnis der verschiedenen Formen des Lebens. Im Rückgriff auf Philosophen wie Nicolai Hartmann, Max Scheler und Helmuth Pleßner sowie auf Biologen wie Adolf Portmann und Hans Driesch zeigt der unkonventionelle Denker, welche Wege die Philosophie heute beschreiten kann: Denkwege, die gleichermaßen die Irrtümer der plumpen Nützlichkeitsphilosophie wie der verklärten Esoterik vermeiden. Mit Blick auf die grundlegenden Probleme der Ethik entwickelt Diebitz eine Philosophie des Ausdrucks, die Gefühle wie Scham und Stolz, Angst und Sehnsucht wieder in den Horizont des Denkens rückt.

384 Seiten, gebunden, ISBN 978-3-933722-28-7

ISBN: 978-3-933722-71-3

Leben heißt Veränderung. Von Revolution als der gravierendsten aller Veränderungen spricht man dann, wenn nach einem Ereignis der Weg zum Zustand davor unmöglich geworden ist. Eine grundsätzlich andere Art des Denkens stellt plötzlich alles in ein neues, unerwartetes Licht. Entsprechend sind Revolutionen für jeden Einzelnen Anstoß und Triebkraft zur Erneuerung und Weiterentwicklung seines Denkens, Fühlens und Handelns.